行者计划 | 课程配套讲义

2021年 会计专业技术
打好基础

初级资格考试·一本通

初级会计实务 & 经济法基础　上册

刘忠 石佳 编著

远方出版社

图书在版编目（CIP）数据

2021年会计专业技术初级资格考试.一本通.初级会计实务&经济法基础 / 刘忠, 石佳编著. -- 呼和浩特 : 远方出版社, 2020.9
ISBN 978-7-5555-1502-9

Ⅰ.①2… Ⅱ.①刘… ②石… Ⅲ.①会计实务—资格考试—自学参考资料②经济法—中国—资格考试—自学参考资料 Ⅳ.①F23

中国版本图书馆CIP数据核字(2020)第180166号

2021年会计专业技术初级资格考试·一本通·初级会计实务&经济法基础
2021 NIAN KUAIJI ZHUANYE JISHU CHUJI ZIGE KAOSHI YI BEN TONG CHUJI KUAIJI SHIWU & JINGJI FA JICHU

编　　著	刘　忠　石　佳
责任编辑	董美鲜
责任校对	心　妍
装帧设计	师鑫祺
出版发行	远方出版社
社　　址	呼和浩特市乌兰察布东路666号　邮编　010010
电　　话	（0471）2236473总编室　2236460发行部
经　　销	新华书店
印　　刷	北京宝莲鸿图科技有限公司
开　　本	185mm×260mm　1/16
字　　数	1050千
印　　张	43
版　　次	2020年11月第1版
印　　次	2020年11月第1次印刷
标准书号	ISBN 978-7-5555-1502-9
定　　价	129.00元（全两册）

如发现印装质量问题，请与出版社联系调换

序

你好,我亲爱的小伙伴。

当你翻开这本书,我们便一起开启了学习的旅程。

首先,我来做个自我介绍。我是小十,有多年的财经类工作经验,也通过了不少财经类资格考试。在工作、学习和生活中,我是一个有着"铁汉柔情"的女子,这也奠定了这篇序的文风。

相信"考初级"是很多小伙伴进行财经类资格考试的第一次尝试。首先,"柔情"的小十想为你鼓鼓掌。无论你是正在努力进行知识原始积累的在校学生,是刚刚踏上工作岗位的职场新人,是已经有了一定的工作经验、想要有的放矢地提高专业能力的从业者,是刚刚孕育新生命并想趁此机会进一步充实自己的职场妈妈,还是以初级为起点、志在成为财会专家的未来之星……不论你有没有财会专业背景,也不论你是不是财会工作人士,翻开这本书,就是在本就繁忙的工作、学习和生活之余,勇敢地迈出提升自己的一步,这是值得每个人为你鼓掌的。

鼓掌之后,"铁汉"的小十又要"丑话说在前面"了,严肃地提醒大家注意以下事项。

第一,请记住,学习从不是易事,我们要有提升自己学习能力的恒心。

常言道,世事公平,一分耕耘一分收获,学习更是如此。我常常在思考,到底是什么决定了我们的学习能力?在我的理解中,我把广义的学习过程总结为信息收集与信息汲取两个部分。其中,信息收集的能力包括我们通过听课、阅读等从各种渠道获取信息的能力,信息汲取则体现为独立思考、总结归纳,从而将知识以自己可以接受的独一无二的形式理解与吸收的能力。二者看似简单,但其实在当今这个信息高度冗余、知识"碎片化"的时代,想要保留阅读能力和独立思考能力,实属不易,需要专注、累积与训练,这不是靠着一股热乎劲儿就可以信手拈来的。因此,既然我们踏上的是学习的旅程,你就要明白,这是一场硬仗。

第二,请保持不卑不亢的学习态度。

回到初级考试上,切不可因为它"初级""基础"就轻敌,也切不可因为自己"零基础"学不懂,知识点零散记不住就轻言放弃(即"心态崩了")。轻敌与轻言放弃,是我们通过考试路上最大的障碍。只要我们不卑不亢地持续学习,就一定能通过考试。

第三,这个旅程,有我,但更要有你。

在备考的路上,我们彼此要守好自己的角色,携手同行。我和刘忠老师能做的是将这些晦涩难懂的文字以简单的方式呈现给你,帮你提炼这些又多又碎的知识点,帮你找到记忆的小窍门,为你选择最精炼的题目理解与巩固学习成果。这些是我在用我的方法减少你在"信息获取"及"信息汲取"上需要投入的时间。因此,在这本书中,你会看到我们尽量多地使用序号,为大段的文字分段,并加入了【解题高手】【原理详解】等专栏,这就是这场旅程中我可以做的。但请注意,我能帮你减少的是投入的"时间",而非精力,鉴于科幻片中能向人脑植入芯片的技术尚未实现，那么最终把这些知识变成自己的知识，所需要投入的精力谁也替代不了。因此，请放弃听一遍课、看一遍书，知识就自动蹦入脑袋中的奇思妙想，老老实实地持续学习、滚动记忆，训练自己的学习能力。这是这个旅程中需要你做的。

最后，希望大家能够在学习的过程中，不忘初心，并体会上面的这些真心话。我们一定可以一起顺利"初级上岸"，并且逐步强化自己进一步向上攀登高峰所需的学习能力。

很高兴遇见你，我的朋友，让我们开启一生的持续学习之旅吧！

2020年11月

目 录

初级会计实务（上）

第一章　会计概述

第一部分　会计概念、职能和目标 ········· 1
第二部分　会计基本假设、会计基础和会计信息质量要求 ········· 3
第三部分　会计要素及其确认与计量 ········· 7
第四部分　会计科目和借贷记账法 ········· 13
第五部分　会计凭证、会计账簿与账务处理程序 ········· 21
第六部分　财产清查 ········· 37
第七部分　财务报告 ········· 40

第二章　资　产

第一部分　货币资金 ········· 41
第二部分　应收及预付款项 ········· 47
第三部分　交易性金融资产 ········· 55
第四部分　存　货 ········· 62
第五部分　固定资产 ········· 84
第六部分　无形资产和长期待摊费用 ········· 101

第三章　负　债

第一部分　短期借款 ········· 109
第二部分　应付及预收款项 ········· 111
第三部分　应付职工薪酬 ········· 117
第四部分　应交税费 ········· 124

第四章　所有者权益

第一部分　实收资本或股本 ········· 141
第二部分　资本公积 ········· 149
第三部分　留存收益 ········· 151

第五章 收入、费用和利润
- 第一部分 收　入 ··· 157
- 第二部分 费　用 ··· 172
- 第三部分 利　润 ··· 182

第六章 财务报表
- 第一部分 资产负债表 ··· 191
- 第二部分 利润表 ··· 203
- 第三部分 所有者权益变动表 ·· 210
- 第四部分 附　注 ··· 211

第七章 管理会计基础
- 第一部分 产品成本核算的要求和一般程序 ····················· 215
- 第二部分 产品成本的归集和分配 ································· 218
- 第三部分 产品成本计算 ·· 236
- 第四部分 管理会计概述 ·· 242

第八章 政府会计基础
- 第一部分 政府会计概述 ·· 251
- 第二部分 政府单位会计核算 ·· 257

经济法基础（下）

第一章　总　论
- 第一部分　法律基础 ······275
- 第二部分　经济纠纷的解决途径 ······286
- 第三部分　法律责任 ······311

第二章　会计法律制度
- 第一部分　会计法律制度概述 ······313
- 第二部分　会计核算与会计档案管理 ······315
- 第三部分　会计监督 ······328
- 第四部分　会计机构和会计人员 ······333
- 第五部分　违反会计法律制度的法律责任 ······340
- 第六部分　会计职业道德 ······344

第三章　支付结算法律制度
- 第一部分　支付结算概述 ······347
- 第二部分　银行账户 ······350
- 第三部分　票　据 ······362
- 第四部分　银行卡 ······404
- 第五部分　其他结算方式及支付工具 ······412
- 第六部分　违反支付结算制度的法律责任 ······422

第四章　增值税、消费税法律制度
- 第一部分　税收法律制度 ······425
- 第二部分　增值税基本概念 ······429
- 第三部分　增值税应纳税额的计算——一般计税方法 ······441
- 第四部分　简易计税方法 ······460
- 第五部分　增值税的税收优惠及征收管理 ······464
- 第六部分　消费税法律制度 ······471

第五章　企业所得税、个人所得税法律制度

- 第一部分　企业所得税基本概念 ………………………………… 489
- 第二部分　收入的确认 …………………………………………… 493
- 第三部分　税前扣除项目 ………………………………………… 498
- 第四部分　其他应纳税所得额的计算项目 ……………………… 512
- 第五部分　企业所得税税收优惠 ………………………………… 514
- 第六部分　应纳所得税额的计算练习 …………………………… 519
- 第七部分　企业所得税的征收管理 ……………………………… 521
- 第八部分　个人所得税基本概念 ………………………………… 524
- 第九部分　居民个人综合所得 …………………………………… 526
- 第十部分　其他各类所得 ………………………………………… 539
- 第十一部分　个人所得税税收优惠及征收管理 ………………… 550

第六章　其他税收法律制度

- 第一部分　房产税、城镇土地使用税、耕地占用税、契税、土地增值税 …… 555
- 第二部分　车船税、车辆购置税 ………………………………… 577
- 第三部分　船舶吨税、关税 ……………………………………… 582
- 第四部分　资源税、环境保护税 ………………………………… 586
- 第五部分　印花税、烟叶税、城市维护建设税和教育费附加 …… 592

第七章　税收征收管理法律制度

- 第一部分　税收征收管理法概述 ………………………………… 599
- 第二部分　税务管理 ……………………………………………… 601
- 第三部分　税款征收与税务检查 ………………………………… 605
- 第四部分　税收法律责任 ………………………………………… 610

第八章　劳动合同与社会保险法律制度

- 第一部分　劳动合同法律制度 …………………………………… 613
- 第二部分　社会保险法律制度 …………………………………… 644

想和你说……

各位同学，大家好。2021年初级会计职称考试的备考已经正式开始了，当你翻开这本辅导书时，证明你已经开始准备复习了，你已经报名了，你已经交费了，你已经准备好一切了。那么请问问自己以上这些"已经"，你是否真的准备好了呢？如果没有，那么请速速准备吧！

接下来我们简单的介绍一下初级会计实务考试的一些基本情况，正所谓"知己知彼方能百战百胜"。

一、考试时间

初级会计职称考试于2021年5月15日至19日，5月22日至23日，分两个时间段进行。具体安排如下：

考试日期	考试时间及科目
5月15日至19日 5月22日至23日 （7天14个批次）	8：30—11：30 初级会计实务 经济法基础 14：30—17：30 初级会计实务 经济法基础

《初级会计实务》科目考试时长为105分钟，《经济法基础》科目考试时长为75分钟，两个科目连续考试，时间不能混用。

二、题型及题量

1.单项选择题（20题×2分=40分），四个备选答案只有一个是正确答案。单项选择题是整个四类题型中最简单和最容易得分的题型，而且2020年单选题的单位分值上升到2分，真的性价比超高。所以同学们需要在单选题中争取更多的分数，以便为通过考试打下良好的基础。

2.多项选择题（10题×2分=20分），四个备选答案中有两个或两个以上是正确答案。同时，2020年的评分标准发生变化，即有两个或两个以上符合题意的正确答案，至少选择两个答案，全部选对得2分，少选得相应分值，多选、错选、不选均不得分。所以同学们在做多选题时一定要谨慎，切记不要随意选。

3.判断题（10题×1分=10分），2020年评分标准也发生变化，即每题正确得1分，错误、不答均不得分，也就是说不存在倒扣分的问题，所以我们就可以根据评分标准利用一些"技巧"得更多的分数（飞越阶段介绍）。

4.不定项选择题（15小题×2分=30分），每题正确答案为一至四个，此类题目有一定的难度，但是又与多选题的评分标准有所不同，这点也是同学们需要重点关注的问题。不定项选择题每小题全部选对得2分，少选得相应的分值，多选、错选、不选均不得分。例如，正确答案为ABC，如果你选择A得0.5分，选择B得0.5分，选择C得0.5分，选择AB、

BC、AC均可以得1分，选择ABC得2分。但是如果你把D选上，那就一分都没有。所以，做不定项选择题时同学们要对有把握的选项进行选择，对没有把握的直接放弃。

三、命题规律

1. 全面考核

由于是机考，所以每个批次的考试题目不可能一致，昨天考的和今天考的以及明天考的，上午考的和下午考的一定是不同的，这点同学们需要清楚。所以，必定会对考生进行全面考核，考核的范围要更广，内容要更多，涉及的知识点也会更细。但同学们也不用过多担心，因为你的目标是取证，所以，需要把基础知识重点掌握。

2. 重点突出

虽然是机考，但是重者恒重，要求同学们对重要的知识点进行全面系统的掌握。包括存货、固定资产、无形资产、收入、产品成本计算等。

3. 灵活多变

同学们在复习时重点应把握的是知识点本身，至于是单选题、多选题、判断题或是不定项选择题本身并不重要。请同学们配合《只做好题》进行充分地练习。

4. 融会贯通

知识点本身不是单独的，好多题目不单单涉及单一知识点，所以要求同学们在飞越阶段能够将有关联的知识点做到融会贯通，举一反三。

四、复习方法

1. 定计划

凡事"预则立不预则废"，请同学们一定要制定科学且符合自身实际情况的复习计划，且要不折不扣地执行。如果仅是形式主义的制定了计划，但没有执行，那这个计划没有任何意义。

2. 强练习

要求同学们每章结束后必须配合《只做好题》进行练习。第一遍做题做错了，没有思路完全是正常的，如果遇到这点困难就劝退自己了，大概率你今年就废了。一定要多做题，通过做题把知识点吸收。

3. 多温故

新知识是需要有吸收消化的过程的，所以同学们一定要不断的温故，且不只一次，要多次温故。

4. 杜绝"眼高手低"

看题和做题是两回事，只看题不做题，只看答案不亲自动手做你永远不能真正掌握。所以，同学们不要看答案做题了，一定要亲自动手做题。

最后，我相信通过同学们不懈的努力，一定会在最后考试中取得优异的成绩。祝各位同学逢考必过，我们等待你的好消息！

2020年11月

第一章　会计概述

学习提要

同学们好，欢迎你和我们一起开启2021年初级会计实务的学习，第一章作为基础知识，是后续内容学习的根基，请同学们一定要耐心学习。特别是对于零基础的同学们，第一章如果你学不透，后续会很难。也有可能你在刚开始学习时会感觉什么也记不住，这个请不要担心，完全正常，以往那么多同学都能"搞定"，我想你也一定能"拿下"。

本章在近三年平均分值在6—9分左右，其中，2020年4题6分，2019年5题9分，2018年5题8分，预计2021年仍然会维持在8分左右。同学们，你们准备好了吗？GO！

考点精讲

第一部分　会计概念、职能和目标

考点1　会计的概念（★）

会计是以货币为主要计量单位，采用专门方法和程序，对企业和行政、事业单位的经济活动进行完整的、连续的、系统的核算和监督，以提供经济信息和反映受托责任履行情况为主要目的的经济管理活动。

需要说明的是，此处请各位同学们了解即可，考试中一般不会直接考核会计的概念。

考点2　会计职能（★★）

会计职能，是指会计在经济管理过程中所具有的功能。

1.基本职能

（1）核算职能

会计的核算职能，是指会计以货币为主要计量单位，对特定主体的经济活动进行确认、计量、记录和报告。

会计核算的内容主要包括：①款项和有价证券的收付；②财物的收发、增减和使用；③债权、债务的发生和结算；④资本、基金的增减；⑤收入、支出、费用、成本的计算；⑥财务成果的计算和处理；⑦需要办理会计手续、进行会计核算的其他事项。

（2）监督职能

会计的监督职能，是指对特定主体经济活动和相关会计核算的真实性、合法性和合理性进行审查。

需要说明的是，会计核算与会计监督是相辅相成、辩证统一的。会计核算是会计监督的基础，没有核算提供的各种信息，监督就失去了依据；会计监督又是会计核算质量的保障，只有核算没有监督，就难以保证核算提供信息的质量。
2.拓展职能
（1）预测经济前景
（2）参与经济决策
（3）评价经营业绩

【解题高手】对于会计基本职能和拓展职能，在考试时请同学们掌握基本职能（核算和监督），剩余在备选项中只要是合理、合法的均属于拓展职能。

【典例研习·1-1】（2020年多选题）
下列各项中，属于会计基本职能的有（　　）。
A.参与经济决策　　B.进行会计核算　　C.实施会计监督　　D.预测经济前景
‖斯尔解析‖ BC 运用上述解题高手，掌握核算和监督属于基本职能，剩余的只要是合理、合法的均属于拓展职能，选项AD属于会计的拓展职能。

【典例研习·1-2】（2018年多选题）
下列各项中，关于会计职能的表述正确的有（　　）。
A.监督职能是核算职能的保障
B.核算职能是监督职能的基础
C.预测经济前景、参与经济决策和评价经营业绩是拓展职能
D.核算与监督是基本职能
‖斯尔解析‖ ABCD 会计的基本职能包括核算职能和监督职能。会计核算是会计监督的基础；会计监督是会计核算的保障。会计拓展职能包括预测经济前景、参与经济决策、评价经营业绩等。

【典例研习·1-3】（2018年多选题）
根据会计法律制度的规定，下列各项中，属于会计核算内容的有（　　）。
A.资本、基金的增减　　　　　　B.财务成果的计算和处理
C.款项和有价证券的收付　　　　D.债权、债务的发生和结算
‖斯尔解析‖ ABCD 会计核算的内容主要包括：（1）款项和有价证券的收付。（2）财物的收发、增减和使用。（3）债权、债务的发生和结算。（4）资本、基金的增减。（5）收入、支出、费用、成本的计算。（6）财务成果的计算和处理。（7）需要办理会计手续、进行会计核算的其他事项。

考点3　会计目标（★）

会计目标，是要求会计工作完成的任务或达到的标准，即向财务报告使用者提供企业财务状况、经营成果和现金流量等有关的会计信息，反映企业管理层受托责任履行情况，有助于财务报告使用者作出经济决策。

财务报告外部使用者主要包括投资者、债权人、政府及其有关部门和社会公众等。

【原理详解】我国对财务报告目标的界定，兼顾了决策有用观和受托责任观。

【典例研习·1-4】（模拟多选题）

下列各项中，关于会计目标的说法正确的有（　　）。

A.会计目标是要求会计工作完成的任务或达到的标准
B.会计目标是向所有者提供会计信息
C.会计目标反映企业管理层受托责任的履行情况
D.会计目标是为了提高企业经济效益

‖斯尔解析‖ 〔AC〕 会计目标，即向财务会计报告使用者提供与企业财务状况、经营成果和现金流量等有关的会计信息，反映企业管理层受托责任履行情况，有助于财务会计报告使用者作出经济决策。选项B，会计信息提供者不仅限于所有者；选项D，会计目标是要求会计工作完成的任务或达到的标准，不包括提供经济效益。

‖陷阱提示‖ 很多情况题目会向单一方向引导同学们，所以，请同学们记住无论题目如何表述，会计目标只有两项。

第二部分　会计基本假设、会计基础和会计信息质量要求

考点1　会计基本假设（★★）

会计基本假设是对会计核算时间和空间范围等所作的合理假定，是企业会计确认、计量、记录和报告的前提。会计基本假设包括会计主体、持续经营、会计分期和货币计量。

1.会计主体

会计主体，是指会计工作服务的特定对象，是企业会计确认、计量和报告的空间范围。

【原理详解】 明确会计主体，才能划定会计所要处理的各项交易或事项的范围。在会计工作中，只有那些影响企业本身经济利益的各项交易或事项才能加以确认、计量和报告，那些不影响企业本身经济利益的各项交易或事项则不能加以确认、计量和报告。会计工作中通常所讲的资产、负债的确认，收入的实现以及费用的发生等，都是针对特定会计主体而言的。

【典例研习·1-5】（2020年多选题）

下列各项中，可以确认为会计主体的有（　　）。

A.子公司　　　　B.销售部门　　　　C.集团公司　　　　D.母公司

‖斯尔解析‖ 〔ABCD〕 会计主体，是指会计工作服务的特定对象，是企业会计确认、计量和报告的空间范围。只要能够独立核算，一般均可以成为会计主体，例如生产车间、销售部门等。

‖陷阱提示‖ 会计主体不局限于上述题目中列示的内容，企业需要单独进行核算的均可以成为会计主体。

2.持续经营

持续经营，是指在可以预见的将来，企业将会按当前的规模和状态继续经营下去，不会停业，也不会大规模削减业务。

【原理详解】明确这个基本假设,就意味着会计主体将按照既定用途使用资产,按照既定的合约条件清偿债务,会计人员就可以在此基础上选择会计原则和会计方法。

3.会计分期

会计分期,是指将一个企业持续经营的生产经营活动划分为一个个连续的、长短相同的期间。持续经营是会计分期的前提。

【原理详解】会计分期的目的是将持续经营的生产经营活动划分成连续、相等的期间,据以结算盈亏,按期编报财务报告,从而及时向财务报告使用者提供有关企业财务状况、经营成果和现金流量的信息。

【典例研习·1-6】(模拟判断题)

会计分期是对持续经营假设的有效延续。(　　)

‖斯尔解析‖ √

4.货币计量

货币计量,是指会计主体在会计确认、计量和报告时以货币计量,来反映会计主体的生产经营活动。

需要说明的是,业务收支以外币为主的企业,可以选定某种外币作为记账本位币,但是编报的财务会计报告应折算为人民币。

【原理详解】货币是商品的一般等价物,是衡量一般商品价值的共同尺度,具有价值尺度、流通手段、贮藏手段和支付手段等特点。其他计量单位,如重量、长度、容积、台、件等,只能从一个侧面反映企业的生产经营情况,无法在量上进行汇总和比较,不便于会计计量和经营管理,只有选择货币尺度进行计量,才能充分反映企业的生产经营情况。

考点2　会计基础(★)

会计基础,是指会计确认、计量和报告的基础,具体包括权责发生制和收付实现制。

1.权责发生制

权责发生制,是指收入、支出的确认应当以收入和支出的实际发生而非实际收支作为确认的标准。

根据权责发生制,凡是当期已经实现的收入和已经发生或者应当负担的费用,无论款项是否收付,都应当作为当期的收入和费用,计入利润表;凡是不属于当期的收入和费用,即使款项已经在当期收付也不应当作为当期的收入和费用。

根据《企业会计准则》规定,企业需按权责发生制作为会计基础。

2.收付实现制

收付实现制,是指以实际收到或支付现金作为确认收入和支出的标准。

在我国,政府会计由预算会计和财务会计构成。

其中,预算会计采用收付实现制,国务院另有规定的,依照其规定;财务会计采用权责发生制。

【典例研习·1-7】（模拟单选题）

甲公司确认当月办公大楼租金120万元，用银行存款支付30万元，90万元未付。按照权责发生制和收付实现制分别确认费用（　　）。

A.30万元；90万元
B.120万元；0万元
C.60万元；60万元
D.120万元；30万元

‖斯尔解析‖ **D** 权责发生制应按120万元确认，而收付实现制按实际支付的30万元确认。

【典例研习·1-8】（模拟多选题）

下列单位中，会计核算必须采用权责发生制的有（　　）。

A.某国有电信公司
B.某民营互联网公司
C.某外商房地产开发公司
D.某公立大学

‖斯尔解析‖ **ABC** 公立大学属于事业单位，而事业单位预算会计一般采用收付实现制核算。

‖陷阱提示‖ 无论题目如何表述，如何误导，只要同学们记住企业（不分类型）均使用权责发生制进行核算。

考点3　会计信息质量要求（★★★）

会计信息质量要求是对企业财务报告所提供会计信息质量的基本要求，是使财务报告所提供会计信息对投资者等信息使用者决策有用应具备的基本特征。

1.可靠性

可靠性要求企业应当以实际发生的交易或者事项为依据进行确认、计量和报告，如实反映符合确认和计量要求的会计要素及其他相关信息，保证会计信息真实可靠、内容完整。

可靠性是高质量会计信息的重要基础和关键所在。

2.相关性

相关性要求企业提供的会计信息应当与投资者等财务报告使用者的经济决策需要相关，有助于投资者等财务报告使用者对企业过去、现在或未来的情况作出评价或者预测。

3.可理解性

可理解性要求企业提供的会计信息应当清晰明了，便于投资者等财务报告使用者理解和使用。

要想让使用者有效地使用会计信息，应当让其了解会计信息的内涵，弄懂会计信息的内容，这就要求财务报告提供的会计信息应当清晰明了，易于理解。

4.可比性

可比性要求企业提供的会计信息应当相互可比。

（1）同一企业不同时期可比（纵向可比），即同一企业不同时期发生的相同或者相似的交易或者事项，应当采用一致的会计政策，不得随意变更。但是，如果按照规定或者在会计政策变更后能够提供更可靠、更相关的会计信息，企业可以变更会计政策。有关会计政策变更的情况，应当在附注中予以说明。

（2）不同企业相同会计期间可比（横向可比），即不同企业同一会计期间发生的相同或者相似的交易或者事项，应当采用规定的会计政策，确保会计信息口径一致、相互可比，以使不同企业按照一致的确认、计量和报告要求提供有关会计信息。

5.实质重于形式

实质重于形式要求企业应当按照交易或者事项的经济实质进行会计确认、计量和报告，不应仅以交易或者事项的法律形式为依据。

例如，企业租入资产（短期租赁和低价值资产租赁除外）、分期付款购买固定资产、售后回购等。

需要说明的是，上述案例需要把后续章节内容学习完毕后才能真正理解。

6.重要性

重要性要求企业提供的会计信息应当反映与企业财务状况、经营成果和现金流量有关的所有重要交易或者事项。

重要性的应用需要依赖职业判断，企业应当根据其所处环境和实际情况，从项目的性质和金额大小两方面加以判断。

7.谨慎性

谨慎性要求企业对交易或者事项进行会计确认、计量和报告应当保持应有的谨慎，不应高估资产或者收益、低估负债或者费用。

例如，计提坏账准备、计提固定资产减值准备、计提无形资产减值准备、计提存货跌价准备等。

需要说明的是，上述案例需要把后续章节内容学习完毕后才能真正理解。

8.及时性

及时性要求企业对于已经发生的交易或者事项，应当及时进行确认、计量和报告，不得提前或延后。

例如，上市公司年度财务报告应于次年4月30日之前对外公布。

【典例研习·1-9】（2020年单选题）

"在不同会计期间发生的相同的或相似的交易或事项，应当采用一致的会计政策，不得随意变更"。下列各项中，对这一会计信息质量要求表述正确的是（　　）。

A.谨慎性　　　B.重要性　　　C.可比性　　　D.可理解性

‖斯尔解析‖ C 可比性要求企业提供的会计信息应当相互可比，即不同企业同一会计期间发生的相同或者相似的交易或事项，应当采用规定的会计政策，确保会计信息口径一致、相互可比，以使不同企业按照一致的确认、计量和报告要求提供有关会计信息。

【典例研习·1-10】（2018年多选题）

下列各项中，关于企业会计信息可靠性表述正确的有（　　）。

A.企业应当保持应有的谨慎，不高估资产或者收益、低估负债或费用

B.企业提供的会计信息应当相互可比

C.企业应当保证会计信息真实可靠、内容完整

D.企业应当以实际发生的交易或事项为依据进行确认、计量和报告

‖斯尔解析‖ CD 可靠性要求企业应当以实际发生的交易或者事项为依据进行确认、计量和报告（选项D正确），如实反映符合确认和计量要求的会计要素及其他相关信息，保证会计信息真实可靠、内容完整（选项C正确）。选项A属于会计信息谨慎性原则，

选项B属于会计信息可比性原则。

【典例研习·1-11】（模拟多选题）

下列各项中，关于会计信息质量要求的说法正确的有（　　）。

A.计提坏账准备体现谨慎性

B.租赁固定资产符合条件作为使用权资产核算体现实质重于形式

C.企业前后各项应用的会计政策一致体现可比性

D.不做假账体现可靠性

‖斯尔解析‖ ABCD

‖陷阱提示‖ 本题作为一道"正能量"题目，需要各位同学掌握各个选项中的举例。考试时经常"张冠李戴"，请同学们认真研读每个选项。

【典例研习·1-12】（2020年判断题）

实质重于形式要求企业应当按照交易或者事项的经济实质进行会计确认、计量和报告，而不仅仅以交易或者事项的法律形式为依据。（　　）

‖斯尔解析‖ √

【典例研习·1-13】（模拟判断题）

甲公司存货发出计价采用月末一次加权平均法，因管理需要将其改为移动加权平均法，违背可比性原则。（　　）

‖斯尔解析‖ × 此变更属于会计政策变更，变更后的会计政策可以提供更可靠、更相关的会计信息则不违背可比性原则。

第三部分　会计要素及其确认与计量

考点1　会计要素及其确认条件（★★★）

会计要素是根据交易或者事项的经济特征所确定的财务会计对象及其基本分类。

会计要素按照其性质分为资产、负债、所有者权益、收入、费用和利润。其中，资产、负债和所有者权益要素侧重于反映企业的财务状况，收入、费用和利润要素侧重于反映企业的经营成果。

（一）资产

1.资产的定义

资产，是指企业过去的交易或者事项形成的，由企业拥有或者控制的，预期会给企业带来经济利益的资源。

特征：

（1）资产应为企业拥有或者控制的资源；

（2）资产预期会给企业带来经济利益；

（3）资产是由企业过去的交易或者事项形成的。

2.资产的确认条件

将一项资源确认为资产，需要符合资产的定义，还应同时满足以下两个条件：

（1）与该资源有关的经济利益很可能流入企业；

（2）该资源的成本或者价值能够可靠地计量。

【典例研习·1-14】（模拟多选题）
下列各项中，符合企业资产定义的有（　　）。
A.已购买的设备　　　　　　　　　B.盘亏的库存商品
C.准备购入的原材料　　　　　　　D.长期租入的机器设备
‖斯尔解析‖ AD　资产是指企业过去的交易或事项形成的，由企业拥有或者控制的，预期会给企业带来经济利益的资源。选项B，预期不会给企业带来经济利益，试想库存商品都盘亏了还能为企业带来经济利益的流入吗？肯定不能，所以不属于资产；选项C，不属于企业过去的交易或事项，想确认资产必须强调过去的交易或事项形成的，不能"做梦娶媳妇"。

【典例研习·1-15】（模拟判断题）
企业拥有的一项经济资源，即使没有发生实际成本或者发生的实际成本很小，但如果公允价值能够可靠计量，也应认为符合资产能够可靠计量的确认条件。（　　）
‖斯尔解析‖ √

3.资产的分类和内容

资产分类	项目
流动资产	货币资金、交易性金融资产、应收票据、应收账款、其他应收款、存货等
非流动资产	债权投资、长期股权投资、固定资产、无形资产、商誉等

（二）负债
1.负债的定义
负债，是指企业过去的交易或者事项形成的，预期会导致经济利益流出企业的现时义务。
特征：
（1）负债是企业承担的现时义务；
（2）负债预期会导致经济利益流出企业；
（3）负债是由企业过去的交易或者事项形成的。

2.负债的确认条件
将一项现时义务确认为负债，需要符合负债的定义，还需要同时满足以下两个条件：
（1）与该义务有关的经济利益很可能流出企业；
（2）未来流出的经济利益的金额能够可靠地计量。

3.负债的分类和内容

负债分类	项目
流动负债	短期借款、应付票据、应付账款、应付职工薪酬、应交税费、其他应付款等
非流动负债	应付债券、长期应付款、预计负债等

（三）所有者权益
1.所有者权益的定义
所有者权益，是指企业资产扣除负债后，由所有者享有的剩余权益。公司的所有者权益又称为股东权益（净资产）。

所有者权益的来源包括所有者投入的资本、其他综合收益、留存收益等。

通常由股本（或实收资本）、资本公积（含股本溢价或资本溢价、其他资本公积）、其他综合收益、盈余公积和未分配利润等构成。

2.所有者权益的确认条件

所有者权益体现的是所有者在企业中的剩余权益，因此，所有者权益的确认和计量主要依赖于资产和负债的确认和计量。

（四）收入

1.收入的定义

收入，是指企业在日常活动中形成的、会导致所有者权益增加的、与所有者投入资本无关的经济利益的总流入。

日常活动，是指企业为完成其经营目标所从事的经常性活动以及与之相关的活动。

2.特征

（1）收入是企业在日常活动中形成的；

（2）收入是与所有者投入资本无关的经济利益的总流入；

（3）收入会导致所有者权益的增加。

3.收入的确认条件（前提）

当企业与客户之间的合同同时满足下列条件时，企业应当在客户取得相关商品控制权时确认收入：

（1）合同各方已批准该合同并承诺将履行各自义务；

（2）该合同明确了合同各方与所转让商品或提供劳务相关的权利和义务；

（3）该合同有明确的与所转让商品或提供劳务相关的支付条款；

（4）该合同具有商业实质，即履行合同将改变企业未来现金流量的风险、时间分布或金额；

（5）企业因向客户转让商品或提供劳务而有权取得的对价很可能收回。

【典例研习·1-16】（模拟多选题）

下列各项中，符合会计要素收入定义的是（　　）。

A.工业企业销售外购原材料　　　　B.4S店销售豪华汽车

C.商贸公司销售商品电脑　　　　　D.无法查明原因的现金溢余

‖斯尔解析‖ ABC　选项D，属于"营业外收入"核算的范围，不属于企业日常经营行为。

‖陷阱提示‖ 此处对于刚刚学习的你可能分不清哪些是收入，哪些是利得，为什么营业外收入不是收入，待到同学们学完第五章后自然就会真正理解。考试时重点把握哪些是日常行为，哪些是非日常行为，这是此类题目的关键所在。

（五）费用

1.费用的定义

费用，是指企业在日常活动中发生的、会导致所有者权益减少的、与向所有者分配利润无关的经济利益的总流出。

特征：
（1）费用是企业在日常活动中形成的；
（2）费用是与向所有者分配利润无关的经济利益的总流出；
（3）费用会导致所有者权益的减少。

2.费用的确认条件

费用的确认除了应当符合定义外，还至少应当符合以下条件：
（1）与费用相关的经济利益应当很可能流出企业；
（2）经济利益流出企业的结果会导致资产的减少或者负债的增加；
（3）经济利益的流出额能够可靠计量。

（六）利润

1.利润的定义

利润，是指企业在一定会计期间的经营成果。

利润包括收入减去费用后的净额、直接计入当期利润的利得和损失等。其中，收入减去费用后的净额反映的是企业日常活动的业绩。直接计入当期利润的利得和损失，是指应当计入当期损益、会导致所有者权益发生增减变动的、与所有者投入资本或者向所有者分配利润无关的利得或损失。

利得，是指由企业非日常活动所形成的、会导致所有者权益增加的、与所有者投入资本无关的经济利益的流入。

损失，是指由企业非日常活动所发生的、会导致所有者权益减少的、与向所有者分配利润无关的经济利益的流出。

非日常活动，是指与企业的主营业务无关的偶然发生的经济活动。

收入和费用均属于日常活动发生的经济业务，而利得和损失均属于非日常活动发生的经济业务。

2.利润的确认条件

利润的确认主要依赖于收入和费用，以及利得和损失的确认，其金额的确定也主要取决于收入、费用、利得和损失金额的计量。

考点2　会计要素计量属性及其应用原则（★★）

计量属性	概念	主要应用
历史成本	又称实际成本，是指取得或制造某项财产物资时所实际支付的现金或者现金等价物	企业对会计要素的计量一般采用历史成本
重置成本	又称现行成本，是指按照当前市场条件，重新取得同样一项资产所需支付的现金或者现金等价物金额	盘盈固定资产的计量
可变现净值	是指在生产经营过程中，以预计售价减去进一步加工成本和销售所必需的预计税金、费用后的净值	存货期末按成本与可变现净值孰低计量

计量属性	概念	主要应用
现值	是指对未来现金流量以恰当的折现率进行折现后的价值	计算债券实际发行价格
公允价值	是指市场参与者在计量日发生的有序交易中，出售一项资产所能收到或者转移一项负债所需支付的价格	交易性金融资产等

【典例研习·1-17】（模拟单选题）

企业按照当前市场条件，重新取得同样一项资产所需支付的现金或者现金等价物金额属于（　　）。

A.公允价值　　　B.重置成本　　　C.历史成本　　　D.现值

‖斯尔解析‖ B　重置成本又称现行成本，是指按照当前市场条件，重新取得同样一项资产所需支付的现金或者现金等价物金额，选项B正确。

【典例研习·1-18】（2018年判断题）

公允价值是指市场参与者在计量日发生的有序交易中，出售一项资产所能收到或转移一项负债所需支付的价格。（　　）

‖斯尔解析‖ √

考点3　会计等式（★★）

会计等式，又称会计恒等式、会计方程式或会计平衡公式，是表明会计要素之间基本关系的等式。

（一）会计等式的表现形式

1.资产=负债+所有者权益

资产表明企业拥有什么经济资源和拥有多少经济资源，负债和所有者权益表明经济资源的来源渠道，即谁提供了这些经济资源。

该等式被称为财务状况等式、基本会计等式或静态会计等式，它是复式记账法的理论基础，也是编制资产负债表的依据。

2.收入−费用=利润

企业在取得收入的同时，必然要发生相应的费用。通过收入与费用的比较，才能确定一定期间的盈利水平，确定实现利润的过程。

该等式反映了企业利润的实现过程，称为经营成果等式或动态会计等式。收入、费用和利润之间的上述关系，是编制利润表的依据。

【典例研习·1-19】（模拟单选题）

下列属于企业编制资产负债表的依据是（　　）。

A.收入−费用=利润　　　　　　　　B.资产−所有者权益=负债

C.资产=负债+所有者权益+收入−费用　　D.资产=负债+所有者权益

‖斯尔解析‖ D

‖陷阱提示‖ 此处并不是简单的数学等式关系，一定要严格按上述公式进行表述。

（二）交易或事项对会计等式的影响

资产=负债+所有者权益

序号	资产	负债	所有者权益	举例
（1）	一增一减	—	—	将1万元现金存入银行
（2）	增	增	—	从银行借款1 000万元
（3）	增	—	增	接受股东追加货币投资500万元
（4）	减	减	—	以银行存款偿还前欠货款50万元
（5）	减	—	减	企业投资者撤回投资款100万元
（6）	—	一增一减	—	借入短期借款300万元用于偿还前欠货款
（7）	—	增	减	向投资者宣告分配现金股利100万元
（8）	—	减	增	债权人将企业长期债务1 000万元转为对企业的投资
（9）	—	—	一增一减	以资本公积1 000万元转增资本

【典例研习·1-20】（2020年单选题）

下列各项中，引起资产与负债同时增加的是（　　）。

A.从银行提取现金备用

B.向银行借入期限为5个月的款项

C.签发期限为3个月的商业承兑汇票抵付前欠货款

D.收到投资者投入资本存入银行

‖斯尔解析‖ B

选项A，账务处理为：

借：库存现金

　　贷：银行存款

属于资产内部的增减变动；

选项B，账务处理为：

借：银行存款

　　贷：短期借款

属于资产与负债同时增加；

选项C，账务处理为：

借：应付账款

　　贷：应付票据

属于负债内部的增减变动；

选项D,账务处理为:
借:银行存款
　　贷:实收资本
属于资产和所有者权益同时增加。

【典例研习·1-21】(2018年多选题)
下列各项中,引起企业资产和负债要素同时发生增减变动的经济业务有( )。
A.收到股东投资款　　　　　　　　B.以盈余公积转增股本
C.从银行借入短期借款　　　　　　D.以银行存款归还前欠货款

‖斯尔解析‖ **CD** 收到股东投资款属于资产和所有者权益同时增加,选项A错误;以盈余公积转增股本属于所有者权益内部的一增一减,选项B错误;从银行借入短期借款资产增加,负债增加,选项C正确;以银行存款归还前欠货款资产减少,负债减少,选项D正确。

第四部分　会计科目和借贷记账法

考点1　会计科目和账户(★★)

(一)会计科目

会计科目,简称科目,是对会计要素具体内容进行分类核算的项目,是进行会计核算和提供会计信息的基本单元。

分类	科目类别	具体内容
按反映的经济内容	资产类	反映流动资产的科目主要有"库存现金""银行存款""应收账款""原材料""库存商品"等科目; 反映非流动资产的科目主要有"长期股权投资""长期应收款""固定资产""在建工程""无形资产"等科目
	负债类	反映流动负债的科目主要有"短期借款""应付账款""应付职工薪酬""应交税费"等科目; 反映非流动负债的科目主要有"长期借款""应付债券""长期应付款"等科目
	所有者权益类	包括"实收资本"(或"股本")、"资本公积"、"其他综合收益"、"盈余公积"、"本年利润"、"利润分配"、"库存股"等科目
	共同类	"衍生工具"等(初级考试不涉及)
	成本类	包括"生产成本""制造费用""研发支出"等科目
	损益类	反映收入的科目主要有"主营业务收入""其他业务收入"等科目; 反映费用的科目主要有"主营业务成本""其他业务成本""管理费用""销售费用""财务费用"等科目

分类	科目类别	具体内容
按提供信息的详细程度及其统驭关系	总分类	又称总账科目或一级科目，是对会计要素的具体内容进行总括分类，提供总括信息的会计科目； 总分类科目一般由财政部统一制定
	明细分类	又称明细科目，是对总分类科目作进一步分类，提供更为详细和具体会计信息的科目；如果某一总分类科目所辖的明细分类科目较多，可在总分类科目下设置二级明细科目，在二级明细科目下设置三级明细科目，以此类推； 需要说明的是，并不是所有的总分类科目都有明细科目，如"本年利润"

【典例研习·1-22】（模拟单选题）

会计科目是对（　　）的具体内容进行分类核算的项目。

A.会计主体　　　　B.会计要素　　　　C.会计对象　　　　D.经济业务

‖斯尔解析‖ B 会计科目是对会计要素具体内容进行分类核算的项目。

（二）账户

账户是根据会计科目设置的，具有一定格式和结构，用于分类核算会计要素增减变动情况及其结果的载体。

根据核算的经济内容，账户分为资产类账户、负债类账户、共同类账户、所有者权益类账户、成本类账户和损益类账户；

根据提供信息的详细程度及其统驭关系，账户分为总分类账户和明细分类账户。

在实际工作中，会计科目和会计账户不加以严格区分，而是相互通用的。

固定资产　总　分　类　账　　　第 19 号

2021年		凭证		摘要	借方										核对	贷方											借或贷	余额											核对
月	日	种类	号数		十亿	千	百	十	万	千	百	十	元	角	分		十亿	千	百	十	万	千	百	十	元	角	分		十亿	千	百	十	万	千	百	十	元	角	分	
6	1			期初余额																								借		¥	9	4	9	0	0	0	0	0		
	9		7	购入设备				2	0	0	0	0	0	0														借		¥	9	6	9	0	0	0	0	0		

【典例研习·1-23】（2018年单选题）
下列各项中，根据科目内容记入成本类账户的是（　　）。
A.主营业务成本　　　　　　　B.制造费用
C.管理费用　　　　　　　　　D.其他业务成本

‖斯尔解析‖　**B**　账户是根据科目设置的，成本类科目，是对可归属于产品生产成本等的具体内容进行分类核算的项目，主要有"生产成本""制造费用""研发支出"等科目。成本类科目应记入对应的成本类账户，所以选项B正确。

‖陷阱提示‖　并不是会计科目中有成本两个字的就是成本类的，例如主营业务成本、其他业务成本均不属于成本类的会计科目，而是损益类的会计科目。

考点2　借贷记账法（★★）

复式记账法，是指对于每一笔经济业务，都必须用相等的金额在两个或两个以上相互联系的账户中进行登记，全面、系统地反映会计要素增减变化的一种记账方法。

复式记账法分为借贷记账法、增减记账法、收付记账法等。

我国会计准则规定，企业、行政和事业单位会计核算采用借贷记账法记账。

【原理详解】借贷记账法，是以"借"和"贷"作为记账符号的一种复式记账法。
"借"和"贷"只是一种记账符号，没有任何意义，就像X代表未知数一样。所以提醒各位初学的同学千万不要在借贷两个字上纠结！

（一）借贷记账法的账户结构

借贷记账法下，账户的左方称为借方，右方称为贷方。所有账户的借方和贷方按相反方向记录增加数和减少数，即一方登记增加额，另一方就登记减少额。

| 借方 | 账户名称 | 贷方 |

通常情况下，资产类、成本类和费用类账户的增加用"借"表示，减少用"贷"表示；负债类、所有者权益类和收入类账户的增加用"贷"表示，减少用"借"表示。

备抵类账户的结构与所调整账户的结构正好相反。

账户性质	账户结构	余额	期末余额计算
资产类 成本类	借增贷减	一般在借方， 有些账户可能无余额	期末借方余额= 期初借方余额+本期借方 发生额-本期贷方发生额
负债类 所有者权益类	贷增借减	一般在贷方， 有些账户可能无余额	期末贷方余额= 期初贷方余额+本期贷方 发生额-本期借方发生额
损益类	收入类	贷增借减	期末结转入"本年利润"账户计算当期损益，结转后无余额	—
	费用类	借增贷减		

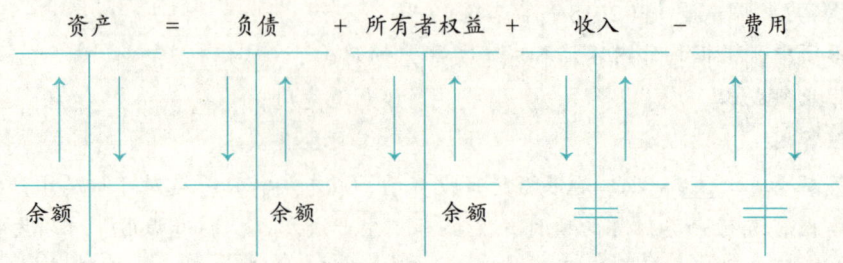

【典例研习·1-24】（模拟单选题）

下列选项中，在借贷记账法下关于成本类账户结构描述不正确的是（　　）。

A.借方登记增加　　　　　　　　B.贷方登记增加

C.期末余额一般在借方　　　　　D.有些账户可能无余额

‖斯尔解析‖ B 成本类账户增加登记在借方。

【典例研习·1-25】（模拟多选题）

下列关于会计账户增减变化的表述中，不正确的是（　　）。

A.资产增加，所有者权益增加，会计等式成立

B.负债减少，所有者权益增加，会计等式成立

C.所有者权益增加，资产减少，会计等式成立

D.资产减少，费用减少，会计等式成立

‖斯尔解析‖ CD 所有者权益增加，资产减少，会计等式不成立，选项C错误；资产减少不会导致费用减少，只能增加费用，否则会计等式不成立，选项D错误。

【典例研习·1-26】（模拟判断题）

资产类会计科目增加一般情况下记入借方。（　　）

‖斯尔解析‖ √

（二）借贷记账法的记账规则

记账规则，是指采用某种记账方法登记具体经济业务时应当遵循的规则。

借贷记账法的记账规则是"有借必有贷，借贷必相等"。

银行存款	库存现金
5 000	5 000

（三）借贷记账法下的账户对应关系与会计分录

1.账户对应关系，是指采用借贷记账法对每笔交易或事项进行记录时，相关账户之间形成的应借、应贷的相互关系。存在对应关系的账户称为对应账户。

2.会计分录，简称分录，是对每项经济业务列示出应借、应贷的账户名称（科目）及其金额的一种记录。会计分录由应借应贷方向、相互对应的科目及其金额三个要素构成。

在我国，会计分录记载于记账凭证中。

借：原材料——A材料　　　　　　　　　　　　　3 500

　　贷：银行存款——中国建设银行　　　　　　　　　　　3 500

3.会计分录分为简单会计分录和复合会计分录。

（1）简单会计分录，是指只涉及一个账户借方和另一个账户贷方的会计分录，即一借一贷的会计分录。

（2）复合会计分录，是指由两个以上（不含两个）对应账户组成的会计分录。

①一借多贷

借：银行存款	22 600	
贷：主营业务收入		20 000
应交税费——应交增值税（销项税额）		2 600

②多借一贷

借：原材料——甲材料	1 000	
应交税费——应交增值税（进项税额）	130	
贷：银行存款		1 130

③多借多贷

借：固定资产	301 000	
应交税费——应交增值税（进项税额）	39 000	
贷：银行存款		339 000
库存现金		1 000

【典例研习·1-27】

1.企业从银行提取现金50 000元作为备用金，用来日常向顾客找零。

借：库存现金	50 000	
贷：银行存款		50 000

‖斯尔解析‖ 从银行提取备用金会导致库存现金增加（资产增加记借方），而银行存款会减少（资产减少记贷方）。

2.企业购入一台设备价款合计100 000元，其中通过银行转账方式支付92 000元，剩余款项以现金补付。

借：固定资产	100 000	
贷：银行存款		92 000
库存现金		8 000

‖斯尔解析‖ 购入设备使得企业的固定资产增加（资产增加记借方）。同时，以银行存款支付会使银行存款减少（资产减少记贷方），以库存现金补付会使库存现金减少（资产减少记贷方）。

3.企业计提5月工资薪金合计120 000元，其中行政管理人员工资薪金100 000元，销售部门人员工资薪金20 000元。

借：管理费用	100 000	
销售费用	20 000	
贷：应付职工薪酬		120 000

‖斯尔解析‖ 根据之前介绍过的会计基础（权责发生制），5月工资薪金虽然未实际发放，但员工已经向企业提供服务，属于5月的职工薪酬应将其计入5月的费用中。计提工

资薪金，会使应付职工薪酬增加（负债增加记贷方），同时增加企业的管理费用（行政管理部门）和销售费用（销售部门）（损益类中的费用增加记借方）。

4.企业6月电费合计20 000元，其中行政管理部门用电费用15 000元，销售部门用电费用5 000元。上述款项从结余的上月预付款扣除2 000元，剩余以银行转账方式支付18 000元。

借：管理费用　　　　　　　　　　　　　　15 000
　　销售费用　　　　　　　　　　　　　　 5 000
　贷：银行存款　　　　　　　　　　　　　　　　　　18 000
　　　预付账款　　　　　　　　　　　　　　　　　　 2 000

‖斯尔解析‖ 行政管理部门的电费应计入管理费用（损益类中的费用增加记借方），销售部门的电费应计入销售费用（损益类中的费用增加记借方），上月预付电费款通过预付账款核算，本月冲减结余的预付账款（资产减少记贷方），剩余部分电费以银行存款（资产减少记贷方）支付。

【典例研习·1-28】（2018年单选题改编）

2017年8月31日，某企业负债总额为500万元，9月份收回应收账款60万元，以银行存款归还短期借款40万元，预收客户租金20万元。不考虑其他因素，2017年9月30日该企业负债总额为（　　）万元。

A.480　　　　B.380　　　　C.440　　　　D.460

‖斯尔解析‖ A （1）收回应收账款，银行存款增加，银行存款属于资产，资产增加记借方，借记"银行存款"科目60万元，同时，原债权应收账款减少，应收账款属于资产，资产减少记贷方，贷记"应收账款"科目60万元，不影响负债。（2）归还短期借款，短期借款减少，负债减少记借方，借记"短期借款"科目40万元，同时，银行存款减少，资产减少记贷方，贷记"银行存款"40万元，减少企业的负债40万元。（3）预收客户租金，银行存款增加，资产增加记借方，借记"银行存款"科目20万元，同时，预收账款增加，负债增加记贷方，贷记"预收账款"科目20万元，增加企业的负债20万元。所以，2017年9月30日该企业的负债总额=500-40+20=480（万元）。

【典例研习·1-29】（2018年单选题）

某企业2017年12月初资产总额为1 200万元，12月份申请银行汇票转入银行汇票存款5万元，从银行提取现金2万元，收到设备投资的入账价值为10万元。不考虑其他因素，该企业2017年末资产总额为（　　）万元。

A.1 207　　　B.1 217　　　C.1 215　　　D.1 210

‖斯尔解析‖ D 申请银行汇票转入银行汇票存款，资产总额不变；从银行提取现金，资产总额不变；收到设备投资增加资产总额，所以该企业2017年末的资产总额=1 200+10=1 210（万元）。

（四）借贷记账法下的试算平衡

试算平衡，是指根据借贷记账法的记账规则和资产与权益（负债和所有者权益）的恒等关系，通过对所有账户的发生额和余额的汇总计算与比较，来检查账户记录是否正确的一种方法。

1.试算平衡的分类

（1）发生额试算平衡

发生额试算平衡，是指全部账户本期借方发生额合计与全部账户本期贷方发生额合计保持平衡，即：

全部账户本期借方发生额合计=全部账户本期贷方发生额合计

发生额试算平衡的直接依据是借贷记账法的记账规则，即"有借必有贷，借贷必相等"。

（2）余额试算平衡

余额试算平衡，是指全部账户借方期末（初）余额合计与全部账户贷方期末（初）余额合计保持平衡，即：

全部账户借方期末（初）余额合计=全部账户贷方期末（初）余额合计

余额试算平衡的直接依据是财务状况等式，即：资产=负债+所有者权益。

【典例研习·1-30】（模拟单选题）

根据以下期末余额试算平衡资料，计算B账户的余额是（　　）。

账户名称	期末借方余额	期末贷方余额
A账户	10 000	—
B账户	?	?
C账户	81 000	—
D账户	—	30 000
E账户	—	65 000

A.借方余额4 000　　　　　　　　B.借方余额5 000
C.贷方余额4 000　　　　　　　　D.贷方余额5 000

‖斯尔解析‖ A 根据全部账户借方期末余额合计=全部账户贷方期末余额合计，B账户余额=30 000+65 000-10 000-81 000=4 000（元），余额为借方。

【典例研习·1-31】

根据试算平衡原理，计算下表字母处的数字。

会计科目	期初余额		本期发生额		期末余额	
	借方	贷方	借方	贷方	借方	贷方
其他货币资金	A	—	90 000	D	107 200	—
其他应收款	4 000	—			4 000	
库存商品	9 000		B		14 000	
无形资产	98 000				98 000	
应付职工薪酬	—	3 000	3 000			0
应交税费	—	6 000		7 000		13 000

会计科目	期初余额		本期发生额		期末余额	
	借方	贷方	借方	贷方	借方	贷方
应付债券	—	40 000	8 000	60 000	—	C
股本	—	80 000	—	30 000	—	110 000
利润分配	—	12 200	4 000	—	—	8 200
合计	141 200	141 200	110 000	110 000	223 200	223 200

‖斯尔解析‖

A=141 200−4 000−9 000−98 000=30 200

B=110 000−4 000−8 000−3 000−90 000=5 000

C=223 200−8 200−110 000−13 000=92 000

D=110 000−7 000−60 000−30 000=13 000

会计科目	期初余额		本期发生额		期末余额	
	借方	贷方	借方	贷方	借方	贷方
其他货币资金	A.30 200	—	90 000	D.13 000	107 200	—
其他应收款	4 000	—	—	—	4 000	—
库存商品	9 000	—	B.5 000	—	14 000	—
无形资产	98 000	—	—	—	98 000	—
应付职工薪酬	—	3 000	3 000	—	—	0
应交税费	—	6 000	—	7 000	—	13 000
应付债券	—	40 000	8 000	60 000	—	C.92 000
股本	—	80 000	—	30 000	—	110 000
利润分配	—	12 200	4 000	—	—	8 200
合计	141 200	141 200	110 000	110 000	223 200	223 200

2.试算平衡表的编制

试算平衡是通过编制试算平衡表进行的。试算平衡只是通过借贷金额是否平衡来检查账户记录是否正确的一种方法。如果借贷双方发生额或余额相等，表明账户记录基本正确，但有些错误并不影响借贷双方的平衡，因此，试算不平衡，表示记账一定有错误，但试算平衡时，不能表明记账一定正确。

不影响借贷双方平衡关系的错误包括：

（1）漏记某项经济业务，使本期借贷双方的发生额等额减少，借贷仍然平衡；

（2）重记某项经济业务，使本期借贷双方的发生额等额虚增，借贷仍然平衡；

（3）某项经济业务记录的应借、应贷科目正确，但借贷双方金额同时多记或少记，且金额一致，借贷仍然平衡；

（4）某项经济业务记错有关账户，借贷仍然平衡；

（5）某项经济业务在账户记录中，颠倒了记账方向，借贷仍然平衡；

（6）某借方或贷方发生额中，偶然发生多记和少记并相互抵销，借贷仍然平衡。

【原理详解】上述不影响借贷平衡关系的原因在于只要满足"有借必有贷，借贷必相等"的规则，试算平衡则无法查出错误。

【典例研习·1-32】（2018年单选题）

下列选项中，会导致试算不平衡的因素是（　　）。

A.重记某项经济业务　　　　　　B.漏记某项经济业务

C.借方多记金额　　　　　　　　D.借贷科目用错

‖斯尔解析‖　C　不影响借贷双方平衡关系的错误通常有：（1）漏记某项经济业务（选项B）；（2）重记某项经济业务（选项A）；（3）某项经济业务记录的应借、应贷科目正确，但借贷双方金额同时多记或少记，且金额一致；（4）某项经济业务记错有关账户（选项D）；（5）某项经济业务在账户记录中，颠倒了记账方向；（6）某借方或贷方发生额中，偶然发生多记或少记并相互抵销。

【典例研习·1-33】（2020年判断题）

企业漏记某项经济业务的结果，会导致试算平衡表中的本期借贷方发生额不平衡。（　　）

‖斯尔解析‖　×　企业漏记某项经济业务的结果，根据试算平衡规则，在试算平衡表中的本期借贷方发生额仍然平衡。

【典例研习·1-34】（2019年判断题）

借贷记账法的记账规则"有借必有贷，借贷必相等"是余额试算平衡的直接依据。（　　）

‖斯尔解析‖　×　借贷记账法的记账规则"有借必有贷，借贷必相等"是发生额试算平衡的直接依据。

第五部分　会计凭证、会计账簿与账务处理程序

考点1　会计凭证（★★）

（一）会计凭证概述

1.会计凭证，是指记录经济业务发生或者完成情况的书面证明，是登记账簿的依据。会计凭证按照填制程序和用途可分为原始凭证和记账凭证。

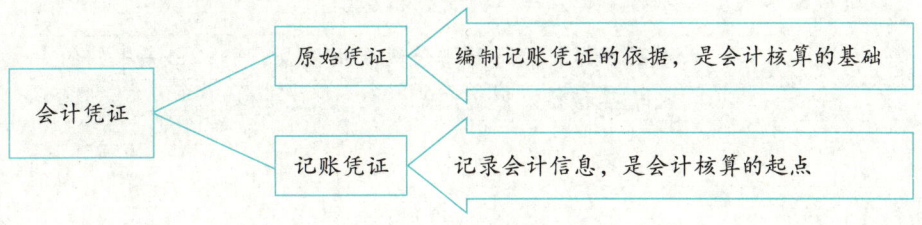

2.原始凭证,又称单据,是指在经济业务发生或完成时取得或填制的,用以记录或证明经济业务的发生或完成情况的原始凭据。原始凭证的作用主要是记载经济业务的发生过程和具体内容。

常用的原始凭证有:现金收据、增值税专用(或普通)发票、差旅费报销单、产品入库单、领料单等。

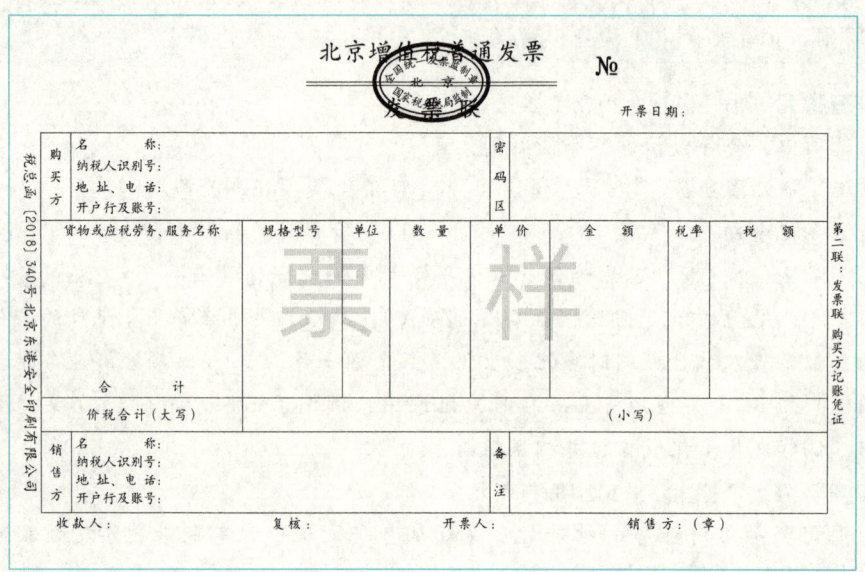

3.记账凭证,又称记账凭单,是指会计人员根据审核无误的原始凭证,按照经济业务的内容加以归类,并据以确定会计分录后填制的会计凭证,作为登记账簿的直接依据。

记账凭证的作用主要是确定会计分录,进行账簿登记,反映经济业务的发生或完成情况,监督企业经济活动,明确相关人员的责任。

【典例研习·1-35】(模拟单选题)

在每项经济业务发生或完成时取得或填制的会计凭证是( )。

A.付款凭证　　　B.转账凭证　　　C.原始凭证　　　D.收款凭证

‖斯尔解析‖ C 原始凭证,又称单据,是指在经济业务发生或完成时取得或填制的,用以记录或证明经济业务的发生或完成情况的原始凭据。

(二)原始凭证

1.原始凭证的种类

(1)按取得来源分类

原始凭证按照取得来源	举例
自制原始凭证	领料单、产品入库单、借款单等
外来原始凭证	购买原材料取得的增值税专用发票,职工出差报销的飞机票、火车票和餐饮费发票等

（2）按格式分类

原始凭证按照格式不同	举例
通用凭证	由中国人民银行制作的在全国通用的银行转账结算凭证、由国家税务总局统一印制的全国通用的增值税专用发票等
专用凭证	领料单、差旅费报销单、折旧计算表、工资费用分配表等

（3）按填制的手续和内容分类

原始凭证按照填制的手续和内容	举例
一次凭证	收据、收料单、发票、银行结算凭证等
累计凭证	限额领料单等
汇总凭证	发料凭证汇总等

【典例研习·1-36】（2020年多选题）

下列各项中，属于汇总原始凭证的是（　　）。

A.发票　　　　B.限额领料单　　　　C.发料凭证汇总表　　D.制造费用分配表

‖斯尔解析‖ C　选项A和D，属于一次凭证；选项B，属于累计凭证；选项C，属于汇总凭证。

2.原始凭证的基本内容

原始凭证应当具备以下基本内容（也称为原始凭证的要素）：（1）凭证的名称；（2）填制凭证的日期；（3）填制凭证单位名称和填制人姓名；（4）经办人员的签名或者盖章；（5）接受凭证单位名称；（6）经济业务内容；（7）数量、单价和金额。

同学们请参看下图进行记忆。

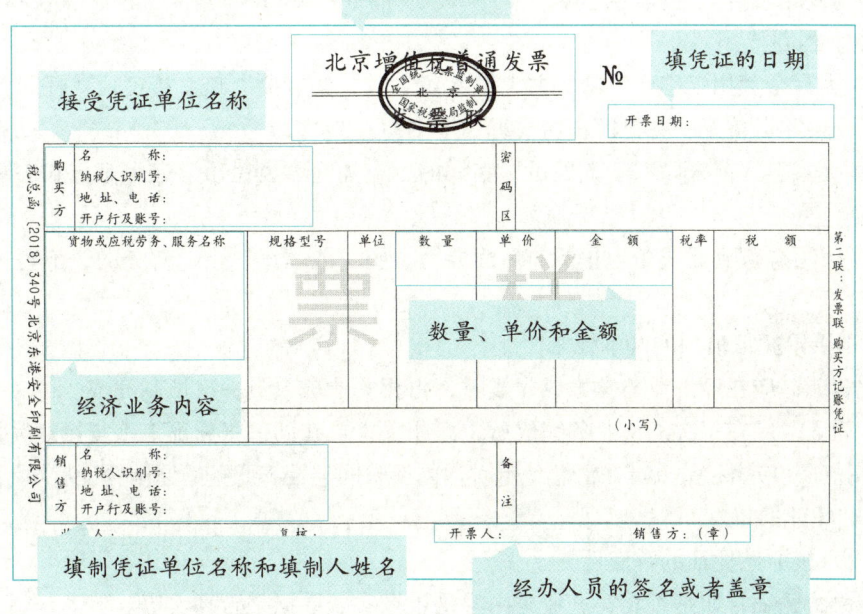

【典例研习·1-37】（2018年多选题）

下列各项中，属于原始凭证应当具备的基本内容的有（　　）。

A.记账符号　　　　　　　　　　B.交易或事项的内容

C.经办人员签名或盖章　　　　　D.编制凭证的日期

‖斯尔解析‖ BCD 原始凭证的格式和内容因经济业务和经营管理的不同而有所差异，但原始凭证应当具备以下基本内容（也称为原始凭证要素）：（1）凭证的名称；（2）填制凭证的日期；（3）填制凭证单位名称和填制人姓名；（4）经办人员的签名或者盖章；（5）接受凭证单位名称；（6）经济业务内容；（7）数量、单价和金额。

【典例研习·1-38】（2019年判断题）

企业生产车间在一定时期内领用原材料多次使用同一张"限额领料单"，该领料单属于累计原始凭证。（　　）

‖斯尔解析‖ √

3.原始凭证填制的基本要求

（1）记录真实；

（2）内容完整；

（3）手续完备；

（4）书写清楚、规范；

（5）编号连续；

（6）不得涂改、刮擦、挖补；

（7）填制及时。

4.原始凭证填写的具体要求

（1）不得使用未经国务院公布的简化汉字。大小写金额必须符合填写规范，小写金额用阿拉伯数字逐个书写，不得写连笔。

（2）在金额前要填写人民币符号"￥"，且与阿拉伯数字之间不得留有空白。金额数字一律填写到角、分。无角无分的，写"00"或符号"—"；有角无分的，分位写"0"，不得用符号"—"。

（3）大写金额用汉字壹、贰、叁、肆、伍、陆、柒、捌、玖、拾、佰、仟、万、亿、元、角、分、零、整等，一律用正楷或行书字书写。

（4）大写金额前未印有"人民币"字样的，应加写"人民币"三个字且和大写金额之间不得留有空白。

（5）大写金额到元或角为止的，后面要写"整"或"正"字，有分的，不写"整"或"正"字。

5.自制原始凭证填制的基本要求

一次凭证，应在经济业务发生或完成时，由相关业务人员一次填制完成。

累计凭证，应在每次经济业务完成后，由相关人员在同一张凭证上重复填制完成。

汇总凭证，应由相关人员在汇总一定时期内反映同类经济业务的原始凭证后填制完成。

6.原始凭证的审核

（1）审核原始凭证的真实性

审核原始凭证日期是否真实、业务内容是否真实、数据是否真实等。

（2）审核原始凭证的合法性、合理性

审核原始凭证所记录经济业务是否符合国家法律法规等。

（3）审核原始凭证的完整性

审核原始凭证各项基本要素是否齐全，是否有漏项情况，日期是否完整，数字是否清晰，文字是否工整，有关人员签章是否齐全，凭证联次是否正确等。

（4）审核原始凭证的正确性

审核原始凭证记载的各项内容是否正确，具体包括：接受原始凭证单位的名称是否正确；金额的填写和计算是否正确；更正是否正确。

需要说明的是，原始凭证金额有错误的，应当由出具单位重开，不得在原始凭证上更正；原始凭证有其他错误的，应当由出具单位重开或者更正，更正处应当加盖出具单位公章或财务专用章。

【典例研习·1-39】（2018年单选题）

下列各项中，对于金额有错误的原始凭证处理方法正确的是（　　）。

A.由出具单位在凭证上更正并加盖出具单位公章

B.由出具单位在凭证上更正并由经办人员签名

C.由出具单位在凭证上更正并由单位负责人签名

D.由出具单位重新开具凭证

‖斯尔解析‖ D 　原始凭证金额有错误的，应当由出具单位重新开具，不得在原始凭证上更正，所以选项D正确。

‖陷阱提示‖ 　无论题目如何表述，只要金额有错误必须重新开具。

【典例研习·1-40】（模拟多选题）

下列各项中，不属于审核原始凭证真实性的有（　　）。

A.凭证日期是否真实、业务内容是否真实

B.审核原始凭证所记录经济业务是否违反国家法律法规

C.审核原始凭证各项基本要素是否齐全

D.审核原始凭证各项金额计算及填写是否正确

‖斯尔解析‖ BCD 　选项B属于合法性审核；选项C属于完整性审核；选项D属于正确性审核。

（三）记账凭证

1.记账凭证的种类

记账凭证按照其反映的经济业务的内容来划分，通常可分为收款凭证、付款凭证和转账凭证。

（1）收款凭证

收款凭证，是指用于记录库存现金和银行存款收款业务的记账凭证。收款凭证根据有关库存现金和银行存款收款业务的原始凭证填制，是登记库存现金日记账、银行存款日记账以及有关明细分类账和总分类账等账簿的依据，也是出纳人员收讫款项的依据。

（2）付款凭证

付款凭证，是指用于记录库存现金和银行存款付款业务的记账凭证。付款凭证根据有关库存现金和银行存款支付业务的原始凭证填制，是登记库存现金日记账、银行存款日记账以及有关明细分类账和总分类账等账簿的依据，也是出纳人员支付款项的依据。

（3）转账凭证

转账凭证，是指用于记录不涉及库存现金和银行存款业务的记账凭证。转账凭证根据有关转账业务的原始凭证填制，是登记有关明细分类账和总分类账等账簿的依据。

2.记账凭证的基本内容

（1）填制凭证的日期；

（2）凭证编号；

（3）经济业务摘要；

（4）应借应贷会计科目；

（5）金额；

（6）所附原始凭证张数；

（7）填制凭证人员、稽核人员、记账人员、会计机构负责人、会计主管人员签名或者盖章。

收款和付款记账凭证还应当由出纳人员签名或者盖章。

3.记账凭证的填制要求

记账凭证的填制除要做到内容完整、书写清楚和规范外，还必须符合下列要求：

①除结账和更正错账可以不附原始凭证外，其他记账凭证必须附原始凭证。

②记账凭证可以根据每一张原始凭证填制，或根据若干张同类原始凭证汇总填制，也可根据原始凭证汇总表填制；但不得将不同内容和类别的原始凭证汇总填制在一张记账凭证上。

③记账凭证应连续编号。

④填制记账凭证时若发生错误，应当重新填制。

⑤记账凭证填制完成后如有空行，应当自金额栏最后一笔金额数字下的空行处至合计数上的空行处划线注销。

4.收款凭证的填制要求

收款凭证左上角的"借方科目"按收款的性质填写"库存现金"或"银行存款"。

5.付款凭证的填制要求

付款凭证是根据审核无误的库存现金和银行存款的付款业务的原始凭证填制的。在付款凭证的左上角应填列贷方科目，即"库存现金"或"银行存款"科目。

需要重点提示各位同学的是，将现金存入银行或从银行提取现金，为了避免重复记账，一般只填制付款凭证，不再填制收款凭证。

【典例研习·1-41】（2019年多选题）

下列各项中，企业应根据相关业务的原始凭证编制收款凭证的有（　　）。

A.收取出租包装押金　　　　　　　B.从银行存款中提取现金

C.将库存现金送存银行　　　　　　D.销售产品取得货款存入银行

‖斯尔解析‖ **AD**　将现金存入银行，从银行提取现金只需编制付款凭证，选项B和C需要编制付款凭证。

‖陷阱提示‖ 同学们不要简单的看备选项中是否有"收"字或"付"字，进而简单的判断编制的是收款凭证还是付款凭证，而是需要对每个选项认真分析，特别是将现金存入银行或从银行提取现金，为了避免重复记账，一般只填制付款凭证，不再填制收款凭证。

【典例研习·1-42】（2019年判断题）

会计人员在记账过程中，除结账和更正错账可以不附原始凭证外，其他记账凭证必须附原始凭证。（　　）

‖斯尔解析‖ √

6.转账凭证的填制要求

转账凭证通常是根据有关转账业务的原始凭证填制的。

【典例研习·1-43】（2018年多选题）

下列各项中，属于记账凭证填制要求的内容有（　　）。

A.所有记账凭证都必须附有原始凭证
B.记账凭证应连续编号
C.记账凭证要内容完整，书写清楚和规范
D.填制记账凭证时若发现错误，应当重新填制

‖斯尔解析‖ BCD　除结账和更正错账可以不附原始凭证外，其他记账凭证必须附原始凭证，选项A不正确。

（四）记账凭证的审核

（1）记账凭证是否有原始凭证为依据，所附原始凭证或记账凭证汇总表的内容与记账凭证的内容是否一致；

（2）记账凭证各项目的填写是否齐全，如日期、凭证编号、摘要、会计科目、金额、所附原始凭证张数及有关人员签章等；记账凭证的应借、应贷科目以及对应关系是否正确；

（3）记账凭证所记录的金额与原始凭证的有关金额是否一致，计算是否正确；

（4）记账凭证中的记录是否文字工整、数字清晰，是否按规定进行更正等；

（5）出纳人员在办理收款或付款业务后，是否已在原始凭证上加盖"收讫"或"付讫"的戳记。

（五）会计凭证的保管

会计凭证的保管，是指会计凭证记账后的整理、装订、归档和存查工作。

考点2　会计账簿（★）

（一）会计账簿概述

会计账簿，简称账簿，是指由一定格式的账页组成的，以经过审核的会计凭证为依据，全面、系统、连续地记录各项经济业务和会计事项的簿籍。

1.会计账簿的基本内容

（1）封面，主要用来标明账簿的名称，如总分类账、各种明细分类账、库存现金日记账、银行存款日记账等。

（2）扉页，主要用来列明会计账簿的使用信息，如科目索引、账簿启用和经管人员一览表等。

（3）账页，是账簿用来记录经济业务的主要载体，包括账户的名称、日期栏、凭证种类和编号栏、摘要栏、金额栏，以及总页次和分户页次等基本内容。

2.会计账簿的种类

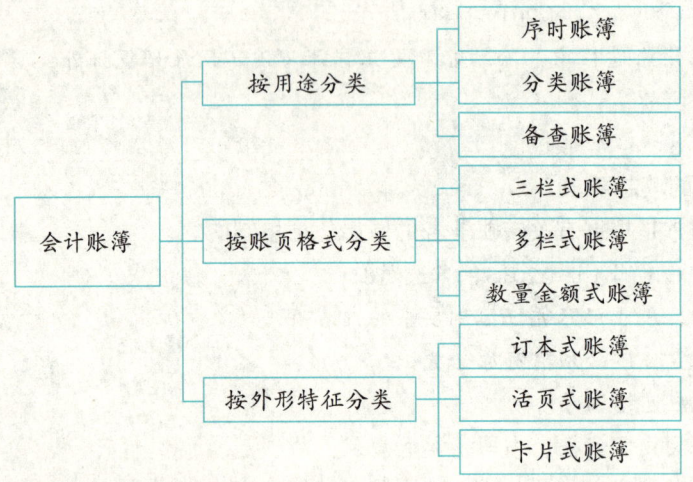

（1）按用途分类

会计账簿按照用途，可以分为序时账簿、分类账簿和备查账簿。

库存现金日记账和银行存款日记账属于序时账簿。

分类账簿是会计账簿的主体，也是编制财务报表的主要依据。

分类账簿按其反映经济业务的详略程度，可分为总分类账簿和明细分类账簿。其中，总分类账簿，简称总账，是根据总分类账户开设的，总括地反映某类经济活动。明细分类账簿，简称明细账，是根据明细分类账户开设的，用来提供明细的核算资料。

备查账簿，又称辅助登记簿或补充登记簿，是对某些在序时账簿和分类账簿中未能记载或记载不全的经济业务进行补充登记的账簿。

（2）按账页格式分类

会计账簿按照账页格式，主要分为三栏式账簿、多栏式账簿、数量金额式账簿。

各种日记账、总账以及资本、债权、债务明细账都可采用三栏式账簿；收入、成本、费用明细账一般采用多栏式账簿；原材料、库存商品等明细账一般采用数量金额式账簿。

（3）按外形特征分类

会计账簿按照外形特征，可以分为订本式账簿、活页式账簿、卡片式账簿。

订本式账簿一般适用于重要的和具有统驭性的总分类账、库存现金日记账和银行存款日记账；企业一般只对固定资产的核算采用卡片账形式，也有少数企业在材料核算中使用材料卡片。

（二）会计账簿的启用与登记要求

启用会计账簿时，应当在账簿封面上写明单位名称和账簿名称，并在账簿扉页上附启用表。启用订本式账簿应当从第一页到最后一页顺序编定页数，不得跳页、缺号。使用活页式账簿应当按账户顺序编号，并须定期装订成册，装订后再按实际使用的账页顺序编定页码，另加目录以便于记明每个账户的名称和页次。

（1）登记会计账簿时，应当将会计凭证日期、编号、业务内容摘要、金额和其他有关资料逐项记入账内。

（2）为了保持账簿记录的持久性，防止涂改，登记账簿必须使用蓝黑墨水或碳素墨水书写，不得使用圆珠笔（银行的复写账簿除外）或者铅笔书写。

下列情况可以使用红墨水记账：

①按照红字冲账的记账凭证，冲销错误记录；

②在不设借贷等栏的多栏式账页中，登记减少数；

③在三栏式账户的余额栏前，如未印明余额方向的，在余额栏内登记负数余额；

④根据国家规定可以用红字登记的其他会计记录。

（3）会计账簿应当按照连续编号的页码顺序登记。

（4）凡需结出余额的账户，结出余额后，应在"借或贷"栏中注明"借"或"贷"字样，以示余额方向。没有余额的账户，应在"借或贷"栏内注明"平"字，并在"余额"栏中的元位处用"θ"表示。

（5）库存现金日记账和银行存款日记账必须逐日结出余额。

（6）每一账页登记完毕时，应当结出本页发生额合计及余额，在该账页最末一行"摘要"栏注明"转次页"或"过次页"，并将这一金额记入下一页第一行有关金额栏内，在该行"摘要"栏注明"承前页"，以保持账簿记录的连续性，便于对账和结账。

（7）账簿记录发生错误时，不得刮擦、挖补或用褪色药水更改字迹，而应采用规定的方法更正。

【典例研习·1-44】（模拟单选题）

下列各项中，不符合账簿登记要求的是（　　）。

A.根据红字冲账的记账凭证，用红字冲销错误记录

B.登记账簿一律使用蓝黑墨水或碳素墨水书写

C.日记账必须逐日结出余额

D.发生账簿记录错误不得刮、擦、补、挖

‖斯尔解析‖ B 下列情况可以使用红墨水记账（选项B错误）：

（1）按照红字冲账的记账凭证，冲销错误记录（选项A正确）；

（2）在不设借贷等栏的多栏式账页中，登记减少数；

（3）在三栏式账户的余额栏前，如未印明余额方向的，在余额栏内登记负数余额；

（4）根据国家规定可以用红字登记的其他会计记录。

日记账需按日结出余额，选项C正确；账簿记录错误应按规定进行更正，不得刮、擦、补、挖，选项D正确。

（三）会计账簿的格式与登记方法

1.日记账的格式与登记方法

日记账，是按照经济业务发生或完成的时间先后顺序逐日逐笔进行登记的账簿。设置日记账的目的，是为了使经济业务的时间顺序清晰地反映在账簿记录中。在我国，大多数企业一般只设库存现金日记账和银行存款日记账。

（1）库存现金日记账的格式与登记方法

三栏式库存现金日记账由出纳人员根据库存现金收款凭证、库存现金付款凭证和银行存款付款凭证，按照库存现金收、付款业务和银行存款付款（如从银行提取备用金）业务发生时间的先后顺序逐日逐笔登记。

每日终了，应分别计算库存现金收入和支出的合计数，并结出余额，同时将余额与出纳人员的库存现金核对。如账款不符应查明原因，记录备案。月终同样要计算库存现金收、付和结存的合计数。

库存现金日记账必须使用订本账。

（2）银行存款日记账的格式与登记方法

银行存款日记账应按企业在银行开立的账户和币种分别设置，每个银行账户设置一本日记账。由出纳人员根据与银行存款收付业务有关的记账凭证，按时间先后顺序逐日逐笔进行登记。根据银行存款收款凭证和有关的库存现金付款凭证（如现金存入银行的业务）登记银行存款收入栏，根据银行存款付款凭证登记其支出栏，每日结出存款余额。

银行存款日记账的登记方法与库存现金日记账的登记方法基本相同。

银行存款日记账必须使用订本账。

【典例研习·1-45】（2018年单选题）

下列各项中，出纳人员根据会计凭证登记现金日记账正确的做法是（　　）。

A.根据库存现金收付业务凭证逐笔、序时登记
B.根据现金收付款凭证金额相抵的差额登记
C.将现金收款凭证汇总后再登记
D.将现金付款凭证汇总后再登记

‖斯尔解析‖　【A】　三栏式库存现金日记账由出纳人员根据库存现金收款凭证、库存现金付款凭证和银行存款付款凭证，按照库存现金收、付款业务和银行存款付款业务发生时间的先后顺序逐日逐笔登记。

【典例研习·1-46】（模拟单选题）

下列各项中，不能作为登记银行存款日记账凭证的是（　　）。

A.库存现金付款凭证　　　　　　　B.库存现金收款凭证
C.银行存款收款凭证　　　　　　　D.银行存款付款凭证

‖斯尔解析‖　【B】　提取库存现金编制银行存款付款凭证，所以库存现金收款凭证不能作为登记银行存款日记账的凭证，库存现金收款凭证是登记现金时记账的依据。

2.总分类账的格式与登记方法

总分类账是按照总分类账户分类登记以提供总括会计信息的账簿。

总分类账的登记方法因登记的依据不同而有所不同。经济业务少的小型单位的总分类账可以根据记账凭证逐笔登记；经济业务多的大中型单位的总分类账，可以根据记账凭证汇总表（又称科目汇总表）或汇总记账凭证等定期登记。

3.明细分类账的格式与登记方法

根据各种明细分类账所记录经济业务的特点，明细分类账的常用格式主要包括：

（1）三栏式

三栏式账页是设有借方、贷方和余额三个栏目，用以分类核算各项经济业务，提供详细核算资料的账簿，其格式与三栏式总账格式相同。

三栏式账页

2021年		凭证号数	摘要	对方科目	借方金额	贷方金额	借或贷	余额
月	日							

（2）多栏式

多栏式账页将属于同一个总账科目的各个明细科目合并在一张账页上进行登记，即在这种格式账页的借方或贷方金额栏内按照明细项目设若干专栏。这种格式适用于收入、成本、费用类科目的明细核算。

管理费用多栏明细账

2021年		凭证号数	摘要	借方金额				贷方金额	借或贷	余额
月	日			工资	福利费	办公费	……			

主营业务收入多栏明细账

2021年		凭证号数	摘要	借方金额	贷方金额				借或贷	余额
月	日				A产品	B产品	C产品	合计		

应交增值税明细账

2021年		凭证号数	摘要	借方金额			贷方金额			借或贷	余额
月	日			进项税额	已交税金	……	销项税额	出口退税	……		

（3）数量金额式

数量金额式账页适用于既要进行金额核算又要进行数量核算的账户，如原材料、库存商品等存货账户，其借方（收入）、贷方（发出）和余额（结存）都分别设有数量、单价和金额三个专栏。

原材料明细账

2021年		凭证号数	摘要	借方			贷方			余额		
月	日			数量	单价	金额	数量	单价	金额	数量	单价	金额

【典例研习·1-47】（2020年单选题）

下列各项中，适合采用数量金额式账簿的是（　　）。

A.管理费用明细账　　　　　　　B.库存商品明细账

C.应收账款明细账　　　　　　　D.主营业务收入明细账

‖斯尔解析‖ (B) 数量金额式账簿，是在账簿的借方、贷方和余额三个栏目内，每个栏目再分设数量、单价和金额三个专栏，借以反映财产物资的实物数量和金额的账簿，原材料、库存商品（选项B正确）等明细账一般采用数量金额式账簿。

4.总分类账与明细分类账的平行登记

平行登记，是指对所发生的每项经济业务都要以会计凭证为依据，一方面记入有关总分类账户，另一方面记入所辖明细分类账户的方法。

总分类账户与明细分类账户平行登记的要点包括：方向相同、期间一致、金额相等。

总账本期发生额=所属明细账本期发生额合计

总账期初余额=所属明细账期初余额合计

总账期末余额=所属明细账期末余额合计

【典例研习·1-48】（2019年多选题）

下列各项中，属于会计账簿的是（　　）。

A.备查簿　　　B.日记账　　　C.总账　　　D.明细账

‖斯尔解析‖ (ABCD) 会计账簿按照用途可以分为：序时账簿、分类账簿和备查账簿，其中序时账簿又称日记账，分类账簿可以分为总分类账簿和明细分类账簿。

（四）对账与结账

1.对账

对账，是对账簿记录所进行的核对，也就是核对账目。对账工作一般在记账之后结账之前，即在月末进行。对账一般分为账证核对、账账核对、账实核对。

（1）账证核对

账证核对是指将账簿记录与会计凭证核对，核对账簿记录与原始凭证、记账凭证的时间、凭证字号、内容、金额等是否一致，记账方向是否相符，做到账证相符。

（2）账账核对

①总分类账簿之间的核对

按照"资产=负债+所有者权益"这一会计等式和"有借必有贷、借贷必相等"的记账规则，总分类账簿各账户的期初余额、本期发生额和期末余额之间存在对应平衡关系，各账户的期末借方余额合计和贷方余额合计也存在平衡关系。通过这种等式平衡关系，可以检查总账记录是否正确、完整。

②总分类账簿与所辖明细分类账簿之间的核对

总分类账各账户的期末余额应与其所辖各明细分类账的期末余额之和核对相符。

③总分类账簿与序时账簿之间的核对

主要是指库存现金总账和银行存款总账的期末余额，与库存现金日记账和银行存款日记账的期末余额之间的核对。

④明细分类账簿之间的核对

会计机构有关实物资产的明细账与财产物资保管部门或使用部门的明细账定期核对，以检查余额是否相符。

（3）账实核对

账实核对的内容主要包括：

①库存现金日记账账面余额与现金实际库存数逐日核对是否相符。

②银行存款日记账账面余额与银行对账单余额定期核对是否相符。

③各项财产物资明细账账面余额与财产物资实有数额定期核对是否相符。

④有关债权债务明细账账面余额与对方单位债务债权账面记录核对是否相符。

【典例研习·1-49】（模拟多选题）

下列各项核对中，属于账实核对的有（　　）。

A.会计部门各财产明细账余额与保管财产部门有关明细账账面余额进行核对

B.现金日记账余额与现金实际库存数核对

C.各项债权明细账余额与对方单位账面记录核对

D.银行存款日记账余额与银行对账单余额进行核对

‖斯尔解析‖ BCD 选项A属于账账核对。

‖陷阱提示‖ 账实核对不仅仅局限于字面解释，债权债务明细账与对方单位债务债权账面记录核对也属于账实核对。

2.结账

结账是将账簿记录定期结算清楚的会计工作。结账的内容通常包括两个方面：一是结清各种损益类账户，据以计算确定本期利润；二是结出各资产、负债和所有者权益账户的本期发生额合计和期末余额。

（1）对不需按月结计本期发生额的账户，每月最后一笔余额是月末余额。月末结账时，只需要在最后一笔经济业务记录下面通栏划单红线，不需要再次结计余额。

（2）库存现金、银行存款日记账和需要按月结计发生额的收入、费用等明细账，每月结账时，要在最后一笔经济业务记录下面通栏划单红线，结出本月发生额和余额，在摘要栏内注明"本月合计"字样，并在下面通栏划单红线。

（3）对于需要结计本年累计发生额的明细账户，每月结账时，应在"本月合计"行下结出自年初起至本月末止的累计发生额，登记在月份发生额下面，在摘要栏内注明"本年累计"字样，并在下面通栏划单红线。12月末的"本年累计"就是全年累计发生额，全年累计发生额下面通栏划双红线。

（4）总账账户平时只需结出月末余额。年终结账时，为总括反映全年各项资金运动情况的全貌，核对账目，要将所有总账账户结出全年发生额和年末余额，在摘要栏内注明"本年合计"字样，并在合计数下面通栏划双红线。

（5）年度终了结账时，有余额的账户，应将其余额结转下年，并在摘要栏注明"结转下年"字样；在下一会计年度新建有关账户的第一行余额栏内填写上年结转的余额，并在摘要栏注明"上年结转"字样，使年末有余额账户的余额如实地在账户中加以反映，以免混淆有余额的账户和无余额的账户。

【典例研习·1-50】（模拟判断题）

对于不需按月结计本期发生额的账户，每次记账后，都要随时结出余额，每月最后一笔余额记录下通栏划双红线。（　　）

‖斯尔解析‖ ✗ 对不需按月结计本期发生额的账户，每次记账以后，都要随时结出余额，每月最后一笔余额是月末余额。月末结账时，只需要在最后一笔经济业务记录之下通栏划单红线。

（五）错账更正的方法

对于发生的账簿记录错误，应当采用正确、规范的方法予以更正，不得涂改、挖补、刮擦或者用药水消除字迹，不得重新抄写。错账更正的方法一般有划线更正法、红字更正法和补充登记法三种。

1.划线更正法

在结账前发现账簿记录有文字或数字错误，而记账凭证没有错误，应当采用划线更正法。

记账凭证中的文字或数字发生错误，在尚未过账前，也可用划线更正法更正。

2.红字更正法

适用于记账后发现记账凭证中应借、应贷会计科目有错误所引起的记账错误；记账后发现记账凭证和账簿记录中应借、应贷会计科目无误，只是所记金额大于应记金额所引起的记账错误。

【典例研习·1-51】

企业管理部门领用材料一批，金额1 500元，企业编制的会计分录为：

借：生产成本　　　　　　　　　　　　　1 500
　　贷：原材料　　　　　　　　　　　　　　　　1 500

更正：

借：生产成本　　　　　　　　　1 500（红字）
　　贷：原材料　　　　　　　　　　　　　1 500（红字）
借：管理费用　　　　　　　　　　　　　1 500
　　贷：原材料　　　　　　　　　　　　　　　　1 500

3.补充登记法

记账后发现记账凭证和账簿记录中应借、应贷会计科目无误,只是所记金额小于应记金额时,应当采用补充登记法。

> 【解题高手】上述三种错账更正方法的主要区别在于,如果是结账前发现的错误使用划线更正法,如果是记账后发现的错误使用红字更正法或补充登记法。

【典例研习·1-52】(2019年单选题)

会计人员在结账前发现记账凭证填制无误,但登记入账时误将600元写成6 000元,下列更正方法正确的是(   )。

A.补充登记法　　B.划线更正法　　C.横线登记法　　D.红字更正法

‖斯尔解析‖ [B] 在结账前发现账簿记录有文字或数字错误,而记账凭证没有错误,应当采用划线更正法。本题关键点在于结账前发现的错误,所以使用划线更正法。

【典例研习·1-53】(2018年单选题)

某企业结账前发现账簿记录中有一笔金额为3 457元的销售业务误记为3 475元,相关的记账凭证没有错误。下列各项中,属于该企业应采用正确的错账更正方法的是(   )。

A.补充登记法　　B.划线更正法　　C.更正账页法　　D.红字更正法

‖斯尔解析‖ [B] 在结账前发现账簿记录有文字或数字错误,而记账凭证没有错误,应当采用划线更正法。

【典例研习·1-54】(2020年判断题)

企业结账前发现凭证无误而账簿记录出现金额错误,应当采用补充登记法更正。
(   )

‖斯尔解析‖ [×] 在结账前发现账簿记录有文字或数字错误,而记账凭证没有错误,应当采用划线更正法。

考点3　账务处理程序(★)

企业常用的账务处理程序,主要有记账凭证账务处理程序、汇总记账凭证账务处理程序和科目汇总表账务处理程序,他们之间的主要区别是登记总分类账的依据和方法不同。

(一)记账凭证账务处理程序

记账凭证账务处理程序,是指对发生的经济业务,先根据原始凭证或汇总原始凭证填制记账凭证,再直接根据记账凭证登记总分类账的一种账务处理程序。

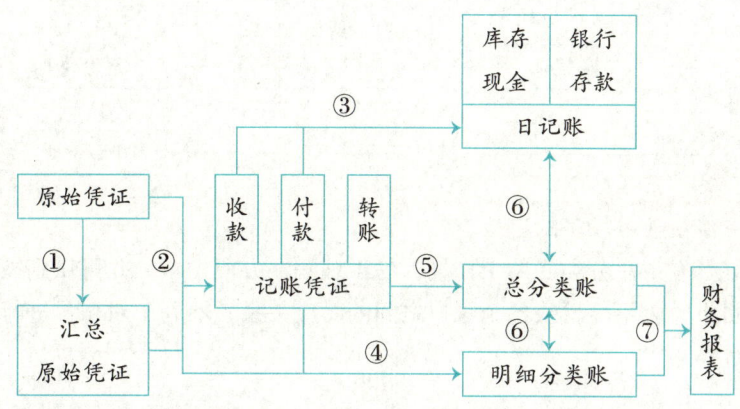

适用范围：规模较小、经济业务量较少的单位。
优点：简单明了，易于理解，总分类账可以较详细地反映经济业务的发生情况。
缺点：登记总分类账的工作量较大。

（二）汇总记账凭证账务处理程序

汇总记账凭证账务处理程序，是指先根据原始凭证或汇总原始凭证填制记账凭证，定期根据记账凭证分类编制汇总收款凭证、汇总付款凭证和汇总转账凭证，再根据汇总记账凭证登记总分类账的一种账务处理程序。

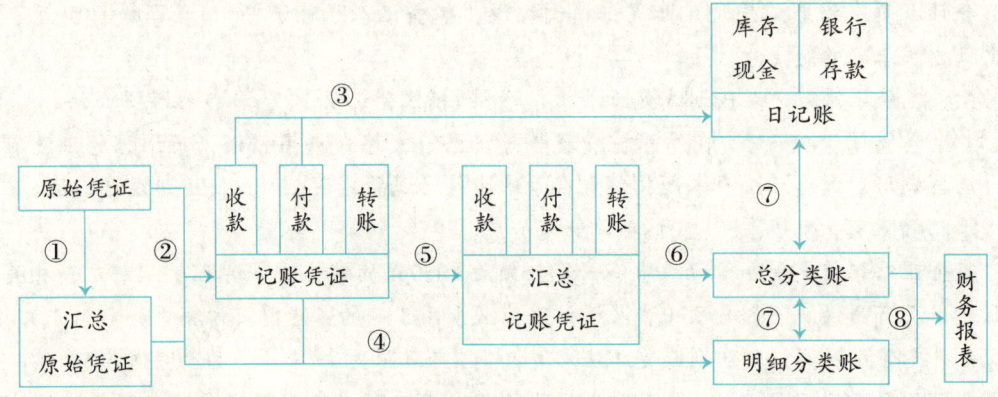

适用范围：规模较大、经济业务较多的单位。
优点：减轻了登记总分类账的工作量。
缺点：当转账凭证较多时，编制汇总转账凭证的工作量较大，并且按每一贷方账户编制汇总转账凭证，不利于会计核算的日常分工。

（三）科目汇总表账务处理程序

科目汇总表账务处理程序，又称记账凭证汇总表账务处理程序，是指根据记账凭证定期编制科目汇总表，再根据科目汇总表登记总分类账的一种账务处理程序。

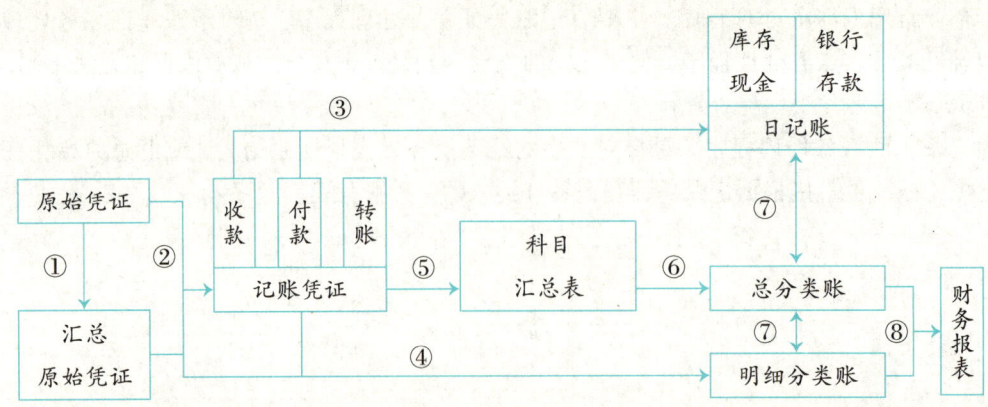

适用范围：经济业务较多的单位。
优点：减轻了登记总分类账的工作量，易于理解，方便学习，并可做到试算平衡。
缺点：科目汇总表不能反映各个账户之间的对应关系，不利于对账目进行检查。

【典例研习·1-55】（模拟单选题）
各种账务处理程序的主要区别是（   ）。
A.登记明细账的依据不同　　　　　B.登记总账的依据和方法不同
C.记账的程序不同　　　　　　　　D.记账的方法不同

‖斯尔解析‖　[B]　登记总账的依据不同是各账务处理程序的主要区别。

第六部分　财产清查

考点1　财产清查概述（★★）

财产清查，是指通过对货币资金、实物资产和往来款项等财产物资进行盘点或核对，确定其实存数，查明账存数与实存数是否相符的一种专门方法。

（一）财产清查的种类

财产清查按照清查范围，分为全面清查和局部清查；

按照清查的时间，分为定期清查和不定期清查；

按照清查的执行系统，分为内部清查和外部清查。

1.按照清查范围分类

全面清查，是指对所有的财产进行全面的盘点和核对。需要进行全面清查的情况通常有：

（1）年终决算前；

（2）在合并、撤销或改变隶属关系前；

（3）中外合资、国内合资前；

（4）股份制改造前；

（5）开展全面的资产评估、清产核资前；

（6）单位主要领导调离工作前等。

局部清查是指根据需要只对部分财产进行盘点和核对。

局部清查的特点是清查内容少，范围小，涉及的人员较少，但专业性较强。其清查对象主要是货币资金、存货等流动性较强的财产。

局部清查的情况通常有：

（1）库存现金，应由出纳员在每日业务终了时清点，做到日清月结；

（2）银行存款，应由出纳员每月至少同银行核对一次；

（3）原材料、在产品和产成品等流动性较大的存货，应根据需要随时轮流盘点或重点抽查，对于贵重的财产物资，应每月清查盘点一次；

（4）债权、债务，应在年度内至少同对方核对一至两次。

2.按照清查的时间分类

定期清查是指按照预先计划安排的时间对财产进行的盘点和核对。定期清查一般在年末、季末、月末进行。定期清查，可以是全面清查，也可以是局部清查。

不定期清查是指事前不规定清查日期，而是根据特殊需要临时进行的盘点和核对。不定期清查，可以是全面清查，也可以是局部清查，应根据实际需要来确定清查的对象和范围。

不定期清查主要在以下几种情况下进行：
（1）在财产物资或库存现金的保管人员发生变动时；
（2）上级或国家有关部门决定对本单位会计或业务进行审查时；
（3）进行临时性清产核资时；
（4）发生自然灾害或意外损失时。
3.按照清查的执行系统分类
内部清查是指由本单位内部自行组织清查工作小组所进行的财产清查工作。大多数财产清查都是内部清查。
外部清查是指由上级主管部门、审计机关、司法部门、注册会计师根据国家有关规定或情况需要对本单位所进行的财产清查。一般来讲，进行外部清查时应有本单位相关人员参加。

> 【解题高手】各位同学请注意，上述定期清查、不定期清查，可以是全面清查，也可以是局部清查；同理，全面清查、局部清查可以是定期清查，也可以是不定期清查，应根据实际需要来确定。

【典例研习·1-56】（2018年多选题）
下列各项中，企业必须进行财产全面清查的有（　　）。
A.清产核资　　　　　　　　B.股份制改造
C.单位改变隶属关系　　　　D.单位主要领导人离任交接前
‖斯尔解析‖ ABCD　全面清查，是指对所有的财产进行全面的盘点和核对。需要进行全面清查的情况通常有：（1）年终决算前；（2）在合并、撤销或改变隶属关系前；（3）中外合资、国内合资前；（4）股份制改造前；（5）开展全面的资产评估、清产核资前；（6）单位主要领导调离工作前等。

【典例研习·1-57】（模拟多选题）
财产清查按清查的时间分类可以分为（　　）。
A.年度清查　　B.中期清查　　C.定期清查　　D.不定期清查
‖斯尔解析‖ CD　财产清查按清查的时间分为定期清查和不定期清查。

（二）财产清查的一般程序
财产清查一般包括以下程序：
（1）建立财产清查组织；
（2）组织清查人员学习有关政策规定，掌握有关法律、法规和相关业务知识，以提高财产清查工作的质量；
（3）确定清查对象、范围，明确清查任务；
（4）制定清查方案，具体安排清查内容、时间、步骤、方法，以及必要的清查前准备；
（5）清查时本着先清查数量、核对有关账簿记录等，后认定质量的原则进行；
（6）填制盘存清单；
（7）根据盘存清单，填制实物、往来账项清查结果报告表。

考点2 财产清查的方法与处理（★★）

（一）财产清查的方法

1.货币资金的清查方法

（1）库存现金的清查

库存现金的清查采用实地盘点法。库存现金清查一般由主管会计或财务负责人和出纳人员共同清点出各种纸币的张数和硬币的个数，并填制库存现金盘点报告表。对库存现金进行盘点时，出纳人员必须在场。

（2）银行存款的清查

银行存款的清查是采用与开户银行核对账目的方法进行的，即将本单位银行存款日记账的账簿记录与开户银行转来的对账单逐笔进行核对，查明银行存款的实有数额。

银行存款日记账与银行对账单不一致的原因：

①将截止到清查日所有银行存款的收付业务都登记入账后，对发生的错账、漏账应及时查清更正，再与银行的对账单逐笔核对。

②如果二者余额不相符，则可能是企业或银行一方或双方记账过程有错误或者存在未达账项。

未达账项，是指企业和银行之间，由于记账时间不一致而发生的一方已经入账，而另一方尚未入账的事项。

2.实物资产的清查方法

实物资产主要包括固定资产、存货等。实物资产的清查就是对实物资产在数量和质量上进行的清查。常用的清查方法主要包括以下两种：

（1）实地盘点法；

（2）技术推算法。

【典例研习·1-58】（模拟多选题）

下列各项资产中，采用实地盘点法的清查对象有（   ）。

A.库存现金　　　B.应收账款　　　C.银行存款　　　D.库存商品

‖斯尔解析‖　【AD】　选项B，往来账项的清查一般用发函询证的方法进行核对；选项C，银行存款的清查采用的是与开户行核对账目的方法进行核对。

3.往来款项的清查方法

往来款项主要包括应收、应付款项和预收、预付款项等。往来款项的清查一般采用发函询证的方法进行核对。

【典例研习·1-59】（2020年多选题）

下列各项中，关于财产清查的表述正确的有（   ）。

A.银行存款清查应采用与开户银行核对账目的方法

B.库存现金清查应采用实地盘点法

C.露天堆放煤炭清查应采用技术推算法

D.应收账款清查应采用发函询证的方法

‖斯尔解析‖　【ABCD】　选项A，银行存款的清查是采用与开户银行核对账目的方法进行的，即将本单位银行存款日记账的账簿记录与开户银行转来的对账单逐笔核对，查明银行存款的实有数额；选项B，库存现金的清查是采用实地盘点法确定库存现金的实存数，然后与库存现金日记账的账面余额相核对，确认账实是否相符；选项C，技术推算法只适用于成堆量大而价值不高，逐一清点的工作量和难度较大的财产物资的清查。例如，露天堆放的煤炭等。选项D，往来款项主要包括应收、应付款项和预收、预付款项等，往来款项的清查一般采用发函询证的方法进行核对。

【典例研习·1-60】（2019年多选题）

下列各项中，关于财产清查的相关表述正确的有（ ）。

A.往来款项清查一般采用发函询证方法
B.实物资产清查采用实地盘点法和技术推算法
C.库存现金清查采用实地盘点法
D.银行存款清查采用与开户行核对账目的方法

‖斯尔解析‖ 〔ABCD〕 往来款项的清查一般采用发函询证的方法进行核对，选项A正确；实物资产的清查主要采用实地盘点和技术推算法，选项B正确；库存现金的清查采用实地盘点法，选项C正确；银行存款的清查采用与开户银行核对账目的方法进行，选项D正确。

（二）财产清查结果的处理

财产清查产生的损溢，企业应于期末前查明原因，并根据企业的管理权限，经股东大会或董事会，或经理（厂长）会议或类似机构批准后，在期末结账前处理完毕。如果在期末结账前尚未经批准，在对外提供财务报表时，先按相关规定进行相应账务处理，并在附注中作出说明，其后批准处理的金额与已处理金额不一致的，调整财务报表相关项目的期初数。

第七部分　财务报告

考点1　财务报告及其目标（★）

财务报告，是指企业定期编制的综合反映企业某一特定日期的财务状况和某一会计期间的经营成果、现金流量等会计信息的文件。

财务报告使用者通常包括投资者、债权人、政府及其有关部门、社会公众等。

考点2　财务报表的组成（★）

财务报表，是对企业财务状况、经营成果和现金流量的结构性表述。一套完整的财务报表至少应当包括资产负债表、利润表、现金流量表、所有者权益（或股东权益）变动表以及附注。

【典例研习·1-61】（2018年判断题）

企业对外提供的财务报告中，附注是不可或缺的重要组成部分。（　　）

‖斯尔解析‖ 〔√〕 附注是财务报表不可或缺的组成部分，是对在资产负债表、利润表、现金流量表和所有者权益变动表等报表中列示项目的文字描述或明细资料的补充，以及对未能在这些报表中列示项目的说明等。

第二章 资 产

学习提要

首先，恭喜同学们顺利通过第一章，第二章会把第一章学习的会计分录完美的运用。第二章是考试中最重要的一章，因为现在是机考，你真的不知道会在哪里出题。所以我们在考点精讲部分给同学们准备的所有内容都必须完全掌握。但是，同学们也不用谈虎色变，请你相信我们，跟着我们直播课，把课上内容充分理解，课下通过《只做好题》认真巩固是完全可以消灭这只"纸老虎"的。

本章近三年平均分值在30分左右，其中，2020年16题29分，2019年20题35.5分，2018年19题31.5分，预计2021年分值仍然在30分左右。同时本章存货、交易性金融资产、固定资产和无形资产均可以考核不定项选择题，请同学们在复习时注意。

考点精讲

第一部分 货币资金

考点1 库存现金（★★★）

（一）现金管理制度

现金的使用范围：对个人的支出可以使用现金结算，其中支付给个人劳务报酬应当以支票或银行本票等方式支付，确实需要支付现金的，经开户银行审核后，予以现金支付；对企业、单位在结算起点（1 000元）以下的支出，可以使用现金结算，超过结算起点的应当通过银行转账结算。

> 【解题高手】对于使用现金，各位同学需要记住的是对个人没有金额起点限制，对企事业单位有严格的金额起点限制。

（二）现金的账务处理

企业应当设置现金总账和现金日记账，分别进行企业库存现金的总分类核算和明细分类核算。企业应当设置"库存现金"科目，借方登记现金的增加，贷方登记现金的减少，期末余额在借方，反映企业实际持有的库存现金的金额。

需要说明的是，企业不得"坐支"现金，即取得现金需要存入银行，需要使用现金时再从银行提取使用。因特殊情况需要坐支现金的，应当事先报经开户银行审查批准，由开户银行核定坐支范围和限额。

【典例研习·2-1】（2020年判断题）

企业发生经济业务需要支付现金时，可以从本单位的现金收入中直接安排支付。（   ）

‖斯尔解析‖ ✗   开户单位支付现金，可以从本单位库存现金限额中支付或从开户银行提取，不得从本单位的现金收入中直接支付（即坐支）。

（三）现金的清查

企业应当按规定进行对库存现金进行定期和不定期的清查，一般采用实地盘点法，对于清查的结果应当编制现金盘点报告单。有现金溢余或短缺的应先通过"待处理财产损溢"科目核算，按管理权限经批准后分别按以下情况处理：

情况	现金短缺会计处理	现金溢余会计处理
发现时	借：待处理财产损溢 　　贷：库存现金	借：库存现金 　　贷：待处理财产损溢
批准后	借：其他应收款（应由责任人赔偿或保险公司赔偿的部分） 　　管理费用（无法查明原因的部分） 　　贷：待处理财产损溢	借：待处理财产损溢 　　贷：其他应付款（应支付给有关人员或单位的部分） 　　　　营业外收入（无法查明原因的部分）

【典例研习·2-2】（2019年单选题）

某企业现金盘点时发现库存现金短缺351元，经批准需由出纳员赔偿200元，其余短缺无法查明原因。关于现金短缺相关会计科目处理正确的是（   ）。

A.借记"管理费用"科目151元　　　　B.借记"其他应付款"科目200元
C.借记"营业外支出"科目151元　　　D.借记"账务费用"科目151元

‖斯尔解析‖ A   本题业务为发生短缺，其会计处理为：

借：待处理财产损溢　　　　　　　　351
　　贷：库存现金　　　　　　　　　　　　351
报经批准后：
借：其他应收款　　　　　　　　　　200
　　管理费用　　　　　　　　　　　151
　　贷：待处理财产损溢　　　　　　　　　351

选项A正确。

【典例研习·2-3】（2018年、2016年单选题）

企业在现金清查中发现现金短缺，无法查明原因，经批准后应计入的会计科目是（   ）。

A.营业外支出　　B.财务费用　　C.管理费用　　D.其他业务成本

‖斯尔解析‖ C   现金清查中发生的无法查明原因的现金短缺计入管理费用，选项C正确。

【典例研习·2-4】（2017年单选题）

下列各项中，关于企业无法查明原因的现金溢余，经批准后会计处理表述正确的是（　　）。

A.冲减财务费用　　　　　　　　B.计入其他应付款
C.冲减管理费用　　　　　　　　D.计入营业外收入

‖斯尔解析‖ **D**　企业无法查明原因的现金溢余，报经批准后计入营业外收入。

借：待处理财产损溢
　　贷：营业外收入

【解题高手】此处请各位同学注意区分，无法查明原因现金的短缺计入"管理费用"，无法查明原因现金的溢余计入"营业外收入"，此部分是每年必考内容。

考点2　银行存款（★★）

（一）银行存款的账务处理

企业应当设置银行存款总账和银行存款日记账，分别进行银行存款的总分类核算和序时、明细分类核算。企业可按开户银行和其他金融机构、存款种类等设置银行存款日记账，根据收付款凭证，按照业务的发生顺序逐笔登记。每日终了，应结出余额。

（二）银行存款的核对

银行存款日记账应定期与银行对账单核对，至少每月核对一次。企业银行存款账面余额与银行对账单余额之间如有差额，应编制"银行存款余额调节表"对此予以调节，如没有记账错误，调节后的双方余额应相等。

1.未达账项

银行存款的核对（银行存款日记账应定期与银行对账单核对，调整未达账项）。

银行存款日记账	银行对账单	结果
企业已收	银行未收	企业银行存款日记账余额大于银行对账单余额
企业已付	银行未付	企业银行存款日记账余额小于银行对账单余额
企业未收	银行已收	企业银行存款日记账余额小于银行对账单余额
企业未付	银行已付	企业银行存款日记账余额大于银行对账单余额

【解题高手】谁收谁多，谁付谁少。

2.银行存款余额调节表的编制——补记式

如果没有记账错误，调节后双方的余额应当相等。

【典例研习·2-5】

甲公司2021年3月31日银行存款日记账的余额为5 400 000元，银行转来对账单的余额为8 300 000元。经逐笔核对，发现以下未达账项：

（1）企业送存转账支票6 000 000元，并已登记银行存款增加，但银行尚未记账。

（2）企业开出转账支票4 500 000元，并已登记银行存款减少，但持票单位尚未到银行办理转账，银行尚未记账。

（3）企业委托银行代收某公司购货款4 800 000元，银行已收妥并登记入账，但企业尚未收到收款通知，尚未记账。

（4）银行代企业支付电话费400 000元，银行已登记企业银行存款减少，但企业未收到银行付款通知，尚未记账。

银行存款余额调节表

单位：元

项目	金额	项目	金额
企业银行存款日记账余额	5 400 000	银行对账单余额	8 300 000
加：银行已收、企业未收款	4 800 000	加：企业已收、银行未收款	6 000 000
减：银行已付、企业未付款	400 000	减：企业已付、银行未付款	4 500 000
调节后的存款余额	9 800 000	调节后的存款余额	9 800 000

【典例研习·2-6】（2015年单选题）

2014年9月30日，某企业银行存款日记账账面余额为216万元，收到银行对账单的余额为212.3万元。经逐笔核对，该企业存在以下记账差错及未达账项：从银行提取现金6.9万元，会计人员误记为9.6万元；银行为企业代付电话费6.4万元，但企业未接到银行付款通知，尚未入账。9月30日调节后的银行存款余额为（　　）万元。

A.212.3　　　　B.225.1　　　　C.205.9　　　　D.218.7

‖斯尔解析‖ A 调节后的银行存款余额=216+（9.6-6.9）-6.4=212.3（万元），或者调节后的银行存款余额=银行对账单的余额=212.3（万元）。

3.银行存款余额调节表只用于核对账目，不能作为记账的依据。

【典例研习·2-7】（2019年判断题）

如果不存在未达账项，银行存款日记账账面余额与银行对账单余额之间有差额，说明企业与银行双方或其中一方存在记账错误。（　　）

‖斯尔解析‖ √

【典例研习·2-8】（2018年判断题）

银行存款余额调节表中，银行对账单余额应减去企业已收银行未收。（　　）

‖斯尔解析‖ × 银行存款余额调节表中，银行对账单余额应减去企业已付银行未付。

【典例研习·2-9】（2018年判断题）

银行存款余额调节表可以作为调整企业银行存款账面余额的记账依据。（　　）

‖斯尔解析‖ × "银行存款余额调节表"只是为了核对账目，不能作为调整企业银行存款账面记录的记账依据。

考点3 其他货币资金（★★★）

（一）其他货币资金的内容

其他货币资金主要包括银行汇票存款、银行本票存款、信用卡存款、信用证保证金存款、存出投资款和外埠存款等。

【典例研习·2-10】（2020年单选题）

企业向银行申领信用卡，交存相关款项，收到银行盖章退回的进账单。下列各项中，企业应借记的会计科目是（　　）。

A.应收票据　　　　　　　　　B.其他应收款
C.其他货币资金　　　　　　　D.银行存款

‖斯尔解析‖ C　企业申领信用卡应填制"信用卡申请表"，连同支票和有关资料一并送存发卡银行，根据银行盖章退回的进账单第一联，借记"其他货币资金——信用卡"科目，贷记"银行存款"科目。

【典例研习·2-11】（2019年单选题）

下列各项中，企业应通过"其他货币资金"科目核算的经济业务是（　　）。

A.销售商品收到银行承兑汇票
B.委托银行代为支付电话费
C.开出转账支票支付购买办公设备款
D.为购买股票将资金存入证券公司确定投资款专户

‖斯尔解析‖ D　选项A属于"应收票据"，选项B属于"银行存款"，选项C属于"银行存款"。

【典例研习·2-12】（2019年多选题）

下列各项中，企业应通过"其他货币资金"科目核算的有（　　）。

A.用银行本票采购办公用品的款项　　　B.汇往异地银行开立采购专户的款项
C.存入证券公司指定账户的款项　　　　D.存入银行信用证保证金专户的款项

‖斯尔解析‖ ABCD

【典例研习·2-13】（2018年多选题）

下列各项中，应通过"其他货币资金"科目核算的有（　　）。

A.企业将款项汇往外地开立的采购专用账户
B.用银行本票购买办公用品
C.销售商品收到商业汇票
D.用银行汇票购入原材料

‖斯尔解析‖ ABD　选项A通过"其他货币资金——外埠存款"科目核算；选项B通过"其他货币资金——银行本票"科目核算；选项C通过"应收票据"科目核算；选项D通过"其他货币资金——银行汇票"科目核算。

（二）其他货币资金的账务处理

取得时：

借：其他货币资金
　　贷：银行存款等

支付时：
借：原材料等
　　应交税费——应交增值税（进项税额）
　　贷：其他货币资金

【典例研习·2-14】（2018年单选题）
企业将款项汇往异地银行开设采购专户，根据收到的银行汇款凭证回单联，应借记的会计科目是（　　）。
A.其他货币资金　　　　　　B.材料采购
C.其他应收款　　　　　　　D.应收账款

‖斯尔解析‖　[A]　企业将款项汇往外地开立采购专用账户，根据汇出款项凭证编制付款凭证时，借记"其他货币资金——外埠存款"科目，贷记"银行存款"科目，选项A正确。

【典例研习·2-15】（2013年单选题）
下列各项中，不会引起其他货币资金发生变动的是（　　）。
A.企业销售商品收到商业汇票
B.企业用银行本票购买办公用品
C.企业将款项汇往外地开立采购专用账户
D.企业为购买基金将资金存入证券公司指定银行开立的投资款专户

‖斯尔解析‖　[A]　选项A通过"应收票据"科目核算，不会引起其他货币资金发生变动。选项BCD分别属于"其他货币资金"科目中的银行本票存款、外埠存款和存出投资款的内容。

【典例研习·2-16】（2017年多选题）
下列各项中，企业应通过"其他货币资金"科目核算的有（　　）。
A.存入证券公司指定银行的存出投资款
B.申请银行汇票划转出票银行的款项
C.开具信用证存入银行的保证金款项
D.汇往采购地银行开立采购专户的款项

‖斯尔解析‖　[ABCD]　选项A属于存出投资款；选项B属于银行汇票存款；选项C属于信用证保证金存款；选项D属于外埠存款；选项ABCD均属于其他货币资金。

【典例研习·2-17】（2014年判断题）
企业采购商品或接受劳务采用银行汇票结算时，应通过"应付票据"科目核算。（　　）

‖斯尔解析‖　[×]　企业采购商品或接受劳务采用银行汇票结算时，应通过"其他货币资金"科目核算，银行汇票存款属于其他货币资金的核算内容。

‖陷阱提示‖　请审题时一定要注意是"银行汇票"还是"银行承兑汇票"，前者属于"其他货币资金"核算内容，后者属于商业汇票，签发方使用"应付票据"核算，持有方使用"应收票据"核算。

第二部分　应收及预付款项

应收及预付款项是指企业在日常生产经营过程中发生的各项债权，包括应收款项和预付款项。应收款项包括应收票据、应收账款、应收股利、应收利息和其他应收款等；预付款项是指企业按照合同规定预付的款项，如预付账款等。

考点1　应收票据（★★）

（一）应收票据概述

应收票据是指企业因销售商品、提供劳务等而收到的商业汇票。

商业汇票是一种由出票人签发的，委托付款人在指定日期无条件支付确定金额给收款人或者持票人的票据。商业汇票根据承兑人不同，分为商业承兑汇票和银行承兑汇票。

纸质商业汇票的付款期限最长不得超过6个月。

企业申请使用银行承兑汇票时，应向其承兑银行按票面金额的0.5‰交纳手续费，将其记入"财务费用"科目中。

（二）应收票据的账务处理

1.企业应通过"应收票据"科目核算应收票据的取得、到期、未到期转让等业务。

2.应收票据取得时按其票面金额入账（包括但不限于应确认的收入、增值税销项税额、代垫的各种款项等）。

情形	会计处理
（1）应收票据取得时	借：应收票据 　贷：主营业务收入 　　　应交税费——应交增值税（销项税额） 或 借：应收票据 　贷：应收账款
（2）到期收回时	借：银行存款 　贷：应收票据
（3）到期未收回时	借：应收账款 　贷：应收票据
（4）票据贴现时	借：银行存款 　　财务费用（贴现息） 　贷：应收票据（不附追索权） 或 借：银行存款 　　财务费用（贴现息） 　贷：短期借款（附票据追索权） 【原理详解】附追索权的视同以票据抵押借款。

情形	会计处理
（5）票据背书转让时	借：库存商品等 　　应交税费——应交增值税（进项税额） 　贷：应收票据 　　银行存款（差额，也可能在借方）

【典例研习·2-18】（2020年、2019年单选题）

下列各项中，应借记"应收票据"科目的是（　　）。

A.提供劳务收到商业承兑汇票　　　　B.销售材料收到银行汇票

C.提供劳务收到银行本票　　　　　　D.销售商品收到转账支票

‖斯尔解析‖　A　选项B和C，收到银行汇票和银行本票通过"其他货币资金"科目核算，选项D，收到转账支票通过"银行存款"科目核算。

【典例研习·2-19】（2016年单选题）

企业将持有的不带息商业汇票向银行申请贴现，支付给银行的贴现息应记入的会计科目的是（　　）。

A.财务费用　　　B.管理费用　　　C.投资收益　　　D.营业外支出

‖斯尔解析‖　A　商业汇票的贴现息记入"财务费用"科目核算。

考点2　应收账款（★★）

（一）应收账款的内容

应收账款的入账价值包括企业销售商品、提供服务等经营活动，应向购货单位或接受服务单位收取的款项，包括合同或协议价款、增值税销项税额，以及代购货单位垫付的包装费、运杂费等。

【典例研习·2-20】（2020年单选题）

甲公司为增值税一般纳税人，向乙公司销售商品一批，商品价款20万元、增值税税额2.6万元；以银行存款支付代垫运费1万元、增值税税额0.09万元，上述业务均已开具增值税专用发票，全部款项尚未收到。不考虑其他因素，甲公司应收账款的入账金额为（　　）万元。

A.21　　　　　B.22.6　　　　　C.23.69　　　　　D.20

‖斯尔解析‖　C　应收账款的入账金额=20+2.6+1+0.09=23.69（万元）

‖陷阱提示‖　请注意应收账款入账金额和纳税人的身份无关。

【典例研习·2-21】（2018年单选题改编）

某企业采用托收承付结算方式销售商品，增值税专用发票上注明的价款为500万元，增值税税额为65万元，代购货方垫付包装费2万元、运输费3万元（含增值税），已办妥托收手续。不考虑其他因素，该企业应确认的应收账款的金额为（　　）万元。

A.565　　　　　B.505　　　　　C.570　　　　　D.575

‖斯尔解析‖　C　该企业应确认的应收账款的金额=500+65+2+3=570（万元）

（二）应收账款的账务处理

1.发生赊销时：

借：应收账款

贷：主营业务收入

应交税费——应交增值税（销项税额）

银行存款（代垫各类款项）

2.转为商业汇票结算时：

借：应收票据

贷：应收账款

【典例研习·2-22】（模拟单选题）

某企业在2021年4月8日销售商品100件，开具增值税专用发票上注明的价款为20 000元，增值税税额为2 600元。企业为了及早收回货款而在合同中规定的现金折扣条件为2/10，1/20，N/30。假定计算现金折扣时不考虑增值税。如果购货方2021年4月14日付清货款，该企业实际收款金额应为（   ）元。

A.22 332　　　　　B.22 600　　　　　C.23 148　　　　　D.22 200

‖斯尔解析‖ D 购货方在4月14日付款，属于在10天内付清货款，可享受2%的现金折扣，所以，该企业实际收款金额=20 000×（1-2%）+2 600=22 200（元）。

考点3　预付账款（★★）

预付账款是指企业按照合同规定预付的款项。

1.付款时：

借：预付账款

贷：银行存款

2.收货时：

借：原材料等

应交税费——应交增值税（进项税额）

贷：预付账款

3.补付余款时：

借：预付账款

贷：银行存款

4.收到退回多余金额时：

借：银行存款

贷：预付账款

5.预付账款应当按实际预付的金额入账。预付款项情况不多的企业，也可以不设置"预付账款"科目，将预付的货款记入"应付账款"科目的借方。

使用"应付账款"核算"预付账款"的账务处理：

（1）预付时：

借：应付账款

贷：银行存款

（2）收到货物后：
借：原材料等
　　应交税费——应交增值税（进项税额）
　贷：应付账款

【典例研习·2-23】（2017年单选题）
企业未设置"预付账款"科目，发生预付货款业务时应借记的会计科目是（　　）。
A.预收账款　　B.其他应付款　　C.应收账款　　D.应付账款
‖斯尔解析‖ D　企业未设置"预付账款"科目，发生预付货款业务时应借记的会计科目是"应付账款"科目。

【典例研习·2-24】（2016年单选题）
如果企业预付款项业务不多且未设置"预付账款"科目，企业预付给供应商的采购款项，应记入（　　）。
A."应收账款"科目的借方　　B."应付账款"科目的贷方
C."应收账款"科目的贷方　　D."应付账款"科目的借方
‖斯尔解析‖ D　如果企业预付款项业务不多且未设置"预付账款"科目，企业预付给供应商的采购款项，应记入"应付账款"科目的借方核算。

【典例研习·2-25】（2018年判断题）
企业日常核算中不设置"预付账款"账户，期末编制资产负债表时不需要填列"预付款项"项目。（　　）
‖斯尔解析‖ ×　预付账款情况不多的企业，可以不设置"预付账款"账户，而将预付的款项通过"应付账款"科目借方核算，期末"应付账款"明细科目借方余额需要填列在"预付款项"项目。

考点4　应收股利和应收利息（★）
（一）应收股利的账务处理
应收股利是指企业应收取的现金股利或应收取其他单位分配的利润。
1.被投资单位宣告分配时：
借：应收股利
　贷：投资收益
2.实际收到时：
借：其他货币资金——存出投资款（上市公司）
　　银行存款（非上市公司）
　贷：应收股利

（二）应收利息的账务处理
应收利息是指企业根据合同或协议规定应向债务人收取的利息。
借：应收利息
　贷：投资收益等

考点5 其他应收款（★★）

（一）其他应收款的内容

其他应收款是指企业除应收票据、应收账款、预付账款、应收股利和应收利息以外的其他各种应收及暂付款项。其主要内容包括：

1.应收的各种赔款、罚款，如因企业财产等遭受意外损失而应向有关保险公司收取的赔款等；

2.应收的出租包装物租金；

3.应向职工收取的各种垫付款项，如为职工垫付的水电费、应由职工负担的医药费和房租等；

4.存出保证金，如租入包装物支付的押金；

5.其他各种应收、暂付款项。

【典例研习·2-26】（2018年单选题）

下列各项中，属于"其他应收款"科目核算内容的是（　　）。

A.为购货单位垫付的运费　　　　　　B.应收的劳务款

C.应收的销售商品款　　　　　　　　D.为职工垫付的房租

‖斯尔解析‖ 〔D〕 其他应收款是指企业除应收票据、应收账款、预付账款、应收股利和应收利息以外的其他各种应收及暂付款项，选项ABC应计入应收账款。

【典例研习·2-27】（2016年单选题）

下列各项中，应计入资产负债表"其他应收款"项目的是（　　）。

A.应付租入包装物的租金　　　　　　B.销售商品应收取的包装物租金

C.应付经营租赁固定资产的租金　　　D.无力支付到期的银行承兑汇票

‖斯尔解析‖ 〔B〕 选项AC计入其他应付款；选项D计入短期借款。

【典例研习·2-28】（2020年、2018年多选题）

下列各项中，属于"其他应收款"科目核算内容的有（　　）。

A.租入包装物支付的押金

B.出差人员预借的差旅费

C.被投资单位已宣告但尚未发放的现金股利

D.为职工垫付的水电费

‖斯尔解析‖ 〔ABD〕 选项C，通过"应收股利"科目核算：

借：应收股利

　　贷：投资收益

【典例研习·2-29】（2018年、2015年多选题）

下列各项中，应通过"其他应收款"科目核算的内容有（　　）。

A.应收保险公司的赔款　　　　　　　B.代购货单位垫付的运杂费

C.应收出租包装物租金　　　　　　　D.应向职工收取的各种垫付款

‖斯尔解析‖ 〔ACD〕 代购货单位垫付的运杂费应通过"应收账款"科目核算，选项B错误；选项ACD均通过"其他应收款"科目核算。

（二）其他应收款的账务处理

1.发生时：

借：其他应收款
　　贷：银行存款等

2.还款（核销）时：

借：管理费用等（核销，如核销预支的差旅费）
　　银行存款等（还款）
　　贷：其他应收款
　　　　银行存款等（补付）

考点6　应收款项减值（★★）

（一）应收款项减值损失的确认

企业应当在资产负债表日对应收款项的账面价值进行评估，应收款项发生减值的，应当将减记的金额确认为减值损失，同时计提坏账准备。我国企业会计准则规定只能采用备抵法核算应收款项的减值，不得采用直接转销法。

【典例研习·2-30】（2015年判断题）

企业在确定应收款项减值的核算方法时，应根据本企业实际情况，按照成本效益原则，在备抵法和直接转销法之间合理选择。（　　）

‖斯尔解析‖　✗　我国企业会计准则规定确定应收款项的减值只能采用备抵法，不得采用直接转销法。

（二）坏账准备的账务处理

1.科目设置

企业应当设置"坏账准备"科目，"坏账准备"科目属于资产类会计科目的备抵科目，坏账准备减少记借方，增加记贷方，期末余额在贷方。

应收账款账面余额减去其对应的坏账准备贷方余额后的净额为应收账款账面价值，即应收账款账面价值=应收账款账面余额-坏账准备

坏账准备	
②转回多提的坏账准备 ③实际发生的坏账损失	①当期计提的坏账准备 ④确认坏账又重新收回
	已计提，但尚未转销的坏账准备

2.当期应计提的坏账准备金额的确定

当期应计提的坏账准备=应收款项的期末余额×坏账准备计提比例-（或+）"坏账准备"科目的贷方（或借方）余额

计算结果为正数——补提，计算结果为负数——冲销（在原计提金额内转回）。

相关会计分录	对应收账款账面价值的影响
（1）计提坏账准备时： 借：信用减值损失 　　贷：坏账准备	贷方登记坏账准备，坏账准备增加，使应收账款的账面价值减少
（2）冲减多计提的坏账准备时： 借：坏账准备 　　贷：信用减值损失	借方登记坏账准备，坏账准备减少，使应收账款的账面价值增加
（3）实际发生坏账损失时： 借：坏账准备 　　贷：应收账款	坏账准备与应收账款同时减少，不影响应收账款的账面价值
（4）已确认并转销的应收账款以后又收回： 借：应收账款 　　贷：坏账准备 同时， 借：银行存款 　　贷：应收账款	第一笔分录借贷方同时影响应收账款的账面价值，相互抵销后不影响应收账款账面价值； 第二笔分录贷方登记应收账款，使应收账款的账面价值减少；该项业务使应收账款账面价值减少

该部分是以应收账款作为基本内容进行核算，除此之外的"应收票据""其他应收款"等债权性科目的坏账计提也通过"坏账准备"科目核算。

【典例研习·2-31】（2020年单选题）

下列各项中，企业计提应收款项坏账准备应借记的会计科目是（　　）。

A.营业外支出　　　　　　　　B.信用减值损失
C.公允价值变动损益　　　　　D.资产减值损失

‖斯尔解析‖ B 计提应收款项坏账准备的分录为：

借：信用减值损失
　　贷：坏账准备

‖陷阱提示‖ 计提坏账准备和后续存货、固定资产和无形资产计提减值准备所计入的会计科目不同，前者是"信用减值损失"，后者是"资产减值损失"。

【典例研习·2-32】（2018年单选题）

某企业年初"坏账准备"科目的贷方余额为20万元，本年收回上年已确认为坏账的应收账款5万元，经评估确定"坏账准备"科目年末贷方余额应为30万元。不考虑其他因素，该企业年末应计提的坏账准备为（　　）万元。

A.5　　　　　　B.10　　　　　　C.15　　　　　　D.30

‖斯尔解析‖ A 本年收回上年已确认为坏账的应收账款5万元，会计分录为：

借：应收账款　　　　　　　　　　　　　　　5
　　贷：坏账准备　　　　　　　　　　　　　　　5

借：银行存款　　　　　　　　　　　　　　　　　　　　　5
　　贷：应收账款　　　　　　　　　　　　　　　　　　　　　　　5
此时坏账准备贷方金额=20+5=25（万元），年末坏账准备科目贷方余额为30万元，所以年末应计提坏账准备金额=30-25=5（万元）。

【典例研习·2-33】（2018年单选题）
某企业年初"坏账准备"科目贷方余额为2万元。当年将无法收到的应收账款1万元确认为坏账。年末经评估，确定"坏账准备"科目贷方应保留的余额为3.5万元，不考虑其他因素，该企业年末应计提的坏账准备为（　　）万元。
A.2　　　　　　B.2.5　　　　　　C.1.5　　　　　　D.3.5

‖斯尔解析‖ [B]　确认坏账损失时，借记"坏账准备"，贷记"应收账款"，该企业年末应计提的坏账准备=3.5-（2-1）=2.5（万元）。

【典例研习·2-34】（2015年单选题）
2014年初某公司"坏账准备——应收账款"科目贷方余额为3万元，3月20日收回已核销的坏账12万元并入账，12月31日"应收账款"科目余额为220万元（所属明细科目为借方余额），评估减值金额为20万元，不考虑其他因素，2014年末该公司计提的坏账准备金额为（　　）万元。
A.17　　　　　　B.29　　　　　　C.20　　　　　　D.5

‖斯尔解析‖ [D]　2014年末该公司应计提的坏账准备金额=20-（12+3）=5（万元）

【典例研习·2-35】（2018年多选题）
下列各项中，引起应收账款账面价值发生增减变化的有（　　）。
A.计提应收账款坏账准备　　　　　　　B.结转已到期未兑现的商业承兑汇票
C.收回应收账款　　　　　　　　　　　D.收回已作为坏账转销的应收账款

‖斯尔解析‖ [ABCD]　应收账款账面价值=应收账款账面余额-坏账准备，选项A，计提应收账款的坏账准备，借：信用减值损失，贷：坏账准备，减少应收账款的账面价值；选项B，已到期未兑现的商业承兑汇票应转至应收账款，增加应收账款的账面价值；选项C，收回应收账款，借：银行存款，贷：应收账款，减少应收账款的账面价值；选项D，收回已转销的应收账款，借：应收账款，贷：坏账准备，同时，借：银行存款，贷：应收账款，减少应收账款的账面价值。

‖陷阱提示‖　应收账款账面价值变化不仅仅局限于坏账准备，还要关注应收账款本身余额的变化情况。

【典例研习·2-36】（2014年多选题）
下列各项中，会导致企业应收账款账面价值减少的有（　　）。
A.转销备抵法核算的无法收回的应收账款
B.收回应收账款
C.计提应收账款坏账准备
D.收回已转销的应收账款

‖斯尔解析‖ [BCD]　转销备抵法核算的无法收回的应收账款，借：坏账准备，贷：应收账款，不会影响应收账款的账面价值，选项A错误；收回应收账款，借：银行存款等，贷：应收账款，减少应收账款的账面价值，选项B正确；计提应收账款的坏账准备，借：信用减值损失，贷：坏账准备，减少应收账款的账面价值，选项C正确；收回已转销的应收账款，借：应收账款，贷：坏账准备，同时，借：银行存款等，贷：应收账款，减少应收账款的账面价值，选项D正确。

【典例研习·2-37】（模拟多选题）
下列各项资产中，如果发生减值应计提坏账准备的有（　　）。
A.应收账款　　　　B.应收票据　　　　C.应收利息　　　　D.其他应收款
‖斯尔解析‖ 〖ABCD〗 这四个选项发生减值时都应计提坏账准备。

第三部分　交易性金融资产

考点1　交易性金融资产的内容（★）
企业根据管理金融资产的业务模式和金融资产的合同现金流量特征，将金融资产分为：
1.以摊余成本计量的金融资产；
2.以公允价值计量且其变动计入其他综合收益的金融资产；
3.以公允价值计量且其变动计入当期损益的金融资产。
其中，以公允价值计量且其变动计入当期损益的金融资产使用的会计科目为"交易性金融资产"。交易性金融资产主要是指企业为了近期内出售而持有的金融资产，如企业以赚取差价为目的从二级市场购入的股票、债券、基金等。

考点2　交易性金融资产的账务处理（★★★）
（一）初始取得
1.企业取得交易性金融资产时，应当按照该交易性金融资产取得时的公允价值作为其初始入账金额，记入"交易性金融资产——成本"科目。
2.取得交易性金融资产所支付的价款中包含了已宣告但尚未发放的现金股利或已到付息期但尚未领取的债券利息的，应单独确认为应收项目，不构成交易性金融资产的初始入账金额。
3.交易费用记入"投资收益"科目的借方，发生交易费用取得增值税专用发票的，进项税额经认证后可从当月销项税额中扣除，借记"应交税费——应交增值税（进项税额）"。
交易费用，是指可直接归属于购买、发行或处置金融工具的增量费用。增量费用是指企业没有发生购买、发行或处置相关金融工具的情形就不会发生的费用，包括支付给代理机构、咨询公司、券商、证券交易所、政府有关部门等的手续费、佣金、相关税费以及其他必要支出，不包括债券溢价、折价、融资费用、内部管理成本和持有成本等与交易不直接相关的费用。
4.会计处理：
借：交易性金融资产——成本（公允价值）
　　应收股利（已宣告但尚未发放的现金股利）
　　应收利息（已到付息期但尚未领取的债券利息）
　　投资收益（交易费用）
　　应交税费——应交增值税（进项税额）（交易费用可抵扣的增值税）
　贷：其他货币资金等（支付的总价款）

【典例研习·2-38】（2019年单选题）

甲公司购入乙公司股票并划分为交易性金融资产，共支付价款3 600 000元（其中包含已宣告但尚未发放的现金股利100 000元），另支付相关交易费用10 000元，取得并经税务机关认证的增值税专用发票上注明的增值税税额为600元。不考虑其他因素，甲公司取得乙公司股票时应借记"交易性金融资产"科目的金额为（ ）元。

A.3 600 000　　　B.3 610 000　　　C.3 510 000　　　D.3 500 000

‖斯尔解析‖ D

交易性金融资产入账金额=支付的价款（不含交易费用）-代垫款项=3 600 000-100 000=3 500 000（元）

‖陷阱提示‖ 此处不需要关注题目中是否给定纳税人身份，因为题目中已经明确告知经过税务机关认证可以抵扣增值税。

【典例研习·2-39】（2018年单选题）

甲公司为增值税一般纳税人，2018年2月1日，甲公司购入乙公司发行的公司债券，支付价款600万元，其中包括已到付息期但尚未领取的债券利息12万元，另支付相关交易费用3万元，取得增值税专用发票上注明的增值税税额为0.18万元。甲公司将其划分为交易性金融资产进行核算，该项交易性金融资产的入账金额为（ ）万元。

A.603　　　B.591　　　C.600　　　D.588

‖斯尔解析‖ D　交易性金融资产应按照该金融资产取得时的公允价值作为其初始确认金额入账；取得交易性金融资产所支付价款中包含已宣告但尚未发放的现金股利或已到付息期但尚未领取的债券利息的，单独确认为应收项目；取得交易性金融资产所发生的相关交易费用应当在发生时计入投资收益。该项交易性金融资产的入账金额为588（600-12）万元。

借：交易性金融资产——成本　　　　　　　　　　588
　　应收利息　　　　　　　　　　　　　　　　　 12
　　投资收益　　　　　　　　　　　　　　　　　　3
　　应交税费——应交增值税（进项税额）　　　0.18
　　贷：其他货币资金等　　　　　　　　　　　603.18

【典例研习·2-40】（2017年单选题）

甲公司从证券市场购入乙公司股票50 000股，划分为交易性金融资产。甲公司为此支付价款105万元，其中包含已宣告但尚未发放的现金股利1万元，另支付相关交易费用0.5万元，假定不考虑其他因素，甲公司该项投资的入账金额为（ ）万元。

A.104　　　B.105.5　　　C.105　　　D.104.5

‖斯尔解析‖ A　该交易性金融资产的入账金额=105-1=104（万元），相关交易费用计入投资收益。

【典例研习·2-41】（2015年单选题）

2014年1月3日，甲公司以1 100万元（其中包含已到付息期但尚未领取的债券利息25万元）购入乙公司发行的公司债券，另支付交易费用10万元，将其确认为交易性金融资产。该债券面值为1 000万元，票面年利率为5%，每年年初付息一次。不考虑其他因素，甲公取得该项交易性金融资产的初始入账金额为（　　）万元。

A.1 000　　　　　B.1 100　　　　　C.1 075　　　　　D.1 110

‖斯尔解析‖ **C**　该项交易性金融资产的初始入账金额=1 100-25=1 075（万元）。

（二）后续计量

交易性金融资产采用公允价值进行后续计量，在资产负债表日公允价值的变动计入当期损益（公允价值变动损益）。

1.公允价值大于账面价值时：

借：交易性金融资产——公允价值变动

　　贷：公允价值变动损益

2.公允价值小于账面价值时：

借：公允价值变动损益

　　贷：交易性金融资产——公允价值变动

【典例研习·2-42】（2018年单选题）

在资产负债表日企业计算确认所持有交易性金融资产的公允价值低于其账面余额的金额，应借记的会计科目是（　　）。

A.营业外支出　　　　　　　　　B.投资收益

C.公允价值变动损益　　　　　　D.其他业务成本

‖斯尔解析‖ **C**　交易性金融资产采用公允价值进行后续计量，在资产负债表日公允价值的变动计入当期损益（公允价值变动损益）。

（三）宣告分配现金股利或到期计提利息时

1.企业持有交易性金融资产期间对于被投资单位宣告发放的现金股利或已到付息期但尚未领取的债券利息，应当确认为应收项目。

借：应收股利（或应收利息）

　　贷：投资收益

收到现金股利或利息时：

借：其他货币资金等

　　贷：应收股利（或应收利息）

2.企业只有在同时满足三个条件时，才能确认交易性金融资产所取得的股利或利息收入并计入当期损益：

（1）企业收取股利或利息的权利已经确立；

（2）与股利或利息相关的经济利益很可能流入企业；

（3）股利或利息的金额能够可靠计量。

【解题高手】 此处注意区分收到股利或利息和初始取得时代垫款项。代垫款项实际收到时冲减应收股利或应收利息，而此处是在持有期间，需要确认投资收益。

【典例研习·2-43】（2016年单选题）

2015年12月10日，甲公司购入乙公司股票10万股，将其划分为交易性金融资产，购买日支付价款249万元，另支付交易费用0.6万元，2015年12月31日，该股票的公允价值为258

万元,不考虑其他因素,甲公司2015年度利润表"公允价值变动收益"项目本期金额为(　　)万元。

A.9　　　　　B.9.6　　　　　C.0.6　　　　　D.8.4

‖斯尔解析‖ [A]　2015年12月10日,购入交易性金融资产的入账价值为249万元,所以2015年该交易性金融资产的公允价值变动额=258-249=9（万元）。

【典例研习·2-44】（2014年单选题）

2013年3月20日,甲公司从深交所购买乙公司股票100万股,将其划分为交易性金融资产,购买价格为每股8元,另支付相关交易费用25 000元,6月30日,该股票公允价值为每股10元,当日该交易性金融资产的账面价值应确认为（　　）万元。

A.802.5　　　　　B.800　　　　　C.1 000　　　　　D.1 000.5

‖斯尔解析‖ [C]　交易性金融资产期末的账面价值等于该日的公允价值,所以2013年6月30日,该交易性金融资产的账面价值=100×10=1 000（万元）。

【典例研习·2-45】（2016年多选题）

下列各项中,关于交易性金融资产的会计处理表述正确的有（　　）。

A.持有期间发生的公允价值变动计入公允价值变动损益
B.持有期间被投资单位宣告发放的现金股利计入投资收益
C.取得时支付的价款中包含的应收股利计入初始成本
D.取得时支付的相关交易费用计入投资收益

‖斯尔解析‖ [ABD]　取得时支付的价款中包含的已宣告但尚未发放的现金股利或已到付息期但尚未领取的债券利息,应当单独确认为应收项目,不构成交易性金融资产的初始成本。

【典例研习·2-46】（2017年判断题）

交易性金融资产持有期间,投资单位收到投资前被投资单位已宣告但尚未发放的现金股利时,应确认投资收益。（　　）

‖斯尔解析‖ [×]　应编制的会计分录为：

借：其他货币资金等
　　贷：应收股利

（四）交易性金融资产的出售

出售交易性金融资产时,应将出售时的公允价值与其账面余额之间的差额确认为投资收益。

借：其他货币资金等（实际收到的售价净额）
　　贷：交易性金融资产——成本
　　　　　　　　　　　——公允价值变动（或借方）
　　　　投资收益（差额倒挤,损失记借方,收益记贷方）

【典例研习·2-47】（2018年判断题）

企业出售交易性金融资产时,应将原计入公允价值变动损益的该金融资产的公允价值变动转出,由公允价值变动损益转为投资收益。（　　）

‖斯尔解析‖ [×]　无须将原计入公允价值变动损益的金额转为投资收益。

（五）转让金融商品应交增值税

1.产生转让收益时

借：投资收益等

　　贷：应交税费——转让金融商品应交增值税

2.产生转让损失时

借：应交税费——转让金融商品应交增值税

　　贷：投资收益等

3.金融商品转让按照卖出价扣除买入价后的余额作为销售额计算增值税，即转让金融商品出现的正负差，按盈亏相抵后的余额为销售额。若相抵后出现负差，可结转下一纳税期与下期转让金融商品销售额相抵，但年末时仍出现负差的（即应交税费——转让金融商品应交增值税年末借方出现余额），不得转入下一个会计年度。应编制的会计分录为：

借：投资收益等

　　贷：应交税费——转让金融商品应交增值税

上述买入价不需要扣除已宣告未发放的现金股利或已到付息期未领取的利息。

【解题高手】处置交易性金融资产不同情况下对投资收益及损益的影响：

（1）计算整个持有期间对投资收益的影响：将从购入到出售整个期间的所有投资收益发生额加总即可（借方为"－"，贷方为"＋"）。

（2）计算整个持有期间对当期利润的影响：交易费用（负数）+持有期间的投资收益+持有期间的公允价值变动损益+出售时价款（扣除增值税因素）与账面价值之间差额确认的投资收益。

（3）计算处置时点的投资收益=出售时收到的价款（扣除增值税因素）－出售时交易性金融资产账面价值。

【典例研习·2-48】（2018年多选题）

下列各项经济业务中，应通过"投资收益"科目核算交易性金融资产的有（　　）。

A.持有期间被投资单位宣告分派的现金股利

B.资产负债表日发生的公允价值变动

C.取得时支付的交易费用

D.出售时公允价值与其账面余额的差额

‖斯尔解析‖ 【ACD】 选项B，借记或贷记"交易性金融资产——公允价值变动"科目，贷记或借记"公允价值变动损益"科目，借贷双方均不通过"投资收益"科目。

【典例研习·2-49】（2012年多选题改编）

下列各项中，关于交易性金融资产表述正确的有（　　）。

A.取得交易性金融资产所发生的相关交易费用应当在发生时计入投资收益

B.资产负债表日交易性金融资产公允价值与账面余额的差额计入当期损益

C.取得交易性金融资产价款中包含已宣告但尚未发放的现金股利计入应收股利

D.出售交易性金融资产时应将其公允价值与账面余额之间的差额确认为投资收益

‖斯尔解析‖ 【ABCD】

【典例研习·2-50】(2014年判断题改编)

企业出售交易性金融资产时,应将其出售时实际收到的款项扣除增值税后的差额与其账面价值之间的差额计入当期投资损益。(   )

‖斯尔解析‖ √

【典例研习·2-51】

2021年5月1日,乙公司购入B公司发行的公司债券,支付价款26 000 000元(其中包含已到付息期但尚未领取的债券利息500 000元),另支付交易费用300 000元取得的增值税专用发票上注明的增值税税额为18 000元。该笔B公司债券面值为25 000 000元。乙公司将其划分为交易性金融资产进行管理和核算。2021年5月10日,乙公司收到该笔债券利息500 000元。假定不考虑其他相关税费和因素。乙公司应编制如下会计分录:

‖斯尔解析‖

(1)2021年5月1日,购入B公司的公司债券时:

借:交易性金融资产——成本　　　　　　　　　　　25 500 000
　　应收利息　　　　　　　　　　　　　　　　　　　　500 000
　　投资收益　　　　　　　　　　　　　　　　　　　　300 000
　　应交税费——应交增值税(进项税额)　　　　　　　 18 000
　　贷:其他货币资金——存出投资款　　　　　　　　　　　　　26 318 000

(2)2021年5月10日,收到购买价款中包含的已到付息期但尚未领取的债券利息时:

借:其他货币资金——存出投资款　　　　　　　　　　500 000
　　贷:应收利息　　　　　　　　　　　　　　　　　　　　　　500 000

【延伸】假定2021年6月30日,甲公司持有B公司债券的公允价值为26 700 000元;2021年12月31日,甲公司持有B公司债券的公允价值为25 800 000元。不考虑相关税费和其他因素。甲公司应编制如下会计分录:

‖斯尔解析‖

(1)2021年6月30日

借:交易性金融资产——公允价值变动　　　　　　　1 200 000
　　贷:公允价值变动损益　　　　　　　　　　　　　　　　1 200 000

(2)2021年12月31日

借:公允价值变动损益　　　　　　　　　　　　　　　900 000
　　贷:交易性金融资产——公允价值变动　　　　　　　　　　900 000

【延伸】假定2022年3月15日,乙公司出售了所持有的全部B公司债券,售价为35 500 000元。增值税税率为6%,不考虑其他因素。乙公司应编如下会计分录:

‖斯尔解析‖

借:其他货币资金——存出投资款　　　　　　　　35 500 000
　　贷:交易性金融资产——成本　　　　　　　　　　　　25 500 000
　　　　　　　　　　　——公允价值变动　　　　　　　　　300 000
　　　　应交税费——转让金融商品应交增值税
　　　　　　[(35 500 000−26 000 000)/(1+6%)×6%] 537 735.85
　　　　投资收益　　　　　　　　　　　　　　　　　9 162 264.15(倒挤)

【典例研习·2-52】（2020年不定项选择题部分）

甲公司为增值税一般纳税人，2019年该公司发生交易性金融资产业务如下：

（1）1月4日，从上海证券交易所购入乙公司发行的面值为625万元的公司债券，共支付价款655万元（其中包含已到付息期但尚未领取的债券利息25万元）。另支付交易费用7.5万元、增值税税额0.45万元，已取得可抵扣的增值税专用发票。甲公司将购入的乙公司债券划分为交易性金融资产。

（2）1月21日，甲公司存出投资款专户收到债券价款中包含的应收债券利息25万元。

（3）5月31日，甲公司持有乙公司债券的公允价值为645万元。

（4）6月28日，甲公司将持有的全部乙公司债券转让，取得价款共计676.2万元（其中包含已到付息期但尚未领取的债券利息25万元），转让债券应交的增值税税额为1.2万元。

要求：

根据上述资料，不考虑其他因素，分析回答下列小题。（答案中的金额单位用万元表示）

1.根据资料（1），甲公司购入该交易性金融资产的初始入账金额是（　　）万元。

A.625　　　　　B.637.5　　　　　C.655　　　　　D.630

‖斯尔解析‖ D　甲公司购入该交易性金融资产初始入账金额＝655-25＝630（万元）；已到付息期但尚未领取的债券利息计入应收利息；交易费用计入投资收益。

2.根据资料（1）和（2），下列各项中，1月21日甲公司收到债券利息会计处理正确的是（　　）

A.借：其他货币资金——存出投资款　　　　25
　　贷：应收利息　　　　　　　　　　　　　　　　25

B.借：银行存款　　　　　　　　　　　　25
　　贷：应收利息　　　　　　　　　　　　　　　　25

C.借：银行存款　　　　　　　　　　　　25
　　贷：投资收益　　　　　　　　　　　　　　　　25

D.借：其他货币资金——存出投资款　　　　25
　　贷：投资收益　　　　　　　　　　　　　　　　25

‖斯尔解析‖ A　甲公司实际收到已到付息期但尚未领取的债券利息时：

借：其他货币资金——存出投资款　　　　25
　贷：应收利息　　　　　　　　　　　　　　　　25

3.根据资料（1）和（3），下列各项中，5月31日甲公司交易性金融资产业务会计处理表述正确的是（　　）

A.贷记"公允价值变动损益"科目15万元

B.借记"交易性金融资产——公允价值变动"科目15万元

C.贷记"投资收益"科目20万元

D.借记"交易性金融资产——公允价值变动"科目20万元

‖斯尔解析‖ AB　甲公司确认公司交易性金融资产公允价值变动时：

借：交易性金融资产——公允价值变动　　　　　　　　　　　15
　　　　贷：公允价值变动损益　　　　　　　　　　　　　　　　　　15
4.根据资料（1）至（4），下列各项中，甲公司出售乙公司债券业务会计处理表述正确的是（　　）。
　　A.贷记"交易性金融资产——成本"科目655万元
　　B.借记"其他货币资金——存出投资款"科目676.2万元
　　C.贷记"应交税费——转让金融商品应交增值税"科目1.2万元
　　D.贷记"投资收益"科目21.2万元
‖斯尔解析‖ BC
　　借：其他货币资金——存出投资款　　　　　　　　　　　676.2
　　　　贷：交易性金融资产——成本　　　　　　　　　　　　　　630
　　　　　　　　　　　　　　——公允价值变动　　　　　　　　　15
　　　　　　投资收益　　　　　　　　　　　　　　　　　　　　　30
　　　　　　应交税费——转让金融商品应交增值税　　　　　　　1.2

第四部分　存　货

考点1　存货概述（★★）

（一）存货的内容

存货是指企业在日常活动中持有以备出售的产品或商品、处在生产过程中的在产品、在生产过程或提供劳务过程中储备的材料或物料等，包括各类材料、在产品、半成品、产成品、商品以及包装物、低值易耗品、委托代销商品等。

（二）存货成本的确定

存货应当按照成本进行初始计量。

存货成本包括采购成本、加工成本和其他成本。

1.存货的采购成本

存货的采购成本=购买价款+相关税费+运输费+装卸费+保险费以及其他可归属于存货采购成本的费用

其中：

（1）存货的购买价款是指企业购入的材料或商品的发票账单上列明的价款，但不包括按照规定可以抵扣的增值税进项税额。

（2）存货的相关税费是指企业购买存货发生的进口关税、消费税、不能抵扣的增值税进项税额以及相应的教育费附加等应计入存货采购成本的税费。

（3）其他可归属于存货采购成本的费用是指采购成本中除上述各项以外的可归属于存货采购的费用，如在存货采购过程中发生的仓储费、包装费、运输途中的合理损耗、入库前的挑选整理费用等。

【原理详解】 很多同学初次学习时，分不清途中合理损耗的问题。举个生活中的例子，经济法老师小石去超市买了100枚鸡蛋，单价2元。因为高兴过头（超市特价鸡蛋）回家路上损坏了1枚，小石认为这是合理损耗。那请问小石老师剩余99枚鸡蛋的购买成本为多少元？很简单，对吧，还是200元，但是计算鸡蛋单位成本时应当为 200÷99≈2.02（元）。

【典例研习·2-53】（2017年单选题改编）

某企业为增值税一般纳税人，2018年9月购入一批原材料，增值税专用发票上注明的价款为50万元。增值税税额为6.5万元。款项已经支付。另以银行存款支付装卸费0.3万元（不考虑增值税）。入库时发生挑选整理费0.2万元。运输途中发生合理损耗0.1万元。不考虑其他因素。该批原材料的入账成本为（　　）万元。

A.50　　　　B.57.5　　　　C.50.1　　　　D.50.5

‖斯尔解析‖ **D**　存货的采购成本包括购买价款、运输费、装卸费、保险费以及其他可归属于存货采购成本的费用。所以本题中原材料的入账成本=50+0.3+0.2=50.5（万元）。

【典例研习·2-54】（2017年单选题）

甲企业为增值税小规模纳税人，本月采购原材料2 060千克，每千克50元（含增值税），运输途中的合理损耗为60千克，入库前的挑选整理费用为500元，企业该批原材料的入账价值为（　　）元。

A.100 500　　　　B.103 500　　　　C.103 000　　　　D.106 500

‖斯尔解析‖ **B**　增值税小规模纳税人不考虑增值税抵扣问题，运输途中的合理损耗计入采购原材料的成本，甲企业该批原材料的入账价值=2 060×50+500=103 500（元）。

‖陷阱提示‖ 审题需要注意，如果是增值税一般纳税人取得增值税"普通"发票，增值税进项税额也不得抵扣，需要计入存货的入账成本中。

【典例研习·2-55】（2016年单选题改编）

某企业为增值税一般纳税人。本月购进原材料200吨，增值税专用发票上注明的价款为60万元，增值税税额为7.8万元，支付的保险费为3万元，入库前的挑选整理费用为1万元。不考虑其他因素，该批原材料实际成本为每吨（　　）万元。

A.0.3　　　　B.0.32　　　　C.0.371　　　　D.0.351

‖斯尔解析‖ **B**　该批原材料实际总成本=60+3+1=64（万元）

单位成本=64÷200=0.32（万元/吨）

【典例研习·2-56】（2015年单选题改编）

某企业为增值税一般纳税人，6月采购商品一批，取得的增值税专用发票上注明的价款为300 000元，增值税税额为39 000元，款项用银行存款支付，商品已验收入库；另支付保险费10 000元。不考虑其他因素，该企业采购商品的成本为（　　）元。

A.310 000　　　　B.339 000　　　　C.349 000　　　　D.300 000

‖斯尔解析‖ **A**　采购商品的成本=300 000+10 000=310 000（元）

【典例研习·2-57】（2015年多选题）
下列各项中，属于材料采购成本的有（　　）。
A.材料采购运输途中发生的合理损耗　　B.材料入库前的挑选整理费用
C.购买材料的价款　　D.购入材料的运杂费
‖斯尔解析‖ ABCD

2.特殊规定
（1）商品流通企业在采购商品过程中发生的运输费、装卸费、保险费以及其他可归属于存货采购成本的费用等进货费用，应当计入存货采购成本。
（2）企业也可以将进货费用先进行归集，期末根据所购商品的存销情况进行分摊，对于已售商品的进货费用，计入当期损益（主营业务成本）；对于未售商品的进货费用，计入期末存货成本。
（3）采购商品的进货费用金额较小的，也可在发生时直接计入当期损益（销售费用）。
（4）非正常消耗的直接材料、直接人工和制造费用，应在发生时计入当期损益，不应计入存货成本。如由于自然灾害而发生的直接材料、直接人工和制造费用，由于这些费用的发生无助于使该存货达到目前场所和状态，不应计入存货成本，而应确认为当期损益。
（5）仓储费用指企业在存货采购入库后发生的储存费用，应在发生时计入当期损益。但是，在生产过程中为达到下一个生产阶段所必需的仓储费用应计入存货成本。
（6）不能归属于使存货达到目前场所和状态的其他支出，应在发生时计入当期损益，不得计入存货成本。

3.存货的加工成本
存货的加工成本是指在存货的加工过程中发生的追加费用，包括直接人工以及按照一定方法分配的制造费用。
（1）直接人工是指企业在生产产品和提供劳务过程中发生的直接从事产品生产和劳务提供人员的职工薪酬。
（2）制造费用是指企业为生产产品和提供劳务而发生的各项间接费用。

4.存货的其他成本
存货的其他成本是指除采购成本、加工成本以外的，使存货达到目前场所和状态所发生的其他支出。企业设计产品发生的设计费用通常应计入当期损益，但是为特定客户设计产品所发生的、可直接确定的设计费用应计入存货的成本。

存货的来源不同，其成本的构成内容也不同。原材料、商品、低值易耗品等通过购买而取得的存货的成本由采购成本构成；产成品、在产品、半成品等自制或需委托外单位加工完成的存货的成本由采购成本、加工成本以及使存货达到目前场所和状态所发生的其他支出构成。

存货成本的构成如下图所示：

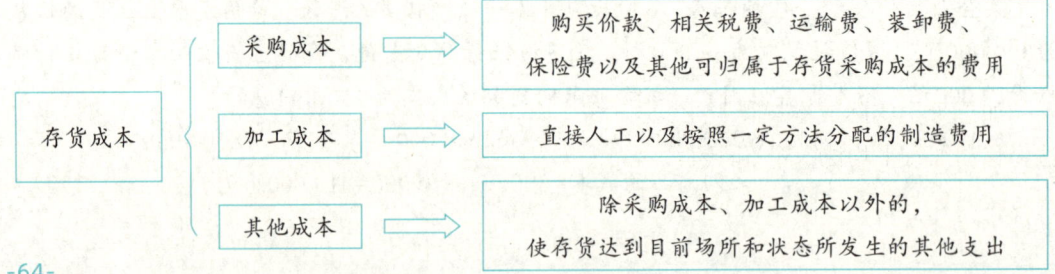

【解题高手】

情况	是否计入存货成本
进口原材料支付的关税	√
存货采购过程中的运输费用	√
存货采购过程中的保险费	√
存货入库前的挑选整理费	√
运输途中的合理损耗	√
存货采购过程中的装卸费	√
生产产品过程中发生的制造费用	√
为特定客户设计产品发生的可直接确定的设计费	√ 正常产品设计费计入当期损益
存货入库后发生的储存费用（不包括在生产过程中为达到下一个阶段所必需的存储费用）	× 计入管理费用
管理不善导致原材料的净损失	× 计入管理费用
自然灾害等非常损失原因造成的原材料的净损失	× 计入营业外支出

【典例研习·2-58】（2018年多选题）

下列各项中，应计入企业存货成本的有（　　）。

A.存货加工过程中发生的直接人工
B.为特定客户设计产品的可直接确定的设计费用
C.购买存货时支付的进口关税
D.存货采购运输中发生的定额内合理损耗

‖斯尔解析‖ ABCD 存货成本包括采购成本、加工成本和其他成本。选项A，存货加工过程中发生的直接人工属于存货的加工成本；选项B，企业为特定客户设计产品所发生的、可直接确定的设计费用应计入存货的成本，属于存货的其他成本；选项C，购买存货时支付的进口关税属于存货的采购成本；选项D，存货采购运输中发生的定额内合理损耗属于存货的采购成本。

（三）发出存货的计价方法

发出存货可以采用实际成本核算，也可以采用计划成本核算。

如果采用实际成本核算，则发出存货成本的计算要在先进先出法、月末一次加权平均法、移动加权平均法、个别计价法等方法中作出选择。

如果采用计划成本核算，会计期末要对存货计划成本和实际成本之间的差异进行单独核算，最终将计划成本调整为实际成本。

【典例研习·2-59】（2016年多选题）

存货按实际成本计价的企业，发出存货成本的计价方法有（　　）。

A.月末一次加权平均法　　　　　　B.个别计价法

C.移动加权平均法　　　　　　　　D.先进先出法

‖斯尔解析‖ **ABCD**　存货按实际成本计价的企业，发出存货成本的计价方法包括个别计价法、先进先出法、月末一次加权平均法和移动加权平均法等。

1.个别计价法（个别认定法）

假设前提：实物流转与成本流转一致。

具体计算过程：按照各种存货逐一辨认各批发出存货和期末存货所属的购进批别或生产批别，分别按其购入或生产时确定的单位成本计算各批发出存货和期末存货成本。

优点：计算准确。

缺点：工作量大，不适用于所有企业。

2.先进先出法

假设前提：先购进的存货先发出。

具体计算过程：按先进先出的假定流转顺序来确定发出存货的成本及期末结存存货的成本。

优点：先进先出法可以随时结转存货发出成本。

缺点：较烦琐，如果存货收发业务较多、且存货单价不稳定时，其工作量较大。

需要说明的是，先进先出法下，在物价持续上升时，期末存货成本接近于市价，而发出成本偏低，会高估企业当期利润和库存存货价值；反之，会低估企业存货价值和当期利润。

【典例研习·2-60】（2018年单选题）

某企业采用先进先出法核算原材料，2017年3月1日库存甲材料500千克，实际成本为3 000元，3月5日购入甲材料1 200千克，实际成本为7 440元，3月8日购入甲材料300千克，实际成本为1 830元，3月10日发出甲材料900千克。不考虑其他因素，该企业发出的甲材料实际成本为（　　）元。

A.5 550　　　　　B.5 580　　　　　C.5 521.5　　　　　D.5 480

‖斯尔解析‖ **D**

日期	摘要	金额（元）	数量（千克）
3月1日	期初余额	3 000	500
3月5日	购入	7 440	1 200
3月8日	购入	1 830	300
3月10日	发出	3 000+7 440÷1 200×400	900

本题中，10日发出的900千克甲材料中，先发出期初结存的500千克，然后发出3月5日购入的400（900-500=400）千克。所以，该企业发出的甲材料实际成本=3 000+7 440÷1 200×400=5 480（元）。

【典例研习·2-61】（模拟多选题）

下列各项中，关于先进先出法的表述正确的有（　　）。

A.先进先出法不能随时结转发出存货成本
B.按先进先出的假定流转顺序来确定发出存货的成本及期末结存存货的成本
C.需有假设前提即先购进的存货先发出
D.如果存货收发业务较多，且存货单价不稳定时工作量较大

‖斯尔解析‖ BCD　先进先出法可以随时结转发出存货成本，选项A不正确。

【典例研习·2-62】（模拟判断题）

先进先出法假设实物的流转顺序为先购入的存货先发出，采用这种方法的工作量大，但可以随时结转存货发出成本，有利于企业日常存货的监管。（　　）

‖斯尔解析‖ √

3.月末一次加权平均法

具体计算过程：

存货单位成本=［月初结存存货的实际成本+∑（本月各批进货的实际单位成本×本月各批进货的数量）］÷（月初结存存货的数量+本月各批进货数量之和）

本月发出存货的成本=本月发出存货的数量×存货单位成本

本月月末结存存货成本=月末结存存货的数量×存货单位成本

优点：简化成本计算工作。

缺点：平时无法从账簿中查询存货的收发及结存金额，需到月末才能计算出相应的结果，不利于存货成本日常管理与控制。

【解题高手】此处其实就是计算平均单价，即，总成本÷总数量=平均单价，然后用发出存货数量（或结存存货数量）乘以平均单价即可。

【典例研习·2-63】（2018年单选题）

某企业采用月末一次加权平均法核算发出材料成本。2017年6月1日结存乙材料200件，单位成本35元，6月10日购入乙材料400件，单位成本40元，6月20日购入乙材料400件，结存单位成本45元。当月发出乙材料600件。不考虑其他因素，该企业6月发出乙材料的成本为（　　）元。

A.24 600　　　　B.25 000　　　　C.26 000　　　　D.23 000

‖斯尔解析‖ A　该企业6月发出乙材料的成本=（200×35+400×40+400×45）÷（200+400+400）×600=24 600（元）。

4.移动加权平均法

具体计算过程：

存货单位成本=（原有结存存货成本+本次进货实际成本）÷（原有结存存货数量+本次进货数量）

本次发出存货成本=本次发出存货数量×本次发货前存货单位成本

本月月末结存存货成本=月末结存存货数量×本月月末存货单位成本

优点：计算准确，能够随时计算存货的收发及结转金额。

缺点：计算量大。

【典例研习·2-64】（模拟单选题）

甲公司月初结存甲材料10吨，每吨单价8 200元，本月购入情况如下：5日购入5吨，单价8 500元；10日购入10吨，单价8 000元。本月领用情况如下：8日领用10吨；18日领用10吨。甲公司采用移动加权平均法计算发出存货成本，则甲公司月末结存甲材料成本为（　　）元。

A.40 500　　　　B.45 240　　　　C.45 235　　　　D.47 221

‖斯尔解析‖ A

5日购入后的平均单价=（10×8 200+5×8 500）÷（10+5）=8 300（元/吨）

10日购入后的平均单价=［（15-10）×8 300+10×8 000］÷（5+10）=8 100（元/吨）

月末结存甲材料数量=10+5+10-10-10=5（吨）

结存甲材料成本=5×8 100=40 500（元）

考点2　原材料（★★★）

原材料是指企业在生产过程中经过加工改变其形态或性质并构成产品主要实体的各种原料、主要材料和外购半成品，以及不构成产品实体但有助于产品形成的辅助材料。原材料具体包括原料及主要材料、辅助材料、外购半成品（外购件）、修理用备件（备品备件）、包装材料、燃料等。

原材料的日常收发及结存可以采用实际成本核算，也可以采用计划成本核算。

（一）采用实际成本核算

由于支付方式不同，原材料入库的时间与付款的时间可能一致，也可能不一致，在会计处理上也有所不同。

1.购入环节

情形	会计处理
单货同到	借：原材料 　　应交税费——应交增值税（进项税额） 贷：银行存款（或其他货币资金、应付票据、应付账款等）
单到货未到	单到时： 借：在途物资 　　应交税费——应交增值税（进项税额） 贷：银行存款（或其他货币资金、应付票据、应付账款等） 材料验收入库时： 借：原材料 　贷：在途物资

情形	会计处理
货到单未到	月末仍未收到单据时，材料按暂估价值入账： 借：原材料 　　贷：应付账款——暂估应付账款 下月初用红字冲销原暂估入账金额； 等单据到后按"单货同到"进行会计处理
采用预付货款方式采购材料	预付货款时： 借：预付账款 　　贷：银行存款 收到材料并验收入库时： 借：原材料 　　应交税费——应交增值税（进项税额） 　　贷：预付账款 补付货款时： 借：预付账款 　　贷：银行存款

【典例研习·2-65】（2017年判断题）

月末货到单未到的入库材料应按暂估价入账，并于下月初用红字冲销原暂估入账金额。（　　）

‖斯尔解析‖ √

2.发出环节

情形	会计处理
用于生产经营	借：生产成本（直接材料成本） 　　制造费用（间接材料成本） 　　销售费用（销售部门消耗） 　　管理费用（行政部门消耗） 　　在建工程（工程项目消耗） 　　研发支出（研发环节消耗） 　　委托加工物资（发出加工材料） 　　贷：原材料
用于出售	借：其他业务成本 　　贷：原材料

（二）采用计划成本核算

原材料采用计划成本核算，其本质上还是实际成本，只是将实际成本分为计划成本和材料成本差异。

1.设置的科目

材料采购、原材料、材料成本差异

2.基本核算程序

（1）按实际采购成本作如下处理：

借：材料采购（实际成本）

　　应交税费——应交增值税（进项税额）

　贷：银行存款（其他货币资金、应付票据、应付账款等）

（2）验收入库时：

借：原材料（计划成本）

　贷：材料采购（实际成本）

　　　材料成本差异（差额，或借方）

"材料成本差异"科目借方差额为购入时的超支差；贷方差额为购入时的节约差。

（3）领用时：

借：生产成本（计划成本）

　贷：原材料（计划成本）

（4）期末结转差异：

借：生产成本等

　贷：材料成本差异（结转超支差）

借：材料成本差异（结转节约差）

　贷：生产成本等

3.材料实际成本的计算

（1）本期材料成本差异率=（期初结存材料的成本差异+本期验收入库材料的成本差异）÷（期初结存材料的计划成本+本期验收入库材料的计划成本）×100%

节约差异为负号，超支差异为正号。

（2）发出材料应负担的成本差异=发出材料的计划成本×本期材料成本差异率

（3）期末结存材料的实际成本=期末材料的计划成本×（1+材料成本差异率），节约差为"-"表示。

4.如果企业的材料成本差异率各期之间是比较均衡的，也可以采用期初材料成本差异率分摊本期的材料成本差异。年度终了，应对材料成本差异率进行核实调整。

期初材料成本差异率=期初结存材料的成本差异÷期初结存材料的计划成本×100%

发出材料应负担的成本差异=发出材料的计划成本×期初材料成本差异率

【解题高手】

（1）采购时，按实际成本记入"材料采购"科目借方；

（2）验收入库时，按计划成本记入"原材料"科目的借方，实际成本记入"材料采购"科目贷方，差额形成"材料成本差异"；

（3）平时发出材料一律用计划成本；

（4）期末，计算材料成本差异率，结转发出材料应负担的差异额。

【典例研习·2-66】（2020年单选题）

企业采用计划成本核算原材料时，对于货款已付但尚未验收入库的在途材料，应记入的会计科目是（　　）。

A.在途物资　　　　B.原材料　　　　C.周转材料　　　　D.材料采购

‖斯尔解析‖ D　采用计划成本核算原材料，在尚未入库前应通过"材料采购"科目进行核算，选项D正确。

‖陷阱提示‖ 不要看到"在途"两个字直接就贸然选择在途物资，一定要认真审题，题目明确说明是采用计划成本核算。

【典例研习·2-67】（2018年单选题改编）

某工业企业为增值税小规模纳税人，原材料采用计划成本核算，A材料计划成本每吨为20元。本期购进A材料6 000吨，收到的增值税专用发票上注明的价款总额为102 000元，增值税税额为16 320元。另发生运杂费用2 400元，途中保险费用559元。原材料运抵企业后验收入库原材料5 995吨，运输途中合理损耗5吨。购进A材料发生的成本差异（超支）为（　　）元。

A.1 099　　　　B.1 379　　　　C.16 141　　　　D.16 241

‖斯尔解析‖ B　购入材料的实际成本=102 000+16 320+2 400+559=121 279（元），计划成本=5 995×20=119 900（元），所以，购进A材料的超支差异为121 279-119 900=1 379（元）。

【典例研习·2-68】（2018年单选题）

期初材料计划成本500万元，超支差异为90万元。本月入库材料计划成本1 100万元，节约差为170万元。本月领用材料计划成本1 200万元，领用材料实际成本（　　）万元。

A.1 395　　　　B.1 140　　　　C.1 005　　　　D.1 260

‖斯尔解析‖ B　本期材料成本差异率=（90-170）/（500+1 100）×100%=-5%，本月领用材料的实际成本=1 200×（1-5%）=1 140（万元）。

【典例研习·2-69】（模拟单选题）

甲公司材料采用计划成本核算，月初结存材料计划成本为200万元，材料成本差异为节约50万元，当月购入材料一批，实际成本为135万元，计划成本为120万元，领用材料的计划成本为180万元。当月结存材料的实际成本为（　　）万元。

A.124.69　　　　B.162　　　　C.170　　　　D.187

‖斯尔解析‖ A　本月材料成本差异率=（-50+15）/（200+120）×100%=-10.94%，领用原材料的实际成本=180×（1-10.94%）=160.31（万元），当月结存材料的实际成本=200-50+135-160.31=124.69（万元）。

【解题高手】"材料采购""在途物资"和"原材料"科目的区别：

科目名称	核算内容
材料采购	采用计划成本核算时才会使用本科目，借方登记采购原材料或商品的实际成本，贷方登记入库材料的实际成本。期末为借方余额，反映企业在途材料的实际采购成本

科目名称	核算内容
在途物资	原材料和商品等采用实际成本核算时使用本科目，核算收到发票及账单但货物在途，价款已付但未入库的存货的采购成本
原材料	在计划成本或实际成本核算时均会使用本科目，在计划成本核算时，核算材料入库或出库的计划成本；在实际成本核算时，核算材料入库或出库的实际成本

【典例研习·2-70】（2019年判断题）

企业原材料采用计划成本计价，购入原材料无论是否入库，其实际成本都应通过"材料采购"科目核算。（　　）

‖斯尔解析‖ √

考点3　周转材料（★★）

（一）包装物的内容

（1）生产过程中用于包装产品作为产品组成部分的包装物；

（2）随同商品出售而不单独计价的包装物；

（3）随同商品出售单独计价的包装物；

（4）出租或出借给购买单位使用的包装物。

（二）包装物的账务处理

按计划成本核算包装物，在发出时，同时结转应负担的材料成本差异。

企业应当设置"周转材料——包装物"科目进行核算。

情形		会计处理
1.生产领用		借：生产成本 　贷：周转材料——包装物 　　　材料成本差异（或借方，计划成本核算时）
2.出租（一次摊销）		借：其他业务成本 　贷：周转材料——包装物——包装物摊销 　　　材料成本差异（或借方，计划成本核算时）
3.出借（一次摊销）		借：销售费用 　贷：周转材料——包装物——包装物摊销 　　　材料成本差异（或借方，计划成本核算时）
4.出售	（1）随同商品出售单独计价	借：其他业务成本 　贷：周转材料——包装物 　　　材料成本差异（或借方，计划成本核算时）
	（2）随同商品出售不单独计价	借：销售费用 　贷：周转材料——包装物 　　　材料成本差异（或借方，计划成本核算时）

【典例研习·2-71】（2017年单选题）

2016年7月1日，某企业销售商品领用不单独计价包装物的计划成本为60 000元，材料成本差异率为-5%，下列各项中，关于该包装物会计处理正确的是（　　）。

A.借：销售费用　　　　　　　　　　　　　　　　63 000
　　贷：周转材料——包装物　　　　　　　　　　　　　　60 000
　　　　材料成本差异　　　　　　　　　　　　　　　　　3 000

B.借：销售费用　　　　　　　　　　　　　　　　57 000
　　　材料成本差异　　　　　　　　　　　　　　　3 000
　　贷：周转材料——包装物　　　　　　　　　　　　　　60 000

C.借：其他业务成本　　　　　　　　　　　　　　63 000
　　贷：周转材料——包装物　　　　　　　　　　　　　　60 000
　　　　材料成本差异　　　　　　　　　　　　　　　　　3 000

D.借：其他业务成本　　　　　　　　　　　　　　57 000
　　　材料成本差异　　　　　　　　　　　　　　　3 000
　　贷：周转材料——包装物　　　　　　　　　　　　　　60 000

‖斯尔解析‖ [B]　企业销售商品时随同商品出售的不单独计价的包装物计入销售费用的，因为该包装物的计划成本为60 000元，所以实际成本=60 000×（1-5%）=57 000（元），即：计入销售费用的金额为57 000元，结转的材料成本差异=60 000×5%=3 000（元），相关会计处理如下：

借：销售费用　　　　　　　　　　　　　　　　　57 000
　　材料成本差异　　　　　　　　　　　　　　　　3 000
　贷：周转材料——包装物　　　　　　　　　　　　　　　60 000

【典例研习·2-72】（2020年多选题）

下列各项中，关于包装物的会计处理表述正确的有（　　）。

A.随同商品出售不单独计价的包装物，按实际成本计入其他业务成本
B.随同商品出售单独计价的包装物，按实际成本计入销售费用
C.生产产品领用的包装物，按实际成本计入生产成本
D.出租的包装物发生的修理费用，按实际支出计入其他业务成本

‖斯尔解析‖ [CD]　选项A，随同商品出售不单独计价的包装物，按实际成本计入销售费用；选项B，随同商品出售单独计价的包装物，按实际成本计入其他业务成本。

【典例研习·2-73】（模拟判断题）

企业租入包装物支付的押金应计入其他业务成本。（　　）

‖斯尔解析‖ [×]　企业租入包装物支付的押金，通过"其他应收款"科目核算。

（三）低值易耗品

1.低值易耗品的内容

低值易耗品是指不能作为固定资产核算的各种用具物品，如一般工具、专用工具、管理用具、替换设备、劳动保护用品以及在经营过程中周转使用的容器等。

2.低值易耗品的账务处理

企业应当设置"周转材料——低值易耗品"科目进行核算。低值易耗品的摊销可采用一次摊销法或分次摊销法。摊销时记入"制造费用"等科目。

（1）一次摊销法

一次摊销法是将其价值在领用时一次计入有关资产成本或当期损益。

（2）分次摊销法

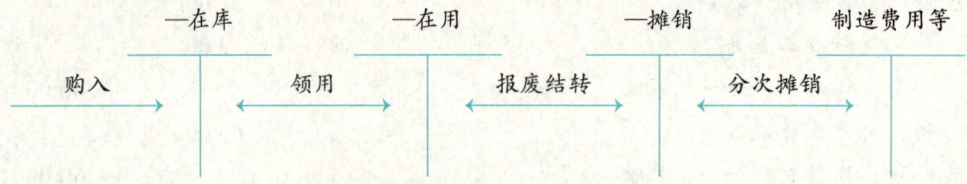

【典例研习·2-74】（模拟多选题）

下列各项中，关于周转材料会计处理表述正确的有（　　）。

A.多次使用的包装物应根据使用次数分次进行摊销
B.低值易耗品金额较小的可在领用时一次计入成本费用
C.随同商品销售出借的包装物的摊销额应计入管理费用
D.随同商品出售单独计价的包装物取得的收入应计入其他业务收入

‖斯尔解析‖ 【ABD】 选项C，随同商品销售出借的包装物的摊销额应计入销售费用。

【典例研习·2-75】（2018年判断题）

"周转材料——低值易耗品"科目，借方登记低值易耗品的减少，贷方登记低值易耗品的增加，期末余额在贷方。（　　）

‖斯尔解析‖ 【×】"周转材料——低值易耗品"科目，借方登记低值易耗品的增加，贷方登记低值易耗品的减少，期末余额在借方，表示企业期末结存低值易耗品的金额。

考点4　委托加工物资（★★）

（一）委托加工物资的内容和成本

委托加工物资是指企业委托外单位加工的各种材料、商品等物资。

企业委托外单位加工物资的成本包括：

（1）加工中实际耗用物资的成本；
（2）支付的加工费用及应负担的运杂费等；
（3）支付的税费，包括委托加工物资所应负担的消费税（属于消费税应税范围的加工物资，但金银首饰除外）等。

税种	纳税人	项目	说明
增值税	一般纳税人	借：应交税费——应交增值税（进项税额）	—
	小规模纳税人	借：委托加工物资	

税种	纳税人	项目	说明
消费税	全部	借：委托加工物资	收回后直接出售
		借：应交税费——应交消费税	收回后连续生产应税消费品

需要说明的是，如果以计划成本核算，在发出委托加工物资时，同时结转发出材料应负担的材料成本差异。收回委托加工物资时，应视同材料购入结转采购形成的材料成本差异。

（二）委托加工物资的会计处理

1.发给外单位加工的物资，按实际成本：

借：委托加工物资

　　贷：原材料

　　　　库存商品等

　　　　材料成本差异（或借方）

2.支付加工费用、应负担的运杂费取得增值税专用发票时：

借：委托加工物资

　　应交税费——应交增值税（进项税额）

　　贷：银行存款等

3.需要交纳消费税的委托加工物资，收回后直接用于销售的，应将受托方代收代缴的消费税计入委托加工物资成本：

借：委托加工物资

　　贷：银行存款等

4.收回后用于连续生产应税消费品的，按规定受托方代收代缴的消费税准予抵扣时：

借：应交税费——应交消费税

　　贷：银行存款等

5.收到加工完成验收入库的物资和剩余物资，按实际成本：

借：原材料

　　库存商品等

　　贷：委托加工物资

　　　　材料成本差异（或借方）

【典例研习·2-76】（2018年单选题）

下列各项中，关于收回后用于连续生产应税消费品的委托加工物资在加工过程中发生的相关税费，不应计入委托加工物资成本的是（　　）。

A.发出加工物资应负担的材料超支差异

B.由受托方代缴的消费税

C.企业支付给受托方的加工费

D.企业发出物资支付的运费

‖斯尔解析‖ B　委托加工物资收回后用于继续生产应税消费品，消费税不计入收回委托加工物资成本。

【典例研习·2-77】（2017年单选题改编）

甲公司为增值税一般纳税人，委托外单位加工一批应交消费税的商品，以银行存款支付加工费200万元、增值税26万元、消费税30万元，该加工商品收回后将直接用于销售。甲公司支付上述相关款项时，应编制的会计分录是（　　）。

A．借：委托加工物资　　　　　　　　　　　　　　　256
　　　贷：银行存款　　　　　　　　　　　　　　　　　　　256
B．借：委托加工物资　　　　　　　　　　　　　　　230
　　　应交税费　　　　　　　　　　　　　　　　　　 26
　　　贷：银行存款　　　　　　　　　　　　　　　　　　　256
C．借：委托加工物资　　　　　　　　　　　　　　　200
　　　应交税费　　　　　　　　　　　　　　　　　　 56
　　　贷：银行存款　　　　　　　　　　　　　　　　　　　256
D．借：委托加工物资　　　　　　　　　　　　　　　256
　　　贷：银行存款　　　　　　　　　　　　　　　　　　　200
　　　应交税费　　　　　　　　　　　　　　　　　　　　　 56

‖斯尔解析‖ 【B】本题分录为：

借：委托加工物资　　　　　　　　　　　　（200+30）230
　　应交税费——应交增值税（进项税额）　　　　　　 26
　　贷：银行存款　　　　　　　　　　　　　　　　　　 256

【典例研习·2-78】（2017年多选题）

下列各项中，应计入加工收回后直接出售的委托加工物资成本的有（　　）。
A．由受托方代收代缴的消费税　　　　B．支付委托加工的往返运输费
C．实际耗用的原材料费用　　　　　　D．支付的加工费

‖斯尔解析‖ 【ABCD】委托加工物资收回后直接出售，应将材料费用、加工费、运输费以及受托方代收代缴的消费税计入委托加工物资的成本核算。

【典例研习·2-79】

甲公司委托丁公司加工商品一批（属于应税消费品）100 000件，有关经济业务如下：

（1）1月20日，发出材料一批，计划成本为6 000 000元，材料成本差异率为-3%。

①发出委托加工材料时：

借：委托加工物资　　　　　　　　　　　　　　　6 000 000
　　贷：原材料　　　　　　　　　　　　　　　　　　　 6 000 000

②结转发出材料应分摊的材料成本差异时：

借：材料成本差异　　　　　　　　　　　　　　　　180 000
　　贷：委托加工物资　　　　　　　　　　　　　　　　　 180 000

（2）2月20日，支付商品加工费120 000元，支付受托方代收代缴的消费税660 000元，该商品收回后用于连续生产，消费税可抵扣，甲公司和丁公司均为增值税一般纳税人，适用增值税税率为13%。

借：委托加工物资　　　　　　　　　　　　　　　120 000
　　应交税费——应交消费税　　　　　　　　　　660 000
　　　　　　——应交增值税（进项税额）　　　　 15 600
　　贷：银行存款　　　　　　　　　　　　　　　　　　　795 600
（3）3月4日，用银行存款支付往返运费10 000元（未取得专用发票）。
借：委托加工物资　　　　　　　　　　　　　　　 10 000
　　贷：银行存款　　　　　　　　　　　　　　　　　　　 10 000
（4）3月5日，上述商品100 000件（每件计划成本为65元）加工完毕，公司已办理验收入库手续。
借：库存商品　　　　　　　　　　　　　　　　6 500 000
　　贷：委托加工物资　　　　　　　　　　　　　　　　5 950 000
　　　　材料成本差异　　　　　　　　　　　　　　　　　550 000

考点5　库存商品（★★）

（一）库存商品的内容

库存商品是指企业完成全部生产过程并已验收入库、合乎标准规格和技术条件，可以按照合同规定的条件送交订货单位，或可以作为商品对外销售的产品以及外购或委托加工完成验收入库用于销售的各种商品。

（二）库存商品的核算

1.生产型企业

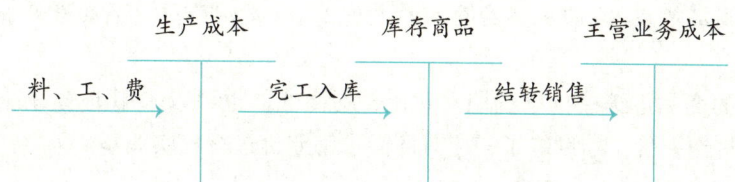

2.商品流通企业

商品流通企业的库存商品，通常采用毛利率法和售价金额核算法等方法进行日常核算。

（1）毛利率法，是指根据本期销售净额乘以上期实际（或本期计划）毛利率匡算本期销售毛利，并据以计算发出存货和期末存货成本的一种方法。

计算公式如下：

毛利率=销售毛利÷销售额×100%

销售净额=商品销售收入-销售退回与折让

销售毛利=销售净额×毛利率

销售成本=销售净额-销售毛利=销售净额×（1-毛利率）

期末存货成本=期初存货成本+本期购货成本-本期销售成本

此方法是商品流通企业，尤其是商业批发企业常用的计算本期商品销售成本和期末库存商品成本的方法。商品流通企业由于经营商品的品种繁多，如果分品种计算商品成本，工作量将大大增加，而且一般来讲，商品流通企业同类商品的毛利率大致相同，采用这种存货计价方法既能减轻工作量，也能满足对存货管理的需要。

【典例研习·2-80】（2018年单选题）

企业采用毛利率法核算库存商品，月初商品成本600万元，购进存货成本1 400万元，本月销售收入1 600万元，该商品上期毛利率为15%，本期毛利率保持不变，则月末结存商品成本为（　　）万元。

A.700　　　　　　B.1 360　　　　　　C.400　　　　　　D.640

‖斯尔解析‖ D

销售毛利＝销售净额×毛利率＝1 600×15%＝240（万元）

销售成本＝销售净额－销售毛利＝1 600－240＝1 360（万元）

期末存货成本＝期初存货成本＋本期购进存货成本－本期销售成本＝600＋1 400－1 360＝640（万元）

（2）售价金额核算法，是指平时商品的购入、加工收回、销售均按售价记账，售价与进价的差额通过"商品进销差价"科目核算，期末计算进销差价率和本期已销售商品应分摊的进销差价，并据以调整本期销售成本的一种方法。

计算公式如下：

商品进销差价率＝（期初库存商品进销差价＋本期购入商品进销差价）÷（期初库存商品售价＋本期购入商品售价）×100%

本期销售商品应分摊的商品进销差价＝本期商品销售收入×商品进销差价率

本期销售商品的成本＝本期商品销售收入－本期销售商品应分摊的商品进销差价＝本期商品销售收入×（1－商品进销差价率）

期末结存商品的成本＝期初库存商品的进价成本＋本期购进商品的进价成本－本期销售商品的成本

如果企业的商品进销差价率各期之间比较均衡的，也可以采用上期商品进销差价率分摊本期的商品进销差价。年度终了，应对商品进销差价进行核实调整。

【典例研习·2-81】（2016年单选题）

某商场采用售价金额核算法核算库存商品。2015年3月1日，该商场库存商品的进价成本总额为180万元，售价总额为250万元；本月购入商品的进价成本总额为500万元，售价总额为750万元；本月实现的销售收入总额为600万元。不考虑其他因素，2015年3月31日该商场库存商品的成本总额为（　　）万元。

A.408　　　　　　B.400　　　　　　C.272　　　　　　D.192

‖斯尔解析‖ C　本月商品进销差价率＝（期初库存商品进销差价＋本期购入商品进销差价）÷（期初库存商品售价＋本期购入商品售价）×100%＝（250－180＋750－500）÷（250＋750）×100%＝32%，2015年3月31日该商场库存商品的成本总额＝期初库存商品的进价成本＋本期购进商品的进价成本－本期销售商品的成本＝180＋500－600×（1－32%）＝272（万元）。

【典例研习·2-82】（2014年单选题）

某企业库存商品采用售价金额法核算，2013年5月初库存商品售价总额为14.4万元，进销差价率为15%，本月购入库存商品进价成本总额为18万元，售价总额为21.6万元，本月销售商品收入为20万元，该企业本月销售商品的实际成本为（　　）万元。

A.20　　　　　　B.16.8　　　　　　C.17　　　　　　D.16

‖斯尔解析‖ **B** 本月的商品进销差价率＝（期初库存商品进销差价＋本期购入商品进销差价）÷（期初库存商品售价＋本期购入商品售价）×100％＝（14.4×15％＋21.6－18）÷（14.4＋21.6）×100％＝16％，所以该企业本月销售商品的实际成本＝20－20×16％＝16.8（万元）。

‖陷阱提示‖ 本题中给出月初进销差价率，而此数据并不是本期进销差价率，所以不能直接使用。

考点6　存货清查（★★）

1.为了反映和监督企业在财产清查中查明的各种存货的盘盈、盘亏和毁损情况，企业应当设置"待处理财产损溢"科目，借方登记存货的盘亏、毁损金额及盘盈的转销金额，贷方登记存货的盘盈金额及盘亏的转销金额。企业清查的各种存货损溢，应在期末结账前处理完毕，期末处理后，本科目应无余额。

2.存货清查发生盘盈和盘亏通过"待处理财产损溢"科目核算，核算时分两步：

第一步，批准前调整为账实相符，即将账按实物数量进行调整；

第二步，批准后按规定结转处理。

（1）盘盈时：

借：原材料等

　　贷：待处理财产损溢

（2）批准处理后：

借：待处理财产损溢

　　贷：管理费用

（3）盘亏时：

借：待处理财产损溢

　　贷：原材料等

　　　　应交税费——应交增值税（进项税额转出）（自然灾害原因除外）

（4）批准处理后：

借：原材料（收回残料价值）

　　管理费用（管理不善）

　　其他应收款（保险公司或责任人赔偿）

　　营业外支出（非常损失）

　　贷：待处理财产损溢

【典例研习·2-83】（2019年单选题）

某企业为增值税一般纳税人，2018年6月20日因管理不善造成一批库存材料毁损。该批材料账面余额为20 000元，增值税进项税额为3 200元，未计提存货跌价准备，收回残料价值1 000元，应由责任人赔偿5 000元。不考虑其他因素，该企业应确认的材料毁损净损失为（　　）元。

A.14 000　　　　　B.22 200　　　　　C.18 200　　　　　D.17 200

‖斯尔解析‖ D 应确认的材料毁损净损失=20 000+3 200-1 000-5 000=17 200（元）

【典例研习·2-84】（2017年单选题）
下列各项中，关于企业原材料盘亏及毁损会计处理表述正确的是（　　）。
A.保管员过失造成的损失赔偿，计入管理费用
B.因台风造成的净损失，计入营业外支出
C.应由保险公司赔偿的部分，计入营业外收入
D.经营活动造成的净损失，计入其他业务成本

‖斯尔解析‖ B 企业发生原材料盘亏或毁损时：
借：待处理财产损溢
　　贷：原材料等
　　　　应交税费——应交增值税（进项税额转出）（自然灾害原因除外）
按管理权限报经批准后：
借：原材料等（收回的残料价值）
　　其他应收款（应由保险公司或过失人赔偿的部分）
　　管理费用（管理不善）
　　营业外支出（非常损失）
　　贷：待处理财产损溢

【典例研习·2-85】（2016年单选题）
某企业因洪水毁损一批实际成本为500 000元的库存商品。其残料价值50 000元已验收入库，应由保险公司赔偿300 000元。不考虑其他因素，下列选项中，关于毁损库存商品的会计处理正确的是（　　）。

A.批准处理前：
借：待处理财产损溢　　　　　　　　　　　　　　500 000
　　贷：主营业务成本　　　　　　　　　　　　　　　　　　500 000

B.批准处理后：
借：其他应收款　　　　　　　　　　　　　　　　300 000
　　原材料　　　　　　　　　　　　　　　　　　 50 000
　　营业外支出　　　　　　　　　　　　　　　　150 000
　　贷：待处理财产损溢　　　　　　　　　　　　　　　　　500 000

C.批准处理后：
借：管理费用　　　　　　　　　　　　　　　　　150 000
　　贷：待处理财产损溢　　　　　　　　　　　　　　　　　150 000

D.批准处理前：
借：待处理财产损溢　　　　　　　　　　　　　　150 000
　　贷：库存商品　　　　　　　　　　　　　　　　　　　　150 000

斯尔解析 Ⓑ 报经批准前：

借：待处理财产损溢　　　　　　　　　　500 000
　　贷：库存商品　　　　　　　　　　　　　　　　500 000
报经批准后：
借：原材料　　　　　　　　　　　　　　 50 000
　　其他应收款　　　　　　　　　　　　300 000
　　营业外支出　　　　　　　　　　　　150 000
　　贷：待处理财产损溢　　　　　　　　　　　　 500 000

考点7　存货减值（★★）

（一）存货跌价准备的计提和转回

资产负债表日，存货应当按照成本与可变现净值孰低计量。其中，成本是指期末存货的实际成本。可变现净值是指在日常活动中，存货的估计售价减去至完工时估计将要发生的成本、估计的销售费用以及估计的相关税费后的金额。

存货成本高于其可变现净值的，应当计提存货跌价准备，计入当期损益。以前减记存货价值的影响因素已经消失的，减记的金额应当予以恢复，并在原已计提的存货跌价准备金额内转回，转回的金额计入当期损益。

可变现净值=存货的估计售价-进一步加工成本-估计的销售费用和税费

如果存货是直接用于出售的，则可变现净值=存货的估计售价-估计的销售费用和税费

【解题高手】 此处请同学们注意考试中存货的估计售价是已知条件，需要关注的是存货的持有目的，是消耗还是出售，如果是消耗（原材料）则需要减进一步加工成本，如果是出售（库存商品）则无须减进一步加工成本。

（二）存货跌价准备的账务处理

企业应当设置"存货跌价准备"科目核算存货跌价准备的计提、转回和转销情况，跌价准备记入"资产减值损失"科目。

当期应计提的存货跌价准备=（存货成本-可变现净值）-存货跌价准备原有余额

结果大于零为当期补提；小于零应在已计提的存货跌价准备范围内转回，即"存货跌价准备"科目余额为零。

企业结转存货销售成本时，对于已计提存货跌价准备的，借记"存货跌价准备"科目，贷记"主营业务成本""其他业务成本"等科目。即：

借：主营业务成本（其他业务成本）
　　贷：库存商品（原材料）
借：存货跌价准备
　　贷：主营业务成本（其他业务成本）

上述分录的本质是结转存货的账面价值。

【典例研习·2-86】（2017年单选题）

某企业2017年3月31日，乙存货的实际成本为100万元，加工该存货至完工产成品估计还将发生成本为25万元，估计销售费用和相关税费为3万元，估计该存货生产的产成品售价

120万元。假定乙存货月初"存货跌价准备"科目余额为12万元，2017年3月31日应计提的存货跌价准备为（　　）万元。

A.-8　　　　　B.4　　　　　C.8　　　　　D.-4

‖斯尔解析‖ D　产成品的可变现净值=存货的估计售价-估计的销售费用和税费=120-3=117（万元），产成品的成本=100+25=125（万元），产成品发生减值。乙存货的可变现净值=存货的估计售价-进一步加工成本-估计的销售费用和税费=120-25-3=92（万元）。当期应计提的存货跌价准备=（存货成本-可变现净值）-存货跌价准备已有贷方余额=（100-92）-12=-4（万元）。

‖陷阱提示‖ 对于生产产品的原材料减值测试，首先需要计算产品是否发生减值，如果产品本身没有减值，则生产产品所需原材料即使减值也无须确认。

【典例研习·2-87】（2017年多选题）

下列各项中，影响企业资产负债表日存货可变现净值的有（　　）。

A.存货的账面价值
B.销售存货过程中估计的销售费用及相关税费
C.存货的估计售价
D.存货至完工估计将要发生的成本

‖斯尔解析‖ BCD　可变现净值是指在日常活动中，存货的估计售价减去至完工时估计将要发生的成本、估计的销售费用以及估计的相关税费后的金额。

【典例研习·2-88】（2018年不定项选择题改编）

某企业为增值税一般纳税人，适用的增值税税率为13%。2021年12月1日，该企业"原材料——甲材料"科目期初结存数量为2 000千克，单位成本为15元，未计提存货跌价准备。12月发生有关原材料收发业务或事项如下：

（1）10日，购入甲材料2 020千克，增值税专用发票上注明的价款为32 320元。增值税税额为4 201.6元，销售方代垫运杂费2 680元（不考虑增值税），运输过程中发生合理损耗20千克。材料已验收入库，款项尚未支付。

（2）20日，销售甲材料100千克，开出的增值税专用发票上注明的价款为2 000元，增值税税额为260元，材料已发出，并向银行办妥托收手续。

（3）25日，本月生产产品耗用甲材料3 000千克，生产车间一般耗用甲材料100千克。

（4）31日，采用月末一次加权平均法计算结转发出甲材料成本。

（5）31日，预计甲材料可变现净值为12 800元。

要求：

根据上述资料，不考虑其他因素，分析回答下列小题。

（1）根据资料（1），下列会计处理核算正确的是（　　）。

A.借记"原材料"科目32 320元
B.借记"应交税费——应交增值税（进项税额）"科目4 201.6元
C.借记"销售费用"科目2 680元
D.原材料的单位成本为17.5元

‖斯尔解析‖ [BD] 企业应该编制的会计分录为：

借：原材料　　　　　　　　　　　　　　　　　　　35 000
　　应交税费——应交增值税（进项税额）　　　　　4 201.6
　　贷：应付账款　　　　　　　　　　　　　　　　　　　　39 201.6

原材料的单位成本＝（32 320+2 680）/2 000=17.5（元）

（2）根据资料（2），下列说法正确的是（　　）。
A.增加应收账款2 260元　　　　　　B.增加银行存款2 260元
C.增加应收票据2 260元　　　　　　D.增加其他货币资金2 260元

‖斯尔解析‖ [A] 企业销售应编制的会计分录为：

借：应收账款　　　　　　　　　　　　　　　　　　2 260
　　贷：主营业务收入　　　　　　　　　　　　　　　　　　2 000
　　　　应交税费——应交增值税（销项税额）　　　　　　　260

（3）根据资料（3），下列各项中，关于该企业发出材料会计处理的表述正确的是（　　）。
A.生产产品耗用原材料应计入制造费用
B.生产产品耗用原材料应计入生产成本
C.生产车间一般耗用原材料应计入管理费用
D.生产车间一般耗用原材料应计入制造费用

‖斯尔解析‖ [BD] 生产产品耗用材料需要计入生产成本，选项A错误；生产车间一般耗用原材料计入制造费用，选项C错误。

（4）根据期初资料、资料（1）至（4），下列各项中，关于结算销售材料成本的会计处理结果正确的是（　　）。
A.甲材料加权平均单位成本15.58元　　B.主营业务成本增加1 625元
C.其他业务成本增加1 625元　　　　　D.甲材料加权平均单位成本16.25元

‖斯尔解析‖ [CD] 甲材料的加权平均单位成本＝（2 000×15+32 320+2 680）/（2 000+2 020-20）=16.25元/件，选项A错误；20日，销售甲材料100千克，需要结转其他业务成本的金额=100×16.25=1 625元，所以其他业务成本增加1 625元，选项B错误。

（5）根据期初资料、资料（1）至（5），下列各项中，关于该企业12月末原材料的会计处理结果表述正确的是（　　）。
A.12月末应计提存货跌价准备200元
B.12月末列入资产负债表"存货"项目的"原材料"金额为12 800元
C.12月末甲材料的成本为13 000元
D.12月末甲材料成本高于其可变现净值，不计提存货跌价准备

‖斯尔解析‖ [ABC] 本月发出甲材料的成本金额为（100+3 000+100）×16.25=52 000（元），期末剩余甲材料的成本为2 000×15+32 320+2 680-52 000=13 000（元），选项C正确；期末甲材料的可变现净值为12 800元，所以应当计提减值准备=13 000-12 800=200（元），选项A正确、选项D错误；所以12月末记入"存货"项目的"原材料"的金额为12 800元，选项B正确。

第五部分　固定资产

考点1　固定资产概述（★）

（一）固定资产的概念和特征

固定资产是指同时具有以下特征的有形资产：

（1）为生产商品、提供劳务、出租或经营管理而持有；

（2）使用寿命超过一个会计年度。

【典例研习·2-89】（2020年单选题）

下面各项中，制造企业应作为固定资产核算的是（　　）。

A.为建造厂房购入的工程物资　　　　B.正在建设中的生产线

C.行政管理部门使用的汽车　　　　　D.生产完工准备出售的产品

‖斯尔解析‖　C　选项A，属于工程物资，选项B，尚未达到预定可使用状态的生产线应通过"在建工程"核算，选项D，属于库存商品。

‖陷阱提示‖　类似的题目请一定要注意审题，题目中明确作为固定资产核算的是哪项，而为建造固定资产购入的工程物资，在建过程中的生产线均不属于固定资产。

（二）固定资产的科目设置

为了核算和监督固定资产取得、计提折旧和处置等情况，企业一般需要设置"固定资产""累计折旧""在建工程""工程物资""固定资产清理"等科目。

考点2　取得固定资产（★★★）

固定资产应当按照取得时的成本进行初始计量。

（一）外购固定资产

1.入账成本的确定

入账成本＝买价＋运输费＋保险费＋装卸费＋税金＋专业人员服务费等

专业人员培训费不构成固定资产入账成本，在发生时计入当期损益。

企业作为一般纳税人，购入固定资产支付的增值税，取得增值税专用发票可以作为进项税额抵扣。

【典例研习·2-90】（模拟单选题）

某企业为增值税一般纳税人，购入生产用设备一台，增值税专用发票上注明价款20万元，增值税2.6万元，发生运费取得增值税专用发票注明运费0.5万元，增值税0.045万元，发生保险费取得增值税专用发票注明保险费0.3万元，增值税0.018万元，该设备取得时的成本为（　　）万元。

A.20　　　　　B.20.873　　　　　C.20.8　　　　　D.23.4

‖斯尔解析‖　C　增值税一般纳税人取得增值税专用发票，其增值税进项税额可以抵扣。该设备取得时的成本＝20＋0.5＋0.3＝20.8（万元）。

2.购入需要安装的固定资产

购入需要安装的固定资产，应在购入的固定资产取得成本的基础上加上安装调试成本等，作为购入固定资产的成本，先通过"在建工程"科目归集其成本，待达到预定可使用状态时，再由"在建工程"科目转入"固定资产"科目。

（1）购入时：

借：在建工程

　　应交税费——应交增值税（进项税额）

　贷：银行存款等

（2）安装时：

借：在建工程

　贷：银行存款、原材料、库存商品、应付职工薪酬等

（3）安装完毕达到预定可使用状态时：

借：固定资产

　贷：在建工程

3.企业以一笔款项购入多项没有单独标价的固定资产

按各项固定资产公允价值的比例对总成本进行分配，分别确定各项固定资产的成本。

【典例研习·2-91】（模拟单选题）

甲公司以500万元购入A、B、C三项没有单独标价的固定资产，这三项资产的公允价值分别为200万元、180万元和220万元。则B固定资产的入账成本为（　　）万元。

A.150　　　　　　B.180　　　　　　C.135　　　　　　D.165

‖斯尔解析‖ A 按各项固定资产公允价值的比例对总成本进行分配，B固定资产的入账成本=500×180÷（200+180+220）=150（万元）。

（二）建造固定资产

自行建造的固定资产，按建造该项资产达到预定可使用状态前所发生的必要支出，作为入账价值。核算时应先将相关支出记入"在建工程"科目，待达到预定可使用状态时再转入"固定资产"科目。

1.自营工程

（1）购入工程物资时：

借：工程物资

　　应交税费——应交增值税（进项税额）

　贷：银行存款等

（2）领用工程物资时：

借：在建工程

　贷：工程物资

（3）支付其他工程费用时：

借：在建工程

　　应交税费——应交增值税（进项税额）

　贷：银行存款

（4）支付工程人员薪酬时：

借：在建工程

　贷：应付职工薪酬

（5）领用本企业自产产品时：

借：在建工程
　　贷：库存商品（成本价）
（6）领用本企业外购原材料时：
借：在建工程
　　贷：原材料（成本价）
（7）工程完工时：
借：固定资产
　　贷：在建工程

【典例研习·2-92】
某企业自建厂房一幢，购入为工程准备的各种物资500 000元，支付的增值税额为65 000元，全部用于工程建设。领用本企业生产的水泥一批，实际成本为80 000元，税务部门确定的计税价格为100 000元，增值税税率13%；工程人员应计工资100 000元，支付的其他费用30 000元。工程完工并达到预定可使用状态。该企业应编制如下会计分录：

‖斯尔解析‖
购入工程物资时：
借：工程物资　　　　　　　　　　　　　　　　500 000
　　应交税费——应交增值税（进项税额）　　　 65 000
　　贷：银行存款　　　　　　　　　　　　　　　　　　565 000
工程领用工程物资时：
借：在建工程　　　　　　　　　　　　　　　　500 000
　　贷：工程物资　　　　　　　　　　　　　　　　　　500 000
工程领用本企业生产的水泥：
借：在建工程　　　　　　　　　　　　　　　　 80 000
　　贷：库存商品　　　　　　　　　　　　　　　　　　 80 000
分配工程人员工资时：
借：在建工程　　　　　　　　　　　　　　　　100 000
　　贷：应付职工薪酬　　　　　　　　　　　　　　　　100 000
支付工程发生的其他费用时：
借：在建工程　　　　　　　　　　　　　　　　 30 000
　　贷：银行存款　　　　　　　　　　　　　　　　　　 30 000
工程完工转入固定资产的成本=500 000+80 000+100 000+30 000=710 000（元）
借：固定资产　　　　　　　　　　　　　　　　710 000
　　贷：在建工程　　　　　　　　　　　　　　　　　　710 000

【典例研习·2-93】（模拟单选题）
甲公司为增值税一般纳税人，适用的增值税税率为13%。2021年6月建造厂房领用外购材料实际成本30 000元，计税价格为34 000元，该项业务应计入在建工程成本的金额为（　　）元。

A.30 000　　　　　B.33 900　　　　　C.34 000　　　　　D.38 420

‖斯尔解析‖ A 领用外购的原材料用于建造厂房，领用的原材料的进项税额可以抵扣，应按材料成本计入在建工程中。

【典例研习·2-94】（模拟单选题）

甲公司为增值税一般纳税人，2021年1月起自建一幢办公楼，购入工程物资200万元，增值税税额为26万元，已全部用于建造办公楼；耗用库存原材料10万元，增值税进项税额为1.3万元；支付建筑工人工资18万元。该仓库建造完成并达到预定可使用状态，其入账价值为（　　）万元。

A.226　　　　　　B.210　　　　　　C.228　　　　　　D.225.3

‖斯尔解析‖ C 建造固定资产相关的增值税可以抵扣，办公楼的入账价值=200+10+18=228（万元）。

2.出包工程

出包工程是指企业通过招标方式将工程项目发包给建造承包商，由建造承包商组织施工的建筑工程和安装工程。

企业采用出包方式进行的固定资产工程，其工程的具体支出主要由建造承包商核算，在这种方式下，"在建工程"科目主要是反映企业与建造承包商办理工程价款结算的情况，企业支付给建造承包商的工程价款作为工程成本，通过"在建工程"科目核算。

工程达到预定可使用状态时，将"在建工程"科目余额转入"固定资产"科目。

（1）按工程进度结算工程款时：

借：在建工程
　　应交税费——应交增值税（进项税额）
　　贷：银行存款、应付账款等

（2）补付工程款时：

借：在建工程
　　应交税费——应交增值税（进项税额）
　　贷：银行存款等

（3）工程验收合格达到预定可使用状态时：

借：固定资产
　　贷：在建工程

考点3　对固定资产计提折旧（★★★）

（一）固定资产折旧概述

固定资产折旧是指在固定资产使用寿命内，按照确定的方法对应计折旧额进行系统分摊。

应计折旧额是指应当计提折旧的固定资产的原价扣除其预计净残值后的金额。已计提减值准备的固定资产，还应当扣除已计提的固定资产减值准备累计金额。

1.影响固定资产折旧的主要因素

（1）固定资产原价，是指固定资产的成本。

（2）预计净残值，是指假定固定资产预计使用寿命已满并处于使用寿命终了时的预期状态，企业目前从该项资产处置中获得的扣除预计处置费用后的金额。

（3）固定资产减值准备，是指固定资产已计提的固定资产减值准备累计金额。

每计提一次减值准备，固定资产后续期间都应按最新固定资产账面价值重新计算折旧。

（4）固定资产的使用寿命，是指企业使用固定资产的预计期间，或者该固定资产所能生产产品或提供劳务的数量。

固定资产账面净值＝固定资产原值－累计折旧

固定资产账面价值＝固定资产原值－累计折旧－固定资产减值准备＝固定资产账面净值－固定资产减值准备

2.计提折旧的范围

除以下情况外，企业应当对所有固定资产计提折旧：

（1）已提足折旧仍继续使用的固定资产；

（2）单独计价入账的土地；

（3）处于更新改造或改扩建期间的固定资产；

（4）提前处置的固定资产。

【典例研习·2-95】（2018年单选题）

下列各项中，关于固定资产计提折旧的表述正确的是（　　）。

A.已投入使用但未办理竣工决算的厂房无须计提折旧

B.提前报废的固定资产应补提折旧

C.已提足折旧继续使用的房屋应计提折旧

D.暂时闲置的库房应计提折旧

‖斯尔解析‖　D　已达到预定可使用状态的固定资产应按月计提折旧，选项A不正确；提前报废的固定资产无须补提折旧，选项B不正确；已提足折旧仍继续使用的房屋无须计提折旧，选项C不正确。

【典例研习·2-96】（2020年多选题）

下列各项中，企业应计提固定资产折旧的有（　　）。

A.日常维修期间停工的生产设备

B.上月已达到预定可使用状态尚未办理竣工决算的办公大楼

C.非生产经营用的中央空调

D.已提足折旧继续使用的生产线

‖斯尔解析‖　ABC　除以下情况外，企业应当对所有固定资产计提折旧：

（1）已提足折旧仍继续使用的固定资产（选项D）；

（2）单独计价入账的土地；

（3）处于更新改造或改扩建期间的固定资产；

（4）提前处置的固定资产。

3.计提折旧时还应注意以下几点：

（1）固定资产应当按月计提折旧，当月增加的固定资产，当月不计提折旧，从下月起计提折旧；当月减少的固定资产，当月仍计提折旧，从下月起不计提折旧。

（2）固定资产提足折旧后，不论能否继续使用，均不再计提折旧；提前报废的固定资产，也不再补提折旧。所谓提足折旧，是指已经提足该项固定资产的应计折旧额。

（3）已达到预定可使用状态但尚未办理竣工决算的固定资产，应当按照估计价值确定其成本，并计提折旧；待办理竣工决算后，再按实际成本调整原来的暂估价值，但不需要调整原已计提的折旧额。

（4）企业至少应当于每年年度终了，对固定资产的使用寿命、预计净残值和折旧方法进行复核。使用寿命预计数与原先估计数有差异的，应当调整固定资产使用寿命。预计净残值预计数与原先估计数有差异的，应当调整预计净残值。与固定资产有关的经济利益预期实现方式有重大改变的，应当改变固定资产折旧方法。

固定资产使用寿命、预计净残值和折旧方法的改变应当作为会计估计变更处理。

【典例研习·2-97】（2018年判断题）

已达到预定可使用状态暂按估计价值确定成本的固定资产在办理竣工决算后，应按实际成本调整原来的暂估价值，但不需调整原已计提的折旧额。（　　）

‖斯尔解析‖ √

【典例研习·2-98】（2017年判断题）

企业当月新增加的固定资产，当月不计提折旧，自下月起计提折旧，当月减少的固定资产，当月仍计提折旧，自下月起停止计提折旧。（　　）

‖斯尔解析‖ √

（二）固定资产的折旧方法

固定资产折旧方法可以采用年限平均法、工作量法、双倍余额递减法、年数总和法等。折旧方法的选择应当遵循可比性原则，如需变更，在会计报表附注中予以说明。

折旧方法	计算公式	说明
年限平均法	年折旧额=（固定资产原值-预计净残值）÷预计使用年限 =固定资产原值×（1-预计净残值率）÷预计使用年限	月折旧额=年折旧额÷12
工作量法	单位工作量折旧额=固定资产原值×（1-预计净残值率）÷预计总工作量	月折旧额=当月工作量×单位工作量折旧额
双倍余额递减法	年折旧额=固定资产账面净值×年折旧率 年折旧率=2/预计使用年限×100%	在最后两年应改为年限平均法计提折旧
年数总和法	年折旧额=（固定资产原值-预计净残值）×年折旧率 年折旧率=尚可使用年限÷预计使用年限的年数总和	各年折旧率不同

【解题高手】采用双倍余额递减法计提折旧时，每年各月折旧额根据年折旧额除以12来计算，如果题目中折旧年度和会计年度不一致需要分段计算当年应计提折旧的金额。另外，在采用双倍余额递减法计算年折旧额时不需要考虑预计净残值，在最后两年改为年限平均法时需要考虑预计净残值。

【典例研习·2-99】

甲公司有一台生产用机器设备,原价为608万元,预计使用10年,预计净残值为8万元,采用年限平均法计提折旧。计算该机器设备每月计提的折旧金额。

‖斯尔解析‖ 月折旧额=(原值-预计净残值)÷预计使用年限÷12=(608-8)÷10÷12=5(万元)

会计分录:

借:制造费用　　　　　　　　　　　　　　　　　　　　　　　5
　　贷:累计折旧　　　　　　　　　　　　　　　　　　　　　　　　5

【典例研习·2-100】(2020年单选题)

2018年12月3日,某企业购入一台不需要安装的生产设备并投入使用,原价为60 000元,预计净残值为3 000元,预计使用年限为5年,按年数总和法计提折旧。不考虑其他因素,2019年12月31日该设备的账面价值为(　　)元。

A.48 600　　　　B.48 000　　　　C.41 000　　　　D.40 000

‖斯尔解析‖ C 2018年12月购入的设备,2019年1月开始计提折旧,2019年计提的折旧额=(60 000-3 000)×5÷15=19 000(元),2019年12月31日该设备的账面价值=账面原值-累计折旧-固定资产减值准备=60 000-19 000-0=41 000(元)。

【典例研习·2-101】(2018年单选题)

某企业采用双倍余额递减法计算固定资产折旧。2016年12月购入一项固定资产,原价为200 000元,预计使用年限为5年,预计净残值为4 000元,不考虑其他因素,2017年该项固定资产应计提的折旧额为(　　)元。

A.80 000　　　　B.65 333　　　　C.39 200　　　　D.78 400

‖斯尔解析‖ A 年折旧率=2/5×100%=40%,该固定资产是2016年12月购入的,当月增加的固定资产次月开始计提折旧,即从2017年1月开始计提折旧,也就是第一个折旧年度和会计年度完全相同,因此2017年折旧额为=200 000×40%=80 000(元),选项A正确。

【典例研习·2-102】(2018年多选题)

2016年12月20日,某企业购入一台设备,其原价为2 000万元,预计使用年限5年,预计净残值5万元,采用双倍余额递减法计提折旧,下列各项中,该企业采用双倍余额递减法计提折旧的结果表述正确的有(　　)。

A.2017年折旧额为665万元　　　　B.应计折旧总额为1 995万元
C.年折旧率为33%　　　　　　　　D.2017年折旧额为800万元

‖斯尔解析‖ BD 双倍余额递减法

年折旧率=2/预计使用年限×100%=2/5×100%=40%,选项C不正确;

第一年应计提的折旧额=2 000×40%=800(万元)

第二年应计提的折旧额=(2 000-800)×40%=480(万元)

第三年应计提的折旧额=(2 000-800-480)×40%=288(万元)

第四年起改用年限平均法计提折旧:

第四、五年的年折旧额=[(2 000-800-480-288)-5]/2=213.5(万元)

应计折旧总额可以用原值减去预计净残值=2 000-5=1 995（万元），也可以用各年计提的折旧求和=800+480+288+213.5×2=1 995（万元），选项B正确；因为该设备是2016年12月20日购入的，当月增加的固定资产次月开始计提折旧，即从2017年1月开始计提折旧，也就是第一个折旧年度和会计年度完全相同，因此2017年折旧额为800万元，选项D正确，选项A不正确。

【典例研习·2-103】（2018年单选题）

2015年12月某企业购入一台设备，初始入账价值为400万元。设备于当月交付使用，预计使用寿命为5年，预计净残值为4万元，采用年数总和法计提折旧。不考虑其他因素，2017年该设备应计提的折旧额为（　　）万元。

A.160　　　　B.96　　　　C.132　　　　D.105.6

‖斯尔解析‖ D　2017年为第二年，折旧率为4/15，因此2017年该设备应计提的折旧额为（400-4）×（4÷15）=105.6（万元）。

【典例研习·2-104】（模拟单选题）

2021年6月甲公司购进生产设备一台，该设备的入账价值为100万元，预计净残值为5万元，预计可使用年限为5年。在采用双倍余额递减法计提折旧的情况下，该设备2022年应计提折旧额为（　　）万元。

A.40　　　　B.24　　　　C.20　　　　D.32

‖斯尔解析‖ D

第一个折旧年度的折旧额（2021.7.1—2022.6.30）=100×2÷5=40（万元）

第二个折旧年度的折旧额（2022.7.1—2023.6.30）=（100-40）×2÷5=24（万元）

2022年应提折旧额=40×6÷12+24×6÷12=32（万元）

（三）固定资产折旧的账务处理

固定资产应当按月计提折旧，计提的折旧应当记入"累计折旧"科目，并根据用途计入相关资产的成本或者当期损益。

借：制造费用（用于生产车间）
　　管理费用（用于行政管理部门）
　　销售费用（用于销售部门）
　　在建工程（用于工程建设）
　　研发支出（用于项目研发）
　　其他业务成本（用于经营租赁）
　贷：累计折旧

【典例研习·2-105】（2018年多选题）

下列各项中，关于企业固定资产折旧的会计处理表述正确的有（　　）。

A.自行建造厂房使用自有固定资产，计提的折旧应计入在建工程成本
B.基本生产车间使用自有固定资产，计提的折旧应计入制造费用
C.经营租出的固定资产，其计提的折旧应计入管理费用
D.专设销售机构使用的自有固定资产，计提的折旧应计入销售费用

‖斯尔解析‖ ABD　选项C，经营租赁租出的固定资产其计提的折旧计入其他业务成本。

【典例研习·2-106】（2017年多选题）
下列各项中，关于工业企业固定资产折旧的会计处理表述正确的有（　　）。
A.基本生产车间使用的固定资产，其计提的折旧应计入制造费用
B.经营租出的固定资产，其计提的折旧应计入其他业务成本
C.建造厂房时使用的自有固定资产，其计提的折旧应计入在建工程成本
D.行政管理部门使用的固定资产，其计提的折旧应计入管理费用
‖斯尔解析‖ ABCD

【典例研习·2-107】（2013年单选题）
下列关于企业计提固定资产折旧会计处理的表述中，不正确的是（　　）。
A.对管理部门使用的固定资产计提的折旧应计入管理费用
B.对财务部门使用的固定资产计提的折旧应计入财务费用
C.对生产车间使用的固定资产计提的折旧应计入制造费用
D.对专设销售机构使用的固定资产计提的折旧应计入销售费用
‖斯尔解析‖ B　财务部门属于企业行政管理部门，其使用的固定资产的折旧计入管理费用。

考点4　固定资产发生的后续支出（★★★）

1.固定资产的后续支出，是指固定资产在使用过程中发生的更新改造支出、修理费用等。与固定资产有关的更新改造等后续支出，符合资本化条件的应当予以资本化。

固定资产转入改扩建时：
借：在建工程
　　累计折旧
　　固定资产减值准备
　贷：固定资产

发生改扩建工程支出时：
借：在建工程
　　应交税费——应交增值税（进项税额）
　贷：银行存款、原材料、应付职工薪酬等

2.企业发生的某些固定资产后续支出可能涉及替换原固定资产的某组成部分，当发生的后续支出符合固定资产确认条件时，应将其计入固定资产成本，同时将被替换部分的账面价值扣除。这样可以避免将替换部分的成本和被替换部分的成本同时计入固定资产成本，导致高估固定资产成本。

借：银行存款或原材料（残料价值）
　　营业外支出（净损失）
　贷：在建工程（被替换部分的账面价值）

需要说明的是，被替换部分资产无论是否有残料收入等经济利益的流入，都不会影响最终固定资产的入账价值。

3.改扩建工程完工，达到预定可使用状态时：
借：固定资产
　贷：在建工程

4.转为固定资产后，需要按照重新确定的使用寿命、预计净残值和折旧方法计提折旧。

【典例研习·2-108】

甲航空公司2013年12月购入一架飞机总计花费8 000万元（含发动机），发动机当时的购价为500万元。甲公司未将发动机作为一项单独的固定资产进行核算。2021年12月1日，甲公司开辟新航线，航程增加。为延长飞机的空中飞行时间，甲公司决定更换一部性能更为先进的发动机。新发动机购入取得增值税专用发票注明的价款1 000万元，增值税税额为130万元，另需支付安装费取得增值税专用发票注明的价款为5万元，增值税税额为0.45万元。假定飞机的年折旧率为3%，不考虑预计净残值影响，假设替换下的老发动机报废且无残值，甲公司应编制如下会计分录：

‖斯尔解析‖

（1）2021年12月1日飞机的累计折旧金额为：$80\,000\,000 \times 3\% \times 8 = 19\,200\,000$（元），将固定资产转入在建工程。

借：在建工程　　　　　　　　　　　　　60 800 000
　　累计折旧　　　　　　　　　　　　　19 200 000
　　贷：固定资产　　　　　　　　　　　　　　　　80 000 000

（2）购入新发动机时：

借：工程物资　　　　　　　　　　　　　10 000 000
　　应交税费——应交增值税（进项税额）　1 300 000
　　贷：银行存款　　　　　　　　　　　　　　　　11 300 000

（3）安装新发动机：

借：在建工程　　　　　　　　　　　　　10 050 000
　　应交税费——应交增值税（进项税额）　　　4 500
　　贷：工程物资　　　　　　　　　　　　　　　　10 000 000
　　　　银行存款　　　　　　　　　　　　　　　　　　54 500

（4）2021年12月1日老发动机的账面价值=$5\,000\,000 - 5\,000\,000 \times 3\% \times 8 = 3\,800\,000$（元），终止确认老发动机的账面价值。

借：营业外支出　　　　　　　　　　　　3 800 000
　　贷：在建工程　　　　　　　　　　　　　　　　 3 800 000

（5）发动机安装完毕投入使用。

固定资产的入账价值=$60\,800\,000 + 10\,050\,000 - 3\,800\,000 = 67\,050\,000$（元）

借：固定资产　　　　　　　　　　　　　67 050 000
　　贷：在建工程　　　　　　　　　　　　　　　　67 050 000

【典例研习·2-109】（2018年单选题）

A公司对一幢办公楼进行更新改造，该办公楼原值为1 000万元，已计提折旧500万元。更新改造过程中发生支出600万元，被替换部分账面原值为100万元，出售价款为2万元。不考虑相关税费，则新办公楼的入账价值为（　　）万元。

A.1 100　　　　B.1 050　　　　C.1 048　　　　D.1 052

‖斯尔解析‖ **B** 被替换部分的账面价值=$100 \times (1 - 500/1\,000) = 50$（万元）

新办公楼的入账价值为$1\,000 - 500 + 600 - 50 = 1\,050$（万元）

【典例研习·2-110】（2017年单选题）

某企业对生产设备进行改良，发生资本化支出共计45万元，被替换旧部件的账面价值为10万元，该设备原价为500万元，已计提折旧300万元。不考虑其他因素，该设备改良后的入账价值为（　　）万元。

A.245　　　　B.235　　　　C.200　　　　D.190

‖斯尔解析‖ [B]　设备改良后的入账价值=45-10+500-300=235（万元）。

【典例研习·2-111】（2016年单选题）

企业扩建一条生产线，该生产线原价为1 000万元，已提折旧300万元，扩建生产线发生相关支出800万元，且满足固定资产确认条件，不考虑其他因素，该生产线扩建后的入账价值为（　　）万元。

A.1 000　　　B.800　　　　C.1 800　　　D.1 500

‖斯尔解析‖ [D]　生产线扩建后入账价值=1 000-300+800=1 500（万元），选项D正确。

【典例研习·2-112】（模拟单选题）

甲公司对一套设备进行更新改造。该设备的原值为100万元，已提折旧为50万元，未计提减值准备。改造过程中发生支出20万元，被替换部分的账面价值10万元。该生产线更新改造后的成本为（　　）万元。

A.60　　　　　B.70　　　　　C.110　　　　D.120

‖斯尔解析‖ [A]　该生产线更新改造后的入账价值=（100-50）+20-10=60（万元）。

【典例研习·2-113】（模拟单选题）

甲公司对一套设备进行更新改造。该设备的原值为100万元，已提折旧为50万元，未计提减值准备。改造过程中发生支出20万元，被替换部分的账面原值10万元。该设备更新改造后的成本为（　　）万元。

A.65　　　　　B.70　　　　　C.110　　　　D.120

‖斯尔解析‖ [A]　该生产线更新改造后的入账价值=（100-50）+20-10×50/100=65（万元）。

【典例研习·2-114】（2016年判断题）

企业发生固定资产改扩建支出且符合资本化条件的，应计入相应在建工程成本。（　　）

‖斯尔解析‖ [√]

5.与固定资产有关的修理费用等后续支出，不符合固定资产确认条件的，应当根据不同情况分别在发生时计入当期管理费用或销售费用。

（1）企业生产车间（部门）和行政管理部门发生的固定资产日常修理费用等后续支出记入"管理费用"科目；

（2）企业专设销售机构发生的与专设销售机构相关的固定资产日常修理费用等后续支出，记入"销售费用"科目。

【典例研习·2-115】（2017年判断题）

企业生产车间发生的固定资产日常维修费，应作为制造费用核算计入产品成本。（　　）

‖斯尔解析‖ [×]　企业生产车间发生的固定资产日常维修费应计入管理费用。

考点5　处置固定资产（★★★）

1.企业出售、转让、报废固定资产或发生固定资产毁损，应当将处置价款扣除账面价值和相关税费（不含增值税）后的金额计入当期损益。

2.会计处理：

（1）将固定资产的账面价值结转时：

借：固定资产清理
　　累计折旧
　　固定资产减值准备
　　贷：固定资产

（2）发生清理费等支出时：

借：固定资产清理
　　应交税费——应交增值税（进项税额）
　　贷：银行存款等

（3）出售（入库）残料以及保险公司或责任人赔偿（尚未收到）：

借：银行存款
　　原材料
　　其他应收款
　　贷：固定资产清理
　　　　应交税费——应交增值税（销项税额）

（4）取得处置价款时：

借：银行存款
　　贷：固定资产清理
　　　　应交税费——应交增值税（销项税额）

（5）固定资产清理完成后产生的清理净损益，依据固定资产处置方式的不同，分别适用不同的处理方法：

①因已丧失使用功能、自然灾害发生毁损等原因而报废清理产生的利得或损失：

借：固定资产清理
　　贷：营业外收入（利得）

或

借：营业外支出（损失）
　　贷：固定资产清理

②因出售、转让等原因产生的固定资产处置利得或损失：

借或贷：固定资产清理
　　贷或借：资产处置损益

【典例研习·2-116】（2018年单选题改编）

某企业出售一台旧设备，原价为23万元，已计提折旧5万元。出售该设备开具的增值税专用发票上注明的价款为20万元，增值税税额为2.6万元，发生的清理费用为1.5万元，不考虑其他因素，该企业处置设备应确认的净收益为（　　）万元。

A.-2.9　　　　　B.0.5　　　　　C.20　　　　　D.2

‖斯尔解析‖ B

借：固定资产清理　　　　　　　　　　　　　　　　　　18
　　累计折旧　　　　　　　　　　　　　　　　　　　　 5
　　贷：固定资产　　　　　　　　　　　　　　　　　　　　　23
借：银行存款/应收账款　　　　　　　　　　　　　　　22.6
　　贷：固定资产清理　　　　　　　　　　　　　　　　　　　20
　　　　应交税费——应交增值税（销项税额）　　　　　　　2.6
借：固定资产清理　　　　　　　　　　　　　　　　　 1.5
　　贷：银行存款　　　　　　　　　　　　　　　　　　　　　1.5
借：固定资产清理　　　　　　　　　　　　　　　　　 0.5
　　贷：资产处置损益　　　　　　　　　　　　　　　　　　　0.5

【典例研习·2-117】（2016年单选题）

某企业处置一项固定资产收回的价款为80万元，该资产原价为100万元，已计提折旧60万元，计提减值准备5万元，处置发生清理费用5万元，不考虑其他因素，处置该资产对当期利润总额的影响金额为（　　）万元。

A.40　　　　　B.80　　　　　C.50　　　　　D.35

‖斯尔解析‖ A　处置固定资产的净收益计入资产处置损益，处置该资产对当期利润总额的影响金额=80-（100-60-5）-5=40（万元）。影响利润总额的金额为40万元。

【典例研习·2-118】（2018年多选题）

下列各项中，应通过"固定资产清理"科目核算的有（　　）。

A.固定资产盘亏的账面价值　　　　　B.固定资产更新改造支出
C.固定资产毁损净损失　　　　　　　D.固定资产出售的账面价值

‖斯尔解析‖ CD　选项A，通过"待处理财产损溢"科目进行核算；选项B，通过"在建工程"科目进行核算。

考点6　固定资产清查（★★）

企业应当定期或者至少每年年末对固定资产进行清查盘点，以保证固定资产核算的真实性，充分挖掘企业现有固定资产的潜力。在固定资产清查过程中，如果发现盘盈、盘亏的固定资产，应填制固定资产盘盈盘亏报告表。清查固定资产的损溢，应及时查明原因，并按照规定程序报批处理。

（一）固定资产盘盈

按前期差错进行处理：

借：固定资产（重置成本）
　　贷：以前年度损益调整
借：以前年度损益调整
　　贷：盈余公积
　　　　利润分配——未分配利润

【典例研习·2-119】（模拟单选题）

企业在盘盈固定资产时，应通过（　　）科目核算。

A.待处理财产损溢　　　　　　　B.以前年度损益调整

C.资本公积　　　　　　　　　　D.营业外收入

‖斯尔解析‖ [B] 固定资产的盘盈作为前期差错进行处理，通过"以前年度损益调整"科目核算。

（二）固定资产盘亏

借：待处理财产损溢
　　累计折旧
　　固定资产减值准备
　贷：固定资产
　　　应交税费——应交增值税（进项税额转出）
借：其他应收款（保险赔款或责任人赔款）
　　营业外支出——盘亏损失
　贷：待处理财产损溢

【典例研习·2-120】（2018年单选题）

下列各项中，按管理权限经批准后计入营业外支出的是（　　）。

A.因管理不善造成的原材料盘亏　　B.固定资产盘亏净损失

C.无法查明原因的现金短缺　　　　D.由过失人赔付的库存商品毁损

‖斯尔解析‖ [B] 选项A，计入管理费用；选项B，计入营业外支出；选项C，计入管理费用；选项D，计入其他应收款。

【典例研习·2-121】（2020年判断题）

企业财产清查中盘盈的固定资产，按管理权限报经批准处理前，应通过"待处理财产损溢"科目核算。（　　）

‖斯尔解析‖ [×] 企业在财产清查中盘盈的固定资产，无须通过"待处理财产损溢"科目核算，在按管理权限报经批准处理前，应通过"以前年度损益调整"科目核算。

【解题高手】库存现金、存货及固定资产清查的会计处理的总体思路是先将账面按盘点实物数量进行调整，具体总结如下：

项目	盘盈	盘亏
库存现金	借：库存现金 　贷：待处理财产损溢 借：待处理财产损溢 　贷：其他应付款 　　　营业外收入（无法查明原因）	借：待处理财产损溢 　贷：库存现金 借：其他应收款 　　　管理费用（无法查明原因） 　贷：待处理财产损溢

项目	盘盈	盘亏
存货	借：原材料等 　　贷：待处理财产损溢 借：待处理财产损溢 　　贷：管理费用	借：待处理财产损溢 　　贷：原材料 　　　　应交税费——应交增值税（进项税额转出）（自然灾害原因除外） 借：原材料（收回残料） 　　其他应收款（应收取责任人或保险公司赔款） 　　管理费用（管理不善） 　　营业外支出（非常损失） 　　贷：待处理财产损溢
固定资产	按前期差错处理 借：固定资产（重置成本） 　　贷：以前年度损益调整 借：以前年度损益调整 　　贷：盈余公积 　　　　利润分配——未分配利润	借：待处理财产损溢 　　累计折旧 　　固定资产减值准备 　　贷：固定资产 　　　　应交税费——应交增值税（进项税额转出） 借：营业外支出 　　其他应收款 　　贷：待处理财产损溢

考点7　固定资产减值（★）

固定资产在资产负债表日存在可能发生减值的迹象时，其可收回金额低于账面价值的，企业应当将该固定资产的账面价值减记至可收回金额，减记的金额确认为减值损失，计入当期损益，同时计提相应的资产减值准备。

固定资产的可收回金额应当以固定资产的预计未来现金流量现值与公允价值减处置费用的净额孰高原则确认。

借：资产减值损失
　　贷：固定资产减值准备

需要说明的是，固定资产减值损失一经确认，在以后会计期间不得转回。

【典例研习·2-122】（模拟单选题）

下列各项中，不会导致固定资产账面价值发生增减变动的是（　　）。

A.盘亏固定资产　　　　　　　　B.短期租入设备
C.以固定资产对外捐赠　　　　　D.计提固定资产累计折旧

‖斯尔解析‖　B　短期租入设备不属于企业的固定资产，因此不影响固定资产账面价值；其他项目均会导致固定资产账面价值减少。

【典例研习·2-123】（模拟单选题）

2021年12月31日，甲公司的某设备存在可能发生减值的迹象。经减值测试，该设备的公允价值减处置费用的净额为3 000 000元，预计未来现金流量现值为3 100 000元，账面净值为3 400 000元，以前年度对该生产线计提过80 000元的减值准备，则下列说法中正确的是（ ）。

A.应计提固定资产减值准备400 000元　　B.应计提固定资产减值准备220 000元
C.应计提固定资产减值准备0元　　　　　D.应计提固定资产减值准备320 000元

‖斯尔解析‖ B　固定资产的可收回金额应当以固定资产的预计未来现金流量现值与公允价值减处置费用的净额孰高原则确认。固定资产应计提的减值准备金额=3 400 000－3 100 000=300 000（元），原已计提80 000元，所以当期补提的减值准备=300 000－80 000=220 000（元）。

【典例研习·2-124】（2019年多选题）

下列各项中，导致企业固定资产账面价值减少的事项有（ ）。

A.计提固定资产折旧　　　　　　　　B.提前报废固定资产
C.盘亏固定资产　　　　　　　　　　D.确认固定资产减值损失

‖斯尔解析‖ ABCD　固定资产账面价值=账面原值（选项B、C）－累计折旧（选项A）－固定资产减值准备（选项D）。

【典例研习·2-125】（2020年不定项选择题）

某企业为增值税一般纳税人，2019年发生与固定资产有关的经济业务如下：

（1）6月28日，购入一台不需要安装的生产设备N并投入使用，增值税专用发票上注明的价款为120万元，增值税税额为15.6万元。购进设备发生保险费2万元，增值税税额为0.12万元，已取得增值税专用发票，全部款项以银行存款支付。该设备预计使用年限为10年，预计净残值为2万元，采用年限平均法计提折旧。

（2）9月30日，该企业自行建造厂房一幢达到预定可使用状态。建造该厂房领用本企业自产产品的实际成本为30万元，分配工程人员薪酬40万元，支付工程费用200万元、增值税18万元，已取得增值税专用发票。预计该厂房可使用50年，预计净残值为零，采用年限平均法计提折旧。

（3）12月20日，设备N因自然灾害毁损，支付设备N拆卸费1万元，增值税税额为0.09万元，全部款项以银行存款支付，已确认应收保险公司赔款50万元。

要求：

根据上述资料，不考虑其他因素，分析回答下列小题。（答案中的金额单位用万元表示，计算结果保留两位小数）

1.根据资料（1），设备N的入账价值是（ ）万元。

A.120　　　　　B.137.72　　　　　C.122　　　　　D.135.6

‖斯尔解析‖ C　该企业为增值税一般纳税人，增值税可以作为进项税额抵扣，所以，设备N入账价值=120+2=122（万元）。

2.根据资料（1），下列各项中，设备N计提折旧的会计处理表述正确的是（ ）。

A.2019年7月开始计提折旧　　　　　　B.计提的折旧费计入制造费用

C.2019年6月开始计提折旧　　　　　　D.每月计提折旧额为1万元

‖斯尔解析‖ ABD　固定资产达到预定可使用状态后从次月起计提折旧,该企业6月购入不需安装设备,从7月开始计提折旧,选项A正确,选项C错误;因该设备用于生产,其折旧费用计入制造费用,选项B正确;设备N月折旧金额=(122-2)/10/12=1(万元),选项D正确。

‖陷阱提示‖　本题选项A和C为互斥答案,同学们在做不定项选择题时,遇到此类题目一定要注意不能同时选择A和C,如果考试时实在无法确定,请不要同时选择A和C,尽量在B和D之间选择(或是碰碰运气)。

3.根据资料(2),下列各项中,该企业自行建造厂房的会计处理正确的是(　　)。

A.领用企业自产产品:

借:在建工程　　　　　　　　　　　　　　　30

　贷:库存商品　　　　　　　　　　　　　　　　　　30

B.分配应负担工程人员薪酬:

借:在建工程　　　　　　　　　　　　　　　40

　贷:应付职工薪酬　　　　　　　　　　　　　　　　40

C.工程完工结转固定资产成本:

借:固定资产　　　　　　　　　　　　　　　270

　贷:在建工程　　　　　　　　　　　　　　　　　　270

D.支付工程费用:

借:在建工程　　　　　　　　　　　　　　　218

　贷:银行存款　　　　　　　　　　　　　　　　　　218

‖斯尔解析‖ ABC　工程领用本企业自产产品的,按产品的成本价计入在建工程,选项A正确,工程人员薪酬应计入在建工程,选项B正确;支付工程费用取得增值税专用发票的,增值税可以抵扣,不构成工程成本,选项D错误;固定资产入账成本=30+40+200=270(万元),选项C正确。

4.根据资料(1)和(3),下列各项中,设备N毁损相关会计处理表述正确的是(　　)。

A.将设备账面价值转入固定资产清理,借记"固定资产清理"科目116万元

B.应收保险公司赔款,借记"其他应收款"科目50万元

C.支付清理费用,借记"固定资产清理"科目1万元

D.结转设备毁损净损失,借记"营业外支出"科目65万元

‖斯尔解析‖ ABC　该企业应编制的会计分录为:

借:固定资产清理　　　　　　　　　　　　　116

　　累计折旧　　　　　　　　　　　　　　　6

　贷:固定资产　　　　　　　　　　　　　　　　　　122

借:固定资产清理　　　　　　　　　　　　　1

　　应交税费——应交增值税(进项税额)　　0.09

　贷:银行存款　　　　　　　　　　　　　　　　　　1.09

借：其他应收款　　　　　　　　　　　　　　　　　　　　50
　　贷：固定资产清理　　　　　　　　　　　　　　　　　　　　50
借：营业外支出　　　　　　　　　　　　　　　　　　　　67
　　贷：固定资产清理　　　　　　　　　　　　　　　　　　　　67

5.根据资料（1）至（3），上述业务导致年末资产负债表"固定资产"项目期末余额增加的金额是（　　）万元。

A.270　　　　　B.384.65　　　　　C.268.65　　　　　D.392

斯尔解析 C　固定资产期末余额增加=122-122（报废设备N）+270-（270/50/12×3）=268.65（万元）

第六部分　无形资产和长期待摊费用

考点1　无形资产（★★★）

（一）无形资产概述

1.无形资产的概念

无形资产是指企业拥有或者控制的没有实物形态的可辨认非货币性资产。

2.无形资产的内容

无形资产主要包括：专利权、非专利技术、商标权、著作权、特许权和土地使用权等。

需要说明的是，商誉不属于无形资产。因商誉不具有可辨认性，所以其不符合无形资产定义。

【典例研习·2-126】（模拟判断题）

企业自行设计并注册使用的商标权属于无形资产。（　　）

斯尔解析 ×　企业自行设计并注册的商标必须满足资产的确认条件，即是否能够为企业带来经济利益的流入，如果不能带来经济利益的流入则不能认定为无形资产。

（二）无形资产的会计核算

1.无形资产的取得

无形资产应按照取得成本进行初始计量。

（1）外购的无形资产入账成本=购买价款+相关税费以及直接归属于使该项资产达到预定用途所发生的其他支出

（2）下列各项不包括在无形资产的初始成本中：

①引入新产品进行宣传发生的广告费、管理费用及其他间接费用；

②无形资产达到预定用途以后发生的费用。

（3）企业自行研究开发的无形资产，其成本包括自满足资本化条件的时点至无形资产达到预定用途前发生的可直接归属于该无形资产的创造、生产并使该资产能够以管理层预定的方式运作的必要支出总和。

企业内部研究开发项目所发生的支出应区分研究阶段支出和开发阶段支出。研究阶段支出和不满足资本化条件的开发阶段支出计入"研发支出——费用化支出"，期（月）末，应将"研发支出——费用化支出"科目归集的金额转入"管理费用"；开发阶段支出符合资本化条件的，应当确认为无形资产，取得增值税专用发票的计入"应交税费——应交增值税（进项税额）"。

（4）如果无法可靠区分研究阶段和开发阶段的支出，应当将其所发生的研发支出全部费用化，计入当期损益（管理费用）。

（5）未达到预定可使用状态前，"研发支出——资本化支出"余额列示在资产负债表中的"开发支出"项目。

【典例研习·2-127】（2018年单选题改编）

某增值税一般纳税人企业自行研究开发一项技术，共发生研发支出450万元，其中，研究阶段发生职工薪酬100万元，专用设备折旧费用50万元；开发阶段满足资本化条件支出300万元，取得增值税专用发票上注明的增值税税额为39万元，开发阶段结束研究开发项目达到预定用途形成无形资产，不考虑其他因素，下列各项中，关于该企业研发支出会计处理表述正确的是（　　）。

A.确认管理费用150万元，确认无形资产300万元
B.确认管理费用150万元，确认无形资产339万元
C.确认管理费用100万元，确认无形资产350万元
D.确认管理费用201万元，确认无形资产300万元

‖斯尔解析‖ A 研究阶段：

借：研发支出——费用化支出　　　　　　　　　　150
　　贷：应付职工薪酬　　　　　　　　　　　　　　　　100
　　　　累计折旧　　　　　　　　　　　　　　　　　　50

开发阶段：

借：研发支出——资本化支出　　　　　　　　　　300
　　应交税费——应交增值税（进项税额）　　　　　39
　　贷：银行存款　　　　　　　　　　　　　　　　　　339

最终达到预定用途形成无形资产：

借：无形资产　　　　　　　　　　　　　　　　　300
　　贷：研发支出——资本化支出　　　　　　　　　　300

借：管理费用　　　　　　　　　　　　　　　　　150
　　贷：研发支出——费用化支出　　　　　　　　　　150

【典例研习·2-128】（2017年单选题）

2016年1月1日，某企业开始自行研究开发一套软件，研究阶段发生支出30万元，开发阶段发生支出125万元，开发阶段的支出均满足资本化条件。4月15日，该软件开发成功并依法申请了专利，支付相关手续费1万元。不考虑其他因素，该项无形资产的入账价值为（　　）万元。

A.126　　　　B.155　　　　C.125　　　　D.156

‖斯尔解析‖ A 研究阶段支出应费用化，不构成无形资产入账成本，无形资产的入账价值=125+1=126（万元）。

【典例研习·2-129】（2015年单选题）

2013年3月1日，某企业开始自行研发一项非专利技术，2014年1月1日研发成功并达到预定用途。该非专利技术研究阶段累计支出为300万元（均不符合资本化条件），开发阶段的累计支出为800万元（其中不符合资本化条件的支出为200万元），不考虑其他因素，企业该非专利技术的入账价值为（　　）万元。

A.800　　　　　　B.900　　　　　　C.1 100　　　　　　D.600

‖斯尔解析‖ D　企业自行研发无形资产，研究阶段发生的支出计入管理费用，开发阶段的支出符合资本化条件的，计入无形资产成本，即800-200=600（万元），选项D正确。

【典例研习·2-130】（2020年多选题）

下列各项中，关于自行研发无形资产业务的会计处理表述正确的有（　　）。

A.满足资本化条件的研发支出达到预定用途，应转入"无形资产"科目的借方
B.不满足资本化条件的研发支出，期末应转入"管理费用"科目的借方
C.满足资本化条件的研发支出，应记入"研发支出——费用化支出"科目的借方
D.不满足资本化条件的研发支出，应记入"研发支出——资本化支出"科目的借方

‖斯尔解析‖ AB　满足资本化条件的研发支出，应记入"研发支出——资本化支出"科目的借方，选项C错误；不满足资本化条件的研发支出，应记入"研发支出——费用化支出"科目的借方，选项D错误。本题是典型张冠李戴。

【典例研习·2-131】（2018年多选题）

下列各项中，应计入专利权入账价值的有（　　）。

A.无法区分研究阶段和开发阶段的设备折旧费
B.研究阶段支付的研发人员薪酬
C.依法取得专利权发生的注册费
D.开发阶段满足资本化条件的材料支出

‖斯尔解析‖ CD　选项AB，计入管理费用。

【典例研习·2-132】（2018年判断题）

企业无法可靠区分研究阶段和开发阶段支出的，所发生的研发支出全部费用化，计入当期损益。（　　）

‖斯尔解析‖ √

2.无形资产的摊销

（1）无形资产的摊销范围

企业应当于取得无形资产时分析判断其使用寿命。使用寿命有限的无形资产应进行摊销。使用寿命不确定的无形资产不应摊销。

（2）无形资产的应摊销金额、摊销期和摊销方法

使用寿命有限的无形资产，通常其残值视为零，但下列情况除外：

①有第三方承诺在无形资产使用寿命结束时购买该无形资产；

②可以根据活跃市场得到预计残值信息，并且该市场在无形资产使用寿命结束时很可能存在。

（3）无形资产的应摊销金额是指无形资产的成本扣除预计残值后的金额。已计提减值准备的无形资产，还应扣除已计提的无形资产减值准备累计金额。

（4）对于使用寿命有限的无形资产应当自可供使用（即其达到预定用途）当月起开始摊销，处置当月不再摊销。

（5）无形资产摊销方法包括年限平均法（即直线法）、生产总量法等。企业选择的无形资产的摊销方法，应当反映与该项无形资产有关的经济利益的预期实现方式。无法可靠确定预期实现方式的，应当采用直线法摊销。

（6）无形资产摊销的会计处理

借：制造费用（用于产品生产的无形资产）
　　管理费用（管理用无形资产）
　　其他业务成本（经营出租的无形资产）
　贷：累计摊销

【典例研习·2-133】（2014年单选题）

下列各项中，关于企业无形资产表述不正确的是（　　）。

A.使用寿命不确定的无形资产不应摊销
B.研究阶段和开发阶段的支出应全部计入无形资产成本
C.无形资产应当按照成本进行初始计量
D.经营出租无形资产的摊销额应计入其他业务成本

‖斯尔解析‖　B　对于自行研究开发的无形资产应该区分研究阶段的支出和开发阶段的支出，只有开发阶段符合资本化条件的支出才能计入无形资产的成本，选项B不正确。

【典例研习·2-134】（模拟单选题）

甲公司为增值税一般纳税人，2021年1月5日以3 300万元购入一项商标权，另支付注册登记费20万元。为推广使用该商标权生产的产品，甲公司发生广告宣传费160万元。该商标权预计使用5年，预计净残值为零，采用直线法摊销。假设不考虑其他因素，2021年12月31日该商标权的账面价值为（　　）万元。

A.2 656　　　　B.2 565　　　　C.2 655　　　　D.3 300

‖斯尔解析‖　A　为推广使用该商标权生产的产品，甲公司发生广告宣传费应计入销售费用。2021年12月31日该专利权的账面价值=3 300+20-（3 300+20）÷5=2 656（万元）。

【典例研习·2-135】（2018年单选题）

某企业将其自行开发完成的管理系统软件出租给乙公司，每年收取使用费240 000元（不含增值税）。双方约定租赁期限为5年。该管理系统软件的总成本为600 000元。该企业按月计提摊销。不考虑其他因素，该企业对其计提累计摊销进行的会计处理正确的是（　　）。

A.借：管理费用　　　　　　　　　　　　　　　20 000
　　贷：累计摊销　　　　　　　　　　　　　　　　　　20 000

B.借：其他业务成本　　　　　　　　　　　　　20 000
　　贷：累计摊销　　　　　　　　　　　　　　　　　　20 000

C.借：其他业务成本　　　　　　　　　　　　　　10 000
　　贷：累计摊销　　　　　　　　　　　　　　　　　　　10 000
D.借：管理费用　　　　　　　　　　　　　　　　10 000
　　贷：累计摊销　　　　　　　　　　　　　　　　　　　10 000

‖斯尔解析‖ [C]　企业每月摊销的金额为600 000/5/12=10 000（元），该无形资产用于经营出租，无形资产计提的摊销需计入其他业务成本，相关账务处理如下：

借：其他业务成本　　　　　　　　　　　　　　　10 000
　贷：累计摊销　　　　　　　　　　　　　　　　　　　　10 000

【典例研习·2-136】（2018年多选题）

某公司为增值税一般纳税人，2017年1月4日购入一项无形资产，取得的增值税专用发票注明价款为880万元，增值税税额为52.8万元，该无形资产使用年限为5年，按年进行摊销，预计残值为零。下列关于该项无形资产的会计处理中，正确的有（　　）。

A.2017年1月4日取得该项无形资产的成本为880万元
B.2017年12月31日该项无形资产的累计摊销额为176万元
C.该项无形资产自2017年2月起开始摊销
D.该无形资产的应计摊销额为932.8万元

‖斯尔解析‖ [AB]　无形资产按照取得时的成本进行初始计量，选项A正确；对于使用寿命有限的无形资产应当自可供使用当月起开始摊销，所以2017年的摊销额=880÷5=176（万元），选项B正确，选项C错误；该无形资产的应计摊销额为无形资产的成本880万元，选项D错误。

【典例研习·2-137】（2015年判断题）

企业使用寿命确定的无形资产应自可供使用（即其达到预定用途）下月起开始摊销，处置当月照常摊销。（　　）

‖斯尔解析‖ [×]　对于使用寿命确定的无形资产应当自可供使用（即其达到预定用途）当月起开始摊销，处置当月不再摊销。

3.无形资产的处置

（1）无形资产出售时，应当将取得的价款与该无形资产账面价值及相关税费的差额计入当期损益（资产处置损益）。

借：银行存款
　　无形资产减值准备
　　累计摊销
　贷：无形资产
　　　应交税费——应交增值税（销项税额）
差额：资产处置损益

（2）无形资产预期不能为企业带来未来经济利益的，应予以报废，将该无形资产的账面价值予以转销，计入当期损益（营业外支出）。

借：营业外支出
　　累计摊销
　　无形资产减值准备
　　贷：无形资产

【典例研习·2-138】（2020年单选题）

甲公司为增值税一般纳税人，本月将一项专利权转让给乙公司，开具增值税专用发票上注明的价款为40万元，增值税税额为2.4万元。该专利权成本为30万元，已累计摊销15万元。不考虑其他因素，转让该项专利权应确认的处置净损益为（　　）万元。

A.12.4　　　　B.27.4　　　　C.10　　　　D.25

‖斯尔解析‖ [D]　转让该项专利权的会计处理为：

借：银行存款等　　　　　　　　　　　　　　　　42.4
　　累计摊销　　　　　　　　　　　　　　　　　15
　　贷：无形资产　　　　　　　　　　　　　　　　　30
　　　　应交税费——应交增值税（销项税额）　　　　2.4
　　　　资产处置损益　　　　　　　　　　　　　　　25（选项D）

【典例研习·2-139】（2018年单选题）

2017年7月，某制造业企业转让一项专利权，开具增值税专用发票上注明的价款为100万元、增值税税额为6万元，全部款项已存入银行。该专利权成本为200万元，已摊销150万元，不考虑其他因素，该企业转让专利权对利润总额的影响金额为（　　）万元。

A.-94　　　　B.56　　　　C.-100　　　　D.50

‖斯尔解析‖ [D]　出售无形资产过程中产生的增值税不影响无形资产的处置损益，所以该企业转让专利权对利润总额的影响金额=100-（200-150）=50（万元）。

4.无形资产的减值

无形资产在资产负债表日存在可能发生减值的迹象时，其可收回金额低于账面价值的，企业应当将该无形资产的账面价值减记至可收回金额，减记的金额确认为减值损失，计入当期损益，同时计提相应的减值准备。

借：资产减值损失
　　贷：无形资产减值准备

无形资产减值损失一经确认，以后会计期间不得转回。

【典例研习·2-140】（2016年多选题）

下列各项中，关于无形资产会计处理表述正确的是（　　）。

A.已确认的无形资产减值损失在以后会计期间可以转回
B.使用寿命不确定的无形资产按月进行摊销
C.出售无形资产的净损益计入营业利润
D.经营出租无形资产的摊销额计入其他业务成本

‖斯尔解析‖ [CD]　无形资产减值损失一经确认，在以后会计期间不得转回，选项A错误；使用寿命不确定的无形资产不应摊销，选项B错误；出售无形资产的净损益计入资产处置损益，影响营业利润，选项C正确；经营出租无形资产的摊销额计入其他业务成本，选项D正确。

【解题高手】 有关资产减值相关内容如下表所示：

各项资产	比较基础	会计处理	能否转回	转回时的会计处理
存货	可变现净值	借：资产减值损失 　　贷：存货跌价准备	√	借：存货跌价准备 　　贷：资产减值损失
应收账款	预期信用损失	借：信用减值损失 　　贷：坏账准备	√	借：坏账准备 　　贷：信用减值损失
固定资产	可收回金额	借：资产减值损失 　　贷：固定资产减值准备	×	—
无形资产	可收回金额	借：资产减值损失 　　贷：无形资产减值准备	×	—

考点2　长期待摊费用（★）

长期待摊费用是指企业已经发生但应由本期和以后各期负担的分摊期限在一年以上的各项费用，如以租赁方式租入的使用权资产发生的改良支出等。

企业应通过"长期待摊费用"科目，核算长期待摊费用的发生、摊销和结存等情况。

借：长期待摊费用
　　应交税费——应交增值税（进项税额）
　　贷：银行存款
　　　　原材料
　　　　应付职工薪酬等

摊销长期待摊费用时，借记"管理费用""销售费用"等科目。

如果长期待摊费用项目不能使以后会计期间受益的，应当将尚未摊销的该项目的摊余价值全部转入当期损益。

【典例研习·2-141】（2019年单选题）

2018年12月初，某企业"长期待摊费用"科目余额为4 000元，本月借方发生额为3 000元，贷方发生额为2 000元。不考虑其他因素，2018年末该企业"长期待摊费用"科目的余额为（　　）元。

A.借方3 000　　　　B.贷方3 000　　　　C.贷方5 000　　　　D.借方5 000

‖斯尔解析‖ **D**　长期待摊费用是资产类科目，增加在借方，2018年末该企业"长期待摊费用"科目的余额=4 000+3 000-2 000=5 000（元），选项D正确。

【典例研习·2-142】（2013年单选题改编）

下列各项中，应计入长期待摊费用的是（　　）。

A.生产车间固定资产日常修理　　　　B.生产车间固定资产更新改造支出
C.租入使用权资产改良支出　　　　　D.自有固定资产改良支出

‖斯尔解析‖ [C]　生产车间固定资产日常修理费用计入管理费用，选项A错误；车间固定资产更新改造支出计入固定资产成本，选项B错误；自有固定资产改良支出计入在建工程，选项D错误。

【典例研习·2-143】（2020年判断题）

长期待摊费用是指企业已经发生但应由本期和以后各期负担的分摊期限在一年以上的各项费用。（　　）

‖斯尔解析‖ [√]

第三章 负 债

学习提要

经过第二章资产的学习,你是不是已经渐入佳境?是不是感觉听课能听懂,但一做题就错?是不是感觉自己怎么也学不会?以上这些问题如果你有其中的一项或多项,请放心,凭借我们这么多年的辅导经验告诉你,正常。但是,这个正常不是仅仅随着时间的流逝就可以完全消失,以上的这些问题还是请同学们多温习,多做题,没有人能不努力就直接搞定第二章。接下来我们进入第三章的学习,第三章主要介绍的是流动负债,难度低于第二章的资产。请同学们在真正理解资产的前提下再进入本章的复习,请一定要跟着直播课,课上认真听,认真记,课下一定要做题,不然真的是"神仙难救"。

本章近三年平均分值在11.5分左右,其中,2020年8题15分,2019年7题11分,2018年6题8.5分,预计2021年分值仍然在10分左右。同时本章应付职工薪酬基本每年必考不定项选择题,请同学们在复习时注意。同时,需要和同学说清楚的是,在学习应交税费时,如果经济法基础还没有学习增值税,请不要担心,待你学习完增值税后再回头看应交税费,So Easy!

考点精讲

第一部分 短期借款

短期借款是指企业向银行或其他金融机构等借入的期限在1年以下(含1年)的各种款项。短期借款一般是企业为了满足正常生产经营所需的资金或者是为了抵偿某项债务而借入的。

考点1 借入短期借款(★)

1.借入时:

借:银行存款

　　贷:短期借款

2.计提利息时:

借:财务费用

　　贷:应付利息

考点2 归还短期借款(★)

借:短期借款

　　应付利息(财务费用)

　　贷:银行存款

【典例研习·3-1】（2020年、2019年多选题）
下列各项中，关于制造业企业预提短期借款利息的会计科目处理正确的有（   ）。
A.借记"财务费用"科目　　　　　　　B.借记"制造费用"科目
C.贷记"应付账款"科目　　　　　　　D.贷记"应付利息"科目

‖斯尔解析‖　【AD】　相关账务处理如下：
借：财务费用
　　贷：应付利息

‖陷阱提示‖　请同学们注意审题，如果题目中明确告知不需要计提利息，则在支付时直接借记"财务费用"，贷记"银行存款"。

【典例研习·3-2】（2018年单选题）
2017年9月1日，某企业向银行借入资金350万元用于生产经营，借款期限为3个月，年利率为6%，到期一次还本付息，利息按月计提，下列各项中，关于该借款相关科目的会计处理结果正确的是（   ）。
A.借入款项时，借记"短期借款"科目350万元
B.每月预提借款利息时，贷记"财务费用"科目5.25万元
C.每月预提借款利息时，借记"应付利息"科目1.75万元
D.借款到期归还本息时，贷记"银行存款"科目355.25万元

‖斯尔解析‖　【D】　本题相关分录如下：
借入款项时：
借：银行存款　　　　　　　　　　　　　　350
　　贷：短期借款　　　　　　　　　　　　　　　　　350
按月计提利息时：
借：财务费用　　　　　　　　　　　　　　1.75
　　贷：应付利息　　　　　　　　　　　　　　　　　1.75
到期偿还本息时：
借：短期借款　　　　　　　　　　　　　　350
　　财务费用　　　　　　　　　　　　　　1.75
　　应付利息　　　　　　　　　　　　　　3.5
　　贷：银行存款　　　　　　　　　　　　　　　　　355.25

【典例研习·3-3】（2017年单选题）
2016年1月1日，某企业向银行借入资金600 000元，期限为6个月，年利率为5%，借款利息分月计提，季末交付，本金到期一次归还。下列各项中，2016年6月30日，该企业交付借款利息的会计处理正确的是（   ）。
A.借：财务费用　　　　　　　　　　　　5 000
　　　应付利息　　　　　　　　　　　　2 500
　　　贷：银行存款　　　　　　　　　　　　　　7 500
B.借：财务费用　　　　　　　　　　　　7 500
　　　贷：银行存款　　　　　　　　　　　　　　7 500

C.借：应付利息　　　　　　　　　　　　　　　　　5 000
　　贷：银行存款　　　　　　　　　　　　　　　　　　　　5 000
D.借：财务费用　　　　　　　　　　　　　　　　　2 500
　　　应付利息　　　　　　　　　　　　　　　　　5 000
　　贷：银行存款　　　　　　　　　　　　　　　　　　　　7 500

‖斯尔解析‖ 【D】 借款利息分月计提，按季支付；2016年6月30日支付利息时：
借：应付利息　　　　　（600 000×5%/12×2）5 000
　　财务费用　　　　　（600 000×5%/12×1）2 500
　　贷：银行存款　　　　　　　　　　　　　　　　　　　　7 500

第二部分　应付及预收款项

考点1　应付票据（★★）

（一）应付票据概述

应付票据是指企业购买材料、商品和接受劳务供应等而开出、承兑的商业汇票，包括商业承兑汇票和银行承兑汇票。

> 【原理详解】企业签发商业汇票的本质是融资，所以，有时商业汇票是带息的，但初级基本不考虑商业汇票带息的情况。

（二）应付票据的账务处理

1.赊购形成应付票据时：
借：原材料等
　　应交税费——应交增值税（进项税额）
　贷：应付票据

2.企业因开出银行承兑汇票而支付银行的承兑汇票手续费时：
借：财务费用
　贷：银行存款

3.偿还票据时：
借：应付票据
　贷：银行存款

4.商业承兑汇票到期无力偿还款项时：
借：应付票据
　贷：应付账款

5.银行承兑汇票到期无力偿还款项时：
借：应付票据
　贷：短期借款

【典例研习·3-4】（2018年、2017年单选题）
下列各项中，企业应付银行承兑汇票到期无力支付票款时，应将应付票据的账面余额转入到的会计科目是（　　）。

A.其他应付款　　B.预付账款　　C.应付账款　　D.短期借款

‖斯尔解析‖ [D] 应付银行承兑汇票到期无力支付的，应转入短期借款；应付商业承兑汇票到期无力支付的，应转入应付账款。

‖陷阱提示‖ 此处一定重点关注是银行承兑汇票还是商业承兑汇票，前者无力支付时计入"短期借款"，后者计入"应付账款"。

【典例研习·3-5】（2016年多选题）

下列各项中，引起"应付票据"科目金额发生增减变动的有（　　）。

A.开出商业承兑汇票购买原材料
B.转销已到期无力支付票款的商业承兑汇票
C.转销已到期无力支付票款的银行承兑汇票
D.支付银行承兑汇票手续费

‖斯尔解析‖ [ABC] 选项A，增加"应付票据"科目余额；选项BC，减少"应付票据"科目余额；选项D，计入财务费用，不影响"应付票据"科目余额。

【典例研习·3-6】（模拟判断题）

应付银行承兑汇票到期，企业无力支付票款的，应将应付票据按账面余额转入应付账款。（　　）

‖斯尔解析‖ [×] 应付银行承兑汇票到期，企业无力支付票款的，应将应付票据按账面余额转入短期借款。

考点2　应付账款（★★）

应付账款是指企业因购买材料、商品或接受劳务供应等经营活动而应付给供应单位的款项。

如果购入的资产在形成一笔应付账款时是带有现金折扣条件的，应付账款入账金额的确定应按发票上记载的应付金额的总额确定，也就是按照扣除现金折扣前的应付账款总额入账。

1.赊购时：

借：原材料等
　　应交税费——应交增值税（进项税额）
　　贷：应付账款

2.偿还时：

借：应付账款
　　贷：银行存款等

3.附有现金折扣条件的应付账款偿还时：

借：应付账款
　　贷：银行存款（实际偿还的金额）
　　　　财务费用（享有的现金折扣）

4.无法支付时：

借：应付账款
　　贷：营业外收入

5.实务中,企业外购电力、燃气等动力一般通过"应付账款"科目核算,即在每月支付时先作暂付款处理:

借:应付账款
　　应交税费——应交增值税(进项税额)
　　贷:银行存款等

月末按用途分配:

借:生产成本
　　制造费用
　　管理费用等
　　贷:应付账款

6.应付账款如果出现借方余额代表的是预付账款。

【典例研习·3-7】(2019年单选题改编)

2019年7月2日,甲企业购买乙企业一批商品并验收入库,取得经税务部门认证的增值税专用发票,价款50 000元,增值税税额6 500元,按照协议约定,甲企业在15天内付款,可享受1%的现金折扣(计算现金折扣不考虑增值税)。不考虑其他因素,甲企业应付账款入账金额为(　　)元。

　　A.55 935　　　　B.56 000　　　　C.56 500　　　　D.50 000

‖斯尔解析‖ [C] 应付账款入账时不考虑现金折扣,应确认的应付账款=50 000+6 500=56 500(元)。

【典例研习·3-8】(2018年单选题改编)

某企业为增值税一般纳税人,本月赊购一批产品并验收入库,取得增值税专用发票上注明的价款为3 000万元,增值税税额为390万元。合同中规定的现金折扣条件为2/10,1/20,N/30,计算现金折扣考虑增值税。不考虑其他因素,该企业应付账款的入账价值为(　　)万元。

　　A.3 260　　　　B.3 390　　　　C.3 000　　　　D.3 322.2

‖斯尔解析‖ [B] 现金折扣不影响应付账款的入账价值,该企业应付账款的入账价值=3 000+390=3 390(万元)。

【典例研习·3-9】(2018年单选题)

企业因债权人撤销而转销无法支付的应付账款时,应按所转销的应付账款账面余额计入(　　)。

　　A.资本公积　　　　　　　　　　　B.营业外收入
　　C.其他应付款　　　　　　　　　　D.管理费用

‖斯尔解析‖ [B] 企业因债权人撤销或其他原因而转销的无法支付的应付账款,应计入营业外收入。

【典例研习·3-10】(2014年判断题)

应付账款附有现金折扣条款的,应按照扣除现金折扣前的应付账款总额入账。(　　)

‖斯尔解析‖ [√] 现金折扣并不会影响应付账款的入账价值。

考点3　预收账款（★★）

预收账款是指企业按照合同规定向接受租赁服务单位预收的款项。

与应付账款不同，预收账款所形成的负债不是以货币偿付，而是以租赁服务清偿。

1.取得预收款时：

　　借：银行存款

　　　　贷：预收账款

2.实现租赁服务时：

　　借：预收账款

　　　　贷：其他业务收入

　　　　　　应交税费——应交增值税（销项税额）

3.收到客户补付的款项时：

　　借：银行存款

　　　　贷：预收账款

4.向客户退回其多付的款项时：

　　借：预收账款

　　　　贷：银行存款

需要说明的是，企业预收款业务不多时，可以不单独设置"预收账款"科目，直接将预收的款项记入"应收账款"科目的贷方。

【解题高手】收对收，付对付，资产为借，负债为贷。

【典例研习·3-11】（模拟单选题）

如果企业不设置"预收账款"科目，应将预收的租赁款计入（　　）。

A.应收账款的借方　　　　　　　　B.应收账款的贷方
C.应付账款的借方　　　　　　　　D.应付账款的贷方

‖斯尔解析‖　B　企业不单独设置"预收账款"科目，应将预收的租赁款直接记入"应收账款"科目的贷方。

考点4　应付利息和应付股利（★）

（一）应付利息

应付利息是指企业按照合同约定应支付的利息，包括计提短期借款利息、分期付息到期还本的长期借款、企业债券等应支付的利息。

1.计提时：

　　借：财务费用、在建工程等

　　　　贷：应付利息

2.实际支付时：

　　借：应付利息

　　　　贷：银行存款等

需要说明的是，如果是到期一次还本付息的长期借款及应付债券则不通过"应付利息"科目核算。

【典例研习·3-12】(2018年多选题)

下列各项中,关于"应付利息"科目表述正确的有(　　)。

A.企业开出银行承兑汇票支付银行手续费,应记入"应付利息"科目借方
B."应付利息"科目期末贷方余额反映企业应付未付的利息
C.按照短期借款合同约定计算确认的应付利息,应记入"应付利息"科目借方
D.企业支付已经预提的利息,应记入"应付利息"科目借方

‖斯尔解析‖ [BD] 选项A,企业因开出银行承兑汇票而支付银行的承兑汇票手续费,应当计入当期财务费用,借记"财务费用"科目,贷记"银行存款"科目;选项C,计算确认的短期借款利息费用,借记"财务费用"科目,贷记"应付利息"科目。

(二)应付股利

应付股利是指企业根据股东大会或类似机构审议批准的利润分配方案确定分配给投资者的现金股利或利润。

企业董事会或类似机构通过的利润分配方案中拟分配的现金股利或利润,不需要进行账务处理,但应在附注中披露。

企业根据股东大会或类似机构审议批准的利润分配方案,按应支付给投资者的现金股利或利润作如下处理:

借:利润分配——应付现金股利或利润
　　贷:应付股利

实际支付现金股利或利润时:

借:应付股利
　　贷:银行存款等

【典例研习·3-13】(2020年多选题)

下列各项中,股份有限公司应通过"应付股利"科目核算的有(　　)。

A.实际发放现金股利　　　　　　B.实际发放股票股利
C.宣告发放现金股利　　　　　　D.宣告发放股票股利

‖斯尔解析‖ [AC] 股份有限公司宣告发放现金股利时应编制会计分录为:

借:利润分配
　　贷:应付股利

实际发放时:

借:应付股利
　　贷:银行存款

股份有限公司宣告发放股票股利时无须进行账务处理,待实际发放时:

借:利润分配
　　贷:股本

【典例研习·3-14】(2020年判断题)

企业董事会通过的利润分配方案中拟分配的现金股利,不需要进行账务处理。(　　)

‖斯尔解析‖ [√]

考点5 其他应付款（★★★）

其他应付款是指企业除应付账款、应付票据、预收账款、应付职工薪酬、应交税费、应付利息、应付股利等经营活动以外的其他各项应付、暂收的款项，如应付短期租赁固定资产租金、租入包装物租金、存入保证金等。

企业应通过"其他应付款"科目核算其他应付款的增减变动及其结存情况，并按照其他应付款的项目和对方单位（或个人）设置明细科目进行明细核算。该科目贷方登记发生的各种应付、暂收款项，借方登记偿还或转销的各种应付、暂收款项；期末贷方余额反映企业应付未付的其他应付款项。

发生时：
借：管理费用等
　贷：其他应付款
支付时：
借：其他应付款
　贷：银行存款等

【典例研习·3-15】（2020年单选题）
下列各项中，应通过"其他应付款"科目核算的是（　　）。
A.应付存入保证金　　　　　　　B.应付供货单位货款
C.应付职工防暑降温费　　　　　D.应付股东现金股利

‖斯尔解析‖　A　"其他应付款"科目核算的主要内容有：应付短期租赁固定资产租金、租入包装物租金、存入保证金（选项A正确）等；选项B，通过"应付账款"科目核算；选项C，通过"应付职工薪酬"科目核算；选项D，通过"应付股利"科目核算。

【典例研习·3-16】（2019年单选题）
某企业2019年1月1日短期租入管理用办公设备一批，月租金为2 000元（不考虑增值税），每季度末一次性支付本季度租金。不考虑其他因素，该企业1月31日计提租入设备租金时相关会计科目处理正确的是（　　）。
A.贷记"应付账款"科目2 000元　　　B.贷记"预收账款"科目2 000元
C.贷记"预付账款"科目2 000元　　　D.贷记"其他应付款"科目2 000元

‖斯尔解析‖　D　计提租入设备租金分录如下：
借：管理费用　　　　　　　　　　　　　　　2 000
　贷：其他应付款　　　　　　　　　　　　　　　　2 000
选项D正确。

【典例研习·3-17】（2018年、2016年单选题改编）
下列各项中，应列入资产负债表"其他应付款"项目的是（　　）。
A.应付租入包装物租金
B.应付长期租入固定资产租金
C.结转到期无力支付的应付票据
D.应付由企业负担的职工社会保险费

‖斯尔解析‖　A　选项A，计入其他应付款；选项B，计入租赁负债（初级不涉及，但不影响题目选择），选项C，计入应付账款或短期借款，选项D，计入应付职工薪酬。

【典例研习·3-18】（2019年多选题）

下列各项中，应通过"其他应付款"科目核算的有（　　）。

A.应付生产车间外购电费　　　　B.应付临时录用职工工资

C.应付短期租入固定资产租金　　D.应付租入包装物租金

‖斯尔解析‖ 〔CD〕 其他应付款是指企业除应付票据、应付账款、预收账款、应付职工薪酬、应交税费、应付利息、应付股利等经营活动以外的其他各项应付、暂收的款项，如应付短期租赁固定资产租金、租入包装物租金、存入保证金等。选项A，通过"应付账款"科目核算，选项B，通过"应付职工薪酬"科目核算。

【典例研习·3-19】（2017年多选题）

下列各项中，工业企业应通过"其他应付款"科目核算的有（　　）。

A.存出保证金　　　　　　　　　B.应交纳的教育费附加

C.应付短期租入设备的租金　　　D.应付租入包装物的租金

‖斯尔解析‖ 〔CD〕 选项A计入其他应收款；选项B计入应交税费。

第三部分　应付职工薪酬

考点1　职工薪酬的内容（★★）

（一）职工薪酬

职工薪酬，是指企业为获得职工提供的服务或解除劳动关系而给予的各种形式的报酬或补偿。职工薪酬包括短期薪酬、离职后福利、辞退福利和其他长期职工福利。

企业提供给职工配偶、子女、受赡养人、已故员工遗属及其他受益人等的福利，也属于职工薪酬。职工主要包括三类人员：

一是与企业订立劳动合同的所有人员，含全职、兼职和临时职工；

二是未与企业订立劳动合同，但由企业正式任命的企业治理层和管理层人员，如董事会成员、监事会成员等；

三是在企业的计划和控制下，虽未与企业订立劳动合同或未由其正式任命，但向企业所提供服务与职工所提供服务类似的人员，也属于职工的范畴，包括通过企业与劳务中介公司签订用工合同而向企业提供服务的人员。

1.短期薪酬，是指企业在职工提供相关服务的年度报告期间结束后12个月内需要全部予以支付的职工薪酬，因解除与职工的劳动关系给予的补偿除外。

（1）短期薪酬具体包括：职工工资、奖金、津贴和补贴，职工福利费，医疗保险费、工伤保险费等社会保险费，住房公积金，工会经费和职工教育经费，短期带薪缺勤，短期利润分享计划、非货币性福利，以及其他短期薪酬。

（2）短期带薪缺勤，是指职工虽然缺勤但企业仍向其支付报酬的安排，包括年休假、病假、婚假、产假、丧假、探亲假等。

（3）短期利润分享计划，是指因职工提供服务而与职工达成的基于利润或其他经营成果提供薪酬的协议。

2.离职后福利，是指企业为获得职工提供的服务而在职工退休或与企业解除劳动关系后，提供的各种形式的报酬和福利，短期薪酬和辞退福利除外。（养老保险及失业保险归为此类）

3.辞退福利，是指企业在职工劳动合同到期之前解除与职工的劳动关系，或者为鼓励职工自愿接受裁减而给予职工的补偿。

4.其他长期职工福利是指除短期薪酬、离职后福利、辞退福利之外所有的职工薪酬，包括长期带薪缺勤、长期残疾福利、长期利润分享计划等。

【典例研习·3-20】（2019年单选题）

下列各项中，不属于企业职工薪酬组成内容的是（　　）。

A.为职工代扣代缴的个人所得税
B.根据设定提存计划计提应向单独主体缴存的提存金
C.为鼓励职工自愿接受裁减而给予职工的补偿
D.按国家规定标准提取的职工教育经费

‖斯尔解析‖ [A] 为职工代扣代缴的个人所得税应通过"应交税费——应交个人所得税"核算。

【典例研习·3-21】（2018年单选题）

下列各项中，不属于企业职工薪酬的是（　　）。

A.为职工交纳的医疗保险　　　　　B.为职工交存的住房公积金
C.为职工报销因公差旅费　　　　　D.支付职工技能培训费

‖斯尔解析‖ [C] 医疗保险归属于社会保险费，职工技能培训费归属于职工教育经费，这两项和住房公积金均属于短期薪酬包括的内容，属于职工薪酬。

【典例研习·3-22】（2020年多选题）

下列各项中，属于企业"应付职工薪酬"科目核算内容的有（　　）。

A.已订立劳动合同的临时职工的工资
B.正式任命并聘请的董事会成员的薪酬
C.与劳务中介公司签订合同而向企业提供服务的人员工资
D.已订立劳动合同的全职职工的奖金

‖斯尔解析‖ [ABCD] 以下均属于"应付职工薪酬"核算的内容：

（1）与企业订立劳动合同的所有人员，含全职、兼职和临时职工（选项A和D）；

（2）未与企业订立劳动合同，但由企业正式任命的企业治理层和管理层人员，如董事会成员、监事会成员等（选项B）；

（3）在企业的计划和控制下，虽未与企业订立劳动合同或未由其正式任命，但向企业所提供服务与职工所提供服务类似的人员，也属于职工的范畴，包括通过企业与劳务中介公司签订用工合同而向企业提供服务的人员（选项C）。

【典例研习·3-23】（2015年多选题）

下列各项中，应通过"应付职工薪酬"科目核算的有（　　）。

A.提取的工会经费　　　　　　　　B.计提的职工住房公积金

C.计提的职工医疗保险费　　　　　　D.确认的职工短期带薪缺勤

‖斯尔解析‖ ABCD

【典例研习·3-24】（2020年判断题）

因解除与职工的劳动关系给予的补偿，属于企业短期薪酬核算范围。（　　）

‖斯尔解析‖ × 因解除与职工的劳动关系给予的补偿，属于辞退福利核算范围。

考点2　短期薪酬的核算（★★★）

（一）职工薪酬确认的原则

企业应当在职工为其提供服务的会计期间，将实际发生的短期薪酬确认为负债，并根据职工提供服务的受益对象，分别计入相关资产成本或当期损益。

借：生产成本（车间生产工人薪酬）
　　制造费用（车间管理人员薪酬）
　　管理费用（行政管理人员薪酬）
　　销售费用（销售人员薪酬）
　　研发支出（研发人员薪酬）
　　在建工程等（工程人员薪酬）
　贷：应付职工薪酬

【典例研习·3-25】

甲企业2021年7月应付工资总额693 000元，"工资费用分配汇总表"中列示的产品生产人员工资为480 000元，车间管理人员工资为105 000元，企业行政管理人员工资为90 600元，专设销售机构人员工资为17 400元。甲企业应编制如下会计分录：

借：生产成本——基本生产成本　　　　　　　480 000
　　制造费用　　　　　　　　　　　　　　　105 000
　　管理费用　　　　　　　　　　　　　　　 90 600
　　销售费用　　　　　　　　　　　　　　　 17 400
　贷：应付职工薪酬——工资　　　　　　　　　　　　693 000

（二）职工薪酬的确认和计量

1.货币性职工薪酬

（1）职工工资、奖金、津贴和补贴：企业应当在职工为其提供服务的会计期间，将实际发生的职工工资、奖金、津贴和补贴等，根据职工提供服务的受益对象，将应确认的职工薪酬计入相关成本或费用中，同时确认应付职工薪酬。

（2）职工福利费：企业应当在实际发生时根据实际发生额借记"生产成本""制造费用""管理费用""销售费用"等科目，贷记"应付职工薪酬——职工福利费"科目。

（3）国家规定计提标准的职工薪酬：对于国家规定了计提基础和计提比例的医疗保险费、工伤保险费等社会保险费和住房公积金，以及按规定提取的工会经费和职工教育经费，应当在职工为其提供服务的会计期间，根据规定的计提基础和计提比例计算确定相应的职工薪酬金额计入相关成本或费用中，同时确认应付职工薪酬。

（4）短期带薪缺勤：企业应当根据其性质及职工享有的权利，分为累积带薪缺勤和非累积带薪缺勤两类。

类型	定义	会计核算	会计分录
累积带薪缺勤	是指带薪权利可以结转下期的带薪缺勤，本期尚未用完的带薪缺勤权利可以在未来期间使用	企业应当在职工提供服务从而增加了其未来享有的带薪缺勤权利时，确认与累积带薪缺勤相关的职工薪酬，并以累积未行使权利而增加的预期支付金额计量	借：管理费用等 　　贷：应付职工薪酬
非累积带薪缺勤	是指带薪权利不能结转下期的带薪缺勤，本期尚未用完的带薪缺勤权利将予以取消，并且职工离开企业时也无权获得现金支付	企业应当在职工实际发生缺勤的会计期间确认与非累积带薪缺勤相关的职工薪酬	通常情况下，与非累积带薪缺勤相关的职工薪酬已经包括在企业每期向职工发放的工资等薪酬中，因此，不必额外作相应的账务处理

【典例研习·3-26】

丁企业共有2 000名职工，从2020年1月1日起，该企业实行累积带薪制度。该制度规定，每个职工每年可享受5个工作日带薪休假。未使用的年休假只能向后结转一个公历年度，超过1年未使用的权利作废，在职工离开企业时也无权获得现金支付；职工休年假时，首先使用当年可享受的权利，再从上年结转的带薪年休假中扣除。

2020年12月31日，丁企业预计2021年有1 900名职工将享受不超过5天的带薪年休假，剩余100名职工每人将平均享受6天半年休假，假定这100名职工全部为总部各部门经理，该企业平均每名职工每个工作日工资为300元。不考虑其他相关因素。

‖斯尔解析‖ 丁企业在2020年12月31日应当预计由于职工累积未使用的带薪年休假权利而导致的预期支付的金额，即相当于［100×（6.5-5）］150天的年休假工资金额（150×300）45 000元。

应编制的会计分录为：

借：管理费用　　　　　　　　　　　　　　　　　　　45 000
　　贷：应付职工薪酬——带薪缺勤——短期带薪缺勤——累积带薪缺勤　45 000

【典例研习·3-27】（模拟单选题）

某企业以现金支付行政管理人员生活困难补助2 000元，下列各项中，会计处理正确的是（　　）。

A.借：其他业务成本　　　　　　　　　　　　　　　　2 000
　　贷：库存现金　　　　　　　　　　　　　　　　　　　　2 000
B.借：营业外支出　　　　　　　　　　　　　　　　　2 000
　　贷：库存现金　　　　　　　　　　　　　　　　　　　　2 000

C.借：管理费用　　　　　　　　　　　　　　　　　　2 000
　　　贷：库存现金　　　　　　　　　　　　　　　　　　　　　　2 000
D.借：应付职工薪酬——职工福利费　　　　　　　　　2 000
　　　贷：库存现金　　　　　　　　　　　　　　　　　　　　　　2 000

‖斯尔解析‖　【D】　企业以现金支付行政管理人员生活困难补助属于一项职工福利，所以在实际支付的时候应该借记"应付职工薪酬——职工福利费"科目，贷记"库存现金"科目。

【典例研习·3-28】（2018年判断题）
企业应在职工发生实际缺勤的会计期间确认与累积带薪缺勤相关的应付职工薪酬。（　　）

‖斯尔解析‖　【×】　企业应当在职工提供了服务从而增加了其未来享有的带薪缺勤权利时，确认与累积带薪缺勤相关的职工薪酬。

【典例研习·3-29】（2017年判断题）
企业在职工提供了服务从而增加了其未来享有的带薪缺勤权利时，确认与非累积带薪缺勤相关的职工薪酬。（　　）

‖斯尔解析‖　【×】　企业应当在职工提供了服务从而增加了其未来享有的带薪缺勤权利时，确认与累积带薪缺勤相关的职工薪酬。

2.非货币性职工薪酬

（1）企业以其自产产品作为非货币性福利发放给职工的，应当根据受益对象，按照该产品的含税公允价值计入相关资产成本或当期损益，同时确认应付职工薪酬。

发放时：
借：应付职工薪酬——非货币性福利
　　贷：主营业务收入
　　　　应交税费——应交增值税（销项税额）

同时，结转成本：
借：主营业务成本
　　存货跌价准备（如有）
　　贷：库存商品

根据受益对象分配：
借：生产成本、制造费用、管理费用等
　　贷：应付职工薪酬——非货币性福利

（2）企业以外购的商品作为非货币性福利提供给职工的，应当按照该商品的公允价值和相关税费确定职工薪酬的金额，并计入当期损益或相关资产成本。

外购商品时：
借：库存商品（含增值税）
　　贷：银行存款等

发放时：
借：应付职工薪酬——非货币性福利
　　贷：库存商品（含增值税）
根据受益对象分配：
借：管理费用等
　　贷：应付职工薪酬——非货币性福利

根据税法的相关规定，外购商品用于职工福利其进项税额不得抵扣，所以应将其计入商品成本中。

【典例研习·3-30】（2019年单选题改编）
某家电生产企业，2019年1月以其生产的每台成本为800元的微波炉作为非货币性福利发放给职工，发放数量为100台，该型号的微波炉不含增值税的市场售价为1 000元，适用的增值税率为13%。不考虑其他因素，该企业确认职工薪酬的金额应为（　　）元。
A.93 000　　　　B.80 000　　　　C.100 000　　　　D.113 000

‖斯尔解析‖ D 应确认应付职工薪酬的金额=100×1 000×（1+13%）=113 000（元）

【典例研习·3-31】（2018年单选题改编）
某纺织业企业为增值税一般纳税人，适用的增值税税率为13%。该企业以其生产的服装作为福利发放给100名生产车间管理人员，每人一套，每套服装不含税售价为350元，成本为280元。不考虑其他因素，下列各项中，该企业关于非货币性福利的会计处理结果正确的是（　　）。
A.确认管理费用39 550元　　　　B.确认应付职工薪酬39 550元
C.确认主营业务收入39 550元　　　D.确认增值税销项税额3 640元

‖斯尔解析‖ B 相关会计处理如下：
借：制造费用　　　　　　　　　　　　　　　　　　　　　　39 550
　　贷：应付职工薪酬——非货币性福利　　[350×100×（1+13%）] 39 550
实际发放时：
借：应付职工薪酬——非货币性福利　　　　　　　　　　　　39 550
　　贷：主营业务收入　　　　　　　　　　　　　　　　　　　35 000
　　　　应交税费——应交增值税（销项税额）　　　　　　　　4 550
借：主营业务成本　　　　　　　　　　　　[280×100] 28 000
　　贷：库存商品　　　　　　　　　　　　　　　　　　　　　28 000

【典例研习·3-32】（2016年单选题改编）
某企业为增值税一般纳税人。2019年12月25日，向职工发放一批自产的空气净化器作为福利，该批产品售价为10万元，生产成本为7.5万元，按计税价格计算的增值税销项税额为1.3万元。不考虑其他因素，该笔业务应确认的应付职工薪酬为（　　）万元。
A.7.5　　　　B.11.3　　　　C.10　　　　D.9.1

‖斯尔解析‖ B 企业确认非货币性职工福利时：
借：管理费用等　　　　　　　　　　　　　　　　　　　　　　11.3
　　贷：应付职工薪酬——非货币性福利　　　　　　　　　　　11.3

实际发放时：

借：应付职工薪酬——非货币性福利　　　　　　　11.3
　　贷：主营业务收入　　　　　　　　　　　　　　　　　　10
　　　　应交税费——应交增值税（销项税额）　　　　　　1.3
借：主营业务成本　　　　　　　　　　　　　　　7.5
　　贷：库存商品　　　　　　　　　　　　　　　　　　　　7.5

（3）企业将拥有的房屋等资产无偿提供给职工使用的，应当根据受益对象，将该住房每期应计提的折旧计入相关资产成本或当期损益，同时确认应付职工薪酬。租赁住房等资产供职工无偿使用的，应当根据受益对象，将每期应付的租金计入相关资产成本或当期损益，并确认应付职工薪酬。

实际支付租金或计提折旧时：

借：应付职工薪酬——非货币性福利
　　贷：银行存款
　　　　累计折旧

根据受益对象分配时：

借：管理费用、生产成本、制造费用等
　　贷：应付职工薪酬——非货币性福利

【典例研习·3-33】

甲公司决定为公司的部门经理每人短期租赁住房一套，并提供轿车一辆，免费使用，所有轿车的月折旧为1万元，所有外租住房的月租金为1.5万元，则甲公司的账务处理如下：

‖斯尔解析‖

（1）确认计提轿车的非货币性福利：

借：应付职工薪酬——非货币性福利　　　　　　10 000
　　贷：累计折旧　　　　　　　　　　　　　　　　　　　10 000
借：管理费用　　　　　　　　　　　　　　　　10 000
　　贷：应付职工薪酬——非货币性福利　　　　　　　　　10 000

（2）确认为职工租赁住房的非货币性福利：

借：应付职工薪酬——非货币性福利　　　　　　15 000
　　贷：银行存款　　　　　　　　　　　　　　　　　　　15 000
借：管理费用　　　　　　　　　　　　　　　　15 000
　　贷：应付职工薪酬——非货币性福利　　　　　　　　　15 000

【典例研习·3-34】（2020年单选题）

下列各项中，企业为管理人员提供免费使用汽车的折旧费，应借记的会计科目是（　　）。

A.制造费用　　　　　　　　　　　　B.应付职工薪酬
C.生产成本　　　　　　　　　　　　D.营业外支出

‖斯尔解析‖　**B**　为管理人员免费提供汽车使用，属于非货币性职工福利，其折旧费用应计入应付职工薪酬，会计分录为：

借：应付职工薪酬——非货币性福利
    贷：累计折旧

考点3　设定提存计划的核算（★）

对于设定提存计划，企业应当根据在资产负债表日为换取职工在会计期间提供的服务而应向单独主体缴存的提存金，确认为应付职工薪酬，并计入当期损益或相关资产成本，借记"生产成本""制造费用""管理费用""销售费用"等科目，贷记"应付职工薪酬——设定提存计划"科目。

【典例研习·3-35】（2019年单选题）

下列各项中，企业应记入"应付职工薪酬"科目贷方的是（　　）。

A.支付职工的培训费
B.发放职工工资
C.确认因解除与职工劳动关系应给予的补偿
D.缴存职工基本养老保险费

‖斯尔解析‖　C　选项A，支付职工的培训费分录如下：

借：应付职工薪酬
    贷：银行存款

选项BD，发放职工工资和缴存职工基本养老保险费的分录如下：

借：应付职工薪酬
    贷：银行存款

选项C，确认因解除与职工劳动关系应给予的补偿分录如下：

借：管理费用
    贷：应付职工薪酬

【典例研习·3-36】（2016年判断题）

企业在资产负债表日为换取职工在会计期间提供的服务而应向单独主体缴存的提存金，确认为其他应付款。（　　）

‖斯尔解析‖　×　企业在资产负债表日为换取职工在会计期间提供的服务而应向单独主体缴存的提存金，应确认为应付职工薪酬。

第四部分　应交税费

考点1　应交税费概述（★★）

1.企业根据税法规定应交纳的各种税费包括：增值税、消费税、城市维护建设税、资源税、土地增值税、房产税、车船税、城镇土地使用税、教育费附加、印花税、耕地占用税、契税等。

2.企业应通过"应交税费"科目，核算各种税费的应交、交纳等情况。

3.企业代扣代交的个人所得税，也通过"应交税费"科目核算。企业交纳的印花税、耕地占用税等不需要预计应交数的税金，不通过"应交税费"科目核算。

4.不通过"应交税费"科目核算的有：

（1）印花税

借：税金及附加
　　贷：银行存款

（2）耕地占用税

借：无形资产、开发支出等
　　贷：银行存款

（3）契税

借：无形资产、固定资产等
　　贷：银行存款

（4）车辆购置税

借：固定资产
　　贷：银行存款

【典例研习·3-37】（2019年单选题）

下列各项中，企业应通过"应交税费"科目核算的是（　　）。

A.应缴纳的职工社会保险费　　　B.占用耕地建房交纳的耕地占用税
C.转让房屋应交纳的土地增值税　　D.签订合同应交纳的印花税

‖斯尔解析‖ [C] 选项A，计入应付职工薪酬；选项BD，企业交纳的印花税、耕地占用税等不需预计应交数的税金，实际支付时直接计入当期损益或相关资产成本，不通过"应交税费"科目核算。

【典例研习·3-38】（2019年单选题）

下列各项中，企业确认当期销售部门使用车辆应交纳的车船税，应借记的会计科目是（　　）。

A.其他业务成本　　　　　　　B.税金及附加
C.管理费用　　　　　　　　　D.销售费用

‖斯尔解析‖ [B] 确认车船税时：

借：税金及附加
　　贷：应交税费——应交车船税

【典例研习·3-39】（2018年多选题）

下列各项中，应通过"应交税费"科目核算的有（　　）。

A.交纳的印花税
B.增值税一般纳税人购进固定资产应支付的增值税进项税额
C.为企业员工代扣代缴的个人所得税
D.交纳的耕地占用税

‖斯尔解析‖ [BC] 选项BC通过"应交税费"科目核算，而企业交纳的印花税、耕地占用税不需要预计应交数的税金，不通过"应交税费"科目核算。

考点2　应交增值税（★★★）

（一）增值税概述

增值税是以商品（含应税劳务、应税行为）在流转过程中实现的增值额作为计税依据而征收的一种流转税。我国增值税相关法规规定，在我国境内销售货物、加工修理修配劳务、服务、无形资产和不动产以及进口货物的企业、单位和个人为增值税的纳税人。其中，"服务"是指提供交通运输服务、建筑服务、邮政服务、电信服务、金融服务、现代服务、生活服务。

根据经营规模大小及会计核算水平的健全程度，增值税纳税人分为一般纳税人和小规模纳税人。

一般纳税人采用购进扣税法计算当期增值税应纳税额，即先按当期销售额和适用税率计算出销项税额，然后对当期购进项目向对方支付的税款（即进项税额）进行抵扣，从而间接算出当期的应纳税额。其计算公式如下：

应纳税额＝当期销项税额－当期进项税额

增值税是在价格以外另外收取的，所以称为"价外税"，价外税的特点是其缴纳多少并不会影响企业当期损益。

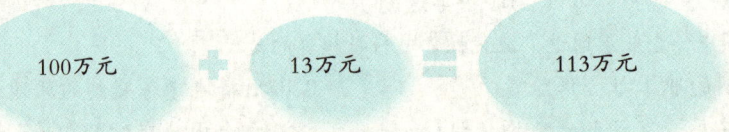

具体说明如下：

收入（100万元）＋增值税（13万元）＝含税金额（113万元）

收入＋收入×税率＝含税金额

收入×（1＋税率）＝含税金额

收入＝含税金额÷（1＋税率）

（二）一般纳税人的账务处理

1.增值税核算应设置的会计科目

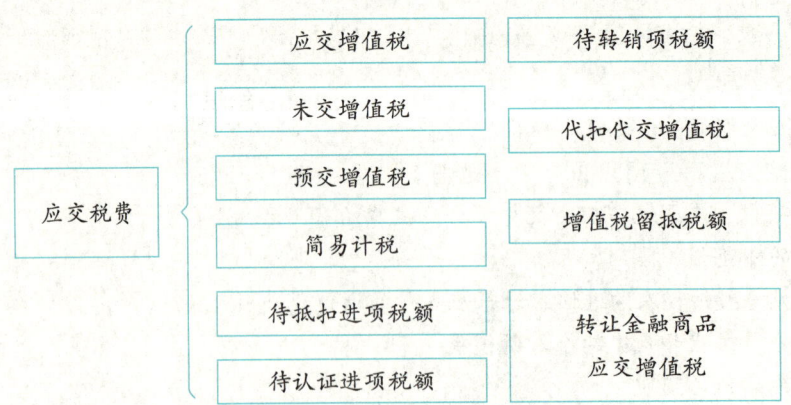

（1）"应交税费——应交增值税"明细科目

借方专栏	贷方专栏
①进项税额	①销项税额
②已交税金	②进项税额转出
③减免税款	③出口退税
④出口抵减内销产品应纳税额	④转出多交增值税
⑤销项税额抵减	
⑥转出未交增值税	

（2）"应交税费——未交增值税"明细科目，核算一般纳税人月度终了从"应交增值税"或"预交增值税"明细科目转入当月应交未交、多交或预交的增值税税额，以及当月交纳以前期间未交的增值税税额。

（3）"应交税费——预交增值税"明细科目，核算一般纳税人转让不动产、提供不动产经营租赁服务、提供建筑服务、采用预收款方式销售自行开发的房地产项目等，以及其他按现行增值税制度规定应预交的增值税税额。

（4）"应交税费——待抵扣进项税额"明细科目，核算一般纳税人已取得增值税扣税凭证并经税务机关认证，按照现行增值税制度规定准予以后期间从销项税额中抵扣的进项税额。

例如：实行纳税辅导期管理的一般纳税人取得的尚未交叉稽核比对的增值税扣税凭证上注明或计算的进项税额。

（5）"应交税费——待认证进项税额"明细科目，核算一般纳税人由于未经税务机关认证而不得从当期销项税额中抵扣的进项税额。

包括：一般纳税人已取得增值税扣税凭证、按照现行增值税制度规定准予从销项税额中抵扣，但尚未经税务机关认证的进项税额；一般纳税人已申请稽核但尚未取得稽核相符结果的海关缴款书进项税额。

（6）"应交税费——待转销项税额"明细科目，核算一般纳税人销售货物、加工修理修配劳务、服务、无形资产或不动产，已确认相关收入（或利得）但尚未发生增值税纳税义务而需于以后期间确认为销项税额的增值税税额。

（7）"应交税费——简易计税"明细科目，核算一般纳税人采用简易计税方法发生的增值税计提、扣减、预缴、缴纳等业务。

（8）"应交税费——转让金融商品应交增值税"明细科目，核算增值税纳税人转让金融商品发生的增值税额。

（9）"应交税费——代扣代交增值税"明细科目，核算纳税人购进在境内未设经营机构的境外单位或个人在境内的应税行为代扣代缴的增值税。

【典例研习·3-40】（2019年单选题）

下列各项中，增值税一般纳税人当期发生（增值税专用发票已经税务机关认证）准予以后期间抵扣的进项税额，应记入的会计科目是（　　）。

A.应交税费——待转销项税额　　B.应交税费——未交增值税

C.应交税费——待抵扣进项税额　　D.应交税费——应交增值税

‖斯尔解析‖ **C** "待抵扣进项税额"明细科目，核算一般纳税人已取得增值税扣税凭证并经税务机关认定，按照现行增值税制度规定准予以后期间从销项税额中抵扣的进项税额，选项C正确。

2.取得资产、接受劳务或服务

（1）一般纳税人购进货物、加工修理修配劳务、服务、无形资产或不动产，根据合法扣税凭证注明的增值税税额记入"应交税费——应交增值税（进项税额）"科目。

借：原材料

　　固定资产等

　　应交税费——应交增值税（进项税额）

贷：银行存款等

①一般纳税人购入固定资产（动产）支付的增值税，记入"应交税费——应交增值税（进项税额）"科目。

②对于购入的免税农产品可以按收购金额的一定比率计算进项税额，并准予从销项税额中抵扣。

③企业购进货物以及在生产经营过程中支付的运费按照取得增值税专用发票注明的税额作为进项税额。

④属于购进货物时即能认定进项税额不能抵扣的，直接将增值税专用发票上注明的增值税税额计入购入货物或接受劳务的成本。

（2）一般纳税人已取得增值税扣税凭证，按照现行增值税制度规定准予从销项税额中抵扣，但尚未经税务机关认证的进项税额；一般纳税人已申请稽核但尚未取得稽核相符结果的海关缴款书进项税额。

借：原材料等

　　应交税费——待认证进项税额

贷：应付账款等

经认证后准予抵扣时：

借：应交税费——应交增值税（进项税额）

贷：应交税费——待认证进项税额

【典例研习·3-41】（模拟多选题）

下列税金中，应构成存货成本的有（　　）。

A.一般纳税人进口原材料支付的关税

B.一般纳税人购进原材料支付的增值税

C.小规模纳税人购进原材料支付的增值税

D.一般纳税人进口应税消费品支付的消费税

‖斯尔解析‖ **ACD** 一般纳税人购进原材料支付的增值税记入"应交税费——应交增值税（进项税额）"科目的借方，选项ACD正确。

（3）进项税额转出

企业购进的货物由于管理不善等原因造成的非正常损失，以及将购进货物、加工修理修配劳务或服务、无形资产或不动产改变用途（如专用于简易计税项目、免税项目、集体福利或个人消费等），其进项税额不得抵扣，已抵扣的应转出，记入"应交税费——应交增值税（进项税额转出）"科目。

非正常损失，是指因管理不善造成货物被盗、丢失、霉烂变质，以及因违反法律法规造成货物或者不动产被依法没收、销毁、拆除的情形。

借：待处理财产损溢
　　贷：原材料等
　　　　应交税费——应交增值税（进项税额转出）

3.销售等业务的账务处理（销项税额）

（1）企业销售货物、加工修理修配劳务、服务、无形资产或不动产时，按照不含税收入和增值税税率计算确认"应交税费——应交增值税（销项税额）"。

发生销售退回的，应根据红字增值税专用发票作相反的会计分录。会计上收入或利得确认时点早于增值税纳税义务发生时点的，应将相关销项税额记入"应交税费——待转销项税额"科目，待实际发生纳税义务时再转入"应交税费——应交增值税（销项税额）"科目。

（2）视同销售。企业将自产或委托加工的货物用于集体福利或个人消费，将自产、委托加工或购买的货物作为投资、分配给股东或投资者、无偿赠送他人等，税法上视为视同销售行为，计算确认增值税销项税额。

①集体福利：

借：应付职工薪酬
　　贷：主营业务收入等
　　　　应交税费——应交增值税（销项税额）

同时：

借：主营业务成本等
　　贷：库存商品

②对外投资：

借：长期股权投资等
　　贷：主营业务收入等
　　　　应交税费——应交增值税（销项税额）

同时：

借：主营业务成本等
　　贷：库存商品

③（以实物）支付（分配）股利：

借：应付股利
　　贷：主营业务收入等
　　　　应交税费——应交增值税（销项税额）

同时：
借：主营业务成本等
　　贷：库存商品
④对外捐赠：
借：营业外支出
　　贷：库存商品（成本价）
　　　　应交税费——应交增值税（销项税额）（计税价或公允价或市场价×增值税税率）

如果企业销售货物或者提供应税劳务采用销售额和增值税税额合并定价方法的，先按公式"不含税销售额=含税销售额÷（1+税率）"还原为不含税销售额，再按不含税销售额计算增值税销项税额。

4.交纳增值税
（1）当月交纳当月应交增值税：
借：应交税费——应交增值税（已交税金）
　　贷：银行存款
（2）当月交纳以前期间未交增值税：
借：应交税费——未交增值税
　　贷：银行存款

5.月末转出多交增值税和未交增值税
月度终了，企业应当将当月应交未交或多交的增值税自"应交增值税"明细科目转入"未交增值税"明细科目。
（1）对于当月应交未交的增值税：
借：应交税费——应交增值税（转出未交增值税）
　　贷：应交税费——未交增值税
（2）对于当月多交的增值税：
借：应交税费——未交增值税
　　贷：应交税费——应交增值税（转出多交增值税）

【解题高手】
"应交税费——应交增值税"月末无贷方余额。
"应交税费——应交增值税"月末借方余额代表留抵税额。
"应交税费——未交增值税"贷方余额代表期末结转下期应交的增值税。
"应交税费——未交增值税"借方余额代表多交的增值税。

【典例研习·3-42】（模拟单选题）
甲公司为增值税一般纳税人当月销项税额合计120万元，进项税额合计80万元，进项税额转出5万元，已交税金10万元，则月末的账务处理正确的是（　　）。
A.借：应交税费——应交增值税（已交税金）　　　　35
　　贷：应交税费——应交增值税（转出未交增值税）　　35

B.借：应交税费——应交增值税（转出多交增值税）　　　　10
　　　　贷：应交税费——未交增值税　　　　　　　　　　　　　　　　10
　　C.借：应交税费——应交增值税（转出未交增值税）　　　　35
　　　　贷：应交税费——未交增值税　　　　　　　　　　　　　　　　35
　　D.无须进行账务处理

【斯尔解析】 C　该增值税一般纳税人应缴纳的增值税=120-80+5-10=35（万元），月末应将35万元转入"应交税费——未交增值税"科目的贷方。

【典例研习·3-43】（2019年多选题）

下列各项中，一般纳税人月末转出多交增值税的相关会计科目处理正确的有（　　）。

A.借记"应交税费——未交增值税"科目
B.贷记"应交税费——应交增值税（转出多交增值税）"科目
C.借记"应交税费——应交增值税（转出多交增值税）"科目
D.贷记"应交税费——未交增值税"科目

【斯尔解析】 AB　月末转出多交增值税，应编制的会计分录为：
　　借：应交税费——未交增值税
　　　　贷：应交税费——应交增值税（转出多交增值税）
选项A、B正确。

【典例研习·3-44】（2018年多选题）

下列各项中，关于增值税一般纳税人会计处理表述正确的有（　　）。

A.已单独确认进项税额的购进货物用于投资，应贷记"应交税费——应交增值税（进项税额转出）"科目
B.将委托加工的货物用于对外捐赠，应贷记"应交税费——应交增值税（销项税额）"科目
C.已单独确认进项税额的购进货物发生非正常损失，应贷记"应交税费——应交增值税（进项税额转出）"科目
D.企业管理部门领用本企业生产的产品，应贷记"应交税费——应交增值税（销项税额）"科目

【斯尔解析】 BC　外购货物用于投资，应视同销售，确认增值税销项税额，选项A不正确；委托加工的货物对外捐赠，应视同销售，确认增值税销项税额，选项B正确；存货发生非正常损失，进项税额不得抵扣，应做进项税额转出，选项C正确；企业领用自己生产的存货，不视同销售，按成本领用，选项D不正确。

【典例研习·3-45】

甲公司为增值税一般纳税人，适用的增值税税率为13%，原材料按实际成本核算，销售商品价格为不含增值税的公允价格。2021年6月发生交易或事项如下：

（1）5日，购入原材料一批，增值税专用发票注明的价款为120 000元，增值税税额为15 600元，材料尚未到达，全部款项已用银行存款支付。

　　借：在途物资　　　　　　　　　　　　　　　　　　　　　120 000
　　　　应交税费——应交增值税（进项税额）　　　　　　　　　15 600
　　　　贷：银行存款　　　　　　　　　　　　　　　　　　　　　　135 600

（2）10日，收到5日购入的原材料并验收入库，实际成本总额为120 000元。同日，与运输公司结清运输费用，增值税专用发票注明的运费金额为5 000元，增值税税额为450元，运输费用和增值税税额已用转账支票付讫。

借：原材料　　　　　　　　　　　　　　　　　　　　125 000
　　应交税费——应交增值税（进项税额）　　　　　　　　450
　　贷：银行存款　　　　　　　　　　　　　　　　　　　　　5 450
　　　　在途物资　　　　　　　　　　　　　　　　　　　　120 000

（3）15日，购入不需安装的生产设备一台，增值税专用发票上注明的价款为180 000元，增值税税额为23 400元，款项尚未支付。

借：固定资产　　　　　　　　　　　　　　　　　　　180 000
　　应交税费——应交增值税（进项税额）　　　　　　　23 400
　　贷：应付账款　　　　　　　　　　　　　　　　　　　　　203 400

（4）20日，购入农产品一批，农产品收购发票上注明的买价为200 000元，规定的扣除率为10%，货物尚未到达，价款已用银行存款支付。

借：在途物资　　　　　　　　　　　　（200 000×90%）180 000
　　应交税费——应交增值税（进项税额）（200 000×10%）20 000
　　贷：银行存款　　　　　　　　　　　　　　　　　　　　　200 000

（5）25日，生产车间委托外单位修理机器设备，对方开具的增值税专用发票上注明的修理费为20 000元，增值税税额为2 600元，款项已用银行存款支付。

借：管理费用　　　　　　　　　　　　　　　　　　　　20 000
　　应交税费——应交增值税（进项税额）　　　　　　　　2 600
　　贷：银行存款　　　　　　　　　　　　　　　　　　　　　22 600

（6）2021年6月10日，该公司购进一幢简易办公楼，并于当月投入使用。6月25日，纳税人取得该大楼的增值税专用发票并认证相符，专用发票注明的价款为800 000元，增值税进项税额为72 000元，款项已用银行存款支付。不考虑其他相关因素。

借：固定资产　　　　　　　　　　　　　　　　　　　800 000
　　应交税费——应交增值税（进项税额）　　　　　　　72 000
　　贷：银行存款　　　　　　　　　　　　　　　　　　　　　872 000

（7）该公司发生进项税额转出事项如下：

10日，库存材料因管理不善发生意外火灾损失，有关增值税专用发票注明的材料成本为20 000元，增值税税额为2 600元。

借：待处理财产损溢　　　　　　　　　　　　　　　　22 600
　　贷：原材料　　　　　　　　　　　　　　　　　　　　　　20 000
　　　　应交税费——应交增值税（进项税额转出）　　　　　　2 600

18日，领用一批外购原材料用于集体福利，该批原材料的成本为60 000元，购入时支付的增值税进项税额为7 800元。

借：应付职工薪酬　　　　　　　　　　　　　　　　　67 800
　　贷：原材料　　　　　　　　　　　　　　　　　　　　　　60 000
　　　　应交税费——应交增值税（进项税额转出）　　　　　　7 800

（8）该公司发生与销售相关的交易如下：

15日，销售产品一批，开具增值税专用发票注明的价款为1 000 000元，增值税税额为130 000元，提货单和增值税专用发票已交给买方，款项尚未收到。

  借：应收账款   1 130 000
    贷：主营业务收入   1 000 000
      应交税费——应交增值税（销项税额）   130 000

28日，为外单位代加工电脑桌500个，每个收取加工费80元，已加工完成。开具增值税专用发票注明的价款为40 000元，增值税税额为5 200元，款项已收到并存入银行。

  借：银行存款   45 200
    贷：主营业务收入/其他业务收入   40 000
      应交税费——应交增值税（销项税额）   5 200

10日，以公司生产的产品对外捐赠，该批产品的实际成本为200 000元，售价为250 000元，开具的增值税专用发票上注明的增值税税额为32 500元。

  借：营业外支出   232 500
    贷：库存商品   200 000
      应交税费——应交增值税（销项税额）   32 500

公司以自产产品对外捐赠应交的增值税销项税额=250 000×13%=32 500（元）。

25日，用一批原材料对外进行长期股权投资。该批原材料实际成本为600 000元，双方协商不含税价值为750 000元。

  借：长期股权投资   847 500
    贷：其他业务收入   750 000
      应交税费——应交增值税（销项税额）   97 500
  借：其他业务成本   600 000
    贷：原材料   600 000

6月，甲公司包括其他业务在内发生销项税额合计为326 400元，进项税转出合计12 800元，进项税合计为119 700元。该公司当月应交增值税计算结果如下：

应交增值税=326 400+12 800-119 700=219 500（元）

当月，该公司银行存款交纳增值税150 000元：

  借：应交税费——应交增值税（已交税金）   150 000
    贷：银行存款   150 000

月末，该公司将尚未交纳的其余增值税税款69 500元结转。

  借：应交税费——应交增值税（转出未交增值税） 69 500
    贷：应交税费——未交增值税   69 500

次月初，该公司交纳上月未交增值税69 500元时：

  借：应交税费——未交增值税   69 500
    贷：银行存款   69 500

（三）小规模纳税人的账务处理

小规模纳税人实行简易办法征收，按照销售价款（不含税）的3%（或5%）的征收率征收。

小规模纳税人从一般纳税人处购买货物不得抵扣进项税,其销售的货物一般纳税人原则上也不得抵扣进项税(取得增值税专用发票除外)。

1. 销售货物(服务)时:

借:银行存款等
　　贷:主营业务收入
　　　　应交税费——应交增值税

2. 交纳增值税时:

借:应交税费——应交增值税
　　贷:银行存款

【典例研习·3-46】(2018年单选题改编)

某企业为增值税小规模纳税人。该企业购入一批原材料,取得增值税专用发票上注明的价款为150万元,增值税税额为19.5万元;另付运费1万元,增值税税额为0.09万元。不考虑其他因素,该批原材料的入账成本为(　　)万元。

A.151　　　　B.170.59　　　　C.170.5　　　　D.151.09

‖斯尔解析‖ **B** 原材料的入账成本=150+19.5+1+0.09=170.59(万元)

‖陷阱提示‖ 题目中告知是增值税小规模纳税人,审题时一定要注意,如果是增值税一般纳税人,则取得增值税专用发票上注明的增值税不构成原材料入账成本。

【典例研习·3-47】(2018年判断题)

小规模纳税人销售货物采用销售额和应纳增值税合并定价的方法向客户结算款项时,应按照不含税销售额确认收入。(　　)

‖斯尔解析‖ **√** 小规模纳税人采用销售额和应纳税额合并定价的方法向客户结算款项,销售货物、应税劳务或应税行为后,应进行价税分离,确定不含税的销售额,按不含税销售额确认收入。

(四)差额征税的账务处理

1. 企业按规定相关成本费用允许扣减销售额的账务处理

发生费用支出时:

借:主营业务成本等
　　贷:银行存款

根据增值税扣税凭证抵减销项税额时:

借:应交税费——应交增值税(销项税额抵减)
　　贷:主营业务成本等

【典例研习·3-48】

某旅行社为增值税一般纳税人,增值税采用差额征税方式核算。2021年2月,该旅行社为甲公司提供职工境内旅游服务,向甲公司收取团费318 000元,其中包括增值税18 000元,全部款项已收妥入账。旅行社以银行存款支付其他接团旅游公司旅行费用和其他单位相关费用合计254 400元。其中,根据税法规定可以扣减销售额而减少的销项税额14 400元。

【斯尔解析】

（1）支付住宿费等旅行费用时：

借：主营业务成本　　　　　　　　　　　　　　　　254 400
　　贷：银行存款　　　　　　　　　　　　　　　　　　　254 400

（2）根据增值税相关规定可以抵减销项税额时：

借：应交税费——应交增值税（销项税额抵减）　　　14 400
　　贷：主营业务成本　　　　　　　　　　　　　　　　14 400

（3）确认旅行服务收入时：

借：银行存款　　　　　　　　　　　　　　　　　　318 000
　　贷：主营业务收入　　　　　　　　　　　　　　　　300 000
　　　　应交税费——应交增值税（销项税额）　　　　　18 000

【典例研习·3-49】（模拟单选题）

甲公司为房地产开发企业，系增值税一般纳税人，适用的增值税税率为9%。2021年10月销售自行开发的房地产项目，取得价款8 000万元，按规定可以扣除的地价款为545万元。则下列会计处理正确的是（　　）。

A.借：应交税费——待转销项税额　　　　　　　　　45
　　贷：主营业务成本　　　　　　　　　　　　　　　　45

B.借：应交税费——应交增值税（进项税额）　　　　45
　　贷：主营业务成本　　　　　　　　　　　　　　　　45

C.借：应交税费——应交增值税（销项税额抵减）　　45
　　贷：主营业务成本　　　　　　　　　　　　　　　　45

D.借：应交税费——未交增值税　　　　　　　　　　45
　　贷：主营业务成本　　　　　　　　　　　　　　　　45

【斯尔解析】 C　根据增值税扣税凭证抵减销项税额时：

借：应交税费——应交增值税（销项税额抵减）[545/（1+9%）×9%]　45
　　贷：主营业务成本　　　　　　　　　　　　　　　　45

2.企业转让金融商品按规定以盈亏相抵后的余额作为销售额

（五）增值税税控系统专用设备和技术维护费用抵减增值税额的账务处理

增值税一般纳税人初次购入增值税税控系统专用设备和每年支付技术维护费的账务处理：

1.购入时：

借：固定资产（管理费用）
　　贷：银行存款等

2.按规定抵减的增值税应纳税额：

借：应交税费——应交增值税（减免税款）
　　贷：管理费用

小微企业在取得销售收入时，应当按照税法的规定计算应交增值税，并确认为应交税费，在达到增值税制度规定的免征增值税条件时，将有关应交增值税转入当期损益。

考点3 应交消费税（★★）

（一）消费税概述

消费税是指在我国境内生产、委托加工和进口应税消费品的单位和个人，按其流转额交纳的一种税。

消费税是在销售收入中包含的税款，所以称为"价内税"，价内税的特点是会影响企业当期的损益。

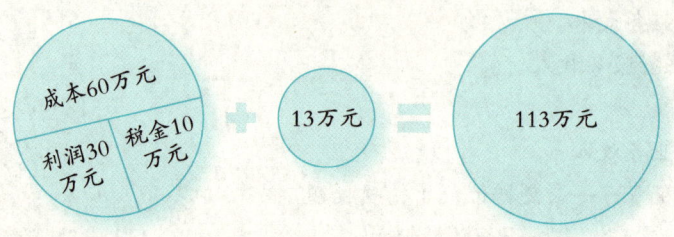

在收入和成本不变的情况下，价内税金额越高，利润越低。

（二）应交消费税的账务处理

企业应在"应交税费"科目下设置"应交消费税"明细科目，核算应交消费税的发生、交纳情况。该科目贷方登记应交纳的消费税，借方登记已交纳的消费税；期末贷方余额反映企业尚未交纳的消费税，借方余额反映企业多交纳的消费税。

1.销售应税消费品

企业将生产的应税消费品直接对外销售的，其应交纳的消费税，通过"税金及附加"科目核算。

借：税金及附加
　　贷：应交税费——应交消费税

2.自产自用应税消费品

企业将生产的应税消费品用于在建工程等非生产机构时，按规定应交纳的消费税，借记"在建工程"等科目，贷记"应交税费——应交消费税"科目；将自产应税消费品用于对外投资、分配给职工等，应借记"税金及附加"科目，贷记"应交税费——应交消费税"科目。

【典例研习·3-50】（模拟单选题）

某企业在建工程领用自产应税消费品，其成本为50 000元，应交纳消费税6 000元，则企业计入在建工程中的金额为（　　）元。

A.50 000　　　B.60 200　　　C.66 200　　　D.56 000

‖斯尔解析‖ D　相关会计处理为：

借：在建工程　　　　　　　　　　　　　　　　56 000
　　贷：库存商品　　　　　　　　　　　　　　　　　50 000
　　　　应交税费——应交消费税　　　　　　　　　　6 000

3.进口应税消费品

企业进口应税物资在进口环节应交纳的消费税，计入该项物资的成本。

考点4 其他应交税费（★）

（一）应交资源税

对外销售应税产品应交纳的资源税应记入"税金及附加"科目；自产自用的应税产品应交纳的资源税应记入"生产成本""制造费用"等科目。

借：税金及附加
　　生产成本
　　制造费用等
　　贷：应交税费——应交资源税

【典例研习·3-51】（2020年单选题）

某企业将应交资源税的自产矿产品用于其产品生产，不考虑其他因素，该企业确认应交资源税时，应借记的会计科目是（　　）。

A.管理费用　　　　B.税金及附加　　　　C.生产成本　　　　D.销售费用

【斯尔解析】C　自产自用应税产品应交纳的资源税应记入"生产成本""制造费用"等科目。

（二）应交城市维护建设税

应纳税额=（实际交纳增值税+实际交纳消费税）×适用税率

1.计提时：

借：税金及附加等
　　贷：应交税费——应交城市维护建设税

2.交纳时：

借：应交税费——应交城市维护建设税
　　贷：银行存款

（三）应交教育费附加

应纳税额=（实际交纳增值税+实际交纳消费税）×适用征收率

1.计提时：

借：税金及附加等
　　贷：应交税费——应交教育费附加

2.交纳时：

借：应交税费——应交教育费附加
　　贷：银行存款

【典例研习·3-52】（模拟单选题）

某企业适用的城市维护建设税税率为7%，2021年8月该企业实际缴纳增值税200 000元、土地增值税30 000元、印花税100 000元、消费税150 000元、资源税20 000元，8月该企业应记入"应交税费——应交城市维护建设税"科目的金额为（　　）元。

A.16 100　　　　B.24 500　　　　C.26 600　　　　D.28 000

【斯尔解析】B　增值税、消费税是计算城市维护建设税的基础。

该企业应记入"应交税费——应交城市维护建设税"科目的金额=（实际缴纳增值税+实际缴纳消费税）×适用税率=（200 000+150 000）×7%=24 500（元）。

（四）应交土地增值税

土地增值税按照转让房地产所取得的增值额和规定的税率计算征收，通过"应交税费——应交土地增值税"科目核算。企业转让的土地使用权连同地上建筑物及其附着物一并在"固定资产"科目核算的，转让时应交的土地增值税，借记"固定资产清理"科目，贷记"应交税费——应交土地增值税"科目；土地使用权在"无形资产"科目核算的，按实际收到的金额，借记"银行存款"等科目，按应交的土地增值税，贷记"应交税费——应交土地增值税"科目，同时冲销土地使用权的账面价值，将其差额，记入"资产处置损益"科目。

房地产开发经营企业销售房地产应交纳的土地增值税：

借：税金及附加
　　贷：应交税费——应交土地增值税

（五）应交房产税、城镇土地使用税、车船税

企业应交的房产税、城镇土地使用税、车船税记入"税金及附加"科目。

【典例研习·3-53】（2018年单选题）

下列各项中，企业依据税法规定计算应交的车船税应借记的会计科目是（　　）。

A.主营业务成本　　B.销售费用　　C.税金及附加　　D.管理费用

‖斯尔解析‖ C　企业应交的房产税、城镇土地使用税、车船税均记入"税金及附加"科目。

（六）应交个人所得税

企业按规定计算的代扣代缴的职工个人所得税，记入"应付职工薪酬"科目。

1.代扣个人所得税时：

借：应付职工薪酬——工资
　　贷：应交税费——应交个人所得税

2.企业交纳个人所得税时：

借：应交税费——应交个人所得税
　　贷：银行存款

【典例研习·3-54】（模拟单选题）

甲公司为增值税一般纳税人，2021年应交的各种税金为：增值税500万元，消费税100万元，城市维护建设税42万元，房产税10万元，车船税5万元，印花税1万元，个人所得税150万元。上述各项税金中应计入税金及附加的金额为（　　）万元。

A.658　　　　B.158　　　　C.808　　　　D.157

‖斯尔解析‖ B　增值税为价外税，不计入税金及附加，应计入税金及附加中的金额=100+42+10+5+1=158（万元）。

【典例研习·3-55】（2017年判断题）

企业代扣代缴的个人所得税，不通过"应交税费"科目进行核算。（　　）

‖斯尔解析‖ ×　企业代扣代缴的个人所得税，通过"应交税费——应交个人所得税"科目进行核算。

【典例研习·3-56】（2015年不定项选择题改编）

某家电企业为增值税一般纳税人，适用的增值税税率为13%，2021年8月该企业发生的有关职工薪酬的资料如下：

（1）当月应付职工工资总额为500万元，"工资费用分配汇总表"中列示的产品生产工人工资为350万元，车间管理人员工资为70万元，企业行政管理人员工资为50万元，专设销售机构人员工资为30万元。

（2）根据"工资费用分配汇总表"，本月企业应付职工工资总额为500万元，扣回代垫的职工家属医药费6万元，按税法规定应代扣代缴职工个人所得税共计15万元，企业以银行存款支付工资479万元。

（3）根据国家规定的计提基础和计提标准，当月应计提的基本养老保险费为60万元，基本医疗保险费为50万元，其他保险费为40万元以及住房公积金为50万元。

（4）当月企业以其生产的电风扇作为福利发放给500名直接参加产品生产的职工，该型号电风扇市场销售价为每台600元，每台成本为400元。

要求：

根据上述资料，不考虑其他因素，分析回答下列小题。（答案中的金额单位用万元表示）

1.根据资料（1），不考虑其他因素，下列选项中正确的是（　　）。

A.生产成本增加350万元　　　　B.制造费用增加70万元

C.管理费用增加50万元　　　　D.销售费用增加30万元

‖斯尔解析‖　ABCD　生产工人工资计入生产成本，车间管理人员工资计入制造费用，企业行政管理人员工资计入管理费用，专设销售机构人员工资计入销售费用，选项ABCD均正确。

2.根据资料（2），下列分录中正确的是（　　）。

A.扣回医药费时：

借：库存现金　　　　　　　　　　　　　　　　6

　　贷：其他应收款　　　　　　　　　　　　　　　　6

B.代扣个人所得税时：

借：其他应收款　　　　　　　　　　　　　　　15

　　贷：应交税费——应交个人所得税　　　　　　　　15

C.支付工资薪金时：

借：应付职工薪酬　　　　　　　　　　　　　500

　　贷：银行存款　　　　　　　　　　　　　　　　500

D.支付工资薪金时：

借：应付职工薪酬　　　　　　　　　　　　　500

　　贷：银行存款　　　　　　　　　　　　　　　　479

　　　其他应收款　　　　　　　　　　　　　　　　6

　　　应交税费——应交个人所得税　　　　　　　　15

‖斯尔解析‖　D　扣回代垫的职工家属医药费：

借：应付职工薪酬　　　　　　　　　　　　　　　　　6
　　　　贷：其他应收款　　　　　　　　　　　　　　　　　　　　6
代扣代缴个人所得税：
　　借：应付职工薪酬　　　　　　　　　　　　　　　　　15
　　　　贷：应交税费——应交个人所得税　　　　　　　　　　　15
支付应付职工薪酬：
　　借：应付职工薪酬　　　　　　　　　　　　　　　　　479
　　　　贷：银行存款　　　　　　　　　　　　　　　　　　　　479

3.根据资料（3），下列关于企业计提基本养老保险费和医疗保险费的表述正确的是（　　）。

A.企业计提的基本养老保险费属于离职后福利
B.应贷记"应付职工薪酬——设定提存计划——基本养老保险费"科目60万元
C.企业计提的基本医疗保险费属于短期薪酬
D.应贷记"应付职工薪酬——社会保险费——基本医疗保险费"科目50万元

‖斯尔解析‖ ABCD　企业计提的基本养老保险费属于离职后福利，计提时应贷记"应付职工薪酬——设定提存计划——基本养老保险费"科目60万元，选项AB正确；企业计提的基本医疗保险费属于短期薪酬，计提时应贷记"应付职工薪酬——社会保险费——基本医疗保险费"科目50万元，选项CD正确。

4.根据资料（4），下列各项中，关于该企业会计处理结果正确的是（　　）。

A.主营业务收入增加30万元　　　　B.主营业务成本增加20万元
C.应付职工薪酬增加33.9万元　　　 D.生产成本增加20万元

‖斯尔解析‖ AB　企业以自产产品作为职工福利：
　　借：生产成本　　　　　　　　　　　　　　　　　　33.9
　　　　贷：应付职工薪酬　　　　　　　　　　　　　　　　　33.9
　　借：应付职工薪酬　　　　　　　　　　　　　　　　33.9
　　　　贷：主营业务收入　　　　　　　　　　　　　　　　　30
　　　　　　应交税费——应交增值税（销项税额）　　　　　　3.9
　　借：主营业务成本　　　　　　　　　　　　　　　　20
　　　　贷：库存商品　　　　　　　　　　　　　　　　　　　20

5.根据资料（1）至（4），下列各项中，该企业"应付职工薪酬"科目的贷方发生额是（　　）万元。

A.733.9　　　B.710.1　　　C.500　　　D.200

‖斯尔解析‖ A　"应付职工薪酬"科目的贷方发生额=500+60+50+40+50+33.9=733.9（万元）。

第四章 所有者权益

学习提要

大家还记得第一章我们介绍过的会计等式吗？资产=负债+所有者权益，我们第二章和第三章学习了资产和负债，从第四章开始我们进入到了所有者权益的学习。初级对于所有者权益的介绍都是基础内容，所以请同学们放心，我们在上课时会用通俗易懂的举例让你秒懂。但是，还是需要把丑话说在前面，如果你资产和负债学得不是太扎实，请先把资产和负债学扎实了，不然，当本章用到资产和负债的知识时，你会觉得难，但其实并不是所有者权益难，而是你前面"欠账"了。

本章近三年平均分值在6分左右，其中，2020年4题8分，2019年3题4.5分，2018年4题6分，预计2021年分值仍然在6分左右。同时所有者权益在历年考试中也考核过不定项选择题，但是请同学们放心，都是基础内容，请跟着直播课，我们一起打怪。

考点精讲

第一部分 实收资本或股本

考点1 实收资本或股本概述（★★）

实收资本是指企业按照章程规定或合同、协议约定，接受投资者投入企业的资本。实收资本的构成比例（即投资者的出资比例或股东的股份比例），是确定所有者在企业所有者权益中份额的基础，也是企业进行利润或股利分配的主要依据。

股份有限公司应设置"股本"科目，核算公司实际发行股票的面值总额。该科目贷方登记公司在核定的股份总额及股本总额范围内实际发行股票的面值总额，借方登记公司按照法定程序经批准减少的股本数额，期末贷方余额反映公司股本实有数额。

非股份有限公司应设置"实收资本"科目，核算投资者投入资本的增减变动情况。该科目的贷方登记实收资本的增加数额，借方登记实收资本的减少数额，期末贷方余额反映企业期末实收资本实有数额。

考点2 实收资本（或股本）的账务处理（★★）

（一）接受现金资产投资

1.非股份有限公司接受现金资产投资

借：银行存款
　　贷：实收资本（按投资合同或协议约定的投资者在企业注册资本中所占份额的部分）
　　　　资本公积——资本溢价（实际收到的金额与企业投资者在企业注册资本中所占份额的差额）

2. 股份有限公司接受现金资产投资
借：银行存款
　　贷：股本（面值×发行股份总数）
　　　　资本公积——股本溢价（实际收到的金额与企业投资者在企业股本中所占份额的差额）

【原理详解】"资本（股本）溢价"的形成原因一般是新投资者加入时为了补足资本的增值额或资金的质量差异而多付出的资金。

【典例研习·4-1】
甲、乙、丙共同投资设立A有限责任公司，注册资本为2 000 000元，甲、乙、丙持股比例分别为60%、25%和15%。按照章程规定，甲、乙、丙投入资本分别为1 200 000元、500 000元和300 000元。A公司已如期收到各投资者一次缴足的款项。

‖斯尔解析‖ A公司应编制如下会计分录：
借：银行存款　　　　　　　　　　　　　　　　　　2 000 000
　　贷：实收资本——甲　　　　　　　　　　　　　　1 200 000
　　　　　　　　——乙　　　　　　　　　　　　　　　500 000
　　　　　　　　——丙　　　　　　　　　　　　　　　300 000

【延伸】一年之后如果有丁准备加入，同意出资50万元，占实收资本为25万元。则A公司应当编制的会计分录为：
借：银行存款　　　　　　　　　　　　　　　　　　　500 000
　　贷：实收资本——丁　　　　　　　　　　　　　　　250 000
　　　　资本公积——资本溢价　　　　　　　　　　　　250 000

3. 发行费用的处理
股份有限公司发行股票发生的手续费、佣金等发行费用，属于溢价发行的，发行费用从溢价收入中扣除，记入"资本公积——股本溢价"科目；溢价金额不足冲减的，或者属于按面值发行无溢价的，依次冲减盈余公积和未分配利润。
借：资本公积——股本溢价①
　　盈余公积②
　　利润分配——未分配利润③
　　贷：银行存款

【典例研习·4-2】（模拟单选题）
甲上市公司公开增发普通股5 000万股，每股面值1元，每股发行价格10元，支付券商发行费用1 000万元。甲公司发行普通股计入股本的金额为（　　）万元。
A. 1 000　　　　　B. 3 880　　　　　C. 4 880　　　　　D. 5 000

‖斯尔解析‖ D 计入股本的金额=5 000×1=5 000（万元）

【典例研习·4-3】（模拟单选题）
甲股份有限公司委托A证券公司发行普通股，股票面值总额8 000万元，发行总额32 000万元，发行费按发行总额的1%计算（不考虑其他因素），股票发行净收入全部收到。甲股份有限公司该笔业务记入"资本公积"科目的金额为（　　）万元。
A.24 000　　　　　B.23 680　　　　　C.31 680　　　　　D.8 000

‖斯尔解析‖ B　该笔业务记入"资本公积"科目的金额=32 000-8 000-32 000×1%=23 680（万元）。

借：其他货币资金　　　　　　　　　（32 000-32 000×1%）31 680
　　贷：股本　　　　　　　　　　　　　　　　　　　　　　　　8 000
　　　　资本公积——股本溢价　　　　　　　　　　　　　　　　23 680

【典例研习·4-4】（2018年判断题）

企业收到的投资者超出其在企业注册资本中所占份额的投资，应直接计入当期损益。（　　）

‖斯尔解析‖ ×　企业收到的投资者超过其在企业注册资本中所占份额的投资，计入资本公积——资本溢价（或股本溢价）中。

（二）接受非现金资产投资

企业接受投资者作价投入的非现金资产，应按投资合同或协议约定价值（但投资合同或协议约定价值不公允的除外）以及在注册资本（或股本）中应享有的份额确定资产入账价值。如果资产价值超过其在注册资本（或股本）中所占份额的部分，应当计入资本公积（资本溢价或股本溢价）。

1.接受投入固定资产或无形资产时：

借：固定资产、无形资产（合同或协议约定的价值入账，不公允的除外）
　　应交税费——应交增值税（进项税额）
　　贷：实收资本（或股本）
　　　　资本公积——资本溢价（或股本溢价）

【典例研习·4-5】（2019年单选题）

甲公司初始设立时收到乙公司作为资本投入的非专利技术一项，合同约定的价值与公允价值相同，均为50 000元，经税务机关认证的增值税进项税额为3 000元（由投资方支付税款，并开具增值税专用发票）。乙公司投资额未超过其在甲公司注册资本中所占的份额。不考虑其他因素，甲公司应确认的实收资本金额为（　　）元。

A.47 000　　　　　B.53 000　　　　　C.50 000　　　　　D.3 000

‖斯尔解析‖ A

借：无形资产　　　　　　　　　　　　　　　　　　　　　　50 000
　　应交税费——应交增值税（进项税额）　　　　　　　　　　3 000
　　贷：实收资本　　　　　　　　　　　　　　　　　　　　　53 000

‖陷阱提示‖ 此处需要将价税合计作为实收资本的确认金额。

【典例研习·4-6】（2018年判断题）

企业接受投资者作价投入的材料物资，按投资合同或协议约定的投资者在企业注册资本或股本中所占份额的部分作为实收资本或股本入账。（　　）

‖斯尔解析‖ √

【典例研习·4-7】（2017年判断题）

除投资合同或协议约定价值不公允的以外，企业接受投资者作为资本投入的固定资

产，应按投资合同或协议的约定价值确定其入账价值。（　　）

‖斯尔解析‖ [√]

2.接受投入存货

借：库存商品、原材料等（合同或协议约定的价值入账，不公允的除外）
　　　应交税费——应交增值税（进项税额）
　　贷：实收资本（或股本）
　　　　资本公积——资本溢价（或股本溢价）

【典例研习·4-8】（模拟单选题）

甲、乙公司均为增值税一般纳税人，适用的增值税税率为13%，甲公司接受乙公司投资转入的原材料一批，账面价值650 000元，投资协议约定价值800 000元，投资协议约定的价值与公允价值相符，该项投资没有产生资本溢价。甲公司实收资本应增加（　　）元。

A.904 000　　　　B.800 000　　　　C.650 000　　　　D.734 500

‖斯尔解析‖ [A] 甲公司实收资本增加=800 000×（1+13%）=904 000（元）

（三）实收资本（或股本）的增减变动

1.实收资本（或股本）的增加

一般企业增加资本主要有三个途径：接受投资者追加投资、资本公积转增资本和盈余公积转增资本。

需要说明的是，资本公积转增资本和盈余公积转增资本属于企业内部所有者权益的增减变动，企业所有者权益总额不发生变化。

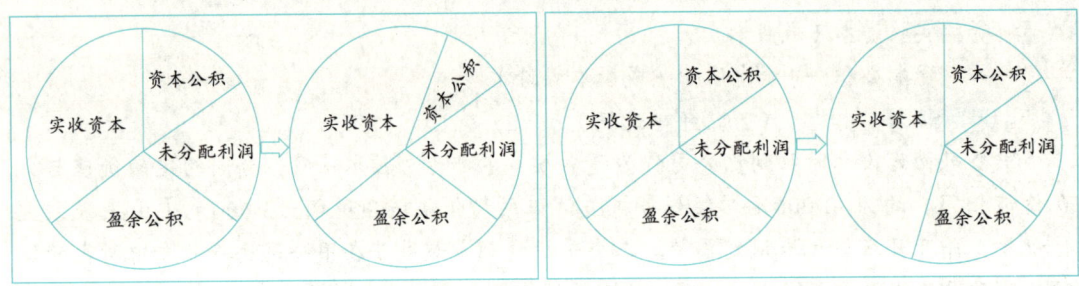

【典例研习·4-9】

甲、乙、丙三人共同投资设立A有限责任公司，原注册资本为4 000 000元，甲、乙、丙分别出资500 000元、2 000 000元和1 500 000元。为扩大经营规模，经批准，A公司注册资本扩大为5 000 000元，甲、乙、丙按照原出资比例分别追加投资125 000元、500 000元和375 000元。A公司如期收到甲、乙、丙追加的现金投资。A有限责任公司应编制如下会计分录：

‖斯尔解析‖

（1）注册时收到出资者出资

借：银行存款　　　　　　　　　　　　　　　　　　　　4 000 000
　　贷：实收资本——甲　　　　　　　　　　　　　　　　　　　500 000
　　　　　　　——乙　　　　　　　　　　　　　　　　　　2 000 000
　　　　　　　——丙　　　　　　　　　　　　　　　　　　1 500 000

（2）出资者按原出资比例追加投资1 000 000元

借：银行存款　　　　　　　　　　　　　　　1 000 000
　　贷：实收资本——甲　　　　　　　　　　　　　　125 000
　　　　　　　　——乙　　　　　　　　　　　　　　500 000
　　　　　　　　——丙　　　　　　　　　　　　　　375 000

【典例研习·4-10】（2018年多选题）

某公司由甲、乙投资者分别出资100万元设立。为扩大经营规模，该公司的注册资本由200万元增加到250万元，丙企业以现金出资100万元享有公司20%的注册资本，不考虑其他因素，该公司接受丙企业出资，相关科目的会计处理结果正确的有（　　）。

A.贷记"实收资本"科目100万元　　　B.贷记"盈余公积"科目100万元
C.贷记"资本公积"科目50万元　　　　D.借记"银行存款"科目100万元

‖斯尔解析‖ `CD`

借：银行存款　　　　　　　　　　　　　　　100
　　贷：实收资本　　　　　　　　　　　　　　　　　50
　　　　资本公积——资本溢价　　　　　　　　　　　50

【典例研习·4-11】（2015年多选题）

下列各项中，会导致企业实收资本增加的有（　　）。

A.资本公积转增资本　　　　　　B.接受投资者追加投资
C.盈余公积转增资本　　　　　　D.接受非关联方非流动资产捐赠

‖斯尔解析‖ `ABC`　选项A，借：资本公积，贷：实收资本，增加实收资本；选项B，借：银行存款等，贷：实收资本，增加实收资本；选项C，借：盈余公积，贷：实收资本，增加实收资本；选项D，借：固定资产等，贷：营业外收入，不增加实收资本。

【典例研习·4-12】（模拟判断题）

企业以盈余公积转增资本会导致实收资本增加，从而导致企业所有者权益总额增加。（　　）

‖斯尔解析‖ `×`　盈余公积转增资本属于所有者权益内部此增彼减，企业所有者权益总额不变。

2.实收资本（或股本）的减少

非股份有限公司按法定程序报经批准减少注册资本的，按减少的注册资本金额减少实收资本。

股份有限公司采用回购本公司股票方式减资的，通过"库存股"科目核算回购股份的金额，按注销股票的面值总额减少股本，回购股票支付的价款超过面值总额的部分，依次冲减"资本公积——股本溢价""盈余公积"和"利润分配——未分配利润"科目；相反增加"资本公积——股本溢价"。

回购股票时：

借：库存股（每股回购价×回购股数）
　　贷：银行存款

注销库存股时：

（1）回购价大于回购股份对应的股本时

借：股本
　　资本公积——股本溢价①
　　盈余公积②
　　利润分配——未分配利润③
　贷：库存股

在冲减完股本和股本溢价后如果还有差额，应先冲减"盈余公积"，再冲减"利润分配——未分配利润"。

（2）回购价小于回购股份对应的股本时

借：股本
　贷：库存股
　　　资本公积——股本溢价

【典例研习·4-13】

A公司2021年12月31日的股本为100 000 000股，面值为1元，资本公积（股本溢价）为30 000 000元，盈余公积为40 000 000元。经股东大会批准，A公司以现金回购本公司股票20 000 000股并注销。假定A公司按每股2元的价格回购股票，假定不考虑其他因素。

‖斯尔解析‖ A公司应编制如下会计分录：

（1）回购本公司股份时：

借：库存股　　　　　　　　　　　　　　　40 000 000
　贷：银行存款　　　　　　　　　　　　　　　　　40 000 000

库存股成本=20 000 000×2=40 000 000（元）

（2）注销本公司股份时：

借：股本　　　　　　　　　　　　　　　　20 000 000
　　资本公积——股本溢价　　　　　　　　20 000 000
　贷：库存股　　　　　　　　　　　　　　　　　40 000 000

应冲减的资本公积=20 000 000×2-20 000 000×1=20 000 000（元）

【延伸】假定A公司按每股3元的价格回购股票，相关的会计分录为：

（1）回购本公司股份时：

借：库存股　　　　　　　　　　　　　　　60 000 000
　贷：银行存款　　　　　　　　　　　　　　　　　60 000 000

（2）注销本公司股份时：

借：股本　　　　　　　　　　　　　　　　20 000 000
　　资本公积——股本溢价　　　　　　　　30 000 000
　　盈余公积　　　　　　　　　　　　　　10 000 000
　贷：库存股　　　　　　　　　　　　　　　　　60 000 000

【延伸】如果回购价格为0.9元，则A公司的账务处理为：
（1）回购本公司股份时：
借：库存股　　　　　　　　　　　　　　　　　　　　18 000 000
　　贷：银行存款　　　　　　　　　　　　　　　　　　　　　　　18 000 000
（2）注销本公司股份时：
借：股本　　　　　　　　　　　　　　　　　　　　　20 000 000
　　贷：库存股　　　　　　　　　　　　　　　　　　　　　　　　18 000 000
　　　　资本公积——股本溢价　　　　　　　　　　　　　　　　　 2 000 000

【典例研习·4-14】（2019年单选题）
某上市公司经股东大会批准以现金回购并注销本公司股票1 000万股，每股面值为1元，回购价为每股1.5元。该公司注销股份时"资本公积——股本溢价"科目余额为2 000万元，"盈余公积"科目余额为800万元。不考虑其他因素。该公司注销股份的会计科目处理正确的是（　　）。
A.借记"盈余公积"科目500万元　　　B.借记"库存股"科目1 000万元
C.借记"股本"科目1 500万元　　　　D.借记"资本公积——股本溢价"科目500万元

‖斯尔解析‖ D
回购分录为：
借：库存股　　　　　　　　　　　　　　　　　　　　1 500
　　贷：银行存款　　　　　　　　　　　　　　　　　　　　　　　1 500
注销分录为：
借：股本　　　　　　　　　　　　　　　　　　　　　1 000
　　资本公积——股本溢价　　　　　　　　　　　　　　 500
　　贷：库存股　　　　　　　　　　　　　　　　　　　　　　　　1 500

【典例研习·4-15】（2017年单选题）
某股份有限公司依法采用回购本公司股票方式减资。回购股票时支付的价款低于股票面值总额。下列各项中，注销股票时，冲减股本后的差额应贷记的会计科目是（　　）。
A.利润分配——未分配利润　　　　　B.盈余公积
C.资本公积　　　　　　　　　　　　D.营业外收入

‖斯尔解析‖ C
回购股票支付的价款低于股票面值总额，回购时：
借：库存股
　　贷：银行存款
注销时：
借：股本
　　贷：库存股
　　　　资本公积——股本溢价

【典例研习·4-16】（2015年单选题）

某股份有限公司股本为1 000万元（每股面值1元），资本公积（股本溢价）为150万元，盈余公积为100万元。经股东大会批准以每股3元价格回购本公司股票100万股并予以注销，不考虑其他因素，下列关于该公司注销库存股的会计处理正确的是（　　）。

A.借：股本　　　　　　　　　　　　　　　　　　　　1 000 000
　　资本公积——股本溢价　　　　　　　　　　　　　1 500 000
　　盈余公积　　　　　　　　　　　　　　　　　　　　500 000
　　贷：库存股　　　　　　　　　　　　　　　　　　　　　　3 000 000

B.借：股本　　　　　　　　　　　　　　　　　　　　1 000 000
　　资本公积——股本溢价　　　　　　　　　　　　　1 500 000
　　盈余公积　　　　　　　　　　　　　　　　　　　　500 000
　　贷：银行存款　　　　　　　　　　　　　　　　　　　　3 000 000

C.借：库存股　　　　　　　　　　　　　　　　　　　3 000 000
　　贷：银行存款　　　　　　　　　　　　　　　　　　　　3 000 000

D.借：股本　　　　　　　　　　　　　　　　　　　　3 000 000
　　贷：银行存款　　　　　　　　　　　　　　　　　　　　3 000 000

‖斯尔解析‖ A

回购本公司股票：
借：库存股　　　　　　　　　　　　　　　　　　　　3 000 000
　贷：银行存款　　　　　　　　　　　　　　（1 000 000×3）3 000 000

注销本公司股票时：
借：股本　　　　　　　　　　　　　　　　　　　　　1 000 000
　　资本公积——股本溢价　　　　　　　　　　　　　1 500 000
　　盈余公积　　　　　　　　　　　　　　　　　　　　500 000
　贷：库存股　　　　　　　　　　　　　　　　　　　　　　3 000 000

【典例研习·4-17】（2018年多选题）

某公司期初的所有者权益为：股本5 000万元（面值为1元），资本公积1 000万元（其中股本溢价800万元），盈余公积500万元。未分配利润600万元。本期经董事会批准，以每股7元的价格回购本公司股票200万股并按期注销。下列各项中，该公司回购并注销股票的相关会计处理结果正确的有（　　）。

A.注销时，借记"资本公积——股本溢价"科目800万元
B.注销时，借记"盈余公积"科目400万元
C.回购时，借记"库存股"科目1 400万元
D.注销时，借记"股本"科目1 400万元

‖斯尔解析‖ ABC

回购时：
借：库存股　　　　　　　　　　　　　　　　　　　　　1 400
　贷：银行存款　　　　　　　　　　　　　　　　　　　　　　1 400

注销时：

借：股本 200
　　资本公积——股本溢价 800
　　盈余公积 400
　　贷：库存股 1 400

第二部分　资本公积

考点1　资本公积概述（★）

资本公积是企业收到投资者出资额超出其在注册资本（或股本）中所占份额的部分，以及其他资本公积等。资本公积包括资本溢价（或股本溢价）和其他资本公积等。

考点2　资本公积的账务处理（★）

（一）资本溢价（或股本溢价）

1.资本溢价

非股份有限公司接受投资者投入资产的金额超过投资者在企业注册资本中所占份额的部分，通过"资本公积——资本溢价"科目核算。

2.股本溢价

股份有限公司在按面值发行股票的情况下，企业发行股票取得的收入，应全部作为股本处理；在溢价发行股票的情况下，企业发行股票取得的收入，等于股票面值的部分作为股本处理，超出股票面值的溢价收入应作为股本溢价处理。

股份有限公司发行股票发生的手续费、佣金等交易费用，如果是溢价发行股票的，应从溢价中抵扣，冲减"资本公积——股本溢价"；无溢价或溢价金额不足以抵扣的，应将不足抵扣的部分依次冲减"盈余公积"和"未分配利润"。

【典例研习·4-18】（2018年单选题）

某公司委托证券公司发行普通股400 000股，每股面值为1元，每股发行价格为16元。双方协议约定，证券公司按发行收入的2%收取佣金，并直接从发行收入中扣除。不考虑其他因素，该公司发行股票应计入资本公积的金额为（　　）元。

A.6 272 000　　　　B.5 880 000　　　　C.5 872 000　　　　D.6 000 000

‖斯尔解析‖ C　该公司发行股票应计入资本公积的金额=400 000×16×（1-2%）-400 000×1=5 872 000（元）。

【典例研习·4-19】（2017年单选题）

下列各项中，关于股份公司溢价发行股票的相关会计处理表述正确的是（　　）。

A.发行股票溢价计入盈余公积

B.发行股票相关的手续费计入股本

C.发行股票相关的手续费应从溢价中抵扣

D.发行股票取得的款项全部计入股本

‖斯尔解析‖ C　股份公司溢价发行股票的会计处理为：

借：银行存款
　　贷：股本
　　　　资本公积——股本溢价

发行股票的溢价计入资本公积，选项A错误。发行股票相关的手续费，冲减"资本公积——股本溢价"，无溢价或溢价金额不足以抵扣的，应将不足抵扣的部分依次冲减"盈余公积"和"未分配利润"，选项B错误；发行股票取得的款项计入银行存款等，股票的面值计入股本核算，发行收入与股本之间的差额计入"资本公积——股本溢价"，选项D错误。

【典例研习·4-20】（2017年单选题）

某股份有限公司首次公开发行普通股500万股。每股面值1元，发行价格6元，相关手续费和佣金共计95万元。不考虑其他因素，该公司发行股票应计入资本公积的金额为（　　）万元。

A.2 905　　　　　B.2 405　　　　　C.2 500　　　　　D.3 000

‖斯尔解析‖ [B] 应计入资本公积的金额=500×6-500-95=2 405（万元）

【典例研习·4-21】（2016年判断题）

股份有限公司溢价发行股票时，按股票面值计入股本，溢价收入扣除发行手续费、佣金等发行费用后的金额计入资本公积。（　　）

‖斯尔解析‖ [√]

（二）其他资本公积

其他资本公积是指被投资单位除净损益、其他综合收益和利润分配以外所有者权益的其他变动。例如，企业对被投资单位的长期股权投资采用权益法核算的，在持股比例不变的情况下，对因被投资单位除净损益、其他综合收益和利润分配以外所有者权益的其他变动，投资企业按应享有或分担份额而增加或减少其他资本公积。

借或贷：长期股权投资——其他权益变动
　　贷或借：资本公积——其他资本公积

处置相关股权投资时（假设全部处置）要将原记入"资本公积——其他资本公积"科目的金额结转至"投资收益"科目中。

借或贷：资本公积——其他资本公积
　　贷或借：投资收益

【典例研习·4-22】（2019年多选题）

下列各项中，企业应通过"资本公积"科目核算的有（　　）。

A.投资者实际出资额超出其在企业注册资本的所占份额
B.盈余公积转增资本
C.回购股票确认库存股科目的账面价值
D.股份有限公司溢价发行股票扣除交易费用后的股本溢价

‖斯尔解析‖ [AD] 选项B，借记"盈余公积"科目，贷记"实收资本"科目；选项C，借记"库存股"科目，贷记"银行存款"科目。

【典例研习·4-23】（2017年多选题改编）

下列各项中，应计入资本公积的有（　　）。

A.注销的库存股账面余额低于所冲减股本的差额

B.投资者超额缴入的资本
C.交易性金融资产发生的公允价值变动
D.溢价发行股票,超出股票面值的溢价收入

‖斯尔解析‖ 【ABD】 选项C计入公允价值变动损益。

(三)资本公积转增资本

资本公积转增资本,按转增的金额:
借:资本公积
　　贷:实收资本(股本)

再次提示各位同学,资本公积转增资本,企业所有者权益总额不变。

【典例研习·4-24】(2016年单选题改编)

某公司年初资本公积为1 500万元,经股东大会批准,用资本公积转增资本300万元。不考虑其他因素,该公司年末的资本公积为(　　)万元。

A.1 700　　　　B.1 500　　　　C.1 200　　　　D.1 400

‖斯尔解析‖ 【C】 资本公积转增资本会减少资本公积,所以该公司年末的资本公积=1 500-300=1 200(万元)。

【典例研习·4-25】(2018年判断题)

资本公积项目在满足一定的条件时可以重新分类确认为损益,成为企业利润的一部分。(　　)

‖斯尔解析‖ 【√】

第三部分　留存收益

考点1　留存收益概述(★★)

留存收益是指企业从历年实现的利润中提取或形成的留存于企业的内部积累,包括盈余公积和未分配利润两类。

盈余公积是指企业按照有关规定从净利润中提取的积累资金。

未分配利润是指企业实现的净利润经过弥补亏损、提取盈余公积和向投资者分配利润后留存在企业的、历年结存的利润。

【典例研习·4-26】(2017年多选题)

下列各项中,导致企业留存收益发生增减变动的有(　　)。

A.盈余公积分配现金股利　　　　B.盈余公积弥补亏损
C.资本公积转增资本　　　　　　D.盈余公积转增资本

‖斯尔解析‖ 【AD】 选项A,减少盈余公积,减少留存收益;选项B,属于留存收益内部的增减变动;选项C,不影响留存收益;选项D,减少盈余公积,减少留存收益。

【典例研习·4-27】(2015年多选题)

下列各项中,属于企业留存收益的有(　　)。

A.按规定从净利润中提取的法定盈余公积
B.累积未分配的利润

C.按股东大会决议从净利润中提取的任意盈余公积
D.发行股票的溢价收入

‖斯尔解析‖ ABC　选项D计入资本公积——股本溢价。

考点2　留存收益的账务处理（★★★）

（一）利润分配

利润分配是指企业根据国家有关规定和企业章程、投资者协议等，对企业当年可供分配的利润所进行的分配。

可供分配的利润=当年实现的净利润（或净亏损）+年初未分配利润（或-年初未弥补亏损）+其他转入

需要说明的是，可供分配利润与未分配利润并不一致，可供分配利润应严格按上述公式进行计算。

可供分配的利润按下列顺序分配：

（1）提取法定盈余公积；
（2）提取任意盈余公积；
（3）向投资者分配利润。

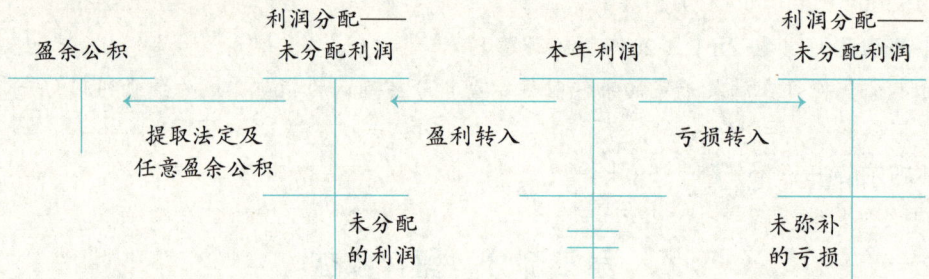

‖典例研习·4-28‖（2017年单选题）

某公司年初未分配利润为1 000万元，当年实现净利润500万元，按10%提取法定盈余公积，5%提取任意盈余公积，宣告发放现金股利100万元，不考虑其他因素，该公司年末未分配利润为（　　）万元。

A.1 450　　　B.1 475　　　C.1 325　　　D.1 400

‖斯尔解析‖ C　该公司年末未分配利润=1 000+500-500×（10%+5%）-100=1 325（万元）。

‖典例研习·4-29‖（2015年单选题）

2014年年初某企业"利润分配——未分配利润"科目借方余额20万元，2014年度该企业实现净利润为160万元，根据净利润的10%提取盈余公积，2014年年末该企业可供分配利润的金额为（　　）万元。

A.126　　　B.124　　　C.140　　　D.160

‖斯尔解析‖ C　2014年年末该企业的可供分配利润的金额=年初未分配利润+本年实现的净利润+其他转入=-20+160=140（万元）。

‖陷阱提示‖ 可供分配利润和未分配利润不是一回事，可供分配利润无须考虑计提盈余公积的金额，严格按计算公式计算即可。

【典例研习·4-30】（2020年多选题）

下列各项中，导致企业年末可供分配利润总额发生增减变动的有（　　）。

A.本年发生净亏损　　　　　　　　B.支付上年宣告发放的现金股利
C.用盈余公积转增资本　　　　　　D.本年实现净利润

‖斯尔解析‖ **AD** 可供分配利润的金额=年初未分配利润+本年实现的净利润（或–本年发生的净亏损）+其他转入，选项A和D正确。

企业在"利润分配"科目下，设置"提取法定盈余公积""提取任意盈余公积""应付现金股利或利润""盈余公积补亏"和"未分配利润"等明细科目。

利润分配中除"未分配利润"明细科目以外的其他明细科目年末无余额。

年度终了，企业应将全年实现的净利润或发生的净亏损，自"本年利润"科目转入"利润分配——未分配利润"科目，并将"利润分配"科目下所属其他明细科目的余额，转入"未分配利润"明细科目。结转后，"利润分配——未分配利润"明细科目如为贷方余额，表示累积未分配的利润金额；如为借方余额，则表示累积未弥补的亏损金额。

【典例研习·4-31】（模拟判断题）

企业年末资产负债表中的未分配利润金额一定等于"本年利润"科目的年末余额。（　　）

‖斯尔解析‖ **×** 资产负债表年末未分配利润的金额应当等于"利润分配"科目的余额。

【典例研习·4-32】（2019年单选题）

下列各项中，年终结转后"利润分配——未分配利润"科目借方余额反映的是（　　）。

A.本年实现的净利润　　　　　　　B.本年发生的净亏损
C.历年累积未分配的利润　　　　　D.历年累积未弥补的亏损

‖斯尔解析‖ **D** 年终结转后，"利润分配——未分配利润"科目借方余额反映企业历年累积未弥补的亏损，选项D正确。

（二）盈余公积

1.盈余公积是指企业按照有关规定从净利润（减弥补以前年度亏损）中提取的积累资金。企业的盈余公积包括法定盈余公积和任意盈余公积。法定盈余公积是指企业按照规定的比例从净利润中提取的盈余公积。公司制企业可根据股东会或股东大会的决议提取任意盈余公积，非公司制企业经类似权力机构批准也可提取。

2.如果以前年度有亏损（即年初未分配利润余额为负数），应先弥补以前年度亏损再提取盈余公积。

3.企业提取的盈余公积经批准可用于弥补亏损、转增资本、发放现金股利或利润等。

【典例研习·4-33】（2018年单选题）

2017年1月1日，某股份有限公司未分配利润为100万元，2017年度实现净利润400万元，法定盈余公积的提取比例为10%，不考虑其他因素，下列关于盈余公积的账务处理正确的是（　　）。

A.借：利润分配——提取法定盈余公积　　　　　　　　40
　　　贷：盈余公积　　　　　　　　　　　　　　　　　　　　40

B.借：本年利润——提取法定盈余公积　　　　　　　　40
　　　贷：盈余公积　　　　　　　　　　　　　　　　　　　　40

C.借：本年利润——提取法定盈余公积　　　　　　　　50
　　贷：盈余公积　　　　　　　　　　　　　　　　　　　　50
D.借：利润分配——提取法定盈余公积　　　　　　　　50
　　贷：盈余公积　　　　　　　　　　　　　　　　　　　　50

‖斯尔解析‖ [A]　如果以前年度未分配利润有盈余（即年初未分配利润余额为正数），在计算提取法定盈余公积的基数时，不应包括年初未分配利润，所以2017年提取法定盈余公积的金额=400×10%=40（万元）。企业按规定提取盈余公积时，应通过"利润分配"和"盈余公积"科目核算。

【典例研习·4-34】（2016年多选题）
下列各项中，关于盈余公积的用途表述正确的有（　　）。
A.以盈余公积转增实收资本　　　　　B.以盈余公积转增资本公积
C.以盈余公积弥补亏损　　　　　　　D.盈余公积发放现金股利

‖斯尔解析‖ [ACD]　企业提取的盈余公积经批准可用于弥补亏损、转增资本、发放现金股利或利润等，不能转增资本公积。

【典例研习·4-35】（模拟多选题）
下列各项中，不会导致留存收益总额发生增减变动的有（　　）。
A.资本公积转增资本　　　　　　　　B.盈余公积补亏
C.盈余公积转增资本　　　　　　　　D.以当年净利润弥补以前年度亏损

‖斯尔解析‖ [ABD]　留存收益包括两部分：盈余公积和未分配利润，盈余公积转增资本会减少留存收益。

4.企业应通过"盈余公积"科目，核算盈余公积的提取、使用等情况。该科目贷方登记企业按照规定提取的各项盈余公积的数额；借方登记企业因将盈余公积用于弥补亏损、转增资本以及分配现金股利或利润等原因而减少盈余公积的数额等；期末贷方余额表示企业提取的盈余公积结存数。该科目可分别通过"法定盈余公积""任意盈余公积"进行明细核算。

5.企业按规定提取盈余公积时，借记"利润分配——提取法定盈余公积、提取任意盈余公积"科目，贷记"盈余公积"科目。经股东大会或类似机构决议用盈余公积弥补亏损或转增资本时，借记"盈余公积"科目，贷记"利润分配——盈余公积补亏""实收资本（或股本）"科目。经股东大会决议用盈余公积派送新股时，按派送新股计算的金额，借记"盈余公积"科目，按股票面值和派送新股总数计算的股票面值总额，贷记"股本"科目。

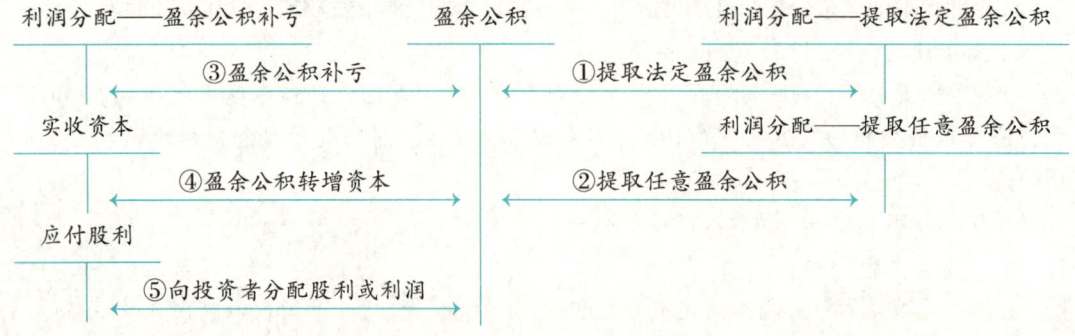

【典例研习·4-36】（2019年单选题）

下列各项中，会引起企业留存收益总额发生变动的是（　　）。

A.股本溢价　　　　　　　　　　B.提取任意盈余公积
C.接受现金资产投资　　　　　　D.盈余公积转增资本

‖斯尔解析‖ D　留存收益包括盈余公积和未分配利润，股本溢价应计入"资本公积——股本溢价"中，选项A错误；提取任意盈余公积导致盈余公积与未分配利润一增一减，留存收益总额无变化，选项B错误；接受现金资产投资计入"股本（或实收资本）""资本公积"增加，留存收益无变化，选项C错误；盈余公积转增资本盈余公积减少，留存收益减少，所以会引起留存收益总额发生变动，选项D正确。

【典例研习·4-37】（2016年单选题）

某公司年初未分配利润为1 000万元，盈余公积为500万元；本年实现净利润5 000万元，分别提取法定盈余公积500万元、任意盈余公积250万元，宣告发放现金股利500万元。不考虑其他因素，该公司年末留存收益为（　　）万元。

A.5 250　　　　B.6 000　　　　C.6 500　　　　D.5 750

‖斯尔解析‖ B　留存收益包括盈余公积和未分配利润，该公司年末留存收益= 1 000+500+5 000−500=6 000（万元）。

【典例研习·4-38】（2018年多选题）

下列各项中，引起企业留存收益总额发生增减变动的有（　　）。

A.用盈余公积发放现金股利　　　B.用盈余公积弥补亏损
C.用盈余公积转增资本　　　　　D.用净利润发放现金股利

‖斯尔解析‖ ACD　选项A，减少盈余公积，减少留存收益；选项B，属于留存收益内部的增减变动；选项C，减少盈余公积，减少留存收益；选项D，减少利润分配，减少留存收益。

【解题高手】

项目	会计处理	对所有者权益总额影响	对留存收益总额影响
提取盈余公积	借：利润分配——提取××盈余公积 　贷：盈余公积	不影响	不影响
宣告分配现金股利	借：利润分配——应付现金股利 　贷：应付股利	减少	减少
宣告分配股票股利	不做账务处理	不影响	不影响
实际发放股票股利	借：利润分配 　贷：股本	不影响	减少
资本公积、盈余公积转增资本	借：资本公积/盈余公积 　贷：股本/实收资本	不影响	资本公积转增资本，不影响留存收益；盈余公积转增资本留存收益减少

项目	会计处理	对所有者权益总额影响	对留存收益总额影响
盈余公积补亏	借：盈余公积 　　贷：利润分配——盈余公积补亏	不影响	不影响
税后利润补亏	不做账务处理，"利润分配"科目借贷相互抵销	不影响	不影响
回购股票	借：库存股 　　贷：银行存款	所有者权益减少，库存股是所有者权益的备抵科目	不影响
注销库存股	回购股票支付的价款高于面值总额： 借：股本 　　资本公积——股本溢价 　　盈余公积 　　利润分配——未分配利润 　　贷：库存股	不影响	涉及盈余公积以及未分配利润时，减少留存收益
	回购股票支付的价款低于面值总额： 借：股本 　　贷：库存股 　　　　资本公积——股本溢价	不影响	不影响

【典例研习·4-39】（2019年单选题）

某企业2018年末本年利润及利润分配结转前的所有者权益总额为5 150万元，该企业本年度实现净利润200万元，提取盈余公积20万元。不考虑其他因素，2018年12月31日，该企业所有者权益总额为（　　）万元。

A.5 330　　　　　　B.5 130　　　　　　C.5 350　　　　　　D.5 150

‖斯尔解析‖ C　2018年12月31日所有者权益总额=5 150+200=5 350（万元），提取盈余公积不会导致所有者权益总额发生变化。

【典例研习·4-40】（模拟单选题）

2021年年初某公司"盈余公积"余额为120万元，当年实现利润总额900万元，所得税费用300万元，按净利润的10%提取法定盈余公积，经股东大会批准将盈余公积50万元转增资本，2021年12月31日，该公司资产负债表中"盈余公积"项目年末余额为（　　）万元。

A.180　　　　　　B.120　　　　　　C.70　　　　　　D.130

‖斯尔解析‖ D　2021年12月31日，该公司资产负债表中"盈余公积"项目的年末余额=120+（900-300）×10%-50=130（万元）。

第五章　收入、费用和利润

学习提要

第五章介绍的是会计要素中反映企业经营成果的要素，即收入、费用和利润，其中收入一定是考试的重中之重，收入在第一遍学习的时候一定是云里雾里的感觉，不知道这五个步骤如何运用，但是经过题目的洗礼，不断的复习，初级职称考试涉及的收入真的是冰山一角，请同学们坚定信心，一定要坚持下来。而费用在考试中往往考核的是三项期间费用的核算内容，这个我们在课上会教同学们记忆的方法，请放心。利润部分有三大利润指标，在直播时我们也会告诉大家记忆方法。

本章近三年平均分值在20分左右，其中，2020年13题24分，2019年11题15.5分，2018年7题13分，预计2021年分值仍然在20分左右。同时收入可以单独考核不定项选择题，而费用和利润也可以结合收入考核不定项选择题，请同学们在复习时注意。

考点精讲

第一部分　收　入

考点1　概述（★★★）

1.确认收入的方式应当反映其向客户转让商品或提供服务的模式，收入的金额应当反映企业因转让商品或提供服务而预期有权收取的对价金额。

2.本章的收入不涉及企业对外出租资产收取的租金、进行债权投资收取的利息、进行股权投资取得的现金股利以及保费收入等。

【典例研习·5-1】（2017年单选题改编）
下列各项中，属于企业"营业收入"的是（　　）。
A.出租固定资产取得的租金　　　　　B.接受非关联方捐赠取得的现金
C.出售无形资产取得的净收益　　　　D.股权投资取得的现金股利

‖斯尔解析‖　【A】　选项B，计入营业外收入；选项C，计入资产处置损益；选项D，计入投资收益。

【典例研习·5-2】（2017年多选题）
下列各项中，属于工业企业"营业收入"的有（　　）。
A.债权投资的利息收入　　　　　　　B.出租无形资产的租金收入
C.销售产品取得的收入　　　　　　　D.出售无形资产的净收益

‖斯尔解析‖　【BC】　选项A，计入投资收益；选项B，计入其他业务收入；选项C，计入主营业务收入；选项D，计入资产处置损益；选项BC属于工业企业的营业收入。

考点2　收入的确认和计量（★★★）

（一）收入确认的原则

企业应当在履行了合同中的履约义务，即在客户取得相关商品控制权时确认收入。

取得相关商品控制权，是指客户能够主导该商品的使用并从中获得几乎全部经济利益，也包括有能力阻止其他方主导该商品的使用并从中获得经济利益。

取得商品控制权包括三个要素：

一是客户必须拥有现时权利，能够主导该商品的使用并从中获得几乎全部经济利益；

二是客户有能力主导该商品的使用，即客户在其活动中有权使用该商品，或者能够允许或阻止其他方使用该商品；

三是客户能够获得商品几乎全部的经济利益。

（二）收入确认的前提条件

企业与客户之间的合同同时满足下列五项条件的，企业应当在客户取得相关商品控制权时确认收入：

1.合同各方已批准该合同并承诺将履行各自义务；

2.该合同明确了合同各方与所转让商品相关的权利和义务；

3.该合同有明确的与所转让商品相关的支付条款；

4.该合同具有商业实质，即履行该合同将改变企业未来现金流量的风险、时间分布或金额；

5.企业因向客户转让商品而有权取得的对价很可能收回。

很可能的概率区间为：50%＜发生的可能性≤95%。

【典例研习·5-3】（模拟多选题）

甲省A市长江公司与乙省B市某客户签订一项石油供货合同，根据合同约定该批石油交货地点为乙省B市。乙省B市的黄河公司与甲省A市的某客户签订石油购买合同，根据合同约定该批石油交货地点为甲省A市。随即长江公司与黄河公司签订合同，约定石油互换协议，即甲省A市长江公司供应黄河公司客户石油，乙省B市的黄河公司供应长江公司客户石油。不考虑其他因素，下列说法正确的有（　　）。

A.长江公司与其客户签订的合同应确认收入

B.黄河公司与其客户签订的合同应确认收入

C.长江公司与黄河公司签订的互换协议应各自确认收入

D.长江公司与黄河公司签订的互换协议不应确认收入

‖斯尔解析‖ 【ABD】　长江公司与黄河公司签订互换石油协议并不具有商业实质，不满足识别与客户订立合同中第4项，所以不能确认收入。

【典例研习·5-4】

甲房地产开发公司（以下简称"甲公司"）与乙公司签订合同，向其销售一栋建筑物，合同价款为100万元。该建筑物的成本为60万元，乙公司在合同开始日即取得了该建筑物的控制权。根据合同约定，乙公司在合同开始日支付了5%的保证金5万元，并就剩余95%的价款与甲公司签订了不附追索权的长期融资协议，如果乙公司违约，甲公司可重新拥有该建筑物，即使收回的建筑物不能涵盖所欠款项的总额，甲公司也不能向乙公司索取进一步的赔偿。

乙公司计划在该建筑物内开设一家餐馆，并计划以该餐馆产生的收益偿还甲公司的欠款，除此之外并无其他的经济来源，乙公司也未对该笔欠款设定任何担保。在该建筑物所在的地区，餐饮行业面临激烈的竞争，但乙公司缺乏餐饮行业的经营经验。

‖斯尔解析‖ 本例中，甲公司对乙公司还款的能力和意图存在疑虑，认为该合同不满足合同价款很可能收回的条件。甲公司应当将收到的5万元确认为一项负债。

（三）收入确认和计量的步骤

收入确认和计量大致分为五步，即按照"五步法"模型进行处理：

第一步：识别与客户订立的合同

第二步：识别合同中的单项履约义务

第三步：确定交易价格

第四步：将交易价格分摊至各单项履约义务

第五步：履行各单项履约义务时确认收入

其中，第一步、第二步和第五步主要与收入的确认有关，第三步和第四步主要与收入的计量有关。

1.识别与客户订立的合同。

（1）合同是指双方或多方之间订立有法律约束力的权利义务的协议。合同有书面形式、口头形式以及其他形式。

（2）合同的存在是企业确认客户合同收入的前提，企业与客户之间的合同一经签订，企业即享有从客户取得与转移商品和服务对价的权利，同时负有向客户转移商品和服务的履约义务。

2.识别合同中的单项履约义务。

履约义务是指合同中企业向客户转让可明确区分商品或服务的承诺。

企业应当将向客户转让可明确区分商品（或者商品的组合）的承诺以及向客户转让一系列实质相同且转让模式相同的、可明确区分商品的承诺作为单项履约义务。

为履行合同而应开展的初始活动通常不构成单项履约义务，例如客户档案整理等。

【典例研习·5-5】（模拟单选题）

下列各项中，不考虑其他因素，构成企业履约义务的是（   ）。

A.甲公司为履行合同而进行的前期客户档案的管理

B.乙公司销售商品合同中约定延保服务2年

C.丙公司为履行合同而进行的行政管理工作

D.丁公司为履行合同而对客户进行会籍管理

‖斯尔解析‖ B 选项A、C和D为履行合同而应开展的初始活动，所以不构成履约义务。

3.确定交易价格。

（1）交易价格是指企业因向客户转让商品而预期有权收取的对价金额，不包括企业代第三方收取的款项（如增值税）以及企业预期将退还给客户的款项。

（2）合同条款所承诺的对价，可能是固定金额、可变金额或两者兼有。

企业与客户的合同中约定的对价金额可能会因折扣、价格折让、返利、退款、奖励积分、激励措施、业绩奖金、索赔等因素而变化。

【典例研习·5-6】

甲公司与客户订立一项建造定制资产的合同，该转让资产的承诺是一项在一段时间内履行的履约义务。客户已承诺的对价为250万元，但视资产完工的时间，该金额有可能会减少或增加。具体而言，若资产于2021年3月31日仍未完工，则每推迟一天完成，已承诺的对价将减少1万元，若资产在2021年3月31日前完工，则每提前一天完成，已承诺的对价将增加1万元。

此外，在资产完工后，将由第三方评估师对资产实施检查并给予评级，如果资产达到特定评级，甲公司有权获得奖励款15万元。

‖斯尔解析‖ 甲公司对其预期有权获取的可变对价的每一项要素单独进行估计：

（1）甲公司决定采用期望值法来估计按日计算的罚金或奖励相关的可变对价，即在已承诺的250万元的基础上，加上或减去每日1万元。

（2）甲公司决定采用最可能发生的金额来估计与奖励款相关的可变对价。这是因为只存在两种可能发生的结果，即15万元或0。

4.将交易价格分摊至各单项履约义务。

当合同中包含两项或多项履约义务时，需要将交易价格分摊至各单项履约义务，分摊的方法是在合同开始日，按照各单项履约义务所承诺商品的单独售价（企业向客户单独销售商品的价格）的相对比例，将交易价格分摊至各单项履约义务。

【典例研习·5-7】

2021年3月1日，甲公司与客户签订合同，向其销售A、B两项商品，A商品的单独售价为6 000元，B商品的单独售价为24 000元，合同价款为25 000元。合同约定，A商品于合同开始日交付，B商品在一个月之后交付，只有当两项商品全部交付之后，甲公司才有权收取25 000元的合同对价。假定A商品和B商品分别构成单项履约义务，其控制权在交付时转移给客户。上述价格均不包含增值税，且假定不考虑相关税费影响。

‖斯尔解析‖

分摊至A商品的合同价款为5 000元［（6 000÷（6 000+24 000）×25 000］；

分摊至B商品的合同价款为20 000元［（24 000÷（6 000+24 000）×25 000］。

【典例研习·5-8】（2020年单选题）

甲公司与乙公司签订合同，向乙公司销售E、F两种产品，不含增值税的合同总价款为3万元。E、F产品不含增值税的单独售价分别为2.2万元和1.1万元。该合同包含两项可明确区分的履约义务。不考虑其他因素，按照交易价格分摊原则，E产品应分摊的交易价格为（　　）万元。

A.2　　　　　　B.1　　　　　　C.2.2　　　　　　D.1.1

‖斯尔解析‖ A　E产品应分摊的交易价格=［2.2/（2.2+1.1）］×3=2（万元）

5.履行各单项履约义务时确认收入。

当企业将商品转移给客户，客户取得了相关商品的控制权，意味着企业履行了合同履约义务，此时，企业应确认收入。

企业将商品控制权转移给客户，可能是在某一时段内（即履行履约义务的过程中）发生,也可能在某一时点(即履约义务完成时)发生。

企业应当根据实际情况,首先判断履约义务是否满足在某一时段内履行的条件,如不满足,则该履约义务属于在某一时点履行的履约义务。

【典例研习·5-9】(2020年单选题)

某公司为增值税一般纳税人,销售商品适用的增值税税率为13%。2019年9月2日该公司销售商品10 000件,每件商品不含税标价为50元。由于成批销售,该公司给予客户20%的商业折扣,并开具增值税专用发票。不考虑其他因素,下列各项中,该公司确认的营业收入金额为( )元。

A.500 000　　　　B.400 000　　　　C.452 000　　　　D.565 000

‖斯尔解析‖ **B**　在确定交易价格时,应考虑商业折扣,按扣除商业折扣后的金额确认交易价格,在履行履约义务时确认收入,所以,该公司确认的营业收入金额=10 000×50×(1-20%)=400 000(元)。

考点3　收入核算应设置的会计科目(★★)

收入核算需要设置"主营业务收入""其他业务收入""主营业务成本""其他业务成本""合同取得成本""合同履约成本""合同资产""合同负债""合同履约成本减值准备""合同取得成本减值准备""合同资产减值准备"等科目。

1."合同取得成本"科目核算企业取得合同发生的、预计能够收回的增量成本。

该科目借方登记发生的合同取得成本,贷方登记摊销的合同取得成本,期末借方余额,反映企业尚未结转的合同取得成本。该科目可按合同进行明细核算。

2."合同履约成本"科目核算企业为履行当前或预期取得的合同所发生的、不属于其他企业会计准则规范范围且按照收入准则应当确认为一项资产的成本。

该科目借方登记发生的合同履约成本,贷方登记摊销的合同履约成本,期末借方余额,反映企业尚未结转的合同履约成本。该科目可按合同分别"服务成本""工程施工"等进行明细核算。

3."合同资产"科目核算企业已向客户转让商品而有权收取对价的权利,且该权利取决于时间流逝之外的其他因素(如履行合同中的其他履约义务)。

该科目借方登记因已转让商品而有权收取的对价金额,贷方登记取得无条件收款权的金额,期末借方余额,反映企业已向客户转让商品而有权收取的对价金额。该科目按合同进行明细核算。

4."合同负债"科目核算企业已收或应收客户对价而应向客户转让商品的义务。

该科目贷方登记企业在向客户转让商品之前,已经收到或已经取得无条件收取合同对价权利的金额;借方登记企业向客户转让商品时冲销的金额;期末贷方余额,反映企业在向客户转让商品之前,已经收到的合同对价或已经取得的无条件收取合同对价权利的金额。该科目按合同进行明细核算。

【典例研习·5-10】

2021年3月1日,甲公司与客户签订合同,向其销售A、B两项商品,A商品的单独售价为6 000元,B商品的单独售价为24 000元,合同价款为25 000元。合同约定,A商品于合同开始日交付,B商品在一个月之后交付,只有当两项商品全部交付之后,甲公司才有权收取

25 000元的合同对价。假定A商品和B商品分别构成单项履约义务，其控制权在交付时转移给客户。上述价格均不包含增值税，且假定不考虑相关税费影响。

‖斯尔解析‖

分摊至A商品的合同价款为5 000元［（6 000÷（6 000+24 000）×25 000］；

分摊至B商品的合同价款为20 000元［（24 000÷（6 000+24 000）×25 000］。

甲公司的账务处理如下：

（1）交付A商品时：

借：合同资产　　　　　　　　　　　　　　　　5 000

　　贷：主营业务收入　　　　　　　　　　　　　　　　　5 000

（2）交付B商品时：

借：应收账款　　　　　　　　　　　　　　　　25 000

　　贷：合同资产　　　　　　　　　　　　　　　　　　　5 000

　　　　主营业务收入　　　　　　　　　　　　　　　　　20 000

考点4　履行履约义务确认收入的账务处理（★★★）

（一）在某一时段内履行履约义务确认收入

对于在某一时段内履行的履约义务，企业应当在该段时间内按照履约进度确认收入，履约进度不能合理确定的除外。满足下列条件之一的，属于在某一时段内履行的履约义务：其一，客户在企业履约的同时即取得并消耗企业履约所带来的经济利益；其二，客户能够控制企业履约过程中在建的商品；其三，企业履约过程中所产出的商品具有不可替代用途，且该企业在整个合同期间内有权就累计至今已完成的履约部分收取款项。

当履约进度不能合理确定时，企业已经发生的成本预计能够得到补偿的，应当按照已经发生的成本金额确认收入，直到履约进度能够合理确定为止。

1.客户在企业履约的同时即取得并消耗企业履约所带来的经济利益。（边履约边受益）

【典例研习·5-11】

企业承诺将客户的一批货物从A市运送到B市，假定该批货物在途经C市时，由另外一家运输公司接替企业继续提供该运输服务。

‖斯尔解析‖　由于A市到C市之间的运输服务是无须重新执行的，因此，表明客户在企业履约的同时即取得并消耗了企业履约所带来的经济利益，所以，企业提供的运输服务属于在某一时间段内履行的履约义务。

企业在进行判断时，可以假定在企业履约的过程中更换为其他企业继续履行剩余履约义务，如果该继续履行合同的企业实质上无须重新执行企业累计至今已经完成的工作，则表明客户在企业履约的同时即取得并消耗了企业履约所带来的经济利益。

2.客户能够控制企业履约过程中在建的商品。（边建造边转移）

企业在履约过程中创建的商品包括在产品、在建工程、尚未完成的研发项目、正在进行的服务等，如果客户在企业创建该商品的过程中就能够控制这些商品，应当认为企业提供该商品履约义务属于在某一时段内履行的履约义务。

【典例研习·5-12】

企业与客户签订合同，在客户拥有的土地上按照客户的设计要求为其建造厂房。在建造过程中客户有权修改厂房设计,并与企业重新协商设计变更后的合同价款。客户每月末按当月工程进度向企业支付工程款。如果客户终止合同,已完成建造部分的厂房归客户所有。

‖ 斯尔解析 ‖ 企业为客户建造厂房,该厂房位于客户的土地上,客户终止合同时,已建造的厂房归客户所有。这些均表明客户在该厂房建造的过程中就能够控制该在建的厂房。因此,企业提供的该建造服务属于在某一时段内履行的履约义务,企业应当在提供该服务的期间内确认收入。

3.企业履约过程中所产出的商品具有不可替代用途,且该企业在整个合同期间内有权就累计至今已完成的履约部分收取款项。(私人订制+合格收款权)

收取款项,企业有权就累计至今已完成的履约部分收取能够补偿其已发生成本和合理利润的款项,并且该权利具有法律约束力。

【典例研习·5-13】

甲公司是一家造船企业,与乙公司签订了一份船舶建造合同,按照乙公司的具体要求设计和建造船舶。甲公司在自己的厂区内完成该船舶的建造,乙公司无法控制在建过程中的船舶。甲公司如果想把该船舶出售给其他客户,需要发生重大的改造成本。双方约定,如果乙公司单方面解约,乙公司需向甲公司支付相当于合同总价30%的违约金,且建造中的船舶归甲公司所有。假定该合同仅包含一项履约义务,即设计和建造船舶。

‖ 斯尔解析 ‖ 船舶是按照乙公司的具体要求进行设计和建造的,甲公司需要发生重大的改造成本将该船舶改造之后才能将其出售给其他客户,因此,该船舶具有不可替代用途。然而,如果乙公司单方面解约,仅需向甲公司支付相当于合同总价30%的违约金,表明甲公司无法在整个合同期间内都有权就累计至今已完成的履约部分收取能够补偿其已发生成本和合理利润的款项。因此,甲公司为乙公司设计和建造船舶不属于在某一时段内履行的履约义务。

【典例研习·5-14】

甲公司与客户订立一项提供咨询服务的合同,服务的结果为甲公司向客户提供的专业意见。该专业意见与该客户的特有的事实和情况相关。如果客户基于并非甲公司未能按承诺履约之外的其他原因终止该咨询合同,合同要求客户按甲公司已发生的成本加上15%的毛利对甲公司作出补偿。该15%的毛利率近似于甲公司从类似合同赚取的毛利率。

‖ 斯尔解析 ‖

(1)如果甲公司未能履行其义务且客户聘请另一家咨询公司提供意见,则另一家咨询公司将需要在实质上重新执行甲公司迄今为止已完成的工作。专业意见的性质使得客户只有在收到专业意见后才能取得甲公司履约所提供的利益。因此,本例不满足在一段时间内确认收入的情形1。

(2)专业意见与客户的特定事实和情况相关,因此,甲公司轻易地将该成果用于另一客户的能力受到实际限制,即甲公司所形成的专业意见具有不可替代用途;此外,甲公司具有就迄今为止已完成的履约部分获得按已发生成本加上合理毛利率的付款的可执行权利。因此,本例满足在一段时间内确认收入的情形3。

【典例研习·5-15】

甲公司为增值税一般纳税人,装修服务适用增值税税率为9%。2×21年12月1日,甲公司与乙公司签订一项为期3个月的装修合同，合同约定装修价款为500 000元，增值税税额为45 000元，装修费用每月末按完工进度支付。2×21年12月31日，经专业测量师测量后，确定该项劳务的履约进度为25%；乙公司按完工进度支付价款及相应的增值税款。截至2×21年12月31日，甲公司为完成该合同累计发生劳务成本100 000元（假定均为装修人员薪酬），估计还将发生劳务成本300 000元。

假定该业务属于甲公司的主营业务，全部由其自行完成；该装修服务构成单项履约义务，并属于在某一时段内履行的履约义务；甲公司按照实际测量的完工进度确定履约进度。甲公司应编制如下会计分录：

（1）实际发生劳务成本100 000元：

借：合同履约成本　　　　　　　　　　　　　　　　　100 000
　　贷：应付职工薪酬　　　　　　　　　　　　　　　　　　　100 000

（2）2×21年12月31日确认劳务收入并结转劳务成本

2×21年12月31日确认的劳务收入=500 000×25%−0=125 000（元）

借：银行存款　　　　　　　　　　　　　　　　　　　136 250
　　贷：主营业务收入　　　　　　　　　　　　　　　　　　　125 000
　　　　应交税费——应交增值税（销项税额）　　　　　　　　11 250

借：主营业务成本　　　　　　　　　　　　　　　　　100 000
　　贷：合同履约成本　　　　　　　　　　　　　　　　　　　100 000

2×22年1月31日，经专业测量师测量后，确定该项劳务的履约进度为70%；乙公司按履约进度支付价款的同时支付对应的增值税款。2×22年1月，为完成该合同发生劳务成本180 000元（假定均为装修人员薪酬），为完成该合同估计还将发生劳务成本120 000元。甲公司应编制如下会计分录：

（1）实际发生劳务成本180 000元

借：合同履约成本　　　　　　　　　　　　　　　　　180 000
　　贷：应付职工薪酬　　　　　　　　　　　　　　　　　　　180 000

（2）2×22年1月31日确认劳务收入并结转劳务成本：

2×22年1月31日确认的劳务收入=500 000×70%−125 000=225 000（元）

借：银行存款　　　　　　　　　　　　　　　　　　　245 250
　　贷：主营业务收入　　　　　　　　　　　　　　　　　　　225 000
　　　　应交税费——应交增值税（销项税额）　　　　　　　　20 250

借：主营业务成本　　　　　　　　　　　　　　　　　180 000
　　贷：合同履约成本　　　　　　　　　　　　　　　　　　　180 000

2×22年2月28日，装修完工；乙公司验收合格，按履约进度支付价款的同时支付对应的增值税款。2×22年2月，为完成该合同发生劳务成本120 000元（假定均为装修人员薪酬）。甲公司应编制如下会计分录：

（1）实际发生劳务成本120 000元：

借：合同履约成本　　　　　　　　　　　　　　　　　120 000
　　贷：应付职工薪酬　　　　　　　　　　　　　　　　　　　120 000

（2）2×22年2月28日确认劳务收入并结转劳务成本：

2×22年2月28日确认的劳务收入=500 000-125 000-225 000=150 000（元）

借：银行存款　　　　　　　　　　　　　　　　　　163 500
　　贷：主营业务收入　　　　　　　　　　　　　　　　　　150 000
　　　　应交税费——应交增值税（销项税额）　　　　　　　 13 500
借：主营业务成本　　　　　　　　　　　　　　　　120 000
　　贷：合同履约成本　　　　　　　　　　　　　　　　　　120 000

【典例研习·5-16】

甲公司经营一家健身俱乐部。2×21年7月1日，某客户与甲公司签订合同，成为甲公司的会员，并向甲公司支付会员费3 600元（不含税价），可在未来的12个月内在该俱乐部健身，且没有次数的限制。该业务适用的增值税税率为6%。

‖斯尔解析‖ 客户在会籍期间可随时来俱乐部健身，且没有次数限制，客户已使用俱乐部健身的次数不会影响其未来继续使用的次数，甲公司在该合同下的履约义务是承诺随时准备在客户需要时为其提供健身服务，因此，该履约义务属于在某一时段内履行的履约义务，并且该履约义务在会员的会籍期间内随时间的流逝而被履行。因此，甲公司按照直线法确认收入，每月应当确认的收入为300元（3 600÷12）。

甲公司应编制如下会计分录：

（1）2×21年7月1日收到会员费时：

借：银行存款　　　　　　　　　　　　　　　　　　　3 600
　　贷：合同负债　　　　　　　　　　　　　　　　　　　　 3 600

客户签订合同时支付了合同对价，可在未来的12个月内在该俱乐部进行健身消费，且没有次数的限制。企业在向客户转让商品之前已经产生一项负债，即合同负债。

（2）2×21年7月31日确认收入，开具增值税专用发票并收到税款时：

借：合同负债　　　　　　　　　　　　　　　　　　　　300
　　银行存款　　　　　　　　　　　　　　　　　　　　　18
　　贷：主营业务收入　　　　　　　　　　　　　　　　　　　300
　　　　应交税费——应交增值税（销项税额）　　　　　　　　 18

2×21年8月至2×22年6月，每月确认收入同上。

【典例研习·5-17】（2020年多选题改编）

某公司经营一家健身俱乐部。2019年1月1日，与客户签订合同，并收取客户会员费6 000元。客户可在未来12个月内享受健身服务，且没有次数限制。不考虑其他因素，下列各项中，该公司相关会计处理表述正确的有（　　）。

A.1月1日收到会费确认合同负债6 000元

B.1月1日收到会费确认预计负债6 000元

C.1月31日确认主营业务收入的金额为500元

D.1月31日确认主营业务收入的金额为6 000元

‖斯尔解析‖ AC 该业务属于在某一时段内履行的履约义务，在收到会员费时应作为合同负债，会计分录为：

借：银行存款　　　　　　　　　　　　　　　　　　　6 000
　　贷：合同负债　　　　　　　　　　　　　　　　　　　　6 000
1月31日按月确认主营业务收入时：
借：合同负债　　　　　　　　　　　　　　　　　　　　500
　　贷：主营业务收入　　　　　　　　　　　　　　（6000/12）500

【典例研习·5-18】（2020年判断题）

对于在某一时段内履行的履约义务，当履约进度不能合理确定时，即使企业已经发生的成本预计能够得到补偿，也不应确认收入。（　　）

‖斯尔解析‖　✗　当履约进度不能合理确定时，企业已经发生的成本预计能够得到补偿，应当按照已经发生的成本金额确认收入，直到履约进度能够合理确定为止。

（二）在某一时点履行履约义务确认收入

对于在某一时点履行的履约义务，企业应当在客户取得相关商品控制权时点确认收入。

1.在判断客户是否已取得商品控制权时，企业应当考虑下列迹象：

（1）企业就该商品享有现时收款权利，即客户就该商品负有现时付款义务。如果企业就该商品享有现时的收款权利，则可能表明客户已经有能力主导该商品的使用并从中获得几乎全部的经济利益。

（2）企业已将该商品的法定所有权转移给客户，即客户已拥有该商品的法定所有权。客户如果取得了商品的法定所有权，则可能表明其已经有能力主导该商品的使用并从中获得几乎全部的经济利益，或者能够阻止其他企业获得这些经济利益。

（3）企业已将该商品实物转移给客户，即客户已实物占有该商品，客户如果已经实物占有商品，则可能表明其有能力主导该商品的使用并从中获得其几乎全部的经济利益，或者使其他企业无法获得这些利益。

客户占有了某项商品的实物并不意味着其就一定取得了该商品的控制权，反之亦然。例如，采用交付手续费方式的委托代销安排。

【典例研习·5-19】

甲公司与乙公司均为增值税一般纳税人。2×21年6月3日，甲公司与乙公司签订委托代销合同，甲公司委托乙公司销售W商品1 000件，W商品已经发出，每件商品成本为70元。合同约定乙公司应按每件100元对外销售，甲公司按不含增值税的销售价格的10%向乙公司支付手续费。除非这些商品在乙公司存放期间内由于乙公司的责任发生毁损或丢失，否则在W商品对外销售之前，乙公司没有义务向甲公司支付货款。乙公司不承担包销责任，没有售出的W商品须退回给甲公司，同时，甲公司也有权要求收回W商品或将其销售给其他的客户。至2×21年6月30日，乙公司实际对外销售100件，开出的增值税专用发票上注明的销售价款为10 000元，增值税税额为1 300元。

‖斯尔解析‖　甲公司将W商品发送至乙公司后，乙公司虽然已经承担W商品的实物保管责任，但仅为接受甲公司的委托销售W商品，并根据实际销售的数量赚取一定比例的手续费。甲公司有权要求收回W商品或将其销售给其他的客户，乙公司并不能主导这些商品的销售，这些商品对外销售与否、是否获利以及获利多少等不由乙公司控制，乙公司没有取得这些商品的控制权。因此，甲公司将W商品发送至乙公司时，不应确认收入，而应当在乙公司将W商品销售给最终客户时确认收入。

（1）2×21年6月10日，甲公司按合同约定发出商品时，应编制如下会计分录：

借：发出商品——乙公司　　　　　　　　　　　　　　70 000
　　贷：库存商品——W商品　　　　　　　　　　　　　　　　70 000

（2）2×21年6月30日，甲公司收到乙公司开具代销清单时，应编制如下会计分录：

借：应收账款　　　　　　　　　　　　　　　　　　　11 300
　　贷：主营业务收入　　　　　　　　　　　　　　　　　　10 000
　　　　应交税费——应交增值税（销项税额）　　　　　　　1 300
借：主营业务成本　　　　　　　　　　　　　　　　　　7 000
　　贷：发出商品　　　　　　　　　　　　　　　　　　　　7 000
借：销售费用　　　　　　　　　　　　　　　　　　　　1 000
　　应交税费——应交增值税（进项税额）　　　　　　　　60
　　贷：应收账款　　　　　　　　　　　　　　　　　　　　1 060

（3）收到乙公司支付的货款时：

借：银行存款　　　　　　　　　　　　　　　　　　　10 240
　　贷：应收账款　　　　　　　　　　　　　　　　　　　　10 240

（4）企业已将该商品所有权上的主要风险和报酬转移给客户，即客户已取得该商品所有权上的主要风险和报酬。

（5）客户已接受该商品。

（6）其他表明客户已取得商品控制权的迹象。

【典例研习·5-20】（2018年单选题改编）

甲公司为增值税一般纳税人。2017年12月1日，与乙公司签订了一项为期6个月的咨询合同，合同不含税总价款为60 000元，当日收到总价款的50%，增值税税额为1 800元。截至年末，甲公司累计发生劳务成本6 000元，估计还将发生劳务成本34 000元，甲公司履约进度按照已发生的成本占估计总成本的比例确定。不考虑其他因素，2017年12月31日，甲公司应确认该项劳务的收入为（　　）元。

A.9 000　　　　B.30 000　　　　C.6 000　　　　D.40 000

‖斯尔解析‖　A　履约进度按照已发生的成本占估计总成本的比例确定履约进度=6 000÷（6 000+34 000）×100%=15%，所以应确认的收入=60 000×15%=9 000（元）。

2.一般销售商品业务收入的账务处理

借：银行存款等
　　贷：主营业务收入
　　　　应交税费——应交增值税（销项税额）
借：主营业务成本
　　贷：库存商品等

【典例研习·5-21】

甲公司向乙公司销售商品一批，开具的增值税专用发票上注明售价为400 000元，增值税税额为52 000元；甲公司收到乙公司开出的不带息银行承兑汇票一张，票面金额为

452 000元，期限为2个月；甲公司以银行存款支付代垫运费，增值税专用发票上注明运输费2 000元，增值税税额为180元，所垫运费尚未收到；该批商品成本为320 000元；乙公司收到商品并验收入库。

‖斯尔解析‖ 本例中甲公司已经收到乙公司开出的不带息银行承兑汇票，客户乙公司收到商品并验收入库，因此，销售商品为单项履约义务且属于在某一时点履行的履约义务。甲公司应编制如下会计分录：

确认收入时：
借：应收票据　　　　　　　　　　　　　　　　　452 000
　　贷：主营业务收入　　　　　　　　　　　　　　　　　　400 000
　　　　应交税费——应交增值税（销项税额）　　　　　　　52 000

结转成本时：
借：主营业务成本　　　　　　　　　　　　　　　320 000
　　贷：库存商品　　　　　　　　　　　　　　　　　　　　320 000

代垫运费时：
借：应收账款　　　　　　　　　　　　　　　　　2 180
　　贷：银行存款　　　　　　　　　　　　　　　　　　　　2 180

3.已经发出商品但不能确认收入的账务处理
借：发出商品
　　贷：库存商品

发生增值税纳税义务时：
借：应收账款
　　贷：应交税费——应交增值税（销项税额）

待符合收入确认条件时按一般销售确认收入即可。

【典例研习·5-22】（2016年多选题）

某企业销售一批商品，该商品已发出且纳税义务已发生，由于货款收回存在较大不确定性，不符合收入确认条件。下列各项中，关于该笔销售业务会计处理表述正确的有（　　）。

A.发出商品的同时结转其销售成本
B.根据增值税专用发票上注明的税额确认应收账款
C.根据增值税专用发票上注明的税额确认应交税费
D.将发出商品的成本记入"发出商品"科目

‖斯尔解析‖ BCD　由于货款收回存在较大的不确定性，不符合收入确认条件，所以不能确认收入及结转成本，选项A错误；发出商品时，应借记"发出商品"科目，贷记"库存商品"科目，选项D正确；纳税义务发生，应借记"应收账款"科目，贷记"应交税费——应交增值税（销项税额）"科目，选项B正确，选项C正确。

4.商业折扣、现金折扣和销售退回的账务处理

（1）商业折扣

商业折扣是指企业为促进商品销售而给予的价格扣除。其本质影响的是收入"五步法"的第三步，确定交易价格。

(2)现金折扣

现金折扣是指债权人为鼓励债务人在规定的期限内付款而向债务人提供的债务扣除。

> **【原理详解】** 现金折扣发生在商品销售之后,是否发生以及发生多少要视客户的付款情况而定,企业在确认销售商品收入时不能确定现金折扣金额。因此,企业销售商品涉及现金折扣的,应当按照扣除现金折扣前的金额确定销售商品收入金额。现金折扣实际上是企业为了尽快回笼资金而发生的理财费用,应在实际发生时计入当期财务费用。以上为初级教材观点。

(3)销售退回

销售退回是指企业因售出商品在质量、规格等方面不符合销售合同规定条款的要求,客户要求企业予以退货。企业销售商品发生退货,表明企业履约义务的减少和客户商品控制权及其相关经济利益的丧失。

借:主营业务收入
　　应交税费——应交增值税(销项税额)
　贷:应收账款等

借:库存商品
　贷:主营业务成本

【典例研习·5-23】

甲公司2×21年5月20日销售A商品一批,增值税专用发票上注明售价为350 000元,增值税税额为45 500元,该批商品成本为182 000元。A商品于2×21年5月20日发出,客户于5月27日付款。该项业务属于在某一时点履行的履约义务并确认销售收入。2×21年9月16日,该商品质量出现严重问题,客户将该批商品全部退回给甲公司。甲公司同意退货,于退货当日支付了退货款,并按规定向客户开具了增值税专用发票(红字)。假定不考虑其他因素。

‖斯尔解析‖ 甲公司应编制如下会计分录:

(1)2×21年5月20日确认收入时:

借:应收账款　　　　　　　　　　　　　　395 500
　贷:主营业务收入　　　　　　　　　　　　　　　350 000
　　　应交税费——应交增值税(销项税额)　　　　45 500

借:主营业务成本　　　　　　　　　　　　182 000
　贷:库存商品　　　　　　　　　　　　　　　　　182 000

(2)2×21年5月27日收到货款时:

借:银行存款　　　　　　　　　　　　　　395 500
　贷:应收账款　　　　　　　　　　　　　　　　　395 500

(3)2×21年9月16日销售退回时:

借:主营业务收入　　　　　　　　　　　　350 000
　　应交税费——应交增值税(销项税额)　　45 500
　贷:银行存款　　　　　　　　　　　　　　　　　395 500

借：库存商品　　　　　　　　　　　　　　　　　　　182 000
　　贷：主营业务成本　　　　　　　　　　　　　　　　　　　182 000

5.销售材料等存货的账务处理

企业在日常活动中会发生对外销售不需用的原材料、随同商品对外销售单独计价的包装物等业务。

借：银行存款等
　　贷：其他业务收入
　　　　应交税费——应交增值税（销项税额）
借：其他业务成本
　　贷：原材料等

【典例研习·5-24】（2014年多选题改编）

下列各项中，应计入工业企业其他业务收入的有（　　）。
A.出售原材料取得的收入
B.随同商品出售且单独计价的包装物取得的收入
C.股权投资取得的现金股利收入
D.固定资产处置收入

‖斯尔解析‖　【AB】　工业企业的股权投资取得的现金股利收入应该计入投资收益核算，选项C错误；固定资产处置收益计入"资产处置损益"，选项D错误。

考点5　合同成本（★★）

企业在与客户之间建立合同关系过程中发生的成本主要有合同取得成本和合同履约成本。

（一）合同取得成本

企业为取得合同发生的增量成本预期能够收回的，应当作为合同取得成本确认为一项资产。

增量成本，是指企业不取得合同就不会发生的成本，例如销售佣金等。企业取得合同发生的增量成本已经确认为资产的，应当采用与该资产相关的商品收入确认相同的基础进行摊销，计入当期损益。该资产摊销期限不超过一年的，可以在发生时计入当期损益。

企业为取得合同发生的、除预期能够收回的增量成本之外的其他支出。例如，无论是否取得合同均会发生的差旅费、投标费、为准备投标资料发生的相关费用等，应当在发生时计入当期损益，除非这些支出明确由客户承担。

企业因现有合同续约或发生合同变更需要支付的额外佣金，也属于为取得合同发生的增量成本。

【典例研习·5-25】

甲公司是一家咨询公司，通过竞标赢得一个服务期为5年的客户，该客户每年末支付含税咨询费1 908 000元。为取得与该客户的合同，甲公司聘请外部律师进行尽职调查支付相关费用15 000元，为投标而发生的差旅费10 000元，支付销售人员佣金50 000元。甲公司预期这些支出未来均能够收回。此外，甲公司根据其年度销售目标、整体盈利情况及个人业绩等，向销售部门经理支付年度奖金10 000元。

‖斯尔解析‖ 甲公司因签订该客户合同而向销售人员支付的佣金属于取得合同发生的增量成本，应当将其作为合同取得成本确认为一项资产；甲公司聘请外部律师进行尽职调查发生的支出、为投标发生的差旅费以及向销售部门经理支付的年度奖金（不能直接归属于可识别的合同）不属于增量成本，应当于发生时直接计入当期损益。

甲公司应编制如下会计分录：

（1）支付相关费用：

借：合同取得成本　　　　　　　　　　　　　　　　　　50 000
　　管理费用　　　　　　　　　　　　　　　　　　　　25 000
　　销售费用　　　　　　　　　　　　　　　　　　　　10 000
　　贷：银行存款　　　　　　　　　　　　　　　　　　　　　85 000

（2）每月确认服务收入，摊销销售佣金：

服务收入=1 908 000÷（1+6%）÷12=150 000（元）

销售佣金摊销额=50 000÷5÷12=833.33（元）

借：应收账款　　　　　　　　　　　　　　　　　　　159 000
　　销售费用　　　　　　　　　　　　　　　　　　　　　833.33
　　贷：合同取得成本　　　　　　　　　　　　　　　　　　　833.33
　　　　主营业务收入　　　　　　　　　　　　　　　　　150 000
　　　　应交税费——应交增值税（销项税额）　　　　　　　9 000

（二）合同履约成本

1.合同履约成本的确认条件

同时满足下列条件的，应当作为合同履约成本确认为一项资产：

（1）该成本与一份当前或预期取得的合同直接相关。

包括直接人工、直接材料、制造费用或类似费用（如与组织和管理生产、施工、服务等活动发生的费用等）、明确由客户承担的成本以及仅因该合同而发生的其他成本（如支付给分包商的成本、机械使用费、设计和技术援助费用、施工现场二次搬运费、生产工具和用具使用费、检验试验费、工程定位复测费、工程点交费用、场地清理费等）。

（2）该成本增加了企业未来用于履行（或持续履行）履约义务的资源。

（3）该成本预期能够收回。

借：合同履约成本

　　贷：原材料、应付职工薪酬、银行存款等

借：主营业务成本

　　贷：合同履约成本

2.计入当期损益的支出

企业应当在下列支出发生时，将其计入当期损益：

（1）管理费用，除非这些费用明确由客户承担；

（2）非正常消耗的直接材料、直接人工和制造费用（或类似费用），这些支出为履行合同发生，但未反映在合同价格中；

（3）与履约义务中已履行（包括已全部履行或部分履行）部分相关的支出，即该支出与企业过去的履约活动相关；

（4）无法在尚未履行的与已履行（或已部分履行）的履约义务之间区分的相关支出。

‖典例研习‖·5-26（2020年单选题）

甲公司为一家咨询服务提供商，签订一份向新客户提供咨询服务的合同。甲公司为取得合同而发生的成本如下：（1）尽职调查的外部律师费7万元；（2）提交标书的差旅费8万元（客户不承担）；（3）销售人员佣金4万元。假定不考虑其他因素，甲公司应确认的合同取得成本是（　　）万元。

A.12　　　　　　B.15　　　　　　C.4　　　　　　D.19

‖斯尔解析‖ C　尽职调查的律师费和提交标书的差旅费在实际发生时计入管理费用；销售人员佣金属于预期未来能够收回的增量成本，应作为合同取得成本确认为一项资产，所以应确认的合同取得成本为4万元。

‖典例研习‖·5-27

甲公司经营一家酒店，该酒店是甲公司的自有资产。2×21年12月甲公司计提与酒店经营直接相关的酒店、客房以及客房内的设备家具等折旧120 000元、酒店土地使用权摊销费用65 000元。经计算，当月确认房费、餐饮等服务含税收入424 000元，全部存入银行。

‖斯尔解析‖　甲公司经营酒店主要是通过提供客房服务赚取收入，而客房服务的提供直接依赖于酒店物业（包含土地）以及家具等相关资产，这些资产折旧和摊销属于甲公司为履行与客户的合同而发生的合同履约成本。已确认的合同履约成本在收入确认时予以摊销，计入营业成本。甲公司应编制如下会计分录：

（1）确认资产的折旧费、摊销费：

借：合同履约成本　　　　　　　　　　　　　　　　185 000
　　贷：累计折旧　　　　　　　　　　　　　　　　　　　120 000
　　　　累计摊销　　　　　　　　　　　　　　　　　　　 65 000

（2）12月确认酒店服务收入并摊销合同履约成本：

借：银行存款　　　　　　　　　　　　　　　　　　424 000
　　贷：主营业务收入　　　　　　　　　　　　　　　　　400 000
　　　　应交税费——应交增值税（销项税额）　　　　　　 24 000
借：主营业务成本　　　　　　　　　　　　　　　　185 000
　　贷：合同履约成本　　　　　　　　　　　　　　　　　185 000

第二部分　费　用

考点1　费用概述（★）

费用是指企业在日常活动中发生的、会导致所有者权益减少的、与向所有者分配利润无关的经济利益的总流出。

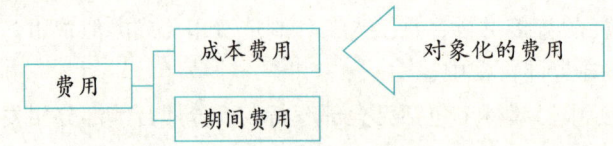

企业向所有者分配利润也会导致经济利益的流出，而该经济利益的流出属于投资者投资的回报分配，是所有者权益的直接抵减项目，不应确认为费用。

【典例研习·5-28】（模拟多选题）

下列会计科目中，符合费用定义的有（　　）。

A.管理费用　　　　　　　　　B.主营业务成本

C.生产成本　　　　　　　　　D.营业外支出

‖斯尔解析‖ ABC 费用是企业在日常活动中发生的、会导致所有者权益减少的、与向所有者分配利润无关的经济利益的总流出，选项A，属于期间费用，选项B和C，属于成本费用；营业外支出不是日常活动中发生的，所以不符合费用定义。

【典例研习·5-29】（模拟多选题）

下列各项中，关于费用的说法正确的有（　　）。

A.所有导致所有者权益减少的均为费用

B.费用是企业日常活动中形成的

C.费用导致的经济利益总流出，与向所有者分配利润无关

D.企业在筹建期间发生的支出不属于费用

‖斯尔解析‖ BC 选项A，损失也会导致企业所有者权益减少，但不符合费用定义，不属于日常活动；选项D，企业筹建期间发生的不符合资本化条件的支出应当计入管理费用。

考点2　营业成本（★★）

营业成本是指企业为生产产品、提供劳务等发生的可归属于产品成本、服务成本等的费用，应当在确认收入时，将已销售商品、已提供服务的成本等计入当期损益。营业成本包括主营业务成本和其他业务成本。

（一）主营业务成本

主营业务成本是指企业销售商品、提供劳务等经常性活动所发生的成本。企业一般在确认销售商品、提供劳务等主营业务收入时，或在月末，将已销售商品、已提供劳务的成本转入主营业务成本。

借：主营业务成本
　　存货跌价准备
　　贷：库存商品、合同履约成本等

期末，应将"主营业务成本"科目余额转入"本年利润"科目，借记"本年利润"科目，贷记"主营业务成本"科目，结转后本科目无余额。

【典例研习·5-30】（2018年多选题）

下列各项中应列入利润表"营业成本"项目的有（　　）。

A.随同商品出售不单独计价的包装物成本

B.商品流通企业销售外购商品的成本

C.随同商品出售单独计价的包装物成本

D.销售材料的成本

‖斯尔解析‖ BCD 营业成本包括主营业务成本和其他业务成本。选项A随同商品出售不单独计价的包装物，应按其实际成本计入销售费用；选项B计入主营业务成本；选项

C和D计入其他业务成本。

（二）其他业务成本

其他业务成本是指企业确认的除主营业务活动以外的其他日常经营活动所发生的支出。其他业务成本包括销售材料的成本、出租固定资产的折旧额、出租无形资产的摊销额、出租包装物的成本或摊销额等。采用成本模式计量投资性房地产的，其投资性房地产计提的折旧额或摊销额，也构成其他业务成本。

借：其他业务成本
　　贷：原材料、周转材料、累计折旧、累计摊销、应付职工薪酬、银行存款等

期末，本科目的余额转入"本年利润"科目，结转后本科目无余额。

【典例研习·5-31】（2018年单选题）

下列各项中，制造业企业应计入其他业务成本的是（　　）。

A.经营性出租固定资产的折旧费　　B.存货盘亏净损失
C.台风造成的财产净损失　　　　　D.公益性捐赠支出

‖斯尔解析‖ 〔A〕　选项B，管理不善导致的存货盘亏净损失计入管理费用，自然灾害等原因导致的存货盘亏计入营业外支出；选项C和D计入营业外支出。

【典例研习·5-32】（2017年多选题）

下列各项中，应计入工业企业其他业务成本的有（　　）。

A.结转销售原材料的成本
B.结转销售商品的成本
C.计提以成本模式计量的投资性房地产的折旧额
D.结转随同产品出售单独计价的包装物成本

‖斯尔解析‖ 〔ACD〕　选项B，结转销售商品的成本计入主营业务成本。

【典例研习·5-33】（模拟多选题）

下列各项中，工业企业应计入其他业务成本的有（　　）。

A.销售材料的成本　　　　　　　B.结转出售单独计价包装物的成本
C.出租包装物的成本　　　　　　D.自用固定资产计提的折旧

‖斯尔解析‖ 〔ABC〕　选项D，自用固定资产折旧根据受益对象可以是"制造费用""管理费用"等。

考点3　税金及附加（★★）

税金及附加是指企业经营活动应负担的相关税费，包括消费税、城市维护建设税、教育费附加、资源税、房产税、车船税、城镇土地使用税、印花税等。

企业应通过"税金及附加"科目，核算企业经营活动相关税费的发生和结转情况。该科目借方登记企业经营业务发生的各项税费，贷方登记期末转入本年利润的税费，结转后该科目应无余额。

房地产开发企业销售商品房交纳的土地增值税记入"税金及附加"科目中，其他企业销售作为固定资产核算的不动产出售交纳的土地增值税记入"固定资产清理"科目中，最终影响资产处置损益。

1.计算应交消费税、城市维护建设税、教育费附加、资源税、房产税、车船税、城镇

土地使用税等。

借：税金及附加
　　贷：应交税费

印花税不通过"应交税费"科目核算，交纳时应借记"税金及附加"科目，贷记"银行存款"等科目。

2.期末结转到本年利润。

借：本年利润
　　贷：税金及附加

【典例研习·5-34】（2020年单选题）

某企业2019年相关税费的发生额如下：增值税的销项税额为500万元，进项税额为450万元，销售应税消费品的消费税为50万元，城市维护建设税为7万元，教育费附加为3万元。不考虑其他因素，该企业2019年"税金及附加"科目借方累计发生额为（　　）万元。

A.60　　　　　　B.110　　　　　　C.10　　　　　　D.50

‖斯尔解析‖ [A]　增值税属于价外税，不计入"税金及附加"，计入"税金及附加"的金额=50+7+3=60（万元）。

【典例研习·5-35】（2019年单选题）

2018年12月，某企业当月实际应交增值税15万元，经营用房屋应交房产税5万元，应交城市维护建设税1.05万元，应交教育费附加0.45万元。不考虑其他因素，该企业当月计入"税金及附加"科目的金额为（　　）万元。

A.21.5　　　　　　B.16.5　　　　　　C.1.5　　　　　　D.6.5

‖斯尔解析‖ [D]　企业当月计入"税金及附加"科目的金额=5+1.05+0.45=6.5（万元）。

【典例研习·5-36】（2018年单选题）

某企业生产资源税应税项目产品用于销售，应交资源税借记（　　）。

A.管理费用　　　B.营业外支出　　　C.税金及附加　　　D.生产成本

‖斯尔解析‖ [C]　借记"税金及附加"科目，贷记"应交税费——应交资源税"科目。

【典例研习·5-37】（模拟单选题）

2021年5月，甲公司销售商品实际应交增值税38万元，应交消费税35万元，转让办公楼交纳的土地增值税为15万元；适用的城市维护建设税税率为7%，教育费附加为3%。假定不考虑其他因素，甲公司当月应列入利润表"税金及附加"项目的金额为（　　）万元。

A.7.3　　　　　　B.38.5　　　　　　C.42.3　　　　　　D.80.3

‖斯尔解析‖ [C]　利润表"税金及附加"项目的金额=35+（38+35）×（7%+3%）=42.3（万元）。

‖陷阱提示‖ 增值税是计算城市维护建设税和教育费附加的基础，但其属于价外税，不计入"税金及附加"。

【典例研习·5-38】（2020年多选题）

下列各项中，关于企业确认相关税费会计处理表述正确的有（　　）。

A.确认应交城镇土地使用税，借记"管理费用"科目

B.确认应交城市维护建设税，借记"税金及附加"科目
C.确认应交教育费附加，借记"税金及附加"科目
D.确认应交车船税，借记"管理费用"科目

‖斯尔解析‖ BC 选项A和D均计入"税金及附加"科目。

【典例研习·5-39】（2014年多选题）
下列各项中，应列入利润表中"税金及附加"项目的有（　　）。
A.销售应税矿产品计提的应交资源税
B.经营活动中计提的应交教育费附加
C.经营活动中计提的应交城市维护建设税
D.销售应税消费品计提的应交消费税

‖斯尔解析‖ ABCD 税金及附加是指企业经营活动应负担的相关税费，包括消费税、城市维护建设税、教育费附加、资源税、房产税、车船税、城镇土地使用税、印花税等，以上四个选项均正确。

【典例研习·5-40】（模拟多选题）
下列各项中，应计入税金及附加的有（　　）。
A.购置小汽车交纳的车辆购置税　　B.销售存货应交的增值税
C.销售应税矿产品的资源税　　　　D.销售应税消费品应交的消费税

‖斯尔解析‖ CD 税金及附加科目核算企业经营活动中发生的消费税、城市维护建设税、资源税、房产税、车船税、城镇土地使用税、印花税和教育费附加等相关税费；选项A，购置小汽车缴纳的车辆购置税计入固定资产成本中；选项B，增值税是价外税，不通过"税金及附加"科目核算。

考点4　期间费用（★★★）

（一）期间费用的概述

期间费用是指企业日常活动发生的不能计入特定核算对象的成本，而应计入发生当期损益的费用。期间费用包括销售费用、管理费用和财务费用。

（二）期间费用的账务处理

1.销售费用

销售费用是指企业销售商品和材料、提供劳务的过程中发生的各种费用，包括企业在销售商品过程中发生的保险费、包装费、展览费和广告费、商品维修费、预计产品质量保证损失、运输费、装卸费等以及为销售本企业商品而专设的销售机构（含销售网点、售后服务网点等）的职工薪酬、业务费、折旧费等经营费用。企业发生的与专设销售机构相关的固定资产修理费用等后续支出属于销售费用。

企业应通过"销售费用"科目，核算销售费用的发生和结转情况。该科目的借方登记企业所发生的各项销售费用，贷方登记期末转入"本年利润"科目的销售费用，结转后该科目应无余额。该科目应按销售费用的费用项目进行明细核算。

企业在销售商品过程中发生上述费用时，借记"销售费用"科目，贷记"库存现金""银行存款""应付职工薪酬""银行存款""累计折旧"等科目。期末，应将"销售费用"科目余额转入"本年利润"科目，借记"本年利润"科目，贷记"销售费用"科目，

结转后该科目应无余额。

【典例研习·5-41】（2019年单选题改编）

下列各项中，企业应计入销售费用的是（　　）。

A.随同商品出售单独计价的包装物成本　　B.预计产品质量保证损失

C.因产品质量原因给予客户的销售退回　　D.行政管理部门人员报销的差旅费

‖斯尔解析‖ B　选项A，计入其他业务成本；选项C，应当在发生时冲减当期销售商品收入；选项D，计入管理费用。

【典例研习·5-42】（2017年单选题）

下列各项中，企业应计入销售费用的是（　　）。

A.商标侵权案发生的诉讼费　　B.行政管理部门负担的工会经费

C.专设销售机构固定资产的管理费　　D.向中介机构支付的咨询费

‖斯尔解析‖ C　选项ABD均应计入管理费用。

【典例研习·5-43】（2019年多选题）

下列各项中，企业应计入销售费用的有（　　）。

A.随同商品销售不单独计价的包装物成本

B.销售过程中代客户垫付的运输费

C.预计产品质量保证损失

D.已售商品的成本

‖斯尔解析‖ AC　选项B，计入应收账款；选项D，计入主营业务成本。

【典例研习·5-44】（2017年多选题）

下列各项中，应计入销售费用的有（　　）。

A.预计产品质量保证损失

B.销售产品为购货方代垫的运费

C.结转随同产品出售不单独计价的包装物成本

D.专设销售机构固定资产折旧费

‖斯尔解析‖ ACD　选项B，销售商品为购货单位代垫的运费，计入应收账款核算。

【典例研习·5-45】（2014年判断题）

企业支付专设销售机构固定资产的日常修理费应计入管理费用。（　　）

‖斯尔解析‖ ×　企业支付专设销售机构固定资产的日常修理费应计入销售费用。

2.管理费用

管理费用是指企业为组织和管理生产经营发生的各种费用，包括企业在筹建期间内发生的开办费、董事会和行政管理部门在企业的经营管理中发生的以及应由企业统一负担的公司经费（包括行政管理部门职工薪酬、物料消耗、低值易耗品摊销、办公费和差旅费等）、行政管理部门负担的工会经费、董事会费（包括董事会成员津贴、会议费和差旅费等）、聘请中介机构费、咨询费（含顾问费）、诉讼费、业务招待费、技术转让费、研究费用等。

企业生产车间（部门）和行政管理部门发生的固定资产修理费用等后续支出，应在发生时计入管理费用。

企业应设置"管理费用"科目，核算管理费用的发生和结转情况。该科目的借方登记企业发生的各项管理费用，贷方登记期末转入"本年利润"科目的管理费用，结转后该科目应无余额。该科目应按管理费用的费用项目进行明细核算。

【典例研习·5-46】（2018年单选题）

下列各项中，应通过管理费用核算的是（　　）。

A.预计产品质量保证损失　　　　　　B.业务招待费

C.商品维修费　　　　　　　　　　　D.企业发生的现金折扣

‖斯尔解析‖ [B] 　管理费用包括企业在筹建期间内发生的开办费、董事会和行政管理部门在企业的经营管理中发生的以及应由企业统一负担的公司经费（包括行政管理部门职工薪酬、物料消耗、低值易耗品摊销、办公费和差旅费等）、行政管理部门负担的工会经费、董事会费（包括董事会成员津贴、会议费和差旅费等）、聘请中介机构费、咨询费（含顾问费）、诉讼费、业务招待费、技术转让费、研究费用、排污费等。企业生产车间（部门）和行政管理部门发生的固定资产修理费用等后续支出也作为管理费用核算。选项A和C，计入销售费用；选项D，计入财务费用。

【典例研习·5-47】（2017年单选题）

下列各项中，应计入企业管理费用的是（　　）。

A.收回应收账款发生的现金折扣　　　B.出售无形资产净损失

C.生产车间机器设备的折旧费　　　　D.生产车间发生的排污费

‖斯尔解析‖ [D] 　选项A，计入财务费用；选项B，计入资产处置损益；选项C，计入制造费用。

【典例研习·5-48】（2017年单选题）

下列各项中，企业不应计入管理费用的是（　　）。

A.年度财务报告的审计费用　　　　　B.董事会成员的津贴

C.专设销售机构的业务费　　　　　　D.筹建期间内发生的开办费

‖斯尔解析‖ [C] 　选项C，计入销售费用。

【典例研习·5-49】（2020年多选题）

下列各项中，应计入企业管理费用的有（　　）。

A.董事会成员的公务差旅费　　　　　B.聘请会计师事务所咨询费

C.行政管理部门的办公费　　　　　　D.计提销售商品预计产品质量保证损失

‖斯尔解析‖ [ABC] 　选项D，计入销售费用。

【典例研习·5-50】（2019年多选题）

下列各项中，应计入管理费用的有（　　）。

A.合同违约支付的诉讼费　　　　　　B.专设销售机构发生的计算机维修费用

C.聘请会计师事务所支付的审计费　　D.筹建期间发生的开办费

‖斯尔解析‖ [ACD] 　选项B，计入销售费用。

【典例研习·5-51】（2017年多选题）

下列各项中，资产的净损失报经批准应计入管理费用的有（　　）。

A.火灾事故造成的库存商品毁损　　　B.自然灾害造成的包装物毁损

C.属于一般经营损失的原材料毁损　　D.无法查明原因的现金短缺

‖斯尔解析‖ ACD　选项B,自然灾害造成的包装物毁损计入营业外支出。

【典例研习·5-52】（2015年多选题）

下列各项中,应通过"管理费用"科目核算的有（　　）。

A.支付的企业年度财务报告审计费　　B.支付的排污费

C.支付的广告费　　D.发生的罚款支出

‖斯尔解析‖ AB　选项C,支付的广告费计入销售费用；选项D,发生的罚款支出计入营业外支出；支付的年度财务报告审计费和排污费计入管理费用,选项A和B正确。

3.财务费用

财务费用是指企业为筹集生产经营所需资金等而发生的筹资费用,包括利息支出（减利息收入）、汇兑损益以及相关的手续费、企业发生或收到的现金折扣等。

企业应通过"财务费用"科目,核算财务费用的发生和结转情况。该科目的借方登记企业发生的各项财务费用,贷方登记期末转入"本年利润"科目的财务费用,结转后该科目应无余额。该科目应按财务费用的费用项目进行明细核算。

企业发生的各项财务费用,借记"财务费用"科目,贷记"银行存款""应收账款"等科目；企业发生的应冲减财务费用的利息收入、汇兑差额等,借记"银行存款""应付账款"等科目,贷记"财务费用"科目。期末,应将"财务费用"科目余额转入"本年利润"科目,借记"本年利润"科目,贷记"财务费用"科目,结转后该科目无余额。

【典例研习·5-53】（2018年单选题改编）

下列各项中,不属于"财务费用"科目核算内容的是（　　）。

A.短期借款利息支出　　B.收取银行存款利息

C.办理银行承兑汇票支付的手续费　　D.财务部门发生的业务招待费

‖斯尔解析‖ D　财务费用是指企业为筹集生产经营所需资金等而发生的筹资费用,包括利息支出（减利息收入）（选项A、B）、汇兑损益以及相关的手续费（选项C）等。业务招待费应计入管理费用核算,所以选项D不正确。

【典例研习·5-54】（2018年单选题）

某企业6月赊购10 000元办公用品交付使用,预付第三季度办公用房租金45 000元,支付第二季度短期借款利息6 000元,其中4月至5月已累计计提利息4 000元,不考虑其他因素,该企业6月应确认的期间费用为（　　）元。

A.10 000　　B.6 000　　C.12 000　　D.55 000

‖斯尔解析‖ C　该企业6月应确认的期间费用=10 000（管理费用）+（6 000-4 000）（财务费用）=12 000（元）

【典例研习·5-55】（2017年单选题）

2016年11月,某企业确认短期借款利息7.2万元（不考虑增值税）,收到银行活期存款利息收入1.5万元。开具银行承兑汇票支付手续费0.5万元（不考虑增值税）。不考虑其他因素。11月企业利润表中"财务费用"项目的本期金额为（　　）万元。

A.5.7　　B.5.2　　C.7.7　　D.6.2

‖斯尔解析‖ D　该企业11月利润表中"财务费用"项目的本期金额=7.2-1.5+0.5=6.2（万元）

【典例研习·5-56】（2017年单选题）
企业为采购存货签发银行承兑汇票而支付的手续费应计入（　　）。
A.管理费用　　　　B.财务费用　　　　C.营业外支出　　　　D.采购存货成本
‖斯尔解析‖ **B**　签发银行承兑汇票而支付的手续费应计入财务费用。

【典例研习·5-57】（2015年单选题）
下列各项中，应计入期间费用的是（　　）。
A.计提车间管理用固定资产的折旧费　　　B.预计产品质量保证损失
C.车间管理人员的工资费用　　　　　　　D.销售商品发生的商业折扣
‖斯尔解析‖ **B**　选项A，计提的车间管理用固定资产的折旧费计入制造费用；选项B，预计产品质量保证损失计入销售费用；选项C，车间管理人员的工资计入制造费用；选项D，销售商品发生商业折扣的，在确认收入时直接按扣除商业折扣后的金额确认，不形成费用。销售费用、管理费用和财务费用属于期间费用，所以选项B正确。

【典例研习·5-58】（2012年多选题改编）
下列各项中，不应计入财务费用的是（　　）。
A.银行承兑汇票的手续费　　　　　　　　B.发行股票的手续费
C.外币应收账款的汇兑损失　　　　　　　D.销售商品的商业折扣
‖斯尔解析‖ **BD**　发行股票的手续费冲减股票发行的溢价收入，即冲减资本公积——股本溢价；无溢价或溢价金额不足以抵扣的，应将不足抵扣的部分依次冲减盈余公积和未分配利润。商业折扣不计入任何会计科目。

【典例研习·5-59】（2020年不定项选择题改编）
甲公司为增值税一般纳税人。2019年10月，甲公司发生的有关经济业务如下：
（1）1日，将一台暂时闲置的生产设备出租给乙公司。双方合同约定租期为6个月，每月不含增值税的租金5万元，租金一次性收取且提供后续服务，租赁和服务构成单项履约义务。甲公司开具的增值税专用发票上注明的价款为30万元，增值税税额为3.9万元。该设备每月应计提折旧费4万元。
（2）8日，销售M产品10 000件，每件标价为1 000元（不含增值税），每件生产成本为800元，由于是成批销售，给予购买方10%的商业折扣，开具的增值税专用发票上注明的价款为900万元，增值税税额为117万元；全部款项已收到并存入银行。
（3）8日，销售M产品时领用单独计价的包装物一批，随同M产品出售。甲公司开具的增值税专用发票上注明的包装物价款为2万元，增值税税额为0.26万元；全部款项已收到并存入银行，包装物的实际成本为1万元。
（4）16日，销售一批原材料，甲公司开具的增值税专用发票上注明的价款为4万元，增值税税额为0.52万元，款项已收到并存入银行。该批原材料的实际成本为3万元。
要求：
根据上述资料，不考虑其他因素，分析回答下列小题（答案中的金额单位用万元表示）
1.根据资料（1），甲公司2019年10月出租生产设备相关会计处理表述正确的是（　　）。
A.应确认其他业务收入5万元　　　　　　B.应确认其他业务收入30万元
C.计提折旧费应计入管理费用4万元　　　D.计提折旧费应计入其他业务成本4万元

‖斯尔解析‖ `AD` 甲公司出租该固定资产属于某一时段内履行的履约义务,分期确认收入,会计分录为:

10月1日收到预收款项:

借:银行存款　　　　　　　　　　　　　　　　　　　　　　　33.9
　　贷:预收账款　　　　　　　　　　(因为是租赁,所以使用预收账款)30
　　　　应交税费——应交增值税(销项税额)　　　　　　　　　　3.9

10月31日,确认收入并结转成本:

借:预收账款　　　　　　　　　　　　　　　　　　　　　　　　5
　　贷:其他业务收入　　　　　　　　　　　　　　　　　　(30/6)5
借:其他业务成本　　　　　　　　　　　　　　　　　　　　　　4
　　贷:累计折旧　　　　　　　　　　　　　　　　　　　　　　4

2.根据资料(2),下列各项中,关于甲公司确认销售商品收入并结转售出商品成本的会计处理正确的是(　　)。

A.借:主营业务成本　　　　　　　　　　　　720
　　贷:库存商品　　　　　　　　　　　　　　　　　　720
B.借:银行存款　　　　　　　　　　　　　1 130
　　贷:主营业务收入　　　　　　　　　　　　　　　　1 000
　　　　应交税费——应交增值税(销项税额)　　　　　130
C.借:银行存款　　　　　　　　　　　　　1 017
　　贷:主营业务收入　　　　　　　　　　　　　　　　900
　　　　应交税费——应交增值税(销项税额)　　　　　117
D.借:主营业务成本　　　　　　　　　　　　800
　　贷:库存商品　　　　　　　　　　　　　　　　　　800

‖斯尔解析‖ `CD` 商品在确认收入时,应按扣除商业折扣后的金额确认,应确认商品销售收入=10 000×1 000×(1-10%)=900(万元);售出商品成本=10 000×800=800(万元)。

确认收入时:

借:银行存款　　　　　　　　　　　　　　1 017
　　贷:主营业务收入　　　　　　　　　　　　　　　　900
　　　　应交税费——应交增值税(销项税额)　　　　　117

结转成本时:

借:主营业务成本　　　　　　　　　　　　　800
　　贷:库存商品　　　　　　　　　　　　　　　　　　800

3.根据资料(3),下列各项中,甲公司结转随同M产品销售的包装物成本时借记的会计科目是(　　)。

A.其他业务成本　　　　　　　　B.管理费用
C.主营业务成本　　　　　　　　D.销售费用

‖斯尔解析‖ `A` 随同商品出售而单独计价的包装物,其销售的收入记入"其他业务收入"科目的贷方;结转的成本记入"其他业务成本"科目的借方。

4.根据资料（4），下列各项中，关于甲公司销售原材料和结转成本的会计处理结果正确是（　　）。

A."主营业务成本"科目借方增加3万元　　B."其他业务收入"科目贷方增加4万元

C."其他业务成本"科目借方增加3万元　　D."主营业务收入"科目贷方增加4万元

‖斯尔解析‖ BC　企业销售原材料应确认"其他业务收入"，并将成本结转至"其他业务成本"，甲公司相关会计分录为：

借：银行存款　　　　　　　　　　　　　　　　　　　　4.52
　　贷：其他业务收入　　　　　　　　　　　　　　　　　　　　4
　　　　应交税费——应交增值税（销项税额）　　　　　　　0.52
借：其他业务成本　　　　　　　　　　　　　　　　　　　3
　　贷：原材料　　　　　　　　　　　　　　　　　　　　　　　3

5.根据资料（1）至（4），甲公司2019年10月利润表"营业成本"项目的本期金额是（　　）万元。

A.807　　　　B.808　　　　C.727　　　　D.728

‖斯尔解析‖ B　"营业成本"项目反应根据"主营业务成本"和"其他业务成本"科目的发生额分析填列。甲公司2019年10月利润表"营业成本"项目的本期金额=4（资料1）+800（资料2）+1（资料3）+3（资料4）=808（万元）。

第三部分　利　润

考点1　利润的构成（★★★）

利润是指企业在一定会计期间的经营成果，包括收入减去费用后的净额、直接计入当期利润的利得和损失等。其中，直接计入当期利润的利得，是指由企业非日常活动所形成的、会导致所有者权益增加的、与所有者投入资本无关的经济利益的流入。主要包括营业外收入（利得）。直接计入当期利润的损失，是指由企业非日常活动所发生的、会导致所有者权益减少的、与向所有者分配利润无关的经济利益的流出。主要包括营业外支出（损失）。

需要说明的是，此处需要注意利得与收入、损失与费用的区别。

（一）营业利润

营业利润=营业收入–营业成本–税金及附加–销售费用–管理费用–研发费用–财务费用+其他收益+投资收益（–投资损失）+净敞口套期收益（–净敞口套期损失）+公允价值变动收益（–公允价值变动损失）–信用减值损失–资产减值损失+资产处置收益（–资产处置损失）

（二）利润总额

利润总额=营业利润+营业外收入–营业外支出

（三）净利润

净利润=利润总额–所得税费用

【典例研习·5-60】（2019年单选题）

下列各项中，导致企业当期营业利润减少的是（　　）。

A.经营租出非专利技术的摊销额　　B.对外公益性捐赠的商品成本

C.支付的税收滞纳金　　　　　　　D.自然灾害导致生产线报废净损失

【斯尔解析】A　选项A，计入其他业务成本，减少营业利润；选项BCD，均计入营业外支出，不影响营业利润。

【典例研习·5-61】（2018年单选题）

下列各项中，不属于利润表"利润总额"项目的内容的是（　　）。

A.确认的资产减值损失　　　　　　B.无法查明原因的现金溢余

C.确认的所得税费用　　　　　　　D.收到政府补助确认的其他收益

【斯尔解析】C　净利润=利润总额-所得税费用，计算利润总额时不需要考虑所得税费用，计算净利润时需要考虑，所以选项C不属于"利润总额"项目的内容。

【典例研习·5-62】（2017年单选题）

2016年某企业取得债券投资利息收入15万元，其中国债利息收入5万元，全年税前利润总额为150万元，所得税税率为25%，不考虑其他因素，2016年该企业的净利润为（　　）万元。

A.112.5　　　　　B.113.75　　　　　C.116.75　　　　　D.111.25

【斯尔解析】B　国债利息收入免税，2016年该企业的净利润=利润总额-所得税费用=150-（150-5）×25%=113.75（万元）。

【典例研习·5-63】（2017年单选题）

下列各项中，不影响企业当期营业利润的是（　　）。

A.销售原材料取得的收入

B.资产负债表日持有交易性金融资产的公允价值变动

C.无法查明原因的现金溢余

D.资产负债表日计提的存货跌价准备

【斯尔解析】C　无法查明原因的现金溢余计入营业外收入，不影响营业利润。

【典例研习·5-64】（2016年多选题改编）

下列各项中，不影响企业当期营业利润的有（　　）。

A.无法查明原因的现金短缺

B.公益性捐赠支出

C.固定资产因自然灾害发生的毁损净损失

D.支付的合同违约金

【斯尔解析】BCD　选项A计入管理费用，影响营业利润；选项BCD计入营业外支出，不影响营业利润。

考点2　营业外收支（★★★）

（一）营业外收入

营业外收入是指企业确认的与其日常活动无直接关系的各项利得。营业外收入并不是企业经营资金耗费所产生的，实际上是经济利益的净流入，不需要与有关的费用进行配比。营业外收入主要包括非流动资产毁损报废收益、与企业日常活动无关的政府补助、盘盈利得、捐赠利得等。

【典例研习·5-65】（2018年多选题）

下列各项中，企业应通过"营业外收入"科目核算的有（　　）。

A.无法支付的应付账款　　　　　　B.接受固定资产捐赠

C.无法查明原因的现金溢余　　　　D.出租单独核算的包装物实现的收入

‖斯尔解析‖ ABC 营业外收入主要包括非流动资产毁损报废收益、盘盈利得、捐赠利得等。选项D通过其他业务收入核算。

（二）营业外支出

营业外支出是指企业发生的与其日常活动无直接关系的各项损失，主要包括非流动资产毁损报废损失、捐赠支出、盘亏损失、非常损失、罚款支出等。

【典例研习·5-66】（2017年单选题）
下列各项中，应计入营业外支出的是（　　）。
A.合同违约金　　　　　　　　　B.法律诉讼费
C.经营出租无形资产的摊销额　　D.广告宣传费

‖斯尔解析‖ A 选项B，计入管理费用；选项C，计入其他业务成本，选项D，计入销售费用。

【典例研习·5-67】（2017年单选题）
下列各项中，企业不应通过"营业外支出"科目核算的是（　　）。
A.公益性捐赠支出　　　　　　　B.违反合同的违约金
C.毁损固定资产净损失　　　　　D.无法查明原因的现金短缺损失

‖斯尔解析‖ D 选项D，无法查明原因的现金短缺损失计入管理费用。

【典例研习·5-68】（2018年多选题改编）
下列各项中，企业应计入营业外支出的有（　　）。
A.行政罚款支出　　　　　　　　B.固定资产盘亏损失
C.公益性捐赠支出　　　　　　　D.发生的诉讼费

‖斯尔解析‖ ABC 营业外支出是指企业发生的与其日常活动无直接关系的各项损失，主要包括非流动资产毁损报废损失、公益性捐赠支出、盘亏损失、非常损失、罚款支出等。选项D，计入管理费用。

【典例研习·5-69】（模拟判断题）
企业期末进行库存现金清查时发现无法查明原因的现金短缺应计入营业外支出中。（　　）

‖斯尔解析‖ × 企业期末进行库存现金清查时发现无法查明原因的现金短缺，应计入管理费用。

考点3　所得税费用（★★）

企业的所得税费用包括当期所得税和递延所得税两个部分。

递延所得税包括递延所得税资产和递延所得税负债。递延所得税资产是指以未来期间很可能取得用来抵扣可抵扣暂时性差异的应纳税所得额为限确认的一项资产。递延所得税负债是指根据应纳税暂时性差异计算的未来期间应付所得税的金额。

（一）应交所得税的计算

应交所得税是企业按照税法规定计算确定的根据当期发生的交易和事项，应交纳给税务机关的所得税金额，即当期应交所得税。

应纳税所得额=税前会计利润+纳税调整增加额-纳税调整减少额

企业当期应交所得税的计算公式为：应交所得税=应纳税所得额×所得税税率

项目	核算内容
纳税调整增加额	（1）实际发生的超过税法规定标准的业务招待费支出 （2）企业已计入当期损失但税法规定不允许扣除项目的金额（如税收滞纳金、行政罚款、罚金）等 （3）企业已计入当期费用但超过税法规定标准的职工福利费（工资总额×14%）、工会经费（工资总额×2%）、职工教育经费（工资总额×8%）、公益性捐赠支出（利润总额×12%）、广告费和业务宣传费（营业收入×15%）等 需要说明的是，以上标准考试会直接给出，或直接给出调整增加的金额
纳税调整减少额	（1）国债利息收入 （2）前五年内未弥补亏损等

（二）所得税费用的账务处理

企业应根据会计准则的规定，计算确定当期所得税费用和递延所得税费用之和，据以确认应从当期利润总额中扣除的所得税费用，通过"所得税费用"科目核算。

所得税费用=当期所得税+递延所得税费用（−递延所得税收益）

递延所得税费用（收益）=（递延所得税负债期末余额−递延所得税负债期初余额）−（递延所得税资产期末余额−递延所得税资产期初余额）

递延所得税资产的发生额也可能在贷方，递延所得税负债的发生额也可能在借方。

【典例研习·5-70】（2018年单选题）

企业应纳税所得额为800万元，递延所得税负债期末、期初余额为280万元和200万元，递延所得税资产期末、期初余额为150万元和110万元，企业所得税税率为25%，企业的所得税费用为（　　）万元。

A.160　　　　B.240　　　　C.320　　　　D.200

斯尔解析 [B]　所得税费用=当期所得税+递延所得税，递延所得税=（递延所得税负债的期末余额−递延所得税负债的期初余额）−（递延所得税资产的期末余额−递延所得税资产的期初余额）=（280−200）−（150−110）=40（万元），所以本题中所得税费用=当期所得税（800×25%）+递延所得税（40）=240（万元），选项B正确。

【典例研习·5-71】（2018年单选题）

2017年度，企业应交所得税为300万元，递延所得税负债年末数为40万元，年初数为100万元，该企业递延所得税的影响计入当期损益。不考虑其他因素，该企业年末确认的所得税费用是（　　）万元。

A.240　　　　B.360　　　　C.400　　　　D.260

斯尔解析 [A]　递延所得税=（递延所得税负债的期末余额−递延所得税负债的期初余额）−（递延所得税资产的期末余额−递延所得税资产的期初余额）=40−100=−60（万元）；所得税费用=当期所得税+递延所得税=300−60=240（万元）。

【典例研习·5-72】（2017年单选题）

某企业2016年度实现利润总额1 350万元，适用的所得税税率为25%。本年度该企业取得国债利息收入150万元，发生税收滞纳金4万元。不考虑其他因素，该企业2016年度利润表"所得税费用"项目本期余额为（　　）万元。

A.338.5　　　　B.301　　　　C.374　　　　D.337.5

‖斯尔解析‖ [B] 应纳税所得额=1 350-150+4=1 204（万元），所得税费用=1 204×25%=301（万元）

【典例研习·5-73】（2016年单选题）

某企业适用的所得税税率为25%。2015年度该企业实现利润总额500万元，应纳税所得额为480万元，影响所得税费用的递延所得税资产增加8万元。不考虑其他因素，该企业2015年度利润表"所得税费用"项目本期金额为（　　）万元。

A.128　　　　B.112　　　　C.125　　　　D.120

‖斯尔解析‖ [B] 该企业2015年度利润表"所得税费用"项目本期金额=480×25%-8=112（万元）

【典例研习·5-74】（2013年单选题）

某企业2012年度税前会计利润为2 000万元，其中本年国债利息收入120万元，税收滞纳金20万元，企业所得税税率为25%，假定不考虑其他因素，该企业2012年度所得税费用为（　　）万元。

A.465　　　　B.470　　　　C.475　　　　D.500

‖斯尔解析‖ [C] 应纳税所得额=2 000-120+20=1 900（万元）；所得税费用=1 900×25%=475（万元）

【典例研习·5-75】（2017年判断题）

利润表中"所得税费用"项目的本期金额等于当期所得税，而不应考虑递延所得税。（　　）

‖斯尔解析‖ [×] 根据会计准则的规定，所得税费用为当期所得税和递延所得税之和，所以利润表中的"所得税费用"应包括递延所得税。

【典例研习·5-76】

2021年度甲公司按企业会计准则计算的税前会计利润为19 850 000元，所得税税率为25%。甲公司全年实发工资、薪金为2 000 000元，职工福利费300 000元，工会经费50 000元，职工教育经费100 000元；经查，甲公司当年营业外支出中有120 000元为税收滞纳罚金。假定甲公司全年无其他纳税调整因素。

‖斯尔解析‖ 甲公司2021年度的应交所得税计算如下：

纳税调整数=（300 000-2 000 000×14%）+（50 000-2 000 000×2%）+120 000=150 000（元）

应纳税所得额=19 850 000+150 000=20 000 000（元）

当期应交所得税=20 000 000×25%=5 000 000（元）

【典例研习·5-77】

甲公司当期应交所得税为5 000 000元，递延所得税负债年初数为400 000元，年末数为500 000元，递延所得税资产年初数为250 000元，年末数为200 000元。

要求：计算甲公司所得税费用。

‖斯尔解析‖ 递延所得税费用=（递延所得税负债年末数-递延所得税负债年初数）-

（递延所得税资产年末数−递延所得税资产年初数）＝（500 000−400 000）−（200 000−250 000）=150 000（元）

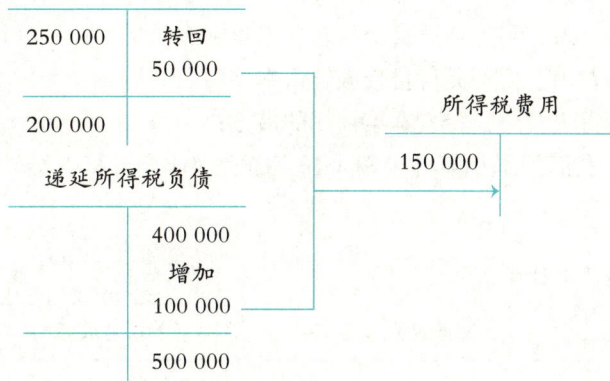

所得税费用=当期所得税+递延所得税=5 000 000+150 000=5 150 000（元）
甲公司会计分录如下：
借：所得税费用   5 150 000
    贷：应交税费——应交所得税   5 000 000
        递延所得税负债   100 000
        递延所得税资产   50 000

考点4　本年利润（★★）

（一）结转本年利润的方法

会计期末结转本年利润的方法有表结法和账结法。

表结法下，各损益类科目每月月末只需结计出本月发生额和月末累计余额，不结转到"本年利润"科目。

账结法下，每月月末均需编制转账凭证，将在账上结计出的各损益类科目的余额结转入"本年利润"科目。

（二）结转本年利润的会计处理

会计期末要将企业所有的损益类会计科目余额结转到"本年利润"科目中。

本年利润	
主营业务成本	主营业务收入
其他业务成本	其他业务收入
税金及附加	营业外收入
管理费用	投资收益（收益）
销售费用	公允价值变动损益（收益）
财务费用	资产处置损益（收益）
资产减值损失	其他收益
信用减值损失	
营业外支出	
所得税费用	
投资收益（损失）	
公允价值变动损益（损失）	
资产处置损益（损失）	

年度终了，企业还应将"本年利润"科目的本年累计余额转入"利润分配——未分配利润"科目中。

本年利润的结转步骤：

第一步：将各项收入、利得类科目余额转入本年利润的贷方；

第二步：将各项费用、损失类科目余额转入本年利润的借方；

第三步：结转所得税费用，转入本年利润的借方；

第四步：将本年利润的本年累计余额（当年净利润或净亏损）结转入"利润分配——未分配利润"科目。

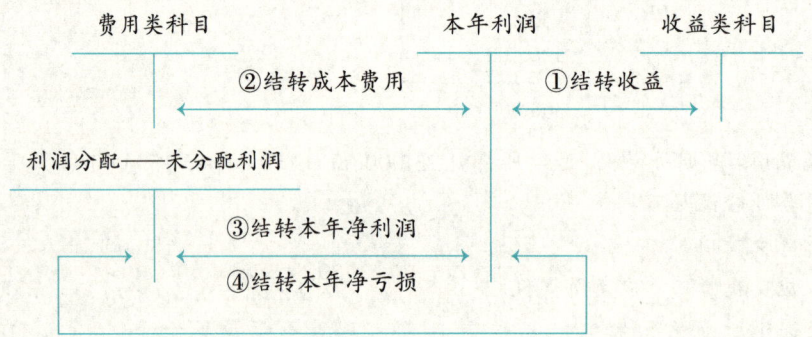

【典例研习·5-78】（2017年单选题）

下列各项中，关于本年利润结转方法表述正确的是（   ）。

A.采用表结法，增加"本年利润"科目的结转环节和工作量

B.采用表结法，每月月末应将各损益类科目的余额结转记入"本年利润"科目

C.采用账结法，每月月末应将各损益类科目的余额结转记入"本年利润"科目

D.采用账结法，减少"本年利润"科目的结转环节和工作量

‖斯尔解析‖ C 在表结法下，年中损益类科目无须结转入"本年利润"科目，不会增加结转环节和工作量；在账结法下，每月月末均需编制转账凭证，会增加结转环节和工作量，将在账上结计出的各损益类科目的余额结转入"本年利润"科目。

【典例研习·5-79】（2016年单选题）

下列各项中，关于会计期末结转本年利润的表结法表述正确的是（   ）。

A.表结法下不需要设置"本年利润"科目

B.年末不需要将各项损益类科目余额结转入"本年利润"科目

C.各月末需要将各项损益类科目发生额填入利润表来反映本期的利润（或亏损）

D.每月月末需要编制转账凭证将当期各损益类科目余额结转入"本年利润"科目

‖斯尔解析‖ C 表结法下，各损益类科目每月月末只需结计出本月发生额和月末累计余额，不结转到"本年利润"科目，只有在年末时才将全年累计余额结转入"本年利润"科目，选项AB错误；每月月末要将损益类科目的本月发生额合计数填入利润表的本月数栏，同时将本月末累计余额填入利润表的本年累计数栏，通过利润表计算反映各期的利润（或亏损），选项C正确；每月月末不需编制转账凭证将当期各损益类科目余额转入"本年利润"科目，选项D错误。

【典例研习·5-80】（2014年多选题）

下列关于结转本年利润账结法的表述中，正确的有（　　）。

A."本年利润"科目本年余额反映本年累计实现的净利润或发生的亏损

B.各月均可通过"本年利润"科目提供当月及本年累计的利润（或亏损）额

C.年末时需将各损益类科目的全年累计余额结转入"本年利润"科目

D.每月月末各损益类科目需将本月的余额结转入"本年利润"科目

‖斯尔解析‖ ABD　选项C，属于表结法的特点。

【典例研习·5-81】（2018年判断题）

表结法下，各损益类科目每月月末需编制转账凭证，将在账上结计出各损益类科目本月发生额和月末累计余额结转入"本年利润"。（　　）

‖斯尔解析‖ ×　表结法下，各损益类科目每月月末只需结计出本月发生额和月末累计余额，不结转到"本年利润"科目。而账结法下，每月月末均需编制转账凭证，将在账上结计出的各损益类科目的余额结转入"本年利润"科目。

【典例研习·5-82】（模拟判断题）

年度终了，无论企业盈利或亏损，都需要将"本年利润"科目的本年累计余额转入"利润分配——未分配利润"科目。（　　）

‖斯尔解析‖ √

【典例研习·5-83】（2020年不定项选择题）

某股份有限公司为增值税一般纳税人，2019年初所有者权益总额为54 000万元。其中未分配利润金额为6 000万元。2019年该公司发生与所有者权益相关的经济业务如下：

（1）4月1日，经股东大会批准，宣告发放现金股利1 600万元。4月29日，以银行存款实际支付现金股利。

（2）5月8日，经批准以增发股票的方式募集资金，共增发普通股500万股，每股面值1元，每股发行价值5元。证券公司代理发行费用为80万元，取得的增值税专用发票注明的增值税税额为4.8万元，发行费和增值税从发行收入中扣除。股票已全部发行完毕，收到的股款已存入银行。

（3）全年实现利润总额为6 035万元，其中，当年实现国债利息收入45万元，支付税收滞纳金10万元。除上述事项外，无其他纳税调整和递延所得税事项，该公司适用的所得税税率为25%。

要求：

根据上述资料，不考虑其他因素，分析回答下列小题。（答案中的金额单位用万元表示）

1.根据资料（1），下列各项中，该公司宣告和支付现金股利相关会计处理表述正确的是（　　）

A.宣告时借记"利润分配——应付现金股利或利润"科目1 600万元

B.支付时贷记"银行存款"科目1 600万元

C.宣告时贷记"应付股利"科目1 600万元

D.支付时借记"利润分配——未分配利润"科目1 600万元

‖斯尔解析‖ ABC

宣告时：

借：利润分配——应付现金股利或利润　　　　　　　　1 600
　　贷：应付股利　　　　　　　　　　　　　　　　　　　　　　1 600

实际发放时：

借：应付股利　　　　　　　　　　　　　　　　　　　1 600
　　贷：银行存款　　　　　　　　　　　　　　　　　　　　　　1 600

2.根据资料（2），下列各项中，该公司增发普通股相关会计处理表述正确的是（　　）。

A.借记"财务费用"科目80万元
B.贷记"股本"科目500万元
C.借记"银行存款"科目2 415.2万元
D.贷记"资本公积——股本溢价"科目1 920万元

‖斯尔解析‖ BCD　　该公司发行股票应编制的会计分录为：

借：银行存款　　　　　　　　　　　　　　　　　　　2 500
　　贷：股本　　　　　　　　　　　　　　　　　　　　　　　　　500
　　　　资本公积——股本溢价　　　　　　　　　　　　　　　　2 000

借：资本公积——股本溢价　　　　　　　　　　　　　80
　　应交税费——应交增值税（进项税额）　　　　　　4.8
　　贷：银行存款　　　　　　　　　　　　　　　　　　　　　　84.8

3.根据资料（3），该公司2019年度所得税费用的金额是（　　）万元。

A.1 517.5　　　　B.1 500　　　　C.1 508.75　　　　D.1 497.5

‖斯尔解析‖ B　　该公司2019年度所得税费用的金额=（6 035-45+10）×25%=1 500（万元），其中，国债利息收入免税，税收滞纳金税前不得扣除。

4.根据期初资料，资料（1）至（3），该公司2019年12月31日未分配利润的金额是（　　）万元。

A.4 400　　　　B.8 935　　　　C.10 535　　　　D.6 000

‖斯尔解析‖ B　　该公司2019年度净利润的金额=6 035-1 500=4 535（万元）；

借：本年利润　　　　　　　　　　　　　　　　　　　4 535
　　贷：利润分配——未分配利润　　　　　　　　　　　　　　4 535

借：利润分配——未分配利润　　　　　　　　　　　　1 600
　　贷：利润分配——应付现金股利或利润　　　　　　　　　　1 600

该公司2019年12月31日未分配利润的金额=6 000-1 600+4 535=8 935（万元）。

5.根据期初资料，资料（1）至（3），该公司2019年12月31日所有者权益总额是（　　）万元。

A.60 955　　　　B.54 000　　　　C.59 355　　　　D.54 820

‖斯尔解析‖ C　　该公司2019年12月31日所有者权益总额=54 000-1 600+2 500-80+4 535=59 355（万元）。

第六章 财务报表

学习提要

会计六大要素我们已经胜利过关了，接下来我们需要把企业的财务状况和经营成果以财务报表的方式进行掌握。第六章财务报表是将第二章到第五章内容高度整合，如果前面你"欠账"了，请不要怀疑第六章，要解决掉的是前面你所欠的账。资产负债表和利润表在考试中各种题型均会涉及，特别是资产负债表中各个报表项目的填列。因为有好多报表项目初级并不介绍，但是考试中也有可能考核，有的同学会说这不是难为我吗？并不是，因为有我们，所以你的这些担心和顾虑敬请打消。我们会帮助大家理解并掌握一些核心报表项目的填报，放心学就好。利润表和第五章学习的利润有呼应关系，如果你利润部分已经学会了，那么利润表就如同探囊取物。

本章近三年平均分值在6分左右，其中，2020年4题4分，2019年5题7.5分，2018年4题6.5分，预计2021年分值会在8分左右。有的同学可能发现，历年分值不高啊，是不是可以不用完全掌握。你要明白一个道理，后面还有两章内容呢，不要轻易地下结论，请相信我们，该帮你舍弃的，我们会用十多年的教学经验告诉你是否应当放弃。本章资产负债表可以结合存货、交易性金融资产、固定资产和无形资产考核不定项选择题，利润表可以结合收入、费用和利润考核不定项选择题，请同学们在复习时注意。

考点精讲

财务报表是对企业财务状况、经营成果和现金流量的结构性表述。

一套完整的财务报表至少应当包括资产负债表、利润表、现金流量表、所有者权益（或股东权益）变动表以及附注。

需要说明的是，初级不需要同学们学习现金流量表，但选择题选择时是包括现金流量表的。

第一部分 资产负债表

资产负债表是反映企业在某一特定日期的财务状况的报表。资产负债表是根据"资产=负债+所有者权益"这一平衡公式，依照一定的分类标准和一定的次序，将某一特定日期的资产、负债、所有者权益的具体项目予以适当的排列编制而成。

考点1 资产负债表的结构（★★）

我国企业的资产负债表采用账户式结构，分为左右两方。

左方为资产项目，大体按资产的流动性大小排列，流动性大的资产如"货币资金"

"交易性金融资产"等排在前面，流动性小的资产如"长期股权投资""固定资产"等排在后面。

右方为负债及所有者权益项目，一般按要求清偿时间的先后顺序排列，"短期借款""应付票据""应付账款"等需要在一年以内或者长于一年的一个正常营业周期内偿还的流动负债排在前面，"长期借款"等在一年以上才需偿还的非流动负债排在中间，在企业清算之前不需要偿还的所有者权益项目排在后面。

资产负债表

编制单位：　　　　　　　　　　　年　月　日　　　　　　　　　　　　单位：元

资产	期末余额	上年年末余额	负债和所有者权益（或股东权益）	期末余额	上年年末余额
流动资产：			流动负债：		
货币资金			短期借款		
交易性金融资产			交易性金融负债		
衍生金融资产			衍生金融负债		
应收票据			应付票据		
应收账款			应付账款		
应收款项融资			预收款项		
预付款项			合同负债		
其他应收款			应付职工薪酬		
存货			应交税费		
合同资产			其他应付款		
持有待售资产			持有待售负债		
一年内到期的非流动资产			一年内到期的非流动负债		
其他流动资产			其他流动负债		
流动资产合计			流动负债合计		
非流动资产：			非流动负债：		
债权投资			长期借款		
其他债权投资			应付债券		
长期应收款			其中：优先股		
长期股权投资			永续债		
其他权益工具投资			租赁负债		

资产	期末余额	上年年末余额	负债和所有者权益（或股东权益）	期末余额	上年年末余额
其他非流动金融资产			长期应付款		
投资性房地产			预计负债		
固定资产			递延收益		
在建工程			递延所得税负债		
生产性生物资产			其他非流动负债		
油气资产			非流动负债合计		
使用权资产			负债合计		
无形资产			所有者权益（或股东权益）：		
开发支出			实收资本（或股本）		
商誉			其他权益工具		
长期待摊费用			其中：优先股		
递延所得税资产			永续债		
其他非流动资产			资本公积		
非流动资产合计			减：库存股		
			其他综合收益		
			专项储备		
			盈余公积		
			未分配利润		
			所有者权益（或股东权益）合计		
资产总计			负债和所有者权益（或股东权益）总计		

【典例研习·6-1】（2019年多选题）

下列各项中，属于企业流动负债的有（　　）。

A.赊购材料应支付的货款　　　　B.本期从银行借入的三年期借款
C.销售应税消费品应交纳的消费税　　D.收取客户的购货订金

‖斯尔解析‖ ACD　选项A，计入应付账款，属于企业流动负债；选项B，计入长期借款，属于企业非流动负债；选项C，计入应交税费，属于企业流动负债；选项D，计入合同负债，属于企业流动负债。

【典例研习·6-2】（2019年多选题）

下列资产负债表项目中，属于非流动资产的有（　　）。

A.其他应收款　　　B.在建工程　　　C.固定资产　　　D.开发支出

‖斯尔解析‖　BCD　其他应收款属于企业的流动资产。

考点2　资产负债表的编制（★★★）

（一）资产负债表项目的填列方法

资产负债表各项目均需填列"上年年末余额（年初余额）"和"期末余额"两栏。

资产负债表的"上年年末余额"栏内各项数字，应根据上年年末资产负债表的"期末余额"栏内所列数字填列。

如果上年度资产负债表规定的各个项目的名称和内容与本年度不相一致，应按照本年度的规定对上年年末资产负债表各项目的名称和数字进行调整，填入本表"上年年末余额"栏内。

资产负债表的"期末余额"栏内各项数字，其填列方法如下：

1.根据总账科目余额填列

资产负债表中的有些项目，可直接根据有关总账科目的期末余额填列，如"短期借款""资本公积"等项目；有些项目则需根据几个总账科目的期末余额计算填列，如"货币资金"项目，需根据"库存现金""银行存款"和"其他货币资金"三个总账科目的期末余额合计数填列。

【典例研习·6-3】（2017年、2014年单选题改编）

下列各项中，应根据相应总账科目的余额直接在资产负债表中填列的是（　　）。

A.短期借款　　　B.固定资产　　　C.长期借款　　　D.应收账款

‖斯尔解析‖　A　"短期借款"是可以直接通过相应的总账科目的余额直接填列在资产负债表上面的，选项A正确；"长期借款"需要根据总账科目和明细账科目余额分析计算填列，选项C错误；"固定资产"和"应收账款"需要根据有关科目余额减去其备抵科目余额后的净额填列，选项B和D错误。

‖陷阱提示‖　长期借款需要根据总账和明细账分析填列。

2.根据明细账科目余额计算填列

如"应付账款"项目，需要根据"应付账款"和"预付账款"两个科目所属的相关明细科目的期末贷方余额计算填列；

"预收款项"项目，需要根据"应收账款"科目贷方余额和"预收账款"科目贷方余额计算填列；

"开发支出"项目，需要根据"研发支出"科目中所属的"资本化支出"明细科目期末余额计算填列；

"应付职工薪酬"项目，需要根据"应付职工薪酬"科目的明细科目期末余额计算填列；

"一年内到期的非流动资产""一年内到期的非流动负债"项目，需要根据有关非流动资产和非流动负债项目的明细科目余额计算填列；

【典例研习·6-4】

甲公司2021年1月31日结账后有关科目所属明细科目借贷方余额如表所示。预收账款为租赁业务的预收款。不存在坏账准备，不考虑其他因素。

单位：元

会计科目	明细科目借方余额	明细科目贷方余额
应收账款	1 600 000	100 000
预付账款	800 000	60 000
应付账款	400 000	1 800 000
预收账款		1 200 000

‖斯尔解析‖ 该企业2021年1月31日资产负债表中相关项目的金额为：

（1）"应收账款"项目金额=1 600 000（元）

（2）"预付账款"项目金额=800 000+400 000=1 200 000（元）

（3）"应付账款"项目金额=1 800 000+60 000=1 860 000（元）

（4）"预收款项"项目金额=1 200 000+100 000=1 300 000（元）

【典例研习·6-5】（2017年单选题）

2016年12月31日，甲企业"预收账款"总账科目贷方余额为15万元，其明细科目余额如下："预收账款——乙企业"科目贷方余额为25万元，"预收账款——丙企业"科目借方余额为10万元。不考虑其他因素，甲企业年末资产负债表中"预收款项"项目的期末余额为（　　）万元。

A.10   B.15   C.5   D.25

‖斯尔解析‖ D　"预收款项"项目应当根据"预收账款"和"应收账款"科目所属各明细科目的期末贷方余额合计数填列。本题中"预收账款——丙企业"是借方余额，反映在"应收账款"项目中，所以"预收款项"期末应当填列的金额为25万元。

3.根据总账科目和明细账科目余额分析计算填列

如"长期借款"项目，需要根据"长期借款"总账科目余额扣除"长期借款"科目所属的明细科目中将在一年内到期且企业不能自主地将清偿义务展期的长期借款后的金额计算填列。

【典例研习·6-6】

某企业长期借款情况如表所示，则该企业2021年12月31日资产负债表中"长期借款"项目金额是多少？

借款起始日期	借款期限（年）	金额（元）
2020年3月1日	3	1 000 000
2019年5月1日	5	2 000 000
2018年6月1日	4	1 500 000

‖斯尔解析‖ 本例中，企业应当根据"长期借款"总账科目余额4 500 000（1 000 000+2 000 000+1 500 000）元，减去一年内到期且企业不能自主地将清偿义务展期的长期借款1 500 000元计算"长期借款"项目的金额。

该企业2021年12月31日资产负债表中"长期借款"项目金额=1 000 000+2 000 000=3 000 000（元）

【典例研习·6-7】（模拟判断题）

"长期借款"项目，根据"长期借款"总账科目余额直接填列。（　　）

‖斯尔解析‖ ✕　"长期借款"项目，根据"长期借款"总账科目余额扣除"长期借款"科目所属的明细科目中将在一年内到期且企业不能自主地将清偿义务展期的长期借款后的金额计算填列。

4.根据有关科目余额减去其备抵科目余额后的净额填列

如资产负债表中"应收票据""应收账款""长期股权投资""在建工程"等项目，应当根据"应收票据""应收账款""长期股权投资""在建工程"等科目的期末余额减去"坏账准备""长期股权投资减值准备""在建工程减值准备"科目期末余额后的净额填列。

"投资性房地产"（采用成本模式计量）"固定资产"项目，应当根据"投资性房地产""固定资产"科目的期末余额，减去"投资性房地产累计折旧""投资性房地产减值准备""累计折旧""固定资产减值准备"等备抵科目的期末余额，以及"固定资产清理"科目期末余额后的净额填列。

"无形资产"项目，应当根据"无形资产"科目的期末余额，减去"累计摊销""无形资产减值准备"等备抵科目余额后的净额填列。

"预付款项"项目，需要根据"预付账款"科目借方余额和"应付账款"科目借方余额减去与"预付账款"有关的坏账准备贷方余额计算填列。

【典例研习·6-8】（2018年单选题）

下列资产负债表项目中，根据有关科目余额减去其备抵科目余额后的净额填列的是（　　）。

A.预收款项　　B.短期借款　　C.无形资产　　D.长期借款

‖斯尔解析‖ C　"预收款项"项目，需要根据"应收账款"科目贷方余额和"预收账款"科目贷方余额计算填列，选项A错误；"短期借款"项目直接根据有关总账科目的期末余额填列，选项B错误；"无形资产"项目，应当根据"无形资产"科目的期末余额，减去"累计摊销""无形资产减值准备"等备抵科目余额后的净额填列，选项C正确；"长期借款"项目，根据"长期借款"总账科目余额扣除"长期借款"科目所属的明细科目中将在一年内到期且企业不能自主地将清偿义务展期的长期借款后的金额计算填列，选项D错误。

‖陷阱提示‖　"预收款项"属于负债，请与"预收账款"借方余额区分。

【典例研习·6-9】（2018年单选题）

2017年12月31日，某企业"固定资产"科目借方余额为3 000万元，"累计折旧"科目贷方余额为1 400万元，"固定资产减值准备"科目贷方余额为200万元。2017年12月31日，该企业资产负债表中"固定资产"项目期末余额应列示的金额为（　　）万元。

A.3 000　　B.1 600　　C.1 400　　D.2 800

‖斯尔解析‖ C　"固定资产"项目应根据"固定资产"科目的期末余额，减去"累计折旧"和"固定资产减值准备"等备抵科目的期末余额，以及"固定资产清理"科目的期末余额后的净额填列。所以本题中"固定资产"项目期末余额应列示的金额＝3 000－1 400－200＝1 400（万元）

【典例研习·6-10】（模拟多选题）

资产负债表下列各项目中，应根据有关科目余额减去备抵科目余额后的净额填列的有（　　）。

A.存货　　　　　　　　　　　　B.固定资产

C.应收账款　　　　　　　　　　D.投资性房地产

‖斯尔解析‖ [ABCD]　以上四个项目都有备抵科目，所以，都应根据总账科目余额减去备抵科目余额后的净额填列于资产负债表中。

【典例研习·6-11】（模拟判断题）

资产负债表中的"应收账款"项目应根据"应收账款"所属明细账借方余额合计数、"预收账款"所属明细账借方余额合计数和"坏账准备"总账的贷方余额计算填列。（　　）

‖斯尔解析‖ [×]　资产负债表中的"应收账款"项目应根据"应收账款"所属明细账借方余额合计数减去与应收账款有关的"坏账准备"明细账的贷方余额计算填列。

5.综合运用上述填列方法分析填列

如资产负债表中的"存货"项目，需要根据"原材料""库存商品""委托加工物资""周转材料""材料采购""在途物资""发出商品""材料成本差异"等总账科目期末余额的分析汇总数，再减去"存货跌价准备"科目余额后的净额填列。

【典例研习·6-12】（2019年单选题）

2019年12月31日生产成本借方余额500万元，原材料借方余额300万元，材料成本差异贷方余额20万元，存货跌价准备贷方余额10万元，工程物资借方余额200万元。资产负债表中"存货"项目金额为（　　）万元。

A.970　　　　B.770　　　　C.780　　　　D.790

‖斯尔解析‖ [B]　资产负债表中存货项目的金额=500+300-20-10=770（万元）。工程物资列示在在建工程项目中。

【典例研习·6-13】（2017年单选题）

某企业采用实际成本法核算存货。年末结账后，该企业"原材料"科目借方余额为80万元。"工程物资"科目借方余额为16万元。"在途物资"科目借方余额为20万元。不考虑其他因素。该企业年末资产负债表"存货"项目的期末余额为（　　）万元。

A.100　　　　B.116　　　　C.96　　　　D.80

‖斯尔解析‖ [A]　工程物资列示于"在建工程"项目中，所以该企业年末资产负债表"存货"项目的期末余额=80+20=100（万元）。

【典例研习·6-14】（2016年单选题）

2015年12月31日，某企业"材料采购"总账科目借方余额为20万元，"原材料"总账科目借方余额为25万元，"材料成本差异"总账科目贷方余额为3万元。不考虑其他因素，该企业资产负债表中"存货"项目期末余额为（　　）万元。

A.48　　　　B.45　　　　C.42　　　　D.22

‖斯尔解析‖ [C]　该企业资产负债表中"存货"项目期末余额=20+25-3=42（万元）

【典例研习·6-15】（2018年多选题）

下列各项中，导致企业资产负债表"存货"项目期末余额发生变动的有（　　）。

A.计提存货跌价准备

B.用银行存款购入的修理用备件（备品备件）
C.已经发出但不符合收入确认条件的商品
D.收到受托代销的商品

‖斯尔解析‖ 【AB】 "存货"项目，反映企业期末在库、在途和在加工中的各种存货的可变现净值或成本（成本与可变现净值孰低）。本项目应根据"材料采购""原材料""低值易耗品""库存商品""周转材料""委托加工物资""委托代销商品""生产成本""受托代销商品"等科目的期末余额合计数，减去"受托代销商品款""存货跌价准备"科目期末余额后的净额填列。选项A，计提存货跌价准备，期末余额减少；选项B，购入修理用备件，期末余额增加；选项C，发出不符合收入确认条件的商品，借记"发出商品"科目，贷记"库存商品"科目，二者均属于"存货"项目，期末余额不变；选项D，收到受托代销商品，借记"受托代销商品"科目，贷记"受托代销商品款"科目，二者均列入"存货"项目，期末余额不变。

（二）资产负债表项目的填列说明

资产负债表中资产、负债和所有者权益主要项目的填列说明如下：

1.资产项目的填列说明

（1）"货币资金"项目，反映企业库存现金、银行结算户存款、外埠存款、银行汇票存款、银行本票存款、信用卡存款、信用证保证金存款等的合计数。本项目应根据"库存现金""银行存款""其他货币资金"科目期末余额的合计数填列。

（2）"交易性金融资产"项目，反映资产负债表日企业分类为以公允价值计量且其变动计入当期损益的金融资产，以及企业持有的直接指定为以公允价值计量且其变动计入当期损益的金融资产的期末账面价值。该项目应根据"交易性金融资产"科目的相关明细科目期末余额分析填列。自资产负债表日起超过一年到期且预期持有超过一年的以公允价值计量且其变动计入当期损益的非流动金融资产的期末账面价值，在"其他非流动金融资产"项目反映。

（3）"应收票据"项目，反映资产负债表日以摊余成本计量的、企业因销售商品、提供服务等收到的商业汇票，包括银行承兑汇票和商业承兑汇票。该项目应根据"应收票据"科目的期末余额，减去"坏账准备"科目中相关坏账准备期末余额后的金额分析填列。

（4）"应收账款"项目，反映资产负债表日以摊余成本计量的、企业因销售商品、提供服务等经营活动应收取的款项。该项目应根据"应收账款"科目的期末余额，减去"坏账准备"科目中相关坏账准备期末余额后的金额分析填列。

【典例研习·6-16】

2021年12月31日，甲公司"应收账款"科目的余额为1 300万元；"坏账准备"科目中有关应收账款计提的坏账准备余额为45万元，则2021年12月31日，甲公司资产负债表中"应收账款"项目"期末余额"的列报金额=1 300-45=1 255（万元）。

（5）"应收款项融资"项目，反映资产负债表日以公允价值计量且其变动计入其他综合收益的应收票据和应收账款等。

（6）"预付款项"项目，反映企业按照购货合同规定预付给供应单位的款项等。本项目应根据"预付账款"和"应付账款"科目所属各明细科目的期末借方余额合计数，减去"坏账准备"科目中有关预付账款计提的坏账准备期末余额后的净额填列。如"预付账款"科目所属明细科目期末为贷方余额的，应在资产负债表"应付账款"项目内填列。

（7）"其他应收款"项目，反映企业除应收票据、应收账款、预付账款等经营活动以外的其他各种应收、暂付的款项。本项目应根据"应收利息""应收股利"和"其他应收款"科目的期末余额合计数，减去"坏账准备"科目中相关坏账准备期末余额后的金额填列。

（8）"存货"项目，本项目应根据"材料采购""原材料""库存商品""周转材料""委托加工物资""发出商品""生产成本""受托代销商品"等科目的期末余额合计数，减去"受托代销商品款""存货跌价准备"科目期末余额后的净额填列。材料采用计划成本核算，以及库存商品采用计划成本核算或售价核算的企业，还应按加或减材料成本差异、商品进销差价后的金额填列。

（9）"合同资产"项目，反映企业按照相关规定，根据本企业履行履约义务与客户付款之间的关系在资产负债表中列示的合同资产。"合同资产"项目应根据"合同资产"科目的相关明细科目期末余额分析填列，同一合同下的合同资产和合同负债应当以净额列示，其中净额为借方余额的，应当根据其流动性在"合同资产"或"其他非流动资产"项目中填列，已计提减值准备的，还应以减去"合同资产减值准备"科目中相关的期末余额后的金额填列；其中净额为贷方余额的，应当根据其流动性在"合同负债"或"其他非流动负债"项目中填列。

（10）"持有待售资产"项目，反映资产负债表日划分为持有待售类别的非流动资产及划分为持有待售类别的处置组中的流动资产和非流动资产的期末账面价值。该项目应根据"持有待售资产"科目的期末余额，减去"持有待售资产减值准备"科目的期末余额后的金额填列。

（11）"一年内到期的非流动资产"项目，反映企业预计自资产负债表日起一年内变现的非流动资产。本项目应根据有关科目的期末余额分析填列。

（12）"债权投资"项目，反映资产负债表日企业以摊余成本计量的长期债权投资的期末账面价值。该项目应根据"债权投资"科目的相关明细科目期末余额，减去"债权投资减值准备"科目中相关减值准备的期末余额后的金额分析填列。自资产负债表日起一年内到期的长期债权投资的期末账面价值，在"一年内到期的非流动资产"项目反映。企业购入的以摊余成本计量的一年内到期的债权投资的期末账面价值，在"其他流动资产"项目反映。

（13）"其他债权投资"项目，反映资产负债表日企业分类为以公允价值计量且其变动计入其他综合收益的长期债权投资的期末账面价值。该项目应根据"其他债权投资"科目的相关明细科目期末余额分析填列。自资产负债表日起一年内到期的长期债权投资的期末账面价值，在"一年内到期的非流动资产"项目反映。企业购入的以公允价值计量且其变动计入其他综合收益的一年内到期的债权投资的期末账面价值，在"其他流动资产"项目反映。

（14）"长期应收款"项目，反映企业租赁产生的应收款项和采用递延方式分期收款、实质上具有融资性质的销售商品和提供劳务等经营活动产生的应收款项。本项目应根据"长期应收款"科目的期末余额，减去相应的"未实现融资收益"科目和"坏账准备"科目所属相关明细科目期末余额后的金额填列。

（15）"长期股权投资"项目，反映投资方对被投资单位实施控制、重大影响的权益

（含一年）的各种借款。本项目应根据"短期借款"科目的期末余额填列。

（2）"交易性金融负债"项目，反映企业资产负债表日承担的交易性金融负债，以及企业持有的直接指定为以公允价值计量且其变动计入当期损益的金融负债的期末账面价值。本项目应根据"交易性金融负债"科目的相关明细科目期末余额填列。

（3）"应付票据"项目，反映资产负债表日以摊余成本计量的、企业因购买材料、商品和接受服务等开出、承兑的商业汇票，包括银行承兑汇票和商业承兑汇票。该项目应根据"应付票据"科目的期末余额填列。

（4）"应付账款"项目，反映资产负债表日以摊余成本计量的、企业因购买材料、商品和接受服务等经营活动应支付的款项。该项目应根据"应付账款"和"预付账款"科目所属的相关明细科目的期末贷方余额合计数填列。

（5）"预收款项"项目，反映企业按照租赁合同规定预收客户的款项。本项目应根据"预收账款"和"应收账款"科目所属各明细科目的期末贷方余额合计数填列。

（6）"合同负债"项目，反映企业按照《企业会计准则第14号——收入》（2018年修订）的相关规定，根据本企业履行履约义务与客户付款之间的关系在资产负债表中列示合同负债。"合同负债"项目应根据"合同负债"的相关明细科目期末余额分析填列。

（7）"应付职工薪酬"项目，反映企业为获得职工提供的服务或解除劳动关系而给予的各种形式的报酬或补偿。本项目应根据"应付职工薪酬"科目所属各明细科目的期末贷方余额分析填列。外商投资企业按规定从净利润中提取的职工奖励及福利基金，也在本项目列示。

（8）"应交税费"项目，企业所交纳的税金不需要预计应交数的，如印花税、耕地占用税等，不在本项目列示。本项目应根据"应交税费"科目的期末贷方余额填列，如"应交税费"科目期末为借方余额，应以"-"号填列。

（9）"其他应付款"项目，反映企业除应付票据、应付账款、预收账款、应付职工薪酬、应交税费等经营活动以外的其他各项应付、暂收的款项。本项目应根据"应付股利""应付利息""其他应付款"科目的期末余额合计数填列。

（10）"持有待售负债"项目，反映资产负债表日处置组中与划分为持有待售类别的资产直接相关的负债的期末账面价值。本项目应根据"持有待售负债"科目的期末余额填列。

（11）"一年内到期的非流动负债"项目，反映企业非流动负债中将于资产负债表日后一年内到期部分的金额，如将于一年内偿还的长期借款。本项目应根据有关科目的期末余额分析填列。

（12）"长期借款"项目，反映企业向银行或其他金融机构借入的期限在一年以上（不含一年）的各项借款。本项目应根据"长期借款"科目的期末余额，扣除"长期借款"科目所属的明细科目中将在资产负债表日起一年内到期且企业不能自主地将清偿义务展期的长期借款后的金额计算填列。

（13）"应付债券"项目，反映企业为筹集长期资金而发行的债券本金及应付的利息。本项目应根据"应付债券"科目的期末余额分析填列。对于资产负债表日企业发行的金融工具，分类为金融负债的，应在本项目填列，对于优先股和永续债还应在本项目下的

"优先股"项目和"永续债"项目分别填列。

（14）"租赁负债"项目，反映资产负债表日承租人企业尚未支付的租赁付款额的期末账面价值。该项目应根据"租赁负债"科目的期末余额填列。自资产负债表日起一年内到期应予以清偿的租赁负债的期末账面价值，在"一年内到期的非流动负债"项目反映。

（15）"长期应付款"项目，该项目应当根据"长期应付款"科目的期末余额，减去相关的"未确认融资费用"科目的期末余额后的金额，以及"专项应付款"科目的期末余额，再减去所属相关明细科目中将于一年内到期的部分后的金额填列。

（16）"预计负债"项目，反映企业根据或有事项等相关准则确认的各项预计负债，包括对外提供担保、未决诉讼、产品质量保证、重组义务以及固定资产和矿区权益弃置义务等产生的预计负债。本项目应根据"预计负债"科目的期末余额填列。

（17）"递延收益"项目，反映尚待确认的收入或收益。本项目核算包括企业根据政府补助准则确认的应在以后期间计入当期损益的政府补助金额、售后租回形成融资租赁的售价与资产账面价值差额等其他递延性收入。本项目应根据"递延收益"科目的期末余额填列。

（18）"递延所得税负债"项目，反映企业根据所得税准则确认的应纳税暂时性差异产生的所得税负债。本项目应根据"递延所得税负债"科目的期末余额填列。

（19）"其他非流动负债"项目，反映企业除上述非流动负债以外的其他非流动负债。本项目应根据有关科目的期末余额，减去将于一年内（含一年）到期偿还数后的余额分析填列。非流动负债各项目中将于一年内（含一年）到期的非流动负债，应在"一年内到期的非流动负债"项目内反映。

3.所有者权益项目的填列说明

（1）"实收资本（或股本）"项目，反映企业各投资者实际投入的资本（或股本）总额。本项目应根据"实收资本（或股本）"科目的期末余额填列。

（2）"其他权益工具"项目，反映企业发行的除普通股以外分类为权益工具的金融工具的账面价值，并下设"优先股"和"永续债"两个项目，分别反映企业发行的分类为权益工具的优先股和永续债的账面价值。

（3）"资本公积"项目，反映企业收到投资者出资超出其在注册资本或股本中所占的份额以及直接计入所有者权益的利得和损失等。本项目应根据"资本公积"科目的期末余额填列。

（4）"其他综合收益"项目，反映企业其他综合收益的期末余额。本项目应根据"其他综合收益"科目的期末余额填列。

（5）"专项储备"项目，反映高危行业企业按国家规定提取的安全生产费的期末账面价值。本项目应根据"专项储备"科目的期末余额填列。

（6）"盈余公积"项目，反映企业盈余公积的期末余额。本项目应根据"盈余公积"科目的期末余额填列。

（7）"未分配利润"项目，反映企业尚未分配的利润。本项目应根据"本年利润"科目和"利润分配"科目的余额计算填列。未弥补的亏损在本项目内以"-"号填列。

【典例研习·6-18】（2019年单选题）

某企业2019年12月31日固定资产账户余额为3 000万元，累计折旧账户余额为800万元，固定资产减值准备账户余额为200万元，固定资产清理借方余额为50万元，在建工程账户余额为200万元。该企业2019年12月31日，资产负债表中固定资产项目金额为（　　）万元。

A.3 000　　　　B.1 950　　　　C.2 050　　　　D.3 200

‖斯尔解析‖ [C]　固定资产项目应根据"固定资产"科目的期末余额，减去"累计折旧"和"固定资产减值准备"科目的期末余额，以及"固定资产清理"科目的期末余额后的净额填列。3 000-800-200+50=2 050（万元）。在建工程账户余额是在"在建工程"项目中进行列报的。

【典例研习·6-19】（模拟单选题）

下列各科目的期末余额，不应在资产负债表"存货"项目列示的是（　　）。

A.库存商品　　　B.生产成本　　　C.工程物资　　　D.委托加工物资

‖斯尔解析‖ [C]　工程物资应列入"在建工程"项目。

【典例研习·6-20】（2012年多选题）

下列各项中，应在资产负债表"预付款项"项目列示的有（　　）。

A."应付账款"科目所属明细账科目的借方余额

B."应付账款"科目所属明细账科目的贷方余额

C."预付账款"科目所属明细账科目的借方余额

D."预付账款"科目所属明细账科目的贷方余额

‖斯尔解析‖ [AC]　"预付款项"项目应当根据应付账款明细账的借方余额加上预付账款明细账的借方余额合计数填列，如有与预付账款相关的坏账准备，还应减去相应的坏账准备。

【典例研习·6-21】（模拟多选题）

下列各项中，应列入资产负债表"其他应付款"项目的有（　　）。

A.计提的短期借款利息　　　　　　B.计提的到期一次还本付息的债券利息

C.计提的分期付息到期还本债券利息　D.计提的分期付息到期还本长期借款利息

‖斯尔解析‖ [ACD]　选项B，计提的到期一次还本付息的债券利息，记入"应付债券——应计利息"科目。

【典例研习·6-22】（2016年判断题）

资产负债表日，应根据"库存现金"、"银行存款"和"其他货币资金"三个总账科目的期末余额合计数填列资产负债表"货币资金"项目。（　　）

‖斯尔解析‖ [√]

第二部分　利润表

考点1　利润表概述（★）

利润表是反映企业在一定会计期间的经营成果的报表。

考点2　利润表的结构（★★）

我国企业的利润表采用多步式格式。

利润表

编制单位：　　　　　　　　　　　年　　月　　　　　　　　　　　单位：元

项目	本期金额	上期金额
一、营业收入		
减：营业成本		
税金及附加		
销售费用		
管理费用		
研发费用		
财务费用		
其中：利息费用		
利息收入		
加：其他收益		
投资收益（损失以"-"号填列）		
其中：对联营企业和合营企业的投资收益		
以摊余成本计量的金融资产终止确认收益（损失以"-"号填列）		
净敞口套期收益（损失以"-"号填列）		
公允价值变动收益（损失以"-"号填列）		
信用减值损失（损失以"-"号填列）		
资产减值损失（损失以"-"号填列）		
资产处置收益（损失以"-"号填列）		
二、营业利润（亏损以"-"号填列）		
加：营业外收入		
减：营业外支出		
三、利润总额（亏损总额以"-"号填列）		
减：所得税费用		
四、净利润（净亏损以"-"号填列）		
五、其他综合收益的税后净额（略）		
六、综合收益总额		
七、每股收益		
（一）基本每股收益		
（二）稀释每股收益		

考点3 利润表的编制（★★★）

（一）利润表项目的填列方法

第一步，以营业收入为基础，减去营业成本、税金及附加、销售费用、管理费用、研发费用、财务费用，加上其他收益、投资收益（或减去投资损失）、净敞口套期收益（或减去净敞口套期损失）、公允价值变动收益（或减去公允价值变动损失）、资产减值损失、信用减值损失和资产处置收益（或减去资产处置损失），计算出营业利润；

第二步，以营业利润为基础，加上营业外收入，减去营业外支出，计算出利润总额；

第三步，以利润总额为基础，减去所得税费用，即计算出净利润（或净亏损）；

第四步，以净利润（或净亏损）为基础，计算每股收益；

第五步，以净利润（或净亏损）和其他综合收益的税后净额为基础，计算出综合收益总额。

【典例研习·6-23】（2020年单选题）

某企业2019年发生经济业务如下：确认销售费用1 000万元，公允价值变动损失60万元，确认信用减值损失4万元，支付税收滞纳金26万元。不考虑其他因素，上述业务导致该企业2019年营业利润减少的金额为（　　）万元。

A.1 090　　　B.1 064　　　C.1 086　　　D.1 060

‖斯尔解析‖ **B** 税收滞纳金计入营业外支出，不影响营业利润，所以导致该企业2019年营业利润减少的金额=1 000+60+4=1 064（万元）。

【典例研习·6-24】（2014年单选题）

下列各项中，影响利润表中"营业利润"项目的是（　　）。

A.盘亏固定资产净损失　　　B.计提固定资产减值准备
C.发生的所得税费用　　　　D.固定资产毁损的净损失

‖斯尔解析‖ **B** 盘亏固定资产净损失计入营业外支出，影响利润总额，不影响营业利润，选项A错误；计提固定资产减值准备计入资产减值损失，影响营业利润，选项B正确；发生的所得税费用影响净利润，不影响营业利润，选项C错误；固定资产毁损的净损失计入营业外支出，影响利润总额，不影响营业利润，选项D错误。

【典例研习·6-25】（2013年单选题）

下列各项中，应列入利润表"营业收入"项目的是（　　）。

A.销售材料取得的收入　　　　B.接受非关联方捐赠收到的现金
C.出售专利权取得的净收益　　D.出售自用房产取得的净收益

‖斯尔解析‖ **A** 选项A，销售材料取得的收入计入其他业务收入，构成营业收入，选项B通过"营业外收入"科目核算，选项C和D通过"资产处置损益"科目核算，均不构成营业收入。

【典例研习·6-26】（2013年单选题改编）

下列各项中，不应列入利润表"营业成本"项目的是（　　）。

A.已销商品的实际成本　　　　B.在建工程领用产品的成本
C.对外提供劳务结转的成本　　D.单独计价包装物销售成本

‖斯尔解析‖ **B** 选项B，在建工程领用产品的实际成本在产品领用时直接计入在建工程，不结转营业成本。

（二）利润表项目的填列说明

（1）"营业收入"项目，反映企业经营主要业务和其他业务所确认的收入总额。本项目应根据"主营业务收入"和"其他业务收入"科目的发生额分析填列。

（2）"营业成本"项目，反映企业经营主要业务和其他业务所发生的成本总额。本项目应根据"主营业务成本"和"其他业务成本"科目的发生额分析填列。

（3）"税金及附加"项目，反映企业经营业务应负担的消费税、城市维护建设税、资源税、土地增值税、教育费附加、房产税、车船税、城镇土地使用税、印花税等相关税费。本项目应根据"税金及附加"科目的发生额分析填列。

（4）"销售费用"项目，反映企业在销售商品过程中发生的包装费、广告费等费用和为销售本企业商品而专设的销售机构的职工薪酬、业务费等经营费用。本项目应根据"销售费用"科目的发生额分析填列。

（5）"管理费用"项目，反映企业为组织和管理生产经营发生的管理费用。本项目应根据"管理费用"科目的发生额分析填列。

（6）"研发费用"项目，反映企业进行研究与开发过程中发生的费用化支出，以及计入管理费用的自行开发无形资产的摊销。该项目应根据"管理费用"科目下的"研发费用"明细科目的发生额以及"管理费用"科目下"无形资产摊销"明细科目的发生额分析填列。

需要说明的是，研发费用并不是会计科目，只是"管理费用"科目下设的一个二级明细科目。

（7）"财务费用"项目，反映企业为筹集生产经营所需资金等而发生的应予以费用化的利息支出。本项目应根据"财务费用"科目的相关明细科目的发生额分析填列。

（8）"资产减值损失"项目，反映企业各项资产发生的减值损失。本项目应根据"资产减值损失"科目的发生额分析填列。

（9）"信用减值损失"项目，反映企业计提的各项金融工具减值准备所形成的信用损失。该项目应根据"信用减值损失"科目的发生额分析填列。

（10）"其他收益"项目，反映计入其他收益的政府补助等。本项目应根据"其他收益"科目的发生额分析填列。

（11）"投资收益"项目，反映企业以各种方式对外投资所取得的收益。本项目应根据"投资收益"科目的发生额分析填列。如为投资损失，本项目以"-"号填列。

（12）"公允价值变动收益"项目，反映企业应当计入当期损益的资产或负债公允价值变动收益。本项目应根据"公允价值变动损益"科目的发生额分析填列，如为净损失，本项目以"-"号填列。

（13）"资产处置收益"项目，反映企业出售划分为持有待售的非流动资产（金融工具、长期股权投资和投资性房地产除外）或处置组（子公司和业务除外）时确认的处置利得或损失，以及处置未划分为持有待售的固定资产、在建工程、生产性生物资产及无形资产而产生的处置利得或损失。本项目应根据"资产处置损益"科目的发生额分析填列；如为处置损失，以"-"号填列。

（14）"营业利润"项目，反映企业实现的营业利润。如为亏损，本项目以"-"号填列。

（15）"营业外收入"项目，反映企业发生的除营业利润以外的收益。本项目应根据"营业外收入"科目的发生额分析填列。

（16）"营业外支出"项目，反映企业发生的除营业利润以外的损失。本项目应根据"营业外支出"科目的发生额分析填列。

（17）"利润总额"项目，反映企业实现的利润。如为亏损，本项目以"-"号填列。

（18）"所得税费用"项目，反映企业应从当期利润总额中扣除的所得税费用。本项目应根据"所得税费用"科目的发生额分析填列。

（19）"净利润"项目，反映企业实现的净利润。如为亏损，本项目以"-"号填列。

（20）"其他综合收益的税后净额"项目，反映企业根据企业会计准则规定未在损益中确认的各项利得和损失扣除所得税影响后的净额。

（21）"综合收益总额"项目，反映企业净利润与其他综合收益（税后净额）的合计金额。

（22）"每股收益"项目，包括基本每股收益和稀释每股收益两项指标，反映普通股或潜在普通股已公开交易的企业，以及正处在公开发行普通股或潜在普通股过程中的企业的每股收益信息。

【典例研习·6-27】（2020年单选题）

下列各项中，影响利润表中"营业利润"项目的是（   ）。

A.营业外收入　　　B.所得税费用　　　C.营业外支出　　　D.资产减值损失

‖斯尔解析‖ [D]　营业外收入、营业外支出和所得税费用均不影响利润表中"营业利润"项目，选项D正确。

【典例研习·6-28】（2018年多选题）

下列各项中，关于利润表项目本期金额填列方法表述正确的有（   ）。

A."管理费用"项目应根据"管理费用"科目的本期发生额分析填列

B."营业利润"项目应根据"本年利润"科目的本期发生额分析填列

C."税金及附加"项目应根据"应交税费"科目的本期发生额分析填列

D."营业收入"项目应根据"主营业务收入"和"其他业务收入"科目的本期发生额分析填列

‖斯尔解析‖ [AD]　"管理费用"项目应根据"管理费用"科目的发生额分析填列，选项A正确；本年利润不仅仅包含营业利润，还包含营业外收支和所得税费用，因此"营业利润"项目不是以本年利润的本期发生额填列的，选项B不正确；"税金及附加"项目应根据"税金及附加"科目的发生额分析填列，而不是根据"应交税费"科目本期发生额分析填列的，选项C不正确；"营业收入"项目根据"主营业务收入"和"其他业务收入"科目的发生额分析填列，选项D正确。

【典例研习·6-29】（2017年判断题）

企业利润表中的"综合收益总额"项目，应根据企业当年的"净利润"和"其他综合收益的税后净额"的合计数计算填列。（   ）

‖斯尔解析‖ [√]

【典例研习·6-30】（2016年不定项选择题改编）

甲公司为增值税一般纳税人，适用的增值税税率为13%，2021年1至11月损益类科目如下表所示：

损益类科目发生额汇总表
2021年1至11月　　　　　　　　　金额单位：万元

名称	借方	名称	贷方
主营业务成本	1 350	主营业务收入	1 500
税金及附加	125	其他业务收入	500
管理费用	200	投资收益	30
销售费用	100	营业外收入	65
财务费用	20		
合计	1 795	合计	2 095

2021年12月甲公司发生有关业务资料如下：

（1）6日，向乙公司销售M商品一批，增值税专用发票注明的价款为150万元，增值税税额为19.5万元，为乙公司代垫运杂费2万元，全部款项已办妥托收手续。该批商品成本为100万元，商品已经发出。

（2）15日，向丙公司销售H商品一批，该批商品标价33万元，因丙公司为长期客户，甲公司给予丙公司3万元商业折扣，并向丙公司开具增值税专用发票注明的价款为30万元，增值税税额为3.9万元，该批商品成本为25万元。货款尚未收到。

（3）20日，收到丁公司退回商品一批。该批商品系上月所售，质量有瑕疵，不含增值税的售价为60万元，实际成本为50万元，增值税专用发票已开具并交付丁公司。该批商品未确认收入，也未收取货款。经核查，甲公司同意退货，已办妥退货手续，并向丁公司开具了红字增值税专用发票。

（4）31日，"应收账款"科目余额为183万元（"坏账准备"科目期初余额为零）。当日采用预期信用损失法，应计提坏账准备8万元。本月共发生财务费用5.6万元，销售费用10万元，管理费用12万元。

要求：

根据上述资料，所有收入均符合确认条件，不考虑其他因素，分析回答下列小题。（答案中的金额单位用万元表示）

1.下列各项中，关于甲公司1至11月收入、费用及经营成果的计算结果正确的是（　　）。

A.期间费用为320万元　　　　　　B.营业收入为2 000万元
C.利润总额为300万元　　　　　　D.营业利润为235万元

斯尔解析 `ABCD`　期间费用=200+100+20=320（万元），选项A正确；

营业收入=1 500+500=2 000（万元），选项B正确；

营业利润=（1 500+500+30）-（1 350+125+200+100+20）=235（万元），选项D正

性投资，以及对其合营企业的权益性投资。本项目应根据"长期股权投资"科目的期末余额，减去"长期股权投资减值准备"科目的期末余额后的净额填列。

（16）"其他权益工具投资"项目，反映资产负债表日企业指定为以公允价值计量且其变动计入其他综合收益的非交易性权益工具投资的期末账面价值。该项目应根据"其他权益工具投资"科目的期末余额填列。

（17）"固定资产"项目，反映资产负债表日企业固定资产的期末账面价值和企业尚未清理完毕的固定资产清理净损益。该项目应根据"固定资产"科目的期末余额，减去"累计折旧"和"固定资产减值准备"科目的期末余额后的金额，以及"固定资产清理"科目的期末余额填列。

【典例研习·6-17】

2020年12月31日，甲公司"固定资产"科目借方余额为5 000万元，"累计折旧"科目贷方余额为2 000万元，"固定资产减值准备"科目贷方余额为500万元，"固定资产清理"科目借方余额为500万元，则2020年12月31日，甲公司资产负债表中"固定资产"项目"期末余额"的列报金额=5 000-2 000-500+500=3 000（万元）。

（18）"在建工程"项目，反映资产负债表日企业尚未达到预定可使用状态的在建工程的期末账面价值和企业为在建工程准备的各种物资的期末账面价值。该项目应根据"在建工程"科目的期末余额，减去"在建工程减值准备"科目的期末余额后的金额，以及"工程物资"科目的期末余额，减去"工程物资减值准备"科目的期末余额后的金额填列。

（19）"使用权资产"项目，反映资产负债表日承租人企业持有的使用权资产的期末账面价值。该项目应根据"使用权资产"科目的期末余额，减去"使用权资产累计折旧"和"使用权资产减值准备"科目的期末余额后的金额填列。

（20）"无形资产"项目，反映企业持有的专利权、非专利技术、商标权、著作权、土地使用权等无形资产的成本减去累计摊销和减值准备后的净值。本项目应根据"无形资产"科目的期末余额，减去"累计摊销"和"无形资产减值准备"科目期末余额后的净额填列。

（21）"开发支出"项目，反映企业开发无形资产过程中能够资本化形成无形资产成本的支出部分。本项目应当根据"研发支出"科目中所属的"资本化支出"明细科目期末余额填列。

（22）"长期待摊费用"项目，反映企业已经发生但应由本期和以后各期负担的分摊期限在一年以上的各项费用。长期待摊费用摊销年限（或期限）只剩一年或不足一年的，或者预计在一年内（含一年）进行摊销的部分，仍在"长期待摊费用"项目中列示，不转入"一年内到期的非流动资产"项目。

（23）"递延所得税资产"项目，反映企业根据所得税准则确认的可抵扣暂时性差异产生的所得税资产，本项目应根据"递延所得税资产"科目的期末余额填列。

（24）"其他非流动资产"项目，反映企业除上述非流动资产以外的其他非流动资产。本项目应根据有关科目的期末余额填列。

2.负债项目的填列说明

（1）"短期借款"项目，反映企业向银行或其他金融机构等借入的期限在一年以下确；利润总额=235+65=300（万元），选项C正确。

2.根据资料（1），下列各项中，关于甲公司向乙公司销售M商品的会计处理正确的是（　　）。

A.确认应收账款171.5万元　　　　B.结转商品销售成本100万元
C.确认其他应收款2万元　　　　　D.确认主营业务收入152万元

‖斯尔解析‖ [AB] 资料（1）分录如下：

借：应收账款　　　　　　　　　　　　　　　　　169.5
　　贷：主营业务收入　　　　　　　　　　　　　　　　　150
　　　　应交税费——应交增值税（销项税额）　　　　　　19.5
借：应收账款　　　　　　　　　　　　　　　　　2
　　贷：银行存款　　　　　　　　　　　　　　　　　　　2
借：主营业务成本　　　　　　　　　　　　　　　100
　　贷：库存商品　　　　　　　　　　　　　　　　　　　100

销货企业代垫的运杂费计入应收账款，所以应确认应收账款的金额=150+19.5+2=171.5（万元），选项A正确，选项C错误；结转的销货成本为100万元，选项B正确；确认主营业务收入150万元，选项D错误。

3.根据资料（2），甲公司会计处理正确的是（　　）。

A.借：应收账款　　　　　　　　　　　　　　　　33.9
　　贷：主营业务收入　　　　　　　　　　　　　　　　　30
　　　　应交税费——应交增值税（销项税额）　　　　　　3.9
B.借：应收账款　　　　　　　　　　　　　　　　36.9
　　贷：主营业务收入　　　　　　　　　　　　　　　　　33
　　　　应交税费——应交增值税（销项税额）　　　　　　3.9
C.借：主营业务成本　　　　　　　　　　　　　　25
　　贷：库存商品　　　　　　　　　　　　　　　　　　　25
D.借：银行存款　　　　　　　　　　　　　　　　33.9
　　贷：应收账款　　　　　　　　　　　　　　　　　　　33.9

‖斯尔解析‖ [AC] 资料（2）分录如下：

15日销售：

借：应收账款　　　　　　　　　　　　　　　　　33.9
　　贷：主营业务收入　　　　　　　　　　　　　　　　　30
　　　　应交税费——应交增值税（销项税额）　　　　　　3.9
借：主营业务成本　　　　　　　　　　　　　　　25
　　贷：库存商品　　　　　　　　　　　　　　　　　　　25

4.根据资料（3），下列各项中，关于甲公司收到丁公司退货的会计处理表述正确的是（　　）。

A.按销售价格计算的增值税贷记"应收账款"科目
B.按商品成本贷记"发出商品"科目

C.按销售价格计算的增值税借记"应交税费"科目
D.按商品成本借记"库存商品"科目

‖斯尔解析‖ ABCD 发生销售退回的时候没有确认收入结转成本,直接冲减发出商品即可。资料(3)分录如下:

借:库存商品　　　　　　　　　　　　　　　　　　　　　50
　　贷:发出商品　　　　　　　　　　　　　　　　　　　　　　　　50
借:应交税费——应交增值税(销项税额)　　　　　　　7.8
　　贷:应收账款　　　　　　　　　　　　　　　　　　　　　　　　7.8

5.根据1至11月资料、资料(1)至(4),甲公司2021年的利润总额是(　　)万元。
A.318　　　　B.320　　　　C.310　　　　D.319.4

‖斯尔解析‖ D 甲公司2021年的利润总额=300(1至11月利润总额)+(150-100)(资料1)+(30-25)(资料2)-8(资料4应收账款计提的信用减值损失)-5.6(资料4财务费用)-10(资料4销售费用)-12(资料4管理费用)=319.4(万元),选项D正确。

第三部分　所有者权益变动表

考点1　所有者权益变动表概述(★)

所有者权益变动表是指反映构成所有者权益各组成部分当期增减变动情况的报表。通过所有者权益变动表,既可以为财务报表使用者提供所有者权益总量增减变动的信息,也能为其提供所有者权益增减变动的结构性信息,特别是能够让财务报表使用者理解所有者权益增减变动的根源。

考点2　所有者权益变动表的结构(★)

在所有者权益变动表上,企业至少应当单独列示的项目包括:
1.综合收益总额;
2.会计政策变更和差错更正的累积影响金额;
3.所有者投入资本和向所有者分配利润等;
4.提取的盈余公积;
5.实收资本、其他权益工具、资本公积、其他综合收益、专项储备、盈余公积、未分配利润的期初和期末余额及其调节情况。

【典例研习·6-31】(2018年单选题)
下列各项中,不属于所有者权益变动表中单独列示的项目是(　　)。
A.所有者投入资本　　　　　　　B.综合收益总额
C.会计估计变更　　　　　　　　D.会计政策变更

‖斯尔解析‖ C 在所有者权益变动表上,企业至少应当单独列示反映下列信息的项目:综合收益总额;会计政策变更和差错更正的累积影响金额;所有者投入资本和向所有者分配利润等;提取的盈余公积;实收资本、其他权益工具、资本公积、其他综合收益、专项储备、盈余公积、未分配利润的期初和期末余额及其调节情况。

【典例研习·6-32】（2020年多选题）
下列各项中，属于所有者权益变动表"本年增减变动金额"项目的有（　　）。
A.盈余公积转增资本　　　　　　B.提取盈余公积
C.盈余公积弥补亏损　　　　　　D.资本公积转增资本
‖斯尔解析‖ ABCD

【典例研习·6-33】（2017年、2015年判断题）
所有者权益变动表是反映构成所有者权益各组成部分当期增减变动情况的报表。（　　）
‖斯尔解析‖ √

【典例研习·6-34】（模拟判断题）
所有者权益变动表"未分配利润"项目的本年年末余额应当与本年资产负债表"未分配利润"项目的年末余额相等。（　　）
‖斯尔解析‖ √

第四部分　附　注

考点1　附注概述（★）

附注是对资产负债表、利润表、现金流量表和所有者权益变动表等报表中列示项目的文字描述或明细资料，以及对未能在这些报表中列示项目的说明等。

财务报表中的数字是经过分类与汇总后的结果，是对企业发生的经济业务的高度简化和浓缩的数字，如果没有形成这些数字所使用的会计政策和理解这些数字所必需的披露，财务报表就不可能充分发挥效用。因此，附注与资产负债表、利润表、现金流量表、所有者权益变动表等财务报表具有同等的重要性，是财务报表的重要组成部分。财务报表使用者要了解企业的财务状况、经营成果和现金流量，应当全面阅读附注。

考点2　附注的主要内容（★）

企业应当按照如下顺序披露附注的内容：

1.企业的基本情况

（1）企业注册地、组织形式和总部地址。

（2）企业的业务性质和主要经营活动，如企业所处的行业、所提供的主要产品或服务、客户的性质、销售策略、监管环境的性质等。

（3）母公司以及集团最终母公司的名称。

（4）财务报告的批准报出者和财务报告批准报出日。

（5）营业期限有限的企业，还应当披露有关营业期限的信息。

2.财务报表的编制基础

财务报表的编制基础是指财务报表是在持续经营基础上还是非持续经营基础上编制的。企业一般是在持续经营基础上编制财务报表，清算、破产属于非持续经营基础。

3.遵循企业会计准则的声明

企业应当声明编制的财务报表符合企业会计准则的要求，真实、完整地反映了企业的财务状况、经营成果和现金流量等有关信息，以此明确企业编制财务报表所依据的制度基础。

如果企业编制的财务报表只是部分地遵循了企业会计准则，附注中不得做出这种表述。

4.重要会计政策和会计估计

根据财务报表列报准则的规定，企业应当披露采用的重要会计政策和会计估计，不重要的会计政策和会计估计可以不披露。

5.会计政策和会计估计变更以及差错更正的说明

企业应当按照会计政策、会计估计变更和差错更正会计准则的规定，披露会计政策和会计估计变更以及差错更正的有关情况。

6.报表重要项目的说明

企业应当以文字和数字描述相结合的方式披露报表重要项目的构成或当期增减变动情况，并且报表重要项目的明细金额合计应当与报表项目金额相衔接。在披露顺序上，一般应当按照资产负债表、利润表、现金流量表、所有者权益变动表及其项目列示的顺序。

7.或有和承诺事项、资产负债表日后非调整事项、关联方关系及其交易等需要说明的事项。

8.有助于财务报表使用者评价企业管理资本的目标、政策及程序的信息。

【典例研习·6-35】（2015年单选题）

下列各项中，关于财务报表附注的表述不正确的是（   ）。

A.附注中包括财务报表重要项目的说明

B.对未能在财务报表中列示的项目在附注中说明

C.如果没有需要披露的重大事项，企业不必编制附注

D.附注中包括会计政策和会计估计变更以及差错更正的说明

‖斯尔解析‖ C   财务报表至少应当包括资产负债表、利润表、现金流量表、所有者权益变动表以及附注，所以附注是必需的，选项C错误。

【典例研习·6-36】（2020年判断题）

企业采用的重要会计政策和会计估计属于财务报表附注披露的内容。（   ）

‖斯尔解析‖ √

‖陷阱提示‖ 并非所有的会计政策和会计估计均需要在报表附注中披露，一定是重要的会计政策和会计估计才需要在报表附注中披露。

【典例研习·6-37】（2018年不定项选择题改编）

某企业为增值税一般纳税人，2021年3月发生有关固定资产业务如下：

（1）3月1日，企业对租入的厂部办公楼采用出包工程方式进行装修改造，以银行存款支付全部工程款，取得增值税专用发票上注明的价款60万元，增值税税额5.4万元。当月31日工程完工达到预定可使用状态并交付使用。按租赁合同规定租赁期为5年，租赁开始日为2021年2月28日，年租金48万元（不含增值税）每年年末支付。

（2）3月20日，基本生产车间一台设备由于自然灾害报废，原值40万元（不考虑增值税），已计提折旧24万元（含本月应计提折旧额0.67万元），未计提减值准备。报废取得残值变价收入2万元，增值税税额为0.26万元。报废清理发生自行清理费用0.5万元。有关收入、支出均通过银行办理结算。

（3）3月31日，计算确认本月基本生产车间固定资产折旧。其中厂房本月应计提折旧

费16万元,除本月报废设备应计提折旧额0.67万元外,车间正常使用设备的原价为600万元,预计净残值为30万元。该设备于2020年6月达到预定可使用状态,并投入使用。预计使用年限为5年,采用双倍余额递减法计提折旧。

要求:

根据上述资料,不考虑其他因素,分析回答下列小题。(答案中的金额单位用万元表示)

1.根据资料(1),下列各项中,关于装修改造办公楼的会计处理正确的是( )。

A.借:固定资产　　　　　　　　　　　　　　　60
　　　贷:在建工程　　　　　　　　　　　　　　　　　60

B.借:长期待摊费用　　　　　　　　　　　　　60
　　　应交税费——应交增值税(进项税额)　　5.4
　　　贷:银行存款　　　　　　　　　　　　　　　　65.4

C.借:长期待摊费用　　　　　　　　　　　　　65.4
　　　贷:银行存款　　　　　　　　　　　　　　　　65.4

D.借:在建工程　　　　　　　　　　　　　　　60
　　　应交税费——应交增值税(进项税额)　　5.4
　　　贷:银行存款　　　　　　　　　　　　　　　　65.4

【斯尔解析】【B】　根据资料(1),相关会计分录为:

借:长期待摊费用　　　　　　　　　　　　　　60
　　应交税费——应交增值税(进项税额)　　　5.4
　　贷:银行存款　　　　　　　　　　　　　　　　　65.4

2.根据资料(1),下列各项中,关于按月摊销办公楼装修款会计处理正确的是( )。

A."管理费用"科目借方增加1万元

B."其他应付款"科目贷方增加1万元

C."长期待摊费用"科目贷方增加1万元

D."累计折旧"科目贷方增加1万元

【斯尔解析】【AC】　根据资料(1),相关会计分录为:

借:管理费用　　　　　　　　　　　　　　　　1
　　贷:长期待摊费用　　　　　　　　　　　　　　　1

3.根据资料(2),下列各项中,关于设备报废相关项目和科目的会计处理结果表述正确的是( )。

A.利润总额减少14.5万元

B."应交税费——应交增值税"科目贷方增加0.26万元

C."营业外支出"科目借方增加14.5万元

D.借方"累计折旧"科目24万元

【斯尔解析】【ABCD】　根据资料(2),相关会计分录为:

借:固定资产清理　　　　　　　　　　　　　　16
　　累计折旧　　　　　　　　　　　　　　　　24
　　贷:固定资产　　　　　　　　　　　　　　　　　40

借：银行存款　　　　　　　　　　　　　　　　　　　2.26
　　贷：固定资产清理　　　　　　　　　　　　　　　　　　　　2
　　　　应交税费——应交增值税（销项税额）　　　　　　　　0.26
借：固定资产清理　　　　　　　　　　　　　　　　　　0.5
　　贷：银行存款　　　　　　　　　　　　　　　　　　　　　0.5
借：营业外支出　　　　　　　　　　　　　　　　　　　14.5
　　贷：固定资产清理　　　　　　　　　　　　　　　　　　　14.5
计入营业外支出14.5万元，因其是损益类科目，导致利润总额减少14.5万元。

4.根据资料（3），基本生产车间3月应计提的折旧费是（　　）万元。
A.16　　　　　　B.36　　　　　　C.20　　　　　　D.36.67

‖斯尔解析‖ [D]　设备第一年应计提折旧额=600×2/5=240（万元），3月应计提折旧额=240/12=20（万元），基本生产车间3月应计提折旧费=16+0.67+20=36.67（万元）。

5.根据资料（2）和（3），3月31日资产负债表"固定资产"项目期末余额减少的金额应为（　　）万元。
A.76.67　　　　　B.40　　　　　C.36.67　　　　　D.52.67

‖斯尔解析‖ [D]　3月31日资产负债表"固定资产"项目期末余额减少的金额=（40-24）+36.67=52.67（万元）。

第七章　管理会计基础

学习提要

同学们，第七章真的是一个坎。为什么这么说呢，因为第七章由两部分构成，其中第一部分是管理会计的基础理论知识，晦涩难懂。没有实务工作经验的同学真的不好理解，最要命的是好多内容都是概念性的介绍，没有具体的案例，还好在考试中分值不高，属于非重点内容。所以，你第一遍先能听懂知识点，不需要背记，做题一时做不上来也不要着急，这部分内容是需要考前突击的。第二部分是成本会计内容，这部分是很多同学学习的一个痛处，特别是有着一颗"会计心"，但又对数字不敏感的你，会有天然的逆反心理。但是需要和同学们说清楚的是，不管你爱不爱，它就在这，不管你愿不愿意，它仍在考试中经常考核不定项选择题。但是，同学们也不用过多担心，在课上我们会告诉大家你应该怎么学，如何算。接下来请收心和我们一起攻下这个"怪兽"！

本章近三年平均分值在12分左右，其中，2020年4题7分，2019年12题20.5分，2018年4题6分，预计2021年分值会在10分左右。需要说明的是，如果你抽到的试卷中没有成本计算的不定项选择题，那么分值在6分左右，如果你抽到了至少10分。有的同学会想，考试时我不要抽到产品计算，与其将命运掌握在别人手中，不如自己主宰命运。最后我需要说明的是，以下内容并没有按官方教材顺序讲解，等你听课的时候就明白我的用心良苦了，来吧，开学！

考点精讲

第一部分　产品成本核算的要求和一般程序

考点1　产品成本核算的要求（★）

1.做好各项基础工作

2.正确划分各种费用支出的界限

（1）收益性支出和资本性支出；

（2）成本费用、期间费用和营业外支出；

（3）本期成本费用与以后期间成本费用；

（4）各种产品成本费用；

（5）本期完工产品与期末在产品成本。

3.根据生产特点和管理要求选择适当的成本计算方法

产品成本的计算，关键是选择适当的产品成本计算方法。企业常用的产品成本计算方法有：品种法、分批法、分步法、分类法、定额法、标准成本法等。

4.遵守一致性原则

在成本核算中，各种处理方法要前后一致，使前后各项的成本资料相互可比。

5.编制产品成本报表

企业一般应当按月编制产品成本报表，全面反映企业生产成本、成本计划执行情况、产品成本及其变动情况等。

考点2　产品成本核算的一般程序（★）

成本核算的一般程序，是指对企业在生产经营过程中发生的各项生产费用和期间费用，按照成本核算的要求，逐步进行归集和分配，最后计算出各种产品的生产成本和各项期间费用的过程。

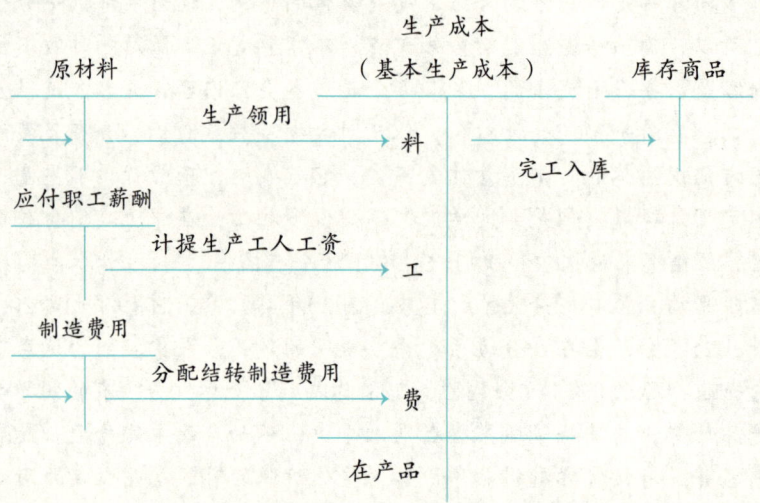

【典例研习·7-1】（模拟多选题）

下列各项中，属于产品成本的是（　　）。

A.生产车间机器设备的日常维修费用　　B.生产产品耗用的材料成本

C.生产车间管理人员的薪酬　　　　　　D.生产车间生产工人的薪酬

‖斯尔解析‖ **BCD**　选项A，生产车间机器设备的日常维修费用计入管理费用，而不计入产品成本中。

考点3　产品成本核算对象（★）

大量大批单步骤生产产品或管理上不要求提供有关生产步骤成本信息的，以产品品种为成本核算对象；

小批单件生产产品的，以每批或每件产品为成本核算对象；

多步骤连续加工产品且管理上要求提供有关生产步骤成本信息的，以每种产品及各生产步骤为成本核算对象；

产品规格繁多的，可将产品结构、耗用原材料和工艺过程基本相同的各种产品，适当合并作为成本核算对象。

考点4 产品成本项目（★★★）

企业应当按成本的经济用途和生产要素内容相结合的原则或成本性态等设置成本项目。根据生产经营特点和管理要求，企业一般可以设立以下几个成本项目：

成本项目	含义
直接材料	是指构成产品实体的原材料以及有助于产品形成的主要材料和辅助材料。包括原材料、辅助材料、备品配件、外购半成品、包装物、低值易耗品等费用
燃料及动力	是指直接用于产品生产的外购和自制的燃料和动力
直接人工	是指直接从事产品生产的工人的职工薪酬
制造费用	是指企业为生产产品和提供劳务而发生的各项间接费用，包括车间管理人员的工资和福利费、车间房屋建筑物和机器设备的折旧费、办公费、水电费、机物料消耗、劳动保护费、季节性和修理期间的停工损失、信息系统维护费等

由于生产特点、各种生产费用支出的比重及成本管理和核算的要求不同，企业可根据具体情况，适当增加一些成本项目，如"废品损失"等。

【典例研习·7-2】（2020年单选题）
下列各项中，不应计入产品成本的是（　　）。
A.直接材料成本　　　　　　　　　　B.直接人工成本
C.生产车间管理人员的工资　　　　　D.销售机构相关的固定资产修理费用
‖斯尔解析‖ D 选项A和B，计入生产成本；选项C，计入制造费用；选项D，计入销售费用。

【典例研习·7-3】（2018年单选题）
下列各项中，企业生产产品耗用的外购半成品费用应归类的成本项目是（　　）。
A.直接材料　　　B.制造费用　　　C.燃料及动力　　　D.直接人工
‖斯尔解析‖ A 直接材料指构成产品实体的原材料以及有助于产品形成的主要材料和辅助材料。包括原材料、辅助材料、备品配件、外购半成品、包装物、低值易耗品等费用。

【典例研习·7-4】（2014年单选题）
某企业只生产和销售甲产品，2013年4月初在产品成本为3.5万元，4月发生如下费用：生产耗用材料6万元，生产工人工资2万元，行政管理部门人员工资1.5万元，制造费用1万元，月末在产品成本3万元，该企业4月完工甲产品的生产成本为（　　）万元。
A.11　　　B.9.5　　　C.9　　　D.12.5
‖斯尔解析‖ B 该企业4月完工甲产品的生产成本=3.5+6+2+1-3=9.5（万元），行政管理部门人员工资计入管理费用，不影响生产成本。

【典例研习·7-5】（2019年多选题）
下列通过"制造费用"项目核算的有（　　）。
A.生产车间发生的机物料消耗　　　　B.生产工人的工资

C.生产车间管理人员的工资　　　　　　D.季节性的停工损失

‖斯尔解析‖ ACD　制造费用包括：物料消耗（选项A），车间管理人员的薪酬（选项C），车间管理用房屋和设备的折旧费、租赁费和保险费，车间管理用具摊销，车间管理用的照明费、水费、取暖费、劳动保护费、设计制图费、试验检验费、差旅费、办公费以及季节性及修理期间停工损失（选项D）等。直接进行产品生产的生产工人的职工薪酬，直接计入产品成本的"直接人工"成本项目，不计入制造费用，选项B错误。

【典例研习·7-6】（2018年多选题）

下列各项中，属于制造业企业设置的成本项目有（　　）。

A.制造费用　　　B.废品损失　　　C.直接材料　　　D.直接人工

‖斯尔解析‖ ABCD　制造企业一般可设置直接材料、燃料及动力、直接人工和制造费用等项目，由于生产的特点等原因，企业可根据具体的情况设置废品损失等成本项目。

【典例研习·7-7】（2018年多选题）

下列各项中，企业应通过"制造费用"科目核算的有（　　）。

A.生产车间管理用耗电费　　　　　　B.生产车间生产工人工资
C.生产车间管理用具摊销额　　　　　D.生产车间管理用房屋折旧费

‖斯尔解析‖ ACD　选项B应通过"生产成本"科目进行核算。

【典例研习·7-8】（2017年多选题）

某企业为生产多种产品的制造企业，下列各项中，通过"制造费用"科目核算的有（　　）。

A.车间房屋和机器设备的折旧费　　　B.支付用于产品生产的材料费用
C.生产工人的工资和福利费　　　　　D.季节性停工损失

‖斯尔解析‖ AD　选项B和C计入生产成本。

第二部分　产品成本的归集和分配

考点1　产品成本归集和分配的基本原则（★）

企业应当根据生产经营特点，以正常生产能力水平为基础，按照资源耗费方式确定合理的分配标准。具体原则有：

一是受益性原则，即谁受益、谁负担，负担多少视受益程度而定；

二是及时性原则，即要及时将各项成本费用分配给受益对象，不应将本应在上期或下期分配的成本费用分配给本期；

三是成本效益性原则，即成本分配所带来的效益要远大于分配成本；

四是基础性原则，即成本分配要以完整、准确的原始记录为依据；

五是管理性原则，即成本分配要有助于企业加强成本管理。

企业不得以计划成本、标准成本、定额成本等代替实际成本。企业采用计划成本、标准成本、定额成本等类似成本进行直接材料日常核算的，期末，应当将耗用直接材料的计划成本或定额成本等类似成本调整为实际成本。

考点2 要素费用的归集和分配（★★★）

（一）成本核算的科目设置

1. "生产成本"科目

"生产成本"科目应按产品品种等成本核算对象设置基本生产成本和辅助生产成本明细科目。其中，基本生产成本应当分别按照基本生产车间和成本核算对象设置明细账；辅助生产是为基本生产服务而进行的产品生产和劳务供应。

2. "制造费用"科目

制造费用是指制造业企业为生产产品（或提供劳务）而发生的，应计入产品成本但没有专设成本项目的各项间接生产费用。

（二）材料、燃料、动力和职工薪酬的归集和分配

对于能分产品领用的材料、人工费用，直接计入产品成本的"直接材料""直接人工"等项目；对于不能分产品领用的材料、人工费用，分配计入各相关产品的"直接材料""直接人工"等项目。

本章需要计算的内容很多，但无论是计算哪些成本项目，都是利用以下通用公式，即分配率。

（1）分配率=待分配金额/分配标准之和

（2）分配标准：产品重量、消耗定额、生产工时、产品产量、产值比例等

（3）某产品应分配的费用金额=分配率×该产品的分配标准

借：生产成本——基本生产成本——××产品
　　贷：原材料——××材料
　　　　应付职工薪酬

【典例研习·7-9】

假定甲公司生产A、B两种产品领用某材料4 400公斤，每公斤20元。本月投产的A产品为200件，B产品为250件。A产品的材料消耗定额为15公斤，B产品的材料消耗定额为10公斤。

要求：将该材料计算分配到A、B产品成本中。

‖斯尔解析‖

待分配金额=4 400×20=88 000（元）；

A产品分配标准=200×15=3 000；B产品分配标准=250×10=2 500；

材料消耗量分配率=88 000÷（3 000+2 500）=16；

A产品分配负担的材料费用=3 000×16=48 000（元）；

B产品分配负担的材料费用=2 500×16=40 000（元）；

A、B产品材料费用合计=48 000+40 000=88 000（元）。

或

A产品的材料定额消耗量=200×15=3 000（公斤）；

B产品的材料定额消耗量=250×10=2 500（公斤）；

材料消耗量分配率=4 400÷（3 000+2 500）=0.8；

A产品分配负担的材料费用=3 000×0.8×20=48 000（元）；

B产品分配负担的材料费用=2 500×0.8×20=40 000（元）；

A、B产品材料费用合计=48 000+40 000=88 000（元）。

【典例研习·7-10】

乙企业基本生产车间生产A、B两种产品，共支付生产工人职工薪酬2 700万元，按生产工时比例分配，A产品的生产工时为500小时，B产品的生产工时为400小时。要求：计算A、B两种产品应分配的职工薪酬。

‖斯尔解析‖

生产工人工资费用分配率=2 700÷（500+400）=3；

A产品应分配的职工薪酬=500×3=1 500（万元）；

B产品应分配的职工薪酬=400×3=1 200（万元）。

【典例研习·7-11】（2017年单选题）

某企业本月投产甲产品50件，乙产品100件，生产甲、乙两种产品共耗用材料4 500千克，每千克20元，每件甲、乙产品材料消耗定额为50千克、15千克，按材料定额消耗量比例分配材料费用，甲产品分配的材料费用为（　　）元。

A.50 000　　　　B.30 000　　　　C.33 750　　　　D.56 250

‖斯尔解析‖ D　甲产品应分配的材料费用=4 500×20/（50×50+100×15）×50×50=56 250（元）。

‖陷阱提示‖ 分配标准为定额消耗，但因两种产品的产量不同，所以不能简单的使用定额消耗，而是需要将产量这个变量因素考虑在其中。

【典例研习·7-12】（2013年单选题）

某企业生产A、B两种产品的外购动力消耗定额分别为4工时和6.5工时。6月生产A产品500件，B产品400件，共支付动力费11 040元。该企业按定额消耗量比例分配动力费，当月A产品应分配的动力费为（　　）元。

A.3 840　　　　B.4 800　　　　C.6 343　　　　D.6 240

‖斯尔解析‖ B　动力费用分配率=11 040/（500×4+400×6.5）=2.4；A产品应分配的动力费=2.4×500×4=4 800（元）。

【典例研习·7-13】（2018年单选题）

某企业期初无在产品，本月完工甲产品600件，乙产品400件，共耗用直接人工费用12万元，采用定额工时比例法分配甲产品和乙产品直接人工费用。甲产品每件定额工时6小时，乙产品每件定额工时3小时。甲产品负担的直接工人费用是（　　）万元。

A.7.2　　　　B.7.3　　　　C.4.8　　　　D.9

‖斯尔解析‖ D　甲产品负担的直接人工费用=12/（6×600+3×400）×600×6=9（万元）。

【典例研习·7-14】（模拟单选题）

A公司生产甲、乙两种产品，2021年12月共发生生产工人工资70 000元，福利费10 000元。上述人工费按生产工时比例在甲、乙产品间分配，其中甲产品的生产工时为1 200小时，乙产品的生产工时为800小时。A公司生产甲产品应分配的人工费为（　　）元。

A.28 000　　　　B.32 000　　　　C.42 000　　　　D.48 000

‖斯尔解析‖ D　A公司生产甲产品应分配的人工费=（70 000+10 000）/（1 200+800）×1 200=48 000（元）

（三）制造费用的归集和分配

1.制造费用是指企业为生产产品和提供劳务而发生的各项间接费用。包括车间管理人员的工资和福利费、车间房屋建筑物和机器设备的折旧费、租赁费、办公费、水电费、机物料消耗、劳动保护费、季节性和修理期间的停工损失、信息系统维护费等。

2.分配公式：分配率=待分配金额/分配标准之和

分配标准包括，生产工人工时、生产工人工资、机器工时、耗用原材料的数量或成本、直接成本（材料、生产工人工资等职工薪酬之和）和产成品产量等。

某产品应分配的费用金额=分配率×该产品的分配标准

企业应当根据制造费用的性质，合理选择分配方法。也就是说，企业所选择的制造费用分配方法，必须与制造费用的发生具有比较密切的相关性，并且使分配到每种产品上的制造费用金额基本合理，同时还应当适当考虑计算手续的简便。

3.分配方法包括，生产工人工时比例法、生产工人工资比例法、机器工时比例法和按年度计划分配率分配法等。

分配方法一经确认，不得随意变更。如需变更，应当在附注中予以说明。

【典例研习·7-15】（2020年单选题）

某制造业企业生产M、N两种产品，采用机器工时比例法分配制造费用。2019年12月，共发生制造费用100万元，M产品实际耗用机器工时200小时，N产品实际耗用机器工时300小时。不考虑其他因素，该企业M产品当月应分配的制造费用为（　　）万元。

A.40　　　　　B.60　　　　　C.100　　　　　D.50

‖斯尔解析‖ A　该企业M产品当月应分配的制造费用=200÷（200+300）×100=40（万元）

【典例研习·7-16】（2017年单选题）

某企业本月生产甲、乙产品分别耗用机器工时50 000小时、70 000小时，当月车间设备维修费96 000元（不考虑增值税），车间管理人员工资24 000元，该企业按照机器工时分配制造费用。不考虑其他因素，当月甲产品应分担的制造费用为（　　）元。

A.14 000　　　B.10 000　　　C.40 000　　　D.50 000

‖斯尔解析‖ B　当月甲产品应分配的制造费用=50 000/（50 000+70 000）×24 000=10 000（元），所以选项B正确。

（四）辅助生产费用的归集和分配

辅助生产费用的归集是通过"辅助生产成本"科目进行的。有两种归集方式，一般情况下先通过"制造费用"科目进行单独归集，然后再转入"辅助生产成本"科目；辅助生产车间规模很小、制造费用很少且辅助生产不对外提供产品和劳务的情况下，可以不通过"制造费用"科目核算，直接记入"生产成本——辅助生产成本"科目。

在考试时，题目一般要求不通过"制造费用"科目进行单独归集，但请同学们考试时注意审题。

辅助生产费用的分配方法主要有直接分配法、交互分配法、计划成本分配法、顺序分配法和代数分配法等。

【典例研习·7-17】（模拟单选题）

下列各项中，不属于辅助生产费用分配方法的是（　　）。

A.约当产量比例法　　　　　　　　B.交互分配法

C.直接分配法　　　　　　　　　　D.计划成本分配法

‖斯尔解析‖ A　约当产量比例法是完工产品和在产品成本计算分配方法，其他选项是辅助生产费用分配方法。

1.直接分配法

直接分配法的特点是不考虑各辅助生产车间之间相互提供劳务或产品的情况，而是将各种辅助生产费用直接分配给辅助生产以外的各个受益单位。

优点：分配一次，计算简单。

缺点：分配结果不够准确。

【典例研习·7-18】（2015年单选题）

下列各项中，在不考虑各辅助生产车间之间相互提供劳务或产品的情况下，将各辅助生产费用直接分配给辅助生产以外的各受益单位的分配方法是（　　）。

A.代数分配法　　　　　　　　　　B.交互分配法

C.直接分配法　　　　　　　　　　D.计划成本分配法

‖斯尔解析‖ C　直接分配法不考虑各辅助生产车间之间相互提供劳务或产品的情况，而是将各辅助生产费用直接分配给辅助生产以外的各受益单位。

【典例研习·7-19】（2018年判断题）

直接分配法不考虑各辅助生产车间之间相互提供劳务或产品的情况，将各种辅助生产费用直接分配给辅助生产车间以外的各受益单位。（　　）

‖斯尔解析‖ √

【典例研习·7-20】

甲公司辅助生产车间的制造费用不通过"制造费用"科目核算。该公司锅炉和机修两个辅助车间之间相互提供产品和劳务。锅炉车间的成本按供汽量比例分配，机修车间的修理费用按修理工时比例进行分配。该公司2021年5月有关辅助生产成本的资料见下表。

辅助生产车间名称		机修车间	锅炉车间
待分配费用（元）		480 000	45 000
供应劳务产品数量		160 000小时	10 000立方米
耗用劳务产品数量	锅炉车间	10 000小时	—
	机修车间	—	1 000立方米
	一车间	80 000小时	5 100立方米
	二车间	70 000小时	3 900立方米

要求：按直接分配法分配辅助生产费用。

‖斯尔解析‖
采用直接分配法辅助生产车间对外供应劳务、产品数量：
机修车间=160 000-10 000=150 000（小时）；
锅炉车间=10 000-1 000=9 000（立方米）。

辅助生产费用分配表（直接分配法）
2021年5月

数量单位：小时、立方米　金额单位：元

辅助生产车间名称		机修车间	锅炉车间	合计
待分配费用		480 000	45 000	525 000
对外供应劳务数量		150 000	9 000	—
单位成本（分配率）		3.2	5	—
基本生产车间	一车间 耗用数量	80 000	5 100	—
	一车间 分配金额	256 000	25 500	281 500
	二车间 耗用数量	70 000	3 900	—
	二车间 分配金额	224 000	19 500	243 500
金额合计		480 000	45 000	525 000

会计处理如下：
借：制造费用——第一车间　　　　　　　　　　281 500
　　　　　　——第二车间　　　　　　　　　　243 500
　　贷：生产成本——辅助生产成本——机修车间　　480 000
　　　　　　　　　　　　　　　　——锅炉车间　　45 000

2.交互分配法

交互分配法的特点是辅助生产费用通过两次分配完成。首先对各辅助生产车间内部相互提供的劳务进行分配，然后再将各辅助生产车间交互分配后的实际费用按提供的劳务数量，在辅助生产车间以外的各受益单位之间进行分配。

优点：提高了分配的正确性。

缺点：增加了分配的工作量。

【典例研习·7-21】（模拟单选题）

辅助生产成本交互分配法的交互分配，是指将辅助生产成本首先在企业内部（　　）。

A.辅助生产车间之间分配
B.辅助生产车间与其他部门之间分配
C.辅助生产车间与基本生产车间之间分配
D.辅助生产车间与行政管理部门之间分配

‖斯尔解析‖ A　采用交互分配法分配辅助生产成本，应先根据各辅助生产车间内部相互供应的数量和交互分配前的成本分配率（单位成本），进行第一次交互分配，所以，选项A正确。

【典例研习·7-22】

甲公司辅助生产车间的制造费用不通过"制造费用"科目核算,直接记入"辅助生产成本"科目。该公司锅炉和机修两个辅助生产车间之间相互提供产品和劳务。锅炉车间的成本按供汽量比例分配,机修车间的修理费用按修理工时比例进行分配。该公司2021年5月有关辅助生产成本的资料见【典例研习·7-20】。

要求:按交互分配法分配辅助生产费用。

‖斯尔解析‖

辅助生产费用分配表(交互分配法)

2021年5月

数量单位:小时、立方米　金额单位:元

分配方向			交互分配			对外分配		
辅助生产车间名称			机修	锅炉	合计	机修	锅炉	合计
待分配成本			480 000	45 000	525 000	454 500	70 500	525 000
供应劳务数量			160 000	10 000	—	150 000	9 000	—
单位成本(分配率)			3	4.5	—	3.03	7.8333	—
辅助车间	机修	耗用数量	—	1 000	—	—	—	—
		分配金额	—	4 500	4 500	—	—	—
	锅炉	耗用数量	10 000	—	—	—	—	—
		分配金额	30 000	—	30 000	—	—	—
	金额小计		30 000	4 500	34 500	—	—	—
基本车间	一车间	耗用数量	—	—	—	80 000	5 100	—
		分配金额	—	—	—	242 400	39 949.83	282 349.83
	二车间	耗用数量	—	—	—	70 000	3 900	—
		分配金额	—	—	—	212 100	30 550.17*	242 650.17
分配金额小计						454 500	70 500	525 000

*30 550.17倒挤所得

对外分配的辅助生产成本:

机修车间=480 000+4 500-30 000=454 500(元);

锅炉车间=45 000+30 000-4 500=70 500(元)。

会计处理如下:

(1)交互分配:

借：生产成本——辅助生产成本——机修车间　　　　4 500
　　　　　　　　　　　　　　　——锅炉车间　　　　30 000
　贷：生产成本——辅助生产成本——机修车间　　　　　　　　　30 000
　　　　　　　　　　　　　　　——锅炉车间　　　　　　　　　 4 500

（2）对外分配：
借：制造费用——第一车间　　　　282 349.83
　　　　　　——第二车间　　　　242 650.17
　贷：生产成本——辅助生产成本——机修车间　　　　　　　　　454 500
　　　　　　　　　　　　　　　——锅炉车间　　　　　　　　　 70 500

3. 计划成本分配法

计划成本分配法的特点是辅助生产为各受益单位提供的劳务或产品，都按劳务或产品的计划单位成本进行分配，辅助生产车间实际发生的费用与按计划单位成本分配转出的费用之间的差额采用简化计算方法全部计入管理费用。

优点：便于成本考核和分析，有利于分清各单位的经济责任。

缺点：成本分配不够准确。

【典例研习·7-23】

甲公司辅助生产车间的制造费用不通过"制造费用"科目核算，直接计入"辅助生产成本"科目。该公司锅炉和机修两个辅助生产车间之间相互提供产品和劳务。锅炉车间的成本按供汽量比例分配，机修车间的修理费用按修理工时比例进行分配。该公司2021年5月有关辅助生产成本的资料见【典例研习·7-20】。假定机修车间每小时修理耗费2.5元，锅炉车间每立方米供汽量耗费4元。

要求：按计划成本分配法分配辅助生产费用。

‖斯尔解析‖

辅助生产费用分配表（计划成本分配法）
2021年5月

数量单位：小时、立方米　　金额单位：元

辅助生产车间名称			机修车间	锅炉车间	合计
待分配辅助生产费用			480 000	45 000	525 000
供应劳务数量			160 000	10 000	—
计划单位成本			2.5	4	
辅助生产车间耗用	锅炉车间	耗用量	10 000	—	
		分配金额	25 000	—	25 000
	机修车间	耗用量	—	1 000	
		分配金额	—	4 000	4 000
分配金额小计			25 000	4 000	29 000

辅助生产车间名称			机修车间	锅炉车间	合计
基本生产车间耗用	一车间	耗用量	80 000	5 100	—
		分配金额	80 000×2.5=200 000	5 100×4=20 400	220 400
	二车间	耗用量	70 000	3 900	—
		分配金额	70 000×2.5=175 000	3 900×4=15 600	190 600
分配金额小计			375 000	36 000	411 000
按计划成本分配金额合计			400 000	40 000	440 000
辅助生产实际成本			484 000	70 000	554 000
辅助生产成本差异			+84 000	+30 000	+114 000

机修车间的实际成本=480 000+4 000=484 000（元）；

锅炉车间的实际成本=45 000+25 000=70 000（元）。

会计处理如下：

（1）按计划成本分配

借：生产成本——辅助生产成本——机修车间　　　　　4 000

　　　　　　　　　　　　　　　——锅炉车间　　　　25 000

　　制造费用——第一车间　　　　　　　　　　　　　220 400

　　　　　　——第二车间　　　　　　　　　　　　　190 600

　　贷：生产成本——辅助生产成本——机修车间　　　　　　　400 000

　　　　　　　　　　　　　　　　——锅炉车间　　　　　　40 000

（2）将辅助生产成本差异计入管理费用

借：管理费用　　　　　　　　　　　　　　　　　114 000

　　贷：生产成本——辅助生产成本——机修车间　　　　　　　84 000

　　　　　　　　　　　　　　　　——锅炉车间　　　　　　30 000

（五）废品损失的核算

废品损失是指在生产过程中发生的和入库后发现的超定额的不可修复废品的生产成本，以及可修复废品的修复费用，扣除回收的废品残料价值和应收赔款以后的损失。

1.经质量检验部门鉴定不需要返修、可降价出售的不合格品，以及产品入库后由于保管不善等原因而损坏变质的产品和实行"三包"企业在产品出售后发现的废品均不包括在废品损失内。

2.废品损失也可不单独核算，相应费用等体现在"生产成本——基本生产成本""原材料"等科目中。

3.不可修复废品损失

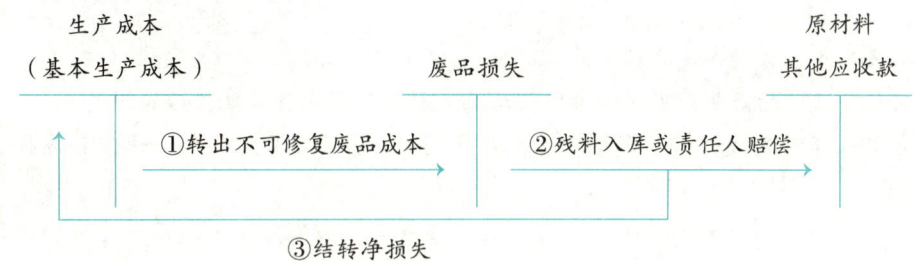

4.可修复废品损失

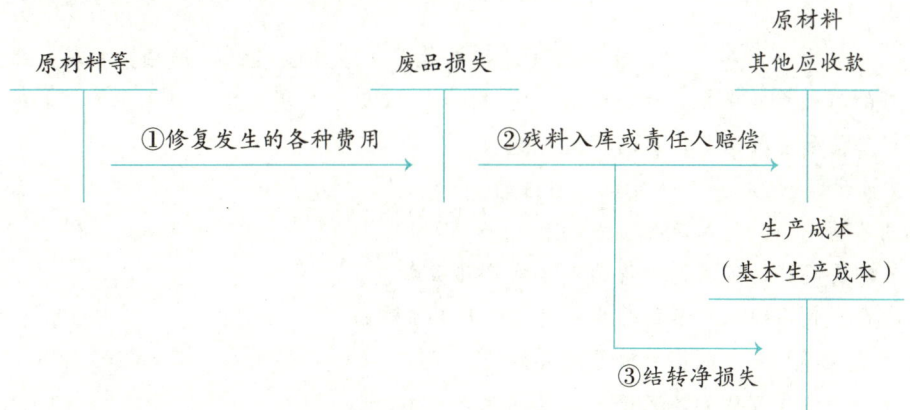

【典例研习·7-24】（2018年单选题）

某企业产品入库后发现可修复废品一批，生产成本为20万元，返修过程中发生直接材料2万元、直接人工3万元、制造费用4万元，废品残料作价1万元已回收入库。不考虑其他因素，该企业可修复废品的净损失为（　　）万元。

A.28　　　　　　B.20　　　　　　C.29　　　　　　D.8

‖斯尔解析‖ D　可修复废品的净损失=（2+3+4）-1=8（万元）

【典例研习·7-25】（2015年单选题）

某企业产品入库后发现可修复废品一批，其生产成本为3 500元。修复废品耗用直接材料1 000元、直接人工500元、制造费用800元，回收残料计价100元，应收过失人赔款100元。不考虑其他因素，该批废品净损失为（　　）元。

A.2 100　　　　　B.5 600　　　　　C.3 600　　　　　D.2 300

‖斯尔解析‖ A　该批废品净损失=1 000+500+800-100-100=2 100（元）

【典例研习·7-26】（模拟单选题）

某工业企业甲产品在生产过程中发现不可修复废品一批，该批废品的成本构成为：直接材料3 200元，直接人工4 000元，制造费用2 000元。废品残料计价500元已回收入库，应收过失人赔偿款1 000元。假定不考虑其他因素，该批废品的净损失为（　　）元。

A.7 700　　　　　B.8 700　　　　　C.9 200　　　　　D.10 700

‖斯尔解析‖ A　废品损失是在生产过程中发生的和入库后发现的超定额的不可修复废品的生产成本，以及可修复废品的修复费用，扣除回收的废品残料价值和应收赔款以后的损失。所以该批废品的净损失=3 200+4 000+2 000−500−1 000=7 700（元）。

【典例研习·7-27】（2018年多选题）

下列各项中，应计入废品损失的有（　　）。

A.可修复废品的修复费用，扣除回收废品残料价值和应收赔款以后的损失

B.产品入库后发现的不可修复废品的生产成本，扣除回收废品残料价值和应收赔款以后的损失

C.产品入库后因保管不善而损坏变质的产品成本，扣除回收废品残料价值和应收赔款以后的损失

D.生产过程中发生的不可修复废品的生产成本，扣除回收废品残料价值和应收赔款以后的损失

‖斯尔解析‖ `ABD` 废品损失是指在生产过程中发生的（选项D）和入库后发现的超定额的不可修复废品的生产成本（选项B），以及可修复废品的修复费用，扣除回收的废品残料价值和应收赔款以后的损失（选项A）。

【典例研习·7-28】（2014年多选题）

下列各项中，应计入废品损失的有（　　）。

A.不需要返修、可降价出售的不合格产品成本

B.库存产成品因保管不善而损坏变质的产品成本

C.产品入库后发现的不可修复废品的生产成本

D.生产过程中发生的不可修复废品的生产成本

‖斯尔解析‖ `CD` 废品损失是指在生产过程中发生的和入库后发现的超定额的不可修复废品的生产成本，以及可修复废品的修复费用，扣除回收的废品残料价值和应收赔款以后的损失。但是经质量部门鉴定不需要返修、可以降价出售的不合格品，以及产品入库后由于保管不善等原因而损坏变质的产品和实行"三包"企业在产品出售后发现的废品均不包括在废品损失内。选项AB错误，选项CD正确。

【典例研习·7-29】（2013年判断题）

不单独核算废品损失的企业，相应的费用直接反映在"制造费用"和"营业外支出"科目中。（　　）

‖斯尔解析‖ `×` 不单独核算废品损失的企业，相应费用等体现在"生产成本——基本生产成本""原材料"等科目中。

（六）停工损失的核算

1.不单独核算停工损失的企业，不设置"停工损失"科目，直接反映在"制造费用"和"营业外支出"等科目中。

2.单独核算停工损失的企业，应增设"停工损失"科目，在成本项目中增设"停工损失"项目。

3.不满一个工作日的停工，一般不计算停工损失。

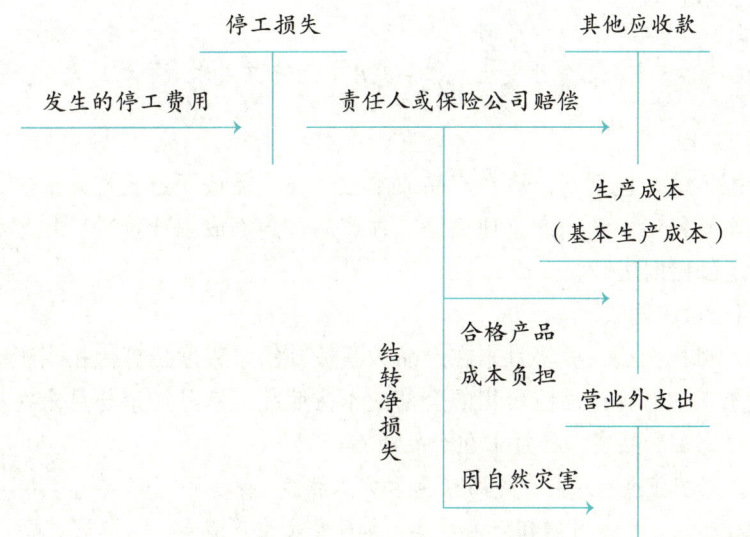

季节性生产企业在停工期间发生的制造费用，应当在开工期间进行合理分摊，连同开工期间发生的制造费用，一并计入产品的生产成本。

【典例研习·7-30】（2020年判断题）
制造业企业发生的季节性停工损失应直接计入当期损益。（　　）

‖斯尔解析‖ ✕　季节性停工、修理期间的正常停工损失应计入产品成本；非正常停工损失应计入企业当期损益。

考点3　生产费用在完工产品和在产品之间的归集和分配（★★★）

（一）在产品数量的核算

企业的在产品是指没有完成全部生产过程、不能作为商品销售的产品，包括正在车间加工中的在产品（包括正在返修的废品）和已经完成一个或几个生产步骤但还需继续加工的半成品（包括未经验收入库的产品和等待返修的废品）两部分。

能够直接对外销售的自制半成品，属于完工产品，验收入库后不应列入在产品之内。

在产品数量是核算在产品成本的基础，在产品成本与完工产品成本之和就是产品的生产费用总额。

【典例研习·7-31】（2014年判断题）
工业企业在产品生产过程中通常会存在一定数量的在产品，在产品应包括对外销售的自制半成品。（　　）

‖斯尔解析‖ ✕　工业企业的在产品不包括直接对外销售的自制半成品。

（二）生产费用在完工产品和在产品之间的分配

1.分配原理

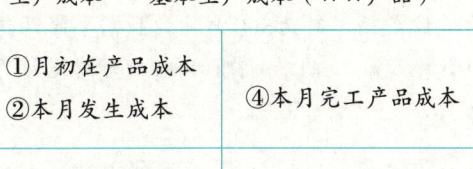

【原理详解】
①月初在产品成本+②本月发生成本-③月末在产品成本=④本月完工产品成本

2.分配方法

常用的分配方法，包括不计算在产品成本法、在产品按固定成本计价法、在产品按所耗直接材料成本计价法、约当产量比例法、在产品按定额成本计价法、在产品按完工产品成本计价法、定额比例法等。

（1）约当产量比例法

采用约当产量比例法，应将月末在产品数量按其完工程度折算为相当于完工产品的产量，即约当产量，然后将产品应负担的全部成本按照完工产品产量与月末在产品约当产量的比例分配计算完工产品成本和月末在产品成本。

月末在产品约当产量=月末在产品数量×完工程度

$$分配率（单位成本）=\frac{月初在产品成本+本月发生生产成本}{完工产品产量+月末在产品约当产量}$$

完工产品成本=分配率×完工产品产量

月末在产品成本=分配率×月末在产品约当产量

①原材料在生产开始时一次投入的，在产品无论完工程度如何，都应和完工产品负担同样的材料成本，即在产品原材料完工程度为100%。

②原材料陆续投入时：

$$某工序在产品完工程度=\frac{本工序累计消耗定额}{产品材料消耗定额}×100\%$$

分工序投入，但每一道工序随加工进度陆续投入：

某工序在产品完工程度=

$$\frac{前面各工序累计材料消耗定额+本工序材料消耗定额×本道工序完工程度}{产品材料消耗定额}×100\%$$

此方法适用于产品数量较多，各月在产品数量变动较大，且生产成本中直接材料成本和直接人工等加工成本的比重相差不大的产品。

【典例研习·7-32】

某公司的A产品本月完工370台，在产品100台，平均完工程度为30%，发生生产成本合计为800 000元。

‖斯尔解析‖

单位成本=800 000÷（370+100×30%）=2 000（元/台）；

完工产品成本=370×2 000=740 000（元）；

在产品成本=100×30%×2 000=60 000（元）。

【典例研习·7-33】

甲公司生产A产品的单位定额工时为500小时，且需要经两道工序制成。各工序单位定额工时为第一道工序200小时，第二道工序300小时。为简化核算，假定各工序内在产品完工程度平均为50%。

200小时　　300小时

在产品完工程度计算结果如下：

第一道工序：（200×50%÷500）×100%=20%

第二道工序：［（200+300×50%）÷500］×100%=70%

【典例研习·7-34】

甲公司生产A产品，本月完工产品数量3 000个，在产品数量400个，完工程度按平均50%计算；材料在开始生产时一次投入，其他成本按约当产量比例分配。A产品本月月初在产品和本月耗用直接材料成本共计1 360 000元，直接人工成本640 000元，制造费用960 000元。

‖斯尔解析‖ A产品各项成本的分配计算如下：

（1）由于材料在生产开始时一次投入，因此应按完工产品和在产品的实际数量比例进行分配，不必计算约当产量。

直接材料成本的分配：

完工产品应负担的直接材料成本=1 360 000÷（3 000+400）×3 000=1 200 000（元）；

在产品应负担的直接材料成本=1 360 000÷（3 000+400）×400=160 000（元）。

（2）直接人工成本和制造费用均应按约当产量进行分配，在产品400个，折合约当产量200个（400×50%）。

直接人工成本的分配：

完工产品应负担的直接人工成本=640 000÷（3 000+200）×3 000=600 000（元）；

在产品应负担的直接人工成本=640 000÷（3 000+200）×200=40 000（元）。

（3）制造费用的分配：

完工产品应负担的制造费用=960 000÷（3 000+200）×3 000=900 000（元）；

在产品应负担的制造费用=960 000÷（3 000+200）×200=60 000（元）。

通过以上按约当产量法分配计算的结果，可以汇总A产品完工产品成本和在产品成本。

A产品本月完工产品成本=1 200 000+600 000+900 000=2 700 000（元）；

A产品本月在产品成本=160 000+40 000+60 000=260 000（元）。

根据A产品完工产品总成本编制完工产品入库的会计分录如下：

借：库存商品——A产品　　　　　　　　　　　　　　2 700 000

　　贷：生产成本——基本生产成本　　　　　　　　　　　　2 700 000

原材料在生产开始时一次投入的，在产品无论完工程度如何，都应和完工产品负担同样的材料成本，即原材料完工程度为100%。

（2）在产品按定额成本计价法

月末在产品成本=月末在产品数量×在产品单位定额成本

本月完工产品总成本=（月初在产品成本+本月发生产品生产成本）-月末在产品成本

此方法适用于各项消耗定额或成本定额比较准确、稳定，而且各月末在产品数量变化不是很大的产品。

实际成本脱离定额的差异完全由完工产品承担。

【典例研习·7-35】

甲公司生产B产品，月初无在产品，本月投入B产品1 000件，实际发生的产品生产成本为1 200万元,月末完工B产品800件,在产品200件。甲公司采用在产品按定额成本计价法,月末在产品单位定额成本为0.8万元。

‖斯尔解析‖ 月末在产品成本=0.8×200=160万元,月末完工产品成本=1 200-160=1 040(万元)。

(3)定额比例法

产品的生产成本在完工产品与月末在产品之间按照两者的定额消耗量或定额成本比例分配。

此方法适用于各项消耗定额或成本定额比较准确、稳定,但各月末在产品数量变动较大的产品。

【典例研习·7-36】

甲公司生产D产品,本月完工产品产量300个,在产品数量40个,单位产品定额消耗为材料400千克/个,100小时/个。单位在产品材料定额400千克,工时定额50小时。有关成本资料如下表所示。

要求按定额比例法计算在产品成本及完工产品成本。

项目	直接材料	直接人工	制造费用	合计
期初在产品成本	400 000	40 000	60 000	500 000
本期发生成本	960 000	600 000	900 000	2 460 000
合计	1 360 000	640 000	960 000	2 960 000

(1)计算产品单位消耗量或工时的成本分配率:

直接材料=1 360 000÷(400×300+400×40)=10

直接人工=640 000÷(100×300+50×40)=20

制造费用=960 000÷(100×300+50×40)=30

(2)完工产品成本的计算:

直接材料成本=400×300×10=1 200 000(元)

直接人工成本=100×300×20=600 000(元)

制造费用=100×300×30=900 000(元)

完工产品成本合计2 700 000元。

(3)在产品成本的计算:

直接材料成本=1 360 000-1 200 000=160 000(元)

直接人工成本=640 000-600 000=40 000(元)

制造费用=960 000-900 000=60 000(元)

在产品成本合计260 000元。

借:库存商品——D产品　　　　　　　　　　　　　2 700 000

　　贷:生产成本——基本生产成本　　　　　　　　　　　　　2 700 000

【典例研习·7-37】(2014年单选题)

某企业只生产一种产品,采用约当产量比例法将生产费用在完工产品与在产品之间进行分配,材料在产品投产时一次投入,月初在产品直接材料成本为10万元,当月生产耗用材料的成本为50万元,当月完工产品30件,月末在产品30件,完工程度60%,本月完工产品成本中直接材料成本为（　　）万元。

A.30　　　　　　B.22.5　　　　　　C.37.5　　　　　　D.25

【斯尔解析】【A】　因为原材料在产品投产时一次投入,所以月末在产品中直接材料成本的完工程度是按照100%计算的,本月完工产品成本中直接材料成本=（10+50）/（30+30）×30=30（万元）。

【典例研习·7-38】（2020年多选题）

下列各项中,属于生产费用在完工产品与在产品之间进行分配的方法有（　　）。

A.在产品按定额成本计价法　　　　B.交互分配法
C.定额比例法　　　　　　　　　　D.约当产量比例法

【斯尔解析】【ACD】　选项B,属于辅助生产费用的分配方法。

【典例研习·7-39】（2018年多选题）

下列关于约当产量比例法的说法中,正确的有（　　）。

A.这种方法适用于各月月末在产品数量较多,各月在产品数量变化也较大,直接材料成本在生产成本中所占比重较大且材料在生产开始时一次就全部投入的产品
B.各工序产品的完工程度可事先制定,产品工时定额不变时可长期使用
C.如果材料是在生产开始时一次性投入的,无论在产品的完工程度如何,都应与完工产品负担同样材料成本
D.如果材料是随着生产过程陆续投入的,则应按照各工序投入的材料成本在全部材料成本中所占的比例计算在产品的约当产量

【斯尔解析】【BCD】　选项A,适用在产品按所耗直接材料成本计价法。

【典例研习·7-40】（2017年多选题）

某企业生产费用在完工产品和在产品之间采用约当产量比例法进行分配。该企业甲产品月初在产品和本月生产费用共计900 000元。本月甲产品完工400台,在产品100台且其平均完工程度为50%。不考虑其他因素,下列各项中计算结果正确的有（　　）。

A.甲产品的完工产品成本为800 000元　　B.甲产品的单位成本为2 250元
C.甲产品在产品的约当产量为50台　　　　D.甲产品的在产品成本为112 500元

【斯尔解析】【AC】　在产品的约当产量=100×50%=50（台）,所以甲产品的单位成本=900 000/（400+50）=2 000（元）,甲产品完工产品的成本=2 000×400=800 000（元）,在产品成本=2 000×50=100 000（元）。

【典例研习·7-41】（2018年、2015年多选题）

下列各项中,可用于将生产费用在完工产品和在产品之间进行分配的方法有（　　）。

A.定额比例法　　　　　　　　　　B.不计算在产品成本法
C.约当产量比例法　　　　　　　　D.在产品按固定成本计价法

【斯尔解析】【ABCD】　生产费用在完工产品和在产品之间进行分配的方法有:不计算在产品成本法、在产品按固定成本计价法、在产品按所耗直接材料成本计价法、约当产量比例法、在产品按定额成本计价法、定额比例法、在产品按完工产品成本计价法等。

(三)联产品和副产品的成本分配

1.联产品和副产品的含义

(1)联产品是指使用同种原料,经过同一生产过程同时生产出来的两种或两种以上的主要产品。

(2)副产品是指在同一生产过程中,使用同种原料,在生产主产品的同时附带生产出来的非主要产品。

2.副产品的分配方法

副产品首先采用简化方法确定其成本,然后从总成本中扣除,其余额就是主产品的成本。

主产品成本=总成本-副产品成本

确定副产品成本的方法包括不计算副产品成本扣除法、副产品成本按固定价格或计划价格计算法、副产品只负担继续加工成本法、联合成本在主副产品之间分配法以及副产品作价扣除法等。

副产品作价扣除法需要从产品售价中扣除继续加工成本、销售税费及相应的利润。

副产品扣除单价=单位售价-(继续加工单位成本+单位销售税费+合理的单位利润)

如果副产品与主产品分离以后,还需要进一步加工,才能形成市场需要的产品。企业应根据副产品进一步加工生产的特点和管理要求,采用适当的方法单独计算副产品的成本。

【典例研习·7-42】(模拟单选题)

甲公司在生产主要产品的同时,还生产了某种副产品。该种副产品可直接对外出售,该公司规定的售价为每公斤100元。本月主产品和副产品发生的生产成本总额为200万元,副产品的产量为150公斤。假定该公司按预先规定的副产品的售价确定副产品的成本,则主产品的成本为( )元。

A.2 000 000   B.0   C.15 000   D.1 985 000

‖斯尔解析‖ D 副产品的成本=150×100=15 000(元);主产品的成本=2 000 000-15 000=1 985 000(元)

3.联产品成本计算过程

(1)分离前:将联产品作为成本核算对象设置成本明细账;归集联产品成本,计算联合成本。

一般不计算在产品成本,本期发生的生产成本与联产品的完工产品成本相等。

(2)分离后:按产品分设产品成本明细账,计算各种产品应分配的联合成本;归集联产品分离后的进一步加工成本。

需要说明的是,各产品本月发生费用=应分配的联合成本+分离后的进一步加工成本。

4.联产品加工成本的分配

仍然使用统一的分配率公式:

待分配联合成本分配率=待分配联合成本/各联产品分配标准之和

分配标准一般为题目的已知条件,考试时会直接给出分配标准。

【典例研习·7-43】

某公司在生产主要产品——甲产品的同时，附带生产出P产品，P产品分离后需进一步加工后才能出售。2021年10月共发生联合成本160 000元，其中：直接材料80 000元，直接人工40 000元，制造费用40 000元。P产品进一步加工发生直接人工费2 000元，制造费用3 000元。当月生产甲产品1 000千克并全部完工，P产品200千克，P产品的市场售价150元/千克，单位税金和利润50元。

假定甲产品10月无月初在产品。根据资料，按P产品既要负担进一步加工成本，又要负担分离前联合成本的方法计算甲产品成本和P产品成本。

要求：副产品按作价扣除法分摊联合成本。

‖斯尔解析‖

P产品应负担的联合总成本=200×（150-50）-（2 000+3 000）=15 000（元）

P产品应负担的直接材料=80 000×（15 000÷160 000）=7 500（元）

P产品应负担的直接人工=40 000×（15 000÷160 000）=3 750（元）

P产品应负担的制造费用=40 000×（15 000÷160 000）=3 750（元）

甲产品应负担的联合总成本=160 000-15 000=145 000（元）

甲产品应负担的直接材料=80 000-7 500=72 500（元）

甲产品应负担的直接人工=40 000-3 750=36 250（元）

甲产品应负担的制造费用=40 000-3 750=36 250（元）

副产品成本计算单

P产品　　　　　　　　　　2021年10月　　　　　　　　　　金额单位：元

项目	直接材料	直接人工	制造费用	合计
分摊的联合成本	7 500	3 750	3 750	15 000
加工成本	—	2 000	3 000	5 000
总成本	7 500	5 750	6 750	20 000
单位成本	37.5	28.75	33.75	100

主产品成本计算单

甲产品　　　　　　　　　　2021年10月　　　　　　　　　　金额单位：元

项目	直接材料	直接人工	制造费用	合计
生产费用合计	80 000	40 000	40 000	160 000
P产品负担的联合成本	7 500	3 750	3 750	15 000
甲产品负担的联合成本	72 500	36 250	36 250	145 000
甲产品单位成本	72.5	36.25	36.25	145

编制结转完工入库产品成本的会计分录如下：

借：库存商品——甲产品　　　　　　　　　　　　　145 000
　　　　　　——P产品　　　　　　　　　　　　　 20 000
　　贷：生产成本——基本生产成本　　　　　　　　　　　　165 000

【典例研习·7-44】（模拟单选题）
甲公司生产A、B两种产品，A、B产品为联产品。2021年3月发生加工成本1 000万元，A产品的售价总额为600万元，B产品售价总额为1 400万元。甲公司采用相对销售价格分配法分配联合成本，则B产品应当分配的联合成本为（　　）万元。
A.300　　　　　　B.1 400　　　　　　C.700　　　　　　D.900

‖斯尔解析‖ **C**　联合成本分配率=1 000÷（600+1 400）=0.5，B产品应分配联合成本=联合成本分配率×B产品售价=0.5×1 400=700（万元）。

考点4　完工产品成本的结转（★）

企业完工产品经产成品仓库验收入库后，其成本应从"生产成本——基本生产成本"科目及所属产品成本明细账的贷方转出，转入"库存商品"科目的借方，"生产成本——基本生产成本"科目的月末余额，就是基本生产在产品的成本。

【典例研习·7-45】（模拟单选题）
SS公司只生产一种产品。2021年5月1日期初在产品成本为100万元，5月发生费用如下：生产领用材料22万元，生产车间工人工资15万元，制造费用3万元，管理费用28万元，财务费用12万元，销售费用58万元，月末在产品成本40万元。本月完工入库100件，则SS公司5月完工产品单位成本为（　　）万元。
A.1.23　　　　　　B.1　　　　　　C.0.98　　　　　　D.1.37

‖斯尔解析‖ **B**　当月生产成本合计=100（月初）+22（料）+15（工）+3（费）=140（万元）；本月完工产品总成本=140-40=100（万元）；完工产品单位成本=100/100=1（万元）。

第三部分　产品成本计算

考点1　产品成本计算方法概述（★★）

产品成本计算方法	成本计算对象	生产类型		
		生产组织特点	生产工艺特点	成本管理
品种法	产品品种	大量大批生产	单步骤生产	—
			多步骤生产	不要求分步计算成本
分批法	产品批别	单件小批生产	单步骤生产	—
			多步骤生产	不要求分步计算成本
分步法	生产步骤	大量大批生产	多步骤生产	要求分步计算成本

此外，在产品的品种、规格繁多的工业企业中，为简化成本计算，可采用分类法；在

定额管理工作有一定基础的工业企业中，为配合和加强生产费用和产品成本的定额管理，也可采用定额法。

【典例研习·7-46】（2018年单选题）
适用于大量大批单步骤生产的企业的产品成本计算方法是（　　）。
A.分类法　　　　B.品种法　　　　C.分步法　　　　D.分批法
‖斯尔解析‖ B　品种法适用于单步骤、大量生产的企业；分批法适用于单件、小批生产的企业；分步法适用于大量、大批、多步骤生产的企业。

考点2　产品成本计算的品种法（★★）

（一）品种法特点

品种法，是指以产品品种作为成本核算对象，归集和分配生产成本，计算产品成本的一种方法。这种方法一般适用于单步骤、大量生产的企业，如发电、供水、采掘等企业。

在这种类型的生产中，产品的生产技术过程不能从技术上划分为步骤，比如，企业或车间的规模较小，或者车间是封闭的，也就是从材料投入到产品产出的全部生产过程都是在一个车间内进行的，或者生产按流水线组织，管理上不要求按照生产步骤计算产品成本，都可以按照品种计算产品成本。

1.成本核算对象是产品品种

如果企业只生产一种产品，全部生产成本都是直接成本，可直接计入该产品生产成本明细账的有关成本项目中，不存在在各种成本核算对象之间分配成本的问题。如果生产多种产品，间接生产成本则要采用适当的方法，在各成本核算对象之间进行分配。

2.品种法下一般定期（每月月末）计算产品成本。

3.月末一般不存在在产品，如果有在产品，要将生产成本在完工产品和在产品之间进行分配。

借：库存商品——××产品
　　贷：生产成本——基本生产成本——××产品

【典例研习·7-47】（2017年单选题）
下列各项中，关于产品成本计算品种法的表述正确的是（　　）。
A.成本计算期与财务报告期不一致　　　　B.以产品品种作为成本计算对象
C.以产品批别作为成本计算对象　　　　D.广泛适用于小批或单件生产的企业
‖斯尔解析‖ B　品种法，适用于单步骤、大量生产的企业，如发电、供水、采掘等企业，选项D错误。品种法计算成本的主要特点：一是成本核算对象是产品品种，选项B正确，选项C错误。二是品种法下一般定期（每月月末）计算产品成本，产品成本计算期与财务报告期一致，选项A错误。三是月末一般不需要将生产费用在完工产品与在产品之间进行分配。

（二）品种法成本核算的一般程序

1.按产品品种设立成本明细账，根据各项费用的原始凭证及相关资料编制有关记账凭证并登记有关明细账，并编制各种费用分配表分配各种要素费用。

2.根据上述各种费用分配表和其他有关资料，登记辅助生产明细账、基本生产明细账、制造费用明细账等。

3.根据辅助生产明细账编制辅助生产成本分配表，分配辅助生产成本。

4.根据制造费用明细账编制制造费用分配表，在各种产品之间分配制造费用，并据以登记基本生产成本明细账。

5.根据各产品基本生产明细账编制产品成本计算单，分配完工产品成本和在产品成本。

6.编制产成品的成本汇总表，结转产成品成本。

考点3　产品成本计算的分批法（★★）

（一）分批法特点

分批法，是指以产品的批别作为产品成本核算对象，归集和分配生产成本，计算产品成本的一种方法。

这种方法主要适用于单件、小批生产的企业，如造船、重型机器制造、精密仪器制造等，也可用于一般企业中的新产品试制或试验的生产、在建工程以及设备修理作业等。

1.成本核算对象是产品的批别。由于产品的批别大多是根据销货订单确定的，因此，这种方法又称订单法。

2.产品成本的计算是与生产任务通知单的签发和结束紧密配合的，因此产品成本计算是不定期的。成本计算期与产品生产周期基本一致，但与财务报告期不一致。

3.由于成本计算期与产品的生产周期基本一致，因此，在计算月末在产品成本时，一般不存在在完工产品和在产品之间分配成本的问题。

（二）分批法成本核算的一般程序

1.按产品批别设置产品基本生产成本明细账、辅助生产成本明细账。账内按成本项目设置专栏，按车间设置制造费用明细账。同时，设置待摊费用、预提费用等明细账。

2.根据各生产费用的原始凭证或原始凭证汇总表和其他相关资料，编制各种要素费用分配表，分配各要素费用并登账。

3.月末根据完工批别产品的完工通知单，将计入已完工的该批产品的成本明细账所归集的生产费用，按成本项目加以汇总，计算出该批完工产品的总成本和单位成本，并转账。分批法条件下，月末完工产品与在产品之间的费用分配有以下几种情况：

（1）如果是单件生产，产品完工以前，产品成本明细账所记的生产费用都是在产品成本；产品完工时，产品成本明细账所记的生产费用，就是完工产品成本，因而月末计算成本时，不存在在完工产品与在产品之间分配费用的问题。

（2）如果是小批生产，批内产品一般都能同时完工，在月末计算成本时，或是全部已经完工，或是全部没有完工，因而一般也不存在在完工产品与在产品之间分配费用的问题。

（3）如果批内产品跨月陆续完工，这时就要在完工产品与在产品之间分配费用。

考点4　产品成本计算的分步法（★★）

（一）分步法特点

分步法，是指按照生产过程中各个加工步骤（分品种）为成本核算对象，归集和分配生产成本，计算各步骤半成品和最后产成品成本的一种方法。

这种方法适用于大量大批的多步骤生产，如冶金、纺织、机械制造等。在这类企业中，产品生产可以分为若干个生产步骤的成本管理，通常不仅要求按照产品品种计算成本，而且还要求按照生产步骤计算成本，以便为考核和分析各种产品及各生产步骤的成本计划的执行情况提供资料。

1.成本核算对象是各种产品的生产步骤。

2.月末为计算完工产品成本，还需要将归集在生产成本明细账中的生产成本在完工产品和在产品之间进行分配。

3.除了按品种计算和结转产品成本外，还需要计算和结转产品的各步骤成本。其成本核算对象，是各种产品及其所经过的各个加工步骤。如果企业只生产一种产品，则成本核算对象就是该种产品及其所经过的各个生产步骤。其成本计算期是固定的，与产品的生产周期不一致。

【典例研习·7-48】（模拟多选题）

下列各项中，适合使用分步法计算产品成本的有（　　）。

A.大型机械制造企业　　　　　　B.精密仪器生产企业
C.供水公司　　　　　　　　　　D.纺织公司

‖斯尔解析‖ AD　选项B，适合使用分批法；选项C，适合使用品种法。

（二）分步法成本核算的一般程序

各生产步骤成本的计算和结转，一般采用逐步结转和平行结转两种方法，分别称为逐步结转分步法和平行结转分步法。

1.逐步结转分步法

逐步结转分步法是为了分步计算半成品成本而采用的一种分步法，也称计算半成品成本分步法。它是按照产品加工的顺序，逐步计算并结转半成品成本，直到最后加工步骤完成才能计算产成品成本的一种方法。

逐步结转分步法优点：

（1）能提供各个生产步骤的半成品成本资料；

（2）为各生产步骤的在产品实物管理及资金管理提供资料；

（3）能够全面地反映各生产步骤的生产耗费水平，更好地满足各生产步骤成本管理的要求。

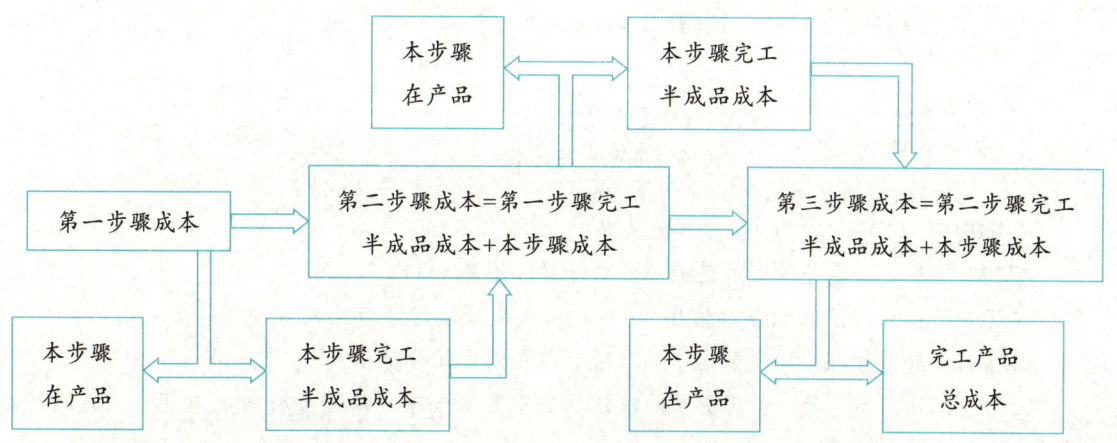

逐步结转分步法缺点：

成本结转工作量较大，各生产步骤的半成品成本如果采用逐步综合结转方法，还要进行成本还原，增加了核算的工作量。

逐步结转分步法按照成本在下一步骤成本计算单中的反映方式，还可以分为综合结转和分项结转两种方法。综合结转法，是指上一步骤转入下一步骤的半成品成本，以"直接材料"或专设的"半成品"项目综合列入下一步骤的成本计算单中。如果半成品通过半成品库收发，由于各月所生产的半成品的单位成本不同，因而所耗半成品的单位成本可以如同材料核算一样，采用先进先出法或加权平均法计算。

2.平行结转分步法

平行结转分步法也称不计算半成品成本分步法。它是指在计算各步骤成本时，不计算各步骤所产半成品的成本，也不计算各步骤所耗上一步骤的半成品成本，而只计算本步骤发生的各项其他成本，以及这些成本中应计入产成品的份额，将相同产品的各步骤成本明细账中的这些份额平行结转、汇总，即可计算出该种产品的产成品成本。

平行结转分步法优点：

（1）各步骤可以同时计算产品成本，平行汇总计入产成品成本，不必逐步结转半成品成本；

（2）能够直接提供按原始成本项目反映的产成品成本资料，不必进行成本还原，因而能够简化和加速成本计算工作。

平行结转分步法缺点：

（1）不能提供各个步骤的半成品成本资料；

（2）在产品的费用在产品最后完成以前，不随实物转出而转出，即不按其所在的地点登记，而按其发生的地点登记，因而不能为各个生产步骤在产品的实物和资金管理提供资料；

（3）各生产步骤的产品成本不包括所耗半成品费用，因而不能全面地反映各该步骤产品的生产耗费水平（第一步骤除外），不能更好地满足这些步骤成本管理的要求。

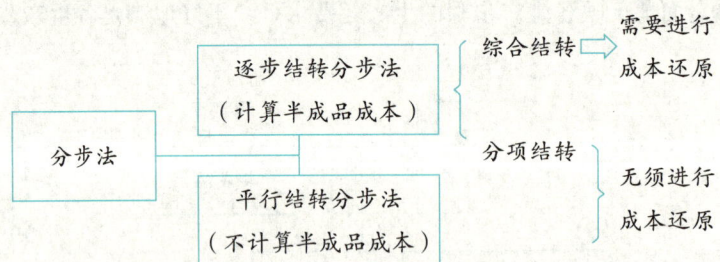

【典例研习·7-49】（2016年单选题）

下列各项中，需要进行成本还原的成本计算方法是（ ）。

A.逐步结转分步法的综合结转法　　　B.逐步结转分步法的分项结转法

C.平行结转分步法　　　　　　　　　D.简化的分批法

‖斯尔解析‖ [A] 只有逐步结转分步法下的综合结转法需要进行成本还原，选项A正确。

【典例研习·7-50】（2013年多选题）

下列各项中，关于产品成本计算方法表述正确的有（ ）。

A.平行结转分步法不计算各步骤所产半成品的成本

B.逐步结转分步法需要计算各步骤完工产品成本和在产品成本
C.品种法下，月末存在在产品的，应将生产费用在完工产品和在产品之间进行分配
D.分批法下，批内产品同时完工的，月末不需将生产费用在完工产品与在产品之间分配

‖斯尔解析‖ 【ABCD】

【典例研习·7-51】（2015年判断题）

平行结转分步法的成本核算对象是各种产成品及其经过的各个生产步骤中的成本份额。（ ）

‖斯尔解析‖ 【√】

【典例研习·7-52】（2014年判断题）

逐步结转分步法下，每一生产步骤的生产成本要在最终完工产品与该步骤在产品和后续步骤在产品之间进行分配。（ ）

‖斯尔解析‖ 【×】 在平行结转分步法下，每一生产步骤的生产成本要在最终完工产品与月末在产品之间进行分配，其中的在产品指的是各步骤尚未加工完成的在产品和各步骤已完工但尚未最终完成的产品。

【典例研习·7-53】（2020年不定项选择题）

某制造企业只生产甲产品，制造费用单独核算，生产费用在完工产品与在产品之间分配采用在产品按定额成本计价法。2019年12月初无在产品，12月份该企业基本生产车间发生经济业务如下：

（1）本月耗用材料315万元，其中甲产品耗用300万元，车间机物料消耗5万元，厂房日常维修耗用10万元。

（2）月末分配本月基本生产车间工资共计125万元，其中车间生产工人100万元、车间管理人员25万元；计提职工社会保险费20万元，其中车间生产工人16万元、车间管理人员4万元。

（3）本月基本生产车间计提折旧费共计30万元，其中生产设备18万元，车间一般管理用设备12万元。

（4）本月末完工甲产品100件，在产品50件；在产品直接材料定额成本为80万元、直接人工定额成本为20万元、定额制造费用为15万元。

要求：

根据上述资料，不考虑其他因素，分析回答以下小题（答案中的金额单位用万元表示）。

1.根据资料（1），下列各项中，耗用材料相关会计处理表述正确的是（ ）。

A."生产成本"科目借方登记305万元　　B."管理费用"科目借方登记5万元
C."生产成本"科目借方登记300万元　　D."制造费用"科目借方登记15万元

‖斯尔解析‖ 【C】 甲产品耗用材料300万元计入生产成本，选项A错误，选项C正确；车间物料消耗5万元计入制造费用，选项D错误；厂房日常维修耗用10万元计入管理费用，选项B错误。

2.根据资料（2），下列各项中，本月应付职工薪酬业务会计处理表述正确的是（ ）。

A.计入生产成本的职工薪酬总额为116万元
B.计入应付职工薪酬总额为145万元

C.计入管理费用的职工薪酬总额为29万元
D.计入制造费用的职工薪酬总额为29万元

‖斯尔解析‖ 【ABD】 车间生产工人工资100万元以及计提车间生产工人社会保险16万元计入生产成本，计入生产成本的金额=100+16=116（万元），选项A正确；分配职工工资125万元以及计提职工社会保险费20万元计入应付职工薪酬，计入应付职工薪酬的金额=125+20=145（万元），选项B正确；车间管理人员工资25万元以及社会保险4万计入制造费用，计入制造费用的金额=25+4=29（万元），选项C错误，选项D正确。

3.根据资料（3），下列各项中，本月车间设备计提折旧会计处理正确的是（　　）。

A.生产设备计提折旧：
　　借：生产成本　　　　　　　　　　　　　　　　　　　　18
　　　　贷：累计折旧　　　　　　　　　　　　　　　　　　　　　　18
B.管理设备计提折旧：
　　借：生产成本　　　　　　　　　　　　　　　　　　　　12
　　　　贷：累计折旧　　　　　　　　　　　　　　　　　　　　　　12
C.生产设备计提折旧：
　　借：制造费用　　　　　　　　　　　　　　　　　　　　18
　　　　贷：累计折旧　　　　　　　　　　　　　　　　　　　　　　18
D.管理设备计提折旧：
　　借：制造费用　　　　　　　　　　　　　　　　　　　　12
　　　　贷：累计折旧　　　　　　　　　　　　　　　　　　　　　　12

‖斯尔解析‖ 【CD】 基本生产车间固定资产折旧计入制造费用（虽然只生产单一产品，但题目已知条件中明确告知制造费用单独核算），选项C和D正确。

4.根据资料（1）至（3），下列各项中，本月发生的制造费用总额是（　　）万元。
A.64　　　　　　B.490　　　　　　C.56　　　　　　D.434

‖斯尔解析‖ 【A】 制造费用合计=5（资料1）+29（资料2）+30（资料3）=64（万元），选项A正确。

5.根据期初资料和资料（1）至（4），下列各项中，本月完工甲产品成本和月末在产品成本计算结果正确的是（　　）。
A.月末在产品单位成本为2.3万元　　　　B.完工产品单位成本为3.65万元
C.完工产品总成本为365万元　　　　　　D.月末在产品总成本为115万元

‖斯尔解析‖ 【ABCD】 月末在产品成本=80+20+15=115（万元）；月末完工产品成本=（305+125+20+30）-115=365（万元）；月末在产品单位成本=115÷50=2.3（万元）；月末完工产品单位成本=365÷100=3.65（万元）。

第四部分　管理会计概述

考点1　管理会计概念和目标（★）

管理会计是会计的重要分支，主要服务于单位（包括企业和行政事业单位）内部管理需要，是通过利用相关信息，有机融合财务与业务活动，在单位规划、决策、控制和评价等方面发挥重要作用的管理活动。

管理会计的目标是通过运用管理会计工具方法，参与单位规划、决策、控制、评价活动并为之提供有用信息，推动单位实现战略规划。

考点2　管理会计体系（★）

管理会计指引体系是在管理会计理论研究成果的基础上，形成的可操作性的系列标准。管理会计指引体系包括基本指引、应用指引和案例库。

1.管理会计基本指引

管理会计基本指引在管理会计指引体系中起统领作用，是制定应用指引和建设案例库的基础。

不同于企业会计准则基本准则，管理会计基本指引只是对管理会计普遍规律和基本认识的总结升华，并不对应用指引中未作出描述的新问题提供处理依据。

【典例研习·7-54】（2018年判断题）

在管理会计指引体系中，基本指引发挥着统领作用，是制定应用指引和建设案例库的基础。（　　）

‖斯尔解析‖　√

2.管理会计应用指引

在管理会计指引体系中，应用指引居于主体地位，是对单位管理会计工作的具体指导。

3.管理会计案例库

案例库是对国内外管理会计经验的总结提炼，是对如何运用管理会计应用指引的实例示范。

考点3　管理会计要素及具体内容（★★）

单位应用管理会计，应包括应用环境、管理会计活动、工具方法、信息与报告四项管理会计要素。

（一）应用环境

管理会计应用环境是单位应用管理会计的基础。单位应用管理会计，首先应充分了解和分析其应用环境，包括外部环境和内部环境。外部环境主要包括国内外经济、市场、法律、行业等因素，内部环境主要包括与管理会计建设和实施相关的价值创造模式、组织架构、管理模式、资源、信息系统等因素。

（二）管理会计活动

管理会计活动是单位管理会计工作的具体开展，是单位利用管理会计信息，运用管理会计工具方法，在规划、决策、控制、评价等方面服务于单位管理需要的相关活动。

（三）工具方法

管理会计工具方法是实现管理会计目标的具体手段，是单位应用管理会计时所采用的战略地图、滚动预算管理、作业成本管理、本量利分析、平衡计分卡等模型、技术、流程的统称。

1.战略管理领域应用的工具方法

战略管理，是指对企业全局的、长远的发展方向、目标、任务和政策，以及资源配置作出决策和管理的过程。

例如:"××出行"公司的战略为修炼内功、智慧交通、专车决胜、全球布局、洪流落地。

战略管理领域应用的管理会计工具方法一般包括战略地图、价值链管理等。

战略地图通常以财务、客户、内部业务流程、学习与成长四个维度为主要内容,通过分析各维度的相互关系,绘制战略因果关系图。企业可根据自身情况对各维度的名称、内容等进行修改和调整。

2.预算管理领域应用的工具方法

预算管理领域应用的管理会计工具方法,一般包括滚动预算、零基预算、弹性预算、作业预算等。

(1)滚动预算

滚动预算,是指企业根据上一期预算执行情况和新的预测结果,按既定的预算编制周期和滚动频率,对原有的预算方案进行调整和补充,逐期滚动,持续推进的预算编制方法。

中期滚动预算的预算编制周期通常为3年或5年,以年度作为预算滚动频率。短期滚动预算通常以1年为预算编制周期,以月度、季度作为预算滚动频率。

(2)零基预算

零基预算,是指企业不以历史期经济活动及其预算为基础,以零为起点,从实际需要出发分析预算期经济活动的合理性,经综合平衡,形成预算的预算编制方法。

适用于企业各项预算的编制,特别是不经常发生的预算项目或预算编制基础变化较大的预算项目。

(3)弹性预算

弹性预算,是指企业在分析业务量与预算项目之间数量依存关系的基础上,分别确定不同业务量及其相应预算项目所消耗资源的预算编制方法。

适用于企业各项预算的编制,特别是市场、产能等存在较大不确定性,且其预算项目与业务量之间存在明显的数量依存关系的预算项目。

(4)作业预算

作业预算,是指基于"作业消耗资源、产出消耗作业"的原理,以作业管理为基础的预算管理方法。

作业预算主要适用于具有作业类型较多且作业链较长、管理层对预算编制的准确性要求较高、生产过程多样化程度较高,以及间接或辅助资源费用所占比重较大等特点的企业。

【典例研习·7-55】(2019年多选题)

下列各项中,可应用于预算管理领域的管理会计工具方法有( )。

A.零基预算　　　B.滚动预算　　　C.作业预算　　　D.弹性预算

‖斯尔解析‖ ABCD　预算管理领域应用的管理会计工具方法,一般包括滚动预算(选项B)、零基预算(选项A)、弹性预算(选项D)、作业预算(选项C)等。

3.成本管理领域应用的工具方法

成本管理,是指企业在营运过程中实施成本预测、成本决策、成本计划、成本核算、成本分析和成本考核等一系列管理活动的总称。

(1)目标成本法

目标成本法,是指企业以市场为导向,以目标售价和目标利润为基础确定产品的目标成本，从产品设计阶段开始，通过各部门、各环节乃至与供应商的通力合作，共同实现目标成本的成本管理方法。

目标成本法主要适用于制造业企业产品改造以及产品开发设计中的成本管理，在物流、建筑、服务等行业也有应用。

（2）标准成本法

标准成本法，是指企业以预先制定的标准成本为基础，通过比较标准成本与实际成本，计算和分析成本差异、揭示成本差异动因，进而实施成本控制、评价经济业绩的一种成本管理方法。

标准成本，是指在正常的生产技术水平和有效的经营管理条件下，企业经过努力应达到的产品成本水平。

成本差异，是指实际成本与相应标准成本之间的差额。当实际成本大于标准成本时，形成超支差异；当实际成本小于标准成本时，形成节约差异。

标准成本法一般适用于产品及其生产条件相对稳定，或生产流程与工艺标准化程度较高的企业。

（3）变动成本法

变动成本法，是指企业以成本性态分析为前提条件，仅将生产过程中消耗的变动生产成本作为产品成本的构成内容，而将固定生产成本和非生产成本作为期间成本，直接由当期收益予以补偿的一种成本管理方法。

成本性态，是指成本与业务量之间的相互依存关系。

按成本性态分类	概念	举例
固定成本	是指业务量在一定范围内增减变动，其总额保持不变，但单位成本随着业务量增加而相对减少的成本	办公楼年租金200万元
变动成本	是指业务量在一定范围内增减变动，其总额发生相应的正比例变动，而单位成本保持不变的成本	某材料单位成本50元
混合成本	是指总额随业务量变动但不成正比例变动的成本	某移动通讯公司88元套餐，含主叫长市话500分钟，流量10G，超出后主叫国内长市话每分钟0.15元，流量0.15元/KB

变动成本法主要适用于同时具备下列特征的企业：

企业所处市场竞争环境激烈，需要频繁进行短期经营决策；

企业固定成本比重较大，当产品更新换代的速度较快时，分摊计入产品成本中的固定成本比重大，采用变动成本法可以正确反映产品盈利状况；

企业规模大，产品或服务的种类多，固定成本分摊存在较大困难；

企业作业保持相对稳定。

【典例研习·7-56】（模拟多选题）
下列各项中，属于变动成本的有（　　）。
A.直接材料成本　　　　　　　　B.销售产品的税金及附加
C.按销售额一定比例支付的返利　　D.生产车间固定资产折旧
‖斯尔解析‖ ABC　选项A、B和C均属于变动成本，选项D，属于固定成本，其不随业务量的变化而变化。

【典例研习·7-57】（2019年判断题）
变动成本法下的产品成本只包括生产过程中消耗的变动生产成本，不包括固定生产成本。（　　）
‖斯尔解析‖ √

（4）作业成本法

作业成本法，是指以"作业消耗资源、产出消耗作业"为原则，按照资源动因将资源费用追溯或分配至各项作业，计算出作业成本，然后再根据作业动因，将作业成本追溯或分配至各成本对象，最终完成成本计算的过程。作业成本法是将间接成本和辅助费用更准确地分配到产品和服务的一种成本计算方法。

作业，是指企业基于特定目的重复执行的任务或活动，是连接资源和成本对象的桥梁。一项作业既可以是一项非常具体的任务或活动，也可以泛指一类任务或活动。

按消耗对象不同，作业可分为主要作业和次要作业。主要作业是指被产品、服务或顾客等最终成本对象消耗的作业。次要作业是指被原材料、主要作业等介于中间地位的成本对象消耗的作业。

成本对象，是指企业追溯或分配资源费用、计算成本的对象物。成本对象可以是工艺、流程、零部件、产品、服务、分销渠道、客户、作业、作业链等需要计量和分配成本的项目。

成本动因，是指诱导成本发生的原因，是成本对象与其直接关联的作业和最终关联的资源之间的中介。按其在资源流动中所处的位置和作用，成本动因可分为资源动因和作业动因。

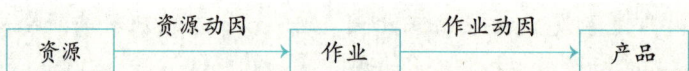

作业成本法主要适用于作业类型较多且作业链较长，同一生产线生产多种产品，企业规模较大且管理层对产品成本准确性要求较高，产品、顾客和生产过程多样化程度较高以及间接或辅助资源费用所占比重较大等情况的企业。

【典例研习·7-58】（2019年判断题）
作业成本法应以"作业消耗资源、产出消耗作业"为指导原则，计算作业成本。（　　）
‖斯尔解析‖ √

4.营运管理领域应用的工具方法

营运管理，是指为了实现企业战略和营运目标，各级管理者通过计划、组织、指挥、协调、控制、激励等活动，实现对企业生产经营过程中的物料供应、产品生产和销售等环节的价值增值管理。营运管理领域应用的管理会计工具方法一般包括本量利分析、敏感性分析、边际分析和内部转移定价等。

（1）本量利分析

"本"是指成本，包括固定成本和变动成本；

"量"是指业务量，一般指销售量；

"利"一般指营业利润。

本量利分析的基本公式如下：

营业利润=（单价-单位变动成本）×业务量-固定成本

本量利分析主要用于企业生产决策、成本决策和定价决策，也可以广泛地用于投融资决策等。企业在营运计划的制定、调整以及营运监控分析等程序中通常会应用到本量利分析。

（2）敏感性分析

敏感性分析，是指对影响目标实现的因素变化进行量化分析，以确定各因素变化对实现目标的影响及其敏感程度。敏感性分析可以分为单因素敏感性分析和多因素敏感性分析。

企业在营运计划的制订、调整以及营运监控分析等程序中通常会用到敏感性分析，敏感性分析也常用于长期投资决策等。

（3）边际分析

边际分析，是指分析某可变因素的变动引起其他相关可变因素变动的程度的方法，以评价既定产品或项目的获利水平，判断盈亏临界点，提示营运风险，支持营运决策。

企业在营运管理中，通常在进行本量利分析、敏感性分析的同时应用边际分析工具方法。企业在营运计划的制订、调整以及营运监控分析等程序中通常会应用到边际分析。

【典例研习·7-59】（2020年单选题）

下列各项中，可应用于企业营运管理的管理会计工具方法的是（　　）。

A.变动成本法　　　B.贴现现金流法　　　C.本量利分析　　　D.弹性预算

‖斯尔解析‖ C 营运管理领域应用的管理会计工具方法一般包括本量利分析、敏感性分析、边际分析和内部转移定价等，选项C正确；变动成本法是成本管理领域应用的工具方法，选项A错误；贴现现金流法是投融资管理领域应用的工具方法，选项B错误；弹性预算是预算管理领域应用的工具方法，选项D错误。

5.投融资管理领域应用的工具方法

投融资管理	概念	方法
投资管理	是指企业根据自身战略发展规划，以企业价值最大化为目标，将资金投入到营运过程中的管理活动	贴现现金流法、项目管理、情景分析、约束资源优化等
融资管理	是指企业为实现既定的战略目标，在风险匹配的原则下，对通过一定的融资方式和渠道筹集资金的管理活动	

（1）贴现现金流法

贴现现金流法，是以明确的假设为基础，选择恰当的贴现率对预期的各期现金流入、流出进行贴现，通过贴现值的计算和比较，为财务合理性提供判断依据的价值评估方法。

适用于在企业日常经营过程中，与投融资管理相关的资产价值评估、企业估值和项目投资决策等。也适用于其他价值评估方法不适用的企业，包括正在经历重大变化的企业，如债务重组、重大转型、战略性重新定位、亏损或者处于开办期的企业等。

（2）项目管理

项目管理，是指通过项目各参与方的合作，运用专门的知识、工具和方法，对各项资源进行计划、组织、协调、控制，使项目能够在规定的时间、预算和质量范围内，实现或超过既定目标的管理活动。

项目管理的工具方法一般包括净值法、成本效益法、价值工程法等。

企业应用项目管理工具方法，一般按照可行性研究、项目立项、项目计划、项目实施、项目验收和项目后评价等程序进行。

（3）情景分析

情景分析，是指在对企业经营管理中未来可能出现的相关事件情景进行假设的基础上，结合企业管理要求，通过模拟等技术，分析相关方案发生的可能性、相应后果和影响，以作出最佳决策的方法。

情景分析一般适用于企业的投融资决策，也可用于战略目标制定、风险评估等。

（4）约束资源优化

约束资源优化，是指企业通过识别制约其实现生产经营目标的瓶颈资源，并对相关资源进行改善和调整，以优化企业资源配置、提高企业资源使用效率的方法。

约束资源，是指企业拥有的实际资源能力小于需要的资源能力的资源，即制约企业实现生产经营目标的瓶颈资源，如流动资金、原材料、劳动力、生产设备、技术等要素及要素投入的时间安排等。

约束资源优化一般适用于企业的投融资管理和营运管理等领域。

6.绩效管理领域应用的工具方法

绩效管理，是指企业与下级单位（部门）、员工之间就业绩目标及如何实现业绩目标达成共识，并帮助和激励员工取得优异业绩，从而实现企业目标的管理过程。

绩效管理的核心是业绩评价和激励管理。绩效管理领域应用的管理会计工具方法一般包括关键绩效指标法、经济增加值法、平衡计分卡、绩效棱柱模型等。

（1）关键绩效指标法

关键绩效指标法，是指基于企业战略目标，通过建立关键绩效指标（Key Performance Indicator，KPI）体系，将价值创造活动与战略规划目标有效联系，并据此进行绩效管理的方法。

关键绩效指标，是对企业业绩产生关键影响力的指标，是通过对企业战略规划、关键成果领域的业绩特征分析，识别和提炼出的最能有效驱动企业价值创造的指标。

关键绩效指标法可单独使用，也可与经济增加值法、平衡计分卡等其他方法结合使用。

关键绩效指标法的应用对象可为企业、下级单位（部门）和员工。

（2）经济增加值法

经济增加值法，是指以经济增加值（Economic Value Added，EVA）为核心，建立业绩指标体系，引导企业注重价值创造，并据此进行绩效管理的方法。

经济增加值，是指税后净营业利润扣除全部投资资本的成本后的剩余收益。

经济增加值及其改善值是全面评价经营者有效使用资本和为企业创造价值的重要指标。

经济增加值为正，表明经营者在为企业创造价值。

经济增加值为负，表明经营者在损毁企业价值。

经济增加值法较少单独使用，一般与关键绩效指标法、平衡计分卡等其他方法结合使用。企业应用经济增加值法进行绩效管理的对象，可为企业及其所属单位（部门）和高级管理人员。

（3）平衡计分卡

平衡计分卡，是指基于企业战略，从财务、客户、内部业务流程、学习与成长四个维度，将战略规划目标逐层分解转化为具体的、相互平衡的业绩指标体系，并据此进行绩效管理的方法。平衡计分卡通常与战略地图等其他工具结合使用。

平衡计分卡适用于战略规划目标明确、管理制度比较完善、管理水平相对较高的企业。平衡计分卡的应用对象可为企业、所属单位（部门）和员工。

（4）绩效棱柱模型

绩效棱柱模型，是指从企业利益相关者角度出发，以利益相关者满意为出发点，利益相关者贡献为落脚点，以企业战略、业务流程、组织能力为手段，用棱柱的五个构面构建三维绩效评价体系，并据此进行绩效管理的方法。

绩效棱柱模型适用于管理制度比较完善，业务流程比较规范，管理水平相对较高的大中型企业。绩效棱柱模型的应用对象可为企业和企业各级所属单位（部门）。

7.风险管理领域应用的工具方法

风险管理，是指企业为实现风险管理目标，对企业风险进行有效识别、评估、预警和应对等管理活动的过程。风险管理领域应用的管理会计工具方法一般包括风险矩阵、风险清单等。企业可结合自身的风险管理目标和实际情况，单独或综合应用不同风险管理工具方法。

（1）风险矩阵，是指按照风险发生的可能性和风险发生后果的严重程度，将风险绘制在矩阵图中，展示风险及其重要性等级的风险管理工具方法。

风险矩阵的基本原理是，根据企业风险偏好，判断并度量风险发生的可能性和后果严重程度，计算风险值，以此作为主要依据在矩阵中描绘出风险重要性等级。

企业应用风险矩阵，应明确应用主体（企业整体、下属企业或部门），确定所要识别的风险，定义风险发生可能性和后果严重程度的标准，以及定义风险重要性等级及其表示形式。

风险矩阵适用于表示企业各类风险重要性等级，也适用于各类风险的分析评价和沟通报告。

（2）风险清单，是指企业根据自身战略、业务特点和风险管理要求，以表单形式进行风险识别、风险分析、风险应对措施、风险报告和沟通等管理活动的工具方法。

企业应用风险清单工具方法的主要目标是使企业从整体上了解自身风险概况和存在的

重大风险，明晰各相关部门的风险管理责任，规范风险管理流程，并为企业构建风险预警和风险考评机制奠定基础。

风险清单适用于各类企业及企业内部各个层级和各类型风险的管理。

（四）信息与报告

管理会计信息包括管理会计应用过程中所使用和生成的财务信息和非财务信息，是管理会计报告的基本元素。

管理会计报告按期间可以分为定期报告和不定期报告；按内容可以分为综合性报告和专项报告等类别。单位可以根据管理需要和管理会计活动性质设定报告期间。一般应以公历期间作为报告期间，也可以根据特定需要设定报告期间。

【典例研习·7-60】（2019年单选题）

下列各项中，不属于管理会计要素的是（   ）。

A.管理会计活动   B.信息与报告
C.工具方法   D.评价指引

‖斯尔解析‖ D 单位应用管理会计，应包括应用环境、管理会计活动（选项A）、工具方法（选项C）、信息与报告（选项B）四项管理会计要素。不包括选项D。

【典例研习·7-61】（2018年判断题）

管理会计报告是管理会计活动成果的重要表现形式，单位可以根据管理需要和管理会计活动性质设定报告期间。（   ）

‖斯尔解析‖ √ 管理会计报告是管理会计活动成果的重要表现形式，旨在为报告使用者提供满足管理需要的信息，是管理会计活动开展情况和效果的具体呈现。管理会计报告按期间可以分为定期报告和不定期报告，按内容可以分为综合性报告和专项报告等类别。单位可以根据管理需要和管理会计活动性质设定报告期间。一般应以公历期间作为报告期间，也可以根据特定需要设定报告期间。

考点4　管理会计应用原则和应用主体（★）

单位应用管理会计，应当遵循以下原则：

1.战略导向原则

2.融合性原则

3.适应性原则

4.成本效益原则

管理会计应用主体视管理决策主体确定，可以是单位整体，也可以是单位内部的责任中心。

【典例研习·7-62】（2018年单选题）

单位应结合自身管理特点和时间需要选择适用的管理会计工具方法，下列各项中，这种方法体现的管理会计应用原则是（   ）。

A.战略导向原则   B.适应性原则
C.融合性原则   D.成本效益原则

‖斯尔解析‖ B 管理会计的适应性原则是指管理会计的应用应与单位应用环境和自身特征相适应。选项B正确。

第八章 政府会计基础

学习提要

先提醒同学们，如果你没有行政、事业单位财务工作经历的，那么接下来，你将面临的是一堆"乱七八糟"的规定和"乱七八糟"的会计科目。但是，还好你有我们，我们会帮助你解决掉这些"乱七八糟"知识点。第八章属于非企业会计体系，与之前我们学习的内容有区别，正是因为这样，也为我们的复习指明了方向。从历年考题中也可以验证，考试中大部分考核的是政府会计独有的，即与企业会计规定有区别的内容。老规矩，第一遍先能听懂就可以，至于题目大可不必太在意，等到飞越阶段时我们会帮助同学们圈出重点。

本章近三年平均分值在7分左右，其中，2020年4题7分，2019年5题7.5分，2018年4题6分，预计2021年分值会在5分左右。

考点精讲

第一部分 政府会计概述

考点1 政府会计改革背景及目标（★）

政府会计是会计体系的重要分支，它是运用会计专门方法对政府及其组成主体（包括政府所属的行政事业单位等）的财务状况、运行情况（含运行成本，下同）、现金流量、预算执行等情况进行全面核算、监督和报告。

现阶段，我国正逐步建立以权责发生制政府会计核算为基础，以编制和报告政府资产负债表、收入费用表等报表为核心的权责发生制政府综合财务报告制度。

考点2 政府会计标准体系（★★）

我国的政府会计标准体系主要由政府会计基本准则、具体准则及应用指南和政府会计制度等组成。

（一）政府会计基本准则

政府会计基本准则用于规范政府会计目标、政府会计主体、政府会计信息质量要求、政府会计核算基础，以及政府会计要素定义、确认和计量原则、列报要求等原则事项。

2015年10月，财政部印发了《政府会计准则——基本准则》（以下简称《基本准则》）。基本准则指导具体准则和制度的制定，并为政府会计实务问题提供处理原则。

（二）政府会计具体准则及应用指南

政府会计具体准则依据基本准则制定，用于规范政府会计主体发生的经济业务或事项的会计处理原则，详细规定经济业务或事项引起的会计要素变动的确认、计量和报告。

应用指南是对具体准则的实际应用作出的操作性规定。

（三）政府会计制度

政府会计制度依据基本准则制定，主要规定政府会计科目及账务处理、报表体系及编制说明等。

按照政府会计主体不同，政府会计制度主要由政府财政会计制度和政府单位会计制度组成。政府会计主体应当根据政府会计准则（包括基本准则和具体准则）规定的原则和政府会计制度及解释的要求，对其发生的各项经济业务或事项进行会计核算。根据《基本准则》，政府会计主体主要包括各级政府、各部门、各单位。

需要说明的是，军队、已纳入企业财务管理体系的单位和执行《民间非营利组织会计制度》的社会团体，其会计核算不适用政府会计准则制度。

【典例研习·8-1】（2018年多选题）

下列各项中关于政府会计核算体系的表述正确的有（   ）。

A.政府会计主体应当编制决算报告和财务报告
B.政府会计由预算会计和财务会计构成
C.政府预算会计实行收付实现制，国务院另有规定的，从其规定
D.政府财务会计实行权责发生制

‖斯尔解析‖ ABCD

考点3 政府会计要素及其确认和计量（★★）

政府会计要素包括预算会计要素和财务会计要素。预算会计要素包括预算收入、预算支出与预算结余；财务会计要素包括资产、负债、净资产、收入和费用。

（一）政府预算会计要素

1.预算收入

预算收入是指政府会计主体在预算年度内依法取得的并纳入预算管理的现金流入。预算收入一般在实际收到时予以确认，以实际收到的金额计量。

2.预算支出

预算支出是指政府会计主体在预算年度内依法发生并纳入预算管理的现金流出。预算支出一般在实际支付时予以确认，以实际支付的金额计量。

3.预算结余

预算结余是指政府会计主体预算年度内预算收入扣除预算支出后的资金余额，以及历年滚存的资金余额。

预算结余包括结余资金和结转资金，结余资金是指年度预算执行终了，预算收入实际完成数扣除预算支出和结转资金后剩余的资金；结转资金是指预算安排项目的支出年终尚未执行完毕或者因故未执行，且下年需要按原用途继续使用的资金。

（二）政府财务会计要素

1.资产

（1）资产的定义

资产是指政府会计主体过去的经济业务或者事项形成的，由政府会计主体控制的，预期能够产生服务潜力或者带来经济利益流入的经济资源。

（2）资产类别

政府会计主体的资产按照流动性，分为流动资产和非流动资产。

流动资产是指预计在1年内（含1年）耗用或者可以变现的资产，包括货币资金、短期投资、应收及预付款项、存货等。

非流动资产是指流动资产以外的资产，包括固定资产、在建工程、无形资产、长期投资、公共基础设施、政府储备资产、文物文化资产、保障性住房和自然资源资产等。

（3）资产的确认条件

同时满足以下条件时，确认为资产：一是与该经济资源相关的服务潜力很可能实现或者经济利益很可能流入政府会计主体；二是该经济资源的成本或者价值能够可靠地计量。

（4）资产的计量属性

政府资产的计量属性主要包括历史成本、重置成本、现值、公允价值和名义金额。

【典例研习·8-2】（2018年多选题）

下列各项中，属于政府主体资产的有（　　）。

A.在建工程　　　　　　　　B.长期投资
C.保障性住房　　　　　　　D.自然资源资产

‖斯尔解析‖ 〔ABCD〕 政府会计主体的资产按照流动性，分为流动资产和非流动资产。其中，非流动资产包括固定资产、在建工程、无形资产、长期投资、公共基础设施、政府储备资产、文物文化资产、保障性住房和自然资源资产等。

2.负债

（1）负债的定义

负债是指政府会计主体过去的经济业务或者事项形成的，预期会导致经济资源流出政府会计主体的现时义务。

（2）负债的分类

政府会计主体的负债按照流动性，分为流动负债和非流动负债。

流动负债是指预计在1年内（含1年）偿还的负债，包括短期借款、应付及预收款项、应缴款项等。

非流动负债是指流动负债以外的负债，包括长期借款、长期应付款、应付长期政府债券等。

（3）负债的确认条件

同时满足以下条件时，确认为负债：一是履行该义务很可能导致含有服务潜力或者经济利益的经济资源流出政府会计主体；二是该义务的金额能够可靠地计量。

（4）负债的计量属性

政府负债的计量属性主要包括历史成本、现值和公允价值。

【典例研习·8-3】（2018年多选题）

下列各项中，属于政府负债的有（　　）。

A.发行的地方政府债券　　　　B.政府举借的外国政府贷款
C.发行的国债　　　　　　　　D.政府举借的国际组织贷款

‖斯尔解析‖ 〔ABCD〕 政府负债包括代表政府发行的国债（选项C）、地方政府债券（选项A），举借的国际金融组织（选项D）和外国政府贷款（选项B）、其他政府债务以及或有债务等。

【典例研习·8-4】（2018年判断题）

在公允价值下，政府负债应按照市场参与者在计量日发生的有序交易中，转移负债所需支付的价格计量。（　　）

‖斯尔解析‖　√

3.净资产

净资产是指政府会计主体资产扣除负债后的净额，其金额取决于资产和负债的计量。

4.收入

（1）收入的定义

收入是指报告期内导致政府会计主体净资产增加的、含有服务潜力或者经济利益的经济资源的流入。

（2）收入的确认条件

收入的确认应当同时满足以下条件：一是与收入相关的含有服务潜力或者经济利益的经济资源很可能流入政府会计主体；二是含有服务潜力或者经济利益的经济资源流入会导致政府会计主体资产增加或者负债减少；三是流入金额能够可靠地计量。

【典例研习·8-5】（2018年判断题）

政府预算收入是指报告期内导致政府会计主体净资产增加的，含有服务潜力或经济利益的经济资源的流入。（　　）

‖斯尔解析‖　×　政府收入是指报告期内导致政府会计主体净资产增加的、含有服务潜力或者经济利益的经济资源的流入，不是指政府预算收入。

5.费用

（1）费用的定义

费用是指报告期内导致政府会计主体净资产减少的、含有服务潜力或者经济利益的经济资源的流出。

（2）费用的确认条件

费用的确认应当同时满足以下条件：一是与费用相关的含有服务潜力或者经济利益的经济资源很可能流出政府会计主体；二是含有服务潜力或者经济利益的经济资源流出会导致政府会计主体资产减少或者负债增加；三是流出金额能够可靠地计量。

【典例研习·8-6】（2018年单选题）

下列各项中，属于政府财务会计要素的是（　　）。

A.预算结余　　　B.预算收入　　　C.净资产　　　D.预算支出

‖斯尔解析‖　C　政府财务会计要素包括资产、负债、净资产（选项C）、收入和费用。

考点4　政府财务报告和决算报告（★★）

（一）政府财务报告

1.政府财务报告的内容和构成

政府财务报告是反映政府会计主体某一特定日期的财务状况和某一会计期间的运行情况和现金流量等信息的文件。

财务报表包括会计报表和附注。会计报表一般包括资产负债表、收入费用表和净资产变动表，单位可根据实际情况自行选择编制现金流量表。

从编制主体讲，政府财务报告主要包括政府部门财务报告和政府综合财务报告。

2.政府财务报告编报

（1）政府部门编制部门财务报告，反映本部门的财务状况和运行情况。

（2）政府部门编制政府综合财务报告，反映政府整体的财务状况、运行情况和财政中长期可持续性。

【典例研习·8-7】（2019年单选题）

下列各项中，属于政府会计核算中财务会计报表的是（　　）。

A.预算收入支出表　　　　　　B.预算结转结余变动表

C.收入费用表　　　　　　　　D.财政拨款预算收入支出表

‖斯尔解析‖ C　会计报表一般包括资产负债表、收入费用表（选项C）和净资产变动表；预算会计报表至少包括预算收入支出表（选项A）、预算结转结余变动表（选项B）和财政拨款预算收入支出表（选项D）。

（二）政府决算报告

政府决算报告是综合反映政府会计主体年度预算收支执行结果的文件。政府决算报告与政府综合财务报告的主要区别：

	政府决算报告	政府综合财务报告
编制主体	各级政府财政部门、各部门、各单位	各级政府财政部门、各部门、各单位
反映的对象	政府年度预算收支执行情况的结果	政府整体财务状况、运行情况和财政中长期可持续性
编制基础	收付实现制	权责发生制
数据来源	以预算会计核算生成的数据为准	以财务会计核算生成的数据为准
编制方法	汇总	合并
报送要求	本级人民代表大会常务委员会审查和批准	本级人民代表大会常务委员会备案

【典例研习·8-8】（2019年多选题）

下列各项中，关于政府综合财务报告的表述正确的有（　　）。

A.年度预算执行情况是其反映的对象

B.数据来源于预算会计核算结果

C.编制基础为权责发生制

D.编制主体是各级政府财政部门、各部门、各单位

‖斯尔解析‖ CD　选项A和B，属于政府决算报告内容；选项C，属于政府综合财务报告的编制基础；选项D，既属于政府决算报告的编制主体也属于政府综合财务报告的编制主体。

考点5 政府会计核算模式（★★）

政府会计核算模式应当实现预算会计与财务会计适度分离并相互衔接，全面、清晰反映政府财务信息和预算执行信息，为开展政府信用评级、加强资产负债管理、改进政府绩效监督考核、防范财政风险等提供支持，促进政府财务管理水平提高和财政经济可持续发展。

（一）预算会计与财务会计适度分离

1. "双功能"

政府会计由预算会计和财务会计构成。预算会计主要反映和监督预算收支执行情况；财务会计主要反映和监督政府会计主体财务状况、运行情况和现金流量等。

2. "双基础"

预算会计实行收付实现制，国务院另有规定的，从其规定；财务会计实行权责发生制。

3. "双报告"

政府会计主体应当编制决算报告和财务报告。政府决算报告的编制主要以收付实现制为基础，以预算会计核算生成的数据为准。政府财务报告的编制主要以权责发生制为基础，以财务会计核算生成的数据为准。

【典例研习·8-9】（2018年单选题）

《政府会计准则——基本准则》确立了"双功能""双基础""双报告"的政府会计核算体系，其中"双报告"指的是（　　）。

A.预算报告和财务报告　　　　B.决算报告和财务报告
C.绩效报告和预算报告　　　　D.预算报告和决算报告

‖斯尔解析‖ [B] "双报告"指的是决算报告和财务报告。

【典例研习·8-10】（2018年多选题）

下列各项中关于政府会计核算体系的表述正确的有（　　）。

A.政府会计主体应当编制决算报告和财务报告
B.政府会计由预算会计和财务会计构成
C.政府预算会计实行收付实现制，国务院另有规定的，从其规定
D.政府财务会计实行权责发生制

‖斯尔解析‖ [ABCD]

（二）预算会计与财务会计适度相互衔接

政府预算会计和财务会计"适度分离"，并不是要求政府会计主体分别建立预算会计和财务会计两套账，对同一笔经济业务或事项进行会计核算，而是要求政府预算会计要素和财务会计要素相互协调，决算报告和财务报告相互补充，共同反映政府会计主体的预算执行信息和财务信息。

第二部分　政府单位会计核算

考点1　单位会计核算概述（★）

名称	单位财务会计	单位预算会计
要素	资产、负债、净资产、收入、费用	预算收入、预算支出、预算结余
等式	反映单位财务状况的等式为"资产-负债=净资产" 反映运行情况的等式为"收入-费用=本期盈余"，本期盈余经分配后最终转入净资产	预算收入-预算支出=预算结余
会计基础	权责发生制	收付实现制

对于单位受托代理的现金、不属于本年度部门预算的现金，以及应上缴财政的、应转拨的、应退回的现金所涉及的收支业务，仅需要进行财务会计处理，不需要进行预算会计处理。

考点2　国库集中支付业务（★★）

（一）财政直接支付业务

单位在收到"财政直接支付入账通知书"时，按照通知书中直接支付的金额，在预算会计中：

借：行政支出、事业支出等
　　贷：财政拨款预算收入

同时，在财务会计中：

借：库存物品、固定资产等
　　贷：财政拨款收入

年末，根据本年度财政直接支付预算指标数与其实际支出数的差额，在预算会计中：

借：资金结存——财政应返还额度
　　贷：财政拨款预算收入

同时，在财务会计中：

借：财政应返还额度——财政直接支付
　　贷：财政拨款收入

下年度恢复财政直接支付额度后，单位以财政直接支付方式发生实际支出时，在预算会计中：

借：行政支出、事业支出等
　　贷：资金结存——财政应返还额度

同时，在财务会计中：

借：库存物品、固定资产、应付职工薪酬等
　　贷：财政应返还额度——财政直接支付

【典例研习·8-11】

2×21年10月9日，某事业单位根据经过批准的部门预算和用款计划，向同级财政部门申请支付第三季度水费105 000元。10月18日，财政部门经审核后，以财政直接支付方式向自来水公司支付该单位的水费105 000元。10月23日，该事业单位收到"财政直接支付入账通知书"。

‖斯尔解析‖ 该事业单位应作如下账务处理：

编制预算会计分录：

借：事业支出	105 000	
贷：财政拨款预算收入		105 000

同时，编制财务会计分录：

借：单位管理费用	105 000	
贷：财政拨款收入		105 000

【典例研习·8-12】

2×20年12月31日，某行政单位财政直接支付指标数与当年财政直接支付实际支出数之间的差额为100 000元。2×21年年初，财政部门恢复该单位的财政直接支付额度。2×21年1月15日，该单位以财政直接支付方式购买一批办公用品（属于上年预算指标数），支付给供应商50 000元价款。

‖斯尔解析‖ 该行政单位应作如下账务处理：

（1）2×20年12月31日补记指标：

编制预算会计分录：

借：资金结存——财政应返还额度	100 000	
贷：财政拨款预算收入		100 000

同时，编制财务会计分录：

借：财政应返还额度——财政直接支付	100 000	
贷：财政拨款收入		100 000

（2）2×21年1月15日使用上年预算指标购买办公用品：

编制预算会计分录：

借：行政支出	50 000	
贷：资金结存——财政应返还额度		50 000

同时，编制财务会计分录：

借：库存物品	50 000	
贷：财政应返还额度——财政直接支付		50 000

【典例研习·8-13】（2020年单选题）

下列各项中，在财政直接支付方式下，事业单位收到"财政直接支付入账通知书"时，在财务会计核算时应贷记的会计科目是（　　）。

A.经营收入　　B.其他收入　　C.事业收入　　D.财政拨款收入

‖斯尔解析‖ D　在财政直接支付方式下，单位在收到"财政直接支付入账通知书"时，按照通知书中直接支付的金额，在财务会计中借记"库存物品"等科目，贷记

"财政拨款收入"科目，选项D正确。

（二）财政授权支付业务

在财政授权支付方式下，单位收到代理银行盖章的"授权支付到账通知书"时：

在预算会计中：

借：资金结存——零余额账户用款额度
　　贷：财政拨款预算收入

同时，在财务会计中：

借：零余额账户用款额度
　　贷：财政拨款收入

使用时，在预算会计中：

借：行政支出、事业支出等
　　贷：资金结存——零余额账户用款额度

同时，在财务会计中：

借：业务活动费用、单位管理费用、库存物品等
　　贷：零余额账户用款额度

年末，依据代理银行提供的对账单作注销额度的相关账务处理，在预算会计中：

借：资金结存——财政应返还额度
　　贷：资金结存——零余额账户用款额度

同时，在财务会计中：

借：财政应返还额度——财政授权支付
　　贷：零余额账户用款额度

下年年初恢复额度时，在预算会计中：

借：资金结存——零余额账户用款额度
　　贷：资金结存——财政应返还额度

同时，在财务会计中：

借：零余额账户用款额度
　　贷：财政应返还额度——财政授权支付

年末，单位本年度财政授权支付预算指标数大于零余额账户用款额度下达数的，根据未下达的用款额度，在预算会计中：

借：资金结存——财政应返还额度
　　贷：财政拨款预算收入

同时，在财务会计中：

借：财政应返还额度——财政授权支付
　　贷：财政拨款收入

下年度收到财政部门批复的上年末未下达零余额账户用款额度时，在预算会计中：

借：资金结存——零余额账户用款额度
　　贷：资金结存——财政应返还额度

同时，在财务会计中：

借：零余额账户用款额度
　　贷：财政应返还额度——财政授权支付

【典例研习·8-14】

2×21年3月，某科研所根据批准的部门预算和用款计划，向同级财政部门申请财政授权支付用款额度180 000元。4月6日，财政部门经审核后，以财政授权支付方式下达170 000元用款额度。4月8日，该科研所收到代理银行转来的"授权支付到账通知书"。

‖斯尔解析‖ 该科研所应作如下账务处理：

编制预算会计分录：

借：资金结存——零余额账户用款额度	170 000	
贷：财政拨款预算收入		170 000

同时，编制财务会计分录：

借：零余额账户用款额度	170 000	
贷：财政拨款收入		170 000

【典例研习·8-15】

2×20年12月31日，某事业单位经与代理银行提供的对账单核对无误后，将150 000元零余额账户用款额度予以注销。另外，本年度财政授权支付预算指标数大于零余额账户用款额度下达数，未下达的用款额度为200 000元。2×21年度，该单位收到代理银行提供的额度恢复到账通知书及财政部门批复的上年末未下达零余额账户用款额度。

‖斯尔解析‖ 该事业单位应作如下账务处理：

（1）注销额度编制预算会计分录：

借：资金结存——财政应返还额度	150 000	
贷：资金结存——零余额账户用款额度		150 000

同时，编制财务会计分录：

借：财政应返还额度——财政授权支付	150 000	
贷：零余额账户用款额度		150 000

（2）补记指标数，编制预算会计分录：

借：资金结存——财政应返还额度	200 000	
贷：财政拨款预算收入		200 000

同时，编制财务会计分录：

借：财政应返还额度——财政授权支付	200 000	
贷：财政拨款收入		200 000

（3）恢复额度编制预算会计分录：

借：资金结存——零余额账户用款额度	150 000	
贷：资金结存——财政应返还额度		150 000

同时，编制财务会计分录：

借：零余额账户用款额度	150 000	
贷：财政应返还额度——财政授权支付		150 000

（4）收到财政部门批复的上年末未下达的额度：

编制预算会计分录：

借：资金结存——零余额账户用款额度　　　　　200 000
　　贷：资金结存——财政应返还额度　　　　　　　　　200 000

同时，编制财务会计分录：

借：零余额账户用款额度　　　　　　　　　　　200 000
　　贷：财政应返还额度——财政授权支付　　　　　　　200 000

考点3　非财政拨款收支业务（★★）

（一）事业（预算）收入

事业收入是指事业单位开展专业业务活动及其辅助活动实现的收入，不包括从同级政府财政部门取得的各类财政拨款。

1.对采用财政专户返还方式管理的事业（预算）收入，实现应上缴财政专户的事业收入时，按照实际收到或应收的金额，在财务会计中：

借：银行存款、应收账款等
　　贷：应缴财政款

向财政专户上缴款项时，按照实际上缴的款项金额，在财务会计中：

借：应缴财政款
　　贷：银行存款等

收到从财政专户返还的事业收入时，按照实际收到的返还金额，在财务会计中：

借：银行存款等
　　贷：事业收入

同时，在预算会计中：

借：资金结存——货币资金
　　贷：事业预算收入

【典例研习·8-16】

某事业单位部分事业收入采用财政专户返还的方式管理：2×21年9月5日，该单位收到应上缴财政专户的事业收入5 000 000元。9月15日，该单位将上述款项上缴财政专户。10月15日，该单位收到从财政专户返还的事业收入5 000 000元。财会部门根据有关凭证，应编制如下会计分录：

‖斯尔解析‖

（1）9月5日，收到应上缴财政专户的事业收入时，在财务会计中：

借：银行存款　　　　　　　　　　　　　　　5 000 000
　　贷：应缴财政款　　　　　　　　　　　　　　　　5 000 000

（2）9月15日，向财政专户上缴款项时，在财务会计中：

借：应缴财政款　　　　　　　　　　　　　　5 000 000
　　贷：银行存款　　　　　　　　　　　　　　　　　5 000 000

（3）10月15日，收到从财政专户返还的事业收入时，在财务会计中：

借：银行存款　　　　　　　　　　　　　　　5 000 000
　　贷：事业收入　　　　　　　　　　　　　　　　　5 000 000

同时，预算会计中：
　　借：资金结存——货币资金　　　　　　　　　　　　　　5 000 000
　　　　贷：事业预算收入　　　　　　　　　　　　　　　　　　　　5 000 000

2.对采用预收款方式确认的事业（预算）收入，实际收到预收款项时，按照收到的金额，在财务会计中：
　　借：银行存款等
　　　　贷：预收账款

同时，在预算会计中：
　　借：资金结存——货币资金
　　　　贷：事业预算收入

以合同完成进度确认事业收入时，按照基于合同完成进度计算的金额，财务会计中：
　　借：预收账款
　　　　贷：事业收入

3.对采用应收款方式确认的事业收入，根据合同完成进度计算本期应收的款项，在财务会计中：
　　借：应收账款
　　　　贷：事业收入

实际收到款项时，在财务会计中：
　　借：银行存款
　　　　贷：应收账款

同时，在预算会计中：
　　借：资金结存——货币资金
　　　　贷：事业预算收入

4.对于其他方式下确认的事业收入，按照实际收到的金额，在财务会计中：
　　借：银行存款、库存现金等
　　　　贷：事业收入

同时，在预算会计中：
　　借：资金结存——货币资金
　　　　贷：事业预算收入

5.事业活动中涉及增值税业务的，事业收入按照实际收到的金额扣除增值税销项税之后的金额入账，事业预算收入按照实际收到的金额入账。

【典例研习·8-17】

2×21年3月，某科研事业单位（为增值税一般纳税人）对开展技术咨询服务开具的增值税专用发票上注明的劳务收入为200 000，增值税税额为12 000元，全部款项已存入银行。

‖斯尔解析‖　该事业单位应作如下账务处理：

(1) 收到劳务收入时：

借：银行存款　　　　　　　　　　　　　　　212 000
　　贷：事业收入　　　　　　　　　　　　　　　　　　　200 000
　　　　应交增值税——应交税金（销项税额）　　　　　　12 000

同时，编制预算会计分录：

借：资金结存——货币资金　　　　　　　　　212 000
　　贷：事业预算收入　　　　　　　　　　　　　　　　　212 000

(2) 实际缴纳增值税时，在财务会计中：

借：应交增值税——应交税金（已交税金）　　 12 000
　　贷：银行存款　　　　　　　　　　　　　　　　　　　12 000

同时，编制预算会计分录：

借：事业支出　　　　　　　　　　　　　　　 12 000
　　贷：资金结存——货币资金　　　　　　　　　　　　　12 000

6.事业单位对于因开展专业业务活动及其辅助活动取得的非同级财政拨款收入（包括两大类，一类是从同级财政以外的同级政府部门取得的横向转拨财政款，另一类是从上级或下级政府取得的各类财政款），应当通过"事业收入"和"事业预算收入"科目下的"非同级财政拨款"明细科目核算；对于其他非同级财政拨款收入，应当通过"非同级财政拨款收入"和"非同级财政拨款预算收入"科目核算。

（二）捐赠（预算）收入和支出

1.捐赠（预算）收入

捐赠收入指单位接受其他单位或者个人捐赠取得的收入，包括现金捐赠收入和非现金捐赠收入。

捐赠预算收入指单位接受捐赠的现金资产。

(1) 单位接受捐赠的货币资金，按照实际收到的金额，在财务会计中：

借：银行存款、库存现金等
　　贷：捐赠收入

同时，在预算会计中：

借：资金结存——货币资金
　　贷：其他预算收入——捐赠预算收入

(2) 单位接受捐赠的存货、固定资产等非现金资产，按照确定的成本，在财务会计中：

借：库存物品、固定资产等
　　贷：银行存款（相关税费、运输费等）
　　　　捐赠收入（差额）

同时，在预算会计中：

借：其他支出（相关税费、运输费等）
　　贷：资金结存——货币资金

【典例研习·8-18】

2×21年3月12日，某事业单位接受甲公司捐赠的一批实验材料，甲公司所提供的凭据表明价值为100 000元，该事业单位以银行存款支付运输费1 000元。假设不考虑相关税费。

‖斯尔解析‖ 该事业单位应作如下账务处理：

借：库存物品　　　　　　　　　　　　　　　　　101 000
　　贷：捐赠收入　　　　　　　　　　　　　　　　　　　　100 000
　　　　银行存款　　　　　　　　　　　　　　　　　　　　　1 000

同时，编制预算会计分录：

借：其他支出　　　　　　　　　　　　　　　　　　1 000
　　贷：资金结存——货币资金　　　　　　　　　　　　　　1 000

2.捐赠（支出）费用

单位对外捐赠现金资产的，按照实际捐赠的金额，在财务会计中：

借：其他费用
　　贷：银行存款、库存现金等

同时，在预算会计中：

借：其他支出
　　贷：资金结存——货币资金

单位对外捐赠库存物品、固定资产等非现金资产的，在财务会计中应当将资产的账面价值转入"资产处置费用"科目，如未支付相关费用，预算会计则不做账务处理。

考点4　预算结转结余及分配业务（★★）

单位应当严格区分财政拨款结转结余和非财政拨款结转结余。财政拨款结转结余不参与事业单位的结余分配。

（一）财政拨款结转结余

1.财政拨款结转的核算

"财政拨款结转"科目核算单位滚存的财政拨款结转资金。

（1）年末，单位应当将财政拨款预算收入和对应的财政拨款支出结转入"财政拨款结转"科目。

根据财政拨款预算收入本年发生额：

借：财政拨款预算收入
　　贷：财政拨款结转

根据各项支出中的财政拨款支出本年发生额：

借：财政拨款结转
　　贷：事业支出等（财政拨款支出）

（2）年末，单位冲销有关明细科目余额，将"财政拨款结转——本年收支结转、年初余额调整、归集调入、归集调出、归集上缴、单位内部调剂"科目余额转入"财政拨款结转——累计结转"科目。

（3）完成上述财政拨款收支结转后，单位应当对财政拨款各明细项目执行情况进行分析，按照有关规定将符合财政拨款结余性质的项目余额转入财政拨款结余，借记"财政拨款结转——累计结转"科目,贷记"财政拨款结余——结转转入"科目。

【典例研习·8-19】

2×21年9月,某事业单位收到财政拨款收入2 500 000元,"事业支出"科目下"财政拨款支出"明细科目的当期发生额为2 400 000元。月末,该事业单位将本月财政拨款收入和支出结转,应编制如下会计分录:

‖斯尔解析‖

(1)结转财政拨款预算收入时:

借:财政拨款预算收入　　　　　　　　　　　　　　　　2 500 000
　　贷:财政拨款结转——本年收支结转　　　　　　　　　　　　2 500 000

(2)结转财政拨款支出时:

借:财政拨款结转——本年收支结转　　　　　　　　　　2 400 000
　　贷:事业支出——财政拨款支出　　　　　　　　　　　　　　2 400 000

2.财政拨款结余的核算

"财政拨款结余"科目核算单位滚存的财政拨款项目支出结余资金。

(1)年末,单位对财政拨款结转各明细项目执行情况进行分析后,按照有关规定将符合财政拨款结余性质的项目余额转入财政拨款结余。

借:财政拨款结转——累计结转
　　贷:财政拨款结余——结转转入

(2)年末,单位冲销有关明细科目,将"财政拨款结余——年初余额调整、归集上缴、单位内部调剂、结转转入"科目余额转入"财政拨款结余"科目的累计结余明细科目。

【典例研习·8-20】

2021年末,某事业单位完成财政拨款收支结转后,对财政拨款各明细项目进行分析,按照有关规定将某项目结余资金65 000元转入财政拨款结余,该单位应编制如下会计分录:

‖斯尔解析‖ 将项目结余转入财政拨款结余时:

借:财政拨款结转——累计结转——项目支出结转　　　　65 000
　　贷:财政拨款结余——结转转入　　　　　　　　　　　　　　65 000

【典例研习·8-21】(2018年单选题改编)

2017年末,某事业单位完成财政拨款收支结转后,对财政拨款各明细项目进行综合分析,根据有关规定将一项目结余资金80万元转入财政拨款结余。不考虑其他因素,该事业单位应编制的会计分录是(　　)。

A.借:财政拨款结余　　　　　　　　　　　　　　　　　800 000
　　贷:财政拨款结转　　　　　　　　　　　　　　　　　　　800 000

B.借:财政拨款结余　　　　　　　　　　　　　　　　　800 000
　　贷:累计盈余　　　　　　　　　　　　　　　　　　　　　800 000

C.借:财政拨款结转　　　　　　　　　　　　　　　　　800 000
　　贷:财政拨款结余　　　　　　　　　　　　　　　　　　　800 000

D.借：累计盈余　　　　　　　　　　　　　　　　　　800 000
　　　　贷：财政拨款结余　　　　　　　　　　　　　　　　　　800 000

‖斯尔解析‖ [C] 年末，按照有关规定将符合财政拨款结余性质的项目余额转入财政拨款结余：
　　借：财政拨款结转　　　　　　　　　　　　　　　　800 000
　　　　贷：财政拨款结余　　　　　　　　　　　　　　　　　　800 000

【典例研习·8-22】（2017年单选题改编）
　　事业单位在期末应将财政拨款收入和对应的事业支出——财政拨款支出进行结转，涉及的会计科目是（　　）。
　　A.非财政拨款结转　　　　　　　　　　B.财政拨款结转
　　C.累计盈余　　　　　　　　　　　　　D.财政拨款结余

‖斯尔解析‖ [B] 事业单位在期末应将财政拨款收入和对应的事业支出——财政拨款支出进行结转，结转到"财政拨款结转"科目核算。

【典例研习·8-23】（2016年单选题改编）
　　财政拨款结余是指单位取得的同级财政拨款项目支出结余资金的调整、结转和滚存情况。（　　）

‖斯尔解析‖ [√]

（二）非财政拨款结转结余

1.非财政拨款结转

非财政拨款结转资金是指单位除财政拨款收支、经营收支以外的各非同级财政拨款专项资金收入与其相关支出相抵后剩余滚存的、须按规定用途使用的结转资金。

（1）年末，单位将除财政拨款预算收入、经营预算收入以外的各类预算收入本年发生额中的专项资金收入，以及"支出"科目下各非财政拨款专项资金支出明细科目结转至"非财政拨款结转"科目。

（2）单位按照规定缴回非财政拨款结转资金的，按照实际缴回资金数额，在预算会计中：
　　借：非财政拨款结转——缴回资金
　　　　贷：资金结存——货币资金
　　同时，在财务会计中：
　　借：累计盈余
　　　　贷：银行存款

（3）年末，单位冲销有关明细科目余额，将"非财政拨款结转——年初余额调整、项目间接费用或管理费、缴回资金、本年收支结转"科目余额转入"非财政拨款结转——累计结转"科目。结转后，"非财政拨款结转"科目除"累计结转"明细科目外，其他明细科目应无余额。

完成上述结转后，单位应当对非财政拨款专项资金各项目情况进行分析，将留归本单位使用的非财政拨款专项（项目已完成）剩余资金转入非财政拨款结余。
　　借：非财政拨款结转——累计结转
　　　　贷：非财政拨款结余——结转转入

【典例研习·8-24】

2×21年1月，某事业单位启动一项科研项目。当年收到上级主管部门拨付的非财政专项资金6 000 000元，为该项目发生事业支出5 600 000元。2×21年12月，项目结项，经上级主管部门批准，该项目的结余资金留归事业单位使用。不考虑其他因素，该事业单位应编制如下会计分录：

‖斯尔解析‖

（1）收到上级主管部门拨付款项时：

编制财务会计分录：

借：银行存款　　　　　　　　　　　　　　6 000 000
　　贷：上级补助收入　　　　　　　　　　　　　　　6 000 000

同时，编制预算会计分录：

借：资金结存——货币资金　　　　　　　　6 000 000
　　贷：上级补助预算收入　　　　　　　　　　　　　6 000 000

（2）发生业务活动费用（事业支出）时：

编制财务会计分录：

借：业务活动费用　　　　　　　　　　　　5 600 000
　　贷：银行存款　　　　　　　　　　　　　　　　　5 600 000

同时，编制预算会计分录：

借：事业支出——非财政专项资金支出　　　5 600 000
　　贷：资金结存——货币资金　　　　　　　　　　　5 600 000

（3）年末结转上级补助预算收入中该科研专项资金收入时：

借：上级补助预算收入　　　　　　　　　　6 000 000
　　贷：非财政拨款结转——本年收支结转　　　　　　6 000 000

（4）年末结转事业支出中该科研专项支出时：

借：非财政拨款结转——本年收支结转　　　5 600 000
　　贷：事业支出——非财政专项资金支出　　　　　　5 600 000

（5）经批准确定结余资金留归本单位使用时：

借：非财政拨款结转——累计结转　　　　　400 000
　　贷：非财政拨款结余——结转转入　　　　　　　　400 000

【典例研习·8-25】（2018年单选题改编）

年末，完成非财政拨款专项资金结转后，留归本单位使用的非财政拨款结转计入（　　）。

A.本期盈余　　　　　　　　　B.银行存款
C.专用基金　　　　　　　　　D.非财政拨款结余——结转转入

‖斯尔解析‖ D　年末，完成非财政拨款专项资金结转后，留归本单位使用的非财政拨款结转记入"非财政拨款结余——结转转入"科目。

2.非财政拨款结余的核算

非财政拨款结余指单位历年滚存的非限定用途的非同级财政拨款结余资金，主要为非财政拨款结余扣除结余分配后滚存的金额。

（1）年末，将留归本单位使用的非财政拨款专项（项目已完成）剩余资金转入"非财政拨款结余——结转转入"科目。

借：非财政拨款结转——累计结转
　　贷：非财政拨款结余——结转转入

（2）有企业所得税缴纳义务的事业单位实际缴纳企业所得税时，按照缴纳金额，在预算会计中：

借：非财政拨款结余——累计结余
　　贷：资金结存——货币资金

同时，在财务会计中：

借：其他应交税费——单位应交所得税
　　贷：银行存款等

（3）年末，冲销有关明细科目余额。将"非财政拨款结余——年初余额调整、项目间接费用或管理费、结转转入"科目余额结转入"非财政拨款结余——累计结余"科目。结转后，"非财政拨款结余"科目除"累计结余"明细科目外，其他明细科目应无余额。

（4）年末，事业单位将"非财政拨款结余分配"科目余额转入非财政拨款结余。

"非财政拨款结余分配"科目为借方余额的，借记"非财政拨款结余——累计结余"科目，贷记"非财政拨款结余分配"科目；

"非财政拨款结余分配"科目为贷方余额的，借记"非财政拨款结余分配"科目，贷记"非财政拨款结余——累计结余"科目。

3.专用结余的核算

专用结余是指事业单位按照规定从非财政拨款结余中提取的具有专门用途的资金。

"专用结余"科目，核算专用结余资金的变动和滚存情况。根据有关规定从本年度非财政拨款结余或经营结余中提取基金的，按照提取金额。

借：非财政拨款结余分配
　　贷：专用结余

根据规定使用从非财政拨款结余或经营结余中提取的专用基金时，按照使用金额。

借：专用结余
　　贷：资金结存——货币资金

"专用结余"科目年末贷方余额，反映事业单位从非同级财政拨款结余中提取的专用基金的累计滚存数额。

4.经营结余的核算

"经营结余"科目，核算事业单位在本年度经营活动收支相抵后余额弥补以前年度经营亏损后的余额。

期末，事业单位应当结转本期经营收支，根据经营预算收入本期发生额，借记"经营预算收入"科目，贷记"经营结余"科目；根据经营支出本期发生额，借记"经营结余"科目，贷记"经营支出"科目。年末，如"经营结余"科目为贷方余额，将余额结转至

"非财政拨款结余分配"科目,借记"经营结余"科目,贷记"非财政拨款结余分配"科目;如为借方余额,即为经营亏损,不予结转。

【典例研习·8-26】（模拟单选题）

事业单位当年经营收入扣除经营支出后的余额,无论是正数还是负数,均直接计入非财政拨款结余分配。（　　）

‖斯尔解析‖ ✕　如果经营结余是负数说明经营结余有借方余额,经营结余的借方余额不进行结转。

5.其他结余的核算

"其他结余"科目,核算单位本年度除财政拨款收支、非同级财政专项资金收支和经营收支以外各项收支相抵后的余额。年末,行政单位将本科目余额转入"非财政拨款结余——累计结余"科目;事业单位将本科目余额转入"非财政拨款结余分配"科目。

【典例研习·8-27】（2015年单选题改编）

下列各项中,政府单位会计期末应结转记入"其他结余"科目的是（　　）。

A."其他预算收入"科目本期发生额中的非专项资金收入
B."上级补助预算收入"科目本期发生额中的专项资金收入
C."其他预算收入"科目本期发生额中的专项资金收入
D."事业预算收入"科目本期发生额中的专项资金收入

‖斯尔解析‖ A　选项BCD均应转入"非财政拨款结转"科目;选项A应转入"其他结余"科目。

6.非财政拨款结余分配的核算

"非财政拨款结余分配"科目,核算事业单位本年度非财政拨款结余分配的情况和结果。

年末,事业单位应将"其他结余"科目余额和"经营结余"科目贷方余额转入"非财政拨款结余分配"科目。

根据有关规定提取专用基金的,按照提取的金额:

借:非财政拨款结余分配
　　贷:专用结余

同时,在财务会计中按照相同金额:

借:本年盈余分配
　　贷:专用基金

然后,将"非财政拨款结余分配"科目余额转入非财政拨款结余。

【典例研习·8-28】

2×21年8月31日,某事业单位对其收支科目进行分析,事业预算收入和上级补助预算收入本月发生额中的非专项资金收入分别为1 200 000元、300 000元,事业支出和其他支出本期发生额中的非财政、非专项资金支出分别为900 000元、200 000元,对附属单位补助支出本月发生额为200 000元。经营预算收入本月发生额为88 000元,经营支出本月发生额为64 000元。月末,该事业单位应编制如下会计分录:

‖斯尔解析‖

（1）结转本月非财政、非专项资金收入时：

借：事业预算收入　　　　　　　　　　　　　　　1 200 000
　　上级补助预算收入　　　　　　　　　　　　　　 300 000
　　贷：其他结余　　　　　　　　　　　　　　　　　　　　1 500 000

（2）结转本月非财政、非专项资金支出时：

借：其他结余　　　　　　　　　　　　　　　　　1 300 000
　　贷：事业支出——其他资金支出　　　　　　　　　　　　　900 000
　　　　其他支出　　　　　　　　　　　　　　　　　　　　　200 000
　　　　对附属单位补助支出　　　　　　　　　　　　　　　　200 000

（3）结转本月经营收入时：

借：经营预算收入　　　　　　　　　　　　　　　　 88 000
　　贷：经营结余　　　　　　　　　　　　　　　　　　　　　 88 000

（4）结转本月经营支出时：

借：经营结余　　　　　　　　　　　　　　　　　　 64 000
　　贷：经营支出　　　　　　　　　　　　　　　　　　　　　 64 000

【典例研习·8-29】

2×21年年终结账时，某事业单位当年"其他结余"的贷方余额为50 000元，"经营结余"的贷方余额为40 000元。该事业单位按照有关规定提取职工福利基金12 000元。该事业单位应编制如下会计分录：

‖斯尔解析‖

（1）结转其他结余时：

借：其他结余　　　　　　　　　　　　　　　　　　 50 000
　　贷：非财政拨款结余分配　　　　　　　　　　　　　　　　 50 000

（2）结转经营结余时：

借：经营结余　　　　　　　　　　　　　　　　　　 40 000
　　贷：非财政拨款结余分配　　　　　　　　　　　　　　　　 40 000

（3）提取专用基金时：

借：非财政拨款结余分配　　　　　　　　　　　　　 12 000
　　贷：专用结余——职工福利基金　　　　　　　　　　　　　 12 000

同时，在财务会计中：

借：本年盈余分配　　　　　　　　　　　　　　　　 12 000
　　贷：专用基金——职工福利基金　　　　　　　　　　　　　 12 000

（4）将"非财政补助结余分配"的余额转入"非财政拨款结余"时：

借：非财政拨款结余分配　　　　　　　　　　　　　 78 000
　　贷：非财政拨款结余　　　　　　　　　　　　　　　　　　 78 000

考点5　净资产业务（★）

净资产是指政府会计主体资产扣除负债后的净额。

(一)本期盈余及本年盈余分配

1.本期盈余

"本期盈余"科目核算单位本期各项收入、费用相抵后的余额。期末,单位应当将各类收入科目和各类费用科目本期发生额转入"本期盈余"科目。

年末,单位应当将"本期盈余"科目余额转入"本年盈余分配"科目。

2.本年盈余分配

"本年盈余分配"科目核算单位本年度盈余分配的情况和结果。

年末,单位应当将"本期盈余"科目余额转入本科目。根据有关规定从本年度非财政拨款结余或经营结余中提取专用基金的,按照预算会计下计算的提取金额:

借:本年盈余分配
 贷:专用基金

然后,将"本年盈余分配"科目余额转入"累计盈余"科目。

(二)专用基金

"专用基金"科目核算事业单位按照规定提取或设置的具有专门用途的净资产,主要包括职工福利基金、科技成果转换基金等。事业单位从本年度非财政拨款结余或经营结余中提取专用基金的,在财务会计中通过"专用基金"科目核算的同时,还应在预算会计"专用结余"科目进行核算。

(三)无偿调拨净资产

按照行政事业单位资产管理相关规定,政府单位之间可以无偿调拨资产。通常情况下,无偿调拨非现金资产不涉及资金业务,因此不需要进行预算会计核算(除非以现金支付相关费用等)。

年末,单位应将"无偿调拨净资产"科目余额转入"累计盈余"科目。

【典例研习·8-30】

2×21年5月5日,某行政单位接受其他部门无偿调入库存物品一批,该批库存物品在调出方的账面价值为20 000元,经验收合格后入库。库存物品调入过程中该单位以银行存款支付运输费1 000元。不考虑相关税费。

‖斯尔解析‖

编制财务会计分录:

借:库存物品 21 000
 贷:银行存款 1 000
  无偿调拨净资产 20 000

同时,编制预算会计分录:

借:其他支出 1 000
 贷:资金结存——货币资金 1 000

(四)权益法调整

"权益法调整"科目核算事业单位持有的长期股权投资采用权益法核算时,按照被投资单位除净损益和利润分配以外的所有者权益变动份额调整长期股权投资账面余额而计入净资产的金额。

（五）以前年度盈余调整

"以前年度盈余调整"科目核算单位本年度发生的调整以前年度盈余的事项，包括本年度发生的重要前期差错更正涉及调整以前年度盈余的事项。

（六）累计盈余

"累计盈余"科目核算单位历年实现的盈余扣除盈余分配后滚存的金额，以及因无偿调入调出资产产生的净资产变动额。

年末，单位将"本年盈余分配"科目的余额转入"累计盈余"科目，借记或贷记"本年盈余分配"科目，贷记或借记"累计盈余"科目；将"无偿调拨净资产"科目余额转入"累计盈余"科目，借记或贷记"无偿调拨净资产"科目，贷记或借记"累计盈余"科目。

考点6 资产业务（★★）

（一）资产取得

1.外购的资产，其成本通常包括购买价款、相关税费（不包括按规定可抵扣的增值税进项税额），以及使得资产达到目前场所和状态或交付使用前所发生的归属于该项资产的其他费用。

2.自行加工或自行建造的资产，其成本包括该项资产至验收入库或交付使用前所发生的全部必要支出。

3.接受捐赠的非现金资产，对于存货、固定资产、无形资产而言，其成本按照有关凭据注明的金额加上相关税费等确定；

没有相关凭据可供取得，但按规定经过资产评估的，其成本按照评估价值加上相关税费等确定；

没有相关凭据可供取得、也未经资产评估的，其成本比照同类或类似资产的市场价格加上相关税费等确定；

没有相关凭据且未经资产评估、同类或类似资产的市场价格也无法可靠取得的，按照名义金额（人民币1元）入账。

盘盈资产的入账成本参照上述办法确定。

4.无偿调入的资产，其成本按照调出方账面价值加上相关税费等确定，根据确定的成本减去相关税费后的金额计入无偿调拨净资产。

5.置换取得的资产，其成本按照换出资产的评估价值，加上支付的补价或减去收到的补价，加上为换入资产发生的其他相关支出确定。

（二）资产处置

按照规定，资产处置的形式包括无偿调拨、出售、出让、转让、置换、对外捐赠、报废、毁损以及货币性资产损失核销等。

单位应当将被处置资产账面价值转销计入资产处置费用，并按照"收支两条线"将处置净收益上缴财政。如按规定将资产处置净收益纳入单位预算管理的，应将净收益计入当期收入。

（三）固定资产

1.固定资产一般分为以下六类：

（1）房屋及构筑物；（2）专用设备；（3）通用设备；（4）文物和陈列品；（5）图书、档案；（6）家具、用具、装具及动植物。

有些资产单位价值虽未达到规定标准，但是使用年限超过1年（不含1年）的大批同类物资，如图书、家具、用具、装具等，应当确认为固定资产。

2.单位应当按月对固定资产计提折旧，下列固定资产除外：

（1）文物和陈列品；（2）动植物；（3）图书、档案；（4）单独计价入账的土地；（5）以名义金额计量的固定资产。

3.固定资产应当按月计提折旧，当月增加的固定资产，当月开始计提折旧；当月减少的固定资产，当月不再计提折旧。

【典例研习·8-31】（2020年多选题）

下列各项中，事业单位当月不应计提折旧的有（　　）。

A.已提足折旧仍继续使用的固定资产　　B.当月无偿调入未提足折旧的专用设备

C.以名义金额计量的固定资产　　D.当月达到预定可使用状态的办公大楼

‖斯尔解析‖ AC　单位应当按月对固定资产计提折旧，下列固定资产除外：（1）文物和陈列品；（2）动植物；（3）图书、档案；（4）单独计价入账的土地；（5）以名义金额计量的固定资产（选项C）。固定资产提足折旧后，无论能否继续使用，均不再计提折旧（选项A）。

【典例研习·8-32】（2019年多选题）

下列各项中，事业单位应计提折旧的有（　　）。

A.电影设备　　B.陈列品

C.动植物　　D.钢结构的房屋

‖斯尔解析‖ AD　除对文物和陈列品、动植物、图书、档案、单独计价入账的土地、以名义金额计量的固定资产等固定资产外，事业单位应当按月对固定资产计提折旧，选项B、C错误。

【典例研习·8-33】

2×21年7月18日，某事业单位（为增值税一般纳税人）经批准购入一栋办公大楼，取得的增值税专用发票上注明的价款为8 000 000元，全部款项以银行存款支付。该事业单位应做如下账务处理：

‖斯尔解析‖

7月18日购入设备时编制财务会计分录：

借：固定资产　　　　　　　　　　　　　　　　　　　8 000 000

　　贷：银行存款　　　　　　　　　　　　　　　　　　　　8 000 000

同时，编制预算会计分录

借：事业支出　　　　　　　　　　　　　　　　　　　8 000 000

　　贷：资金结存——货币资金　　　　　　　　　　　　　　8 000 000

【典例研习·8-34】

2×21年6月30日，某行政单位计提本月固定资产折旧50 000元。

‖斯尔解析‖

该行政单位应做如下账务处理：

借：业务活动费用　　　　　　　　　　　　　　　　　50 000

　　贷：固定资产累计折旧　　　　　　　　　　　　　　　　50 000

考点7 负债业务（★）

（一）应缴财政款

应缴财政款是指单位取得或应收的按照规定应当上缴财政的款项，包括应缴国库的款项和应缴财政专户的款项。

单位按照国家税法等有关规定应当缴纳的各种税费，通过"应交增值税""其他应交税费"科目核算，不通过"应缴财政款"科目核算。

单位取得或应收按照规定应缴财政的款项时：

借：银行存款、应收账款等
　　贷：应缴财政款

单位上缴应缴财政的款项时，按照实际上缴的金额：

借：应缴财政款
　　贷：银行存款

由于应缴财政的款项不属于纳入部门预算管理的现金收支，因此不进行预算会计处理。

（二）应付职工薪酬

【典例研习·8-35】

2×21年5月，某事业单位为开展专业业务活动及其辅助活动人员发放工资500 000元，津贴300 000元，奖金100 000元，按规定应代扣代缴个人所得税30 000元，该单位以国库授权支付方式支付薪酬并上缴代扣的个人所得税。该事业单位应做如下账务处理：

‖斯尔解析‖

（1）计算应付职工薪酬时：

借：业务活动费用　　　　　　　　　　　　　　　　900 000
　　贷：应付职工薪酬　　　　　　　　　　　　　　　　　　　900 000

（2）代扣个人所得税时：

借：应付职工薪酬　　　　　　　　　　　　　　　　30 000
　　贷：其他应交税费——应交个人所得税　　　　　　　　　　30 000

（3）实际支付职工薪酬：

借：应付职工薪酬　　　　　　　　　　　　　　　　870 000
　　贷：零余额账户用款额度　　　　　　　　　　　　　　　　870 000

同时，编制预算会计分录：

借：事业支出　　　　　　　　　　　　　　　　　　870 000
　　贷：资金结存——零余额账户用款额度　　　　　　　　　　870 000

（4）上缴代扣的个人所得税时：

借：其他应交税费——应交个人所得税　　　　　　　30 000
　　贷：零余额账户用款额度　　　　　　　　　　　　　　　　30 000

同时，编制预算会计分录：

借：事业支出　　　　　　　　　　　　　　　　　　30 000
　　贷：资金结存——零余额账户用款额度　　　　　　　　　　30 000

你想对今天努力付出的自己说：

2021年 会计专业技术 打好基础
初级资格考试·一本通

初级会计实务 & 经济法基础 下册

刘忠 石佳 编著

远方出版社

目 录

经济法基础（下）

第一章 总 论
- 第一部分 法律基础 ········· 275
- 第二部分 经济纠纷的解决途径 ········· 286
- 第三部分 法律责任 ········· 311

第二章 会计法律制度
- 第一部分 会计法律制度概述 ········· 313
- 第二部分 会计核算与会计档案管理 ········· 315
- 第三部分 会计监督 ········· 328
- 第四部分 会计机构和会计人员 ········· 333
- 第五部分 违反会计法律制度的法律责任 ········· 340
- 第六部分 会计职业道德 ········· 344

第三章 支付结算法律制度
- 第一部分 支付结算概述 ········· 347
- 第二部分 银行账户 ········· 350
- 第三部分 票 据 ········· 362
- 第四部分 银行卡 ········· 404
- 第五部分 其他结算方式及支付工具 ········· 412
- 第六部分 违反支付结算制度的法律责任 ········· 422

第四章 增值税、消费税法律制度
- 第一部分 税收法律制度 ········· 425
- 第二部分 增值税基本概念 ········· 429
- 第三部分 增值税应纳税额的计算——一般计税方法 ········· 441
- 第四部分 简易计税方法 ········· 460
- 第五部分 增值税的税收优惠及征收管理 ········· 464
- 第六部分 消费税法律制度 ········· 471

第五章　企业所得税、个人所得税法律制度

　　第一部分　企业所得税基本概念 489
　　第二部分　收入的确认 493
　　第三部分　税前扣除项目 498
　　第四部分　其他应纳税所得额的计算项目 512
　　第五部分　企业所得税税收优惠 514
　　第六部分　应纳所得税额的计算练习 519
　　第七部分　企业所得税的征收管理 521
　　第八部分　个人所得税基本概念 524
　　第九部分　居民个人综合所得 526
　　第十部分　其他各类所得 539
　　第十一部分　个人所得税税收优惠及征收管理 550

第六章　其他税收法律制度

　　第一部分　房产税、城镇土地使用税、耕地占用税、契税、土地增值税 555
　　第二部分　车船税、车辆购置税 577
　　第三部分　船舶吨税、关税 582
　　第四部分　资源税、环境保护税 586
　　第五部分　印花税、烟叶税、城市维护建设税和教育费附加 592

第七章　税收征收管理法律制度

　　第一部分　税收征收管理法概述 599
　　第二部分　税务管理 601
　　第三部分　税款征收与税务检查 605
　　第四部分　税收法律责任 610

第八章　劳动合同与社会保险法律制度

　　第一部分　劳动合同法律制度 613
　　第二部分　社会保险法律制度 644

如何打胜这一仗？

考试如同打仗，如果序言里的小十好像一个小分队的"指导员"，先给大家做好心理建设，那么在接下来的这段文字中，我要改变角色，变成应试实用主义下的"参谋"，力求用简短的篇幅，告诉你如何"知己知彼"，从而打赢《经济法基础》这一仗。

一、"知彼"

要打胜仗，先要认识"敌人"。从考试的角度，我们要先认识本科目的章节结构，知道本科目要学习哪些内容；再大致了解各部分知识的特点，使得后面学习时有种"不意外"的踏实感；最后认识考试题型及得分标准，知道我们做到什么程度即可通过考试。下面我们逐一来解决上面三个问题。

（一）章节结构

《经济法基础》科目共包括8个章节，可以分为税法及非税法两部分内容。这两部分知识在试卷上基本平分秋色，因此学习《经济法基础》不可"偏科"。以2019年、2020年各三批次试卷为例，各章节内容占卷面分数比例如下表所示，看过即可，不必纠结。

《经济法基础》章节结构及分值分布

非税法部分		税法部分	
章节	分值占比	章节	分值占比
第一章　总　论	5%～10%	第四章　增值税、消费税法律制度	20%以上
第二章　会计法律制度	5%～10%	第五章　企业所得税、个人所得税法律制度	20%以上
第三章　支付结算法律制度	15%	第六章　其他税收法律制度	10%
第八章　劳动合同与社会保险法律制度	15%	第七章　税收征收管理法律制度	5%
非税法部分合计	45%～50%	税法部分合计	50%～55%

注：分值占比为各章节知识点在2019年、2020年各三次批次试卷中的大致分布情况，非精确统计数据。

（二）考试题型

历年《经济法基础》考试均为全客观题，这意味着同学们只用精确掌握各知识点的"题眼"，而暂时无须掌握用法律的语言说话的技巧，亦无须大段背记法条原文，作为一个名字里带着"法"字的考试，这是十分温和的。

此外，2020年初级会计资格考试进行了考试时间及题型的调整，《经济法基础》考试时间缩短为75分钟，题量相应减少，对同学们而言更加友善，更易通过考试。考试包括单选题、多选题、判断题及不定项选择题四类题型，每类题型分值如下表所示：

2020 年《经济法基础》试卷题型及分值

题型	单选题	多选题	判断题	不定项选择题	合计
题量	23题	10题	10题	3案例*4=12小题	55题
分值	46分	20分	10分	24分	100分
每题分值	2分	2分	1分	每小题2分	

其中，单选题、判断题选出唯一的正确答案方可得分；多选题及不定项选择题错选不得分，漏选但不错选可得相应分数。不定项选择题题干为一段案例描述，根据该案例考生需作答4小题，根据以往的考试经验，4小题均围绕单一章节知识点，一般不会出现跨章节考查的情形。

因此，总体而言，《经济法基础》的考试题型和现行判分标准，与其作为一门"入门"考试的定位相当。

（三）知识特点

虽然题型和判分标准友好，也不代表《经济法基础》是一门随便学学就可以通过的考试。这是因为对于入门的同学们来说，其知识覆盖面广、考查细致程度高。其中，对于非税法部分和税法部分的知识点，特点不同，考查重点也有所不同。

非税法部分的知识以基本概念、程序性规定及时间性规定为主，四个章节围绕四个完全独立的主题，虽然命题往往非常直接，但可谓"天马行空"，有一段话就能出一道题，也是令人头疼……税法部分则离不开计算"要交多少税"这一主题，因此税法部分除了概念题的考查外，另有大量计算题"横空出世"，对于第一次接触税法概念的同学来，也需要花一些精力"上道"。

二、"知己"

认识了这门考试，下面我们就要认识一下自己了。针对上面谈到的学习内容和知识特点，我们可能会遇到怎样的问题？什么样的学习方法可以帮助我们解决这些问题？下面我们要解决这两个问题。

（一）学习路上可能遇到的"猛虎"

如果你是零基础的小伙伴，第一遍学习时，可能会有无数个想放弃的时刻，第一次大概率会出现在第一章的学习中。请务必坚持下去，作为完全零基础的考生，第一遍学习不能完全领悟很正常，但务必一边"听个热闹"一边跟随着【典例研习】思考。对于不能理解的部分，第二遍学习一定可以柳暗花明。

即使第一遍学习你觉得自己都理解了、掌握了，十天半个月后再拿起书，有些章节只剩模糊的印象，有些章节连印象都没有了，这是很正常的。零散的知识点必然伴随着"学了忘"，我们能做的就是逐步强化自己的薄弱环节，坚持"忘了学"。

即使你觉得自己已经学习到看到题干就能回忆出相关知识点的程度，一做题就错依然是有可能发生的，这是因为很多题目在非常隐蔽的地方设置陷阱，需要我们精确掌握，不妨再遇到这些题目时好好看一看本题的【陷阱提示】。

综上，学习路上遇到这三只"猛虎"，请先告诉自己，不意外，我不是一个人。

（二）学习方法

针对上述知识点及上述"猛虎"，请有针对性地尝试以下学习方法。

章节	知识特点	学习方法
非税法部分	概念多、易混淆	横向对比，找异同
	程序性规定多	理解程序规定的要点、辅助记忆
	时间性规定多	总结规律、集中记忆
税法部分	考查计算题	（1）找出题套路 （2）仔细审题，一笔一划的审题，做好小学数学题 （3）切勿慌张，掌握思路，死记硬背的是规定，而非计算方法
	税目、税收优惠繁杂	不可偷懒，下功夫记忆，仔细掌握提示的"坑"
	程序性规定	找重点记忆，捞到几分是几分

总体而言，对于非税法章节，强烈建议大家在学习后，自己动笔，尝试总结自己易混淆的知识点，将各部分知识点串联，再去看本书中的总结。总结的过程是一个深度思考的过程，做一遍就会对理解、记忆知识点有很大帮助。对于税法章节，应对计算题切要掌握思路而非死记硬背，在第一遍学习时就真正理解核心主线，第二遍加深对"陷阱"的理解即可；而应对税目、税收优惠部分则不能抵触、逃避必要的背记。

此外，《经济法基础》的学习需要做题，但不能盲目做题，否则只会做得越多、错的越多，即使有正确的题目，也可能有大量"蒙对"的题目到考场上蒙错。我们在本书中【考点精讲】部分精选了涉及该部分知识点经典考题即典型例题，对每一题请同学们务必"吃透"。此外，请同学们在第一遍学习后，独立完成"只做好题"部分对应章节内容，同样吃透每一道错题及"蒙对的题"，哪怕只有一丁点拿不准，也不要放过，而是夯实相关知识点，真正通过做题加深记忆、巩固知识点。

只要踏实地坚持学习，循环记忆，吃透每一道题，我们一定可以打赢《经济法基础》这场胜仗，等着大家的好消息！

明年，我们必不再相见。

2020年11月

第一章 总 论

学习提要

本章作为开篇第一章,为"普法教育"章节,带领大家走进法的世界。

本章主要分为三部分内容:法律基础知识、经济纠纷的解决途径(四条)、法律责任(三类)。其中,法律基础知识部分,我们将要学习与法、法律关系相关的基本概念;经济纠纷的解决途径部分,我们需重点掌握不同解决途径的适用情形,以及每条途径的具体程序性规定;法律责任部分则需掌握三类法律责任的具体内容,从而对各类法律责任进行辨析。

历年考试中,本章主要通过单选题、多选题及判断题考查,分值平均6-8分。虽分值不高,但上述三部分内容均有涉及。其中"经济纠纷的解决途径"知识点最为零散,是本章难点,希望同学们学习时,可以试着建立起"学习是为了解决实际生活中遇到的问题"的思路,代入角色,想想"如果我在生活中遇到了经济纠纷,我该怎么做?我可以选择哪条途径?如何申请?向什么机构申请?是否有时间要求?如何裁决/判决?判决结果何时生效?"等等,从而激发起学习的兴趣,并更好地理解相关法律法规的出发点,避免死记硬背,否则很容易在第一章的学习中就遇到困难,偃旗息鼓。

本章概念多且抽象,初次学习,大家会觉得有些摸不着头脑。不用急,努力跟学一遍,再回头看定会豁然开朗。

考点精讲

第一部分 法律基础

考点1 法的本质和特征

请先记住两个词:国家、规范,再看下面这些标准化的语言,说来说去都是在说"国家"和"规范"。

(一)法的概念(★)

法是由国家制定或认可,以权利义务为主要内容,由国家强制力保证实施的社会行为规范及其相应的规范性文件的总称。

(二)法的本质(★)

法是统治阶级的国家意志的体现。

1.只能是统治阶级意志的体现;

2.体现的是统治阶级的整体意志和根本利益;不是一般的统治阶级意志,而是被奉为法律的统治阶级意志；

3.是由统治阶级的物质生活条件决定的，是社会客观需要的反映。

（三）法的特征（★★）

1."国家"

（1）国家意志性：法是经过国家制定或认可才得以形成的规范。

【原理详解】权责对等，管制定就要管保障执行。

（2）国家强制性：法凭借国家强制力的保证而获得普遍遵行的效力。

2."规范"

（1）规范性：法是确定人们在社会关系中的权利和义务的行为规范。作为"规范"，法具有概括性、利益导向性；

（2）明确公开性和普遍约束性：法是明确而普遍适用的规范。法具有明确的内容，能使人们预知自己或他人一定行为的法律后果（可预测性）。

【典例研习·1-1】（2009年多选题）

关于法的本质与特征的下列表述中，正确的有（　　）。

A.法由统治阶级的物质生活条件所决定

B.法体现的是统治阶级的整体意志和根本利益

C.法是由国家制定或认可的行为规范

D.法由国家强制力保障其实施

‖斯尔解析‖ ABCD （1）法的本质：法是统治阶级的国家意志的体现，由统治阶级的物质生活条件所决定，体现的是统治阶级的整体意志和根本利益，选项AB正确。（2）选项CD是法的特征中"国家意志性"和"国家强制性"的体现。

‖陷阱提示‖ 法的本质和特征一般会结合考查，且经常在关键细节的描述中设置陷阱。例如，将选项B的描述变为"法体现的是统治阶级的每位成员的意志和利益"，描述还正确吗？

【典例研习·1-2】（2014年多选题改编）

下列各项中，属于法的特征的有（　　）。

A.国家意志性　　　　　　　　B.强制性

C.规范性　　　　　　　　　　D.执行性

‖斯尔解析‖ ABC 法的特征：国家意志性、国家强制性、规范性（又体现为概括性、利益导向性）、明确公开性和普遍约束性（又体现为可预测性），选项ABC正确。

考点2　法律关系（★★★）

（一）法律关系的概念

法律关系是指被法律规范所调整的权利与义务关系。

【原理详解】权利义务

法律权利：权利享有者依照法律规定有权自主决定或要求，他人作出或者不作出某种行为和一旦被侵犯，有权请求国家予以法律保护。权利是可以放弃的。

> 法律义务：法律关系主体依照法律规定所担负的必须作出某种行为或者不得作出某种行为的负担或约束。包括积极义务（如：缴纳税款、履行兵役）和消极义务（如：不得毁坏公共财物、不得侵害他人生命健康权）。

（二）法律关系三要素

法律关系三要素为主体、客体及内容，缺一不可。

要素	概念
主体	参加法律关系，依法享有权利和承担义务的当事人
内容	法律关系主体所享有的权利和承担的义务
客体	法律关系主体的权利和义务所指向的对象

（三）法律事实

法律事实是能够直接引起法律关系发生、变更或者消灭的原因。

【原理详解】法律关系三要素及法律事实

图解：

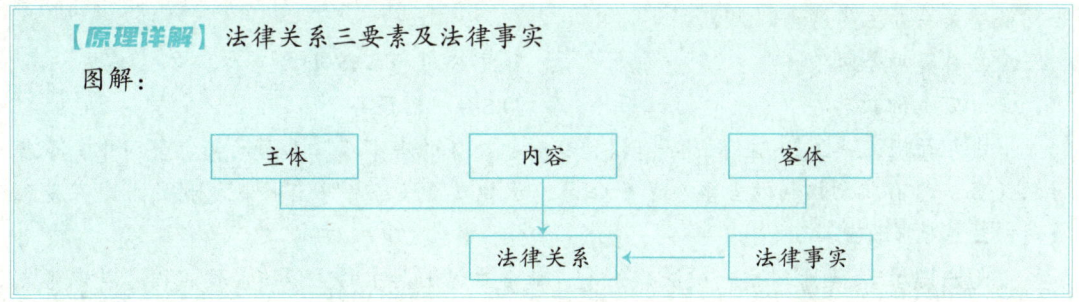

【典例研习·1-3】

小十、小二与奶茶的唏嘘往事。

事件一：小十向小二借了20块大洋，用于买奶茶。

这是一段法律关系。

　　主体：小十、小二；

　　客体：20块大洋；

　　内容：欠债还钱。

事件二：小十拿着钱去买了奶茶，在手上捂了20分钟。

这也是一段法律关系。

　　主体：小十；

　　客体：奶茶；

　　内容：小十对奶茶想什么时候喝就什么时候喝→权利；别人干看着羡慕也不能喝，要保持对小十拥有奶茶的尊重→义务。

事件三：一阵妖风吹跑了奶茶，小十坐在路边哭。

妖风吹走了奶茶，也就顺便消灭了事件二中的法律关系。这阵妖风，就是法律事实。

事件四：小十是个好孩子，即使（由于自己的原因）没有喝到奶茶，依然给了小二20块大洋。

钱还了,"事件一中的法律关系"随之消灭。还钱的动作,也是法律事实。

都是法律事实,"还钱"和"妖风"有什么区别?区别在于是否以小十的意志为转移。以小十意志为转移的还钱行为,是法律行为;妖风不以小十的意志为转移,是法律事件。

【典例研习·1-4】(2019年多选题)

下列各项中,属于法律关系构成要素的有(　　)。

A.主体　　　　　B.内容　　　　　C.客体　　　　　D.法律事件

‖斯尔解析‖ ABC　送分概念题,谁也不许丢分!正着记:法律关系三要素主体、客体、内容;反着记:法律事件是法律事实的子分类,法律事实是能够直接引起法律关系发生、变更或者消灭的原因,不属于法律关系三要素。

‖陷阱提示‖ 法律关系三要素及法律事实的辨析是必考考点,也是送分考点。其中,考查法律关系三要素的选择题最爱设置的迷惑选项是法律事实及其子分类,即法律事件和法律行为。

【典例研习·1-5】(2017年单选题)

甲公司和乙公司签订买卖合同,向乙公司购买3台机器设备,总价款为60万元,该买卖合同法律关系的主体是(　　)。

A.签订买卖合同　　　　　　　　B.甲公司和乙公司
C.60万元价款　　　　　　　　　D.3台机器设备

‖斯尔解析‖ B　主体是享有权利和承担义务的当事人。本题的买卖合同中,承担付款义务、享有收货权利的当事人是甲公司,承担发货义务、享有收款权利的当事人是乙公司,故选项B正确。

‖陷阱提示‖ 题干给出一段法律关系,让考生识别其中的主体、客体、内容是本考点的进阶考查方式。其中,主体和客体的区分是初学时的难点,需重点把握主体应可以"享有权利、承担义务"。本题中的"价款60万元"无法自己跑到乙公司的腰包中,3台机器设备也无法自己跑去甲公司履约,因此60万元价款、3台机器设备均为该法律关系的客体,而非主体。

【典例研习·1-6】(2020年单选题)

下列各项中,能够直接引起法律关系发生、变更或者消灭的是(　　)。

A.法律关系的主体　　　　　　　B.法律关系的内容
C.法律关系的客体　　　　　　　D.法律事实

‖斯尔解析‖ D　送分概念题,选项ABC是法律关系三要素,法律事实是能够直接引起法律关系发生、变更或者消灭的原因。

考点3　主体(★★★)

(一)主体的分类

主体类别	规定
自然人	包括中国公民、居住在中国境内或在境内活动的外国公民和无国籍人

主体类别		规定
组织	法人组织 营利法人	包括有限责任公司、股份有限公司和其他企业法人等
	法人组织 非营利法人	包括事业单位、社会团体、基金会、社会服务机构等
	法人组织 特别法人	包括机关法人、农村集体经济组织法人、城镇农村的合作经济组织法人、基层群众性自治组织法人
	非法人组织	包括个人独资企业、合伙企业、不具有法人资格的专业服务机构等
国家		国家可以作为一个整体成为法律关系主体

【典例研习·1-7】（2018年多选题）

下列各项中，属于法律关系主体的有（   ）。

A.乙农民专业合作社　　　　　　B.甲市财政局
C.智能机器人阿尔法　　　　　　D.大学生张某

‖斯尔解析‖ ABD 根据我国法律规定，能够参与法律关系的主体限于自然人（选项C）、组织（选项AB均为特别法人）和国家三类，机器人不属于上述三类，故不属于法律关系的主体。

【典例研习·1-8】（2018年单选题）

下列主体中，属于非法人组织的是（   ）。

A.基金会　　　　　　　　　　　B.有限责任公司
C.事业单位　　　　　　　　　　D.合伙企业

‖斯尔解析‖ D 选项ABC，均属于法人组织，其中AC属于非营利法人，选项B属于营利法人。

（二）主体资格

1.权利能力

法律关系主体能够参加某种法律关系，依法享有一定的权利和承担一定的义务的法律资格。

2.行为能力

（1）法律关系主体能够通过自己的行为实际取得权利和履行义务的能力。

（2）判断自然人民事行为能力人的两个标准：（年龄+"心智"）

行为能力	年龄	"心智"
无民事行为能力人	不满8周岁（<8）	（完全）不能辨认自己行为的成年人
限制民事行为能力人	8周岁以上不满18周岁（8≤且<18）	不能完全辨认自己行为的成年人

行为能力	年龄	"心智"
完全民事行为能力人	年满18周岁（≥18）	没有任何问题
	16周岁以上的未成年人，以自己的劳动收入为主要生活来源（16≤且<18）	没有任何问题

注意：《民法总则》规定"以上""以下"均包括本数，"超过""不满"均不包括本数。

【解题高手】两个标准各有两条线：
年龄：18/相当18、8；"心智"：不能完全、完全不能。
（1）两个标准都落在最高等级的→完全民事行为能力人；
（2）至少有一个标准落在最低等级→无民事行为能力人；
（3）其他情况→限制民事行为能力人。

【典例研习·1-9】（2018年多选题）
下列关于自然人行为能力的表述中，正确的有（　　）。
A.15周岁的李某，以自己的劳动收入为主要生活来源，视为完全民事行为能力人
B.7周岁的王某，不能完全辨认自己的行为，是限制民事行为能力人
C.18周岁的周某，能够完全辨认自己的行为，是完全民事行为能力人
D.24周岁的张某，完全不能辨认自己的行为，是无民事行为能力人

‖斯尔解析‖ CD （1）选项A，视为完全民事行为能力人对年龄要求应为≥16周岁且<18周岁，李某不到16岁，即使满足以自己的劳动收入为主要生活来源，也不能视为完全民事行为能力人，选项A错误。（2）选项B，年龄只要未满8周岁，不论精神状态如何，均只能界定为无民事行为能力人。（3）选项C，①年龄≥18周岁；②能够完全辨认自己行为。因此周某属于完全民事行为能力人。（4）选项D，"完全不能"辨认自己行为的人，不论年龄大小，均只能界定为无民事行为能力人。

‖陷阱提示‖ 本题为考查自然人行为能力考点的典型题目，同学们易遇到的困难有三类，一是容易放弃，看到判断条件复杂，还没学习已放弃，其实大可不必，静下心来用我们的【解题高手】；二是注意审题，如题干描述的到底是"不能完全辨认"还是"完全不能辨认"，这是大家在考场上心急，而非常容易出现的审题错误；三是注意细节，如视为民事行为能力人需年满16周岁，否则劳动收入再丰厚也没有用，再如年龄的分界线，也需准确掌握。以上三类困难都征服了，这类题目就是送分给我们。

考点4　客体（★★）
（一）客体的特征
法律关系客体应当具备的特征是：能为人类所控制并对人类有价值。
（二）客体的分类
客体主要包括：物、人身人格、精神产品、行为等几类。

分类		具体内容
物	自然物	土地、矿藏等
	人造物	建筑、机器等
	一般等价物	货币和有价证券
	有体物：产品、森林、电、气（有体物可以有固定形态也可以没有固定形态）	
	无体物：如权利、数据信息、网络虚拟财产	
人身、人格		是生命权、身体权、健康权、姓名权、肖像权、名誉权、荣誉权、隐私权、婚姻自主权等人身权指向的客体； 是禁止非法拘禁他人、禁止对犯罪嫌疑人刑讯逼供、禁止侮辱或诽谤他人、禁止卖身为奴、禁止卖淫等法律义务所指向的客体
	"人身"	人的整体只能是法律关系的主体，不能作为法律关系的客体； 人的部分（如人的头发、血液、骨髓和其他器官）在某些情况下也可视为法律上的"物"，成为法律关系的客体，如器官捐赠
精神产品（智力成果）		通过脑力劳动创造的能够带来经济价值的精神财富（如发明、实用新型、外观设计，商标等）
行为（行为结果）		不是指人们的一切行为，而是指法律主体为达到一定目的，所进行的作为（积极行为）或不作为（消极行为），是人有意识的活动，如生产经营行为、经济管理行为、提供一定劳务的行为、完成一定工作的行为

【典例研习·1-10】（模拟多选题）

下列各项中，属于法律关系的客体的有（　　）。

A.有价证券　　　　　　　　B.库存商品
C.提供劳务行为　　　　　　D.外观设计

‖斯尔解析‖ ABCD　法律关系的客体主要包括物（选项AB）、人身人格、精神产品（选项D）、行为（选项C）。

‖陷阱提示‖ 本类题目主要的难点在于精神产品和行为具体内容的掌握，可在考前熟读，加深印象。

【典例研习·1-11】（2017年多选题）

精神产品可以成为法律关系的客体，下列各项中，属于精神产品的有（　　）。

A.著作　　　　B.名誉权　　　　C.发明　　　　D.商标

‖斯尔解析‖ ACD　精神产品为通过脑力劳动创造的能够带来经济价值的精神财富，包括发明、实用新型、外观设计，商标等；选项B，属于人身人格。

‖陷阱提示‖ 生命权、身体权、健康权、姓名权、肖像权、名誉权、荣誉权、隐私权、婚姻自主权等属于人身人格分类的客体,是最易与精神产品混淆的。学习时注意把握,需要创造出的才是精神产品,人身人格是"与生俱来"的。

考点5 法律事实(★★★)

(一)概念

法律事实是法律关系发生、变更和消灭的直接原因。

(二)分类

按照是否以当事人的意志为转移作标准,分为法律事件和法律行为。

1.法律事件

法律事件不以当事人的主观意志为转移,包括自然现象、社会现象。

分类	别称	具体内容
自然现象	绝对事件	地震、洪水、台风、森林大火等自然灾害
		生老病死、意外事故
社会现象	相对事件	社会革命、战争、重大政策的改变等

2.法律行为

法律行为以法律关系主体意志为转移。根据不同的标准,可以对法律行为作不同的分类。

分类标准	分类内容	举例
行为是否合法	合法行为与违法行为	—
行为的表现形式	积极行为与消极行为	主动去做/不能去做
行为是否通过意思表示作出	意思表示行为	签订合同,说也是意思表示
	非表示行为	拾得遗失物、发现埋藏物
主体意思表示的形式(一方作出还是多方一致作出)	单方行为	遗嘱、行政命令
	多方行为	签订合同
行为是否需要特定形式或实质要件	要式行为与非要式行为	—
主体实际参与行为的状态	自主行为与代理行为	—

‖典例研习‖ 1-12 2016年(模拟单选题)

下列各项中,属于法律行为的是( )。

A.火山爆发　　　B.流星陨落　　　C.台风登陆　　　D.签发支票

‖斯尔解析‖ D 法律事实按照是否以当事人的意志为转移划分为法律事件和法律行为。选项ABC是自然现象,不以当事人的意志为转移,属于法律事件;选项D签发支票是人们有意识的活动,以当事人的意志为转移,属于法律行为。选项D正确。

‖陷阱提示‖ 本类题目为必考题，关键掌握"是否以当事人的意志为转移"这一划分标准。

【典例研习·1-13】（2015年单选题改编）
根据行为是否需要特定形式或实质要件，法律行为可以分为（　　）。
A.单方的法律行为和多方的法律行为　　B.有偿的法律行为和无偿的法律行为
C.要式法律行为和非要式法律行为　　D.主法律行为和从法律行为

‖斯尔解析‖ [C] 送分概念题。根据行为是否需要特定形式或实质要件，法律行为可以分为要式法律行为和非要式法律行为。

【典例研习·1-14】（模拟单选题）
法律行为根据行为是否通过意思表示作出分为意思表示行为和非表示行为，下列属于非表示行为的有（　　）。
A.订立遗嘱　　B.行政命令　　C.签订合同　　D.发现埋藏物

‖斯尔解析‖ [D] 选项ABC均需当事人通过意思表示做出该法律行为，因此属于意思表示行为。选项D发现埋藏物是基于发现这一事实状态即具有法律效果的行为，而非经当事人通过作出意思表示而产生法律效果，类似的还有拾得遗失物，两者均属于非表示行为。

考点6　法的主要形式（★★★）

（一）法的形式及制定机关

形式		命名特征	制定机关	效力等级
宪法		—	全国人民代表大会	根本大法、具有最高法律效力
法律		××法	全国人民代表大会及其常务委员会	仅次于宪法
行政法规		××条例	国务院	仅次于宪法和法律
地方性法规		××地名+××条例	有地方立法权的地方人民代表大会及其常务委员会	低于宪法、法律、行政法规；效力高于本级和下级地方政府规章
规章	部门规章	不带地名××办法、实施细则、规定	国务院各部、委员会、中国人民银行、审计署和具有行政管理职能的直属机构	根据法律和国务院的行政法规、决定等，在本部门的权限范围内制定
	地方政府规章	××地名+××办法、实施细则、规定	有地方立法权的地方人民政府（省；设区的市、自治州）	根据法律、行政法规和本省、自治区、直辖市的地方性法规制定

关于法的形式的两项提示：
1.特别行政区法、国际条约也属于法的形式；
2.最高人民法院和最高人民检察院作出的司法解释也属于我国法的形式；但最高人民法院的判决书不属于我国法的形式

【典例研习·1-15】（2017年单选题）

下列规范性文件中，属于行政法规的是（　　）。

A.全国人民代表大会通过的《中华人民共和国民事诉讼法》
B.全国人民代表大会常务委员会通过的《中华人民共和国会计法》
C.国务院发布的《企业财务会计报告条例》
D.中国人民银行发布的《支付结算办法》

‖斯尔解析‖ C （1）行政法规由国务院制定、发布，命名规律常常带有"条例""办法""规定"等名称，选项C正确。（2）选项AB，由全国人大或常委会制定、发布，属于法律；选项D，由中国人民银行在本部门权限范围内制定、发布，属于部门规章。

【典例研习·1-16】（2014年多选题）

下列规范性文件中，属于规章的有（　　）。

A.国务院发布的《企业财务会计报告条例》
B.财政部发布的《金融企业国有资产转让管理办法》
C.上海市人民政府发布的《上海市旅馆业管理办法》
D.北京市人大常委会发布的《北京市城乡规划条例》

‖斯尔解析‖ BC （1）选项B，由国务院财政部发布，属于部门规章。（2）选项C，由地方人民政府发布，属于地方政府规章。（3）选项AD均属于法规，其中选项A为国务院发布的行政法规，选项D为地方人大常委会发布的地方性法规。

【解题高手】遇到考查法的形式与命名规律的题目，可以使用排除法。法律以"法"命名，法规以"条例"命名，其余命名规则的多为规章。

【典例研习·1-17】（2018年判断题）

国务院制定和发布的规范性文件都是法律。（　　）

‖斯尔解析‖ × 国务院在法定职权范围内为实施宪法和法律而制定、发布的规范性文件属于行政法规。

【典例研习·1-18】（2017年单选题）

下列法的形式中，效力等级最低的是（　　）。

A.宪法　　　　B.法律　　　　C.行政法规　　　　D.地方性法规

‖斯尔解析‖ D 法的效力等级：宪法＞法律＞行政法规＞地方性法规＞本级和下级地方政府规章。

（二）法律效力等级及其适用规则

【原理详解】什么是效力等级？效力等级就是法律之间"打架"时，听谁的。

1.三条基本原则

上位法	＞	下位法
新法	＞	旧法
特别法	＞	一般法

【原理详解】
1.上位法优于下位法:
(1)宪法>法律>行政法规>地方性法规及规章;
(2)地方性法规>本级和下级地方政府规章;
(3)地方性法规和部门规章之间不可比。
2.根据"制定机关"即可"分出胜负"。

2.特殊冲突

【原理详解】当两法在三条基本原则中分别占上风时,两法实力相当,需要裁判。
总体思路:顺着制定机关找裁判。

(1)同一机关制定的新的一般规定与旧的特别规定不一致

情形	裁判
法律	全国人民代表大会常务委员会
行政法规	国务院
同一机关制定的地方性法规(或者规章)	制定机关

(2)非同一制定机关制定、同一位阶的法规定不一致

	情形	裁判
制定机关有共同的老大	部门规章与部门规章、部门规章与地方政府规章	国务院
	根据授权制定的法规与法律	全国人民代表大会常务委员会
制定机关没有共同的老大	地方性法规与部门规章	国务院提出意见:认为应该适用地方性法规的,则适用地方性法规;认为应该适用部门规章的,提请全国人民代表大会常务委员会裁决

【典例研习·1-19】(2017年多选题)
下列关于规范性法律文件适用原则的表述中,正确的有( )。
A.行政法规之间对同一事项的新的一般规定与旧的特别规定不一致,不能确定如何适用时,由国务院裁决
B.根据授权制定的法规与法律不一致,不能确定如何适用时,由全国人民代表大会常务委员会裁决
C.部门规章与地方政府规章之间对同一事项的规定不一致时,由国务院裁决
D.法律之间对同一事项的新的一般规定与旧的特别规定不一致,不能确定如何适用

时，由全国人民代表大会常务委员会裁决

‖斯尔解析‖ ABCD 四个选项均是概念原文，请按照"找老大"思路尝试判断。

‖陷阱提示‖ 遇此类题目，需特别注意地方性法规与部门规章出现不一致的情形，并非直接由国务院或全国人民代表大会常务委员会裁决，而要进一步分析国务院提出意见，应使用地方性法规还是部门规章，再看是否需要全国人民代表大会常务委员会裁决。

考点7 法的分类（★）

根据不同的标准，可以对法作不同的分类。

划分标准	法的分类
根据法的内容、效力和制定程序划分	根本法和普通法
根据法的空间效力、时间效力或对人的效力划分	一般法和特别法
根据法的内容划分	实体法和程序法
根据法的主体、调整对象和渊源划分	国际法和国内法
根据法律运用的目的划分	公法和私法
根据法的创制方式和发布形式划分	成文法和不成文法

第二部分 经济纠纷的解决途径

考点1 （经济）仲裁（★★★）

（一）仲裁的适用范围

是否适用	具体内容	适用法律
可以提请仲裁	平等主体间的合同纠纷和其他财产权益纠纷	《仲裁法》
	劳动争议	《劳动争议调解仲裁法》
	农业集体经济组织内部的农业承包合同纠纷	《农村土地承包经营纠纷调解仲裁法》
不可提请仲裁	（1）婚姻、收养、监护、扶养、继承纠纷——"人身关系"	
	（2）行政争议——"不平等"主体	

【原理详解】
1. 如果不在可以提请仲裁的范围内，签了仲裁协议也没有用。
2. 本考点要学习的是为解决"平等主体间的合同纠纷和其他财产权益纠纷"适用的"经济仲裁"，而不是解决劳动争议的"劳动仲裁"。

【典例研习·1-20】（2019年多选题改编）

下列纠纷中，当事人可以提请仲裁的有（　　）。

A.王某和赵某的继承纠纷
B.张某与丙公司的商品房买卖纠纷
C.甲公司与乙公司的货物保管纠纷
D.孙某和李某的离婚纠纷

‖斯尔解析‖ **BC** 　平等主体的公民、法人和其他组织之间发生的合同纠纷和其他财产权益纠纷可以仲裁，选项BC正确；而涉及人身关系的婚姻（选项D）、收养、监护、扶养、继承（选项A）纠纷，不能提请仲裁。

‖陷阱提示‖ 　仲裁的适用范围考题中，最常设置的陷阱即为人身关系纠纷。需时刻牢记心中，涉及人身关系的婚姻、收养、监护、扶养、继承纠纷，不能提请仲裁。此外，需区分，劳动争议纠纷可以提请仲裁，但不适用《仲裁法》，此考点属于进阶考点，同学们作答时需擦亮眼睛，看清题目所问为"不能提起仲裁"还是"不适用《仲裁法》"。

【典例研习·1-21】（模拟多选题）

下列纠纷中，不适用《仲裁法》的有（　　）。

A.小十与小二之间的采购合同纠纷
B.小五与小二之间的继承纠纷
C.小十与小二之间的农业承包合同纠纷
D.小二与A公司之间的劳动合同纠纷

‖斯尔解析‖ **BCD** 　（1）平等主体的公民、法人和其他组织之间发生的合同纠纷（选项A）和其他财产权益纠纷可以仲裁，而涉及人身关系的婚姻、收养、监护、扶养、继承（选项B）纠纷，不能提请仲裁。因此，不适用《仲裁法》。（2）农业承包合同纠纷（选项C）、劳动合同纠纷（选项D），可提起仲裁，但不适用《仲裁法》。选项BCD正确。

（二）仲裁原则

基本原则	具体内容
自愿	双方自愿，达成仲裁协议。没有仲裁协议，一方申请仲裁的，仲裁委员会不予受理
一裁终局	仲裁裁决作出后，当事人就同一纠纷再申请仲裁或向人民法院起诉的，仲裁委员会或者人民法院不予受理
公平合理	在法律没有规定或者规定不完备的情况下，仲裁庭可以按照公平合理的一般原则来解决纠纷
独立仲裁	仲裁机构不依附于任何机关而独立存在，仲裁依法独立进行，不受任何行政机关、社会团体和个人的干涉，每一个仲裁机构都独立存在

【解题高手】仲裁原则贯穿于仲裁的各项规定之中。特别注意一裁终局，即或裁或诉，为重要考点。

（三）仲裁机构

1.仲裁机构主要是指仲裁委员会。

2.仲裁机构的独立性

（1）外部独立：仲裁机构不依附于任何机关而独立存在，仲裁依法独立进行，不受任何行政机关、社会团体和个人的干涉。

（2）内部独立：仲裁委员会不按行政区划层层设立，与行政机关没有隶属关系，仲裁委员会之间也没有隶属关系。

3.仲裁管辖权

仲裁不实行级别管辖和地域管辖，由当事人协议选定仲裁委员会。

【解题高手】 仲裁两大特点：①独立；②自愿又自由。

（四）仲裁协议

1.形式

仲裁协议应以书面形式订立。口头达成仲裁的意思表示无效。

2.效力

（1）有效的仲裁协议可排除人民法院的管辖权。

（2）只有在满足下列情形之一时，人民法院才可以行使管辖权：

①没有仲裁协议或者仲裁协议无效；

②当事人放弃仲裁协议。

（3）效力异议

当事人对仲裁协议的效力有异议的，可以请求仲裁委员会作出决定或者请求人民法院作出裁定。一方请求仲裁委员会作出决定，另一方请求人民法院作出裁定的，由人民法院裁定。当事人对仲裁协议的效力有异议，应当在仲裁庭首次开庭前提出。

（4）无视协议的存在

当事人达成仲裁协议，一方向法院起诉未声明有仲裁协议，法院受理后：

①另一方在首次开庭前提交仲裁协议的，法院应当裁定驳回起诉，但仲裁协议无效的除外；

②另一方在首次开庭前未对法院受理该案提出异议的，视为放弃仲裁协议，法院应当继续审理。

【解题高手】 无论是效力异议还是提交仲裁协议，都要在首次开庭前。不要求太早（如起诉时），但晚了（如开庭时）不行。

（5）仲裁协议独立存在，合同的变更、解除、终止或者无效不影响仲裁协议的效力。

3.内容

（1）三项内容：

①请求仲裁的意思表示；

②仲裁事项；

③选定的"仲裁委员会"。

【原理详解】作为仲裁的重要依据，这三项内容解决的是：双方（签字）同意（请求仲裁的意思表示）、出现什么纠纷（仲裁事项）、找谁（选定的仲裁委员会）仲裁。

例如：

因履行本合同发生的一切争议，由当事人协商解决，协商不成，提交哈尔滨仲裁委员会仲裁。

甲方：小十　乙方：小二

（2）如果仲裁协议对仲裁事项或者仲裁委员会没有约定或者约定不明确的，当事人可以补充协议；达不成补充协议的，仲裁协议无效。

（五）仲裁庭的组成

1.人数：1人或3人

（1）1人：应当由当事人共同选定或者共同委托仲裁委员会主任指定。

（2）3人：应当各自选定或者各自委托仲裁委员会主任指定1名仲裁员，第3名仲裁员由当事人共同选定或者共同委托仲裁委员会主任指定，第3名仲裁员为首席仲裁员。

2.听谁的

裁决应当按照多数仲裁员的意见作出；仲裁庭不能形成多数意见时，裁决应当按照首席仲裁员的意见作出。

【原理详解】如果1个人，自然他说了算；如果3个人，谁说了算？少数服从多数。如果三人平票（1∶1∶1），听首席的。

3.回避制度——保证公正仲裁

下列人员应当回避：

（1）是本案当事人，或者当事人、代理人的近亲属；

（2）与本案有利害关系；

（3）与本案当事人、代理人有其他关系，可能影响公正仲裁的；

（4）私自会见当事人、代理人，或者接受当事人、代理人的请客送礼的。

（六）仲裁程序

1.开庭不公开

（1）仲裁一般开庭但不公开进行。

（2）当事人协议不开庭的，仲裁庭可以根据仲裁申请书、答辩书以及其他材料作出裁决。

（3）当事人协议公开的，可以公开进行，但涉及国家秘密的除外。

【原理详解】协议不开庭也可，协议公开也可（涉密除外），自愿又自由。

2.和解

（1）当事人申请仲裁后，可以自行和解；

（2）达成和解协议的，可以请求仲裁庭根据和解协议作出裁决书，也可以撤回仲裁申请。当事人达成和解协议，撤回仲裁申请后又反悔的，可以根据仲裁协议重新申请仲裁。

3.调解

（1）仲裁庭在作出裁决前，可以先行调解。当事人自愿调解的，仲裁庭应当调解；

（2）调解不成的，仲裁庭应当及时作出裁决；

（3）调解达成协议的，仲裁庭应当制作调解书或者根据协议的结果制作裁决书，调解书与裁决书具有同等的法律效力；

（4）调解书经双方当事人签收后，即发生法律效力。在调解书签收前当事人反悔的，仲裁庭应当及时作出裁决。

4.裁决

（1）裁决书自作出之日起发生法律效力；

（2）仲裁实行一裁终局的制度，即仲裁庭作出的仲裁裁决为终局裁决。裁决作出后，当事人就同一纠纷再申请仲裁或者向人民法院起诉的，仲裁委员会或者人民法院不予受理。

【解题高手】明星考点！终局裁决后，不可裁也不可诉。

5.履行及强制执行

（1）仲裁裁决作出后，当事人应当履行裁决。

（2）一方当事人不履行的，另一方当事人可以按照《民事诉讼法》的有关规定向人民法院申请执行。

【原理详解】是否有大大的问号？不是说一裁终局，为何裁决作出还可以找法院？看清，找法院是去申请执行，而非对结果进行复议，不矛盾。

【典例研习·1-22】（2018年多选题）

下列仲裁员中，必须回避审理案件的有（　　）。

A.李某，是案件当事人的股东　　　　B.张某，是案件当事人的配偶

C.王某，是案件争议所属区域的专家　　D.赵某，是案件代理律师的父亲

‖斯尔解析‖ ABD　应回避的人员包括：（1）是本案当事人，或者当事人、代理人的近亲属（选项BD）；（2）与本案有利害关系（选项A）；（3）与本案当事人、代理人有其他关系，可能影响公正仲裁的；（4）私自会见当事人、代理人，或者接受当事人、代理人的请客送礼的。

‖陷阱提示‖ 注意回避审理案件的原则：可能影响仲裁公平的人员均应当回避。

【典例研习·1-23】（2019年多选题）

根据《仲裁法》的规定，下列关于仲裁制度的表述中，正确的有（　　）。

A.仲裁应当公开开庭进行　　　　　　B.仲裁委员会独立于行政机关

C.仲裁实行一裁终局原则　　　　　　D.仲裁协议可以口头形式订立

‖斯尔解析‖ BC　（1）选项A，仲裁不公开进行；当事人协议公开的，可以公开进行；但涉及国家秘密的除外。仲裁应当开庭进行；当事人协议不开庭的，仲裁庭可以根据仲裁申请书、答辩书及其他材料作出裁决。（2）选项D，仲裁协议应当以书面形式订立。

【典例研习·1-24】（模拟单选题）

仲裁调解书的生效时间是（　　）。

A.自"作出"之日　　　　　　　B.自"送达"之日
C.自"签收"之日　　　　　　　D.自"交付"之日

‖斯尔解析‖ C 仲裁裁决书自作出之日起发生法律效力，仲裁调解书自双方当事人签收之日起发生法律效力。易混，注意区分。

‖陷阱提示‖ 本部分中，各类法律文书的生效时点为易混淆知识点，建议在全部途径学完后进行整理，考前加深记忆。

【典例研习·1-25】（2010年多选题）

甲、乙因合同纠纷申请仲裁，仲裁庭对案件裁决未能形成一致意见，关于该案件仲裁裁决的下列表述中，符合法律规定的有（　　）。

A.应当按照多数仲裁员的意见作出裁决
B.应当由仲裁庭达成一致意见作出裁决
C.仲裁庭不能形成多数意见时，按照首席仲裁员的意见作出裁决
D.仲裁庭不能形成一致意见时，提请仲裁委员会作出裁决

‖斯尔解析‖ AC 仲裁裁决应当按照多数仲裁员的意见作出；仲裁庭不能形成多数意见时，裁决应当按照首席仲裁员的意见作出。

考点2　民事诉讼（★★★）

（一）民事诉讼的适用范围

平等主体之间因财产关系和人身关系发生纠纷，可以提起民事诉讼。

民事案件、商事案件、劳动争议案件、适用民事诉讼法审理的非讼案件（适用特别程序审理、适用督促程序审理、适用公示催告程序审理）均可提起民事诉讼。

【解题高手】注意和仲裁区分，人身关系不可仲裁，但可诉讼。

（二）民事诉讼的管辖

【原理详解】什么是管辖权？简单说，就是解决诉讼要找谁、谁能管的问题。

1.级别管辖

（1）四级法院：最高、高级、中级、基层；

（2）大多数民事案件均归基层人民法院管辖。

2.地域管辖

（1）一般地域管辖（普通管辖）

按照当事人所在地与人民法院辖区的隶属关系来确定案件管辖人民法院。

①通常实行"原告就被告"原则，即由被告住所地人民法院管辖；被告住所地与经常居住地不一致的，由经常居住地人民法院管辖。

【解题高手】"原告就被告"，且"经常居住地＞住所地（户籍地）"。

②特殊情况——三类情况，由原告住所地人民法院管辖；原告住所地与经常居住地不一致的，由原告经常居住地人民法院管辖。

被告是自然人，不在境内居住，提起的关于身份关系的民事诉讼；

被告是自然人，下落不明或宣告失踪，提起的关于身份关系的民事诉讼；

被告是自然人，被采取强制性教育措施或者被监禁，对其提起的民事诉讼。

（2）特殊地域管辖（也称特别管辖）

①特殊地域管辖不排除一般管辖，特殊地域管辖涉及的纠纷均可由被告住所地人民法院管辖。

②特殊地域管辖以诉讼标的所在地、法律事实所在地为标准确定管辖人民法院：

常见纠纷类型	管辖法院
合同纠纷	合同履行地
保险合同纠纷	保险标的物所在地
运输合同纠纷	运输始发地、目的地
票据纠纷	票据支付地
侵权行为	侵权行为地，包括侵权行为实施地、侵权结果发生地。对于信息网络侵权行为：实施地包括实施被诉侵权行为的计算机设备所在地，侵权结果地包括被侵权人住所地
交通事故请求损害赔偿	事故发生地，车辆、船舶最先到达地，航空器最先降落地
公司设立、确认股东资格、分配利润、解散等纠纷	公司住所地

3.专属管辖

（1）法律强制规定某类案件必须由特定的人民法院管辖，其他人民法院无权管辖，当事人也不得协议变更的管辖。

（2）三类适用纠纷

纠纷类型	管辖法院
不动产纠纷	不动产所在地
港口作业中发生纠纷	港口所在地
继承遗产纠纷	被继承人死亡时住所地或主要遗产所在地

【解题高手】注意与特别管辖区分，既然是专属，法律规定只能由他管。

4.协议管辖

（1）在合同纠纷或者其他财产权益纠纷发生之前或发生之后，以协议的方式选择解决他们之间纠纷的管辖人民法院。

（2）可以选择的管辖法院：

原则一：与争议有实际联系的地点，如被告住所地、合同履行地、合同签订地、原告住所地、标的物所在地等；

原则二：不得违反《民事诉讼法》对级别管辖和专属管辖的规定。

【原理详解】
1.协议管辖适用的纠纷与仲裁的范围相同，且事前事后约定均可以，协议好后以协议约定为准，排除普通管辖和特别管辖；

2.协议管辖虽然给予了诉讼双方一定的自由选择空间，但自由度远不及仲裁——仲裁，爱怎么选怎么选。

5.共同管辖

（1）两个以上人民法院都有管辖权（共同管辖）的诉讼，原告可以向其中一个人民法院起诉（选择管辖）；

（2）原告向两个以上有管辖权的人民法院起诉的，由最先立案的人民法院管辖。

【解题高手】地域管辖权的确定思路：

（1）先看是不是专属管辖的范围（3个）；

（2）如果不是，看是否协议约定（协议排除普通管辖和特别管辖）；

（3）如果也无协议约定，落入普通管辖和特殊管辖的范畴，其中普通管辖注意是否为三种被告是自然人的情况。

【典例研习·1-26】（模拟多选题）

下列案件中，可提起民事诉讼的有（　　）。

A.公民名誉权纠纷案件

B.企业与银行因票据纠纷提起诉讼的案件

C.纳税人与税务机关因税收征纳争议提起诉讼的案件

D.劳动者与用人单位因劳动合同纠纷提起诉讼的案件

‖斯尔解析‖ ABD （1）选项C，属于行政争议纠纷，适用《行政诉讼法》而不适用《民事诉讼法》，不可提起民事诉讼。（2）公民之间、法人之间、其他组织之间以及他们相互之间因财产关系和人身关系发生的纠纷，可以提起民事诉讼。主要包括民事案件（选项A）、商事案件（选项B）、劳动争议案件（选项D）几类。

‖陷阱提示‖ 考查民事诉讼的适用范围时，最常见的陷阱即为"非平等主体"间发生的纠纷。切记，"非平等主体"间发生的纠纷适用行政复议及行政诉讼（随后具体学习），不适用民事诉讼。

【典例研习·1-27】（2017年单选题）

根据民事诉讼法律制度的规定，下列法院中，对公路运输合同纠纷案件不享有管辖权的是（　　）。

A.原告住所地法院　　　　　　　　B.被告住所地法院

C.运输目的地法院　　　　　　　　D.运输始发地法院

‖斯尔解析‖ A 本题考地域管辖。(1)特殊管辖：对公路运输合同纠纷案件，运输始发地（选项D）、运输目的地（选项C）均享有管辖权。(2)特殊管辖不排除普通管辖，因此按普通管辖"原告就被告"原则，被告住所地法院同样享有管辖权。因此，本题选择选项A。

‖陷阱提示‖ 本题为单选题，考查难度较低，若本题改为选择对公路运输合同纠纷案件享有管辖权的法院，切忌想起公路运输合同纠纷案件适用特殊管辖，就漏选了普通管辖"原告就被告"原则下同样享有管辖权的被告住所地法院。混淆"专属管辖"和"特殊管辖"是同学们经常踩入的陷阱。

【典例研习·1-28】（2015年单选题）
根据民事诉讼法律制度的规定，对票据拥有纠纷的管辖权是（　　）人民法院。
A.出票人所在地　　　　　　　　B.持票人所在地
C.票据支付地　　　　　　　　　D.出票银行所在地

‖斯尔解析‖ C 因票据纠纷提起的民事诉讼，由票据支付地（特殊管辖）或者被告住所地的人民法院管辖。

【典例研习·1-29】（2010年多选题）
甲企业得知竞争对手乙企业在M地的营销策略将会进行重大调整，于是到乙企业设在N地的分部窃取乙企业内部机密文件，随之采取相应对策，给乙企业在M地的营销造成重大损失，乙企业经过调查掌握了甲企业的侵权证据，拟向法院提起诉讼，其可以选择提起诉讼的法院有（　　）。
A.甲住所地法院　　　　　　　　B.乙住所地法院
C.M地法院　　　　　　　　　　D.N地法院

‖斯尔解析‖ ACD 因侵权行为提起的诉讼，由侵权行为地（包括侵权行为实施地、侵权结果发生地）或者被告住所地法院管辖。在本题中，乙企业可以选择向甲企业住所地（被告住所地：选项A）、M地（侵权结果发生地：选项C）、N地（侵权行为实施地：选项D）人民法院起诉。

【典例研习·1-30】（2017年判断题）
因确认股东资格纠纷引起的民事诉讼，由公司住所地人民法院管辖。（　　）

‖斯尔解析‖ √ 特殊地域管辖：因公司设立、确认股东资格、分配利润、解散等纠纷引起的民事诉讼，由公司住所地人民法院管辖。

【典例研习·1-31】（2019年判断题）
民事诉讼中，被告住所地与经常居住地不一致的，由被告住所地人民法院管辖。（　　）

‖斯尔解析‖ × 经常居住地＞住所地（户籍地）：如果住所地与经常居住地不一致，由经常居住地人民法院管辖。

（三）诉讼时效

1.概念

诉讼时效是指权利人在法定期间内不行使权利而失去诉讼保护的制度。诉讼时效期间是指权利人请求人民法院或仲裁机关保护其民事权利的法定期间。

诉讼时效期届满后：
（1）从权利人的角度：权利人丧失的是胜诉权（但不丧失起诉权）。
（2）从义务人的角度：
①义务人可以提出不履行义务的抗辩；
②如果义务人同意履行，不得以诉讼时效期间届满为由抗辩；
③如果义务人已经履行，不得请求返还。
（3）当事人未提出诉讼时效抗辩，人民法院不可主动适用诉讼时效规定进行审判。

【原理详解】小十向小二借钱未还，小二一直未诉，诉讼时效期间届满后，小二想起来诉小十。此时，小十可能有三种行为：
（1）以诉讼时效届满为由，不还→小二没辙；
（2）良心发现，答应偿还，答应后突然想起来诉讼时效期间届满了→晚了，还是要还钱；
（3）良心发现还了钱，但还了才想起来诉讼时效期间届满，让小二退钱→做梦。

2.诉讼时效期间的相关规定
（1）诉讼时效的期间、计算方法以及中止、中断等规定都是法定的，当事人约定无效。
（2）起算时点及时长
①普通诉讼时效期间：自权利人知道或者应当知道权利受到损害以及义务人之日起算3年，法律另有规定的，依照其规定；
②最长诉讼时效期间：自权利受到损害之日起超过20年的，人民法院不予保护。
（3）诉讼时效的中止
在诉讼时效期间的最后6个月内，因下列障碍，不能行使请求权的，诉讼时效中止：
①不可抗力；
②无民事行为能力人或者限制民事行为能力人没有法定代理人，或者法定代理人死亡、丧失民事行为能力、丧失代理权；
③继承开始后未确定继承人或者遗产管理人；
④权利人被义务人或者其他人控制；
⑤其他导致权利人不能行使请求权的障碍。
自中止时效的原因消除之日起满6个月，诉讼时效期间届满。
（4）诉讼时效的中断
有下列情形之一的，诉讼时效中断，从中断、有关程序终结时起，诉讼时效期间重新计算：
①权利人向义务人提出履行请求的；
②义务人同意履行义务的；
③权利人提起诉讼或者申请仲裁的；
④与提起诉讼或者申请仲裁具有同等效力的其他情形。

【原理详解】诉讼时效的中止，是在最后6个月内由于客观原因"暂停"，障碍消失后接着数6个月；

诉讼时效的中断，是由于主观原因"清零"，之后重新开始计算时效期间。

（5）不适用诉讼时效的情形
①请求停止侵害、排除妨碍、消除危险；
②不动产物权和登记的动产物权的权利人请求返还财产；
③请求支付抚养费、赡养费或者扶养费；
④依法不适用诉讼时效的其他请求权。

【典例研习·1-32】（模拟多选题）
根据民事诉讼法律制度的规定，下列关于诉讼时效制度适用的表述中，不正确的是（　　）。
A.当事人可以约定延长或缩短诉讼时效期间
B.诉讼时效期间届满后，当事人自愿履行义务的，不受诉讼时效限制
C.诉讼时效期间届满后，当事人自愿履行义务后，可以请求返还
D.当事人未提出诉讼时效抗辩，人民法院可以主动适用诉讼时效规定进行审判

‖斯尔解析‖ ACD （1）选项A，诉讼时效期间是法定期间，当事人协议约定无效，选项A错误。（2）选项BC，诉讼时效届满后，义务人同意履行后，不得以诉讼时效期间届满为由抗辩；如果义务人已经履行，不得请求返还。选项B正确、选项C错误。（3）选项D，当事人未提出诉讼时效抗辩，人民法院不可主动适用诉讼时效规定进行审判，选项D错误。

【典例研习·1-33】（模拟单选题）
2020年10月，甲公司与乙公司之间发生租赁合同纠纷，甲公司请求其民事权利的诉讼时效期间不得超过一定期限，该期限为（　　）。
A.6个月　　　　B.1年　　　　C.2年　　　　D.3年

‖斯尔解析‖ D 普通诉讼时效期间，为自"知道或应当知道"之日起3年。

【典例研习·1-34】（模拟单选题）
小二于2002年2月1日购买了一台全新中央空调，2019年2月5日空调发生故障报废，其间正常使用、维护保养。2019年3月1日，经鉴定，该空调是经翻修的残次品，相关指标不符合产品标准要求。根据《民法典》有关诉讼时效的规定，下列说法正确的是（　　）。
A.小二可以向人民法院起诉，主张其民事权利的法定期间是2022年2月1日之前
B.小二可以向人民法院起诉，主张其民事权利的法定期间是2022年3月1日之前
C.该案件不适用诉讼时效制度
D.诉讼时效期间已过

‖斯尔解析‖ A 普通诉讼时效期间为"知道或应当知道"之日起3年，小二可以在2022年3月1日之前提起诉讼；但最长的诉讼时效期间为权利受到损害之日起20年，即小二应在2022年2月1日前提起诉讼。普通诉讼时效与最长诉讼时效期间以先到期者计算，因此，小二应在2022年2月1日之前提起诉讼，选项A正确。

‖陷阱提示‖ 本类题目常有两个陷阱,一是同学们往往记得普通诉讼时效,而忘记还有最长诉讼时效,二者应取孰早;二是需准确区分普通诉讼时效与最长诉讼时效期间的起始日,前者为"知道或应当知道"之日起,后者为"自权利受到损害"之日起。

【典例研习·1-35】(2019年多选题)
根据民事法律制度的规定,在诉讼时效期间最后6个月内,造成权利人不能行使请求权的下列情形中,可以导致诉讼时效中止的有( )。
A.限制民事行为能力人的法定代理人丧失民事行为能力
B.继承开始后未确定继承人或者遗产管理人
C.不可抗力
D.无民事行为能力人没有法定代理人

‖斯尔解析‖ `ABCD` 诉讼时效期间的中止事由包括:(1)不可抗力(选项C)。(2)无民事行为能力人或者限制民事行为能力人没有法定代理人(选项D),或者法定代理人死亡、丧失民事行为能力、丧失代理权(选项A)。(3)继承开始后未确定继承人或者遗产管理人(选项B)。(4)权利人被义务人或者其他人控制。(5)其他导致权利人不能行使请求权的障碍。

【典例研习·1-36】(2020年多选题改编)
根据民事诉讼法律制度的规定,下列各项中,可导致诉讼时效中断的情形有( )。
A.义务人同意履行义务   B.权利人向义务人提出履行请求
C.权利人提起诉讼   D.因不可抗力致使权利人不能行使请求权

‖斯尔解析‖ `ABC` (1)有下列情形之一的,诉讼时效中断,从中断、有关程序终结时起,诉讼时效期间重新计算:权利人向义务人提出履行请求的;义务人同意履行义务的;权利人提起诉讼或者申请仲裁的;与提起诉讼或者申请仲裁具有同等效力的其他情形。选项ABC正确。(2)选项D,为可导致诉讼时效中止的情形。

‖陷阱提示‖ 造成诉讼时效中止与中断的情形,经常互为迷惑选项,同学们需按照"主观原因导致中断,客观原因导致中止"的原则,准确把握。

(四)审判制度

1.两审终审制度

(1)一个案件经过第一审人民法院审判后,当事人如有不服的,有权在法定期限内向上一级人民法院提起上诉,由该上一级人民法院进行第二审。二审人民法院的判决、裁定是终审的判决、裁定。

(2)两审终审制度的例外:一审终审制

①最高人民法院所作的一审判决、裁定,为终审判决、裁定。

②适用特别程序、督促程序、公示催告程序和简易程序中的小额诉讼程序审理的案件。

(3)对终审判决、裁定,当事人不得上诉,如果发现终审判决确有错误,可以通过审判监督程序(再审程序)予以纠正。

2.合议制度

(1)合议庭的成员,应当是3人以上的单数。

①一般案件一审:由审判员、陪审员共同组成合议庭或者由审判员组成合议庭。

②重大案件一审及二审:由审判员组成合议庭。

③例外情况：适用简易程序、特别程序（选民资格案件及重大、疑难的案件除外）、督促程序、公示催告程序审理的民事案件由审判员一人独任审理。

3.回避制度

（1）审判人员、书记员、翻译人员、鉴定人、勘验人有下列情形之一的，应当自行回避：

①是本案当事人或者当事人、诉讼代理人近亲属的；

②与本案有利害关系的；

③与本案当事人、诉讼代理人有其他关系，可能影响对案件公正审理的；

④接受当事人、诉讼代理人请客送礼，或者违反规定会见当事人、诉讼代理人的。

【解题高手】不仅审判人员需要遵守回避制度，其他相关人员也需要，但证人不需要。

（2）当事人有权以口头或者书面方式申请他们回避。

4.公开审判制度

包括审判过程公开和审判结果公开。

（1）审判结果一律公开，没有例外；

（2）审判过程一般公开，两类例外：

①依法不公开：涉及国家机密、个人隐私或者法律另有规定；

②依申请不公开：离婚案件，涉及商业秘密的案件，当事人申请不公开审理的，可以不公开审理。

（五）调解、判决和执行

1.调解

（1）一般民事案件：自愿原则，可调解，一方不愿意调解的应及时裁判；

（2）特殊情形

①离婚案件，应当进行调解；

②适用特别程序、督促程序、公示催告程序的案件，婚姻等身份关系确认案件以及其他根据案件性质不能调解的案件，不得调解。

（3）调解成功：除特别情况外，调解达成协议，人民法院应当制作调解书。调解书经双方当事人签收后，即具有法律效力。

2.判决

（1）适用二审终审制的案件中，判决书送达之日起15日内向上一级人民法院提起上诉。

（2）生效判决不可上诉，包括：

①最高人民法院的一审判决；

②依法不准上诉及超期未上诉的一审判决；

③二审终审判决。

3.执行及强制执行

发生法律效力的民事判决、裁定、调解书和其他法律文书，当事人必须履行。一方拒绝履行的，对方当事人可以向人民法院申请执行，也可以由审判员移送执行员执行。

【典例研习·1-37】（2018年多选题）
根据民事诉讼法律制度的规定，下列关于公开审判制度的表述中，正确的有（　　）。
A.涉及商业秘密的民事案件，当事人申请不公开审理的，可以不公开审理
B.不论民事案件是否公开审理，一律公开宣告判决
C.涉及国家秘密的民事案件应当不公开审理
D.涉及个人隐私的民事案件应当不公开审理

‖斯尔解析‖ 〔ABCD〕（1）选项A，离婚案件、涉及商业秘密的案件，当事人申请不公开审理的，可以不公开审理。（2）选项B，公开审判包括审判过程公开和审判结果公开两项内容，不论案件是否公开审理，一律公开宣告判决。（3）选项CD，法院审理民事或行政案件，除涉及国家秘密、个人隐私或者法律另有规定的以外，应当公开进行，因此选项CD属于"应当不公开审理"的案件，正确。

‖陷阱提示‖ 民事诉讼的程序考查非常细致，陷阱通常设置在审判过程公开和审判结果公开的不同上，审判结果一律公开是正确表述，但审判过程一律公开则是不正确的，因为涉及国家秘密及个人隐私或者法律另有规定的案件，应当不公开审理。

【典例研习·1-38】（2012年多选题）
关于民事诉讼与仲裁法律制度相关内容的下列表述中，正确的有（　　）。
A.民事经济纠纷实行或裁或审制度
B.民事诉讼与仲裁均实行回避制度
C.民事诉讼实行两审终审制度，仲裁实行一裁终局制度
D.民事诉讼实行公开审判制度，仲裁不公开进行

‖斯尔解析‖ 〔ABCD〕 均正确，且选项BCD均属于易混点，通过本题加强记忆。

考点3　行政复议及税务行政复议（★★★）

（一）基本概念

1.行政复议是指国家行政机关在依照法律、法规的规定履行对社会的行政管理职责过程中，作为行政管理主体的行政机关一方与作为行政管理相对人的公民、法人或者其他组织一方，对于法律规定范围内的具体行政行为发生争议，由行政管理相对人向作出具体行政行为的行政机关的上一级行政机关或者法律规定的其他行政机关提出申请，由该行政机关对引起争议的具体行政行为进行审查并作出相应决定的一种行政监督活动。

2.结合概念，认识几个涉及行政复议行为的"人"
（1）行政管理主体：行政机关；
（2）行政管理相对人：公民、法人或者其他组织；
（3）谁提出申请？——行政管理相对人（"你我他"）；
（4）向谁申请？谁审查并作出决定？——行政复议机关：作出具体行政行为的行政机关的上一级行政机关或者法律规定的其他行政机关。

（二）行政复议的适用范围

【原理详解】解决什么情况可以走行政复议的道路问题，重点记忆不能复议的事项，运用排除法。

1.一般具体行政行为均可以申请行政复议,注意以下行政复议的排除事项。
(1)不服行政机关作出的行政处分或者其他人事处理决定,依照有关法律、行政法规的规定提出申诉。
(2)不服行政机关对民事纠纷作出的调解或者其他处理,依法申请仲裁或者向人民法院提起诉讼。
(3)非"具体行政行为",如对于行政机关制定某项政策不服,不可申请行政复议。

2.税务行政复议(第七章内容)
(1)"必经复议"事项
申请人对复议范围中征税行为不服的,应当先向复议机关申请行政复议,对行政复议决定不服的,可以再向人民法院提起行政诉讼。

征税行为包括:确认纳税主体、征税对象、征税范围、减税、免税、退税、抵扣税款、适用税率、计税依据、纳税环节、纳税期限、纳税地点和税款征收方式等具体行政行为,征收税款、加收滞纳金,扣缴义务人、受税务机关委托的单位和个人作出的代扣代缴、代收代缴、代征行为等。

【解题高手】必经复议的事项包括:税收实体法的构成要素+税款征收方式+征收税款+滞纳金

(2)其他具体行政行为,可复议可直接诉讼
申请人对复议范围中税务机关作出的征税行为以外的其他具体行政行为不服的,可以申请行政复议,也可以直接向人民法院提起行政诉讼。包括:
①行政许可、行政审批行为。
②发票管理行为,包括发售、收缴、代开发票等。
③税收保全措施、强制执行措施。
④行政处罚行为:罚款;没收财物和违法所得;停止出口退税权。
⑤税务机关不依法履行下列职责的行为:开具、出具完税凭证;行政赔偿;行政奖励;其他不依法履行职责的行为。
⑥资格认定行为。
⑦不依法确认纳税担保行为。
⑧政府公开信息工作中的具体行政行为。
⑨纳税信用等级评定行为。
⑩税务机关通知出入境管理机关阻止出境行为及其他具体行政行为。

【典例研习·1-39】(2017年单选题)
根据《行政复议法》的规定,下列各项中,属于行政复议范围的是( )。
A.赵某对市场监督管理局暂扣其营业执照的决定不服而引起的纠纷
B.王某对税务局将其调职到其他单位的决定不服而引起的纠纷
C.张某对交通局解除劳动合同的决定不服而引起的纠纷
D.李某对环保局给予其撤职处分决定不服而引起的纠纷

‖斯尔解析‖ A (1)对行政主体作出的内部行政行为不服,不能申请行政复

议，选项BD错误。（2）选项C，劳动合同纠纷属于民事争议纠纷，不适用行政复议和行政诉讼。（3）选项A为行政管理主体（市场监督管理局）对行政管理相对人（赵某）做出具体行政行为产生的争议，属于行政复议范围。

‖陷阱提示‖ 考查行政复议的适用范围时，最常见陷阱为内部人事处理决定（如本题选项BCD），以及非具体行政行为，应对此类题目，排除法是个好办法。

【典例研习·1-40】（2015年多选题）

以下行政人员对行政机关作出的决定不予行政复议的有（　　）。

A.降级　　　　　B.撤职　　　　　C.记过　　　　　D.开除

‖斯尔解析‖ `ABCD` 选项ABCD均属于内部行政行为，不能申请行政复议，也不能提起行政诉讼。

【典例研习·1-41】（2018年多选题）

根据税收征收管理法律制度的规定，纳税人对税务机关的下列行政行为不服时，可以申请行政复议的有（　　）。

A.罚款　　　　　　　　　　　B.确认适用税率

C.加收滞纳金　　　　　　　　D.依法制定税收优惠政策

‖斯尔解析‖ `ABC` 选项ABC，属于征税行为，"必经复议"，即必须先复议、再诉讼。选项D，依法制定的税收优惠政策不属于具体行政行为，不属于行政复议范围。

【典例研习·1-42】（2018年单选题）

根据税收征收管理法律制度的规定，税务机关做出的下列具体行政行为中，纳税人不服时可以选择申请税务行政复议或者直接提起行政诉讼的是（　　）。

A.征收税款　　　　　　　　　B.加收滞纳金

C.确认纳税主体　　　　　　　D.没收财物和违法所得

‖斯尔解析‖ `D` 选项ABC，属于征税行为，"必经复议"，即必须先复议、再诉讼。

【典例研习·1-43】（2018年多选题）

根据税收征收管理法律制度的规定，纳税人对税务机关的下列行政行为不服，可以直接起诉的有（　　）。

A.税务机关加收滞纳金的行为

B.税务机关将纳税人纳税信用等级由A级降为B级

C.税务机关扣押、查封纳税人的财产

D.纳税人依照法律规定提供了纳税担保，税务机关不依法确认纳税担保

‖斯尔解析‖ `BCD` 选项A，属于征税行为，"必经复议"，即必须先复议、再诉讼。

‖陷阱提示‖ 考查税务行政复议的适用范围的，看清题目考查的是"可以申请行政复议"，还是"必须申请行政复议"，是做对题目的第一步。看清题目，才能识别出考点，是用排除法选出是行政复议的适用范围，还是税务行政复议的必经复议。

（三）行政复议参加人和行政复议机关

1.行政复议参加人包括申请人、被申请人和第三人。

注意：行政复议参加人不包括行政复议机关。

2.行政复议机关
(1) 一般情况下复议机关的确定

几个老大	对谁不服	找谁（行政复议机关）
自己就是老大 找自己	省、自治区、直辖市人民政府	省、自治区、直辖市人民政府
	国务院部门	国务院部门
有一个老大 找老大	地方各级人民政府	上一级人民政府
	省、自治区人民政府依法设立的派出机关所属的县级地方人民政府	该派出机关
	对海关、金融等实行垂直领导的行政机关和国家安全机关（垂直领导，只受上一级同部门管辖，不受本级政府管辖）	上一级主管部门
两个老大 找谁都行	县级以上地方各级人民政府工作部门	该部门的本级人民政府，或上一级主管部门

【解题高手】自己就是老大的情形，如复议后对行政复议决定不服的，可以向人民法院提起行政诉讼，或向国务院申请裁决，国务院依照《行政复议法》的规定作出最终裁决。但切记不可直接找国务院复议。

(2) 税务行政复议中的具体规定（第七章内容）
①一般规定

对谁不服	找谁（行政复议机关）
国家税务总局	国家税务总局 提示：对行政复议决定不服，申请人可以向人民法院提起行政诉讼，也可以向国务院申请裁决。国务院的裁决为最终裁决
计划单列市税务局	国家税务局
各级税务局	上级税务局
税务所（分局）、各级税务局的稽查局	所属税务局

②特殊规定

对谁不服	找谁（行政复议机关）
两个以上税务机关共同作出	共同上一级税务机关
税务机关与其他行政机关共同作出	共同上一级行政机关

对谁不服	找谁（行政复议机关）
被撤销的税务机关在撤销以前作出	继续行使其职权的税务机关的上一级税务机关
对税务机关作出逾期不缴纳罚款加处罚款不服	作出行政处罚决定的税务机关
对已处罚款和加处罚款都不服	作出行政处罚决定的税务机关的上一级税务机关
注意：申请人向具体行政行为发生地的县级地方人民政府提交行政复议申请的，由接受申请的县级地方人民政府依法予以转送	

【解题高手】税务行政复议的特点，不找人民政府，顺着税务机关找。

【典例研习·1-44】（2013年单选题）

根据行政复议法律制度的规定，下列各项中，不属于行政复议参加人的是（　　）。

A.申请人　　　　　　　　　　B.被申请人
C.第三人　　　　　　　　　　D.行政复议机关

‖斯尔解析‖ D　行政复议参加人包括申请人、被申请人和第三人，不包括行政复议机关。

【典例研习·1-45】（2017年判断题）

对县级以上地方各级人民政府工作部门的具体行政行为不服的，可以向该部门的本级人民政府申请行政复议，也可以向上一级主管部门申请行政复议。（　　）

‖斯尔解析‖ √

【典例研习·1-46】（2018年单选题）

对国家税务总局的具体行政行为不服的，向（　　）申请行政复议。

A.国务院　　　　　　　　　　B.国家税务总局
C.人民法院　　　　　　　　　D.向上一级税务机关

‖斯尔解析‖ B　对国家税务总局的具体行政行为不服的，向国家税务总局申请行政复议。

‖陷阱提示‖ 税务行政复议中，对国家税务总局的具体行政行为不服的情形，和一般行政复议中对国务院部门作出的具体行政行为不服的情形，是同学们最容易踩入的陷阱。国家税务总局也属于国务院直属的部级单位，对部级单位作出的具体行政行为不服时，切勿直接找国务院，而是先找本机构内设置的相关部门。

【典例研习·1-47】（2015年单选题改编）

A市B县市场监督管理局对甲企业作出罚款，甲企业对此不服，可以向（　　）申请行政复议。

A.B县人民法院　　　　　　　B.B县人民政府
C.B县市场监督管理局　　　　D.A市人民政府

‖斯尔解析‖ B　对县级以上地方各级人民政府工作部门的具体行政行为不服的，可以向该部门的本级人民政府（选项B）申请行政复议，也可以向上一级主管部门申请行政复议。

【典例研习·1-48】（2008年单选题改编）

某企业对A省B市税务部门给予其行政处罚的决定不服，申请行政复议。下列各项中，应当受理该企业行政复议申请的机关是（　　）。

A.B市税务部门　　B.B市人民政府　　C.A省税务部门　　D.A省人民政府

‖斯尔解析‖ C 《税务行政复议规则》规定，对各级税务局的具体行政行为不服的，向上一级税务局申请行政复议，选项C正确。

‖陷阱提示‖ 以上两题体现了对于是否实行垂直管理的政府机构，行政复议机构的相关规定是有所不同的，也是同学们在考试中容易混淆的知识点。对于非垂直管理的机构作出的具体行政行为不服的，可以向该部门的本级人民政府申请行政复议，也可以向上一级主管部门申请行政复议；但对于实行垂直管理的机构（如税务局系统），则只可向上一级主管部门申请行政复议。考试中，最常考核的垂直管理机构即为税务系统，注意审题。

【典例研习·1-49】（2017年单选题改编）

设立于A省B市（计划单列市）的甲公司对B市税务局做出的行政处罚不服申请行政复议。下列机关中，受理该申请的是（　　）。

A.国家税务总局　　　　　　　　B.A省人民政府

C.A省税务局　　　　　　　　　D.B市税务局

‖斯尔解析‖ A 对计划单列市税务局的具体行政行为不服的，向国家税务总局申请行政复议。

【典例研习·1-50】（2016年单选题改编）

下列关于税务行政复议管辖的表述中，正确的有（　　）。

A.对各级税务局的具体行政行为不服的，向其上一级税务局申请行政复议

B.对各级税务局的稽查局的具体行政行为不服的，向其所属税务局申请行政复议

C.对国家税务总局的具体行政行为不服的，直接向国务院申请行政复议

D.对各级税务局的具体行政行为不服的，可以向该税务局的本级人民政府申请行政复议

‖斯尔解析‖ AB 选项C，对国家税务总局的具体行政行为不服的，向国家税务总局申请行政复议。选项D，对各级税务局的具体行政行为不服的，向其上一级税务局申请行政复议。

（四）行政复议的程序

1.申请

（1）申请时点

①一般规定

自知道该具体行政行为之日起60日内提出行政复议申请，但是法律规定的申请期限超过60日的除外。因不可抗力或者其他正当理由耽误法定申请期限的，申请期限自障碍消除之日起继续计算。

②税务行政复议规定（第七章内容）

申请人申请行政复议的，必须依照税务机关根据法律、行政法规确定的税额、期限，先行缴纳或者解缴税款及滞纳金，或者提供相应的担保，方可在实际缴清税款和滞纳金后或者所提供的担保得到作出具体行政行为的税务机关确认之日起60日内提出行政复议申请。

申请人对税务机关作出逾期不缴纳罚款加处罚款的决定不服的，应当先缴纳罚款和加处罚款，再申请行政复议。

③已提起诉讼且人民法院已经依法受理的，不得申请行政复议。

（2）申请形式

可以书面申请，也可以口头申请。

（3）行政复议机关受理行政复议申请，不得向申请人收取任何费用。

（4）撤回申请（第七章内容）

申请人在行政复议决定作出前撤回行政复议申请的，经行政复议机构同意，可以撤回。

申请人撤回行政复议申请的，不得再以同一事实和理由提出行政复议申请。但是，申请人能够证明撤回行政复议申请违背其真实意思表示的除外。

（5）行政复议期间被申请人改变原具体行政行为的，不影响行政复议案件的审理。但是，申请人依法撤回行政复议申请的除外。

2.受理（第七章内容）

（1）受理期限

①复议机关收到行政复议申请后，应当在5日内进行审查，决定是否受理。

②对符合规定的行政复议申请，自行政复议机构收到之日起即为受理，应当书面告知申请人。

③对不符合规定的行政复议申请，决定不予受理，并书面告知申请人。

④复议机关收到行政复议申请以后未按照规定期限审查并作出不予受理决定的，视为受理。

⑤对于"必经复议"案件，复议机关决定不予受理或者受理以后超过行政复议期限不作答复的，申请人可以自收到不予受理决定书之日起或者行政复议期满之日起15日内，依法向人民法院提起行政诉讼。

（2）受理不影响执行

行政复议期间具体行政行为不停止执行，但有下列情形之一的，可以停止执行：

①被申请人认为需要停止执行的；

②复议机关认为需要停止执行的；

③申请人申请停止执行，复议机关认为其要求合理，决定停止执行的；

④法律规定停止执行的。

【解题高手】 申请人认为需要停止执行，不可直接停止执行。

3.审查

（1）审查形式

①原则上采取书面审查；

②特殊情形听证：

对重大、复杂的案件，申请人提出要求或者行政复议机构认为必要时，可以采取听证的方式审理。

听证应当公开举行，但是涉及国家秘密、商业秘密或者个人隐私的除外。

行政复议听证人员不得少于2人,听证主持人由行政复议机构指定。

【解题高手】原则上既不开庭也不公开,特殊情形"开庭且公开"。

(2)举证责任
①行政复议的举证责任,由被申请人承担。
②被申请人不按照法律规定提出书面答复,提交当初作出具体行政行为的证据等,视为无证据。
(3)行政复议机构审理行政复议案件,应当由2名以上行政复议工作人员参加。
(4)行政复议机关审查被申请人的具体行政行为时,认为其依据不合法:
①本机关有权处理的,应当在30日内依法处理;
②无权处理的,应当在7日内按照法定程序逐级转送有权处理的国家机关依法处理;
③处理期间,中止对具体行政行为的审查。

4.决定(第一章及第七章)
(1)决定时点
行政复议机关应当自受理申请之日起60日内作出行政复议决定;但是法律规定的行政复议期限少于60日的除外。
情况复杂的,不能在规定期限内作出行政复议决定的,经行政复议机关的负责人批准,可以适当延长,但延长期限最多不得超过30日。

(2)决定类型

决定类型	适用情形
决定维持	具体行政行为认定事实清楚,证据确凿,适用依据正确,程序合法,内容适当
决定其在一定期限内履行	被申请人不履行法定职责
决定撤销、变更或者确认该具体行政行为违法	主要事实不清、证据不足的;适用依据错误的;违反法定程序的;超越或者滥用职权的;具体行政行为明显不当的

其中,决定撤销或者确认违法的,可以责令被申请人在一定期限内重新作出具体行政行为,并符合以下要求:
①被申请人不得以同一事实和理由作出与原具体行政行为相同或者基本相同的具体行政行为;不得作出对申请人更为不利的决定。
②应当在60日内重新作出具体行政行为;情况复杂、不能在规定期限内重新作出具体行政行为的,经复议机关批准,可以适当延期,但是延期不得超过30日。
申请人对被申请人重新作出的具体行政行为不服的,可以依法申请行政复议,或者提起行政诉讼。

(3)决定生效
复议机关作出行政复议决定,应当制作行政复议决定书,并加盖印章。行政复议决定书一经送达,即发生法律效力。

【原理详解】仲裁调解书签收后,发生法律效力;仲裁裁决书作出之日起发生法律效力;民事诉讼判决书一审送达之日起15日内不上诉生效。

【典例研习·1-51】(2017年判断题)

申请人对税务机关做出逾期不缴纳罚款加处罚款的决定不服的,应当先缴纳罚款和加处罚款,再申请行政复议。( )

‖斯尔解析‖ √

【典例研习·1-52】(2016年判断题)

申请人可以在知道税务机关做出具体行政行为之日起180日内提出行政复议申请。( )

‖斯尔解析‖ × 申请人可以在知道税务机关作出具体行政行为之日起60日内提出行政复议申请。

【典例研习·1-53】(2018年多选题)

根据税收征收管理法律制度的规定,下列情形中,属于行政复议期间具体行政行为可以停止执行的情形有( )。

A.人民法院认为需要停止执行的　　B.法律规定停止执行的
C.被申请人认为需要停止执行的　　D.复议机关认为需要停止执行的

‖斯尔解析‖ BCD 行政复议期间具体行政行为不停止执行。但有下列情形之一的,可以停止执行:(1)被申请人认为需要停止执行的(选项C);(2)复议机关认为需要停止执行的(选项D);(3)被申请人申请停止执行,复议机关认为其要求合理,决定停止执行的。(4)法律规定停止执行的(选项B)。

‖陷阱提示‖ 行政复议期间具体行政行为不停止执行,考查可以停止执行的情形时,常见迷惑选项包括:(1)申请人认为需要停止执行。请注意,申请人认为需要停止执行,需经"裁判"确认,即复议机关认为其要求合理,决定停止执行,才可停止;(2)人民法院认为需要停止执行,行政复议过程中,法院无管辖权,故具体行政行为也不可停止执行。

【典例研习·1-54】(2020年判断题)

行政复议的举证责任,由申请人承担。( )

‖斯尔解析‖ × 行政复议的举证责任,由被申请人承担。

【典例研习·1-55】(2017年多选题)

根据行政复议法律制度的规定,被申请人的下列具体行政行为中,行政复议机关决定撤销、变更或者确认该具体行政行为违法的有( )。

A.被申请人的具体行政行为超越职权的　　B.被申请人的具体行政行为证据不足的
C.被申请人的具体行政行为明显不当的　　D.被申请人的具体行政行为适用依据错误的

‖斯尔解析‖ ABCD ABCD均属于行政复议机关决定撤销、变更或者确认该具体行政行为违法的被申请人的具体行政行为。

【典例研习·1-56】(2018年单选题)

根据行政复议法律制度的规定,下列关于行政复议的表述中,正确的是( )。

A.对省人民政府作出的具体行政行为不服的,向该省级人民政府申请行政复议

B.行政复议决定书一经作出,即发生法律效力
C.行政复议只能书面申请
D.不服行政机关作出的行政处分的,可申请行政复议

‖斯尔解析‖ A （1）行政复议决定书一经送达,即发生法律效力,选项B错误。（2）行政复议可以口头申请,选项C错误。（3）行政处分是指对违反法律规定的国家机关工作人员或被授权、委托的执法人员所实施的内部制裁措施,不服行政机关作出的行政处分的,属于行政复议的排除事项,不能申请行政复议,选项D错误。

考点4 行政诉讼（★★）

（一）适用范围

法院不受理公民、法人或者其他组织对下列事项提起的诉讼：

（1）国防、外交等国家行为；

（2）行政法规、规章或者行政机关制定、发布的具有普遍约束力的决定、命令；

（3）行政机关对行政机关工作人员的奖惩、任免等决定；

（4）法律规定由行政机关最终裁决的具体行政行为。

【原理详解】非具体行政行为、内部行政行为,不可复议也不可诉讼。

【典例研习·1-57】（2018年单选题）

当事人对行政机关作出的下列决定不服提起行政诉讼,人民法院不予受理的是（　　）。

A.税务机关对甲公司作出税收强制执行的决定

B.公安机关交通管理部门对李某作出罚款2 000元的决定

C.公安机关对张某作出行政拘留15日的决定

D.财政部门对其工作人员孙某作出记过的决定

‖斯尔解析‖ D 选项D,内部行政行为不属于可申请行政复议的范围。

‖陷阱提示‖ 与行政复议的适用范围常见陷阱一致,不再赘述。

（二）管辖权

1.级别管辖

（1）第一审行政案件,一般由基层人民法院管辖。

（2）特殊情况,由中级人民法院管辖,包括：

①对国务院部门或者县级以上地方人民政府所作的行政行为提起诉讼的案件；

②海关处理的案件；

③本辖区内重大、复杂的案件；

④其他法律规定由中级人民法院管辖的案件。

2.地域管辖

（1）普通管辖

①行政案件由最初作出行政行为的行政机关所在地人民法院管辖。

②经复议的案件,也可以由复议机关所在地人民法院管辖。

【解题高手】如果复议过,可以在最初作出行政行为的行政机关所在地提起诉讼,也可以在复议的地方诉讼,二者均可。

(2)特殊规定

①经最高人民法院批准,高级人民法院可以根据审判工作的实际情况,确定若干人民法院跨行政区域管辖行政案件。

②对限制人身自由的行政强制措施不服提起的诉讼,由被告所在地或者原告所在地人民法院管辖。

③因不动产提起的行政诉讼,由不动产所在地人民法院管辖。

【典例研习·1-58】(模拟多选题)

根据《行政诉讼法》的规定,下列第一审行政案件由中级人民法院管辖的有( )。

A.对国务院各部门所作的具体行政行为提起诉讼的案件

B.海关处理的案件

C.县级以下地方人民政府所作的行政行为提起诉讼的案件

D.本辖区内重大、复杂的案件

‖斯尔解析‖ **ABD** 基层人民法院管辖第一审行政案件,但是由中级人民法院管辖下列第一审案件:(1)对国务院部门或者县级以上地方人民政府所作的行政行为提起诉讼的案件(选项A);(2)海关处理的案件(选项B);(3)本辖区内重大、复杂的案件(选项D);(4)其他法律规定由中级人民法院管辖的案件。县级以下地方人民政府所作的行政行为提起诉讼的案件,第一审由基层人民法院管辖。选项C错误。

【典例研习·1-59】(2016年多选题)

根据行政诉讼法律制度的规定,下列关于行政诉讼地域管辖的表述中,正确的有( )。

A.经过行政复议的行政诉讼案件,可由行政复议机关所在地人民法院管辖

B.因不动产提起的行政诉讼案件,由不动产所在地人民法院管辖

C.对限制人身自由的行政强制措施不服提起的行政诉讼案件,由被告所在地或者原告所在地人民法院管辖

D.对责令停产停业的行政处罚不服直接提起行政诉讼的案件,由作出该行政行为的行政机关所在地人民法院管辖

‖斯尔解析‖ **ABCD** 行政案件由最初作出行政行为的行政机关所在地人民法院管辖(选项D);经复议的案件,也可由复议机关所在地人民法院管辖(选项A);对限制人身自由的行政强制措施不服提起的行政诉讼案件,由被告所在地或者原告所在地人民法院管辖(选项C);因不动产提起的行政诉讼案件,由不动产所在地人民法院管辖(选项B)。

‖陷阱提示‖ 思考,若将选项A修改为"经过行政复议的行政诉讼案件,应由行政复议机关所在地人民法院管辖",描述还正确吗?答案是不正确的。这就是行政诉讼的管辖权考点中非常爱设置的陷阱,经复议的案件,可以由最初作出行政行为的行政机关所在地人民法院管辖,也可以由复议机关所在地人民法院管辖,两地法院均有管辖权,因此,如题目表述为"一律由""应由"都是错误的。

(三)程序

1.起诉

(1)起诉时间要求

①一般案件

自知道或者应当知道作出行政行为之日起6个月内提出。法律另有规定的除外。因不动

产提起诉讼的案件自行政行为作出之日起超过20年，其他案件自行政行为作出之日起超过5年提起诉讼的，人民法院不予受理。

②必经复议的案件

复议机关决定不予受理或受理后超过复议期限不作答复，申请人可以自收到不予受理决定书之日起或者行政复议期满之日起15日内起诉。

③公民、法人或者其他组织申请行政机关履行保护其人身权、财产权等合法权益的法定职责，行政机关在接到申请之日起2个月内不履行的，公民、法人或者其他组织可以向人民法院提起诉讼。紧急情况下的请求，提起诉讼不受上述规定期限的限制。

④公民、法人或者其他组织因不可抗力或者其他不属于其自身的原因耽误起诉期限的，被耽误的时间不计算在起诉期限内。

（2）起诉应当向法院递交起诉状。书写起诉状确有困难的，可以口头起诉。

2.受理

人民法院在接到起诉状时对符合法律规定的起诉条件的，应当登记立案。

对当场不能判定是否符合规定的，应当接收起诉状并7日内决定是否立案。

不符合起诉条件的，作出不予立案的裁定。裁定书应当载明不予立案的理由。原告对裁定不服的，可以提起上诉。

3.审理和判决

（1）审理应公开，但下列情况除外：

①涉及国家秘密、个人隐私和法律另有规定的案件不公开；

②涉及商业秘密的案件，当事人申请不公开审理的，可以不公开审理。

（2）执行回避制度

（3）人民法院审理行政案件，不适用调解，但行政赔偿、补偿以及行政机关行使法律、法规规定的自由裁量权的案件除外。

（4）审理依据

人民法院审理行政案件，以法律和行政法规、地方性法规为依据，参照规章。

（5）不服上诉

当事人不服人民法院第一审判决的，有权在判决书送达之日起15日内向上一级人民法院提起上诉。

当事人不服人民法院第一审裁定的，有权在裁定书送达之日起10日内向上一级人民法院提起上诉。

逾期不提起上诉的，人民法院的第一审判决或者裁定发生法律效力。

【典例研习·1-60】（2015年多选题）

根据行政诉讼法律制度的规定，下列关于人民法院审理行政案件是否适用调解的表述中，正确的有（　　）。

A.人民法院审理行政案件，不适用调解，但存在例外情况

B.人民法院审理行政赔偿的案件，可以调解

C.人民法院审理行政补偿的案件，可以调解

D.人民法院审理行政机关行使法律、法规规定的自由裁量权的案件，可以调解

┃斯尔解析┃ `ABCD` 选项A为一般规定,人民法院审理行政案件,不适用调解,但存在例外情况。选项BCD即为选项A中的"例外"情况。

第三部分 法律责任

考点1 法律责任的类型（★★★）

（一）民事责任

停止侵害,排除妨碍,消除危险,返还财产,恢复原状,修理、重作、更换,继续履行,赔偿损失,支付违约金,消除影响,恢复名誉,赔礼道歉。

（二）行政责任

1.行政处罚

（1）声誉罚：警告。

（2）财产罚：罚款；没收违法所得、没收非法财物。

（3）行为罚：责令停产停业；暂扣或吊销许可证、暂扣或者吊销执照。

（4）人身罚：行政拘留。

2.行政处分

根据《公务员法》,对因违法违纪应当承担纪律责任的公务员给予的行政处分种类有：警告、记过、记大过、降级、撤职、开除。

（三）刑事责任

刑事责任是指犯罪人因实施犯罪行为所应承受的由国家审判机关（法院）依照刑事法律给予的制裁后果,是法律责任中最严厉的责任形式。

1.主刑

（1）管制：不实行关押,但是限制其一定的自由；3个月以上2年以下。

（2）拘役：1个月以上6个月以下。

（3）有期徒刑：6个月以上15年以下。

（4）无期徒刑。

（5）死刑：立即执行和缓期2年执行。

2.附加刑

附加刑可以附加于主刑之后作为主刑的补充,同主刑一起适用；也可以独立适用。

包括：罚金、剥夺政治权利、没收财产、驱逐出境。

【原理详解】 政治权利包括选举权和被选举权；言论、出版、集会、结社、游行、示威自由的权利；担任国家机关职务的权利；担任国有公司、企业、事业单位和人民团体领导职务的权利。

3.数罪并罚

（1）管制最高不能超过3年。

（2）拘役最高不能超过1年。

（3）总和刑期不满35年的,最高不能超过20年,总和刑期在35年以上的,最高不能超过25年。

（4）数罪中有判处附加刑的，附加刑仍须执行，其中附加刑种类相同的，合并执行，种类不同的，分别执行。

【解题高手】"罚款；没收违法所得、没收非法财物"属于行政责任；"罚金；没收财产"属于刑事责任；"赔偿损失、支付违约金"属于民事责任。

【典例研习·1-61】（2020年多选题）
下列法律责任形式中，属于民事责任形式的有（　　）。
A.支付违约金　　　　　　　　　B.罚金
C.恢复原状　　　　　　　　　　D.罚款
‖斯尔解析‖ [AC] 选项B属于刑事责任；选项D属于行政责任。

【典例研习·1-62】（2020年多选题）
下列责任形式中，属于行政处罚的有（　　）。
A.罚款　　　B.记过　　　C.开除　　　D.警告
‖斯尔解析‖ [AD] 选项BC，属于行政处分。
‖陷阱提示‖ 行政责任的子分类考查中，"警告"是大家最易犯错的迷惑选项，"警告"既属于行政处罚，亦属于行政处分。

【典例研习·1-63】（2018年单选题）
下列责任形式中，不属于行政处分的是（　　）。
A.罚款　　　B.降级　　　C.记过　　　D.撤职
‖斯尔解析‖ [A] 选项A，属于行政处罚。

【典例研习·1-64】（2016年多选题）
甲行政机关财务负责人刘某因犯罪被人民法院判处有期徒刑，并处罚金和没收财产，后被甲行政机关开除。刘某承担的法律责任中，属于刑事责任的有（　　）。
A.没收财产　　B.罚金　　C.有期徒刑　　D.开除
‖斯尔解析‖ [ABC] 选项D，属于行政处分。

【典例研习·1-65】（2014年单选题）
下列刑罚中，属于附加刑的是（　　）。
A.管制　　　B.死刑　　　C.拘役　　　D.驱逐出境
‖斯尔解析‖ [D] 选项ABC，属于刑事责任中的主刑。

【典例研习·1-66】（2014年多选题）
根据刑事法律制度的规定，剥夺政治权利是刑事责任中附加刑的一种，下列各项中属于具体政治权利的有（　　）。
A.选举权和被选举权
B.担任国家机关职务
C.担任国有公司、企业的领导职务
D.担任事业单位、人民团体的领导职务
‖斯尔解析‖ [ABCD] "担任职务的权利"属于政治权利。

第二章 会计法律制度

学习提要

本章我们要学习的是作为一个会计人员,与我们最息息相关的法——会计法律制度。本章我们需要解决六大问题,请带着这些问题学习。

(1) 会计法律制度概念及管理体制

(2) "账"怎么记,怎么存档,怎么交接?

(3) 如何进行会计监督?

(4) 作为"会计人",会计法律制度对我们有什么要求?

(5) 会计职业道德

(6) 违反会计法律制度的法律责任,警示你我他!

从考试来讲,本章知识点很好理解,考查难度不高,不要错过拿分的好机会。

历年考试中,本章主要通过单选题、多选题及判断题考查,分值平均8-10分,值得注意的是,在近两年的考试中,也有部分批次的试卷通过不定项选择题综合考察本章知识点。本章知识点很好理解,即使通过不定项选择题考察,每一小题也相对独立,可不要错过拿分的好机会。

第一遍学习本章时,我们需要结合实际工作,进行理解。之后再通过联系题目加深记忆,考场上必可在本章夺取高分。

考点精讲

第一部分 会计法律制度概述

考点1 概念及适用范围(★)

会计法律制度,是指国家权力机关和行政机关制定的关于会计工作的法律、法规、规章和规范性文件的总称。

《会计法》规定,国家实行统一的会计制度。国务院财政部门根据《会计法》制定关于会计核算、会计监督、会计机构和会计人员以及会计工作管理的制度。

会计工作的法律法规(包括但不限于):

形式	制定机关	法律文件
法律	全国人大常委会	《会计法》
行政法规	国务院	《总会计师条例》《企业财务会计报告条例》

形式	制定机关	法律文件
部门规章	财政部	《会计人员管理办法》 《代理记账管理办法》 《会计基础工作规范》 《企业会计准则》及其解释
	财政部与国家档案局	《会计档案管理办法》
	财政部与人力资源社会保障部	《会计专业技术人员继续教育规定》

考点2 会计工作管理体制（★★）

1.国务院财政部门主管全国的会计工作。
2.县级以上地方各级人民政府财政部门管理本行政区域内的会计工作。
3.单位负责人对本单位的会计工作和会计资料的真实性、完整性负责。

单位负责人是指单位法定代表人或者法律、行政法规规定代表单位行使职权的主要负责人。单位负责人应当保证会计机构、会计人员依法履行职责，不得授意、指使、强令会计机构、会计人员违法办理会计事项。

【解题高手】对本单位会计工作和会计资料的真实性、完整性负责的是"单位负责人"，而非"单位会计机构负责人"，要特别小心！

【典例研习·2-1】（2018年判断题）
县级以上地方各级人民政府财政部门管理本行政区域内的会计工作。（　　）

‖斯尔解析‖ √　本题考查会计工作的管理部门，涉及考点为管辖部门和管辖级别。《会计法》规定管辖部门为人民政府财政部；管辖级别分两种，一为"国务院财政部门主管全国的会计工作"，二为"县级以上地方各级人民政府部门管理本行政区域内的会计工作"。故本题正确。

【典例研习·2-2】（2018年、2020年单选题）
根据会计法律制度的规定，下列人员中，对本单位的会计工作和会计资料的真实性、完整性负责的是（　　）。
A.总会计师　　　　　　　　B.单位负责人
C.会计核算人员　　　　　　D.单位审计人员

‖斯尔解析‖ B　单位负责人对本单位的会计工作和会计资料的真实性、完整性负责。

‖陷阱提示‖ 对本单位的会计工作和会计资料的真实性、完整性负责的是单位负责人，而非我们常见的会计工作"小领导"们。总会计师、会计主管、会计机构负责人、单位内部审计人员，都是陷阱！

第二部分　会计核算与会计档案管理

考点1　会计核算要求（★★）

会计核算，是指以货币为主要计量单位，运用专门的会计方法，对生产经营活动或预算执行过程及其结果进行连续、系统、全面的记录、计算、分析，定期编制并提供财务会计报告和其他会计资料，为经营决策和宏观经济管理提供依据的一项会计活动。

> 【原理详解】会计核算是一门用"货币"说话的语言，讲的故事是关于"生产经营活动或预算执行过程及其结果"。故事要"连续、系统、全面"，以"定期编制的财务会计报告和其他会计资料"呈现。讲故事的目的是帮助进行"经营决策和宏观经济管理"。如何用"货币"讲出这些故事？用"专门的会计方法"。

（一）会计核算的基本要求

1.依法建账

各单位应当按照《会计法》和国家统一的会计制度规定建立会计账册，进行会计核算，不得违反规定私设会计账簿进行登记、核算。

> 【原理详解】不能设"私房小账本"，不能两套账。

2.根据实际发生的经济业务进行会计核算

《会计法》规定，各单位必须根据实际发生的经济业务事项进行会计核算，填制会计凭证，登记会计账簿，编制财务会计报告。

3.保证会计资料的真实和完整

（1）会计资料主要指会计凭证、会计账簿、财务会计报告等会计核算专业资料。会计资料的真实性和完整性是会计资料最基本的质量要求，是会计工作的生命。

①真实性：会计资料所反映的内容和结果，应当同单位实际发生的经济业务的内容及其结果相一致；

②完整性：构成会计资料的各项要素都必须齐全，以使会计资料如实、全面地记录和反映经济业务发生情况。

> 【原理详解】
> 真实性：经济业务真实，不能对真实的业务瞎记账。
> 完整性：经济业务真实，但不能挑着记。

（2）造成会计资料不真实、不完整的主要手段

①伪造，即以虚假的经济业务为前提来编制会计凭证和会计账簿，旨在以假充真；

②变造，是用涂改、挖补等手段改变会计凭证和会计账簿的真实内容，以歪曲事实真相。

【原理详解】

1.小十开了一家水果店，今晚有空闲，于是拿出纸笔写下"今日水果店卖出奶茶1万杯，收入1个亿"。为看起来真实，小十自己画了一万张发票作为记账依据。这种将白日梦认真杜撰、编写成账的行为，叫伪造。

2.小十开了一家水果店，今天卖出1个橘子，晚上，小十使用涂改液把账本上记录的销售一个橘子改成销售1个西瓜，这种涂改的行为叫变造。

《会计法》规定，任何单位不得以虚假的经济业务事项或者资料进行会计核算。任何单位和个人不得伪造、变造会计凭证、会计账簿及其他会计资料，不得提供虚假的财务会计报告。

4.正确采用会计处理方法

会计核算应当按照规定的会计处理方法进行，保证会计指标的口径一致、相互可比和会计处理方法的前后各期一致，不得随意变更；确有必要变更的，应当按照国家统一的会计制度的规定变更，并将变更的原因、情况及影响在财务会计报告中说明。

【解题高手】不是绝对不能变，只是变要有章法。

5.正确使用会计记录文字

（1）会计记录的文字应当使用中文。

（2）除了用中文还可以同时使用另一种语言的情况：

①在中国境内的外商投资企业、外国企业和其他外国组织的会计记录可以同时使用一种外国文字；

②在民族自治地方，会计记录可以同时使用当地通用的一种民族文字。

6.会计电算化必须符合法律规定

使用电子计算机进行会计核算（"会计电算化"）的单位，其会计软件、生成的会计凭证、会计账簿、财务会计报告和其他会计资料，必须符合国家统一的会计制度的规定。

【典例研习·2-3】（模拟多选题）

下列各项中属于会计核算的基本要求的有（　　）。

A.依法建账　　　　　　　　　B.保证会计资料的真实和完整

C.正确采用会计处理方法　　　D.正确使用会计记录文字

‖斯尔解析‖ 〔ABCD〕 会计核算的基本要求包括：（1）依法建账（选项A）；（2）根据实际发生的经济业务进行会计核算；（3）保证会计资料的真实和完整（选项B）；（4）正确采用会计处理方法（选项C）；（5）正确使用会计记录文字（选项D）；（6）使用电子计算机进行会计核算必须符合法律规定。

【典例研习·2-4】（2018年判断题）

会计核算必须根据实际发生的经济业务事项进行。（　　）

‖斯尔解析‖ 〔√〕 《会计法》规定，各单位必须根据实际发生的经济业务事项进行会计核算，填制会计凭证，登记会计账簿，编制财务会计报告是会计核算的基本要求之一。

【典例研习·2-5】（2018年单选题）

根据会计法律制度的规定，下列行为中属于伪造会计资料的是（　　）。

A.用挖补的手段改变会计凭证和会计账簿的真实内容

B.由于过失导致会计凭证与会计账簿记录不一致

C.以虚假的经济业务编制会计凭证和会计账簿

D.用涂改的手段改变会计凭证和会计账簿的真实内容

‖斯尔解析‖ C （1）伪造，以虚假的经济业务为前提来编制会计凭证和会计账簿，旨在以假充真、无中生有。选项C属于伪造。（2）选项AD用涂改、挖补等手段改变会计凭证和会计账簿的真实内容，属于变造会计资料。

‖陷阱提示‖ 考查伪造与变造会计资料的辨析的题目，常见的命题方法即为将伪造与变造互设为迷惑选项，同学们应牢牢把握"无中生有"是伪造会计资料的行为。

【典例研习·2-6】（模拟单选题）

在中国境内的外商投资企业，会计记录使用的文字符合规定的是（　　）。

A.只能使用中文　　　　　　　　B.只能使用一种外国文字

C.在中文和外国文字中任选一种使用　　D.使用中文，同时可以使用一种外国文字

‖斯尔解析‖ D （1）所有单位：应当使用中文，因此选项BC错误。（2）中国境内的外商投资企业、外国企业和其他外国组织的会计记录可以同时使用一种外国文字，选项A错误、选项D正确。

‖陷阱提示‖ 会计记录文字的选择中，请牢记，必须用中文，遇特殊情况可以再"补充"一种文体，但不能替代中文，这是常见的命题点。

【典例研习·2-7】（2018年多选题）

根据会计法律制度的规定，使用电子计算机进行会计核算的，下列各项中，应当符合国家统一的会计制度规定的有（　　）。

A.计算机操作系统

B.会计软件

C.计算机生成的会计资料

D.对使用计算机生成的会计账簿的登记和更正

‖斯尔解析‖ BCD 使用电子计算机进行会计核算的单位，其会计软件、生成的会计凭证、会计账簿、财务会计报告和其他会计资料，必须符合国家统一的会计制度的规定，选项BCD正确。

【典例研习·2-8】（模拟判断题）

各单位采用的会计处理方法，前后各期应当一致，不得变更。（　　）

‖斯尔解析‖ × 会计核算应当按照规定的会计处理方法进行，保证会计指标的口径一致、相互可比和会计处理方法的前后各期一致，不得随意变更；确有必要变更的，应当按照国家统一的会计制度的规定变更，并将变更的原因、情况及影响在财务会计报告中说明。本题所述"不得变更"，错误。

‖陷阱提示‖ 判断题的表述中，题干描述的肯定或否定程度往往是命题点所在。以本题为例，少了"随意"两个字，描述就从"可以变更，但变更须有章法"变为了斩钉截铁

的不得变更，句意完全不同，因此在判断题看到斩钉截铁的表述，要特别当心。

（二）会计年度及记账本位币

1.会计年度

每年公历的1月1日起至12月31日止为一个会计年度。每一个会计年度还可以按照公历日期具体划分为半年度、季度、月度。

【解题高手】会计年度不能自己选自己定。

2.记账本位币

记账本位币，是指日常登记账簿和编制财务会计报告用以计量的货币，也就是单位进行会计核算业务时所使用的货币。

分类		具体要求
一般情况		会计核算以人民币为记账本位币
业务收支以人民币以外的货币为主的单位	日常核算	可以选定其中一种货币作为记账本位币（外币）
	编报的财务会计报告	应当折算为人民币，方便我们阅读

考点2　会计凭证、会计账簿、财务会计报告（★★★）

（一）会计凭证

1.原始凭证

（1）必须按照国家统一的会计制度的规定对原始凭证进行审核。

对不真实、不合法的原始凭证有权不予接受，并向单位负责人报告。

对记载不准确、不完整的原始凭证予以退回，并要求按照国家统一的会计制度的规定更正、补充。

（2）原始凭证有错，怎么办？

①原始凭证记载的各项内容均不得涂改；

②原始凭证有错误的，应当由出具单位重开或者更正，更正处应当加盖出具单位印章。原始凭证金额有错误的，应当由出具单位重开，不得在原始凭证上更正。

【解题高手】不得涂改，非不得更正，但重开和更正的动作，都仅和出具单位有关。

2.记账凭证

（1）应当根据经过审核的原始凭证及有关资料编制；

（2）分为收款凭证、付款凭证和转账凭证；

（3）记账凭证对原始凭证，可以"一对一"，也可以"一对多"，但除结账和更正错误的记账凭证可以不附原始凭证外，其他记账凭证必须附有原始凭证；

（4）如果在填制记账凭证时发生错误，应当重新填制。

3.会计凭证的保管

（1）记账凭证应当连同所附的原始凭证或者原始凭证汇总表保管；

（2）原始凭证不得外借，其他单位如因特殊原因需要使用原始凭证时，经本单位会计机构负责人、会计主管人员批准，可以复制。

（二）会计账簿

1.会计账簿种类

会计账簿种类包括总账、明细账、日记账和其他辅助账簿。

2.启用会计账簿的基本要求

（1）启用会计账簿时，应当在账簿封面上写明单位名称和账簿名称。

（2）在账簿扉页上应当附启用表，内容包括：启用日期、账簿页数、记账人员和会计机构负责人、会计主管人员姓名，并加盖名章和单位公章。

（3）启用订本式账簿，应当从第一页到最后一页顺序编定页数，不得跳页、缺号。使用活页式账页，应当按账户顺序编号，并须定期装订成册。

（4）记账人员或者会计机构负责人、会计主管人员调动工作时，应当注明交接日期、接办人员或者监交人员姓名，并由交接双方人员签名或者盖章。

账簿启用登记和经管人员一览表

账簿名称：_____　　　　单位名称：_____

账簿编号：_____　　　　账簿册数：_____

账簿页数：_____　　　　启用日期：_____

会计主管：_____　　　　记账人员：_____

移交日期			移交人		接管日期			接管人		会计主管	
年	月	日	签名	签章	年	月	日	签名	签章	姓名	主管

3.登记会计账簿的基本要求

（1）登记账簿完毕后，要在记账凭证上签名或者盖章；

（2）各种账簿按页次顺序连续登记，不得跳行、隔页。如果发生跳行、隔页，应当将空行、空页划线注销，或者注明"此行空白""此页空白"字样，并由记账人员签名或者盖章。

（3）实行会计电算化的单位，用计算机打印的会计账簿必须连续编号，经审核无误后装订成册，并由记账人员和会计机构负责人、会计主管人员签字或者盖章。

3.账簿记录发生错误的更正方法

账簿记录发生错误，不准涂改、挖补、刮擦或者用药水消除字迹，不准重新抄写，必须按照下列方法进行更正：

错误	如何更正
登记账簿时发生错误	划红线更正（必须使原有字迹仍可辨认），由记账人员在更正处盖章。对于错误的数字，应当全部划红线更正，不得只更正其中的错误数字（例：将3 587登记成3 527，必须将3 527全部划去，不能只把2划线改成8）
记账凭证错误导致账簿错误	按更正的记账凭证登记账簿

（三）财务报告

单位对外提供的、反映单位某一特定日期财务状况和某一会计期间经营成果、现金流量等会计信息的文件。

1.期间及构成

会计报告按编制时间分为年度、半年度、季度和月度财务会计报告。

财务会计报告	构成
年报及半年报	会计报表（三张表）、会计报表附注、财务情况说明书。 注意：审计报告不是财务报告的一部分
季报及月报	通常仅指会计报表，会计报表至少应当包括资产负债表和利润表。国家统一的会计制度规定季度、月度财务会计报告需要编制会计报表附注的，从其规定

2.对外提供

（1）向不同的会计资料使用者提供的财务会计报告，其编制依据应当一致。

（2）规定会计报表、会计报表附注和财务情况说明书须经注册会计师审计的，注册会计师及其所在的会计师事务所出具的审计报告应当随同财务会计报告一并提供。

（3）报出需由单位负责人和主管会计工作的负责人、会计机构负责人（会计主管人员）签名并盖章；设置总会计师的单位，还须由总会计师签名并盖章。单位负责人应当保证财务会计报告真实、完整。

（4）接受企业财务会计报告的组织或者个人，在企业财务会计报告未正式对外披露前，应当对其内容保密。

（5）特殊规定：国有企业、国有控股的或者占主导地位的企业，应当至少每年一次向本企业的职工代表大会公布财务会计报告，重点说明下列事项：

反映与职工利益密切相关的信息、内部审计发现的问题及纠正情况、注册会计师审计的情况；国家审计机关发现的问题及纠正情况；重大的投资、融资和资产处置决策及其原因的说明。

(四)账务核对和财产清查

1.对账

每年至少进行一次。

类型	核对内容
账账核对	账簿记录与账簿记录
账证核对	账簿记录与会计凭证
账实核对	账簿记录与实物资产的实有数额

2.财产清查

财产清查制度是通过定期或不定期、全面或部分地对各项财产物资进行实地盘点和对库存现金、银行存款、债权债务进行清查核实的一种制度。

在编制年度财务会计报告之前,必须进行财产清查。

【典例研习·2-9】(2018年判断题)

会计凭证按其来源和用途,分为原始凭证和记账凭证。(　　)

‖斯尔解析‖ 〔√〕

【典例研习·2-10】(模拟判断题)

根据会计法律制度的规定,记账凭证编制须依据经办人签字的原始凭证和有关资料,但无须会计人员审核。(　　)

‖斯尔解析‖ 〔×〕 根据会计法律制度的规定,记账凭证应当根据经过审核的原始凭证及有关资料编制。

【典例研习·2-11】(2018年单选题)

根据会计法律制度的规定,下列关于原始凭证的表述中,正确的是(　　)。

A.原始凭证必须来源于单位外部

B.除日期外,原始凭证记载的内容不得涂改

C.对不真实的原始凭证,会计人员有权拒绝接受

D.原始凭证金额有错误的,应当由出具单位更正并加盖印章

‖斯尔解析‖ 〔C〕 本题考点较综合:(1)原始凭证种类很多,既有来自单位外部的,也有单位自制的,选项A错误。(2)原始凭证记载的各项内容均不得涂改,选项B错误(日期也不能改)。(3)原始凭证有错误的,应当由出具单位重开或者更正,更正处应当加盖出具单位印章。原始凭证金额有错误的,应当由出具单位重开,不得在原始凭证上更正,选项D错误。(4)会计人员对不真实、不合法的原始凭证有权不予接受,并向单位负责人报告,选项C正确。综上,本题选项ABD错误,选择选项C。

【典例研习·2-12】(2018年单选题)

甲公司出纳刘某在为员工孙某办理业务时,发现采购发票上所注单价、数量与总金额不符,经查是销货单位填写单价错误,刘某采取的下列措施符合会计法律制度规定的是(　　)。

A.由孙某写出说明,并加盖公司公章后入账

B.将发票退给孙某，由销货单位重新开具发票后入账

C.按总金额入账

D.将单价更正后入账

‖斯尔解析‖ [B]　本题考查的是原始凭证有错时会计人员应采取的措施。（1）原始凭证有错误的，应当由出具单位重开或者更正，更正处应当加盖出具单位印章。因此，选项B由出具单位重开正确。（2）选项A，由本单位员工孙某写出说明不符合规定，错误；选项C，直接按总金额入账错误。选项D，刘某自己更正单价，而非由"出具单位"更正并加盖印章，错误。

‖陷阱提示‖　从上面两题，我们可以看出，针对原始凭证如何改正错误的考查，往往在能不能更改、由谁更改、是更改还是"涂改"这些细节上设置迷惑选项，同学们需特别小心考题在此设置的陷阱。

【典例研习·2-13】（2020年多选题改编）

根据会计法律制度的规定，下列各项中属于会计账簿类型的有（　　）。

A.备查账簿　　　B.日记账　　　C.明细账　　　D.总账

‖斯尔解析‖ [ABCD]　会计档案的归档范围中会计账簿包括总账、明细账、日记账、固定资产卡片及其他辅助性账簿。

【典例研习·2-14】（2018年单选题）

根据会计法律制度的规定，下列关于账务核对的表述中，不正确的是（　　）。

A.保证会计账簿记录与实物及款项的实有数额相符

B.保证会计账簿记录与年度财务预算相符

C.保证会计账簿之间相对应的记录相符

D.保证会计账簿记录与会计凭证的有关内容相符

‖斯尔解析‖ [B]　账务核对包括账簿记录与账簿记录、账簿记录与会计凭证、账簿记录与实物资产的实有数额的核对，不包括会计账簿记录与年度财务预算的核对，选项B错误。

【典例研习·2-15】（2019年、2020年单选题）

根据会计法律制度的规定，下列各项中，不属于企业财务会计报告组成部分的是（　　）。

A.会计报表　　　　　　　　　　B.会计报表附注

C.财务情况说明书　　　　　　　D.审计报告

‖斯尔解析‖ [D]　（1）企业财务会计报告应当包括：会计报表、会计报表附注、财务情况说明书，选项ABC属于。（2）有关法律、行政法规规定会计报表、会计报表附注和财务情况说明书须经注册会计师审计的，注册会计师及其所在的会计师事务所出具的审计报告应当随同财务会计报告一并提供。可见审计报告并非财务报告组成部分，选项D应选。

‖陷阱提示‖　财务预算、审计报告是考查财务会计报告组成部分题目中常见的迷惑选项。

【典例研习·2-16】（模拟多选题）
根据会计法律制度的规定，下列人员中，应当在单位财务会计报告上签名并盖章的有（　　）。
A.单位负责人　　　　　　　　B.总会计师
C.会计机构负责人　　　　　　D.出纳人员

‖斯尔解析‖ 【ABC】 对外报送的财务会计报告，需由单位负责人和主管会计工作的负责人、会计机构负责人（会计主管人员）签名并盖章；设置总会计师的单位，还须由总会计师签名并盖章。

‖陷阱提示‖ 在会计法律制度的章节，我们会频繁看到让你"选人"的题目，这些题目本身都不难，但易混淆，请同学们在学完全章后，回忆一下哪里需要"选人"，避免由于混淆导致失分。

【典例研习·2-17】（2018年判断题）
国有企业应当至少每两年一次向本企业的职工代表大会公布财务会计报告。（　　）

‖斯尔解析‖ 【×】 国有企业、国有控股的或者占主导地位的企业，应当至少每年一次向本企业的职工代表大会公布财务会计报告。

考点3　会计档案管理（★★★）

（一）归档范围

分类	具体内容
会计凭证	原始凭证、记账凭证
会计账簿	总账、明细账、日记账、固定资产卡片及其他辅助性账簿
财务会计报告	月度、季度、半年度、年度财务会计报告
其他会计资料	银行存款余额调节表、银行对账单、纳税申报表、会计档案移交清册、会计档案保管清册、会计档案销毁清册、会计档案鉴定意见书及其他具有保存价值的会计资料

注意：预算、计划、制度等文件材料属于文书档案，不属于会计档案

（二）归档及保管要求

1.职责分工

（1）单位会计管理机构（会计机构或会计人员所属机构）负责定期将应当归档的会计资料整理立卷，编制会计档案保管清册。

（2）单位档案管理机构保管。

2.电子归档相关要求

单位可以利用计算机、网络通信等信息技术手段管理会计档案。满足一定条件，可仅以电子形式保存电子会计资料。

（1）内部资料，须同时满足下列6个条件：

①形成的电子会计资料来源真实有效，由计算机等电子设备形成和传输；

②使用的会计核算系统能够准确、完整、有效接收和读取电子会计资料，能够输出符合国家标准归档格式的会计凭证、会计账簿、财务会计报表等会计资料，设定了经办、审核、审批等必要的审签程序；

③使用的电子档案管理系统能够有效接收、管理、利用电子会计档案，符合电子档案的长期保管要求，并建立了电子会计档案与相关联的其他纸质会计档案的检索关系；

④采取有效措施，防止电子会计档案被篡改；

⑤建立电子会计档案备份制度，能够有效防范自然灾害、意外事故和人为破坏的影响；

⑥形成的电子会计资料不属于具有永久保存价值或者其他重要保存价值的会计档案。

（2）从外部获得的资料

在同时满足上面6个条件的前提下，附有符合规定的电子签名，可仅以电子形式归档保存，形成电子会计档案。

3.保管期限

（1）保管期限从会计年度终了后的第一天起算。

（2）临时保管

当年形成的会计档案，在会计年度终了后，可由单位会计管理机构临时保管1年，再移交单位档案管理机构保管。因工作需要确需推迟移交的，应当经单位档案管理机构同意，且临时保管最长不超过3年。

（3）保管期限

最低保管期限要求		会计档案
永久		年度财务报告、会计档案保管清册、会计档案销毁清册、会计档案鉴定意见书
定期	30年	凭证、账簿、会计档案移交清册
	10年	其他财务报告（半年度、季度、月度）、银行存款余额调节表、银行对账单、纳税申报表
	特殊	固定资产卡片在固定资产报废清理后保管5年

（三）会计档案的利用、移交与接收

1.会计档案的利用

单位保存的会计档案一般不得对外借出。必须借出的，应当严格按照规定办理相关手续。

2.会计档案的移交与接收

（1）由会计管理机构编制档案移交清册。

（2）纸质会计档案的移交，应当保持原卷的封装。

（3）电子会计档案应当与其元数据一并移交，特殊格式的电子会计档案应当与其读取平台一并移交。

档案管理机构对电子会计档案的准确性、完整性、可用性、安全性进行检测，符合要求的才能接收。

【原理详解】谁移交？会计管理机构移交；谁接收？档案管理机构接收。接收之后，后面的程序牵头方都是档案管理机构了。

（四）会计档案的鉴定与销毁

1.会计档案的鉴定

（1）单位应当定期对已到保管期限的会计档案进行鉴定，并形成会计档案鉴定意见书。仍需继续保存的会计档案，应当重新划定保管期限；对保管期满，确无保存价值的会计档案，可以销毁。

（2）会计档案的鉴定由单位档案管理机构牵头，组织单位会计、审计、纪检监察等机构或人员共同进行。

【解题高手】未经鉴定绝不可直接销毁，这是大坑！

2.会计档案的销毁

（1）不得销毁的会计档案

①保管期满但未结清的债权债务的会计凭证；

②涉及其他未了事项的会计凭证。

（2）编制会计档案销毁清册

档案管理机构编制会计档案销毁清册。

单位负责人、档案管理机构负责人、会计管理机构负责人、档案管理机构经办人、会计管理机构经办人在会计档案销毁清册上签署意见。

（3）单位档案管理机构负责组织会计档案销毁工作。

（4）监销

纸质档案：档案管理机构+会计管理机构共同派员监销；

电子档案：档案管理机构+会计管理机构+信息系统管理机构共同派员监销。

监销人的职责：

时点	职责
会计档案销毁前	应当按照会计档案销毁清册所列内容进行清点核对
会计档案销毁后	在会计档案销毁清册上签名或盖章

【典例研习·2-18】（2019年多选题）

根据会计法律制度的规定，单位下列资料中，应当按照会计档案归档的有（　　）。

A.固定资产卡片　　　　　　　　B.纳税申报表

C.年度预算方案　　　　　　　　D.年度财务工作计划

‖斯尔解析‖ AB　下列会计资料应当进行归档：

（1）会计凭证，包括原始凭证、记账凭证；

（2）会计账簿，包括总账、明细账、日记账、固定资产卡片及其他辅助性账簿；（选项A正确）

（3）财务会计报告，包括月度、季度、半年度财务会计报告和年度财务会计报告；

（4）其他会计资料，包括银行存款余额调节表、银行对账单、纳税申报表、会计档案移交清册、会计档案保管清册、会计档案销毁清册、会计档案鉴定意见书及其他具有保存价值的会计资料。（选项B正确）

‖陷阱提示‖ 选择应归档的会计资料时，需特别当心也是由财务工作者完成，但不属于会计档案的迷惑选项，如年度预算、年度财务工作计划、会计工作制度等文书。

【典例研习·2-19】（模拟单选题）

当年形成的会计档案，在会计年度终了后，可由单位会计管理机构临时保管（　　）年。

A.1　　　　　　B.2　　　　　　C.3　　　　　　D.5

‖斯尔解析‖ [A] 当年形成的会计档案，在会计年度终了后，可由单位会计管理机构临时保管1年，再移交单位档案管理机构保管。因工作需要确需推迟移交的，应当经单位档案管理机构同意。单位会计管理机构临时保管会计档案最长不超过3年。

‖陷阱提示‖ 注意审题，看清题目问的是"一般"还是"最长"，如考查最长保管期限的知识点，题干一般中会明确写清"最长不超过"的字样。

【典例研习·2-20】（2019年多选题）

单位档案管理机构在接收电子会计档案时，应当对电子档案进行检测。下列各项中，属于应检测的内容有（　　）。

A.安全性　　　　B.准确性　　　　C.可用性　　　　D.完整性

‖斯尔解析‖ [ABCD] 单位档案管理机构接收电子会计档案时，应当对电子会计档案的准确性、完整性、可用性、安全性进行检测，符合要求的才能接收。

【典例研习·2-21】（模拟多选题）

根据《会计档案管理办法》的规定，下列说法中正确的有（　　）。

A.满足法定条件可仅以电子形式保存电子会计档案

B.单位会计管理机构临时保管会计档案最长不超过1年

C.单位保存的会计档案一般不得对外借出

D.单位保存的会计档案到期必须销毁

‖斯尔解析‖ [AC] （1）当年形成的会计档案，在会计年度终了后，可由单位会计管理机构临时保管1年，最长不超过3年，选项B错误。（2）单位应当定期对已到保管期限的会计档案进行鉴定，并形成会计档案鉴定意见书。经鉴定，仍需继续保存的会计档案，应当重新划定保管期限。此外，保管期满但未结清的债权债务原始凭证和涉及其他未了事项的会计凭证不得销毁，选项D错误。

‖陷阱提示‖ 会计档案的到期销毁要求是非常易错的知识点，如果看到"到期必须销毁"就觉得正确，你就已经稳稳地踩入了坑中。到期不代表已经没有继续保管的意义，因此，判断会计档案是否需要销毁，一定要进行鉴定，根据鉴定结果确实可销毁的按规定销毁，不得销毁的继续保管。

【典例研习·2-22】（2020年单选题）

根据会计法律制度的规定，企业下列会计档案中，需要永久保管的是（　　）。

A.记账凭证　　　　　　　　　　　B.原始凭证

C.总账　　　　　　　　　　D.年度财务报告

‖斯尔解析‖ D　会计法律制度规定的法定保管期限（即最短保管期限）：记账凭证、原始凭证、会计账簿均为30年，选项ABC错误；年度财务报告需永久保管，选项D正确。

【典例研习·2-23】（2019年单选题）

根据会计法律制度的规定，记账凭证的保管时间应达到法定最低期限，该期限为（　　）。

A.5年　　　　B.20年　　　　C.10年　　　　D.30年

‖斯尔解析‖ D　企业和其他组织的会计凭证、会计账簿（固定资产卡片除外）和会计档案移交清册，自会计年度终了后第一天起算保管30年。

【典例研习·2-24】（模拟判断题）

会计档案保管清册、会计档案销毁清册的保管期限与企业年度财务会计报告的保管期限一致。（　　）

‖斯尔解析‖ √　会计档案保管清册、会计档案销毁清册的保管期限与企业年度财务会计报告均要求永久保管。

【典例研习·2-25】（2018年判断题）

会计档案的保管期限是从会计年度终了后的第一天算起。（　　）

‖斯尔解析‖ √

【典例研习·2-26】（2018年判断题改编）

会计档案销毁之前，监销人应该在销毁清册上签名或盖章。（　　）

‖斯尔解析‖ ×　在会计档案销毁后，应当在会计档案销毁清册上签名或盖章。

‖陷阱提示‖ 注意区分，销毁"之前"和"之后"，监销人的角色是不同的。销毁之前，监销人应当按照会计档案销毁清册所列内容进行清点核对，销毁之后，一切完成了，才"签字画押"，即应当在会计档案销毁清册上签名或盖章。

（五）特殊情况下会计档案的处置

1.单位分立

单位分立后原单位存续，存续方统一保管，其他方可以查阅、复制与其业务相关的会计档案。

单位分立后原单位解散，经各方协商后由其中一方代管或按照国家档案管理的有关规定处置，各方可以查阅、复制与其业务相关的会计档案。

2.单位合并

单位合并后原各单位仍存续，仍由原各单位保管。

单位合并后原各单位解散或者一方存续其他方解散，由合并后的单位统一保管。

【原理详解】合并和分立都是影响单位存在与否的大事，如果原单位存续就接着保管；如果解散了，就留下来的主体或者新产生的主体进行保管。

3.单位之间的会计档案交接

（1）交接前，移交会计档案的单位，应当编制会计档案移交清册。

（2）交接时，交接双方应当按照会计档案移交清册所列内容逐项交接，并由交接双方的单位有关负责人负责监督。

（3）交接后，交接双方经办人和监督人应当在会计档案移交清册上签名或盖章。

4.建设单位项目建设会计档案的交接

在项目建设期间形成的会计档案，由建设单位移交给建设项目接受单位的，应当在办理竣工财务决算后及时移交，并按照规定办理交接手续。

【典例研习·2-27】（2019年判断题）

单位合并后一方存续其他方解散的，各单位的会计档案应由存续方统一保管。（　　）

‖斯尔解析‖ √ （1）单位合并后原各单位解散或者一方存续其他方解散的，原各单位的会计档案应当由"合并后的单位"（存续方）统一保管。（2）单位合并后原各单位仍存续的，其会计档案仍应当由"原各单位"保管。

【典例研习·2-28】（2018年多选题）

根据会计法律制度的规定，下列关于单位之间会计档案交接的表述中，正确的有（　　）。

A.电子会计档案应当与其元数据一并移交

B.档案接受单位应当对保存电子会计档案的载体和其技术环境进行检验

C.交接双方的单位有关负责人负责监督会计档案交接

D.交接双方经办人和监督人应当在会计档案移交清册上签名或盖章

‖斯尔解析‖ ABCD

第三部分　会计监督

考点1　单位内部监督（★★★）

（一）会计监督的主体和对象

单位内部会计监督的主体是各单位的会计机构、会计人员，单位内部会计监督的对象是单位的经济活动。

（二）基本要求

1.记账人员与经济业务事项和会计事项的审批人员、经办人员、财务保管人员的职责权限应当明确，并相互分离、相互制约；

2.重大对外投资、资产处置、资金调度和其他重要经济业务事项的决策和执行的相互监督、相互制约程序应当明确；

3.财产清查的范围、期限和组织程序应当明确；

4.对会计资料定期进行内部审计的办法和程序应当明确。

（三）依法履职

1.会计机构、会计人员对违反《会计法》和国家统一的会计制度规定的会计事项，有权拒绝办理或者按照职权予以纠正。发现会计账簿记录与实物、款项及有关资料不相符的，按照国家统一的会计制度的规定：

（1）有权自行处理的，应当及时处理；

（2）无权处理的，应当立即向单位负责人报告，请求查明原因，作出处理。

【解题高手】先判断是否有权自行处理，而非直接报告。

2.单位负责人应当保证会计机构、会计人员依法履行职责，不得授意、指使、强令会计机构、会计人员违法办理会计事项。

（四）内部控制制度

内部控制是指单位为实现控制目标，通过制定制度、实施措施和执行程序，对经济活动的风险进行防范和管控。

1.原则

（1）一般原则

①全面性原则，指内部控制应当贯穿单位经济活动的决策、执行和监督全过程；

②重要性原则，指在全面控制的基础上，应当关注单位重要经济活动和经济活动的重大风险；

③制衡性原则，指内部控制应当在治理结构、机构设置及权责分配、业务流程等方面形成相互制约、相互监督；

④适应性原则，指内部控制应当符合国家有关规定和单位的实际情况，并随着情况的变化及时加以调整；

⑤成本效益原则，指企业内部控制应当权衡实施成本与预期效益，以适当的成本实现有效控制。

（2）小企业原则

①风险导向原则，内部控制应当以防范风险为出发点，重点关注对实现内部控制目标造成重大影响的风险领域；

②适应性原则，内部控制应当与企业发展阶段、经营规模、管理水平等相适应，并随着情况的变化及时加以调整；

③实质重于形式原则，内部控制应当注重实际效果，而不局限于特定的表现形式和实现手段；

④成本效益原则，内部控制应当权衡实施成本与预期效益，以合理的成本实现有效控制。

【原理详解】小企业就可以不建立内部控制制度吗？并不是，小企业也应建立，对其内部控制制度的原则也有相应的规定。从具体原则来看，有两条和一般企业原则不同，即风险导向原则和实质重于形式原则。

2.措施

（1）不相容职务分离控制。不相容职务是指那些如果由一个人担任，既可能发生错误和舞弊行为，又可能掩盖其错误和舞弊行为的职务。主要包括：授权批准与业务经办、业务经办与会计记录、会计记录与财产保管、业务经办与稽核检查、授权批准与监督检查等。

【原理详解】两个职务，如果是同一个人做，会出事儿：做的人可能发生舞弊，发生的舞弊还不容易被人发现，多处于相邻职务或一条业务线中的连续环节。

例如，小十的奶茶店为防止店员私自为顾客提供折扣，有如下规定：如果点餐员给顾客打折，需要值班经理小二批准方可下单。由于经理小二工作繁忙，小二默许点餐员在点餐机中勾选店经理已批准。点餐员越批越熟练，于是萌生念头，请女朋友每日到店用低折扣点餐，再去隔壁倒卖。不久，小十的奶茶店倒闭了。

（2）授权审批控制。要求企业根据常规授权和特别授权的规定，明确各岗位办理业务和事项的权限范围、审批程序和相应责任。

（3）会计系统控制。要求企业严格执行国家统一的会计准则制度，加强会计基础工作，明确会计凭证、会计账簿和财务会计报告的处理程序，保证会计资料真实完整。

（4）财产保护控制。要求企业建立财产日常管理和定期清查制度，采取财产记录、实物保管、定期盘点、账实核对等措施，确保财产安全。

（5）预算控制。要求企业实施全面预算管理制度，明确各责任单位在预算管理中的职责权限，规范预算的编制、审定、下达和执行程序，强化预算约束。

（6）运营分析控制。要求企业建立运营情况分析制度，经理层应当综合运用生产、购销、投资、筹资、财务等方面的信息，通过因素分析、对比分析、趋势分析等方法，定期开展运营情况分析，发现存在的问题，以及时查明原因并加以改进。

（7）绩效考评控制。要求企业建立和实施绩效考评制度，科学设置考核指标体系，对企业内部各责任单位和全体员工的业绩进行定期考核和客观评价，将考核结果作为确定员工薪酬以及职务晋升、评优、降级、调岗、辞退等的依据。

考点2　政府监督（★★）

（一）政府监督主体

1.财政部门代表国家对各单位和单位中相关人员的会计行为实施的监督检查，以及对发现的违法会计行为实施行政处罚。

2.除财政部门外，审计、税务、人民银行、证券监管、保险监管等部门依照有关法律、行政法规规定的职责和权限，可以对有关单位的会计资料实施监督检查。

（二）政府监督的权利义务

1.对各单位会计凭证、会计账簿、财务会计报告和其他会计资料的真实性、完整性实施监督，发现重大违法嫌疑时，国务院财政部门及其派出机构可以向与被监督单位有经济业务往来的单位和被监督单位开立账户的金融机构查询有关情况。

2.依法对有关单位的会计资料实施监督检查的部门及其工作人员对在监督检查中知悉的国家秘密和商业秘密负有保密义务。

考点3　社会监督（★★）

（一）社会监督主体

1.主要是指由注册会计师及其所在的会计师事务所等中介机构接受委托，依法对单位的经济活动进行审计，出具审计报告，发表审计意见的一种监督制度。

2.任何单位和个人对违反《会计法》和国家统一的会计制度规定的行为，有权检举，也属于会计工作社会监督的范畴。

(二) 审计报告

1. 概念

审计报告，是指注册会计师根据审计准则的规定，在执行审计工作的基础上，对被审计单位财务报表发表审计意见的书面文件。

2. 要素

（1）标题；收件人；引言段；

（2）管理层对财务报表的责任段；注册会计师的责任段；

（3）审计意见段；

（4）注册会计师的签名和盖章；会计师事务所的名称地址和盖章；报告日期。

3. 审计报告意见类型

审计报告类型	审计意见	
标准审计报告	无保留意见	不含有说明段、强调事项段、其他事项段或其他任何修饰性用语的无保留意见； 包含其他报告责任段，但不含有强调事项段或其他事项段的无保留意见的审计报告也被视为标准审计报告
非标准 审计报告	无保留意见	带强调事项段或其他事项段
	保留意见、否定意见、无法表示意见	

4. 不同审计意见对应的情形

（1）无保留意见，是指当注册会计师认为财务报表在所有重大方面按照适用的财务报告编制基础编制并实现公允反映时发表的审计意见。

（2）非无保留意见，两个判断标准：

①根据获取的审计证据，得出财务报表整体存在重大错报的结论；

②无法获取充分、适当的审计证据，不能得出财务报表整体不存在重大错报的结论。

依据这两条标准，不同情形对应不同的审计意见类型：

是否获取了充分、适当的审计证据以作为形成审计意见的基础	错报对财务报表整体的影响		应当发表的审计意见类型
	已发现的错报单独或汇总起来	未发现的错报（如存在）	
已经获取	重大但不具有广泛性	—	保留意见
已经获取	—	重大且具有广泛性	否定意见
无法获取	—	重大但不具有广泛性	保留意见
无法获取	—	重大且具有广泛性	无法表示意见

【典例研习·2-29】（模拟判断题）

根据《会计法》的规定，单位内部会计监督的对象是会计机构、会计人员。（　　）

‖斯尔解析‖ ✗　内部会计监督的主体是各单位的会计机构、会计人员，内部会计监督的对象是单位的经济活动。

‖陷阱提示‖ 看似平平无奇的一句话，却经常让同学们失分，作为会计从业者，我们总觉得单位内部会计监督的"监督对象"是我们自己……切记，我们，即各单位的会计机构、会计人员是内部监督的主体，监督的对象是单位的经济活动，这才是单位内部监督。

【典例研习·2-30】（模拟判断题）

会计机构和会计人员发现会计账簿记录与实物、款项及有关资料不相符的，应当立即向本单位负责人报告，请求查明原因，作出处理。（　　）

‖斯尔解析‖ ✗　会计机构和会计人员发现会计账簿记录与实物、款项及有关资料不相符的，按照国家统一的会计制度的规定有权自行处理的，应当及时处理；无权处理的，应当立即向单位负责人报告，请求查明原因，作出处理。本题说一经发现即上报单位负责人，缺失了第一步。

【典例研习·2-31】（模拟多选题）

下列各项中，属于企业内部控制应当遵循的原则的是（　　）。

A.全面性原则　　　B.可比性原则　　　C.重要性原则　　　D.制衡性原则

‖斯尔解析‖ ACD　一般企业内部控制应当遵循的原则包括全面性、重要性、制衡性、适应性、成本效益原则，选项ACD正确。

【典例研习·2-32】（2018年多选题）

根据会计法律制度的规定，下列各项中，属于小企业建立与实施内部控制应遵循的原则的有（　　）。

A.风险导向原则　　　　　　　　　B.实质重于形式原则

C.成本效益原则　　　　　　　　　D.适应性原则

‖斯尔解析‖ ABCD　小企业建立与实施内部控制，应当遵循下列原则：风险导向原则、实质重于形式原则、成本效益原则、适应性原则。

‖陷阱提示‖ 注意审题，看清题目问题的是"企业内部控制原则"，还是"小企业内部控制原则"。

【典例研习·2-33】（2020年单选题）

根据会计法律制度的规定，企业不相容职务应当相互分离。下列各项中，不属于不相容职务的是（　　）。

A.授权批准与业务经办　　　　　　B.业务经办与会计记录

C.现金日记账与出纳　　　　　　　D.业务经办与稽核检查

‖斯尔解析‖ C　不相容职务主要包括：授权批准与业务经办（选项A）、业务经办与会计记录（选项B）、会计记录与财产保管、业务经办与稽核检查（选项D）、授权批准与监督检查等。登记现金日记账本就是出纳的工作范围，不属于不相容职务，选项C应选。

‖陷阱提示‖ 登记现金日记账、登记银行存款日记账均为出纳的本职工作，不属于不相容职务。

【典例研习·2-34】（2018年多选题）

下列各项中，有权依法对有关单位的会计资料实施监督检查的有（　　）。

A.财政部门　　　B.税务部门　　　C.商业银行　　　D.证券监管

‖斯尔解析‖ `ABD` （1）会计工作的政府监督，主要是指财政部门代表国家对各单位和单位中相关人员的会计行为实施的监督检查，选项A正确；（2）《会计法》规定，除财政部门外，审计、税务、人民银行、证券监管、保险监管等部门依照有关法律、行政法规规定的职责和权限，可以对有关单位的会计资料实施监督检查。选项BD正确；（3）选项C，商业银行不属于政府部门，可以实施监督的是人民银行，而非商业银行，选项C错误。

【典例研习·2-35】（模拟多选题）

下列各项中，属于非标准审计报告的有（　　）。

A.带强调事项段的无保留意见的审计报告

B.包含其他报告责任段，但不含有强调事项段或其他事项段的无保留意见的审计报告

C.带其他事项段的无保留意见的审计报告

D.无法表示意见的审计报告

‖斯尔解析‖ `ACD` 非标准审计报告，是指带强调事项段或其他事项段的无保留意见的审计报告（选项AC）和非无保留意见的审计报告（选项D）。非无保留意见，包括保留意见、否定意见和无法表示意见三种类型。

‖陷阱提示‖ 对于无保留意见审计报告，要十分注意是否带修饰语，如无修饰语自然是属于标准审计报告，但如果带修饰语，要仔细辨析所带修饰语是什么，是"其他责任段"则无妨，依然是标准审计报告；但如果带的是"强调事项段""其他事项段""说明段"，则属于非标准审计报告。

第四部分　会计机构和会计人员

考点1　代理记账（★★）

（一）是否设置会计机构

会计机构，是指各单位办理会计事务的职能部门。各单位应当根据会计业务的需要，设置会计机构，或者在有关机构中设置会计人员并指定会计主管人员。

不具备设置会计机构条件的单位，应当委托经批准从事会计代理记账业务的中介机构代理记账。

（二）代理记账机构

1.可以从事代理记账业务的机构

（1）会计师事务所及其分所：可以依法从事代理记账业务；

（2）持"证"的其他机构：应当经县级以上人民政府财政部门（"审批机关"）批准，领取由财政部统一规定样式的代理记账许可证书。

2.代理记账机构的业务范围
（1）会计核算。
根据委托人提供的原始凭证和其他相关资料，按照国家统一的会计制度的规定进行会计核算，包括审核原始凭证、填制记账凭证、登记会计账簿、编制财务会计报告等。
（2）对外提供财务会计报告。
代理记账机构为委托人编制的财务会计报告，经代理记账机构负责人和委托人负责人签名并盖章后，按照有关法律、法规和国家统一的会计制度的规定对外提供。
（3）向税务机关提供税务资料。
（4）委托人委托的其他会计业务。
3.委托关系
（1）委托人委托代理记账机构代理记账，应当在相互协商的基础上，订立书面委托合同，并明确下列内容：
①双方对会计资料真实性、完整性各自应当承担的责任；
②会计资料传递程序和签收手续；
③编制和提供财务会计报告的要求；
④会计档案的保管要求及相应的责任；
⑤终止委托合同应当办理的会计业务交接事宜。
（2）双方的义务
①委托方
a.对本单位发生的经济业务事项，应当填制或者取得符合国家统一的会计制度规定的原始凭证；
b.应当配备专人负责日常货币收支和保管；
c.及时向代理记账机构提供真实、完整的原始凭证和其他相关资料；
d.对于代理记账机构退回的，要求按照国家统一的会计制度规定进行更正、补充的原始凭证，应当及时予以更正、补充。
②被委托方（代理记账机构）
a.遵守有关法律、法规和国家统一的会计制度的规定，按照委托合同办理代理记账业务；
b.对在执行业务中知悉的商业秘密予以保密；
c.对委托人要求其作出不当的会计处理，提供不实的会计资料，以及其他不符合法律、法规和国家统一的会计制度行为的，予以拒绝；
d.对委托人提出的有关会计处理相关问题予以解释。

【解题高手】
1.委托方：原始凭证+钱，自己管；配合向代理记账机构提供资料。
2.被委托方：记账+保密+不当拒绝+解释。

【典例研习·2-36】（2018年判断题）

委托人委托代理记账机构代理记账，可以订立口头委托合同。（　　）

‖斯尔解析‖ ×　委托人委托代理记账机构代理记账，应当在相互协商的基础上，订立书面委托合同。

【典例研习·2-37】（2018年多选题）

根据会计法律制度的规定，下列关于代理记账机构及其从业人员义务表述中，正确的有（　　）。

A.对执行代理记账业务中知悉的商业秘密予以保密

B.拒绝委托人提供不实会计资料的要求

C.对委托人提出的有关会计处理相关问题予以解释

D.拒绝委托人作出不当会计处理的要求

‖斯尔解析‖ ABCD　代理记账机构及其从业人员应当履行下列义务：（1）遵守有关法律、法规和国家统一的会计制度的规定，按照委托合同办理代理记账业务。（2）对在执行业务中知悉的商业秘密予以保密；（选项A）（3）对委托人要求其作出不当的会计处理，提供不实的会计资料以及其他不符合法律、法规和国家统一的会计制度行为的，予以拒绝；（选项BD）（4）对委托人提出的有关会计处理相关问题予以解释。（选项C）

考点2　会计岗位设置及会计人员（★★★）

（一）会计工作岗位

1.主要类别

会计工作岗位	考试常见的迷惑选项
会计机构负责人或者会计主管人员	总会计师
出纳	—
财产物资核算、工资核算、成本费用核算、财务成果核算、资金核算、往来结算	—
总账报表	—
稽核	内部审计
档案管理	档案管理机构人员

开展会计电算化和管理会计的单位，可以根据需要设置相应工作岗位，也可以与其他工作岗位相结合

2.人员要求

（1）会计工作岗位，可以一人一岗、一人多岗或者一岗多人；一人多岗要注意"不相容职务相分离"，如出纳人员不得兼任（兼管）稽核、会计档案保管和收入、支出、费用、债权债务账目的登记工作。

（2）会计人员的工作岗位应当有计划地进行轮换。

（二）会计人员

1.范围

会计人员包括从事下列具体会计工作的人员：

（1）单位会计机构负责人（会计主管人员）、总会计师的人员；

（2）出纳；

（3）资产、负债和所有者权益（净资产）的核算；收入、费用（支出）的核算；财务成果（政府预算执行结果）的核算；

（4）财务会计报告（决算报告）编制；

（5）稽核；会计监督；

（6）会计机构内会计档案管理。

2.任职要求

（1）一般要求

①遵守《会计法》和国家统一的会计制度等法律法规；

②具备良好的职业道德；

③按照国家有关规定参加继续教育；

④具备从事会计工作所需要的专业能力。

（2）明令禁止

①终身禁入

因有提供虚假财务会计报告，做假账，隐匿或者故意销毁会计凭证、会计账簿、财务会计报告，贪污、挪用公款，职务侵占等与会计职务有关的违法行为被依法追究刑事责任的人员，不得再从事会计工作。

②5年禁入

a.因伪造、变造会计凭证、会计账簿，编制虚假财务会计报告，隐匿或者故意销毁依法应当保存的会计凭证、会计账簿、财务会计报告，尚不构成犯罪的，5年内不得从事会计工作。

b.会计人员具有违反国家统一的会计制度的一般违法行为，情节严重的，5年内不得从事会计工作。

【解题高手】轻者5年，重者终身。

3.回避制度

国家机关、国有企业、事业单位聘任会计人员应当实行回避制度：

（1）与单位领导人存在夫妻关系、直系血亲关系、三代以内旁系血亲以及配偶亲关系的，不得担任本单位的会计机构负责人、会计主管人员。

（2）与会计机构负责人、会计主管人员存在夫妻关系、直系血亲关系、三代以内旁系血亲以及配偶亲关系的，不得在本单位会计机构中担任出纳工作。

4.对"管理层"的特殊要求

担任单位会计机构负责人（会计主管人员）的，应当具备会计师以上专业技术职务资格或者从事会计工作3年以上经历。

5.总会计师

（1）总会计师是主管本单位会计工作的行政领导，直接对单位主要行政领导人负责。凡设置总会计师的单位，在单位行政领导成员中，不设与总会计师职权重叠的副职。

【解题高手】总会计师不属于会计工作岗位，但担任总会计师的人员属于会计人员。

（2）总会计师的职能

总会计师组织领导本单位的财务管理、成本管理、预算管理、会计核算和会计监督等方面的工作，参与本单位重要经济问题的分析和决策。

（3）任职要求：总会计师由具有会计师以上资格的人员担任。

（4）不同单位是否设置总会计师的规定

①国有的和国有资产占控股地位或者主导地位的大、中型企业必须设置总会计师。

②大、中型企业、事业单位、业务主管部门应当根据法律和国家有关规定设置总会计师。

③其他单位可以根据业务需要，自行决定是否设置总会计师。

【解题高手】"国家+大中型"必须设，其他单位根据规定设或自行决定。

考点3　会计专业职务与会计专业技术资格（★★）

会计专业技术资格，是指担任会计专业职务的任职资格，取得会计专业技术资格的会计人员，表明其已具备担任相应级别会计专业技术职务的任职资格。

会计专业职务级别		会计专业职务名称	会计专业技术资格	会计专业技术资格的考试制度
初级职务		助理会计师	初级资格	全国统一考试
中级职务		会计师	中级资格	
高级职务	副高级	高级会计师	高级资格	考试与评审相结合
	正高级	正高级会计师	—	

【典例研习·2-38】（2018年多选题）

根据会计法律制度的规定，下列关于总会计师地位的表述中，正确的有（　　）。

A.是单位内部审计机构负责人　　　　B.是单位会计机构负责人

C.是单位会计工作的主要负责人　　　D.是单位行政领导成员

‖斯尔解析‖　CD　（1）总会计师是主管本单位会计工作的行政领导（选项C正确），是单位行政领导成员选项（选项D正确），协助单位主要行政领导人工作，直接对单位主要行政领导人负责。（2）总会计师主管本单位会计工作，自然不是会计机构负责人，也不是内部审计机构负责人，选项AB错误。

‖陷阱提示‖　总会计师的定位是同学们非常易错的知识点，虽然名字里带着"会计师"三个字，总会计师却不仅仅是会计工作的领导，而是单位的行政领导层。此外，还需特别注意，总会计师并非会计工作岗位，但担任总会计师的人员属于会计人员。

【典例研习·2-39】（2020年单选题）
根据会计法律制度的规定，下列各项工作中，不属于总会计师组织领导本单位会计工作职责的是（ ）。

A.预算管理　　　　B.财务管理　　　　C.成本管理　　　　D.产品质量管理

‖斯尔解析‖ [D]　总会计师组织领导本单位的财务管理、成本管理、预算管理、会计核算和会计监督等方面的工作，参与本单位重要经济问题的分析和决策。选项D产品质量管理不在总会计师的工作职责范畴。

【典例研习·2-40】（2018年判断题）
国有企业、事业单位、股份制企业必须设置总会计师。（ ）

‖斯尔解析‖ [×]　《会计法》规定，国有的和国有资产占控股地位或者主导地位的大、中型企业必须设置总会计师。事业单位和业务主管部门根据需要，经批准可以设置总会计师。其他单位可以根据业务需要，自行决定是否设置总会计师。

‖陷阱提示‖ 看到"必须"设置总设计师，又要仔细掂量了，这么斩钉截铁的说法，小心有坑！果然，必须设置总会计师的企业范围非常有限，同时满足"国有""大中型"两条件才须设置。

【典例研习·2-41】（2020年单选题）
对因会计违法行为触犯刑法被追究刑事责任的会计人员，（ ）不得从事会计工作。

A.终身　　　　B.5年内　　　　C.10年内　　　　D.15年内

‖斯尔解析‖ [A]　因有提供虚假财务会计报告，做假账，隐匿或者故意销毁会计凭证、会计账簿、财务会计报告，贪污，挪用公款，职务侵占等与会计职务有关的违法行为被依法追究刑事责任的人员，不得再从事会计工作。

【典例研习·2-42】（模拟多选题）
下列各项中，属于出纳人员不得兼管的工作有（ ）。

A.登记应收账款　　　　　　　　　　B.会计档案保管
C.登记银行存款日记账　　　　　　　D.登记费用明细账

‖斯尔解析‖ [ABD]　（1）出纳人员不得兼任（兼管）稽核、会计档案保管和收入、支出、费用、债权债务账目的登记工作，选项ABD正确。（2）登记银行存款日记账本就是出纳的工作范围，不属于不相容职务，选项C错误。

考点4　会计工作交接（★★★）

（一）必要性

1.工作调动或者因故离职

会计人员工作调动或者因故离职，必须将本人所经管的会计工作全部移交给接替人员。没有办清交接手续的，不得调动或者离职。

（1）移交人员对所移交的会计凭证、会计账簿、会计报表和其他有关资料的合法性、真实性承担法律责任；

（2）接替人员应当继续使用移交的会计账簿，不得自行另立新账，以保持会计记录的连续性。

2.临时离职或者因病不能工作

（1）会计人员临时离职或者因病不能工作且需要接替或者代理的，会计机构负责人（会计主管人员）或者单位领导人必须指定有关人员接替或者代理，并办理交接手续；恢复工作的，也应当与接替或者代理人员办理交接手续。

（2）移交人员因病或者其他特殊原因不能亲自办理移交的，经单位领导人批准，可由移交人员委托他人代办移交，但委托人应当承担对所移交的会计凭证、会计账簿、会计报表和其他有关资料的合法性、真实性的法律责任。

3.单位撤销

必须留有必要的会计人员，会同有关人员办理清理工作，编制决算。未移交前，不得离职。单位合并、分立的，其会计工作交接手续比照上述有关规定办理。

（二）具体工作及人员安排

1.会计工作移交前的准备工作

会计人员办理移交手续前，必须及时做好以下工作：

（1）已经受理的经济业务尚未填制会计凭证的，应当填制完毕。

（2）尚未登记的账目，应当登记完毕，并在最后一笔余额后加盖经办人员印章。

（3）整理应该移交的各项资料，对未了事项写出书面材料。

（4）编制移交清册，列明应当移交的会计凭证、会计账簿、会计报表、印章、现金、有价证券、支票簿、发票、文件、其他会计资料和物品等内容；实行会计电算化的单位，从事该项工作的移交人员还应当在移交清册中列明会计软件及密码、会计软件数据磁盘（磁带等）及有关资料、实物等内容。

2.会计人员办理交接手续，必须有监交人负责监交：

（1）一般会计人员办理交接手续，由会计机构负责人（会计主管人员）监交；

（2）会计机构负责人（会计主管人员）办理交接手续，由单位负责人监交，必要时主管单位可以派人会同监交。

3.程序

（1）移交人员：要按移交清册逐项移交；

（2）接替人员：逐项核对点收。

①现金、有价证券要根据会计账簿有关记录进行点交。库存现金、有价证券必须与会计账簿记录保持一致。不一致时，移交人员必须限期查清。

②会计凭证、会计账簿、会计报表和其他会计资料必须完整无缺。如有短缺，必须查清原因，并在移交清册中注明，由移交人员负责。

③银行存款账户余额要与银行对账单核对，如不一致，应当编制银行存款余额调节表调节相符，各种财产物资和债权债务的明细账户余额要与总账有关账户余额核对相符；必要时，要抽查个别账户的余额，与实物核对相符，或者与往来单位、个人核对清楚。

④移交人员经管的票据、印章和其他实物等，必须交接清楚；移交人员从事会计电算化工作的，要对有关电子数据在实际操作状态下进行交接。

⑤会计机构负责人（会计主管人员）移交时，还必须将全部财务会计工作、重大财务收支和会计人员的情况等，向接替人员详细介绍。对需要移交的遗留问题，应当写出书面材料。

（3）交接完毕后，交接双方和监交人要在移交清册上签名或者盖章；移交清册一般应当填制一式三份，交接双方各执一份，存档一份。

【原理详解】现金要点交、银行账户要核对清楚；会计资料、票据印章等其他资料要交接完整；此外，领导还要交接"情况"。

【典例研习·2-43】（2018年单选题）
根据会计法律制度的规定，下列人员中负责监交一般会计人员办理会计工作交接手续的是（　　）。
A.单位人事部门工作人员　　　　　　B.单位负责人
C.单位会计机构负责人或会计主管人员　D.单位审计部门工作人员

‖斯尔解析‖ C　一般会计人员办理会计工作交接手续，由单位会计机构负责人或会计主管人员监交；会计机构负责人（会计主管人员）办理交接手续时，由单位负责人监交，必要时，主管单位可以派人会同监交。

‖陷阱提示‖ 单位内部各职级分工明确，并不是单位负责人事无巨细什么都需要亲力亲为，如果职级跨的多，也不一定能起到最好的监督效果。同理，在选择会计工作交接的监交人员时，我们也要注意选择交接工作人员的直接上级进行监交，切不可看到领导就选。

第五部分　违反会计法律制度的法律责任

考点1　违反国家统一的会计制度行为（★★）
（一）违法行为

应遵循		违法行为
"好好建账"		（1）不依法设置会计账簿的 （2）私设会计账簿的
"好好记账"	凭证及账簿	（3）未按照规定填制、取得原始凭证或者填制、取得的原始凭证不符合规定的 （4）以未经审核的会计凭证为依据登记会计账簿或者登记会计账簿不符合规定的
	财务报告	（5）向不同的会计资料使用者提供的财务会计报告编制依据不一致的
	"方法"	（6）随意变更会计处理方法的 （7）未按照规定使用会计记录文字或者记账本位币的
	会计档案保管	（8）未按照规定保管会计资料，致使会计资料毁损、灭失的

应遵循	违法行为
"好好监督"	（9）未按照规定建立并实施单位内部会计监督制度或者拒绝依法实施的监督或者不如实提供有关会计资料及有关情况的
"好好聘人"	（10）任用会计人员不符合《会计法》规定的

（二）法律责任

严重程度	法律责任
构成犯罪	依法追究刑事责任
不构成犯罪	（1）由县级以上人民政府财政部门： ①责令限期改正； ②可以对单位并处3 000元以上5万元以下的罚款； ③对其直接负责的主管人员和其他直接责任人员，可以处2 000元以上2万元以下的罚款。 （2）属于国家工作人员的，还应当由其所在单位或者有关单位依法给予行政处分； （3）其中的会计人员，情节严重的，5年内不得从事会计工作

考点2　两类"恶劣"的违法行为（★★★）

（一）违法行为

1.伪造、变造会计凭证、会计账簿，编制虚假财务会计报告行为。

2.隐匿或者故意销毁依法应当保存的会计凭证、会计账簿、财务会计报告行为（以下简称"隐匿或者故意销毁"）。

（二）法律责任

严重程度	法律责任
构成犯罪	（1）依法追究刑事责任； （2）对于"隐匿或者故意销毁"，《刑法》规定： ①对个人：情节严重的，处5年以下有期徒刑或者拘役，并处或者单处2万元以上20万元以下罚金； ②对单位：判处罚金，并对其直接负责的主管人员和其他直接责任人员，依照前款的规定处罚
不构成犯罪	（1）县级以上人民政府财政部门： ①予以通报； ②可以对单位并处5 000元以上10万元以下的罚款；对其直接负责的主管人员和其他直接责任人员，可以处3 000元以上5万元以下的罚款。 （2）属于国家工作人员的，还应当由其所在单位或者有关单位依法给予撤职直至开除的行政处分；

严重程度	法律责任
不构成犯罪	（3）其中的会计人员，5年内不得从事会计工作 （比违反国家统一的会计制度行为：罚款罚得多、行政处分更严厉、会计工作禁令也更严格）

考点3　其他违法行为（★）

（一）授意、指使、强令

授意、指使、强令会计机构、会计人员及其他人员伪造、变造会计凭证、会计账簿编制虚假财务会计报告或者隐匿、故意销毁依法应当保存的会计凭证、会计账簿、财务会计报告行为的法律责任。

严重程度	法律责任
构成犯罪	依法追究刑事责任
不构成犯罪	（1）县级以上人民政府财政部门：（对个人）处5 000元以上5万元以下的罚款； （2）属于国家工作人员的，还应当由其所在单位或者有关单位依法给予降级、撤职、开除的行政处分

（二）打击报复（★）

单位负责人对依法履行职责、抵制违反《会计法》规定行为的会计人员实行打击报复的法律责任：

严重程度	法律责任
构成犯罪	依法追究刑事责任：情节恶劣的，处3年以下有期徒刑或者拘役
不构成犯罪	（1）由其所在单位或者有关单位依法给予行政处分； （2）对受打击报复的会计人员，应当恢复其名誉和原有职务、级别

【解题高手】一起来给上述违法行为行政责任的"严厉程度"排个序：

违法行为	罚款力度	行政处分的具体要求
"恶两类"伪造、变造、编制虚假，隐匿或者故意销毁	罚单位：5 000元至10万元 罚个人：3 000元至5万元	撤职直至开除
"违10条"违反国家统一会计制度的行为	罚单位：3 000元至5万元 罚个人：2 000元至2万元	行政处分
授意、指使、强令	仅对个人：5 000元至5万元	降级、撤职、开除
打击、报复	无罚款	行政处分

【典例研习·2-44】（2018年不定项选择题）

20×7年1月甲公司一批会计档案保管期满。其中有尚未结清的债权债务原始凭证。甲公司档案管理机构请会计机构负责人张某及相关人员在会计档案销毁清册上签署意见，将该批会计档案全部销毁。

20×7年9月出纳郑某调岗，与接替其工作的王某办理了会计工作交接。

20×7年12月为完成利润指标，会计机构负责人张某采取虚增营业收入等方法，调整了财务会计报告，并经法定代表人周某同意，向乙公司提供了未经审计的财务会计报告。

要求：

根据上述资料，不考虑其他因素，分析回答下列问题。

1. 关于甲公司销毁会计档案的下列表述中，正确的是（ ）。

A. 档案管理机构负责人应在会计档案销毁清册上签署意见

B. 法定代表人周某应在会计档案销毁清册上签署意见

C. 保管期满但未结清的债权债务原始凭证不得销毁

D. 会计机构负责人张某不应在会计档案销毁清册上签署意见

‖斯尔解析‖ **ABC** 本题考查会计档案管理到期销毁的相关规定。

（1）应在会计档案销毁清册上签署意见的人员包括：单位负责人（选项B正确）、档案管理机构负责人（选项A正确）、会计管理机构负责人（选项D错误）、档案管理机构经办人、会计管理机构经办人在会计档案销毁后，监销人还应当在会计档案销毁清册上签名或盖章。

（2）保管期满但未结清的债权债务原始凭证和涉及其他未了事项的会计凭证不得销毁，选项C正确。

2. 下列关于会计人员郑某与王某交接会计工作的表述中，正确的是（ ）。

A. 移交完毕，王某可自行另立新账进行会计记录

B. 应由会计机构负责人张某监交

C. 郑某与王某应按移交清册逐项移交，核对点收

D. 移交完毕，郑某与王某以及监交人应在移交清册上签名或盖章

‖斯尔解析‖ **BCD** 本题考查会计工作的交接相关规定。

（1）交接后，接替人员应当继续使用移交的会计账簿，不得自行另立新账，以保持会计记录的连续性。选项A错误。

（2）会计人员办理交接手续，必须有监交人负责监交。一般会计人员办理交接手续，由会计机构负责人（会计主管人员）监交；会计机构负责人（会计主管人员）办理交接手续，由单位负责人监交，必要时主管单位可以派人会同监交。本题为出纳交接工作，因此由会计机构负责人张某监交，选项B正确。

（3）移交人员在办理移交时，要按移交清册逐项移交，接替人员要逐项核对点收。选项C正确。

（4）交接完毕后，交接双方和监交人要在移交清册上签名或者盖章，选项D正确。

3. 关于甲公司向乙公司提供财务会计报告的下列表述中，正确的是（ ）。

A. 会计机构负责人张某应在财务会计报告上签章

B.主管会计工作的负责人应在财务会计报告上签章
C.法定代表人周某应在财务会计报告上签章
D.财务会计报告经注册会计师审计后才能对乙公司提供

‖斯尔解析‖ AB 本题考查财务报告的对外报出。（1）对外报送的财务会计报告应当由单位负责人和主管会计工作的负责人、会计机构负责人（会计主管人员）签名并盖章；设置总会计师的单位还须由总会计师签名并盖章，选项AB正确，选项C错误。（2）选项D，须经注册会计师审计的，审计报告应当随同财务会计报告一并提供。本题中没有提示甲公司对外报出的财务报告必须经会计师事务所审计，因此选项D错误。

4.关于会计机构负责人张某采取虚增营业收入等方法调整财务会计报告行为性质及法律后果的下列表述中，正确的是（　　）。

A.可对张某处以行政拘留　　　　　　B.该行为属于编制虚假财务会计报告
C.可对张某处以罚款　　　　　　　　D.张某5年之内不得从事会计工作

‖斯尔解析‖ BCD 本题考查违反会计法律制度的法律责任。

（1）判断张某的行为：张某采取虚增营业收入等方法调整财务会计报告行为的性质属于编制虚假财务报告，选项B正确；

（2）寻找该违法行为对应的法律后果：张某的行为属于"恶两类"之一：伪造、变造会计凭证、会计账簿，编制虚假财务会计报告行为。需承担的法律责任包括：尚不构成犯罪的，由县级以上人民政府财政部门予以通报，可以对单位并处五千元以上十万元以下的罚款；对其直接负责的主管人员和其他直接责任人员，可以处三千元以上五万元以下的罚款（选项C正确）；属于国家工作人员的，还应当由其所在单位或者有关单位依法给予撤职直至开除的行政处分（选项A错误）；其中的会计人员，5年内不得从事会计工作（选项D正确）。

‖陷阱提示‖ 行政处分是国家行政机关依照行政隶属关系给予有违法失职行为的国家机关公务人员的一种惩罚措施，本题中张某虽有错，但为公司人员，非国家工作人员，不适用行政处分。此外，即使考试时一慌张，忘记了这一条，对于"恶两类"的违法行为，适用的是撤职直至开除的行政处分，而非行政处罚，选项A怎样都是错误的。

第六部分　会计职业道德

考点1　会计法律与会计职业道德（★★）

（一）联系

1.内容上相互渗透、相互吸收；
2.作用上相互补充、相互协调；
3.会计职业道德是对会计法律制度的重要补充，会计法律制度是对会计职业道德的最低要求。

(二)区别

区别点	会计法律制度	会计职业道德
性质不同	通过国家行政权力强制执行,具有很强的他律性	依靠会计从业人员的自觉性,具有很强的自律性
作用范围不同	侧重于调整会计人员的外在行为和结果的合法化,具有较强的客观性	不仅调整会计人员的外在行为,还调整会计人员内在的精神世界
表现形式不同	通过一定的程序由国家立法部门或行政管理部门制定、颁布的,其表现形式是具体的、明确的、正式形成文字的成文规定	出自会计人员的职业生活和职业实践,其表现形式既有成文的规范,也有不成文的规范
实施保障机制不同	依靠国家强制力保证其贯彻执行	主要依靠道德教育、社会舆论、传统习俗和道德评价来实现
评价标准不同	以法律规定为评价标准	以道德评价为标准

考点2 会计职业道德主要内容(★)

主要内容	对会计人员的具体要求
爱岗敬业	(1)正确认识会计职业,树立职业荣誉感; (2)热爱会计工作,敬重会计职业; (3)安心工作,任劳任怨; (4)严肃认真,一丝不苟; (5)忠于职守,尽职尽责
诚实守信	(1)做老实人,说老实话,办老实事,不搞虚假; (2)保密守信,不为利益所诱惑; (3)执业谨慎,信誉至上
廉洁自律	(1)树立正确的人生观和价值观; (2)公私分明、不贪不占; (3)遵纪守法,一身正气
客观公正	(1)端正态度,依法办事; (2)实事求是,不偏不倚; (3)如实反映,保持应有的独立性
坚持准则	(1)熟悉国家法律、法规和国家统一的会计制度,始终坚持按法律、法规和国家统一的会计制度的要求进行会计核算,实施会计监督; (2)在实际工作中,应当以准则作为自己的行动指南,在发生道德冲突时,应坚持准则,维护国家利益、社会公众利益和正常的经济秩序

主要内容	对会计人员的具体要求
提高技能	（1）具有不断提高会计专业技能的意识和愿望； （2）具有勤学苦练的精神和科学的学习方法，刻苦钻研，不断进取，提高业务水平
参与管理	在做好本职工作的同时，努力钻研业务，全面熟悉本单位经营活动和业务流程，主动提出合理化建议，积极参与管理，使管理活动更有针对性和实效性
强化服务	树立服务意识，提高服务质量，努力维护和提升会计职业的良好社会形象

【典例研习·2-45】（2018年多选题）

根据会计法律制度的规定，下列各项中，属于会计职业道德内容的有（ ）。

A.提高技能　　　B.强化服务　　　C.廉洁自律　　　D.参与管理

‖斯尔解析‖〔ABCD〕 会计职业道德主要包括：爱岗敬业、诚实守信、廉洁自律、客观公正、坚持准则、提高技能、参与管理、强化服务等八个方面内容。

第三章 支付结算法律制度

学习提要

本章，我们学习的是如何实现"资金从一方当事人向另一方当事人的转移"，但不使用现金，这就是支付结算。支付结算是一个严谨、复杂的议题，在经济法基础的课程中，我们先分四个层次学习关于支付结算的一些基础知识：

首先，我们要认识一下支付结算涉及的主体、使用的工具，以及有怎样的基本要求；

其次，我们学习银行账户的开立与使用，这是使用各类支付结算工具及手段的第一步；

之后，银行账户开好了，我们再分门别类地学习几种主要的支付结算工具及手段，包括我们熟悉的银行卡，以及没有那么熟悉的票据、国内信用证等其他支付工具。这是本章的重点，也是难点所在；

最后，我们需学习违反支付结算法律制度的法律责任。

历年考试中，本章各类题型都有所涉及，其中单选题、多选题及判断题必有涉及，票据及银行账户也是不定项选择题经常涉及的知识点。在每份试卷中，本章知识点平均贡献分值可达15分左右，是通过考试必须拿下的一个章节。

相较于第一章和第二章，本章知识容量、难度均有所提升，但理解并加以习练后，我们会发现，初级考卷上考得并没有那么难。所以，应对本章的秘诀只有两个字——坚持，坚持学定能柳暗花明。

考点精讲

第一部分 支付结算概述

考点1 支付结算的基本概念（★）

支付结算是指单位、个人在社会经济活动中使用票据、银行卡和汇兑、托收承付、委托收款等结算方式进行货币给付及其资金清算的行为，其主要功能是完成资金从一方当事人向另一方当事人的转移。

（一）主体

银行（指银行业金融机构，下同）以及单位（含个体工商户，下同）和个人是办理支付结算的主体。

其中，银行是支付结算和资金清算的中介机构。

未经中国人民银行批准的非银行金融机构和其他单位不得作为中介机构办理支付结算业务。

（二）工具

1. "三票一卡"：汇票、本票、支票、银行卡
2. 结算方式：汇兑（大额常用）、托收承付、委托收款、电子支付（网上支付、第三方支付等）

（三）原则

1. 恪守信用，履约付款；
2. 谁的钱进谁的账、由谁支配；
3. 银行不垫款。

【原理详解】银行只是"中介机构"，除法律法规另有规定外，没有存款人授权委托，银行不能私自动用存款人账户里的钱。同样，除银行与存款人另有约定外，银行也不垫钱。

考点2 办理支付结算的基本要求（★★★）

（一）银行账户开立和使用规范

单位、个人和银行应当按照《人民币银行结算账户管理办法》和《企业银行结算账户管理办法》的规定开立、使用账户。

（二）使用的票据和结算凭证规范

单位、个人和银行办理支付结算，必须使用按中国人民银行统一规定印制的票据凭证和结算凭证。

【解题高手】不是必须使用"中国人民银行印制"的票据、结算凭证，而是必须"按中国人民银行统一规定印制"。

（三）票据和结算凭证上的填写、更改、签章规范

1. 填写规范

填列项目	具体规定
收款人名称	全称或者规范化简称。规范化简称应当具有排他性，与全称在实质上具有同一性，例如"中国银行保险监督管理委员会"的规范化简称为"银保监会"
金额	以中文大写和阿拉伯数码同时记载，二者必须一致；如不一致，票据无效，二者不一致的结算凭证银行不予受理
出票日期	①票据的出票日期必须使用中文大写； ②在填写月、日时，月为"壹""贰"和"壹拾"的，日为"壹"至"玖"和"壹拾""贰拾""叁拾"的，应在其前加"零"；日为"拾壹"至"拾玖"的，应在其前加"壹"。如1月20日，应写成"零壹月零贰拾日"

> 【原理详解】
> 1.为何票据日期必须大写？为防止变造票据的出票日期。
> 2.只大写还不够，为了防止变造，有空子钻的日期前要补上"零""壹"。
> 例如，10月20日，如果没加零，写成"壹拾月贰拾日"会有什么后果？我可以在壹拾后面加个贰、在贰拾后面加个陆，日期是不是就变成12月26日了？可见，除了我们容易理解的"壹"前面要加"零"以外，月份的"壹拾"、日期的"壹拾、贰拾"前面也都要加上零，防止"钻空子"。

2.签章规范

（1）票据和结算凭证上的签章，为签名、盖章或者签名加盖章；

（2）单位、银行签章：为该单位、银行的盖章加其法定代表人或其授权的代理人的签名或盖章；

（3）个人签章：应为该个人本人的签名或盖章。

3.更改规范

是否可更改	填列项目	具体规定
不能改	出票金额、出票日期、收款人名称	更改的票据无效；更改的结算凭证，银行不予受理（和金额没按规定填的时候一样）
能改	其他记载事项	原记载人可以更改，且更改时应当由原记载人在更改处签章证明

4.签章和其他记载事项应当真实，不得伪造、变造

（1）伪造：指无权限人假冒他人或者虚构他人名义签章的行为。例如：伪造出票签章、背书签章、承兑签章和保证签章等。伪造的是"签章"。

> 【原理详解】小十考了58分，害怕被打，假装自己是她的妈妈，在试卷上签字的行为。

（2）变造：是指无权更改票据内容的人，对票据上签章以外的记载事项加以改变的行为。

> 【原理详解】小十考了58分，自己把58的5改成8的行为。

（3）伪造、变造票据属于欺诈行为，构成犯罪的应追究其刑事责任。

【典例研习·3-1】（2017年判断题）

根据支付结算法律制度的规定，付款人账户内资金不足的，银行应当为付款人垫付资金。（　）

‖斯尔解析‖ ✗ 付款人账户内没有资金或资金不足，或者收款人应收的款项由于付款人的原因不能收回时，银行的中介职责可以不履行，因为银行没有为存款人垫付资金的义务。

【典例研习·3-2】（2015年多选题）

根据支付结算法律制度的规定，下列各项中，属于单位、个人在社会经济活动中使用的人民币非现金支付工具的有（　　）。

A.股票　　　　　B.支票　　　　　C.汇票　　　　　D.本票

‖斯尔解析‖ BCD　人民币非现金支付工具主要包括"三票一卡"和结算方式。"三票一卡"是指汇票、本票、支票和银行卡；结算方式是指汇兑、托收承付和委托收款。股票不属于支付工具。

【典例研习·3-3】（模拟单选题）

2020年8月18日，甲公司向乙公司签发一张金额为10万元、用途为服务费的转账支票，发现填写有误，该支票记载的下列事项中，可以更改的是（　　）。

A.用途　　　　　　　　　　B.收款人名称
C.出票金额　　　　　　　　D.出票日期

‖斯尔解析‖ A　（1）票据上的出票金额、出票日期、收款人名称不得更改，更改的票据无效。（2）票据上的其他记载事项，原记载人可以更改，更改时应当由原记载人在更改处签章证明。

‖陷阱提示‖ 应对票据和结算凭证的更改规范类题目，运用排除法，除了出票金额、出票日期、收款人名称这三项不可更改的，其余事项可更改，但只有原记载人可更改。

【典例研习·3-4】（2018年多选题）

根据支付结算法律制度的规定，下列关于办理支付结算基本要求的表述中，正确的有（　　）。

A.票据上的签章为签名、盖章或者签名加盖章
B.结算凭证的金额以中文大写和阿拉伯数码同时记载，二者必须一致
C.票据上出票金额、收款人名称不得更改
D.票据的出票日期可以使用阿拉伯数码记载

‖斯尔解析‖ ABC　注意选项D，票据的出票日期必须使用中文大写。

‖陷阱提示‖ 票据和结算凭证对金额的要求非常严格，必须又写中文大写又写阿拉伯数字，且二者必须一致，一旦不一致则票据和结算凭证无效。考题常设坑包括：

（1）考题描述票据和结算凭证上金额可以仅以中文大写记载。错！这是在混淆票据的金额和出票日期的记载要求；

（2）考题描述票据和结算凭证上的金额如中文大写和阿拉伯数字不一致，以中文大写为准。错！我们想想，拿到一张结算凭证，写着俩数都不一样，我可是不敢要的……所以，银行更不敢要，无效！

第二部分　银行账户

提示：无论采用哪种支付结算方式，都要先开立一个银行结算账户，我们需要解决如下几个问题：

（1）分类；

（2）开立、变更、撤销、预留印鉴变更的基本要求；

（3）7类银行账户怎么开？怎么用？谁能开？

考点1　概念和分类（★）

（一）概念

银行结算账户是指银行为存款人开立的办理资金收付结算的活期存款账户。

> 【解题高手】银行结算账户一定是活期存款账户，定期存款账户不可堪此重任。

（二）分类

按存款人分类	概念及子分类	
单位银行结算账户	概念	以单位名称开立的银行结算账户
	子分类	一般单位：基本存款账户、一般存款账户、专用存款账户、临时存款账户
		预算单位零余额账户
个人银行结算账户	以自然人名称开立的银行结算账户，包括Ⅰ类、Ⅱ类、Ⅲ类银行账户	

注意：个体工商户凭营业执照以字号或经营者姓名开立的银行结算账户纳入单位银行结算账户管理。

（三）实名制管理

存款人应以实名开立银行结算账户，应按照账户管理规定使用银行结算账户办理结算业务，不得出租、出借银行结算账户，不得利用银行结算账户套取银行信用或进行洗钱活动。

考点2　银行结算账户的开立（★★）

（一）申请人的申请开立

申请人填制开立银行结算账户申请书，提供相关证明文件，并加盖相应签章。

（1）申请开公司户：加盖单位公章和法定代表人（单位负责人）或其授权代理人的签名或者盖章；

（2）申请开个人户：加盖其个人签章。

提示：存款人应在注册地或住所地开立银行结算账户。符合异地（跨省、市、县）开户条件的，也可以在异地开立银行结算账户。

（二）核准制与备案制

1. 核准制

开立预算单位专用存款账户、合格境外机构投资者在境内从事证券投资开立的人民币特殊账户和人民币结算资金账户，由中国人民银行当地分支行核准并核发开户许可证。

2. 备案制

除上述实行核准制的账户外，企业开立基本存款账户、临时存款账户、一般存款账户、其他专用存款账户，个人开立个人银行账户均实行备案制。

（三）开户行核实意愿

企业申请开立基本存款账户的，银行应当向企业法定代表人或单位负责人核实企业开户意愿，并留存相关工作记录。核实开户意愿，可采取面对面、视频等方式，具体方式由银行根据客户风险程度选择。

【解题高手】不需要一定当面核实，而是根据风险程度选择相应方式。

（四）双方签订银行结算账户管理协议

1.约定内容

包括但不限于：遵守法律、行政法规等；企业银行结算账户信息变更及撤销的情形、方式、时限；银行控制账户交易措施的情形和处理方式等。

2.对"高风险"情况的特殊规定

对存在法定代表人或者单位负责人对单位经营规模及业务背景等情况不清楚、注册地和经营地均在异地等情况的单位：

（1）银行应当与其法定代表人或者单位负责人面签银行结算账户管理协议，并留存视频、音频资料等；

（2）开户初期原则上不开通非柜面业务，待后续了解后再审慎开通。

【原理详解】不了解/异地→风险高→高标准严要求。

3.开通非柜面转账业务时，双方应签订协议，并约定非柜面渠道向非同名银行账户和支付账户转账的日累计限额、笔数和年累计限额等，超出限额和笔数的，应到银行柜面办理。

（五）预留签章

1.不同类型账户的预留签章

（1）单位户预留该单位的公章或财务专用章加其法定代表人（单位负责人）或其授权的代理人的签名或者盖章。

（2）个人户预留该个人的签名或者盖章。

（3）因注册验资开立的临时存款账户，其预留银行签章中公章或财务专用章的名称应是存款人与银行在银行结算账户管理协议中约定的出资人名称。

（4）没有字号的个体工商户开立的银行结算账户，其预留签章中公章或财务专用章应是"个体户"字样加营业执照上载明的经营者的签字或盖章。

【解题高手】链接：开立单位户填写开户申请时，必须盖公章，不能盖财务章。

2.一致性要求

存款人在申请开立单位银行结算账户时，其申请开立的银行结算账户的账户名称、出具的开户证明文件上记载的存款人名称以及预留银行签章中公章或财务专用章的名称应保持一致。

3.留档要求

银行应建立存款人预留签章卡片，并将签章式样和有关证明文件的原件或复印件留存归档。

（六）业务办理

1.存款人开立单位银行结算账户，自正式开立之日起三个工作日后，方可使用该账户办理业务。

2.企业银行结算账户，自开立之日即可办理收付款业务。

考点3　银行结算账户的变更（★）

1.存款人变更账户名称、单位的法定代表人或主要负责人、地址等其他开户证明文件后，应及时向开户银行办理变更手续。

2.银行发现企业名称、法定代表人或者单位负责人发生变更的，应当及时通知企业办理变更手续；企业自通知送达之日起在合理期限内仍未办理变更手续，且未提出合理理由的，银行有权采取措施适当控制账户交易。

3.企业营业执照、法定代表人或者单位负责人有效身份证件列明有效期限的，银行应当于到期日前提示企业及时更新，有效期到期后，在合理期限内企业仍未更新，且未提出合理理由的，银行应当按规定中止其办理业务。

4.存款人更改名称，但不改变开户银行及账号的，或单位的法定代表人或主要负责人、住址以及其他开户资料发生变更时，应于5个工作日内向开户银行提出银行结算账户的变更申请，并提供有关证明。

5.银行预留签章的变更

（1）单位存款人申请更换预留公章或财务专用章、个人签章，可由法定代表人或单位负责人直接办理，也可授权他人办理。

（2）单位遗失预留公章或财务专用章的，应向开户银行出具书面申请、开户许可证、营业执照等相关证明文件；更换预留公章或财务专用章时，应向开户银行出具书面申请、原预留公章或财务专用章等相关证明文件。

考点4　银行结算账户的撤销（★★）

（一）银行账户撤销的情形

1.被撤并、解散、宣告破产或关闭的；

2.注销、被吊销营业执照的；

3.因迁址需要变更开户银行的；

4.其他原因需要撤销银行结算账户的。

（二）撤销的前提

存款人必须与开户银行核对银行结算账户存款余额，交回各种重要空白票据及结算凭证和开户许可证（如有），银行核对无误后方可办理销户手续。

存款人尚未清偿其开户银行债务的，不得申请撤销该银行结算账户。

（三）撤销基本存款账户

撤销银行结算账户时，应先撤销一般存款账户、专用存款账户、临时存款账户，将账户资金转入基本存款账户后，方可办理基本存款账户的撤销。

企业因转户原因撤销基本存款账户的，银行还应打印"已开立银行结算账户清单"并交付企业。

【解题高手】基本存款账户在"最后"撤销。

（四）银行办理的程序性规定

对于符合销户条件的，应在2个工作日内办理撤销手续。

对于按照账户管理规定应撤销而未办理销户手续的单位银行结算账户，银行通知该单位银行结算账户的存款人自发出通知之日起30日内办理销户手续，逾期视同自愿销户，未划转款项列入久悬未取专户管理。

【典例研习·3-5】（2015年单选题）

根据支付结算法律制度的规定，存款人更改名称，但不更改开户银行及账号的，应于一定期限向其开户银行提出银行结算账户更改申请，该期限为（　　）。

A.3日内
B.3个工作日内
C.5个工作日内
D.5日内

‖斯尔解析‖ [C]　存款人更改名称，但不改变开户银行及账号的，应于5个工作日内向开户银行提出银行结算账户的变更申请，并出具有关部门的证明文件。

【典例研习·3-6】（2019年单选题改编）

根据支付结算法律制度的规定，下列关于银行结算账户管理的表述中，正确的是（　　）。

A.撤销银行结算账户时，存款人应填写撤销银行结算账户申请书
B.撤销基本存款账户，可以保留未使用的空白支票
C.单位的地址发生变更，不需要通知开户银行
D.撤销单位银行结算账户应先撤销基本存款账户，再撤销其他类别账户

‖斯尔解析‖ [A]　（1）存款人申请撤销银行结算账户时，应填写撤销银行结算账户申请书，选项A正确。（2）存款人撤销银行结算账户，必须与开户银行核对银行结算账户存款余额，交回各种重要空白票据及结算凭证和开户许可证，银行核对无误后方可办理销户手续，选项B错误。（3）存款人变更账户名称、单位的法定代表人或主要负责人、地址等其他开户证明文件后，应及时向开户银行办理变更手续，选项C错误。（4）撤销银行结算账户时，应先撤销一般存款账户、专用存款账户、临时存款账户，将账户资金转入基本存款账户后，方可办理基本存款账户的撤销。选项D错误。故本题选择选项A。

‖陷阱提示‖ 选项D撤销账户的顺序是同学们容易"看走眼"的选项，基本账户是最后撤销的银行账户。

【典例研习·3-7】（2018年判断题）

存款人未清偿其开户银行债务的，也可以撤销该银行结算账户。（　　）

‖斯尔解析‖ [×]　存款人尚未清偿其开户银行债务的，不得申请撤销该银行结算账户。

【典例研习·3-8】（2019年多选题）

根据支付结算法律制度的规定，关于开立企业银行结算账户办理事项的下列表述中，正确的有（　　）。

A.银行为企业开通非柜面转账业务，应当约定通过非柜面渠道向非本企业账户转账的日累计限额
B.注册地和经营地均在异地的企业申请开户，法定代表人可授权他人代理签订银行结算账户管理协议

C.企业预留银行的签章可以为其财务专用章加其法定代表人的签名
D.银企双方应当签订银行结算账户管理协议,明确双方的权利与义务

‖斯尔解析‖ 【ACD】 选项B,对存在法定代表人或者单位负责人对单位经营规模及业务背景等情况不清楚、注册地和经营地均在异地等情况的单位,银行应当与其法定代表人或者单位负责人面签银行结算账户管理协议,并留存视频、音频资料等。因此,不可由法定代表人授权他人代理签订银行结算账户管理协议,选项B错误。

‖陷阱提示‖ 考查银行账户的开立流程的题目中,很多选项都是常识性选项,选项B看起来通顺合理,但下笔勾选之前,想想这是不是银行要更加小心谨慎的"高风险"情形。

【典例研习·3-9】(模拟单选题)
下列存款人开立的银行结算账户中,须经中国人民银行分支机构核准的是( )。
A.乙公安局在银行开立的预算单位专用存款账户
B.丙公司在银行开立的用于注册验资的临时存款账户
C.张某在银行开立的个人Ⅰ类银行账户
D.甲公司在银行开立的一般存款账户

‖斯尔解析‖ 【A】 需经中国人民银行核准后方可开立的账户仅限于:预算单位专用存款账户(选项A)及合格境外机构投资者在境内从事证券投资开立的人民币特殊账户和人民币结算资金账户,选项A正确。

考点5 各类银行结算账户(7类)(★★★)

【原理详解】 对每一类账户,我们要学的都集中在:适用范围、怎么开、怎么用。

(一)单位银行账户
1.基本户、一般户、临时户(见下页表格)

账户类型	用途	数量及时间规定	开立单位要求	开立要求的文件	使用规定
基本户	主办账户，办理日常转账结算和现金收付	一个单位只能开立一个	考点提示：①团级（含）以上；②异地常设；③单位设立的独立核算的附属机构	①单位"身份证"：营业执照或批文或证明或登记证书；②个人身份证：法定代表人或单位负责人身份证件，如授权他人办理，还应出具授权书及被授权人有效身份证件	可办理业务：①日常经营活动的资金收付；②工资、奖金等现金的支取
一般户	因借款或其他结算需要，在基本存款账户开户银行以外的银行营业机构开立的银行结算账户	无	已开立基本户	①基本户开户规定的文件；②基本户编号或基本户开户许可证（如有）；③说明为何要再开一个账户：a.因向银行借款需要，应出具借款合同；b.因其他结算需要，应具有关证明	可办理业务：①借款转存，借款归还和其他结算的资金收付；②可以办理现金缴存，但不得办理现金支取
临时户	因临时需要开立在规定期限内使用而开立	最长不得超过2年	①设立临时机构；②有异地临时经营活动；③注册验资、增资；④军队、武警或者异地执行基本建设、演习、抢险救灾、应对突发事件	①与临时账户对应的经营活动有关的批文或证明；②境内机构的异地临时机构，增资验资资金还需出具基本户开户许可证（如有）	可办理业务：①支取现金，应按照国家现金管理的规定；②注册验资的临时存款账户在验资期间只收不付

2.专用户

（1）存款人按照法律法规要求，对其特定用途资金进行专项管理和使用而开立；

（2）存款人开立专用存款账户，须已开立基本存款账户，并提供相关证明文件；

（3）专用户的分类及使用限制：

用途分类	使用限制
单位银行卡备用金	资金（备用金）必须由其基本存款账户转账存入，该账户不得办理现金收付业务
证券交易结算资金、期货交易保证金、信托基金	不得支取现金
政策性房地产开发资金、基本建设资金、更新改造资金	需要支取现金的，应在开户时报中国人民银行当地分支行批准
粮、棉、油收购资金	支取现金应按照国家现金管理的规定办理
住房基金、社会保障基金	
党、团、工会设在单位的组织机构经费	
收入汇缴资金和业务支出资金	a.收入汇缴账户：除向其基本存款账户或预算外资金财政专用存款户划缴款项外，只收不付，不得支取现金； b.业务支出账户除从其基本存款账户拨入款项外，只付不收，其现金支取必须按照国家现金管理的规定办理

3.预算单位零余额户

预算单位使用财政性资金可申请开立预算单位零余额账户。一个基层预算单位开设一个零余额账户。

（1）开立要求及步骤

①预算单位向财政部门提出设立零余额账户的申请；

②财政部门同意预算单位开设零余额账户后通知代理银行；

③代理银行具体办理开设业务，预留印鉴，并书面报告财政部门和中国人民银行，并由财政部门通知一级预算单位；

④预算单位接到通知，办理预留印鉴手续；

⑤印鉴卡变动，预算单位应通过一级预算单位向财政部门提出变更申请，办理变更手续。

（2）使用规定

①用于财政授权支付；

②可以办理转账、提取现金等结算业务；

③可以向本单位按账户管理规定保留的相应账户划拨工会经费、住房公积金及提租补贴，以及财政部门批准的特殊款项；

④不得违反规定向本单位其他账户和上级主管单位及所属下级单位账户划拨资金。

【典例研习·3-10】（2017年单选题）

根据支付结算法律制度的规定，关于基本存款账户的下列表述中，不正确的是（　　）。

A.基本存款账户是存款人的主办账户

B.一个单位只能开立一个基本存款账户

C.基本存款账户可以办理现金支取业务

D.单位设立的独立核算的附属机构不得开立基本存款账户

‖斯尔解析‖ D （1）基本存款账户是存款人的主办账户，一个单位只能开立一个基本存款账户；存款人的日常经营活动的资金收付及其工资、奖金和现金支取，应通过基本存款账户办理，选项ABC所述正确。（2）单位设立的独立核算的附属机构，包括食堂、招待所、幼儿园，可以申请开立基本存款账户，选项D所述错误。

【典例研习·3-11】（2020年单选题）

下列首次申请开立单位银行结算账户的存款人中，不应开立基本存款账户的是（　　）。

A.丙学校　　　　　　　　　B.甲电影公司临时摄制组

C.丁居民委员会　　　　　　D.乙公司

‖斯尔解析‖ B 选项B，异地临时机构不可开立基本存款账户，可以申请开立临时存款账户。

‖陷阱提示‖ 关于可以开立基本存款账户的存款人，有两点需提起注意：

（1）除了对军队、武警部队单位有级别要求、对异地机构的要求是异地"常设"机构、对单位设立的附属机构要求是"独立核算"的以外，其他常见机构均可以申请开立基本存款账户；

（2）个体工商户也可以开立基本存款账户。

【典例研习·3-12】（2015年单选题）

根据支付结算法律制度的规定，下列关于一般存款账户表述正确的是（　　）。

A.须经中国人民银行核准

B.可以在基本存款账户的同一银行营业机构办理开户

C.可以办理借款转存和借款归还

D.可以支取现金

‖斯尔解析‖ C （1）一般存款账户是存款人因借款或其他结算需要，在基本存款账户开户银行以外的银行营业机构开立的银行结算账户（选项B错误）。（2）一般存款账户的开立无须中国人民银行核准（选项A错误）。（3）一般存款账户可用于办理存款人借款转存、借款归还（选项C正确）和其他结算的资金收付。（4）一般存款账户可以办理现金缴存，但不得办理现金支取（选项D错误）。故本题选择选项C。

【典例研习·3-13】（2018年单选题）

甲地为完成棚户区改造工程，成立了W片区拆迁工程指挥部。为发放拆迁户安置资金，该指挥部向银行申请开立的存款账户的种类是（　　）。

A.基本存款账户　　B.临时存款账户　　C.一般存款账户　　D.专用存款账户

‖斯尔解析‖ D 专用存款账户是存款人按照法律、行政法规和规章，对其特定用途资金进行专项管理和使用而开立的银行结算账户。本题中需开立的账户用于特定用途资金的专项管理,因此应开立专用存款账户。

【典例研习·3-14】(2018年单选题)

根据支付结算法律制度的规定,下列专用存款账户中,不能支取现金的是( )。

A.证券交易结算资金专用存款账户　　B.社会保障基金专用存款账户
C.住房基金专用存款账户　　　　　　D.工会经费专用存款账户

‖斯尔解析‖ A 证券交易结算资金(选项A)、期货交易保证金和信托基金专用存款账户不得支取现金。选项BCD均可支取现金。

‖陷阱提示‖ 是否可存现、取现是银行账户相关知识的高频考点,考前按照"不可收、不可支、收支均不可"三个层次掌握。

(二)个人银行结算账户

1.分类及可办理的业务

个人银行账户分为Ⅰ类银行账户、Ⅱ类银行账户和Ⅲ类银行账户,各类银行账户的使用规定如下表:

业务		Ⅰ类	Ⅱ类	Ⅲ类
转账业务	向非绑定账户出	√	限额	限额
	自非绑定账户入	√	限额+经银行工作人员面对面确认身份	限额+经银行工作人员面对面确认身份
现金业务	存款	√	限额+经银行工作人员面对面确认身份	×
	支取现金	√		×
购买投资理财等金融产品		√	√	×
消费和缴费		√	限额	限额
限额		—	日累计≤1万元 年累计≤20万元	任一时点账户余额 ≤2 000元
配发实体卡		√	√	×

提示:Ⅱ类户可以进行银行贷款和还款,且不受转账限额规定。

2.开户

(1)开户方式

开户渠道		Ⅰ类	Ⅱ类	Ⅲ类
柜面开户		√	√	√
自助机具开户	现场核验	√	√	√
	未现场核验	×	√	√

开户渠道	I类	II类	III类
电子渠道开户	×	√	√
	验证方式：需绑定账户为本人I类户或者信用卡账户，不得绑定非银行支付机构开立的支付账户进行身份验证		

（2）他人代理办理开户

①他人代理开户

开户申请人开立个人银行账户或者办理其他个人银行账户业务，原则上应当由开户申请人本人亲自办理；符合条件的，可以由他人代理办理。

他人代理开立个人银行账户的，代理人应出具代理人、被代理人的有效身份证件以及合法的委托书等。银行认为有必要的，应要求代理人出具证明代理关系的公证书。

②可由所在单位代理办理情形

存款人开立代发工资、教育、社会保障、公共管理（如公共事业、拆迁、捐助、助农扶农）等特殊用途个人银行账户时，可由所在单位代理办理。

办理应提供单位证明材料、被代理人有效身份证件的复印件或影印件。

在被代理人持本人有效身份证件到开户银行办理身份确认、密码设（重）置等激活手续前，该银行账户只收不付。

③法定代理

无民事行为能力或限制民事行为能力的开户申请人，由法定代理人或者人民法院、有关部门依法指定的人员代理办理。

3.账户使用

（1）一切个人合法所得，均可转入。

（2）单位户转至个人户的特殊规定：

①大额（单笔>5万），应提供付款依据，或在备注栏注明事由；

②款项应纳税的，税收代扣单位付款时应向其开户银行提供完税证明。

（3）个人持出票人为单位的支票向开户银行委托收款，要求银行将款项转入其个人账户，应提供收款依据。

（三）异地银行结算账户

存款人应在注册地或住所地开立银行结算账户。符合异地（跨省、市、县）开户条件的，也可以在异地开立银行结算账户。

1.营业执照注册地与经营地不在同一行政区域（跨省、市、县）需要开立基本存款账户的；

2.办理异地借款和其他结算需要开立一般存款账户的；

3.存款人因附属的非独立核算单位或派出机构发生的收入汇缴或业务支出需要开立专用存款账户的；

4.异地临时经营活动需要开立临时存款账户的；

5.自然人根据需要在异地开立个人银行结算账户的。

【解题高手】

各类银行账户的存取现限制总结

账户名称		存款	取现
基本存款账户		√	√
一般存款账户		√	×
专用存款账户	单位银行卡账户	×	×
	证券交易结算资金、期货交易保证金、信托基金	√	×
	收入汇缴	√（按规定）	×
	业务支出	×	√（按规定）
	其他专用存款账户	√（按规定）	√（按规定）
临时存款账户	验资	√	×
	其他	√	√
预算单位零余额账户			
个人银行结算账户	Ⅰ	√	√
	Ⅱ	限额	限额
	Ⅲ	×	×

【典例研习·3-15】（2019年判断题）

新入学大学生开立用于缴纳学费的个人银行结算账户，可由所在大学代理办理。（　　）

‖斯尔解析‖ √　存款人开立代发工资、教育、社会保障（如社保、医保、军保）、公共管理（如公共事业、拆迁、捐助、助农扶农）等特殊用途个人银行账户时，可由所在单位代理办理。本题为开立用于缴纳学费的特殊用途个人账户，可由所在单位（大学）代为办理。

【典例研习·3-16】（2018年单选题）

根据个人银行结算账户实名制的要求，下列人员出具的身份证件中，不属于在境内银行申请开立个人银行账户的有效身份证件是（　　）。

A.20周岁的吴某出具的机动车驾驶证　　B.定居美国的周某出具的中国护照
C.25周岁的王某出具的居民身份证　　D.15周岁的学生赵某出具的户口簿

‖斯尔解析‖ A　有效身份证件包括：（1）在中华人民共和国境内已登记常住户

口的中国公民为居民身份证，即选项C属于；吴某已满16周岁，有效身份证件为居民身份证，机动车驾驶证为辅助身份证明材料，选项A不属于。（2）在中华人民共和国境内已登记常住户口的中国公民、不满16周岁的，可以使用居民身份证或户口簿，即选项D属于。（3）香港、澳门特别行政区居民为港澳居民来往内地通行证、港澳居民居住证。（4）台湾地区居民为台湾居民来往大陆通行证、台湾居民居住证。（5）国外的中国公民为中国护照，即选项B属于。（6）外国公民为护照或者外国人永久居留证。故本题选择选项A。

【典例研习·3-17】（2019年单选题改编）

甲拟通过电子渠道申请开立两个个人银行存款账户，根据规定，下列选项中，甲可以成功开立的是（　　）。

A.Ⅰ类银行账户和Ⅱ类银行账户　　B.Ⅰ类银行账户和Ⅲ类银行账户
C.Ⅱ类银行账户和Ⅲ类银行账户　　D.两个均为Ⅰ类银行账户

‖斯尔解析‖ C 通过网上银行和手机银行等电子渠道受理银行账户开户申请的，银行可为开户申请人开立Ⅱ类户或Ⅲ类户。

【典例研习·3-18】（2017年单选题）

根据支付结算法律制度的规定，下列关于个人银行结算账户使用的表述中，错误的是（　　）。

A.银行可以通过Ⅱ类银行账户为存款人提供购买投资理财产品服务
B.银行可以通过Ⅲ类银行账户为存款人提供限制金额的消费和缴费支付服务
C.银行可以通过Ⅱ类银行账户为存款人提供单笔无限额的存取现金服务
D.银行可以通过Ⅰ类银行账户为存款人提供购买投资理财产品服务

‖斯尔解析‖ C Ⅱ类户消费和缴费、向非绑定账户转出资金、取出现金日累计限额合计为1万元，年累计限额合计为20万元；Ⅱ类户向非绑定账户转入资金、存入现金日累计限额合计为1万元，年累计限额合计为20万元。选项C，提供单笔"无限额"的存取现金服务，错误。

【典例研习·3-19】（模拟判断题）

个人可以通过开立的Ⅰ类银行账户存取现金。（　　）

‖斯尔解析‖ √ 银行可通过Ⅰ类户为存款人提供存款、购买投资理财产品等金融产品、转账、消费和缴费支付、支取现金等服务。

第三部分　票　据

考点1　概念和分类（★★）

（一）概念

由出票人签发的、约定自己或者委托付款人在见票时或指定的日期向收款人或持票人无条件支付一定金额的有价证券（狭义上的票据）。

（二）分类

票据法规定的票据包括：汇票、支票、本票。

票据类型	汇票	银行汇票	
		商业汇票	商业承兑汇票
			银行承兑汇票
	支票	现金支票	
		转账支票	
		普通支票	
	本票	银行本票	

【原理详解】让我们先来读几个小故事，初步认识一下这些票据。先声明，以下小故事中，票据均为小十以奶茶店名义开具，而非个人的名义。

1. 银行汇票

开在帝都的小十奶茶店向魔都的小二奶粉厂采购奶粉，需要向小二支付货款，由于所处异地，小十没有选择使用现金，而是找到银行，向银行申请由银行签发一张票据。小十按规定向银行交纳相应的钱后，银行签发了一张票据给小十，写明"凭票付款"，出票金额50万元。小十和小二算账后，最终确认实际需支付45万元。小十把票据交给小二后，小二拿着票找银行提示付款，银行从小十的账户支付款项45万元给了小二。这里的票据就是"银行汇票"。

2. 银行本票

奶茶店继续采购，银行表示小十可以采用银行本票付款。小十按规定程序向银行提出申请、并向银行交纳相应的钱后，银行签发了一张票据给小十，写明"凭票付款"，并且明明白白地写上了"凭票即付"的金额：50万元。小十把票据交给小二，小二拿着票找银行收了50万元。这里的票据就是"银行本票"。

3. 支票

奶茶店疯狂采购，小十不想天天跑银行了……于是找到了银行，开立了支票存款账户，存好钱后向银行申请了一沓"支票"，银行把支票交给小十。小十需要付钱的时候，自己签发，填写完整并签章后，把票据交给小二，小二拿着票据找银行提示付款，银行从小十的账户支付款项。这里的票据就是"支票"。

4. 汇票

是的，你没有看错，奶茶店还在采购，但账上的银两已经不够申请开立"见票立即付款"的票据了。于是小十问银行："有没有一种票据我先开出来，十天后再付款？"银行说："有！您可以考虑一下自己签发商业汇票哦，亲！"于是小十自己签发了"商业汇票"，填写完整并签章后，把票据交给小二。小二一看，心想：我怎么知道你奶茶店有没有能力付款，不接受！小十挠了挠头，找到银行，请银行"承诺到期付款"，银行成为了"承兑人"，这就是"银行承兑汇票"。找了两次之后，银行看到小十稀薄的账户流水，不给小十承兑了，小十只好寻找新的大腿——大飞踹薯片厂，薯片厂在票据上签章、承兑，这张票据就是"商业承兑汇票"。

需要说明的是，这些小故事中的语言不是标准的法律语言。每一种票据，标准的概念和相关规定我们都会在后面的内容中具体介绍，在这里希望大家先认识它们。

（三）特征

特征	释义
完全有价证券	票据所表示的权利与票据不可分离（有"票"才有权利）：
	设权证券　必须"出票"才有相应的权利
	提示证券　行使权利必须提示票据
	交付证券　转让必须交付票据
	缴回证券　权利实现时要缴回票据
文义证券	票据上的一切权利义务必须依票据上所记载的文义而定，不得以文义之外的任何事项来主张票据权利
无因证券	行使权利不看取得票据的原因。 例外：当票据债务人根据《票据法》规定，认为持票人有下列情形的，持票人应当对自己持票的合法性负责举证： （1）以欺诈、偷盗或者胁迫等手段取得票据； （2）明知有上述情形出于恶意取得票据； （3）因为重大过失取得票据
金钱债权证券	区别于"物权证券"或其他类型证券，如股票
要式证券	票据的制作、形式、文义都有《票据法》规定的格式和要求
流通证券	可以背书转让，且无须通知债务人，即通过背书行为直接转让

（四）功能

功能	解释
汇兑功能	异地使用
支付功能	支付款项、代替现金
结算功能	债务抵销
信用功能	通过"远期票据"，到期付款 例如，小十向小二采购奶茶杯子，需支付货款，但小十现在钱不够了，于是以自己的信誉签发了一张以"小二"为收款人、2个月后付款的票据，此时实际的付款时点在2个月后
融资功能	通过票据的贴现、转贴现、再贴现功能实现

【原理详解】支付、汇兑和结算很好理解，就是票据作为"支付结算工具"而具备和"钱"一样的功能。信用和融资功能现在不懂没关系，后面进一步学习。

考点2　票据当事人（★★★）

票据当事人是指在票据法律关系中，享有票据权利、承担票据义务的主体。分为：基本当事人和非基本当事人。

1.基本当事人

在票据作成和交付时就已经存在的当事人。包括出票人、收款人、付款人。

2.非基本当事人

作成并交付后，通过一定的票据行为加入票据关系而享有一定权利、承担一定义务的当事人，包括承兑人、背书人、被背书人、保证人等。

3.两类当事人在票据法律关系中的具体角色

类别	具体	角色	
基本当事人	出票人	依法定方式签发票据并将票据交付给收款人的人	银行本票、银行汇票的出票人为银行 商业汇票（银行承兑汇票和商业承兑汇票）、支票出票人为其他企业和组织
	收款人	票据正面记载的到期后有权收取票据所载金额的人	
	付款人	由出票人委托付款或自行承担付款责任的人	自己出、自己付： 银行汇票、本票的付款人为出票人（银行） 自己出、委托别人付： 商业承兑汇票的付款人是该汇票的承兑人； 银行承兑汇票的付款人是承兑银行； 支票的付款人是出票人的开户银行
非基本当事人	承兑人	接受汇票出票人的付款委托，同意承担支付票款义务的人	
	背书人	在转让票据时，在票据背面或粘单上签字或盖章，并将该票据交付给受让人的票据收款人或持有人	
	被背书人	被记名受让票据或接受票据转让的人	
	保证人	为票据债务提供担保的人，由票据债务人以外的第三人担任	

【解题高手】"承诺支付"，只在"远期"商业汇票中出现，即付票据无须提示承兑。

"承诺支付"代表承担了绝对的付款责任，而"付款人"只代表着支付动作，是可以拒付的，因此付款人包括承兑人但不等同于承兑人。

【原理详解】一起来画个图，梳理一下这些当事人的角色：

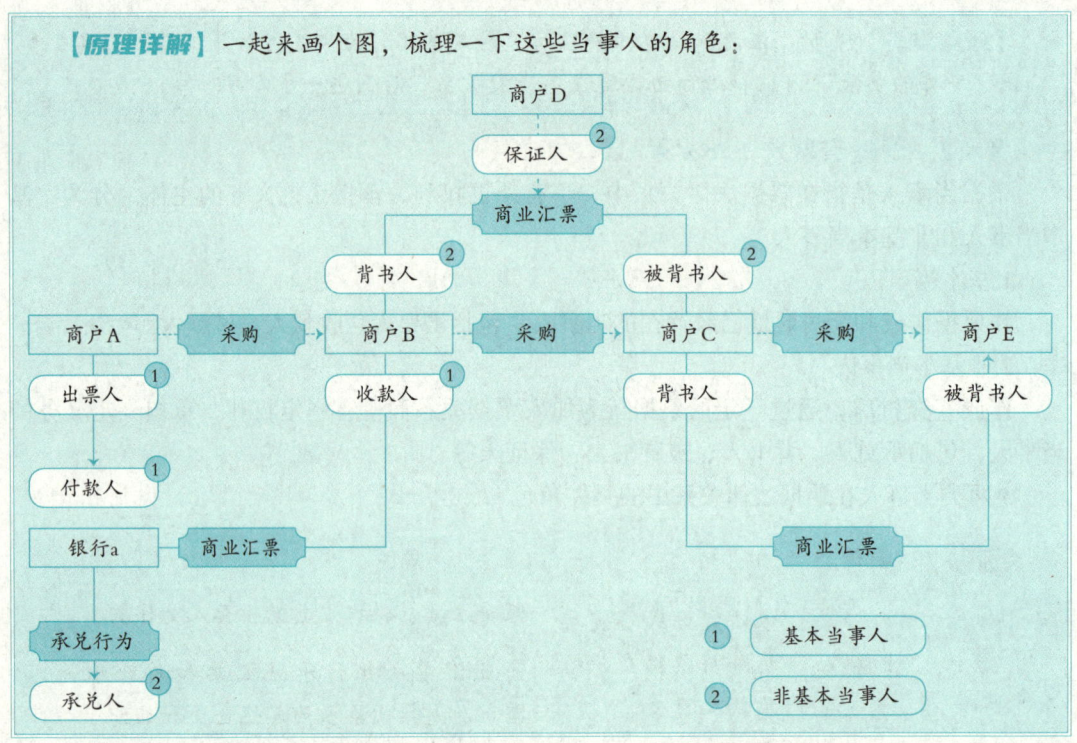

【典例研习·3-20】（模拟多选题）

下列各项中，属于票据基本当事人的有（　　）。

A.出票人　　　B.收款人　　　C.付款人　　　D.保证人

‖斯尔解析‖ ABC　票据基本当事人是指在票据作成和交付时就已经存在的当事人，包括出票人、付款人和收款人。

‖陷阱提示‖ 票据的基本当事人只有三个，即出票人、收款人、付款人，其他非基本当事人均为常见迷惑选项。选择基本当事人在票据部分属于送分题，注意审题即可拿分。

【典例研习·3-21】（2018年单选题）

根据支付结算法律制度的规定，下列关于票据付款人的表述中正确的是（　　）。

A.支票的付款人是出票人
B.商业承兑汇票的付款人是承兑人
C.银行汇票的付款人是申请人
D.银行承兑汇票的付款人是出票人

‖斯尔解析‖ B　商业承兑汇票的付款人是合同中应给付款项的一方当事人，也是该汇票的承兑人（选项B正确）；银行承兑汇票的付款人是承兑银行；支票的付款人是出票人的开户银行。

‖陷阱提示‖ 区分不同票据的付款人是考试的难点所在，命题人可以把各类票据类型与各类票据当事人排列组合，设置多个选项。为了应对此类考题，我们需把握一个规律，即除了商业承兑汇票之外，其他汇票的付款人都是银行。具体而言，银行汇票、银行本票由银行出票，其付款人是出票人；银行承兑汇票由银行承兑，其付款人是承兑人；支票由企业出票，且不涉及承兑，其付款人是出票人的开户银行（做付款动作）；只有商业承兑汇票需特殊记忆，其出票人、承兑人都不是银行，付款人也不是银行，而是承兑人（承担了绝对付款义务的角色）。把握本规律之后，本题即可很清晰的选出，选项ACD的付款人均应是银行，选项所述均错误。

考点3　票据权利（★★★）

（一）两道权利

票据权利是指票据持票人向票据债务人请求支付票据金额的权利，包括付款请求权（第一道权利）和追索权（第二道权利）。

1.付款请求权

指持票人向汇票的承兑人、本票的出票人、支票的付款人出示票据要求付款的权利。

2.票据追索权

当事人行使付款请求权遭到拒绝或有其他法定原因存在时，向其前手请求偿还票据金额及其他法定费用的权利。

谁追索？	①除票据记载的收款人和最后被背书人外，还可能是代为清偿票据债务的保证人、背书人； ②被追索人清偿债务后，与持票人享有同一权利
向谁追索？	持票人可以不按照票据债务人的先后顺序，对其中任何一人、数人或者全体行使追索权

3.票据的权利链条

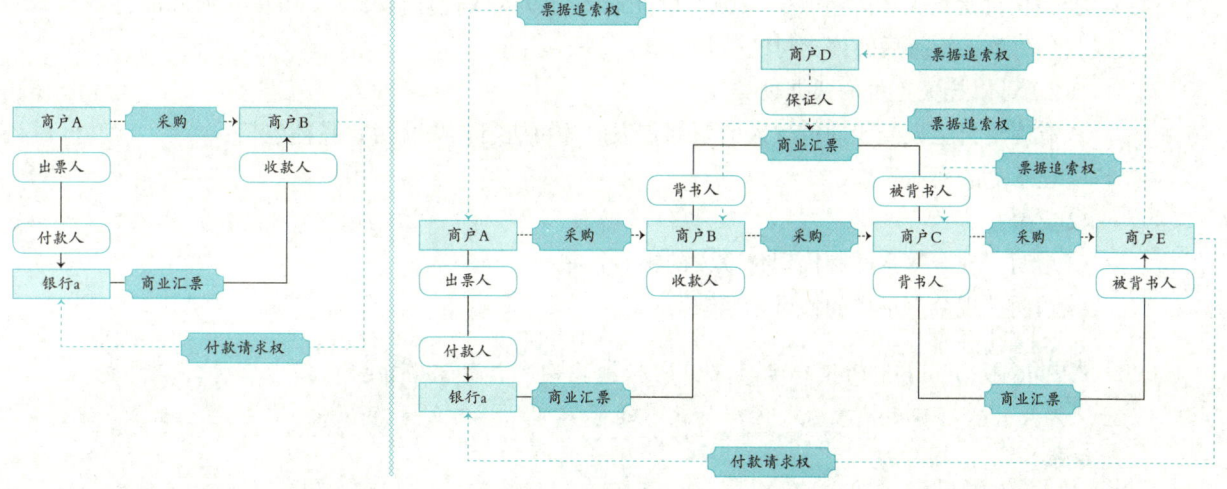

（二）票据权利的取得

1.应具有真实的交易关系和债权债务关系。

2.票据的取得，必须给付对价。

（1）票据的取得，必须给付对价，即应当给付票据双方当事人认可的相对应的代价。

（2）因为税收、继承、赠与可以依法无偿取得票据的，不受给付对价的限制，但是所享有的票据权利不得优于其前手的权利。

3.不享有票据权利的情形

（1）以欺诈、偷盗或者胁迫等手段取得票据的，或者明知有上述情形，出于恶意取得票据的；

（2）持票人因重大过失取得不符合《票据法》规定的票据的。

【典例研习·3-22】

甲公司签发一张银行承兑汇票给乙公司，丙公司通过欺诈取得该汇票该汇票，此时丙公司虽取得该汇票，但属于恶意持票人，不享有票据权利。此时：

（1）若丙公司将该汇票背书转让给丁公司，丁公司不知情并支付了相应对价，则丁公司属于善意持票人，享有完整的票据权利；

（2）若丙公司将该汇票背书转让给丁公司，丁公司知情，虽然丁公司支付了相应对价，丁公司因属于恶意持票人，不享有票据权利；

（3）若丙公司将票据赠送给丁公司，此时无论丁公司是否知情，由于其票据权利不得优于其前手丙公司，丁公司均不享有票据权利。

（三）票据权利丧失补救

【原理详解】 票据权利和票据是一体的，一旦票据丢了，不采取补救措施，那权利不也就"随风而逝"了吗？所以要补救。三种途径：挂失止付、公示催告、普通诉讼。

1.挂失止付

（1）概念

挂失止付是指失票人将丧失票据的情况通知付款人或代理付款人，由接受通知的付款人或代理付款人审查后暂停支付的一种方式。

（2）可以挂失止付的票据种类

只有确定付款人或代理付款人的票据丧失时才可进行挂失止付，具体包括：

①已承兑的商业汇票；

②支票；

③填明"现金"字样和代理付款人的银行汇票；

④填明"现金"字样的银行本票。

【原理详解】 小十的银行卡丢了，害怕被盗刷，打电话给银行冻结卡，暂时不要支付。因此，只有确定付款人或代理付款人的票据可以挂失止付，不然怎么知道"电话"打给谁？

（3）挂失止付的效果

挂失止付不是票据丧失后采取的必经措施，而是暂时的预防措施，最终要通过申请公示催告或提起普通诉讼来补救票据权利。

失票人可以先办理挂失止付，然后在通知挂失止付后的3日内，向票据支付地人民法院申请公示催告（或者提起普通诉讼），也可以在票据丧失后（不办理挂失止付）直接向人民法院申请公示催告或者提起普通诉讼。

（4）挂失止付的程序

①失票人填写挂失止付通知书并签章，且必须写明下列事项，欠缺任一项，银行不予受理：

a.票据丧失的时间、地点、原因；

b.票据的种类、号码、金额、出票日期、付款日期、付款人名称、收款人名称；

c.挂失止付人的姓名、营业场所或者住所以及联系方法。

②付款人或付款代理人

付款人或者代理付款人收到挂失止付通知书后，查明挂失票据确未付款时，应立即暂停支付。付款人或者代理付款人在收到挂失止付通知书之前，已经向持票人付款的，不再承担责任。但是，付款人或者代理付款人以恶意或者重大过失付款的除外。

付款人或者代理付款人自收到挂失止付通知书之日起12日内没有收到人民法院的止付通知书的，自第13日起，不再承担止付责任，持票人提示付款即依法向持票人付款。

③承兑人或承兑人开户银行

承兑人或承兑人开户银行收到挂失止付通知或者公示催告等司法文书并确认相关票据未付款的，应当于当日依法暂停支付并在中国人民银行指定的票据市场基础设施（上海票据交易所）登记或者委托开户行在票据市场基础设施登记相关信息。

2.公示催告

（1）概念

指在票据丧失后由失票人向人民法院提出申请，请求人民法院以公告方式通知不确定的利害关系人限期申报权利，逾期未申报者，则权利失效，而由法院通过除权判决宣告所丧失的票据无效的制度或程序。

（2）程序

①失票人（最后持票人）申请公示催告

事项	具体规定
什么时间申请	失票后直接申请，或者通知挂失止付后的3日内
谁申请	必须是可以背书转让的票据的最后持票人
向谁申请	向票据支付地人民法院申请公示催告
公示催告申请书内容	票据的基本信息： 票面金额； 出票人、持票人、背书人； 申请的理由、事实； 通知票据付款人或者代理付款人挂失止付的时间； 付款人或者代理付款人的名称、通信地址、电话号码等

②人民法院受理公示催告

人民法院决定受理公示催告申请，应当同时通知付款人及代理付款人停止支付，并自立案之日起3日内发出公告,催促利害关系人申报权利。

公示催告申请后发布的公告应当在全国性的报刊上登载。

③公式催告期间

在公示催告期间,转让票据权利的行为无效,以公示催告的票据质押、贴现,因质押、贴现而接受该票据的持票人主张票据权利的,人民法院不予支持。

国内票据自公告发布之日起60日,涉外票据可根据具体情况适当延长,但最长不得超过90日。

④付款人或者代理付款人收到人民法院发出的止付通知,应当立即停止支付,直至公示催告程序终结。

⑤利害关系人应当在公示催告期间向人民法院申报。

⑥人民法院判决

情形	人民法院裁定/判决	申请人及利害关系人主张权利
有人申报	人民法院收到利害关系人的申报后,应当裁定终结公示催告程序,并通知申请人和支付人	申请人或者申报人可以向人民法院起诉,以主张自己的权利
无人申报	人民法院应当根据申请人的申请,作出除权判决,宣告票据无效;判决应当公告,并通知支付人	申请人:自判决公告之日起,有权向支付人请求支付; 利害关系人:因正当理由不能在判决前向人民法院申报的,自知道或者应当知道判决公告之日起1年内,可以向作出判决的人民法院起诉

3.普通诉讼

(1)普通诉讼是指以丧失票据的人为原告,以承兑人或出票人为被告,请求人民法院判决其向失票人付款的诉讼活动。

(2)如果与票据上的权利有利害关系的人是明确的,无须公示催告,可按一般的票据纠纷向人民法院提起诉讼。

【解题高手】票据权利丧失补救的三项措施中,挂失止付、公示催告均不是必经程序,如果有明确的"被告",可直接提起诉讼以主张权利。

(四)票据权利时效

1.票据权利在时效期间内不行使,即引起票据权利丧失。

【原理详解】丧失的是票据权利,但仍然享有相关民事权利。

2.票据权利时效期间

票据种类	对出票人的权利	对承兑人的权利	对前手的追索权	对前手的再追索权
支票	自出票日起6个月	不适用	被拒绝付款日起6个月	自清偿日或被提起诉讼之日起3个月
银行汇票	自出票日起2年			
银行本票	自出票日起2年			
商业汇票	自票据到期日起2年	自票据到期日起2年	被拒绝承兑或被拒绝付款起6个月	

【典例研习·3-23】（2018年多选题）

根据《票据法》的规定，票据持有人有下列（　　）情形，不得享有票据权利。

A.以欺诈、偷盗、胁迫等手段取得票据的
B.明知前手欺诈、偷盗、胁迫等手段取得票据而出于恶意取得票据的
C.因重大过失取得不符合《票据法》规定的票据
D.自合法取得票据的前手处因赠与取得票据的

‖斯尔解析‖ ABC 取得票据但不享有票据权利的情形：（1）以欺诈、偷盗或者胁迫等手段取得票据的，或者明知有上述情形，出于恶意取得票据的。（2）持票人因重大过失取得不合法的票据的。选项ABC属于不享有票据权利的情形。

【典例研习·3-24】（2018年判断题）

挂失止付是票据丧失后采取的必经措施。（　　）

‖斯尔解析‖ × 挂失止付并不是票据丧失后采取的必经措施，而只是一种暂时的预防措施，最终要通过申请公示催告或提起普通诉讼来补救票据权利。

‖陷阱提示‖ 挂失止付、公示催告，都不是票据丧失后必须采取的措施，前者的目的是"预防性"的暂时停止支付，为之后的程序争取一些时间；后者的目的是为了"找人"。如果与票据上的权利有利害关系的人是明确的，无须公示催告，可按一般的票据纠纷向法院提起诉讼。

【典例研习·3-25】（2016年多选题）

根据票据法律制度的规定，下列各项中，属于票据丧失后可以采取的补救措施有（　　）。

A.挂失止付　　　　　　　　B.公示催告
C.普通诉讼　　　　　　　　D.仲裁

‖斯尔解析‖ ABC 票据丧失后，可以采取挂失止付、公示催告和普通诉讼三种形式进行补救，选项ABC正确。

【典例研习·3-26】（2015年单选题）

下列选项关于票据权利丧失补救的表述中，不正确的是（　　）。

A.可以申请挂失止付的票据，包括已承兑的商业汇票、支票、填明"现金"字样和代

理付款人的银行汇票以及填明"现金"字样的银行本票四种

B.付款人或者代理付款人自收到挂失止付通知之日起12日内没有收到人民法院的止付通知书的，自第13日起，不再承担止付责任，持票人提示付款即依法向持票人付款

C.失票人应当在通知挂失止付后的3日内依法向票据支付地的人民法院申请公示催告，不能不通知挂失止付而直接申请公示催告

D.在公示催告期间，转让票据权利的行为无效，以公示催告的票据质押、贴现而接受该票据的持票人主张票据权利的，人民法院不予支持，但公示催告期间届满以后人民法院作出除权判决以前取得该票据的除外

‖斯尔解析‖ C 失票人可以在票据丧失后，依法向票据支付地人民法院申请公示催告。挂失止付并不是票据丧失后采取的必经措施，而只是一种暂时的预防措施，最终要通过申请公示催告或提起普通诉讼来补救票据权利。

【典例研习·3-27】（2019年多选题改编）
根据支付结算法律制度的规定，关于票据权利时效的下列表述中，不正确的有（　　）。
A.持票人对前手的追索权，自被拒绝承兑或被拒绝付款之日起3个月内不行使的，该权利丧失
B.持票人对票据承兑人的权利自票据到期日起6个月内不行使的，该权利丧失
C.持票人对支票出票人的权利自出票日起3个月内不行使的，该权利丧失
D.持票人在票据权利时效期间内不行使票据权利的，该权利丧失

‖斯尔解析‖ ABC （1）持票人对前手的追索权，为自被拒绝承兑或者被拒绝付款之日起6个月（选项A所述不正确）。（2）持票人对票据的出票人和承兑人的权利，为自票据到期日起2年（选项B所述不正确）。（3）持票人对支票出票人的权利，为自出票日起6个月（选项C所述不正确）。（4）票据权利在时效期间内不行使，票据权利丧失（选项D所述正确）。故本题选择ABC。

【典例研习·3-28】（2018年单选题）
甲公司将一张商业承兑汇票背书转让给乙公司，乙公司于汇票到期日2020年5月10日向付款人请求付款时遭到拒绝，乙公司向甲公司行使追索权的最后日期为（　　）。

A.2020年8月10日　　　　　　　B.2020年11月10日
C.2020年10月10日　　　　　　D.2020年6月10日

‖斯尔解析‖ B 先识别甲公司的身份，本题中甲公司为背书转让的背书人，非出票人，也非承兑人、付款人，因此本题考查的是持票人对前手的追索权，自被拒绝承兑或者被拒绝付款之日起6个月，即2020年5月10日起6个月，为2020年11月10日。

‖陷阱提示‖ 对于以小案例形式考查票据权利时效的题目，请注意，第一步一定不要盲目套用背记的2年、6个月、3个月，而是先辨别清楚，现在是在向哪一位票据当事人行使权利，这是做对此类题目的第一步。

考点4　票据责任（★）

（一）概念

票据责任是指票据债务人向持票人支付票据金额的义务。

（二）不同票据的票据债务人

责任人顺位	债务人	承担付款义务因由
"第一责任人"	汇票承兑人	因承兑而应承担付款义务
	本票出票人	因出票而承担自己付款的义务
	支票付款人	在与出票人有资金关系时承担付款义务
"第二责任人"	汇票、本票、支票的背书人，汇票、支票的出票人、保证人	在票据不获承兑或不获付款时的付款清偿义务

（三）持票人的提示付款

1.持票人应按规定期限提示付款

票据种类		提示付款期限
即期票据	支票	自出票日起10日
	银行汇票	自出票日起1个月
	银行本票	自出票日起最长不超过2个月
远期票据	商业汇票	自票据到期日起10日

2.未按规定提示付款的后果

（1）承兑人或者付款人仍应当继续对持票人承担付款责任。

（2）支票持票人超过提示付款期限提示付款的，付款人（开户行）可以不予付款；付款人不予付款的，出票人仍应对持票人承担票据责任。

（3）本票持票人未按照规定提示付款的，丧失对出票人以外的前手的追索权。

【解题高手】

1.支票持票人超过提示付款期限提示付款的，支票付款人并非"应不予付款"，而为"可以"不予付款。

2.本票持票人未按照规定提示付款的，只能向出票银行申请付款。

（四）票据抗辩

【原理详解】什么是票据抗辩？票据债务人"对抗"持票人，拒绝履行票据责任。

1.对"物"的抗辩——对抗所有票据持票人

如果存在背书不连续等合理事由，票据债务人可以对票据债权人拒绝履行义务。

2.对"人"的抗辩——对抗特定票据持票人

（1）票据债务人可以对不履行约定义务的与自己有直接债权债务关系的持票人进行抗辩。

（2）票据债务人不得以自己与出票人或者与持票人的前手之间的抗辩事由，对抗持票人。当然，若持票人明知存在抗辩事由而取得票据的除外。

（五）付款人——审查及付款

付款人及其代理人付款时（即做"付款动作"时），应当审查票据背书的连续，并审查提示付款人合法身份证明或者有效证件。

持票人依照规定提示付款的，付款人必须在当日足额付款。

（六）票据权利的解除

付款人依法足额付款后，全体票据债务人的责任解除。

【典例研习·3-29】（2017年多选题改编）

下列主体中，应当向持票人承担票据责任的有（　　）。

A.支票出票人的开户行Q银行　　　B.不获承兑的汇票出票人乙公司
C.签发银行本票的P银行　　　　　D.对汇票予以承兑的甲公司

‖斯尔解析‖ ABCD　汇票承兑人因承兑而应承担付款义务（选项D）；本票出票人因出票而承担自己付款的义务（选项C）；支票付款人在与出票人有资金关系时承担付款义务（选项A）；汇票、本票、支票的背书人，汇票、支票的出票人、保证人，在票据不获承兑或不获付款时的付款清偿义务（选项B）。

【典例研习·3-30】（模拟单选题）

下列说法中，正确的是（　　）。

A.票据债务人可以以自己与出票人或者与持票人的前手之间的抗辩事由，对抗持票人
B.持票人未按照规定期限提示付款的，付款人的票据责任解除
C.持票人委托的收款银行的责任，限于按照票据上记载事项将票据金额转入持票人账户
D.付款人委托的付款银行的责任，限于按照票据上记载事项从付款人账户支付票据金额，不必审查背书连续

‖斯尔解析‖ C　（1）票据债务人不得以自己与出票人或者与持票人的前手之间的抗辩事由，对抗持票人，选项A错误。（2）持票人未按照规定期限提示付款的，在作出相关说明后，付款人仍应当承担付款责任，而不能因此解除付款责任，选项B错误。（3）付款银行付款，付款人委托的付款银行的责任，限于按照票据上记载事项从付款人账户支付票据金额，但应按照规定审查背书是否连续，背书不连续，持票人不享有票据权利，因此不应予以付款，选项D错误。本题选C。

考点5　票据行为（★★★）

（一）概念及分类

票据行为是指票据当事人以发生票据债务为目的的、以在票据上签名或盖章为权利义务成立要件的法律行为。票据行为包括出票、背书、承兑和保证。

【解题高手】票据行为只有这四类，付款、提示付款、失票后的三种补救措施，都不属于票据行为。

（二）出票

1. 包括两个行为：作成票据（即在原始票据上记载法定事项并签章）+交付。两者缺一不可。

2. 出票记载事项

事项	效果	举例
必须记载事项	不记载则票据行为无效	出票人签章、出票日期
相对记载事项	不记载按法律规定执行，不影响票据的效力	出票地点
任意记载事项	记载即产生法律效力，不记载时不影响票据效力	"不得转让"字样
记载不产生票据法上的效力的事项	该记载事项不具有票据上的效力，银行不负审查责任	用途

【解题高手】注意区分"任意记载事项"及"记载不产生票据法上的效力的事项"。

3. 出票人的责任

出票人签发票据后，即承担该票据承兑或付款的责任。出票人在票据得不到承兑或者付款时，应当向持票人清偿《票据法》规定的金额和费用。

（三）背书

1. 概念

背书是指在票据背面或者粘单上记载有关事项并签章的行为。

（1）什么是粘单？票据凭证不能满足背书人记载事项的需要，可以加附粘单，粘于票据凭证上。

（2）粘单上的第一记载人，应当在票据和粘单的粘接处签章。

2. 分类

种类		背书目的	注意事项
转让背书		以背书方式转让票据权利	贴现属于转让背书
非转让背书	委托收款背书	委托被背书人行使票据权利	被背书人不得再以背书转让票据权利
	质押背书	为担保债务，以在票据上设定质权为目的	被背书人依法实现其质权时，可以行使票据权利（如果债务人履行了义务，被背书人将票据还给背书人即可，不需要再进行背书转让）

3.背书记载事项

事项	具体内容	提示
必须记载事项	背书人签章	质押背书中为出质人签章
	被背书人名称（可授权补记）	质押背书中为质权人名称 授权补记：背书人未记载被背书人名称即将票据交付他人的，持票人在被背书人栏内记载自己的名称与背书人记载具有同等法律效力
		委托收款背书及质押背书：记载"委托收款"字样或"质押"字样
相对记载事项	背书日期	背书未记载日期的，视为在票据到期日前背书

4.背书应当连续

（1）背书连续，是指在票据转让中，转让票据的背书人与受让票据的被背书人在票据上的签章依次前后衔接；具体来说，第一背书人为票据收款人，最后持票人为最后背书的被背书人，中间的背书人为前手背书的被背书人；

【原理详解】无论背书多少次，无论是哪种背书，背书都应连续。头是头，尾是尾，中间每次背书时，背书人和对应的被背书人成对儿出现。

（2）背书人以背书转让票据后，即承担保证其后手所持票据承兑和付款的责任；

（3）以背书转让的票据，背书应当连续，持票人以背书的连续，证明其票据权利；非经背书转让，而以其他合法方式取得票据的，依法举证，证明其票据权利。

5.背书的特别规定

包括条件背书、部分背书、限制背书和期后背书。

（1）条件背书——"条件"无效：背书时附有条件的，所附条件不具有票据上的效力；

（2）部分背书——"背书"无效：将票据金额的一部分转让的背书或者将票据金额分别转让给两人以上的背书，背书无效；

（3）限制背书——写明"不得转让"，还转让：

谁记载"不得转让"	效果
出票人	票据不得背书转让（丧失流通性）
背书人	其后手再背书转让的，原背书人对后手的被背书人不承担保证责任，其只对直接的被背书人承担责任

【解题高手】注意：记载"不得转让"不属于"条件背书"。

（4）期后背书——票据被拒绝承兑、被拒绝付款或者超过付款提示期限的，不得背书转让；背书转让的，背书人应当承担票据责任。

【典例研习·3-31】（2017年多选题）

根据支付结算法律制度的规定，下列各项中，属于票据行为的有（　　）。

A.出票　　　　B.背书　　　　C.承兑　　　　D.付款

‖斯尔解析‖ ABC　票据行为包括出票、背书、承兑和保证；付款请求权、追索权属于票据权利。因此本题选项ABC正确，选项D错误。

‖陷阱提示‖ 付款、提示付款、追索是考查票据行为的常见迷惑选项。付款请求权、追索权属于票据权利，不属于票据行为，票据行为只有出票、背书、承兑和保证这四项。

【典例研习·3-32】（2018年判断题）

背书人未记载被背书人名称即将票据交付他人的，持票人在票据被背书人栏内记载自己的名称与背书人记载具有同等法律效力。（　　）

‖斯尔解析‖ √

【典例研习·3-33】（2017年单选题）

根据支付结算法律制度的规定，关于票据背书效力的下列表述中，不正确的是（　　）。

A.背书人在票据上记载"不得转让"字样，其后手再背书转让的，原背书人对后手的被背书人不承担保证责任

B.背书附有条件的，所附条件不具有票据上的效力

C.背书人背书转让票据后，即承担保证其后手所得票据承兑和付款的责任

D.背书未记载日期的，属于无效背书

‖斯尔解析‖ D　选项D，"背书日期"属于相对记载事项，背书未记载日期的，视为在票据到期日前背书，不影响背书效力。

【典例研习·3-34】（2016年单选题）

根据支付结算法律制度的规定，下列各项中，属于背书任意记载事项的是（　　）。

A.不得转让　　　　　　　　B.背书日期

C.被背书人名称　　　　　　D.背书人签章

‖斯尔解析‖ A　（1）选项CD，属于背书必须记载事项。（2）选项B，背书日期属于相对记载事项，背书未记载日期的，视为在票据到期日前背书，不影响背书效力。（3）选项A，属于背书任意记载事项。

‖陷阱提示‖ 再次提醒，注意区分"相对记载事项""任意记载事项"和"记载不产生票据法上的效力的事项"。

【典例研习·3-35】（2012年、2015年单选题）

根据支付结算法律制度的规定，票据凭证不能满足背书人记载事项的需要，可以加附粘单。粘单上的第一记载人，应当在票据和粘单的粘接处签章。该记载人是（　　）。

A.粘单上第一手背书的被背书人　　　B.粘单上最后一手背书的被背书人

C.粘单上第一手背书的背书人　　　　D.票据持票人

‖斯尔解析‖ C　粘单上的第一记载人为粘单上第一手背书的背书人。

【典例研习·3-36】（2019年单选题改编）

根据支付结算法律制度的规定，下列关于票据背书的表述中，正确的是（　　）。

A.以背书转让的票据，背书应当连续

B.背书时附有条件的，背书无效
C.委托收款背书的被背书人可再以背书转让票据权利
D.票据上第一背书人为出票人

斯尔解析 [A] （1）选项B，背书时附有条件的，条件无效，但不影响背书的效力，选项B错误。（2）委托收款背书的被背书人有权代背书人行使被委托的票据权利。但是，被背书人不得再以背书转让票据权利。选项C错误。（3）票据上第一背书人为收款人，选项D错误。

【典例研习·3-37】（2010年多选题）

甲公司将一张银行承兑汇票转让给乙公司，乙公司以质押背书方式向W银行取得贷款。贷款到期，乙公司偿还贷款，收回汇票并转让给丙公司。票据到期后，丙公司作成委托收款背书，委托开户银行提示付款。根据票据法律制度的规定，下列背书中，属于非转让背书的有（ ）。

A.甲公司背书给乙公司　　　　B.乙公司质押背书给W银行
C.乙公司背书给丙公司　　　　D.丙公司委托收款背书

斯尔解析 [BD] 非转让背书包括委托收款背书和质押背书，该背书不转移票据所有权。

（四）承兑

1.概念

指汇票付款人承诺在汇票到期日支付汇票金额并签章的行为，仅适用于商业汇票。承兑程序包括提示承兑、受理承兑、记载承兑事项等。

2.承兑的效力

（1）付款人承兑汇票后，应当承担到期付款的责任；

（2）"带条件的承兑"视为拒绝承兑。付款人承兑汇票，不得附有条件；承兑附有条件的，视为拒绝承兑。

【解题高手】与背书附有条件进行区分，背书附有条件的，所附条件"不具票据上的效力"，即条件无效。

3.持票人——提示承兑

（1）持票人向付款人出示汇票，并要求付款人承诺付款的行为；

（2）提示承兑的时间要求

类型	要求
定日付款或者出票后定期付款的汇票	应在汇票到期日前向付款人提示承兑
见票后定期付款的汇票	应当自出票日起1个月内向付款人提示承兑

（3）未按时提示承兑的后果：汇票未按照规定期限提示承兑的，持票人丧失对其前手的追索权，但不丧失对"出票人"的权利。

4.付款人

（1）受理承兑

付款人对向其提示承兑的汇票，应当自收到提示承兑的汇票之日起3日内承兑或者拒绝承兑。

（2）记载承兑事项

记载事项	具体内容及要求
必须记载事项	表明"承兑"的字样；承兑人签章
相对记载事项	承兑日期 汇票上未记载承兑日期的，应当以收到提示承兑的汇票之日起3日内的最后一日为承兑日期

【原理详解】付款人的钱从哪里来？

来自"源头"，也就是出票人。银行承兑汇票的出票人应于汇票到期日前，将汇票款项存入承兑银行。但既然是"银行承兑"，出票人于汇票到期日未能足额交存票款，承兑银行除凭票向持票人无条件付款外，对出票人"尚未支付"的汇票金额按照每天"0.5‰"计收利息。

（五）保证

指票据债务人以外的人，为担保特定债务人履行票据债务而在票据上记载有关事项并签章的行为。

1.保证人

（1）国家机关、以公益为目的的事业单位、社会团体、企业法人的分支机构和职能部门作为票据保证人的，票据保证无效。

（2）特例

①经国务院批准为使用外国政府或者国际经济组织贷款进行转贷，国家机关提供票据保证的有效；

②企业法人的分支机构在法人书面授权范围内提供票据保证的有效。

【解题高手】

1.国家机关：在非常特例的情况下有效；

2.企业分支机构：书面授权才有效；企业职能部门：任何时候都无效。

2.记载事项

分类	具体内容
必须记载事项	表明"保证"的字样；保证人签章

分类		具体内容
相对记载事项	保证人名称和住所	未记载的，以保证人的营业场所、住所或者经常居住地为保证人住所
	被保证人的名称	未记载的，已承兑的汇票"承兑人"为被保证人，未承兑的汇票"出票人"为被保证人
	保证日期	未记载的，出票日期为保证日期

3.保证责任

（1）保证人应当与被保证人对持票人承担连带责任。票据到期后得不到付款的，持票人有权向保证人请求付款，保证人应当足额付款。但是，被保证人的债务因票据记载事项欠缺而无效的除外；

（2）保证人为两人以上的，保证人之间承担连带责任。

4.保证人权利

保证人清偿票据债务后，可以行使持票人对被保证人及其前手的追索权。

5."带条件的保证"——不影响保证责任。

保证不得附有条件，附有条件的，不影响对汇票的保证责任。

【解题高手】三种"带条件"的票据行为区分：

（1）背书附有条件的，所附条件不具有票据上的效力，即背书有效、条件无效；

（2）承兑附有条件，视为拒绝承兑；

（3）保证不得附有条件，附有条件的，不影响对汇票的保证责任。

【典例研习·3-38】（2016年单选题）

根据支付结算法律制度的规定，下列事项中，属于汇票任意记载事项的是（　　）。

A.保证人在汇票上记载"保证"字样

B.背书人在汇票上记载被背书人名称

C.出票人在汇票上记载"不得转让"字样

D.承兑人在汇票上签章

‖斯尔解析‖　C　选项ABD均属于汇票必须记载事项。选项C属于任意记载事项，不记载该字样，不影响票据的效力。

【典例研习·3-39】（2018年多选题）

2017年12月12日，甲公司持有一张出票人为乙公司，金额为100万元，到期日为2017年12月12日，承兑人为P银行的银行承兑汇票。甲公司于12月12日去P银行提示付款，发现乙公司账户只有存款20万元。P银行拟采取的下列做法中，正确的有（　　）。

A.于2017年12月12日起对乙公司欠款80万元开始计收利息

B.于2017年12月12日起向甲公司付款20万元

C.于2017年12月12日拒绝付款并出具拒绝付款证明

D.于2017年12月12日向甲公司付款100万元

‖斯尔解析‖ [AD] 银行承兑汇票的出票人应于汇票到期前将票款足额交存其开户银行，银行承兑汇票的出票人于汇票到期日未能足额交存票款时，承兑银行付款后，对出票人尚未支付的汇票金额按照每天万分之五计收利息。故本题中，P银行应先付款（选项D正确），再对垫付的80万元收取利息（选项A正确）。

‖陷阱提示‖ 面对汇票的小案例题时，第一要务还是看清这是什么票据，其中涉及的当事人分别是谁，再根据该当事人应承担的责任进行分析。本题中，P银行是这张已经承兑的银行承兑汇票的承兑人，承担到期无条件付款的责任，先明确P银行需要全额付款！选项BC排除。那么P银行愿意当冤大头吗？当然不。P银行垫款的行为实际是变相借钱给乙公司，从"借款日"（即垫款日）开始计息，选项A正确。

【典例研习·3-40】（2008年多选题）
下列关于商业汇票提示承兑期限的表述中，符合法律规定的有（　　）。
A.商业汇票的提示承兑期限，为自汇票到期日起10日内
B.定日付款的商业汇票，持票人应该在汇票到期日前提示承兑
C.出票后定期付款的商业汇票，提示承兑期限为自出票日起1个月内
D.见票后定期付款的商业汇票，持票人应该自出票日起1个月内提示承兑

‖斯尔解析‖ [BD] （1）选项A，远期商业汇票的"提示付款"期限，为自汇票到期日起10日内。（2）选项BC，定日付款、出票后定期付款的商业汇票，持票人应该在汇票到期日前向付款人提示承兑。（3）选项D，见票后定期付款的商业汇票，持票人应该自出票日起1个月内提示承兑。

【典例研习·3-41】（2018年多选题）
下列关于保证人在票据或者粘单上未记载"被保证人名称"的说法正确的有（　　）。
A.已承兑的票据，承兑人为被保证人　　B.已承兑的票据，出票人为被保证人
C.未承兑的票据，出票人为被保证人　　D.未承兑的票据，该保证无效

‖斯尔解析‖ [AC] 保证人在票据或者粘单上未记载"被保证人名称"的，已承兑的票据，承兑人为被保证人；未承兑的票据，出票人为被保证人。

【典例研习·3-42】（2015年多选题）
根据支付结算法律制度的规定，票据或粘单未记载下列事项，保证人仍需承担保证责任的有（　　）。
A.保证人签章　　　　　　　　B.保证日期
C.被保证人名称　　　　　　　D."保证"字样

‖斯尔解析‖ [BC] （1）选项AD，保证行为必须记载事项。（2）选项BC，票据的相对记载事项，如未记载，保证人仍需承担保证责任。

【典例研习·3-43】（2014年多选题）
根据支付结算法律制度的规定，下列关于票据保证责任的表述中，正确的有（　　）。
A.保证人与被保证人对持票人承担连带责任
B.保证附有条件的，影响对票据的保证责任
C.票据到期后得不到付款的，持票人向保证人请求付款，保证人应当足额付款
D.保证人为两人以上的，保证人之间承担连带责任

【斯尔解析】 ACD　选项B，保证不得附有条件，附有条件的，不影响对票据的保证责任。

考点6　票据追索（★★★）

（一）票据追索适用的情形

票据追索适用于两种情形，分别为到期后追索和到期前追索。

1.到期后追索

票据到期被拒绝付款的，持票人对背书人、出票人以及票据的其他债务人行使的追索。

2.到期前追索

票据到期日前，持票人对下列情形之一行使的追索：

（1）汇票被拒绝承兑的；

（2）承兑人或者付款人死亡、逃匿的；

（3）承兑人或者付款人被依法宣告破产的或者因违法被责令终止业务活动的。

（二）被追索人的确定

1.票据的出票人、背书人、承兑人和保证人对持票人承担连带责任。

2.持票人行使追索权，可以不按照票据债务人的先后顺序，对其中任何一人、数人或者全体行使追索权。

【解题高手】重要考点，一般情况下，向谁追索都行。

3.持票人对票据债务人中的一人或者数人已经进行追索的，对其他票据债务人仍可以行使追索权。

4.不可向全体前手追索的情形

情形	追索对象
承兑附条件、拒绝承兑	除付款人外其他前手
背书人记载不得转让字样	除该背书人和该背书人的保证人外前手
未按规定期限提示承兑	出票人
未按规定期限提示付款　支票、本票、银行汇票	出票人
未按规定期限提示付款　商业汇票	承兑人、出票人

（三）追索的内容

1.持票人可追索的金额

（1）被拒绝付款的票据金额；

（2）票据金额自到期日或者提示付款日起至清偿日止，按照中国人民银行规定的利率计算的利息；

（3）取得有关拒绝证明和发出通知书的费用。

2.被追索人清偿后，可追索的金额

（1）已清偿的全部金额；

（2）前项金额自清偿日起至再追索清偿日止，按照中国人民银行规定的利率计算的利息；

（3）发出通知书的费用。

> 【解题高手】注意，可追索金额都不包括"间接损失"：
> （1）直接追索：包括票据金额+利息+直接费用；
> （2）被追索人清偿后，可追索的金额：包括已清偿金额+利息+直接费用。

（四）行使追索权

1. 提供证明

（1）持票人行使追索权，应当提供被拒绝承兑或者拒绝付款的有关证明。

（2）如无法提供证明，则丧失对其前手的追索权。但是，承兑人或者付款人仍应当对持票人承担责任。

2. 通知前手

（1）持票人应当自收到被拒绝承兑或者被拒绝付款的有关证明之日起3日内，将被拒绝事由书面通知其前手；

（2）其前手应当自收到通知之日起3日内书面通知其再前手；

（3）未按照规定期限通知的，持票人仍可以行使追索权，但要赔偿损失，以汇票金额为限。

（五）追索的效力

被追索人依照规定清偿债务后，其责任解除，与持票人享有同一权利。

【典例研习·3-44】（2019年单选题）

根据支付结算法律制度的规定，关于票据追索权行使的下列表述中，正确的是（　　）。

A.持票人不得在票据到期前追索

B.持票人应当向票据的出票人、背书人、承兑人和保证人同时追索

C.持票人在行使追索权时，应当提供被拒绝承兑或拒绝付款的有关证明

D.持票人应当按照票据的承兑人、背书人、保证人和出票人的顺序行使追索权

‖斯尔解析‖ C　（1）选项A，在票据到期日前，有特定情形出现的，持票人可以行使追索权。（2）选项BD，持票人行使追索权，可以不按照票据债务人的先后顺序，对其中任何一人、数人或者全体行使追索权。（3）选项C，持票人行使追索权时，应当提供被拒绝承兑或拒绝付款的有关证明，不能出示的，丧失对其前手的追索权；但出票人、承兑人或者付款人仍应当对持票人承担责任。

‖陷阱提示‖　被追索人的确定是历年的明星考点，要特别当心每个选项的细节描述。行使追索权时，可以不按照票据债务人的先后顺序，对其中任何一人、数人或者全体行使追索权，这意味着选项中一旦出现"应当""必须""只能"向某个前手追索、"应当""必须""只能"同时对所有前手进行追索、"应当""必须""只能"按一定顺序对所有前手进行追索时，都是错误的描述。

【典例研习·3-45】（2018年多选题）

甲公司签发并承兑了一张汇票给乙公司。乙公司将汇票背书转让给丙公司，并在汇票背面记载"不得转让"字样。丙公司又将汇票背书转让给丁公司。丁公司在向甲公司提示付款时遭到拒绝。下列关于该汇票的表述中，正确的有（　　）。

A.甲公司不承担票据责任　　　　B.丁公司可以向丙公司行使追索权
C.丁公司享有票据权利　　　　　D.丁公司可以向乙公司行使追索权

‖斯尔解析‖ BC　出票人签发票据后，即承担该票据承兑或付款的责任，出票人在票据的不到承兑或付款时，应当向持票人清偿债务，因此丁公司可以向甲公司行使追索权，选项A错误；乙公司将汇票背书转让给丙公司，并在汇票背面记载"不得转让"字样，其后手再背书转让的，原背书人乙公司对后手的被背书人不承担保证责任，因此丁公司不可以向乙公司行使追索权，选项D错误。

‖解题高手‖ 对于涉及票据追索的案例题，画个小图，就能更加清晰地理解这张票据在各当事人之间是如何流转的，这对解题有极大帮助。

【典例研习·3-46】（2016年多选题）

根据支付结算法律制度的规定，下列各项中，票据持票人行使追索权时，可以请求被追索人支付的金额和费用有（　　）。

A.因汇票资金到位不及时，给持票人造成的税收滞纳金损失
B.取得有关拒绝证明和发出通知书的费用
C.票据金额自到期日或提示付款日起至清偿日止，按规定的利率计算的利息
D.被拒绝付款的票据金额

‖斯尔解析‖ BCD　选项A，属于间接损失，不得列入追索金额。

‖陷阱提示‖ "间接损失"是此处最常见的迷惑选项。"间接损失"，如资金占用造成持票人需进行其他融资产生的融资费用，持票人追讨欠款发生的交通费、误工费等，难以衡量其与追索票据金额的相关项目，不在可请求被追索人支付的金额和费用之内。

考点7　银行汇票（★★）

（一）概述

1.概念

银行汇票是出票银行签发的，由其在见票时按照实际结算金额无条件支付给收款人或者持票人的票据。

2.用途和使用规定：

（1）银行汇票可以用于转账，填明"现金"字样的银行汇票也可以用于支取现金。

（2）单位和个人各种款项结算，均可使用银行汇票。

（3）申请人或者收款人为单位的，不得在"银行汇票申请书"上填明"现金"字样，银行亦不得为其签发现金银行汇票。

出票人	付款人	用途	申请人	收款人
出票银行	出票银行	转账	单位、个人	单位、个人
		填明"现金"字样，可以用于支取现金	个人	个人

（二）出票

1.申请人填写"银行汇票申请书"。

需要使用银行汇票向代理付款人支取现金的，申请人须在"银行汇票申请书"上填明代理付款人名称，在"出票金额"栏先填写"现金"字样，后填写汇票金额。

> **【解题高手】** 申请人填写的是申请书，而不是票据；如果个人向个人支付现金，申请书上也要填明"现金字样"。

2.出票银行受理、签发、交付票据

（1）受理银行汇票申请书，收妥款项后签发银行汇票。

（2）签发银行汇票必须记载下列事项，欠缺其一的，银行汇票无效。

①表明"银行汇票"的字样；

②无条件支付的承诺；

③出票金额、出票日期；

④付款人名称、收款人名称、出票人签章。

（3）将银行汇票和解讫通知一并交给申请人。

（三）实际结算金额

1.实际结算金额低于出票金额的，多余金额由出票银行退交申请人；

2.未填明实际结算金额和多余金额，或实际结算金额超过出票金额的，银行不予受理；

3.银行汇票的实际结算金额一经填写不得更改，更改实际结算金额的银行汇票无效。

（四）背书转让

1.银行汇票的背书转让以不超过出票金额的实际结算金额为准。未填写实际结算金额或实际结算金额超过出票金额的银行汇票不得背书转让。

2.现金银行汇票不得背书转让。

（五）提示付款

1.持票人向银行提示付款时，须同时提交银行汇票和解讫通知，缺少任何一联，银行不予受理。

2.找谁提示付款？

（1）在银行开立存款账户的持票人向开户银行提示付款；

（2）未在银行开立存款账户的个人持票人，可以向任何一家银行机构提示付款。

3.提示付款期限

（1）提示付款期限为自出票日起1个月。

（2）持票人超过期限向代理付款银行提示付款却不获付款的，须在票据权利时效内向出票银行作出说明，并提供本人身份证件或单位证明，持银行汇票和解讫通知向出票银行请求付款。

（六）退款及丧失

1.申请人因银行汇票超过付款提示期限或其他原因要求退款时，应将银行汇票和解讫通知同时提交到出票银行，并提供本人身份证件（申请人为个人）或单位证明（申请人为单位）。

缺少解讫通知要求退款的，出票银行应于银行汇票提示付款期满1个月后办理。

2.出票银行对于转账银行汇票的退款，只能转入原申请人账户；对于符合规定填明"现金"字样银行汇票的退款，才能退付现金。

3.银行汇票丧失，失票人可以凭人民法院出具的其享有票据权利的证明，向出票银行请求付款或退款。

【典例研习·3-47】（2018年单选题）

下列款项结算中，可以使用现金银行汇票的是（　　）。

A.赵某向张某支付购房款20万元　　B.丙公司向刘某支付劳务费15万元
C.孙某向戊公司支付装修款15万元　　D.甲公司向乙公司支付材料款20万元

‖斯尔解析‖ [A] 申请人或者收款人为单位的，不得申请现金银行汇票。

‖陷阱提示‖ 注意区分，申请人或者收款人为单位的，不是不可使用银行汇票，只是不可使用"现金银行汇票"。

【典例研习·3-48】（2016年单选题）

根据支付结算法律制度的规定，下列关于银行汇票使用的表述中，正确的是（　　）。

A.银行汇票不能用于个人款项结算

B.银行汇票不能支取现金

C.银行汇票的提示付款期限为自出票日起1个月

D.银行汇票必须按出票金额付款

‖斯尔解析‖ [C]（1）选项A，单位和个人各种款项结算，均可使用银行汇票。（2）选项B，银行汇票可以用于转账，填明"现金"字样的银行汇票也可以用于支取现金。（3）选项D，银行汇票按不超过出票金额的实际结算金额办理结算。

【典例研习·3-49】（2014年判断题）

申请人缺少解讫通知要求退款的，出票银行应于银行汇票提示付款期满1个月后办理。（　　）

‖斯尔解析‖ [√]

【典例研习·3-50】（2019年不定项选择题改编）

2019年7月12日，财务人员王某代理甲公司向银行申请签发一张金额为100万元的银行汇票，交与业务员张某到异地乙公司采购货物。张某采购货物金额为101万元，与票面金额相差1万元。乙公司发货后，张某将汇票交付乙公司财务人员李某，针对该笔业务的结算行为，李某可以采用的是（　　）。

A.在汇票上不填写实际结算金额，填写多余金额1万元，使用该票据进行结算

B.在汇票上填写实际结算金额为100万元，多余金额为0万元，另与甲公司商议剩余1万元款项以其他方式结算

C.在汇票上填写实际结算金额为101万元，使用该票据进行结算

D.在汇票上填写实际结算金额为100万元，多余金额为1万元，使用该票据进行结算

‖斯尔解析‖ **B** 收款人应在出票金额以内，根据实际需要的款项办理结算，将实际结算金额和多余金额准确、清晰地填入银行汇票和解讫通知的有关栏内。本题中实际结算金额为101万元，出票金额100万元，因此李某在该银行票据上填写的实际结算金额上限即为100万元，选项A不填写实际结算金额、选项C填写实际结算金额101万元均不正确；多余金额为出票金额减去实际结算金额后的余额，故李某填写实际结算金额为100万元后，多余金额应填写为0万元，选项D错误。

考点8 银行本票（★）

（一）概述

1.概念

本票是指出票人签发的，承诺自己在见票时无条件支付确定的金额给收款人或者持票人的票据。在我国，本票仅限于银行本票，即银行出票、银行付款。银行本票见票即付、银行无条件支付。

2.用途及使用规定

（1）银行本票可以用于转账，注明"现金"字样的银行本票可以用于支取现金。

（2）单位和个人在同一票据交换区域需要支付各种款项，均可以使用银行本票。

（3）申请人或收款人为单位的，银行不得为其签发现金银行本票。

出票人	付款人	用途	申请人	收款人
出票银行	出票银行	转账	单位、个人	单位、个人
		填明"现金"字样，可以用于支取现金	个人	个人

（二）出票

1.申请人填写"银行本票申请书"。申请人和收款人均为个人，需要支取现金的，应在"金额"栏先填写"现金"字样，后填写支付金额。

2.出票银行

（1）出票银行受理"银行本票申请书"，收妥款项，签发银行本票交给申请人。出票银行必须具有支付本票金额的可靠资金来源，并保证支付。

（2）签发银行本票必须记载下列事项，欠缺其一的，银行本票无效。

①表明"银行本票"的字样；

②无条件支付的承诺；

③出票金额、出票日期；

④收款人名称、出票人签章。

【解题高手】 银行本票的必须记载事项有6项，和汇票的7类相比，少一项"付款人名称"。

（3）收款人受理银行本票时，应审查下列事项：

①收款人是否确为本单位或本人；

②银行本票是否在提示付款期限内；
③必须记载的事项是否齐全；
④出票人签章是否符合规定，大小写出票金额是否一致；
⑤出票金额、出票日期、收款人名称是否更改，更改的其他记载事项是否由原记载人签章证明。

（三）提示付款

1.找谁提示付款

（1）在银行开立存款账户的持票人向开户银行提示付款。

（2）未在银行开立存款账户的个人持票人，凭注明"现金"字样的银行本票向出票银行支取现金。

2.提示付款期限

提示付款期限为自出票日起最长不得超过2个月。若超期，持票人不获付款的，可在票据权利期内，作出说明并出示相关证明，向出票银行请求付款。

（四）退款及丧失

1.申请人因银行本票超过付款提示期限或其他原因要求退款时，应将银行本票提交到出票银行。

2.退还路径

（1）对在本行开立存款账户的申请人：只能转入原申请人账户。

（2）对现金银行本票和未在本行开立存款账户的申请人：退付现金。

3.失票人可以凭人民法院出具的其享有票据权利的证明，向出票银行请求付款或退款。

【典例研习·3-51】（2018年多选题）

甲公司向P银行申请签发一张银行本票交付乙公司。下列票据事项中，乙公司在收票时应当审查的有（　　）。

A.大小写金额是否一致　　　　　　B.出票金额是否更改
C.银行本票是否在提示付款期限内　D.收款人是否为乙公司

‖斯尔解析‖【ABCD】　收款人受理银行本票时，应审查下列事项：（1）收款人是否确为本单位或本人。（2）银行本票是否在提示付款期限内。（3）必须记载的事项是否齐全。（4）出票人签章是否符合规定，大小写出票金额是否一致。（5）出票金额、出票日期、收款人名称是否更改，更改的其他记载事项是否由原记载人签章证明。选项ABCD均正确。

【典例研习·3-52】（2017年单选题）

根据支付结算法律制度的规定，关于银行本票使用的下列表述中，不正确的是（　　）。

A.银行本票的出票人在持票人提示见票时，必须承担付款的责任
B.注明"现金"字样的银行本票可以用于支取现金
C.银行本票只限于单位使用，个人不得使用
D.收款人可以将转账银行本票背书转让给被背书人

‖斯尔解析‖【C】　单位、个人均可使用银行本票。

【典例研习·3-53】（2015年单选题）

甲公司为支付货款，于6月7日向开户银行A银行申请签发了一张银行本票，并交付给乙公司，8月9日，乙公司持该本票委托自己的开户银行B银行收款，被拒绝，则下列说法中正确的是（　　）。

A.乙公司可以向甲公司追索

B.乙公司可以向B银行追索

C.乙公司可以向A银行追索

D.乙公司未在规定期限内提示付款，票据权利消灭

‖斯尔解析‖ C　银行本票的提示付款期限自出票日起最长不得超过2个月。持票人超过提示付款期限不获付款的，在票据权利时效内向出票银行作出说明，并提供本人身份证件或单位证明，可持银行本票向出票银行请求付款。本题6月7日为出票日，8月9日已超过提示付款期限，出票人A银行仍需承担付款责任，选项C正确。

【典例研习·3-54】（2015年、2017年判断题）

甲公司向开户银行P银行申请签发的本票超过提示付款期限后，甲公司申请退款，P银行只能将款项转入甲公司的账户，不能退付现金。（　　）

‖斯尔解析‖ √　申请人因银行本票超过提示付款期限或其他原因要求退款时，出票银行对于在本行开立存款账户的申请人，只能将款项转入原申请人账户；对于现金银行本票和未在本行开立存款账户的申请人，才能退付现金。本题中P银行为甲公司的开户行，因此只可将款项转入甲公司的账户。

考点9　商业汇票（★★★）

（一）概述

1.概念

（1）商业汇票：是出票人签发的，委托付款人在指定日期无条件支付确定的金额给收款人或者持票人的票据。商业汇票的付款人为承兑人。

（2）电子商业汇票：是指出票人依托上海票据交易所电子商业汇票系统（以下简称"电子商业汇票系统"），以数据电文形式制作的，委托付款人在指定日期无条件支付确定的金额给收款人或者持票人的票据。

2.分类

分类标准	票据类别
由"银行"承兑	（电子）银行承兑汇票
由"银行以外"的付款人承兑	（电子）商业承兑汇票

3.用途和使用规定

在银行开立存款账户的法人及其他组织之间的结算，才能使用商业汇票。

【解题高手】个人不可使用商业汇票结算。

（二）出票

1.出票人资格

（1）一般要求

①在（承兑）银行开立存款账户的法人以及其他组织；

②与付款人（承兑银行）具有真实的委托付款关系；

③资信状况良好，具有支付汇票金额的可靠资金来源。

（2）出票人办理电子商业汇票业务，还应：

①具备签约开办对公业务的企业网银等电子服务渠道；

②与银行签订《电子商业汇票业务服务协议》。

2.签发主体

（1）商业承兑汇票可以由付款人签发并承兑，也可以由收款人签发交由付款人承兑。

（2）银行承兑汇票应由在承兑银行开立存款账户的存款人签发。

3.出票形式

（1）单张出票金额在100万元以上的商业汇票原则上应全部通过电子商业汇票办理；

（2）单张出票金额在300万元以上的商业汇票应全部通过电子商业汇票办理。

4.必须记载事项

签发商业汇票必须记载下列事项，欠缺其一的，商业汇票无效：

（1）纸质商业汇票

①表明"商业承兑汇票"或"银行承兑汇票"的字样；

②无条件支付的委托；

③确定的金额、出票日期；

④付款人名称、收款人名称、出票人签章。

（2）电子商业汇票

①表明"电子商业承兑汇票"或"电子银行承兑汇票"的字样；

②无条件支付的委托；

③确定的金额、出票日期；

④付款人名称、收款人名称、出票人签章；

⑤出票人名称、票据到期日。

5.付款期限及记载的形式

分类		付款期限	付款期限记载的形式
纸质商业汇票	定日付款的汇票	付款期限最长不得超过6个月	付款期限自出票日起计算，并在汇票上记载具体的到期日
	出票后定期付款的汇票		付款期限自出票日起按月计算，并在汇票上记载
	见票后定期付款的汇票		付款期限自承兑或拒绝承兑日起按月计算，并在汇票上记载

分类	付款期限	付款期限记载的形式
电子商业汇票	自出票日至到期日不超过1年	必须记载票据到期日

【典例研习·3-55】（模拟多选题）

下列各项中，符合《票据法》规定的是（　　）。

A.商业承兑汇票属于商业汇票

B.商业承兑汇票的承兑人是银行以外的付款人

C.银行承兑汇票属于商业汇票

D.银行承兑汇票属于银行汇票

‖斯尔解析‖ ABC　银行承兑汇票属于商业汇票，选项C正确、D错误。

‖陷阱提示‖ 搞清楚银行承兑汇票的分类，银行承兑汇票的出票人，票据分类就拿分啦。

【典例研习·3-56】（2015年单选题）

下列各项中，付款人不是银行的是（　　）。

A.支票　　　　　　　　　　B.商业承兑汇票

C.银行汇票　　　　　　　　D.银行本票

‖斯尔解析‖ B　商业承兑汇票的付款人为承兑人，非银行。

‖陷阱提示‖ 再次强调，付款人不是银行的只有这一个特例，记住这个特例即可。

【典例研习·3-57】（2018年多选题）

根据支付结算法律制度的规定，下列关于商业汇票出票的表述中，正确的有（　　）。

A.商业承兑汇票可以由收款人签发　　B.签发银行承兑汇票必须记载付款人名称

C.银行承兑汇票应当由承兑银行签发　　D.商业承兑汇票可以由付款人签发

‖斯尔解析‖ ABD　（1）选项AD，商业承兑汇票由收款方、付款方签发均可，但须由付款方承兑。（2）选项B，付款人名称是商业汇票出票行为的必须记载事项。（3）选项C，银行承兑汇票应由在承兑银行开立存款账户的存款人签发，银行是票面上记载的付款人，承兑后成为该票据的承兑人。

【典例研习·3-58】（模拟多选题）

出票人办理电子商业汇票业务，应同时具备（　　）等条件。

A.签约开办对公业务的企业网银等电子服务渠道

B.与银行签订《电子商业汇票业务服务协议》

C.与付款人具有真实的委托付款关系

D.有支付汇票金额的可靠资金来源

‖斯尔解析‖ ABCD　商业汇票的出票人，为在（承诺）银行开立存款账户的法人以及其他组织，并与付款人（承兑银行）具有真实的委托付款关系，具有支付汇票金额的可靠资金来源。出票人办理电子商业汇票业务，还应同时具备签约开办对公业务的企业网银等电子服务渠道，与银行签订《电子商业汇票业务服务协议》。选项ABCD均正确。

【典例研习·3-59】（2018年判断题）
单张出票金额在300万元以上的银行承兑汇票，出票人可根据实际需求，自由选择纸质汇票或电子汇票。（　　）

‖斯尔解析‖　✗　单张出票金额在300万元以上的商业汇票应全部通过电子商业汇票办理。

【典例研习·3-60】（模拟多选题）
下列各项中，属于电子商业汇票的必须记载事项的有（　　）。
A.出票人签章　　　　　　　　　　B.用途
C.出票人名称　　　　　　　　　　D.票据到期日

‖斯尔解析‖　ACD　电子商业汇票出票必须记载下列事项：表明"电子银行承兑汇票"或"电子商业承兑汇票"的字样；无条件支付的委托；确定的金额；出票人名称；付款人名称；收款人名称；出票日期；票据到期日；出票人签章。故选项ACD正确。

（三）承兑

1.商业汇票可以在出票时向付款人提示承兑后使用，也可以在出票后先使用再向付款人提示承兑。

2.付款人承兑汇票后，应当承担到期付款的责任。付款人拒绝承兑的，必须出具拒绝承兑的证明。

3.银行承兑汇票的承兑

（1）应进行资信审核。资信良好的企业及电子商务企业申请电子商业汇票承兑的，金融机构可"在线审核"。

（2）承兑银行需与出票人签订承兑协议。

（3）收手续费：承兑银行应按票面金额的一定比例向出票人收取手续费，银行汇票手续费为市场调节价。

（四）票据信息登记

1.纸质票据信息登记与电子化

（1）纸质银行承兑汇票

纸质票据贴现前，金融机构办理承兑、质押、保证等业务，应当不晚于业务办理的次一工作日在票据市场基础设施（即上海票据交易所）完成相关信息登记工作。

（2）纸质商业承兑汇票完成承兑后，承兑人开户行应当根据承兑人委托代其进行承兑信息登记。承兑信息未能及时登记的，持票人有权要求承兑人补充登记承兑信息。

（3）纸质票据票面信息与登记信息不一致，以纸质票据票面信息为准。

2.电子商业汇票签发、承兑、质押、保证、贴现等信息应当通过电子商业汇票系统同步传送至票据市场基础设施。

（五）贴现

1.概念和当事人

（1）贴现是指票据持票人在票据未到期前为获得现金向银行贴付一定利息而发生的票据转让行为。

（2）申请贴现的持票人是"贴出人"，银行是"贴入人"。

【原理详解】如果等不到票据到期就想变现怎么办？"贴"点手续费找银行"变现"，这就是贴现。因此实质上，票据贴现也是一种融资行为，付出利息，从银行手里提前拿到钱。

2.贴现条件

（1）票据未到期；

（2）票据未记载"不得转让"事项；

（3）在银行开立存款账户的企业法人以及其他组织；

（4）与出票人或者直接前手之间具有真实的商品交易关系。

3.贴现利息

（1）贴现利息＝票面金额×日贴现率×贴现期

（2）贴现期的确定

①贴现的期限从其贴现之日起至汇票到期日止；

②计算贴现期时"算头不算尾"，例如，贴现日为2019年12月1日，到期日为2019年12月5日，则计算贴现期的天数为4天（12月1日—12月4日）；

③承兑人在异地的纸质商业汇票，贴现的期限以及贴现利息的计算应另加3日的划款日期。

（3）实付贴现金额按票面金额扣除贴现日至汇票到期前1日的利息计算。

4.到期收款

（1）贴现到期，贴现银行应向付款人收取票款；

（2）不获付款的，贴现银行应向其前手追索票款；

（3）贴现银行追索票款时可从申请人的存款账户直接收取票款。

【典例研习·3-61】（2012年多选题）

关于商业汇票贴现的下列表述中，正确的有（　　）。

A.贴现是一种非票据转让行为

B.贴现申请人与出票人或直接前手之间具有真实的商品交易关系

C.贴现申请人是在银行开立存款账户的企业法人以及其他组织

D.贴现到期不获付款的，贴现银行可从贴现申请人的存款账户直接收取票款

‖斯尔解析‖ BCD　选项A错误，贴现是指票据持票人在票据未到期前为获得现金向银行贴付一定利息而发生的"票据转让行为"。

【典例研习·3-62】（2018年单选题）

根据支付结算法律制度的规定，下列关于电子银行承兑汇票持票人向银行申请办理贴现条件的表述中，不正确的是（　　）。

A.持票人与出票人或者直接前手之间具有真实的商品交易关系

B.票据必须未到期

C.必须向银行提供合同与发票

D.票据上必须未记载"不得转让"事项

‖斯尔解析‖ C　商业汇票的持票人向银行办理贴现必须具备下列条件：票据未

到期（选项B）；票据未记载"不得转让"事项（选项D）；在银行开立存款账户的企业法人以及其他组织；与出票人或者直接前手之间具有真实的商品交易关系（选项A），选项ABD所述均正确。本题通过排除法可选选项C。

‖陷阱提示‖ 贴现的本质就是一种票据转让行为，只不过是特定情景下的票据转让行为，受让方是银行，莫因为名字没有带"转让"二字，就不认识贴现的本质。因此，可以办理贴现的票据必须未记载"不得转让"事项。

【典例研习·3-63】（2013年单选题）

乙公司为支付甲公司货款，向其签发一张到期日为10月31日的商业承兑汇票，由同城的丙公司承兑。10月10日，甲公司持该汇票到A银行办理贴现，下列有关贴现利息的计算中，正确的是（　　）。

A.票面金额×年利率×汇票到期前1日至贴现日天数＝贴现利息
B.票面金额×日利率×汇票到期前1日至贴现日天数＝贴现利息
C.票面金额×日利率×（汇票到期前1日至贴现日天数+3）＝贴现利息
D.票面金额×年利率×（汇票到期前1日至贴现日天数+3）＝贴现利息

‖斯尔解析‖ B　票据贴现利息按日利率进行计算。贴现的期限从其贴现之日起至汇票到期日止，实付贴现金额按票面金额扣除贴现日至汇票到期前1日的利息计算。承兑人在异地的纸质商业汇票，贴现的期限以及贴现利息的计算应另加3日的划款日期。本题为同城贴现，无须加3日划款期，选项B正确。

（六）纸质票据贴现的特殊规定

1.贴现人的信息查询与确认

贴现人（银行）通过票据市场基础设施查询票据承兑信息，并在确认纸质票据必须记载事项与已登记承兑信息一致后，为贴现申请人办理贴现。

信息不存在或者纸质票据必须记载事项与已登记承兑信息不一致的，不得办理贴现。

2.贴现办理与停止流通

（1）贴现人办理纸质票据贴现后，应当在票据上记载"已电子登记权属"字样。

（2）该票据不再以纸质形式进行背书转让、设立质押或者其他交易行为。已贴现票据应当通过票据市场基础设施办理背书转让、质押、保证、提示付款等票据业务。

（3）贴现人应当对纸质票据妥善保管。

（4）办理贴现，贴现申请人无须提供合同、发票等资料。

3.转贴现的保证增信

（1）贴现人可以按市场化原则选择商业银行对纸质票据进行保证增信。

（2）保证增信行对纸质票据进行保管并为贴现人的偿付责任进行先行偿付。

4.付款确认

（1）纸质票据

①纸质票据贴现后，其保管人可以向承兑人发起付款确认。

②付款确认可以采用实物确认或者影像确认，两者具有同等效力。

③承兑人收到票据影像确认请求或者票据实物后，应当在3个工作日内作出或者委托其开户行作出同意或者拒绝到期付款的应答。拒绝到期付款的，应当说明理由。

④承兑人（或者承兑人开户行）进行付款确认后，除挂失止付、公示催告等合法抗辩情形外，应当在持票人提示付款后付款。

（2）电子商业汇票一经承兑即视同承兑人已进行付款确认。

【典例研习·3-64】（模拟多选题）

下列关于票据信息登记与电子化的说法中，正确的有（　　）。

A.金融机构办理承兑业务，应当不晚于业务办理的次一工作日在票据市场基础设施完成相关信息登记工作

B.纸质商业承兑汇票完成承兑后，承兑人应进行承兑信息登记

C.纸质票据票面信息与登记信息不一致的，票据无效

D.电子商业汇票的签发信息，应当通过电子商业汇票系统同步传送至票据市场基础设施

‖斯尔解析‖ 【AD】 （1）选项B，纸质商业承兑汇票完成承兑后，承兑人开户行应当根据承兑人委托代其进行承兑信息登记，而非承兑人进行登记。（2）选项C，纸质票据票面信息与登记信息不一致的，以纸质票据票面信息为准。

‖陷阱提示‖ 本题考查了两项十分易错的票据信息登记与电子化的知识点。

（1）纸质票据票面信息与登记信息不一致的，票据有效吗？答案是有效。由于纸质票据签发时各项必须记载事项已记录完整，是一张生效票据，进入流转过程。而纸质票据的信息登记是在贴现前，金融机构办理承兑、质押、保证等业务，进行的信息登记操作；因此，有先有后，不能因为登记信息与票面信息不一致就否定纸质票据的效力。但此时，毕竟有"悬案未决"，银行也不能心大地直接不做任何调查即支付贴现金额给贴出人，因此，纸质票据票面信息与登记信息不一致时，不得办理贴现。

（2）由谁进行信息登记？完成登记工作的是金融机构，因此对于纸质商业承兑汇票，承兑人无法进行信息登记，而需委托金融机构完成信息登记。

【典例研习·3-65】（模拟多选题）

下列关于票据贴现的说法中，正确的有（　　）。

A.贴现人办理纸质票据贴现时，应当通过票据市场基础设施查询票据承兑信息，纸质票据必须记载事项与已登记承兑信息不一致的，以纸质票据为准办理贴现

B.贴现人办理纸质票据贴现后，再办理背书转让、质押、保证、提示付款等票据业务应当通过票据市场基础设施办理

C.贴现人可以按照市场化原则选择商业银行对纸质票据进行保证增信

D.纸质商业汇票的付款确认方式包括实物确认和影像确认，两者具有同等效力

‖斯尔解析‖ 【BCD】 选项A，贴现人办理纸质票据贴现时，应当通过票据市场基础设施查询票据承兑信息，并在确认纸质票据必须记载事项与已登记承兑信息一致后，为贴现申请人办理贴现，贴现申请人无须提供合同、发票等资料；信息不存在或者纸质票据必须记载事项与已登记承兑信息不一致的，不得办理贴现。

（七）到期付款

1.提示付款期限

远期商业汇票的提示付款期限自汇票到期日起10日。超过提示付款期限提示付款的，持票人开户银行不予受理，但在作出说明后，承兑人或者付款人仍应当继续对持票人承担

付款责任。

2.持票人在提示付款期内通过票据市场基础设施提示付款的情形

（1）同意付款

①承兑人应当在提示付款当日进行应答或者委托其开户行进行应答；

②付款时

票据	适用情形	具体程序
商业承兑汇票	承兑人账户余额充足	承兑人开户行代承兑人作出同意付款应答，并于提示付款日向持票人付款
商业承兑汇票	承兑人账户余额不足	视同拒绝付款；承兑人开户行应当于提示付款日代承兑人作出拒付应答并说明理由，同时通过票据市场基础设施通知持票人
银行承兑汇票	承兑人已进行付款确认	（1）票据市场基础设施根据承兑人的委托于提示付款日代承兑人发送指令划付资金至持票人资金账户；（2）银行承兑汇票的出票人应于汇票到期前将票款足额交存其开户银行，银行承兑汇票的出票人于汇票到期日未能足额交存票款时，承兑银行付款后，对出票人尚未支付的汇票金额按照每天万分之五计收利息

（2）拒绝付款

承兑人存在合法抗辩事由拒绝付款的，应当在提示付款当日出具或者委托其开户行出具拒绝付款证明，并通过票据市场基础设施通知持票人。

（3）当日未做出应答

承兑人或者承兑人开户行在提示付款当日未作出应答的，视为拒绝付款，票据市场基础设施提供拒绝付款证明并通知持票人。

3.纸质商业汇票的持票人通过开户银行委托收款或直接向付款人提示付款的情形

票据	具体程序
纸质商业承兑汇票	付款人开户银行收到通过委托收款寄来的汇票，将汇票留存并通知付款人；付款人收到开户银行的付款通知，应在当日通知银行付款；付款人在接到通知日的次日起3日内未通知银行付款的，视同付款人承诺付款；付款人存在合法事由拒绝付款的，应自接到通知的次日起3日内，作成拒绝付款证明送交开户银行
纸质银行承兑汇票	承兑银行应于汇票到期日或到期日后的见票当日支付票款；承兑银行存在合法抗辩事由拒绝支付的，应自接到商业汇票的次日起3日内作出拒绝付款证明，连同银行承兑汇票邮寄持票人开户银行转交持票人

【典例研习·3-66】（2018年单选题）

电子商业汇票的付款期限自出票日至到期日不能超过的一定期限是（　　）。

A.1年　　　　　　B.3个月　　　　　　C.2年　　　　　　D.6个月

‖斯尔解析‖ [A]　（1）纸质商业汇票的付款期限，最长不得超过6个月。（2）电子承兑汇票的付款期限，自出票日至到期日不超过1年。

【典例研习·3-67】（模拟判断题）

商业承兑汇票承兑人的开户银行进行付款时，发现承兑人账户余额不足，应先行垫付，再于当日通知承兑人补足账户余额。（　　）

‖斯尔解析‖ [×]　商业承兑汇票承兑人付款时，承兑人账户余额不足以支付票款的，则视同承兑人拒绝付款。

‖陷阱提示‖ 再次复习，商业承兑汇票的付款人是承兑人，其开户银行不承担绝对付款义务。

（八）票据交易

1.转贴现

卖出方将未到期的已贴现票据向买入方转让的交易行为。

2.质押式回购

质押式回购是指正回购方在将票据出质给逆回购方融入资金的同时，双方约定在未来某一日期，由正回购方按约定金额向逆回购方返还资金、逆回购方向正回购方返还原出质票据的交易行为。

3.买断式回购

买断式回购是指正回购方将票据卖给逆回购方的同时，双方约定在未来某一日期，正回购方再以约定价格从逆回购方买回票据的交易行为。

4.到期后偿付顺序如下：

（1）票据未经承兑人付款确认和保证增信即交易的，若承兑人未付款，应当由贴现人先行偿付。该票据在交易后又经承兑人付款确认的，应当由承兑人付款；若承兑人未付款，应当由贴现人先行偿付。

（2）票据经承兑人付款确认且未保证增信即交易的，应当由承兑人付款；若承兑人未付款，应当由贴现人先行偿付。

（3）票据保证增信后即交易且未经承兑人付款确认的，若承兑人未付款，应当由保证增信行先行偿付；保证增信行未偿付的，应当由贴现人先行偿付。

（4）票据保证增信后且经承兑人付款确认的，应当由承兑人付款；若承兑人未付款，应当由保证增信行先行偿付；保证增信行未偿付的，应当由贴现人先行偿付。

交易前是否经过承兑或保证增信		到期后偿付顺序		
承兑人付款确认	保证增信	承兑人	保证增信行	贴现人
√	√	①	②	③
√	×	①	×	②

交易前是否经过承兑或保证增信		到期后偿付顺序		
承兑人付款确认	保证增信	承兑人	保证增信行	贴现人
×	√	—	①	②
×	×	—	×	①
交易前× 交易后√	×	①	×	②

【原理详解】偿付顺序：承兑人→保证增信人→贴现人

【典例研习·3-68】（模拟多选题）

根据票据法律制度的规定，下列关于票据到期后偿付顺序的说法中，正确的是（　　）。

A.票据未经承兑人付款确认和保证增信即交易的，若承兑人未付款，应当由贴现人先行偿付

B.票据经承兑人付款确认且未保证增信即交易的，应当由承兑人付款

C.票据保证增信后即交易且未经承兑人付款确认的，若承兑人未付款，应当由贴现人先行偿付

D.票据保证增信后且经承兑人付款确认的，应当由保证增信人付款

‖斯尔解析‖ [AB] （1）选项C，票据保证增信后即交易且未经承兑人付款确认的，若承兑人未付款，应当先由保证增信人付款。（2）选项D，票据保证增信后且经承兑人付款确认的，应当由承兑人付款。

‖陷阱提示‖ 票据到期后偿付顺序：承兑人→保证增信人→贴现人。按照这个顺序，"有谁找谁"。

考点10　支票（★★★）

（一）概念和分类

支票是指出票人签发的、委托办理支票存款业务的银行在见票时无条件支付确定的金额给收款人或者持票人的票据。支票的基本当事人包括出票人、付款人和收款人。

出票人	付款人	用途	收款人	适用范围
在批准办理支票业务的银行机构开立可以使用支票的存款账户的单位和个人	出票人的开户银行	转账或支取现金	单位或个人	全国支票影像系统支持全国使用

（二）分类

种类	用途
现金支票	只能用于支取现金
转账支票	只能用于转账

种类		用途
普通支票	一般情况	可以用于支取现金，也可以用于转账
	划线支票	只能用于转账，不能支取现金

（三）使用程序

1.开立支票存款账户

开立支票存款账户，申请人必须使用本名，提交证明其身份的合法证件，并应当预留其本名的签名式样和印鉴。

2.出票

（1）出票记载事项

事项类别		具体规定
必须记载事项（6项）		表明"支票"的字样； 无条件支付的"委托"； 确定的金额、出票日期； 付款人名称、出票人签章
相对记载事项	付款地	支票上未记载付款地的，付款地为付款人的营业场所
	出票地	支票上未记载出票地的，出票地为出票人的营业场所、住所地或经常居住地

注意：

①支票的金额、收款人名称，可以由出票人授权补记，未补记前不得背书转让和提示付款。

②出票人可以在支票上记载自己为收款人。

（2）空头支票

支票的出票人所签发的支票金额不得超过其付款时在付款人处实有的存款金额。

出票人签发的支票金额超过其付款时在付款人处实有的存款金额的，为空头支票。禁止签发空头支票。

【解题高手】注意：要求账户有足够金额的时点为"付款时"。

（3）印鉴相符

支票的出票人预留银行签章是银行审核支票付款的依据。支票的出票人不得签发与其预留本名的签名式样或者印鉴不符的支票。

出票人	预留印鉴
单位	单位章（财务专用章或者公章）+个人章（法定代表人或者其授权的代理人的签名或者盖章）
个人	该个人签名或者盖章

3.付款

（1）提示付款

①支票的提示付款期限自出票日起10日。

②持票人可以委托开户银行收款或直接向付款人提示付款。用于支取现金的支票仅限于收款人向付款人提示付款。

③委托收款

持票人委托开户银行收款时，应作委托收款背书，在支票背面背书人签章栏签章、记载"委托收款"字样、背书日期，在被背书人栏记载开户银行名称，并将支票和填制的进账单送交开户银行。

（2）付款

出票人在付款人处的存款足以支付支票金额时，付款人应当在见票当日足额付款。

‖典例研习‖·3-69 ‖ （2020年多选题）

根据支付结算法律制度的规定，下列票据中，出票人为银行的是（　　）。

A.银行汇票　　　　　　　　　　B.现金支票

C.银行承兑汇票　　　　　　　　D.银行本票

‖斯尔解析‖ AD （1）选项B，支票由在银行开立支票存款账户的单位或个人签发。（2）选项C，银行承兑汇票的出票人为在银行开立存款账户的法人以及其他组织。

‖典例研习‖·3-70 ‖ （2014年多选题）

根据支付结算法律制度的规定，支票可以分为（　　）。

A.现金支票　　B.转账支票　　C.普通支票　　D.划线支票

‖斯尔解析‖ ABC 支票分为现金支票、转账支票和普通支票三种。划线支票是普通支票的一种。

‖陷阱提示‖ 支票就三种！划线支票是普通支票的一种！

‖典例研习‖·3-71 ‖ （2020年多选题）

根据支付结算法律制度的规定，下列支票记载事项中，可以授权补记的有（　　）。

A.支票金额　　　　　　　　　　B.付款人名称

C.出票日期　　　　　　　　　　D.收款人名称

‖斯尔解析‖ AD 支票的金额、收款人名称，可以由出票人授权补记，未补记前不得背书转让和提示付款。

‖典例研习‖·3-72 ‖ （2013年多选题）

根据支付结算法律制度的规定，下列各项中，属于无效票据的有（　　）。

A.出票时未记载收款人的支票

B.中文大写金额与阿拉伯数码不一致的本票

C.企业自行印制并签发的商业汇票

D.出票后更改收款人名称的银行汇票

‖斯尔解析‖ BCD （1）出票时未记载收款人的支票可授权补记，选项A不属于无效票据。（2）票据和结算凭证金额以中文大写和阿拉伯数码同时记载，二者必须一致，二者不一致的票据无效，选项B属于无效情形。（3）单位、个人和银行办理支付结算，必须使用按中国人民银行统一规定印制的票据凭证和结算凭证，选项C企业自行印制无效。（4）出票金额、出票日期、收款人名称不得更改，更改的票据无效，选项D属于无效情形。

【小结 1　票据的时间性规定】

票据类型		提示承兑期限	提示付款期限	付款期限	票据权利时效		
					对出票人/承兑人	追索权	再追索权
银行汇票	见票即付	不适用	出票日起1个月	—	出票日起2年	6个月（被拒绝付款或拒绝承兑之日起）	3个月（自清偿日或被提起诉讼之日起）
商业汇票	定日付款 出票后定期付款	到期日前提示承兑	到期日起10日	纸质汇票：自出票日最长不超过6个月 电子汇票：自出票日最长不超过1年	到期日起2年		
	远期 见票后定期付款	出票日起1个月					
本票	见票即付	不适用	出票日起2个月	—	出票日起2年		
支票	见票即付	不适用	出票日起10日	—	出票日起6个月		

[小结 2　各类记载事项总结]

(1) 各类票据出票记载事项总结

票据类型		必须记载事项					相对记载事项
	字样	承诺/委托	"出金"（出票金额/确定的金额）	"出日"（出票日期）	"收名"（收款人名称）	"付名"（付款人名称）	出票签章
汇票	银行汇票	√	√承诺	√出票金额	√	√	√	√	—
	商业汇票	√	√委托	√确定的金额	√	√	√	√	—
	本票	√	√承诺	√确定的金额	√	√	×	√	—
支票		√	√委托	√确定的金额（可接权补记）	√	×（可接权补记）	√	√	付款地点：未记载，为营业场所；出票地点：未记载，为营业场所、住所地或经常居住地

(2) 背书、承兑、保证环节记载事项总结

票据行为	必须记载事项	相对记载事项	
背书	字样、背书日签章、被背书人名称（可接权补记）	背书日期	未记载，视为在票据到期日前背书
承兑	字样、承兑人签章	承兑日期	未记载承兑日期的，应当以收到提示承兑的汇票之日起3日内的最后一日为承兑日期
保证	字样、保证人签章	被保证人	未记载的，已承兑的汇票"承兑人"为被保证人；未承兑的汇票"出票人"为被保证人
		保证日期	未记载的，出票日期为保证日期

【典例研习·3-73】（2019年单选题）

根据支付结算法律制度的规定，下列关于票据提示付款期限的表述中，正确的是（　　）。

A.支票的提示付款期限是自出票日起1个月

B.银行汇票的提示付款期限是自出票日起1个月

C.商业汇票的提示付款期限是自到期日起1个月

D.银行本票的提示付款期限是自出票日起1个月

‖斯尔解析‖ B 　支票的提示付款期限是自出票日起10日，选项A错误；商业汇票的提示付款期限到期日起10日，选项C错误；银行本票的提示付款期限是自出票日起2个月，选项D错误。

【典例研习·3-74】（2018年不定项选择题）

2016年7月8日，甲公司为支付50万元货款向乙公司签发并承兑一张定日付款的商业汇票，汇票到期日为2017年1月8日。乙公司将该商业汇票背书转让给丙公司，并记载"不得转让"字样。丙公司再次将该汇票转让给丁公司，丁公司将汇票背书转让给戊公司。戊公司在提示付款期内向甲公司提示付款遭到拒绝，遂向前手发起追索。

要求：

根据上述资料，不考虑其他因素，分析回答下列问题。

1.下列甲公司签发并承兑商业汇票的记载事项中，必须记载的是（　　）。

A.出票日期"贰零壹陆年柒月零捌日"　　B.票据金额50万元

C.收款人乙公司　　　　　　　　　　　D.付款人甲公司签章

‖斯尔解析‖ ABC 　纸质商业汇票的出票记载事项包括：

①表明"商业承兑汇票"或"银行承兑汇票"的字样；

②无条件支付的委托；

③确定的金额、出票日期；

④付款人名称、收款人名称、出票人签章。

选项A，出票日期，为必须记载事项，还需判断中文大写是否符合规范，"柒月"由于不存在变造可能，无须加"零"；"捌日"由于有可能变造成"拾捌日""贰拾捌日"，因此需补充为"零捌日"，因此选项A中文大写符合规范，正确；

选项BC分别为确定的金额、收款人名称，均为必须记载事项；

选项D，必须记载的是"出票人甲公司签章"，而非"付款人甲公司签章"。

2.下列关于乙公司记载"不得转让"字样法律效力的表述中，正确的是（　　）。

A."不得转让"记载不具有票据法上的效力

B.乙公司对丁公司不负保证责任

C.丙公司向丁公司转让票据的行为无效

D.乙公司对戊公司不负保证责任

‖斯尔解析‖ BD 　"不得转让"字样属于"任意记载事项"，记载即发生票据上的效力，选项A错误；乙公司非出票人，其记载"不得转让"字样不限制后手的转让，但其仅对直接后手（丙公司）承担责任，但其后手再背书转让的，原背书人对后手的被背书人（丁公司、戊公司）不承担保证责任。因此本题选项BD正确，选项C错误。

3.戊公司应自2017年1月8日起一定期限内向甲公司提示付款，该期限为（　　）。

A.3日　　　　　　B.10日　　　　　　C.7日　　　　　　D.15日

‖斯尔解析‖ B 商业汇票的提示付款期为自到期日起10日。

4.下列关于戊公司行使追索权的表述中，正确的是（　　）。

A.戊公司有权向甲公司行使追索权　　B.戊公司有权向丁公司行使追索权
C.戊公司只能向丁公司行使追索权　　D.戊公司有权向乙公司行使追索权

‖斯尔解析‖ AB 票据的出票人、背书人、承兑人和保证人对持票人承担连带责任。持票人行使追索权，可以不按照票据债务人的先后顺序，对其中任何一人、数人或者全体行使追索权，选项C错误；由于乙公司背书转让时，在票据上记载了"不得转让"字样，不对丁公司、戊公司承担保证责任，戊公司不可向乙公司追索，选项D错误。

第四部分　银行卡

考点1　银行卡的分类（★★）

（一）分类概述

分类标准	银行卡种类
是否具有透支功能	信用卡、借记卡
币种	人民币卡、外币卡
发行对象	单位卡（商务卡）、个人卡
信息载体	磁条卡、芯片（IC）卡

（二）信用卡及借记卡的子分类

具有透支功能	卡的类别	二级分类标准	卡的类别	具体规定
可透支	信用卡	是否需要交纳备用金	贷记卡	无须交纳备用金
			准贷记卡	向发卡银行交存备用金
不可透支	借记卡	功能	转账卡	实时扣账的借记卡，具有转账结算、存取现金和消费功能
			专用卡	具有专门用途、在特定区域使用的借记卡，具有转账结算、存取现金功能
			储值卡	发卡银行根据持卡人要求将其资金转至卡内储存，交易时直接从卡内扣款的预付钱包式借记卡

考点2　单位卡及个人卡（★★）

（一）单位卡及个人卡的资金使用限制

卡类型		资金流入流出限制	
单位卡	单位人民币卡账户	资金一律从其基本存款账户转账存入，不得将销货收入存入单位卡账户； 不得存取现金； 不得透支； 销户后资金应当转入其基本存款账户	严禁将单位的款项转入个人卡账户存储
	单位外币卡账户	资金应从其单位的外汇账户转账存入； 不得在境内存取外币现钞； 销户时，资金应当转回相应的外汇账户，不得提取现金	
个人卡	个人人民币卡账户	以其持有的现金存入，或以其工资性款项、属于个人的合法的劳务报酬、投资回报等收入转账存入	
	个人外币卡账户	以其个人持有的外币现钞存入，或从其符合规定的外汇账户转账存入	

（二）实名制申领

1.申领单位卡，应提供开户许可证或企业基本存款账户编号。

2.个人申领银行卡（储值卡除外），应当向发卡银行提供公安部门规定的本人有效身份证件。

考点3　借记卡及储值卡（★★）

（一）限额规定

1.发卡银行应当对借记卡持卡人在ATM机等自助机具取款设定交易上限，每卡每日累计提款不得超过2万元人民币。

2.储值卡的面值或卡内币值不得超过1 000元人民币。

（二）计息规定

发卡银行对准贷记卡及借记卡（不含储值卡）账户内的存款，按照中国人民银行规定的同期同档次存款利率及计息办法计付利息。储值卡账户内存款不计息。

考点4　信用卡（★★★）

1.个人贷记卡申请的基本条件

（1）年满18周岁，有固定职业和稳定收入；

（2）工作单位和户口在常住地；

（3）填写申请表，并在持卡人处亲笔签字；

（4）向发卡银行提供本人及附属卡持卡人、担保人的身份证复印件。

2.预借现金业务

分类	概念		限额规定
现金提取	以现钞形式获得信用卡预借现金额度内资金,渠道包括	通过自助机具取现	每卡每日累计不得超过人民币1万元
		通过柜面机具取现	
现金转账	持卡人将信用卡预借现金额度内资金划转到本人银行结算账户		每卡每日限额,由发卡机构与持卡人通过协议约定
现金充值	持卡人将信用卡预借现金额度内资金划转到本人在非银行支付机构开立的支付账户		

注意:
(1)发卡机构不得将持卡人信用卡预借现金额度内资金划转至其他信用卡,以及非持卡人的银行结算账户或支付账户;
(2)发卡机构可自主确定是否提供现金充值服务,并与持卡人协议约定每卡每日限额

3.非现金交易
贷记卡持卡人非现金交易可享受免息还款期和最低还款额待遇,具体由发卡机构自主确定。

【解题高手】预借现金业务不适用免息还款期及最低还款额。

4.透支计息
(1)透支利率及计结息方式
①中国人民银行对信用卡透支利率实行上限和下限管理,透支利率上限为日利率万分之五,下限为日利率万分之五的0.7倍。
②信用卡透支的计结息方式,以及对信用卡溢缴款是否计付利息及其利率标准,由发卡机构自主确定。
③发卡机构调整信用卡利率的,应至少提前45个自然日按照约定方式通知持卡人。
(2)违约逾期未还款、超过授信额度用卡

用卡行为	规定
违约逾期未还款	不可征收滞纳金; 发卡机构应与持卡人通过协议约定是否收取违约金,以及相关收取方式和标准
超过授信额度用卡	不得收取超限费

(3)发卡机构对向持卡人收取的违约金和年费、取现手续费、货币兑换费等服务费用不得计收利息。

（4）发卡机构应在信用卡协议中以显著方式提示下列事项，确保持卡人充分知悉并确认接受：

①信用卡利率标准和计结息方式；对于信用卡利率标准，应注明日利率和年利率；
②免息还款期和最低还款额待遇的条件和标准；
③向持卡人收取违约金的详细情形和收取标准等与持卡人有重大利害关系的事项。

5.追偿透支款项和诈骗款项的途径
（1）扣减持卡人保证金、依法处理抵押物和质物；
（2）向保证人追索透支款项；
（3）通过司法机关的诉讼程序进行追偿。

【解题高手】信用卡发卡行可自主确定的内容和不得收取的内容。

要求	具体内容
可自主确定	（1）现金业务：是否提供现金充值服务及限额； （2）非现金业务：免息还款期和最低还款额的条件和标准等事项； （3）信用卡透支的计结息方式； （4）对信用卡溢缴款是否计付利息及其利率标准
不得收取	（1）违约逾期未还款，不可收取滞纳金； （2）超过授信额度用卡，不可收取超限费； （3）对违约金及服务费（年费、取现手续费、货币兑换费等）不可计息
与持卡人约定	逾期未还款是否收取违约金，相关收取方式和标准

考点5 银行卡的注销及丧失（★）

1.持卡人在还清全部交易款项、透支本息和有关费用后，可申请办理销户。
2.发卡行受理注销申请之日起45日后，被注销信用卡账户方能清户。
3.持卡人丧失银行卡，应立即持本人身份证件或其他有效证明，并按规定提供有关情况，向发卡银行或代办银行申请挂失，发卡银行或代办银行审核后办理挂失手续。

【典例研习·3-75】（2018年单选题）
甲公司在某开户银行开立了一个单位人民币卡账户，甲公司拟通过该账户办理的下列业务中，正确的是（　　）。
A.存入销售收入8万元　　　　　B.从一般存款账户转存银行借款50万元
C.从基本存款账户转存10万元　　D.缴存现金6万元

‖斯尔解析‖ C 单位人民币卡账户的资金一律从其基本存款账户转账存入，不得存取现金，不得将销货收入存入单位卡账户，选项ABD错误。

【典例研习·3-76】（2015年多选题）
根据支付结算法律制度的规定，下列资金中，可以转入个人人民币卡账户的有（　　）。
A.个人合法的劳务报酬　　　　B.个人合法的投资回报
C.工资性款项　　　　　　　　D.单位的款项

‖斯尔解析‖ 【ABC】 个人人民币卡账户的资金以其持有的现金存入或以其工资性款项、属于个人的合法的劳务报酬、投资回报等收入转账存入。严禁将单位的款项转入个人卡账户存储。（选项D错误）

‖陷阱提示‖ 注意区分单位人民币卡账户及个人人民币卡账户在资金来源上的不同，个人人民币卡账户管的"松"，个人的合法所得资金均可以存入或转入，独独不让公款私存；单位人民币卡账户则非常"严格"，只能有一条资金来源，即一律从其基本存款账户转账存入。

【典例研习·3-77】（2020年单选题）

根据支付结算法律制度的规定，下列信用卡的相关款项中，发卡机构可向持卡人计收利息的是（　　）。

A.货币兑换费　　B.取现手续费　　C.透支的款项　　D.违约金

‖斯尔解析‖ 【C】（1）发卡机构对向持卡人收取的违约金（选项D）和年费、取现手续费（选项B）、货币兑换费（选项A）等服务费用不得计收利息；（2）选项C，对信用卡透支利率实行上限和下限管理，即对透支的款项可计收利息。

【典例研习·3-78】（2018年多选题）

根据支付结算法律制度的规定，下列关于银行卡交易的表述中，正确的有（　　）。

A.信用卡持卡人不得通过银行柜面办理现金提取业务

B.信用卡持卡人通过ATM办理现金提取业务有限额控制

C.借记卡持卡人在ATM机上取款无限额控制

D.储值卡的面值具有上限

‖斯尔解析‖ 【BD】（1）信用卡持卡人可通过银行柜面办理现金提取业务，也可通过ATM机等自助机具办理现金提取业务。通过ATM机等自助机具办理现金提取业务每卡每日累计不得超过人民币1万元，选项A错误、选项B正确。（2）借记卡持卡人在ATM机等自助机具取款，每卡每日累计提款不得超过2万元人民币，选项C错误。（3）储值卡的面值或卡内币值不得超过1 000元人民币，选项D正确。

考点6　银行卡清算市场（★★）

1.自2015年6月1日起，我国放开银行卡清算市场，符合条件的内外资企业（境外支付机构、第三方支付机构、银行等）均可申请在中国境内设立银行卡清算机构。

2.申请成为银行卡清算机构的，向中国人民银行提出申请，经中国人民银行征求中国银行保险监督管理委员会同意后予以批准，依法取得"银行卡清算业务许可证"，注册资本不低于10亿元人民币。

3.目前中国银联股份有限公司是唯一经国务院同意由央行批准设立的银行卡清算机构。

4.我国银行卡组织的参与方：国际卡组织、本土第三方支付机构，甚至国内商业银行的多个参与方。

考点7　银行卡收单（★★）

（一）概念及主体

银行卡收单业务，是指收单机构与特约商户签订银行卡受理协议，在特约商户按约定受理银行卡并与持卡人达成交易后，为特约商户提供交易资金结算服务的行为。

1.收单机构

（1）从事银行卡收单业务的银行业金融机构；（如各银行）

（2）获得银行卡收单业务许可，为实体特约商户提供银行卡受理并完成资金结算服务的支付机构；（如快钱、拉卡拉）

（3）获得网络支付业务许可，为网络特约商户提供银行卡受理并完成资金结算服务的支付机构。（如支付宝、微信支付）

2.特约商户

（1）与收单机构签订银行卡受理协议，按约定受理银行卡并委托收单机构为其完成交易资金结算的：

①企事业单位、个体工商户或其他组织；

②按照国家市场监督管理机构有关规定，开展网络商品交易等经营活动的自然人。

（2）还可以分为实体特约商户、网络特约商户。

（二）POS收单及结算流程

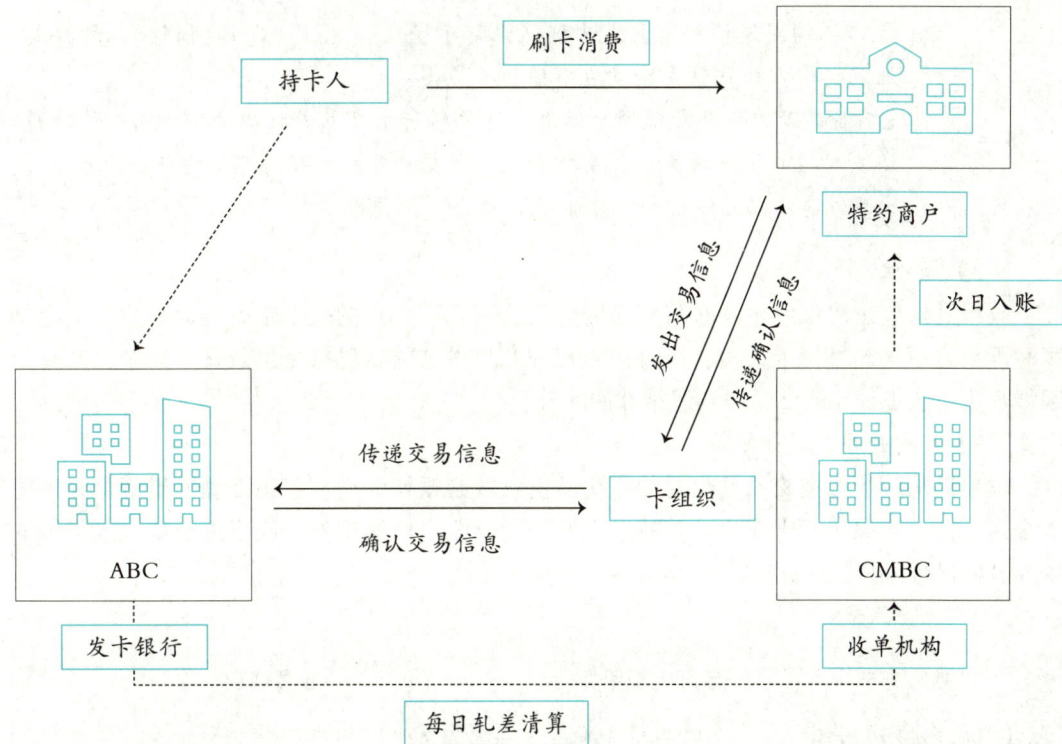

（三）管理规定

1.特约商户管理

（1）实行实名制管理；

（2）收单机构应当与特约商户签订银行卡受理协议；

（3）收单机构应当对实体特约商户收单业务进行本地化经营和管理，通过在特约商户及其分支机构所在省域内的收单机构或其分支机构提供收单服务，不得跨省开展收单业务；

（4）特约商户的收单银行结算账户要求

特约商户类型	特约商户的收单银行结算账户要求
单位	同名单位银行结算账户； 或其指定的与其存在合法资金管理关系的单位银行结算账户
个体户或自然人	同名个人银行结算账户

2.业务与风险管理

（1）强化业务和风险管理措施

措施	具体应对措施
建立风险评级制度	认定为风险等级较高商户时，对开通的受理卡种和交易类型进行限制，并采取强化交易监测、设置交易限额、延迟结算、增加检查频率、建立风险准备金
发生风险事件时	收单机构发现特约商户发生疑似银行卡套现、洗钱、欺诈、移机、留存或泄露持卡人账户信息等风险事件的，应当： a.对特约商户采取延迟资金结算、暂停银行卡交易或收回受理终端（关闭网络支付接口）等措施，并承担因未采取措施导致的风险损失责任； b.涉嫌违法犯罪活动的，应当及时向公安机关报案

（2）资金结算

收单机构应按协议约定及时将交易资金结算到特约商户的收单银行结算账户，资金结算时限最迟不得超过持卡人确认可直接向特约商户付款的支付指令生效日后30个自然日，因涉嫌违法违规等风险交易需延迟结算的除外。

（3）差错处理、退货交易

收单机构应当根据交易发生时的原交易信息发起银行卡交易差错处理、退货交易，将资金退至持卡人原银行卡账户。若持卡人原银行卡账户已撤销的，应当退至持卡人指定的本人其他银行账户。

（四）结算收费

收取方式	收取的费用类别	收费规定
收单机构向商户收取	收单服务费	二者协商确定具体费率
发卡机构收取	发卡行服务费	不区分商户类别，实行政府指导价、上限管理，费率为： 借记卡交易不超过交易金额的0.35%，单笔收费金额不超过13元； 贷记卡交易不超过0.45%
银行卡清算机构向发卡机构、收单机构分别收取	网络服务费	—

结算收费的优惠：对非营利性的医疗机构、教育机构、社会福利机构、养老机构、慈善机构刷卡交易，发卡行服务费、网络服务费全额减免。

【典例研习·3-79】（模拟单选题）

下列关于银行卡清算市场的说法中正确的有（　　）。

A.目前第三方支付机构暂不能申请在中国境内设立银行卡清算机构

B.我国银行卡组织的参与方为内资银行

C.申请成为银行卡清算机构的，注册资本不低于15亿元人民币

D.目前中国银联股份有限公司是唯一经国务院同意，由中国人民银行批准设立的银行卡清算机构

‖斯尔解析‖ D （1）选项A，自2015年6月1日起，我国放开银行卡清算市场，符合条件的内外资企业，包括境外支付机构、第三方支付机构、银行等，均可申请在中国境内设立银行卡清算机构。（2）选项B，我国银行卡组织包括国际卡组织、本土第三方支付机构，甚至国内商业银行的多个参与方。（3）选项C，申请成为银行卡清算机构的，注册资本不低于10亿元人民币。选项ABC错误。

【典例研习·3-80】（2018年多选题）

根据支付结算法律制度的规定，下列关于银行卡收单机构对特约商户管理的表述中，正确的有（　　）。

A.特约商户是单位的，其收单银行结算账户可以使用个人银行结算账户

B.对特约商户实行实名制管理

C.对实体特约商户与网络特约商户分别进行风险评级

D.对实体特约商户收单业务实行本地化经营，不得跨省域开展收单业务

‖斯尔解析‖ BCD 选项A，特约商户是单位的，其收单银行结算账户应当为其同名单位银行结算账户，或其指定的与其存在合法资金管理关系的单位银行结算账户。

【典例研习·3-81】（模拟单选题）

根据支付结算法律制度的规定，下列说法中正确的是（　　）

A.银行卡收单服务费是由收单机构向持卡人收取

B.银行卡收单服务费是由收单机构向商户收取

C.银行卡的网络服务费由发卡机构向收单机构收取

D.银行卡的发卡行服务费仅由银行卡清算机构向收单机构收取

‖斯尔解析‖ B 收单机构向商户收取收单服务费（选项A错误）；银行卡清算机构向收单机构及发卡机构收取网络服务费（选项C错误）；发卡机构向收单机构收取的发卡行服务费（选项D错误）。

【典例研习·3-82】（模拟多选题）

收单机构应当强化业务和风险管理措施，建立对特约商户的风险评级制度，对于风险等级较高的特约商户，收单机构应当采取的措施有（　　）。

A.限制开通的受理卡种和交易类型　　B.强化交易检测

C.设置交易限额　　　　　　　　　　D.关闭支付接口

‖斯尔解析‖ ABC 对于风险等级较高的特约商户，收单机构应当对其开通的受

理卡种和交易类型进行限制,并采取强化交易监测、设置交易限额、延迟结算、增加检查频率、建立特约商户风险准备金等措施。选项ABC正确。选项D为收单机构发现特约商户发生疑似银行卡套现、洗钱、欺诈、移机、留存或泄露持卡人账户信息等风险事件时采取的措施。

‖陷阱提示‖ 注意对于不同风险等级的特约商户,收单机构只能采取对应级别的措施,不可过于宽松,也不可过于严厉。风险等级较高,不等于已经发生了卡套现、洗钱、欺诈等风险事件,因此只能预防,而不能直接采取关闭支付接口等强制措施。

第五部分 其他结算方式及支付工具

考点1 网上支付（★）

（一）分类

网上支付的主要方式：网上银行和第三方支付。

（二）网上银行

1.分类

分类标准	类别
按服务对象	企业网上银行、个人网上银行
按经营组织	分支型网上银行、纯网上银行

2.功能

类型	功能
企业网上银行	账户信息查询、支付指令、B2B网上支付、批量支付
个人网上银行	账户信息查询、人民币转账业务、银证转账业务、外汇买卖业务、账户管理业务、B2C网上支付

（三）第三方支付

1.概念

第三方支付指非金融机构作为支付中介所提供的网络支付、预付卡发行与受理、银行卡收单以及其他支付服务。在手机端进行的互联网支付,又称为移动支付。

2.第三方支付的种类

（1）线上支付与线下支付

分类	举例
线上支付	如通过第三方支付平台实现的互联网在线支付
线下支付	包括POS机刷卡支付、拉卡拉等自助终端支付、电话支付、手机近端支付、电视支付等

（2）金融型支付企业及互联网型支付企业

分类	典型代表	特点
金融型支付企业	银联商务、快钱、易宝支付、汇付天下、拉卡拉等	不负有担保功能，立足于企业端
互联网支付企业	支付宝、财付通	提供担保功能，立足于个人消费者端

3.第三方支付的流程

（1）在第三方支付模式下，支付者必须在第三方支付机构平台上开立账户，向第三方支付机构平台提供银行卡信息或账户信息，在账户中"充值"，通过支付平台将该账户中的虚拟资金划转到收款人的账户，完成支付行为。

（2）收款人可以在需要时将账户中的资金兑成实体的银行存款。

（3）第三方平台结算支付模式的资金划拨是在平台内部进行的，此时划拨的是虚拟的资金。真正的实体资金还需要通过实际支付层来完成。

4.第三方支付的开户要求

（1）开立个人第三方账户时，同一个人在同一家支付机构只能开立一个Ⅲ类账户。

（2）开立单位支付账户，应要求单位提供相关证明文件并核实客户身份。

（3）应当与单位和个人签订协议，约定支付账户与支付账户、支付账户与银行账户之间的日累计转账限额和笔数，超出限额和笔数的，不得再办理转账业务。

【典例研习·3-83】（2018年单选题改编）

根据支付结算法律制度的规定，下列网上银行的功能中，不属于个人网上银行功能的是（　　）。

A.B2B网上支付　　　　　　　　B.查询银行卡的人民币余额

C.查询信用卡网上支付记录　　　D.网上购物电子支付

‖斯尔解析‖ A　（1）选项AD，"B2C网上支付"属于个人网上银行的业务功能，"B2B网上支付"属于企业网上银行的业务功能。选项A不属于个人网上银行业务。（2）选项BC，属于个人网上银行的"账户信息查询"功能。

【典例研习·3-84】（2016年单选题）

消费者在超市购物，消费总金额500元，通过支付宝扫码方式使用中信银行信用卡结账。根据支付结算法律制度的规定，下列说法正确的是（　　）。

A.支付宝属于银行卡清算机构　　　B.支付宝属于第三方支付机构

C.支付宝属于网上银行　　　　　　D.消费者应支付收单结算手续费1.9元

‖斯尔解析‖ B　（1）支付宝属于第三方支付机构，选项B正确，选项AC错误。（2）收单机构向商户收取收单服务费，选项D错误。

【典例研习·3-85】（2018年不定项选择题）

张某因支付需要，2017年1月向P银行申请开立了个人银行结算账户，并办理一张借记卡。同时开通了网上银行业务。

2017年2月，张某在Q第三方支付机构申请开立了账户并绑定其在P银行开立的个人银行结算账户。

要求：

根据上述资料，不考虑其他因素，分析回答下列问题。

1.下列关于张某申请开立个人银行结算账户的表述中，正确的是（　　）。

A.张某不得授权他人代理　　　　B.张某可以通过自助柜员机申请开户

C.张某需出具个人的自然人身份证　D.张某可以申请开立Ⅰ类银行结算账户

‖斯尔解析‖ BCD　申请开立个人银行结算账户可授权他人代理。

2.下列业务中，张某通过其开通的网上银行可以办理的是（　　）。

A.查询该借记卡中的账户余额　　B.向他人名下的银行卡转账

C.向自己名下的其他银行账户转账　D.支付网上购物货款

‖斯尔解析‖ ABCD

3.下列关于张某在Q第三方支付机构开立账户的表述中，正确的是（　　）。

A.该账户属于Ⅲ类账户　　　　　B.该账户属于Ⅱ类账户

C.该账户属于一般存款账户　　　D.该账户属于Ⅰ类账户

‖斯尔解析‖ A　（1）非银行支付机构为个人开立支付账户的，同一个人在同一家支付机构只能开立一个Ⅲ类账户，因此该账户属于Ⅲ类账户。（2）一般存款账户为单位开立的账户类型，此选项混淆视听。

4.下列关于张某办理的借记卡的表述中，正确的是（　　）。

A.不可透支

B.不得出租和转借

C.在ATM机每日累计提款不得超过2万元

D.银行应对该卡账户内的存款计付利息

‖斯尔解析‖ ABCD

考点2　汇兑（★）

1.汇兑是汇款人委托银行将其款项支付给收款人的结算方式。单位和个人均可使用该结算方式。

2.汇兑分为信汇、电汇两种。

3.受理及汇出

（1）汇出行：受理并审核汇兑凭证，办理汇款并向汇款人签发汇款回单。汇款回单只能作为汇出银行受理汇款的依据，不能作为该笔汇款已转入收款人账户的证明。

（2）汇入行：将汇入的款项直接转入收款人账户，并向其发出收账通知。收账通知是银行将款项确已收入收款人账户的凭证。

4.对汇出银行尚未汇出的款项可以申请撤销。

考点3　委托收款（★）

（一）概念及适用范围

1.委托收款是收款人委托银行向付款人收取款项的结算方式。

2.适用范围

（1）单位和个人凭已承兑的商业汇票、债券、存单等付款人债务证明办理款项的结算，均可以使用委托收款结算方式；

（2）同城、异地均可以使用。

（二）程序

1.签发委托收款凭证

必须记载下列事项，欠缺记载其一的，银行不予受理：

（1）表明"委托收款"的字样；

（2）确定的金额、委托日期；

（3）付款人名称、收款人名称；

（4）收款人签章；

（5）委托收款凭据名称及附寄单证张数。

提示：委托收款以银行以外的单位为付款人/收款人的，必须记载付款人/收款人开户银行名称。未在银行开立存款账户的个人为收款人的，委托收款凭证必须记载被委托银行名称。欠缺记载的，银行不予受理。

2.委托

收款人办理委托收款应向银行提交委托收款凭证和有关债务证明。

3.付款

（1）银行审查后同意付款

付款人	要求
以银行为付款人的	银行应当在当日将款项主动支付给收款人
以单位为付款人的	银行应及时通知付款人，需要将有关债务证明交给付款人的应交给付款人；付款人应于接到通知的当日书面通知银行付款。付款人未在接到通知日的次日起3日内通知银行付款的，视同付款人同意付款，银行应于付款人接到通知日的次日起第4日上午开始营业时，将款项划给收款人；银行在办理划款时，付款人存款账户不足支付的，应通过被委托银行向收款人发出未付款项通知书

（2）银行审查后拒绝付款

付款人	要求
以银行为付款人的	应自收到委托收款及债务证明的次日起3日内出具拒绝证明，连同有关债务证明、凭证寄给被委托银行，转交收款人
以单位为付款人的	应在付款人接到通知日的次日起3日内出具拒绝证明，持有债务证明的，应将其送交开户银行。银行将拒绝证明、债务证明和有关凭证一并寄给被委托银行，转交收款人

【典例研习·3-86】（2018年多选题）

根据支付结算法律制度的规定，下列债务证明中，办理款项结算可以使用委托收款结算方式的有（　　）。

A.已承兑的商业汇票　　　　　　B.支票
C.到期的债券　　　　　　　　　D.到期的存单

‖斯尔解析‖　ABCD　单位和个人凭已承兑的商业汇票、债券、存单等付款人债务证明办理款项的结算，均可以使用委托收款结算方式。

【典例研习·3-87】（2017年多选题）

根据支付结算法律制度的规定，关于委托收款结算方式的下列表述中，正确的有（　　）。

A.银行在为单位办理划款时，付款人存款账户不足支付的，应通知付款人交足存款
B.单位凭已承兑的商业汇票办理款项结算，可以使用委托收款结算方式
C.以银行以外的单位为付款人的，委托收款凭证必须记载付款人开户银行名称
D.委托收款仅限于异地使用

‖斯尔解析‖　BC　（1）选项A，银行在办理划款时，付款人存款账户不足支付的，应通过被委托银行向收款人发出未付款项通知书。（2）选项D，委托收款在同城、异地均可以使用。

考点4　（多用途）预付卡（★★★）

（一）分类及特征

1.预付卡以人民币计价，不具有透支功能。

2.分类

（1）按发卡机构和用途分为多用途预付卡和单用途预付卡。本部分讲述的是多用途预付卡，即由专营发卡机构发行，可跨地区、跨行业、跨法人使用。

（2）按是否记载持卡人身份信息分为记名预付卡和不记名预付卡。

	记名预付卡	不记名预付卡
单张限额	5 000元	1 000元
挂失	可挂失	不可挂失
赎回	购卡后3个月可赎回	不可赎回
有效期	不得设置有效期	不得低于3年 超过有效期尚有资金余额可延期、激活、换卡
实名办理	√	一次性购买1万元以上√

（二）预付卡的办理（购买）及充值

1.实名办理的登记事项

（1）登记购卡人姓名或单位名称；

（2）单位经办人姓名、有效身份证件名称和号码、联系方式；

（3）购卡数量、购卡日期、购卡总金额、预付卡卡号及金额等信息。

2.购买及充值付款方式

付款方式	购买	充值
使用信用卡	×	×
不得使用现金的情形	单位一次性购买预付卡5 000元以上 个人一次性购买预付卡5万元以上	一次性充值金额 5 000元以上的

（三）预付卡的使用规定

1.在发卡机构拓展、签约的特约商户中使用。

2.不得使用的事项

（1）不得用于或变相用于提取现金；

（2）不得用于购买、交换非本发卡机构发行的预付卡、单一行业卡及其他商业预付卡或向其充值；

（3）卡内资金不得向银行账户或向非本发卡机构开立的网络支付账户转移。

（四）赎回预付卡

1.记名预付卡可在购卡3个月后办理赎回；

2.单位购买的记名预付卡，只能由单位办理赎回；

3.实名制赎回所需的资料

办理人	提供资料
持卡人办理	预付卡、持卡人和购卡人的有效身份证件
他人代理赎回	持卡人办理时应提供的资料、代理人和被代理人的有效身份证件

（五）发卡机构

1.发卡机构要严格发票管理，按照《中华人民共和国发票管理办法》有关规定开具发票。

2.客户备付金

（1）发卡机构接受的、客户用于未来支付需要的预付卡资金，不属于发卡机构的自有财产，发卡机构不得挪用、挤占。

（2）发卡机构对客户备付金需100%集中交存中国人民银行。

【典例研习·3-88】（2018年不定项选择题）

2016年8月7日，王某为购物消费便利，到甲支付机构一次性购买一张记名预付卡和若干张不记名预付卡，共计金额6万元。购卡后，王某在生活中广泛使用。2017年5月王某因被派驻国外工作，将剩余的不记名预付卡交由妻子刘某使用，同时委托妻子刘某将记名预付卡代理自己赎回。

要求：

根据上述资料，不考虑其他因素，分析回答下列问题。

1.甲支付机构向王某出售预付卡时，下列信息中，应当登记的是（　　）。

A.王某的身份证件名称和号码　　　B.购卡总金额

C.预付卡卡号　　　　　　　　　　D.王某的联系方式

‖斯尔解析‖ (ABCD) 使用实名购买预付卡的，发卡机构应当登记购卡人姓名或单位名称、单位经办人姓名、有效身份证件名称和号码(选项A)、联系方式(选项D)、购卡数量、购卡日期、购卡总金额(选项B)、预付卡卡号(选项C)及金额等信息。

2.王某本次购买预付卡,下列拟使用的资金结算方式中,正确的是( )。

A.手机银行转账6万元　　　　　　　B.信用卡刷POS机6万元
C.借记卡刷POS机6万元　　　　　　D.现金支付6万元

‖斯尔解析‖ AC 购卡人不得使用信用卡购买预付卡(选项B错误)。个人一次性购买预付卡5万元以上的,应当通过银行转账等非现金结算方式购买,不得使用现金(选项D错误)。

3.下列事项中,王某可以使用记名预付卡办理的是( )。

A.在商场购买预付卡
B.将卡内资金转入第三方支付账户
C.在甲支付机构签约的特约商户中购物消费
D.购买交通卡

‖斯尔解析‖ C 预付卡在发卡机构拓展、签约的特约商户中使用,不得用于或变相用于提取现金,不得用于购买、交换非本发卡机构发行的预付卡、单一行业卡及其他商业预付卡或向其充值(选项AD),卡内资金不得向银行账户或向非本发卡机构开立的网络支付账户转移(选项B)。选项ABD均错误。

4.刘某为王某代理赎回预付卡时,下列资料中,必须出示的是( )。

A.王某的有效身份证件　　　　　　　B.王某的记名预付卡
C.刘某与王某的结婚证件　　　　　　D.刘某的有效身份证件

‖斯尔解析‖ ABD 记名预付卡可在购卡3个月后办理赎回。赎回时由他人代理赎回的,应当同时出示代理人和被代理人的有效身份证件。选项ABD正确。

考点5　(国内)信用证(★★★)

(一)概念

国内信用证(以下简称"信用证"),是指银行依照申请人的申请开立的、对相符交单予以付款的承诺。

【原理详解】信用证的基本流程

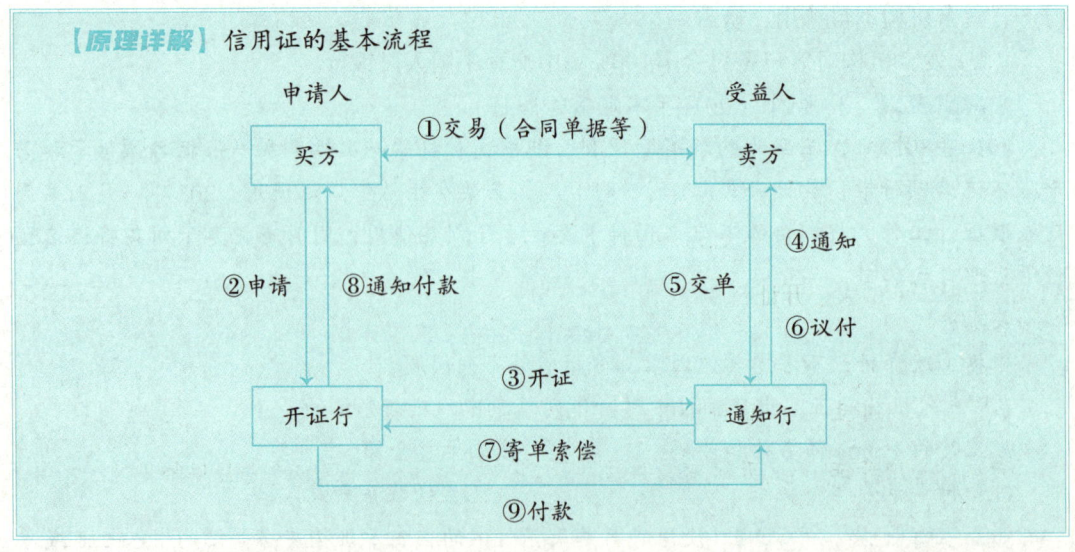

（二）特点及适用范围

1.我国信用证为以人民币计价、不可撤销的跟单信用证。
2.适用于银行为国内企事业单位之间货物和服务贸易提供的结算服务。
3.信用证只限于转账结算，不得支取现金。

> **【原理详解】** 各类支付工具及结算方式的适用范围：
> （1）仅能由单位使用的：商业汇票、国内信用证；
> （2）仅能由个人使用的：现金银行汇票、现金银行本票；
> （3）不支持异地结算的：银行本票。

（三）分类及付款期限

信用证按付款期限分为即期信用证及远期信用证。
1.即期信用证：开证行应在收到相符单据次日起5个营业日内付款。
2.远期信用证：
（1）开证行应在收到相符单据次日起5个营业日内确认到期付款，并在到期日付款；
（2）付款期限最长不超过1年；
（3）远期方式包括：单据日后定期付款、见单后定期付款、固定日付款等可确定到期日的方式。

（四）当事人

当事人	具体含义
申请人	申请开立信用证的当事人，一般为货物购买方或服务接受方
受益人	接受信用证并享有信用证权益的当事人，一般为货物销售方或服务提供方
开证行	应申请人申请开立信用证的银行
通知行	应开证行的要求向受益人通知信用证的银行
交单行	向信用证有效地点提交信用证项下单据的银行
转让行	开证行指定的办理信用证转让的银行
保兑行	根据开证行的授权或要求对信用证加具保兑的银行
议付行	开证行指定的为受益人办理议付的银行，开证行应指定一家或任意银行作为议付信用证的议付行

（五）程序

1.开证（申请人、开证行）

程序	规定
申请人申请开立	填申请书+提交贸易合同
开证行受理开证	开证前签订协议+可要求申请人交存保证金并提供担保

程序	规定
开证行开证	①可以采用信开和电开方式； ②应使用中文

2.保兑（保兑行）

保兑是指保兑行根据开证行的授权或要求，在开证行承诺之外作出的对相符交单付款、确认到期付款或议付的确定承诺。

3.修改（申请人、受益人）

（1）申请人：向开证行提出修改申请。

（2）受益人：提供接受或拒绝修改的通知。

4.通知（通知行）

（1）通知行可由开证申请人指定，如开证申请人没有指定，开证行有权指定通知行。通知行可自行决定是否通知。

（2）通知行同意通知的，应于收到信用证次日起3个营业日内通知受益人。

5.转让（转让行、可转让信用证）

（1）转让是指由转让行应第一受益人的要求，将可转让信用证的部分或者全部转为可由第二受益人兑用。

（2）可转让信用证只能转让一次。

6.议付与索偿（议付行）

（1）议付是指可议付信用证项下单证相符或在开证行或保兑行已确认到期付款的情况下，议付行在收到开证行或保兑行付款前购买单据、取得信用证项下索款权利，向受益人预付或同意预付资金的行为。

（2）是否所有信用证均可议付

①信用证未明示可议付，任何银行不得办理议付；

②信用证明示可议付，如开证行仅指定一家议付行，未被指定为议付行的银行不得办理议付，被指定的议付行可自行决定是否办理议付。

（3）议付行议付时，必须与受益人书面约定是否有追索权。

①若约定有追索权，到期不获付款，议付行可向受益人追索。

②若约定无追索权，到期不获付款，议付行不得向受益人追索，议付行与受益人约定的例外情况或受益人存在信用证欺诈的情形除外。

7.寄单索款（受益人及交单行）

受益人委托交单行交单，应在信用证交单期和有效期内填制信用证交单委托书，并提交单据和信用证正本及信用证通知书、信用证修改书正本及信用证修改通知书（如有）。

8.付款（开证行或保兑行）

若受益人提交了相符单据或开证行已发出付款承诺，即使申请人交存的保证金及其存款账户余额不足支付，开证行仍应在规定的时间内付款。

9.注销（开证行）

（1）注销是指开证行对信用证未支用的金额解除付款责任的行为。

（2）开证行、保兑行、议付行未在信用证有效期内收到单据的，开证行可在信用证逾有效期1个月后予以注销。

【典例研习·3-89】（模拟多选题）

下列关于国内信用证的说法中，正确的是（　　）。

A.即期信用证的开证行应在收到相符单据次日起5个营业日内付款

B.开证行可要求申请人交存一定数额的保证金

C.通知行只能由开证申请人指定

D.可转让信用证可以部分转为由第二受益人兑用

‖斯尔解析‖ `ABD` 通知行可由开证申请人指定，如开证申请人没有指定，开证行有权指定通知行。

【典例研习·3-90】（模拟多选题）

下列关于国内信用证的说法中，不正确的是（　　）。

A.可转让信用证可多次转让

B.国内信用证均可议付

C.国内信用证需修改的，申请人可自行修改，加盖公章，并通知开证行

D.议付行议付时，必须与受益人书面约定是否有追索权

‖斯尔解析‖ `ABC` （1）可转让信用证只能转让一次（选项A）。（2）信用证未明示可议付，任何银行不得办理议付（选项B）。（3）开证申请人需对已开立的信用证内容修改的，应向开证行提出修改申请，明确修改的内容（选项C）。（4）议付行议付时，必须与受益人书面约定是否有追索权（选项D）。故本题选择选项ABC。

‖陷阱提示‖ 国内信用证和票据有很多相似点，学习时我们可以结合票据行为对信用证的相关内容进行理解，但做题时又要特别留心两者的不同。例如，票据可以多次转让，但可转让信用证只能转让一次。

【典例研习·3-91】（2016年多选题改编）

根据支付结算法律制度的规定，下列各项结算方式中，可以在异地使用的有（　　）。

A.支票　　　　　B.银行本票　　　　C.国内信用证　　　　D.委托收款

‖斯尔解析‖ `ACD` 银行本票仅可在同一票据交换区域使用。

【典例研习·3-92】（2015年单选题改编）

根据支付结算法律制度的规定，下列结算方式中，仅适用于单位之间款项结算的是（　　）。

A.电汇　　　　　B.信汇　　　　　C.国内信用证　　　　D.委托收款

‖斯尔解析‖ `C` 信用证结算适用于银行为国内企事业单位之间货物和服务贸易提供的结算服务。汇兑（包括电汇和信汇）、委托收款个人及单位均可使用。

第六部分　违反支付结算制度的法律责任

考点1　结算纪律（★）
（一）对单位和个人的要求
1.不准签发没有资金保证的票据或远期支票，套取银行信用；
2.不准签发、取得和转让没有真实交易和债权债务的票据，套取银行和他人资金；
3.不准无理拒绝付款，任意占用他人资金；
4.不准违反规定开立和使用账户。

（二）对银行的要求
1.不准签发空头银行汇票、银行本票和办理空头汇款；
2.不准违章签发、承兑、贴现票据，套取银行资金；
3.不准无理拒绝支付应由银行支付的票据款项；
4.不准违反规定为单位和个人开立账户；
5.不准以任何理由压票、任意退票、截留挪用客户和他行资金；
6.不准在支付结算制度之外规定附加条件，影响汇路畅通；
7.不准受理无理拒付、不扣少扣滞纳金；
8.不准拒绝受理、代理他行正常结算业务。

考点2　法律责任（★★）
（一）票据违法行为
1.签发空头支票、印章与预留印鉴不符的支票
（1）未构成犯罪行为的，由中国人民银行处以票面金额5%但不低于1 000元的罚款；持票人有权要求出票人赔偿支票额2%的赔偿金；
（2）屡次签发空头支票的，银行有权停止为其办理支票或全部支付结算业务。
2.票据欺诈、妨害信用卡管理等行为构成犯罪的，依法追究刑事责任
（1）付款人同出票人、持票人恶意串通，实施：
①伪造、变造票据、托收凭证、汇款凭证、信用证，伪造信用卡等；
②故意使用伪造、变造的票据的；
③签发空头支票或者故意签发与其预留的本名签名式样或者印鉴不符的支票，骗取财物的；
④签发无可靠资金来源的汇票、本票，骗取资金的；
⑤汇票、本票的出票人在出票时作虚假记载，骗取财物的；
⑥冒用他人的票据，或者故意使用过期或者作废的票据，骗取财物的。
（2）进行信用卡诈骗活动，数额较大的
①使用伪造的信用卡，或者使用以虚假的身份证明骗领的信用卡的；
②使用作废的信用卡的；
③冒用他人信用卡的；
④恶意透支。

（3）妨害信用卡管理，数量较大的
①明知是伪造的信用卡而持有、运输的，或者明知是伪造的空白信用卡而持有、运输的；
②非法持有他人信用卡；
③使用虚假的身份证明骗领信用卡的；
④出售、购买、为他人提供伪造的信用卡或者以虚假的身份证明骗领信用卡的；
⑤窃取、收买或者非法提供他人信用卡信息资料的。

（二）（存款人）违反账户规定行为

环节	具体违法行为	非经营性存款人	经营性存款人	刑事责任
开立、撤销账户违规	违反规定开立银行结算账户；伪造、变造证明文件欺骗银行开立银行结算账户；违反规定不及时撤销银行结算账户	给予警告并处以1 000元的罚款	给予警告并处以1万元以上3万元以下的罚款	构成犯罪依法追究
伪造、变造、私自印制开户许可证的		处以1 000元罚款	处以1万元以上3万元以下罚款	
存款人使用银行结算账户违反规定	违反规定将单位款项转入个人银行结算账户；违反规定支取现金；利用开立银行结算账户逃废银行债务；出租、出借银行结算账户；从基本存款账户之外的银行结算账户转账存入、将销货收入存入或现金存入单位信用卡账户	给予警告并处以1 000元的罚款	给予警告并处以5 000元以上3万元以下的罚款	—
	法定代表人或主要负责人、存款人地址以及其他开户资料的变更事项未在规定期限内通知银行	给予警告并处以1 000元的罚款		—

【原理详解】对非经营性的存款人的罚款金额都是1 000元，对经营性存款人有三档：1 000、1万至3万、5 000至3万。

【典例研习·3-93】（2015年多选题）
根据支付结算法律制度的规定，下列各项中，属于银行办理支付结算必须遵守的结算纪律有（　　）。
A.不准违反规定为单位和个人开立账户
B.不准签发空头银行汇票、银行本票和办理空头汇款

C.不准签发没有资金保证的票据或远期支票，套取银行信用
D.不准受理无理拒付，不扣少扣滞纳金

‖斯尔解析‖ 【ABD】 选项C属于单位和个人办理支付结算必须遵守的结算纪律。

【典例研习·3-94】（模拟单选题）

存款人的下列行为，中国人民银行可以给予5 000元以上3万元以下罚款的有（　　）。
A.经营性存款人违反规定开立银行结算账户
B.经营性存款人违反规定支取现金
C.经营性存款人违反规定变造开户登记证
D.非经营性存款人违反规定不及时撤销银行结算账户

‖斯尔解析‖ 【B】 经营性存款人违反规定开立银行结算账户的，给予警告并处以1万元以上3万元以下的罚款（选项A错误）；经营性存款人违反规定支取现金的，给予警告并处以5 000元以上3万元以下的罚款（选项B正确）；经营性存款人违反规定变造开户登记证的，处以1万元以上3万元以下的罚款（选项C错误）；非经营性存款人违反规定不及时撤销银行结算账户的，给予警告并处以1 000元的罚款（选项D错误）。

【典例研习·3-95】（2018年判断题）

单位或个人签发空头支票的，由其开户银行处以罚款。（　　）

‖斯尔解析‖ 【×】 签发空头支票、印章与预留印鉴不符的支票，未构成犯罪行为的，由中国人民银行处以票面金额5%但不低于1 000元的罚款。

‖陷阱提示‖ 能处以罚款的不是开户银行（商业银行），而是中国人民银行。

【典例研习·3-96】（2018年多选题）

下列信用卡诈骗活动中，数额较大的，当事人应负刑事责任的有（　　）。
A.郑某冒用他人信用卡
B.王某恶意透支信用卡
C.吴某使用作废的信用卡
D.周某使用伪造的信用卡

‖斯尔解析‖ 【ABCD】 可能涉及刑事责任的信用卡诈骗活动包括：（1）使用伪造的信用卡（选项D），或者使用以虚假的身份证明骗领信用卡的。（2）使用作废的信用卡的（选项C）。（3）冒用他人信用卡的（选项A）。（4）恶意透支的（选项B）。

【典例研习·3-97】（2018年判断题）

大量持有他人信用卡的，应追究其刑事责任。（　　）

‖斯尔解析‖ 【√】 非法持有他人信用卡，数量较大的，属于妨害信用卡管理行为，应追究其刑事责任。

第四章 增值税、消费税法律制度

学习提要

从本章起,我们开始学习我国现行税收法律制度。本章作为税法部分的开篇章节,先介绍税收实体法构成要素,后续各个税种的学习都围绕着这些税法要素展开。本章的重头戏是两个重要税种的学习——增值税及消费税。对增值税及消费税的学习,将围绕交不交税和交多少税两个最主要的议题展开。

在历年考试中,本章都占有绝对重要的比重,每份试卷平均可达20分以上,是各类题型的高频考点。同时,几乎每个批次的试卷均会有一道不定项选择题围绕本章知识点,重点考查增值税、消费税的计算。因此,学至本章,我们要打开新思路,开始拿出计算器,算算数字了。

但是,在初级经济法基础的考试中,税法的计算题很有套路可寻,陷阱也较好识别,比起非税法章节琐碎的知识点,税法的计算题是非常好拿分的,让我们一起,走进税法!

考点精讲

第一部分 税收法律制度

考点1 税收及税法(★)

(一)税收的概念及特征

税收是指以国家为主体,为实现国家职能,凭借政治权力,按照法定标准,无偿取得财政收入的一种特定分配形式。

税收与其他财政收入形式相比,具有强制性、无偿性和固定性的特征。

(二)税法

税法即税收法律制度,是调整税收关系的法律规范的总称。

税收法律关系体现为国家征税与纳税人纳税的利益分配关系。

构成要素	具体内容
主体	(1)是指税收法律关系中享有权利和承担义务的当事人; (2)我国税收法律关系中:一方是代表国家行使征税职责的国家税务机关,包括国家各级税务机关和海关,另一方是履行纳税义务的人,包括法人、自然人和其他组织; (3)我国采取属地兼属人原则,即在中国境内有所得来源的,都是我国税收法律关系的主体

构成要素	具体内容
客体	征税对象
内容	主体所享受的权利和所应承担的义务

（三）现行税种与征收机关

现阶段，我国税收征收管理机关有税务机关和海关。

海关主要负责下列税收的征收和管理：（1）关税；（2）船舶吨税；（3）委托代征的进口环节的增值税、消费税。

其他税种由税务机关负责征收。非税收入和社会保险费的征收也由税务机关负责。

考点2 税法要素（★★）

税法要素一般包括纳税人、征税对象、税目、税率、计税依据、纳税环节、纳税期限、纳税地点、税收优惠、法律责任等。

【原理详解】 解决"谁""对什么征""哪类税""什么时间地点""纳多少"的问题。

（一）纳税人

1.纳税人是指依法直接负有纳税义务的法人、自然人和其他组织。

2.注意区分纳税人与扣缴义务人。

扣缴义务人是指税法规定的，在其经营活动中负有代扣税款并向国库缴纳义务的单位。扣缴义务人必须按照税法规定代扣税款，并在规定期限缴入国库。

（二）征税对象及税目

1.征税对象指税收法律关系中权利义务所指的对象，即对什么征税。不同的征税对象是区别不同税种的重要标志。

例如，企业所得税法律关系的征税对象，就是生产经营所得和其他所得。

2.税目是征税对象的具体化。

例如，我国现行消费税法律制度共有税目15个，包括烟、酒、高档化妆品等。

（三）计税依据

种类	具体计税依据规定
从价计征	以计税金额（征税对象的数量乘以计税价格的数额）为计税依据
从量计征	以征税对象的重量、体积、数量等为计税依据
复合计征	从价定率和从量定额相结合，计税依据分别按从价计征和从量计征具体规定确定

【原理详解】 例如，对卷烟批发环节实行从价定率和从量定额相结合的复合计征办法征收消费税，其中从价按11%的税率征收、从量按0.005元/支的定额税率征收。

(四) 税率

税率是指应征税额与计税金额（或数量单位）之间的比例，是税收法律制度中的核心要素。我国现行的税率主要有：比例税率、定额税率、累进税率。

税率形式		具体规定
比例税率		对同一征税对象，不论其数额大小，均按同一比例征税的税率，如高档化妆品消费税率为15%
定额税率		按征税对象的一定单位直接规定固定的税额，如柴油消费税税率为1.20元/升
累进税率		根据征税对象数额的逐渐增大，按不同等级逐步提高的税率
	全额累进税率	我国的税收法律制度中已不采用全额累进税率
	超额累进税率	将征税对象数额的逐步递增划分为若干等级，按等级规定相应的递增税率，对每个等级分别计算税额，如个人所得税"综合所得"适用7级超额累进税率
	超率累进税率	按征税对象的某种递增比例划分若干等级，按等级规定相应的递增税率，对每个等级分别计算税额，如土地增值税适用4级超率累进税率

(五) 纳税环节、纳税期限、纳税地点

要素	具体内容
纳税环节	征税对象在从生产到消费的流转过程中应当缴纳税款的环节。增值税在各个"增值"环节均征收，但消费税则在特定的环节征收，如金银首饰在零售环节征收
纳税期限	纳税人的纳税义务发生后应依法缴纳税款的期限，包括纳税义务发生时间、纳税期限和缴库期限
纳税地点	根据各税种的纳税环节和有利于对税款的源泉控制而规定的纳税人（包括代征、代扣、代缴义务人）的具体申报缴纳税收的地方

(六) 税收优惠

税收优惠是指国家对某些纳税人和征税对象给予鼓励和照顾的一种特殊规定。一方面是为了鼓励和支持某些行业或项目的发展，另一方面是为了照顾某些纳税人的特殊困难。

税收优惠	具体内容
减税和免税	分为长期减免税项目及依法给予的一定期限内的减免税措施，期满之后仍依规定纳税
起征点	征税对象的数额没有达到规定起征点的不征税；达到或超过起征点的，就其全部数额征税
免征额	对纳税对象中的一部分给予减免，只就减除后的剩余部分计征税款

【原理详解】5 000元/月是"免征额"而非"起征点"。

（七）法律责任

对违反国家税法规定的行为人（纳税人和税务人员）采取的处罚措施，包括行政责任和刑事责任。

【典例研习·4-1】（2018年单选题）

下列税法要素中，可以作为区别不同税种的重要标志的是（　　）。

A.税收优惠　　　B.纳税期限　　　C.征税对象　　　D.税率

‖斯尔解析‖ C　征税对象又称课税对象，是纳税的客体。不同的征税对象是区别不同税种的重要标志。

【典例研习·4-2】（2020年多选题）

下列各项中，属于税法要素的有（　　）。

A.税率　　　B.征税对象　　　C.纳税义务人　　　D.税收优惠

‖斯尔解析‖ ABCD　税法要素一般包括纳税人（选项C）、征税对象（选项B）、税目、税率（选项A）、计税依据、纳税环节、纳税期限、纳税地点、税收优惠（选项D）、法律责任等。

‖陷阱提示‖ 税法要素中，税收优惠、法律责任是同学们容易遗忘的要素。

【典例研习·4-3】（2018年多选题）

我国现行的税率主要有（　　）。

A.比例税率　　　B.比率税率　　　C.定额税率　　　D.累进税率

‖斯尔解析‖ ACD　税率是指应征税额与计税金额（或数量单位）之间的比例，是计算税额的尺度。我国现行的税率主要有：比例税率、累进税率、定额税率。

‖陷阱提示‖ 现行税率不包括"比率税率"，注意准确描述。此外，再次提醒，我国现行的税率中的累进税率不包括全额累进税率。

【典例研习·4-4】（模拟判断题）

如果税法规定某一税种的起征点是1 000元，那么只对超过1 000元的部分征税。（　　）

‖斯尔解析‖ ×　起征点，是指对征税对象开始征税的数额界限。征税对象的数额没有达到规定起征点的不征税；达到或超过起征点的，就其全部数额征税。因此，如果税法规定某一税种的起征点是1 000元，那么征税对象的数额没有达到1 000元的不征税，达到或超过1 000元的，就其全部数额征税。

‖陷阱提示‖ "起征点"是达到了全额征税，"免征额"是只对超出免征额金额的部分征税。

【典例研习·4-5】（2018年多选题改编）

下列税种中，由税务机关负责征收和管理的有（　　）。

A.个人所得税　　　B.船舶吨税　　　C.房产税　　　D.印花税

‖斯尔解析‖ ACD　现阶段，我国税收征收管理机关有税务机关和海关。海关主要对关税、船舶吨税、海关代征进口环节的增值税、消费税进行征收和管理。故本题选项

ACD 正确。

‖陷阱提示‖ 此类考题需特别注意题目的描述。

（1）问海关负责征收和管理的税种：关税、船舶吨税、委托代征的进口环节增值税及消费税；

（2）问海关代征的税种：进口环节的增值税及消费税；

（3）问税务机关负责征收管理的税种：除关税、船舶吨税以外的税种。

为什么海关代征的税中不选择关税及船舶吨税？因为此两税是由海关征收，而非代征。

第二部分 增值税基本概念

【原理详解】

1.认识增值税：增值税是对销售货物、劳务或服务等过程中实现的增值额征收的一种税。增值税是我国现阶段税收收入规模最大的税种。

2.认识"营改增"：2016年5月1日起，在全国范围内全面推开营改增试点，建筑业、房地产业、金融业、生活服务业等全部营业税纳税人纳入试点范围，由缴纳营业税改为缴纳增值税。

考点1 增值税征税范围（★★★）

增值税的征税范围包括在中华人民共和国境内销售货物或者劳务，销售服务、无形资产、不动产以及进口货物。

（一）销售货物

销售货物是指在中国境内有偿转让货物的所有权。

1.在中国境内销售，是指销售货物的起运地或者所在地在境内。

2.货物，是指有形动产，包括电力、热力、气体在内。

3.有偿，是指从购买方取得货币、货物或者其他经济利益（如抵偿债务）。

（二）销售劳务

销售劳务是指在中国境内有偿提供加工、修理修配劳务。

1.在中国境内销售劳务，是指提供的劳务发生地在境内。

2.加工，是指受托加工货物，即委托方提供原料及主要材料，受托方按照委托方的要求，制造货物并收取加工费的业务。

3.修理修配，是指受托对损伤和丧失功能的货物进行修复，使其恢复原状和功能的业务。

【解题高手】单位或者个体工商户聘用的员工为本单位或者雇主提供加工、修理修配劳务不包括在内。

（三）销售服务

销售服务，是指提供交通运输服务、邮政服务、电信服务、建筑服务、金融服务、现代服务、生活服务。

1.交通运输服务

（1）交通运输服务，是指利用运输工具将货物或者旅客送达目的地，使其空间位置得到转移的业务活动，包括陆路运输服务、水路运输服务、航空运输服务和管道运输服务。

子目	具体项目
陆路运输	出租车公司向使用本公司自有出租车的出租车司机收取的管理费用
水路运输	水路运输的程租、期租业务
航空运输	包括航天运输和航空运输。注意航空运输的湿租，属于航空运输服务
管道运输	通过管道设施输送气体、液体、固体物质的运输业务活动

【解题高手】水路运输的"光租"业务，航空运输的"干租"，不属于交通运输服务，属于现代服务——租赁服务。

（2）无运输工具承运业务，按照交通运输服务缴纳增值税。

2.邮政服务

包括邮票发行、报刊发行等邮政普遍服务、机要通信等邮政特殊服务和邮品销售、邮政代理等其他邮政服务。

【解题高手】邮政汇兑属于邮政服务，但邮政储蓄业务按金融服务缴纳增值税。

3.电信服务

（1）基础电信服务：是指利用固网、移动网、卫星、互联网，提供语音通话服务的业务活动，以及出租或者出售带宽等业务活动。

（2）增值电信服务：短信彩信、互联网接入、卫星电视信号落地转接等。

4.建筑服务

包括工程服务、安装服务、修缮服务、装饰服务和其他建筑服务。

子目	具体项目
工程服务	新建、改建各种建筑物、构筑物的工程作业
安装服务	生产设备、动力设备、起重设备、运输设备、传动设备、医疗实验设备以及其他各种设备、设施的装配、安置工程作业
修缮服务	对建筑物、构筑物进行修补、加固、养护、改善，使之恢复原来的使用价值或者延长其使用期限的工程作业
装饰服务	对建筑物、构筑物进行修饰装修，使之美观或者具有特定用途
其他建筑服务	上列工程作业之外的各种工程作业服务，如钻井（打井）、拆除建筑物或者构筑物、平整土地、园林绿化、疏浚（不包括航道疏浚）、建筑物平移、搭脚手架、爆破、矿山穿孔、表面附着物（包括岩层、土层、沙层等）剥离和清理等工程作业

【解题高手】
1. 固定电话、有线电视、宽带、水、电、燃气、暖气等经营者向用户收取的"安装费、初装费、开户费、扩容费"以及类似收费，按照"建筑服务——安装服务"缴纳增值税；
2. "修缮服务"修的是"不动产"，修的如果是动产，属于"销售劳务——修理修配劳务"。

5. 金融服务

包括贷款服务、直接收费金融服务、保险服务和金融商品转让。

（1）贷款服务

将资金贷与他人使用而取得利息收入的业务活动，包括金融商品持有期间（含到期）利息（保本收益、报酬、资金占用费、补偿金等）收入、信用卡透支利息收入、买入返售金融商品利息收入、融资融券收取的利息收入，以及融资性售后回租、押汇、罚息、票据贴现、转贷等业务取得的利息及利息性质的收入。

【解题高手】以货币投资收取固定利润或保底利润，按"金融服务——贷款服务"缴纳增值税。

（2）直接收费金融服务

提供货币兑换、账户管理、电子银行、信用卡、信用证、财务担保、资产管理、信托管理、基金管理、金融交易场所（平台）管理、资金结算、资金清算、金融支付等服务，而直接取得的收入。

【解题高手】注意区分直接收费金融服务与贷款服务。直接收费金融服务不是收利息，而是提供了服务从而收服务费，如银行卡收单业务手续费等。

（3）保险服务，包括人身保险服务和财产保险服务。

（4）金融商品转让，指转让外汇、有价证券、非货物期货和其他金融商品（基金、信托、理财产品等各类资产管理产品和各种金融衍生品）的所有权取得的收入。

6. 现代服务

指围绕制造业、文化产业、现代物流产业等提供技术性、知识性服务的业务活动。

（1）研发和技术服务，包括研发服务、合同能源管理服务、工程勘察勘探服务、专业技术服务。

（2）信息技术服务，包括软件服务、电路设计及测试服务、信息系统服务、业务流程管理服务和信息系统增值服务。

（3）文化创意服务，包括设计服务、知识产权服务、广告服务和会议展览服务。

（4）广播影视服务，包括广播影视节目的制作服务、发行服务和播映服务。

【解题高手】广告的制作、发布均属于"文化创意服务——广告服务"。

（5）租赁服务，包括有形动产、不动产的经营租赁和融资租赁。

【解题高手】注意区分：
（1）车辆停放服务、道路通行服务（包括过路费、过桥费、过闸费等）等按照"不动产经营租赁服务"缴纳增值税；
（2）将动产、不动产上的广告位出租，按"经营租赁服务"缴纳增值税；
（3）"融资性售后回租"属于"金融服务——贷款服务"。

（6）物流辅助服务，包括航空服务、港口码头服务、货运客运场站服务、打捞救助服务、仓储服务、装卸搬运服务和收派服务。

（7）商务辅助服务，包括企业管理服务、经纪代理服务、人力资源服务、安全保护服务。

【解题高手】
1.货物运输代理属于"经纪代理服务"而无运输工具承运属于"交通运输服务"；
2.物业管理属于"企业管理服务"。

（8）鉴证咨询服务，包括认证服务、鉴证服务和咨询服务。翻译服务和市场调查服务按照咨询服务缴纳增值税。

（9）其他现代服务。

7.生活服务

为满足城乡居民日常生活需求提供的各类服务活动。

包括文化体育服务、教育医疗服务、旅游娱乐服务、餐饮住宿服务、居民日常服务和其他生活服务。

其中居民日常服务包括市容市政管理、家政、婚庆、养老、殡葬、照料和护理、救助救济、美容美发、按摩、桑拿、氧吧、足疗、沐浴、洗染、摄影扩印等服务。

（四）销售无形资产

转让无形资产所有权或者使用权的业务活动。

包括转让：

1.技术（专利技术和非专利技术）。

2.商标、著作权。

3.商誉。

4.自然资源使用权，包括土地使用权、海域使用权、探矿权、采矿权、取水权和其他自然资源使用权。

5.其他权益性无形资产，包括基础设施资产经营权、公共事业特许权、配额、经营权（包括特许经营权、连锁经营权、其他经营权）、经销权、分销权、代理权、会员权、席位权、网络游戏虚拟道具、域名、名称权、肖像权、冠名权、转会费等。

（五）销售不动产

销售不动产是指转让不动产所有权的业务活动。

注意：转让建筑物有限产权或者永久使用权的，转让在建的建筑物或者构筑物所有权的，以及在转让建筑物或者构筑物时一并转让其所占土地的使用权的，按照销售不动产缴纳增值税。

【解题高手】单独转让土地使用权按销售无形资产缴纳增值税，在转让建筑物或者构筑物时一并转让其所占土地的使用权，按照销售不动产缴纳增值税。

（六）进口货物

只要是报关进口的应税货物（即申报进入中国海关境内的货物），均属于增值税的征税范围，除享受免税政策外，在进口环节缴纳增值税。

【原理详解】进口货物的征税范围，不论货物原产地在哪里，即使自境外采购原产于我国的货物，报关进口时依然需缴纳进口增值税。

【典例研习·4-6】（2017年单选题）

下列各项中，应按照"销售服务——建筑服务"税目计缴增值税的是（ ）。

A.平整土地　　　　　　　　B.出售住宅
C.出租办公楼　　　　　　　D.转让土地使用权

‖斯尔解析‖ A　建筑服务，是指各类建筑物、构筑物及其附属设施的建造、修缮、装饰，线路、管道、设备、设施等的安装以及其他工程作业的业务活动。包括工程服务、安装服务、修缮服务、装饰服务和其他建筑服务。选项A，平整土地属于其他建筑服务，应按照"销售服务——建筑服务——其他建筑服务"税目计缴增值税。选项BCD分别应按照"销售不动产""销售现代服务——租赁服务""销售无形资产"计缴增值税。

【典例研习·4-7】（2018年单选题）

根据增值税法律制度的规定，下列各项中，应按照"金融服务——贷款服务"税目计缴增值税的是（ ）。

A.融资性售后回租　　　　　B.账户管理服务
C.金融支付服务　　　　　　D.资金结算服务

‖斯尔解析‖ A　贷款，是指将资金贷与他人使用而取得利息收入的业务活动。各种占用、拆借资金取得的收入，按照贷款服务缴纳增值税。选项A正确，融资性售后回租中承租方是以融资为目的的，其支付的租金与租赁物本身价值差额部分，本质上为"利息"性质，最终结果与贷款性质相同，应按照"金融服务——贷款服务"税目计缴增值税。选项BCD都属于直接收费金融服务，应按照"金融服务——直接收费金融服务"税目计缴增值税。

‖陷阱提示‖ 判断是否属于贷款服务的应税行为，一定注意把握该应税行为的本质是"赚取利息"，即靠提供资金赚取货币的时间价值，而非直接对提供的金融服务收取服务费。在此基础上，单独记忆"融资性售后回租"属于贷款服务，"融资租赁"属于现代服务——租赁服务，即可应对此类考题。

【典例研习·4-8】（2019年单选题）

下列各项中，应按照"销售服务——生活服务"税目计缴增值税的是（ ）。

A.文化创意服务　　B.车辆停放服务　　C.广播影视服务　　D.旅游娱乐服务

‖斯尔解析‖ D 生活服务，是指为满足城乡居民日常生活需求提供的各类服务活动。包括文化体育服务、教育医疗服务、旅游娱乐服务、餐饮住宿服务、居民日常服务和其他生活服务。选项D正确。选项ABC分别按照"销售现代服务——文化创意服务""销售现代服务——租赁服务""销售现代服务——广播影视服务"计缴增值税。

‖陷阱提示‖ 对"销售服务——生活服务"及"销售服务——现代服务"的税目辨析是考查重点，要注意把握原则，即"生活服务"直接为你我他的日常生活服务，而"现代服务"则主要服务于现代生产经营活动。

【典例研习·4-9】（2017年单选题）

下列行为中，不属于销售无形资产的是（　　）。

A.转让专利权 B.转让建筑永久使用权
C.转让网络虚拟道具 D.转让采矿权

‖斯尔解析‖ B 销售无形资产，是指转让无形资产所有权或者使用权的业务活动。无形资产，是指不具有实物形态，但能带来经济利益的资产，包括技术（选项A）、商标、著作权、商誉、自然资源使用权（选项D）和其他权益性无形资产（选项C）。转让建筑物有限产权或者永久使用权的，按照销售不动产缴纳增值税。应选择选项B。

【典例研习·4-10】（2017年单选题）

下列行为中，应按照"销售不动产"税目计缴增值税的是（　　）。

A.将建筑物广告位出租给其他单位用于发布广告
B.销售底商
C.转让高速公路经营权
D.转让国有土地使用权

‖斯尔解析‖ B 销售不动产，是指转让不动产所有权的业务活动。不动产，是指不能移动或者移动后会引起性质、形状改变的财产，包括建筑物、构筑物等。选项B中底商属于建筑物，应按照"销售不动产"税目计缴增值税。选项A，应按照"销售现代服务——租赁服务"计缴增值税。选项CD，按照"销售无形资产"计缴增值税。

‖陷阱提示‖ 销售不动产及销售无形资产两税目的区分，又是一个常见"挖坑点"，同学们最拿不准的就是转让权利的情形。我们按照如下原则把握：

（1）单独转让自然资源的使用权（土地也属于自然资源的一种），属于销售无形资产；

（2）转让建筑物的使用权（非自然资源），属于销售不动产；

（3）"交叉地带"单独把握：在转让建筑物或者构筑物时一并转让其所占土地的使用权，按照销售不动产缴纳增值税；转让基础设施资产经营权按销售无形资产缴纳增值税。

【典例研习·4-11】（模拟多选题）

下列各项中，按照"销售货物"征收增值税的有（　　）。

A.销售电力 B.转让著作权
C.销售天然气 D.销售商品房

‖斯尔解析‖ AC 销售货物是有偿转让货物的所有权。货物，是指有形动产，包括电力、热力、气体在内。选项AC正确。选项BD，著作权属于无形资产，商品房属于不动产。

【典例研习·4-12】（模拟多选题）

下列各项中，属于按照"现代服务"缴纳增值税的是（　　）。

A.广告设计　　　　　　　　B.有形动产租赁
C.不动产租赁　　　　　　　D.教育医疗服务

‖斯尔解析‖ `ABC` 区分现代服务和生活服务。现代服务，包括研发和技术服务、信息技术服务、文化创意服务、物流辅助服务、租赁服务、鉴证咨询服务、广播影视服务、商务辅助服务和其他现代服务。选项A属于文化创意服务，选项BC属于租赁服务，选项D属于生活服务。

‖陷阱提示‖ 除了已经提示过的现代服务和生活服务要会辨析以外，提示大家注意，"租赁服务"是"现代服务"下的子目，在选现代服务时别忘了选它。

【典例研习·4-13】（模拟判断题）

某出租车公司自有出租车辆，其车身广告投放取得的收入应按照现代服务——文化创意服务——广告服务缴纳增值税。（　　）

‖斯尔解析‖ `×` 将建筑物、构筑物等不动产或者飞机、车辆等有形动产的广告位出租给其他单位或者个人用于发布广告，按照经营租赁服务缴纳增值税。因此，出租车公司自有出租车辆，其车身广告投放取得的收入应按照经营租赁服务缴纳增值税。

‖陷阱提示‖ 切勿看见广告就认为是广告服务，只有制作、发布广告这种"烧脑"行为才属于文化创意服务下的广告服务，不动脑子的给人家一块地方投放广告，无论是在建筑物上，还是有形动产上，都属于"收租子"的行为，按租赁服务缴纳增值税。

考点2　视同销售行为（★★★）

（一）视同销售货物行为

单位或者个体工商户的下列行为，视同销售货物，征收增值税：

1.将货物交付其他单位或者个人代销，以及销售代销货物；

2.设有两个以上机构并实行统一核算的纳税人，将货物从一个机构移送至其他机构用于销售，但相关机构设在同一县（市）的除外；

3.将自产、委托加工或者购进的货物用于"非销售行为"：

（1）将自产、委托加工的货物用于集体福利或者个人消费；

（2）将自产、委托加工或者购进的货物作为投资，提供给其他单位或者个体工商户；

（3）将自产、委托加工或者购进的货物分配给股东或者投资者；

（4）将自产、委托加工或者购进的货物无偿赠送其他单位或者个人；

（5）将自产或者委托加工的货物用于非增值税应税项目。

【解题高手】 看清楚！购进的货物作为投资、进行分配及无偿赠送均视同销售，但用于集体福利或者个人消费不视同销售。

（二）视同销售服务行为

单位或者个体工商户向其他单位或者个人无偿提供服务，但用于公益事业或者以社会公众为对象的除外。

（三）视同销售无形资产及不动产行为

单位或者个人向其他单位或者个人无偿转让无形资产或者不动产，但用于公益事业或者以社会公众为对象的除外。

【解题高手】 "无偿"提供服务、转让无形资产或者不动产，看清对象，用于公益事业或者以社会公众为对象，不视同销售；用于其他对象，视同销售。

【典例研习·4-14】（2018年单选题）

根据增值税法律制度的规定，企业发生的下列行为中，不属于视同销售货物行为的是（　　）。

A.将购进的货物作为投资提供给其他单位　　B.将购进的货物用于集体福利
C.将委托加工的货物分配给股东　　D.将自产的货物用于个人消费

‖斯尔解析‖ B 将自产、委托加工的货物用于集体福利或者个人消费的行为属于视同销售货物行为，购进的货物用于集体福利不属于视同销售行为，购进的进项税额不可抵扣。本题选择选项B。

【典例研习·4-15】（2020年多选题）

根据增值税法律制度的规定，企业发生的下列行为中，属于视同销售货物行为的有（　　）。

A.将服装交付他人代销　　B.将自产服装用于职工福利
C.将购进服装无偿赠送给某小学　　D.销售代销服装

‖斯尔解析‖ ABCD （1）选项AD，将货物交付其他单位或者个人代销和销售代销货物均属于视同销售行为。（2）选项B，属于将自产、委托加工的货物用于集体福利或者个人消费的，视同销售行为；选项C，属于将自产、委托加工或者购进的货物无偿赠送其他单位或者个人的，视同销售行为。因此选项ABCD均正确。

考点3　混合销售与兼营（★★）

（一）概念

1.混合销售：一项销售行为如果既涉及货物又涉及服务，为混合销售。

2.兼营：是指纳税人的经营中包括销售货物、劳务以及销售服务、无形资产和不动产的行为。

3.自2017年5月起，纳税人销售活动板房、机器设备、钢结构件等自产货物的同时提供建筑、安装服务，不属于混合销售，应分别核算货物和建筑服务的销售额，分别适用不同的税率或者征收率。

（二）税务处理

行为	税务处理	举例
混合销售	从事货物的生产、批发或者零售的单位和个体工商户	按销售货物缴纳增值税	百货商店在销售商品的同时又提供送货服务

行为	税务处理	举例
混合销售	从事其他行业的单位和个体工商户	按销售服务缴纳增值税	KTV提供娱乐服务同时销售酒、饮料
兼营	增值税不同税目混业经营，不发生在同一项销售行为中	分别核算分别缴纳，未分别核算的，从高适用税率	商场销售商品，并经营溜冰场

【典例研习·4-16】（模拟多选题）

下列各项中，属于增值税混合销售行为的有（　　）。

A.百货商店在销售商品的同时又提供送货服务
B.餐饮公司提供餐饮服务的同时又销售白酒
C.建材商店在销售木质地板的同时提供安装服务
D.歌舞厅在提供娱乐服务的同时销售啤酒

‖斯尔解析‖ `ABCD` 混合销售是一项销售行为，既涉及货物又涉及服务。根据增值税法律制度的规定，选项A、选项B、选项C、选项D均属于增值税混合销售行为。

考点4 不征收增值税的情形（★★）

（一）非经营活动

1.行政单位收取的同时满足以下条件的政府性基金或者行政事业性收费。

（1）由国务院或者财政部批准设立的政府性基金，由国务院或者省级人民政府及其财政、价格主管部门批准设立的行政事业性收费；

（2）收取时开具省级以上（含省级）财政部门监（印）制的财政票据；

（3）所收款项全额上缴财政。

2.雇主和员工之间提供"有偿"服务的。

单位或者个体工商户聘用的员工为本单位或者雇主提供取得工资的服务，单位或者个体工商户为聘用的员工提供服务。

（二）不属于"境内"经营活动的情形

1.境外单位或者个人向境内单位或者个人销售完全在境外发生的服务；
2.境外单位或者个人向境内单位或者个人销售完全在境外使用的无形资产；
3.境外单位或者个人向境内单位或者个人出租完全在境外使用的有形动产。

【解题高手】 卖方在境外+服务发生地、无形资产和有形动产使用地在境外

（三）不征收增值税的特殊项目

1.资产重组中的资产转让行为。

在资产重组过程中，通过合并、分立、出售、置换等方式，将全部或者部分实物资产以及与其相关联的债权、负债和劳动力一并转让给其他单位和个人，其中涉及的不动产、土地使用权转让行为，货物转让行为，均不属于增值税的征税范围，不征收增值税。

2.存款利息。

3.被保险人获得的保险赔付。
4.无偿提供的用于公益事业的铁路、航空运输服务。
根据国家指令无偿提供的铁路运输服务、航空运输服务，属于《营业税改征增值税试点实施办法》规定的用于公益事业的服务。
5.房地产主管部门或者其指定机构、公积金管理中心、开发企业以及物业管理单位代收的住宅专项维修资金。

【典例研习·4-17】（2019年多选题）
根据增值税法律制度的规定，下列各项中，属于不征收增值税项目的有（　　）。
A.存款人取得的存款利息　　　　　B.物业管理单位代收的住宅专项维修资金
C.被保险人获得的保险赔付　　　　D.电力公司销售电力

‖斯尔解析‖　ABC　增值税的征税范围包括销售货物或者劳务、销售服务、无形资产、不动产以及进口货物。其中，销售的货物包括电力、热力、气体在内。故选项D征收增值税。选项ABC，根据增值税法律制度的规定，不征收增值税。

【典例研习·4-18】（2018年多选题）
根据增值税法律制度的规定，下列情形中，属于在境内销售服务的有（　　）。
A.境外会计师事务所向境内单位销售完全在境内发生的会计咨询服务
B.境内语言培训机构向境外单位销售完全在境外发生的培训服务
C.境内广告公司向境外单位销售完全在境内发生的广告服务
D.境外律师事务所向境内单位销售完全在境外发生的法律咨询服务

‖斯尔解析‖　ABC　境外单位或者个人向境内单位或者个人销售完全在境外发生的服务不属于在境内销售服务，选项ABC属于在境内销售服务，选项D属于境外单位或者个人向境内单位或者个人销售完全在境外发生的服务，不属于在境内销售服务。

‖陷阱提示‖　判断该项服务是否在境内发生本身并不难，主要的障碍来自于"小学语文不过关"及考试时的慌张，导致看到题干描述的"长难句"中相似的词语太多时，读不明白题干。我们把握两个关键点：（1）卖方在境外；（2）服务发生在境外；只要这两条均得以满足，即不属于在境内销售服务。因此，本题中选项BC卖方在境内，选项A服务发生在境内，均不满足，不属于境内销售服务。

考点5　增值税纳税人和扣缴义务人（★★）
（一）纳税人
1.概念
（1）在中华人民共和国境内销售货物或者加工、修理修配劳务，销售服务、无形资产、不动产以及进口货物的单位和个人，为增值税的纳税人。
（2）单位以承包、承租、挂靠方式经营的，承包人（包括承租人、挂靠人）以发包人（包括出租人、被挂靠人）名义对外经营并由发包人承担相关法律责任的，以该发包人为纳税人。否则，以承包人为纳税人。
（3）资管产品运营过程中发生的增值税应税行为，以资管产品管理人为增值税纳税人。
2.分类
根据纳税人的经营规模以及会计核算健全程度的不同，增值税的纳税人可划分为小规模纳税人和一般纳税人。

维度	小规模纳税人	一般纳税人
标准	年应税销售额"500万元以下"	超过小规模纳税人标准
特殊情况	①其他个人（非个体户）必须按小规模纳税人纳税； ②非企业性单位、不经常发生应税行为的企业"可选择"按小规模纳税人纳税	小规模纳税人"会计核算健全"，可以申请登记为一般纳税人
计税规定	①简易计税； ②一般使用增值税普通发票，但可以向税务机关申请代开增值税专用发票。 特殊规定：全面推行小规模纳税人自行开具增值税专用发票，除"其他个人"外的小规模纳税人可以自愿使用增值税发票管理系统自行开具，选择自行开具增值税专用发票的小规模纳税人，税务机关不再为其代开增值税专用发票	①执行税款抵扣制； ②可以使用增值税专用发票

【解题高手】小规模纳税人及一般纳税人间的转换：

（1）除国家税务总局另有规定外，纳税人一经登记为一般纳税人后，不得转为小规模纳税人；

（2）"另有规定"——未达标但已登记为一般纳税人的特殊规定：已登记为增值税一般纳税人的单位和个人，转登记前年应税销售额未超过500万元，在2020年12月31日前，可选择转登记为小规模纳税人，其未抵扣的进项税额作转出处理。

（二）扣缴义务人

中华人民共和国境外的单位或者个人在境内销售劳务，在境内未设有经营机构的，以其境内代理人为扣缴义务人；在境内没有代理人的，以购买方为扣缴义务人。

【典例研习·4-19】（2019年单选题改编）

根据增值税法律制度的规定，关于增值税纳税人的下列表述中，正确的是（   ）。

A.转让无形资产，以无形资产受让方为纳税人

B.提供建筑安装服务，以建筑安装服务接收方为纳税人

C.资管产品运营过程中发生的增值税应税行为，以资管产品管理人为纳税人

D.单位以承包、承租、挂靠方式经营的，一律以承包人为纳税人

‖斯尔解析‖ C 在中华人民共和国境内销售货物或者劳务，销售服务、无形资产、不动产以及进口货物的单位和个人，为增值税的纳税人。选项A错误，转让无形资产，应以无形资产销售方为纳税人；选项B错误，提供建筑安装服务，应以建筑安装服务提供方为纳税人；选项C正确，资管产品运营过程中发生的增值税应税行为，以资管产品管理人为纳税人；选项D错误，单位以承包、承租、挂靠方式经营的，承包人以发包人名

义对外经营并由发包人承担相关法律责任的，以该发包人为纳税人。否则，以承包人为纳税人。

‖陷阱提示‖ 看到选项D描述中的"一律"，又要高度警惕了，这已经是我们熟悉的考试套路了。

【典例研习·4-20】（2017年单选题）
下列关于小规模纳税人征税规定的表述中，不正确的是（　　）。
A.实行简易征税办法　　　　　　　B.一律不使用增值税专用发票
C.不允许抵扣增值税进项税额　　　D.可以申请税务机关代开增值税专用发票

‖斯尔解析‖ [B] 小规模纳税人实行简易征税办法，并且一般不使用增值税专用发票，但为持续推进放管服改革，全面推行小规模纳税人自行开具增值税专用发票。小规模纳税人（其他个人除外）发生增值税应税行为，需要开具增值税专用发票的，可以自愿使用增值税发票管理系统自行开具，选择自行开具增值税专用发票的小规模纳税人，税务机关不再为其代开增值税专用发票。本题应选择选项B。

【典例研习·4-21】（2018年判断题）
中国境外单位或者个人在境内发生应税行为，在境内未设有经营机构的，以境内代理人为增值税扣缴义务人。（　　）

‖斯尔解析‖ [√] 中华人民共和国境外的单位或者个人在境内销售劳务，在境内未设有经营机构的，以其境内代理人为扣缴义务人；在境内没有代理人的，以购买方为扣缴义务人。

考点6　增值税税率（★）

（一）一般情况

1.13%

销售货物、劳务、有形动产租赁服务或者进口货物，除适用9%及零税率的情形以外，税率为13%。

2.6%

销售服务、无形资产，除适用9%及零税率的情形以外，税率为6%。

（二）适用9%税率

1.销售交通运输、邮政、基础电信、建筑、不动产租赁服务。

2.销售不动产、转让土地使用权。

3.销售或者进口下列货物：
（1）粮食等农产品、食用植物油、食用盐；
（2）自来水、暖气、冷气、热水、煤气、石油液化气、天然气、二甲醚、沼气、居民用煤炭制品；
（3）图书、报纸、杂志、音像制品、电子出版物；
（4）饲料、化肥、农药、农机、农膜。

【解题高手】 "销货"的特例及"销售服务"的特例适用9%税率。

（三）零税率

1.纳税人出口货物，税率为零；但是，国务院另有规定的除外。

2.境内单位和个人"跨境销售"国务院规定范围内的"服务、无形资产"，税率为零。

（1）国际运输服务、航天运输服务。

（2）向境外单位提供的完全在境外消费的下列服务，包括：

①研发服务；②合同能源管理服务；③设计服务；④广播影视节目（作品）的制作和发行服务；⑤软件服务；⑥电路设计及测试服务；⑦信息系统服务；⑧业务流程管理服务；⑨离岸服务外包业务；⑩转让技术。

> **【原理详解】** "零税率"与"免税"是一回事吗？不是。以出口货物为例，免税免的是应纳税额，而零税率还要对该货物在出口前已缴纳的增值税进行退税，真正实现货物出口时"完全不含增值税"。

【典例研习·4-22】（2016年单选题改编）

下列各项增值税服务中，增值税税率为13%的是（　　）。

A.邮政服务　　　　　　　　B.交通运输服务
C.有形动产租赁服务　　　　D.增值电信服务

‖斯尔解析‖ **C**　纳税人销售货物、劳务、有形动产租赁服务（选项C）或者进口货物，除另有规定外，税率为13%。根据增值税法律制度的规定，选项AB纳税人销售邮政服务、交通运输服务税率为9%；选项D增值电信服务税率为6%。

【典例研习·4-23】（模拟多选题）

下列项目中，适用增值税零税率的是（　　）。

A.国际运输服务　　　　　　　　B.在境外提供的广播影视节目的播映服务
C.工程项目在境外的建筑服务　　D.在境外提供软件服务

‖斯尔解析‖ **AD**　根据增值税法律制度的规定，国际运输服务、在境外提供软件服务为境内单位和个人跨境销售国务院规定范围内的服务、无形资产，税率为零；工程项目在境外的建筑服务、在境外提供的广播影视节目（作品）的播映服务免征增值税。故本题选择选项AD。

第三部分　增值税应纳税额的计算——一般计税方法

增值税一般纳税人，通常采用"一般计税方法"计算增值税应纳税额。本部分我们先学习一般计税方法。

计算公式：

应纳税额=当期销项税额-当期进项税额

其中：当期销项税额=销售额×适用税率

考点1　销售额的确定（★★★）

（一）概念

销售额是指纳税人发生应税销售行为向购买方收取的全部价款和价外费用，但是不包括收取的销项税额。

> 【原理详解】确定销售额需要解决的问题：
> （1）从买方收取的款项中什么算在销售额当中？
> （2）如果没有从买方收到款项，销售额为零吗？
> （3）卖了之后又发生退货、折让，作为计税基础的销售额可以相应减少吗？
> （4）混售、兼营的情况下，卖各种商品，销售额如何确定？
> （5）以旧换新、以物换物，可以按净额确认销售额吗？
> （6）营改增的行业有什么特殊的规定？
> 下面我们就来一一解决，这些问题都解决了，销售额你就会算了。

（二）价外费用

1.包括：向购买方收取的手续费、补贴、基金、集资费、返还利润、奖励费、违约金、滞纳金、延期付款利息、赔偿金、代收款项、代垫款项、包装费、包装物租金、储备费、优质费、运输装卸费以及其他各种性质的价外收费。

> 【解题高手】价外费用一般情况下均为含税额，需换算为不含税销售额。

2.不包括——"代"付费用
（1）受托加工应征消费税的消费品所代收代缴的消费税；
（2）以委托方名义开具发票代委托方收取的款项；

> 【原理详解】如同时符合以下条件的"代垫"运费：
> 承运者的运费发票开给购货方；（C的发票开给B公司）
> 纳税人将该项发票转交给购货方；（A把C给B的票转交B）
> 资金流及开票流均为代开的情形：发票流和资金流中，A仅仅是代C收，运费和发票都转交给B，这种情况下A代收的运费不作为价外费用。

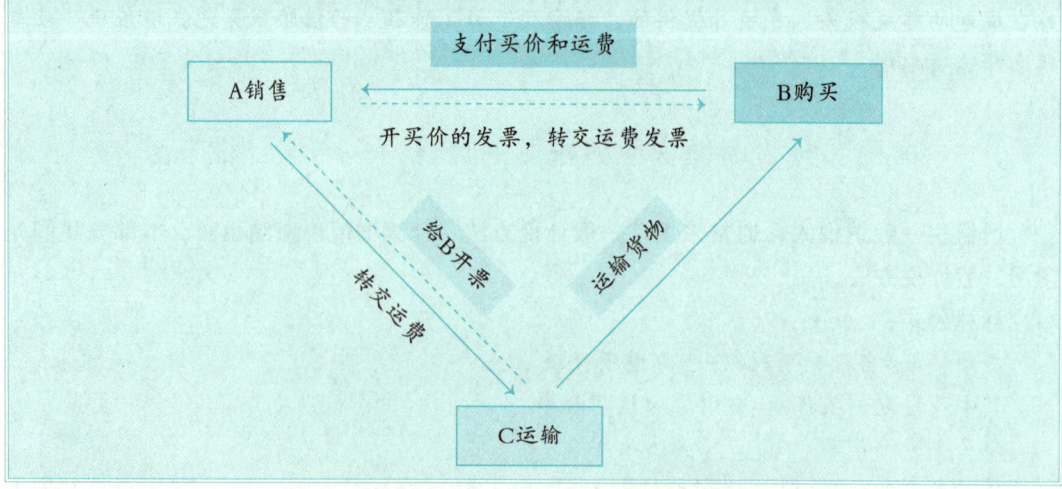

（3）销售货物的同时代办保险等而向购买方收取的保险费，以及向购买方收取的代购买方缴纳的车辆购置税、车辆牌照费；

（4）同时符合以下条件代为收取的政府性基金或者行政事业性收费：

由国务院或者财政部批准设立的政府性基金，由国务院或者省级人民政府及其财政、价格主管部门批准设立的行政事业性收费；收取时开具省级以上财政部门印制的财政票据，且所收款项全额上缴财政。

3. 包装物租金与包装物押金

（1）包装物及包装物租金：属于价外费用，在销售货物时随同货款一并计算增值税款。

（2）包装物押金：一般情况下，销货方向购货方收取包装物押金，购货方在规定时间内返还包装物，销货方再将收取的包装物押金返还。

①不同类别产品在押金取得及押金逾期时点的增值税征收情况：

产品	包装物押金是否独立核算	取得时	逾期时
啤酒、黄酒及除酒类产品以外的其他货物	独立核算	×	√
	未独立核算	√	×
白酒等啤酒、黄酒以外的其他酒	无论是否独立核算	√	×

【解题高手】包装物押金计税规定的细节：

（1）包装物押金是含税收入，在并入销售额征税时，需要先将该押金换算为不含税收入，再计算应纳增值税款。

（2）逾期如何判定？按合同约定实际逾期与已收取满1年孰早确定征收时点。

（三）含税销售额的换算

不含税销售额=含税销售额÷（1+增值税税率）

【解题高手】

（1）增值税计税基础不包括收取的销项税额，因此如果题目给出的是"含增值税销售额"，需使用以上公式进行价税分离。

（2）考试题目中使用"含税价格""零售价格""普通发票上注明的金额""价外费用""包装物租金、押金"，涉及的金额如无特别说明，一般均为含税销售额，需进行价税分离；但"增值税专用发票上注明的金额"为不含税金额。

【典例研习·4-24】（2017年多选题）

根据增值税法律制度的规定，纳税人销售货物向购买方收取的下列款项中，属于价外费用的有（　　）。

A. 延期付款利息　　　　　　　　B. 赔偿金
C. 手续费　　　　　　　　　　　D. 包装物租金

‖斯尔解析‖ [ABCD]　根据增值税法律制度的规定，价外费用，是指价外向购买方收取的手续费（选项C）、补贴、基金、集资费、返还利润、奖励费、违约金、滞纳金、延期付款利息（选项A）、赔偿金（选项B）、代收款项、代垫款项、包装费、包装物租金（选项D）、储备费、优质费、运输装卸费以及其他各种性质的价外收费。

【典例研习·4-25】（2016年多选题）

下列各项中，应计入增值税的应税销售额的有（　　）。

A.向购买方收取的违约金
B.销售货物的同时代办保险而向购买方收取的保险费
C.因销售货物向购买方收取的手续费
D.受托加工应征消费税的消费品所代收代缴的消费税

‖斯尔解析‖ [AC]　销售额，是指纳税人销售应税消费品向购买方收取的全部价款和价外费用。选项AC属于价外费用，应计入销售额，选项BD属于代收的款项，不应计入销售额。

‖陷阱提示‖　在考查价外费用范围的选择题中可运用排除法，除了四项明确不作为价外费用计入销售额的代收代付款项以外，其他各种名目的费用均计入价外费用。

【典例研习·4-26】（2020年单选题）

甲公司为增值税一般纳税人，2020年5月取得咨询服务不含税收入318万元，另收取奖励费5.3万元。已知咨询服务增值税税率为6%。计算甲公司业务增值税销项税额的下列算式中，正确的是（　　）。

A.（318+5.3）÷（1+6%）×6%=18.3（万元）
B.318×6%=19.08（万元）
C.[318+5.3÷（1+6%）]×6%=19.38（万元）
D.318÷（1+6%）×6%=18（万元）

‖斯尔解析‖ [C]　甲公司本月增值税应税销售额为咨询服务不含税收入318万元和含税价外费用的奖励费5.3万元，其中奖励费5.3万元含税，需进行价税分离：不含税销售额=含税销售额÷（1+增值税税率），故选项C正确。

‖陷阱提示‖　简单不？这就是非常常规的单选题中考查增值税计算的考题了！一起来识别本题中的两个考点：（1）奖励费属于价外费用，需计入销售额；（2）价外费用均为含税价格，需价税分离，还原成不含税金额后计算增值税。好了，你得分了。

【典例研习·4-27】（模拟多选题）

下列关于包装物的增值税处理不正确的有（　　）。

A.随同货物销售而出租包装物的租金一律在收取时作为价外费用并入销售额计征增值税
B.一般货物包装物押金一律在收取时作为价外费用并入销售额计征增值税
C.白酒包装物押金一律在收取时作为价外费用并入销售额计征增值税
D.啤酒包装物押金一律在收取时作为价外费用并入销售额计征增值税

‖斯尔解析‖ [BD]　（1）包装物租金属于价外费用，在销售货物时随同货款一并计算增值税款，选项A所述正确。（2）对于包装物押金，则存在不同情形。纳税人为销售货物而出租、出借包装物收取的押金，单独记账核算的，且时间在1年以内，又未过期的，不并入销售额征税；但对因逾期未收回包装物不再退还的押金，应按所包装货物的适用税率计算增值税款，故选项B所述错误。从1995年6月1日起，对销售除啤酒、黄酒外的其他酒类产品而收取的包装物押金，无论是否返还以及会计上如何核算，均应并入当期销售额征收增值税。选项C所述正确，选项D所述错误，综上，本题选择选项BD。

‖陷阱提示‖ 计算增值税时，看到包装物三个字，虽然情形多，但不慌，有次序地踩住两步。

第一步：看收的是包装物"租金"还是"押金"，租金就好办了，直接作为价外费用计入销售额，押金要继续看第二步；

第二步：看卖的是什么货，"白酒其他酒取得交"，啤酒黄酒及其他货物逾期才交。

（四）核定销售额

1.适用情形

（1）视同销售；

（2）销售货物或者劳务的价格明显偏低并无正当理由；销售服务、无形资产或者不动产价格明显偏低或者偏高且不具有合理商业目的。

【原理详解】视同销售或销售额明显偏低并无正当理由的，按照一般方法无法确定合理的销售额，由税务机关出手，核定其销售额。

2.对以上适用核定销售额情形的，税务机关有权按照下列顺序核定其销售额

（1）按纳税人最近时期同类货物（或服务、无形资产、不动产）的平均销售价格确定；

（2）按其他纳税人最近时期同类货物（或服务、无形资产、不动产）的平均销售价格确定；

（3）按组成计税价格确定：

消费品	计算公式
非应税消费品	组成计税价格＝成本×（1+成本利润率）
应税消费品	组成计税价格＝成本×（1+成本利润率）÷（1-消费税税率）

①成本：销售自产货物的，为实际生产成本；销售外购货物的，为实际采购成本；

②成本利润率：销售货物为10%（从价计征消费税的除外）；营改增的服务、无形资产及不动产由国家税务总局确定

【原理详解】为何非应税消费品和应税消费品有所不同？

征收增值税的货物，同时又征收消费税的，组成计税价格中应包含消费税税额，因此在用成本加成法计算出成本加利润金额后，还要计算出相应的消费税税额。

【典例研习·4-28】（2018年单选题改编）

甲服装厂为增值税一般纳税人，2019年1月将自产的100件新型羽绒服作为福利发给本厂职工，该新型羽绒服生产成本为1 160元/件，无同类销售价格。已知增值税税率为13%，

成本利润率为10%。计算甲服装厂当月该笔业务增值税销项税额的下列算式中，正确的是（　　）。

A.100×1 160×13%=15 080（元）
B.100×1 160×（1+10%）×13%=16 588（元）
C.100×1 160÷（1+13%）×13%=13 345（元）
D.100×1 160×（1+10%）÷（1+13%）×13%=14 680（元）

‖斯尔解析‖ B　甲服装厂将自产的新型羽绒服作为福利发给本厂职工，属于视同销售行为，无同类销售价格时，应使用组成计税价格计算销售额。仅征收增值税的货物的组成计税价格=成本×（1+成本利润率）。本题中，生产成本为1 160元/件，增值税税率为13%，成本利润率为10%。故选项B正确。

【典例研习·4-29】（模拟单选题）

A公司为增值税一般纳税人，本月将一批新研制的高档化妆品赠送给资深护肤达人使用，A公司并无同类产品销售价格，其他公司也无同类货物，已知该批产品的生产成本为1万元，甲公司的成本利润率为10%，高档化妆品的消费税税率为15%，则A公司当月该笔业务增值税销项税额的下列计算中，正确的是（　　）。

A.10 000×13%=1 300（元）
B.[10 000×（1+10%）÷（1-15%）]×13%=1 682（元）
C.10 000×（1+10%）×13%=1 430（元）
D.[10 000×（1+10%）÷（1+15%）]×13%=1 243（元）

‖斯尔解析‖ B　本题考查应税消费品组成价格的计算。A公司将新研制的高档化妆品赠送给资深护肤达人使用，属于视同销售行为，A公司无同类产品销售价格时，应使用组成计税价格计算销售额。同时，高档化妆品属于消费税应税品，其组成计税价格中应包含消费税税额。其计算公式为：组成计税价格=成本×（1+成本利润率）÷（1-消费税税率）。本题中，成本为1万元，成本利润率为10%，高档化妆品的消费税税率为15%，故选项B正确。

‖陷阱提示‖　应税消费品的组成价格计算中，注意还原消费税的公式为"÷（1-消费税税率）"，与增值税价税分离中"÷（1+增值税税率）"进行区分。理解了公式的由来，两个公式不易混淆，退一万步，即使没理解，为了拿分，也得注意区分这两个公式。

【典例研习·4-30】（模拟单选题）

A公司为增值税一般纳税人，本月将两台自产的电视机奖励给职工，已知该型号电视机的生产成本为1 000元/台，成本利润率为10%，市场最高不含税售价为2 500元/台，平均不含税售价为2 000元/台，则A公司当月该笔业务增值税销项税额的下列计算中，正确的是（　　）。

A.1 000×2×13%=260（元）　　　　B.1 000×（1+10%）×2×13%=286（元）
C.2 000×2×13%=520（元）　　　　D.2 500×2×13%=650（元）

‖斯尔解析‖ C　A公司将自产的电视机奖励给职工，属于视同销售行为，应按照下列顺序核定其销售额：（1）按纳税人最近时期同类货物的平均销售价格确定；（2）按其他纳税人最近时期同类货物的平均销售价格确定；（3）按组成计税价格确定。所以，本题中应按照市场平均不含税售价2 000元/台计算当月该笔业务增值税销项税额,故选项C正确。提示大家,切忌一上来就计算组价,先看清是否有同类可参考价格。

‖陷阱提示‖ 核定销售的方法是有顺序的,而非想选哪个选哪个,因此切忌一上来就计算组价,先看清是否有同类可参考价格。

(五)混合销售和兼营的销售额的确定

1.混合销售

混合销售的销售额为货物的销售额与服务销售额的合计。

2.兼营

(1)纳税人兼营不同税率的货物、劳务、服务、无形资产或者不动产,应当分别核算不同税率或者征收率的销售额;未分别核算销售额的,从高适用税率。

(2)纳税人兼营免税、减税项目的,应当分别核算免税、减税项目的销售额;未分别核算的,不得免税、减税。

‖原理详解‖ 应各算各的,做不到则一起算,适用高税率。

(六)特殊销售方式下销售额的确定

1.折扣销售

(1)折扣方式销售的开票

销售额和折扣额在同一张发票上分别注明,可以按折扣后的销售额征收增值税;如果将折扣额另开发票,不论其在财务上如何处理,均不得从销售额中减除折扣额。

‖解题高手‖ 必须在"金额栏"注明,在"备注栏"注明,不算在同一张发票上分别注明。

(2)开票后的退货和折让

纳税人发生应税销售行为,开具增值税专用发票后,发生开票有误或者销售折让、中止、退回等情形的,应当按照国家税务总局的规定开具红字增值税专用发票;未按照规定开具红字增值税专用发票的,不得扣减销项税额或者销售额。

‖典例研习·4-31‖(2020年单选题改编)

甲公司为增值税一般纳税人,2020年10月采取折扣方式销售货物一批,该批货物不含税销售额166 000元,因购买数量大,给予购买方10%的价格优惠,销售额和折扣额在同一张发票金额栏中分别注明。已知增值税税率为13%。计算甲公司当月该笔业务增值税销项税额的下列算式中,正确的是( )。

A.166 000×(1−10%)÷(1−13%)×13%=22 324(元)

B.166 000×(1−10%)×13%=19 422(元)

C.166 000×13%=21 580(元)

D.166 000÷(1−13%)×13%=24 805(元)

‖斯尔解析‖ [B] 纳税人采取折扣方式销售货物,如果销售额和折扣额在同一张发票金额栏中分别注明,可以按折扣后的销售额征收增值税。故选项B正确。

2.以旧换新

（1）金银首饰以旧换新业务，可以按销售方实际收取的不含增值税的全部价款征收增值税。（差额征收）

（2）非金银首饰货物，按新货物的同期销售价格确定销售额，不得扣减旧货物的收购价格。（收回的旧货物按购进商品处理）

> 【原理详解】以旧换新业务是指折价收回同类旧货物，并以折价款部分冲减新货物价款的销售行为，焦点是折的价能不能从销售额中扣除。

【典例研习·4-32】（2020年单选题改编）

甲公司为一般纳税人，2020年6月销售新型冰箱50台，每台含税价格5 800元；采取以旧换新方式销售同型号冰箱20台，收回的旧冰箱每台作价232元，实际每台收取款项5 568元。计算甲公司当月增值税销项税额的下列算式中，正确的是（　　）。

A. ［50×5 800+20×（5 568－232）］×13%=51 574（元）
B. （50×5 800+20×5 568）÷（1+13%）×13%=46 174（元）
C. （50+20）×5 800÷（1+13%）×13%=46 708（元）
D. （50×5 800+20×5 568）×13%=52 177（元）

‖斯尔解析‖ C 　纳税人采取以旧换新方式销售货物的，应按新货物的同期销售价格确定销售额，不得扣减旧货物的收购价格。本题中，新货物的同期含税销售价格为5 800元，合计销售（50+20）台冰箱。故选项C正确。

‖陷阱提示‖ 　以旧换新方式销售的销售额确定，关键看清销售的是什么货物，只有金银首饰按扣除折价后的实际收取价格确定销售额，其他货物均不管旧货的价值，按直接销售新货确定销售额。

3.还本销售

纳税人采取还本销售方式销售货物，其销售额就是货物的销售价格，不得从销售额中减除还本支出。

4.以物易物

以物易物，双方都应作购销处理：

（1）以各自发出的货物核算销售额并计算销项税额，以各自收到的货物按规定核算购货额并计算进项税额。

（2）应分别开具合法的票据，如收到的货物不能取得相应的增值税专用发票或其他合法票据的，不能抵扣进项税额。

（七）营改增行业的特殊规定

1.差额计征

项目	销售额的确定
金融商品转让	按照卖出价扣除买入价后的余额为销售额，若相抵后出现负差，可结转下一纳税期与下一期转让金融商品销售额相抵，但年末仍出现负差的，不得转入下一个会计年度。 提示：不得开具增值税专用发票

项目	销售额的确定
旅游服务 （选择差额计税的）	以取得的全部价款和价外费用，扣除向旅游服务购买方收取并支付给其他单位或者个人的住宿费、餐饮费、交通费、签证费、门票费和支付给其他接团旅游企业的旅游费用后的余额为销售额。 提示：选择上述办法计算销售额的试点纳税人，上述费用不得开具增值税专用发票，可以开具普通发票
房地产开发企业销售不动产 （简易计税的老项目除外）	以取得的全部价款和价外费用，扣除受让土地时向政府部门支付的土地价款后的余额为销售额
提供建筑服务 适用简易计税方法的	取得的全部价款和价外费用扣除支付的分包款后的余额为销售额
经纪代理服务	取得的全部价款和价外费用，扣除向委托方收取并代为支付的政府性基金或者行政事业性收费后的余额为销售额
航空运输	不包括代收的机场建设费和代售其他航空运输企业客票而代收转付的价款
客运场站服务	取得的全部价款和价外费用，扣除支付给承运方运费后的余额为销售额

2.全额计征

项目	销售额的确定
贷款服务	以提供贷款服务取得的全部利息及利息性质的收入为销售额
直接收费金融服务	以提供直接收费金融服务收取的手续费、佣金、酬金、管理费、服务费、经手费、开户费、过户费、结算费、转托管费等各类费用为销售额

【典例研习·4-33】（模拟多选题）

关于计税销售额的下列表述中，正确的有（　　）。

A.金融企业转让金融商品，按照卖出价扣除买入价后的余额为销售额

B.银行提供贷款服务，以提供贷款服务取得的全部利息及利息性质的收入为销售额

C.建筑企业提供建筑服务适用一般计税方法的，以取得的全部价款和价外费用扣除支付的分包款后的余额为销售额

D.房地产开发企业销售其开发的房地产项目适用一般计税方法的，以取得的全部价款和价外费用，扣除受让土地时向政府部门支付的土地价款后的余额为销售额

‖斯尔解析‖ 【ABD】 根据规定，试点纳税人提供建筑服务适用简易计税方法的，以取得的全部价款和价外费用扣除支付的分包款后的余额为销售额。选项C错误。

‖陷阱提示‖ 注意区分建筑企业及房地产企业可按"余值"计算销售额的情形，建

筑企业适用简易计税方法的、房地产开发企业销售不动产适用一般计税方法的，可按"余值"计税。

考点2 进项税额的确定（★★★）

（一）概念

指纳税人购进货物、劳务、服务、无形资产或者不动产，支付或者负担的增值税额。

【原理详解】学习进项税需要解决的问题：
（1）什么情况下可以抵扣进项税？
有"扣税凭证"；
购进是为了可以抵扣用途。
特殊规定：购入不动产、农产品及营改增的特殊项目。
（2）已经抵扣/不可抵扣的购进货物用途发生了转变，怎么办？
进项税转出与进项税转入。

（二）可抵扣的进项税额

1.一般规定

增值税纳税人凭借扣税凭证进行抵扣。

扣税凭证，是指增值税专用发票、海关进口增值税专用缴款书、农产品收购发票、农产品销售发票、完税凭证和符合规定的国内旅客运输发票。

（1）购货：从销售方取得的增值税专用发票（含税控机动车销售统一发票，下同）注明的增值税额。

（2）进口货物：从海关取得的海关进口增值税专用缴款书上注明的增值税额。

（3）购进劳务、服务、无形资产、不动产：

①自境外单位或者个人购进，按完税凭证上注明的增值税额抵扣。

②自境内购进，取得的增值税专用发票上注明的增值税额为进项税额，准予从销项税额中抵扣。

2.特殊规定

（1）取得不动产的特殊规定

自2019年4月1日起，增值税一般纳税人取得不动产或者不动产在建工程的进项税额不再分2年抵扣。此前按照规定尚未抵扣完毕的待抵扣进项税额，可自2019年4月税款所属期起从销项税额中抵扣。

注意：取得不动产，包括以直接购买、接受捐赠、接受投资入股、自建以及抵债等各种形式取得不动产。

（2）购进国内旅客运输服务

增值税一般纳税人购进国内旅客运输服务，取得增值税专用发票，电子普通发票，注明旅客身份信息的航空运输电子客票行程单、铁路车票和公路、水路等其他客票，可以作为进项税额的抵扣依据。

情形	增值税进项税额
取得增值税电子普通发票	发票上注明的税额
取得航空运输电子客票行程单	进项税额=（票价+燃油附加费）÷（1+9%）×9%
取得铁路车票	进项税额=票面金额÷（1+9%）×9%
取得公路、水路等其他客票	进项税额=票面金额÷（1+3%）×3%

（3）购进农产品的特殊规定

①购进农产品取得增值税专用发票或海关进口增值税专用缴款书的，凭票抵扣进项税额。

②进行计算抵扣的三种情形：

计算公式：进项税额=买价×扣除率（两类9%、一类10%）

情形		扣除率
从按照简易计税方法依照3%征收率计算缴纳增值税的小规模纳税人取得增值税专用发票的		以增值税专用发票上注明的金额和9%的扣除率计算进项税额
购进免税农产品	购进"用于生产或者委托加工13%税率货物"的农产品	按照10%的扣除率计算进项税额
	其他情形：用于适用"9%"的货物或者"6%"的服务	按（开具的）农产品收购（销售）发票上注明的买价和9%的扣除率，计算抵扣进项税额，国务院另有规定的除外

【典例研习·4-34】

2020年10月，甲食品零售商店（一般纳税人）从乙批发商（一般纳税人）处购进玉米一批，取得乙批发商开具的增值税专用发票注明金额1 000元、税额为90元。当月，甲商店将该批玉米直接销售，取得含税收入2 180元。已知玉米属于9%增值税税率的初级农产品。请回答下列问题：

（1）计算销售该批玉米的销项税额。

‖斯尔解析‖ 甲商店将购入的玉米直接销售，属于适用9%增值税税率的初级农产品，甲商店销售该批玉米的销项税额=2 180÷（1+9%）×9%=180（元）。

（2）甲商店可抵扣进项税额是多少？

‖斯尔解析‖ 甲商店购进该批玉米取得了一般纳税人开具的增值税专用发票，可以抵扣的进项税额为票面注明的税额90元。

（3）如果乙批发商是小规模纳税人，则其向甲商店开具的增值税专用发票上注明的税额为30元（1 000×3%），甲商店可以抵扣的进项税额是多少？

‖斯尔解析‖ 甲商店可以抵扣的进项税额仍为90元（1 000×9%）。

（4）如果甲商店自农业生产者手中（田间地头）直接购入免税玉米，取得农产品销售发票，注明金额1 000元，并将其清洗后直接销售，甲商店可抵扣的进项税额是多少？

‖斯尔解析‖ 将购入的玉米直接销售，属于销售适用9%增值税税率的初级农产品，不属于"用于生产或者委托加工13%税率货物"，甲商店可抵扣的进项税额为1 000×9%=90（元）。

（5）如果甲商店从田间地头购入免税玉米后，将其加工成包装精美的即食型精细玉米早餐粉，该早餐粉属于适用13%税率的货物，则其可抵扣的进项税额为多少？

‖斯尔解析‖ 可抵扣的进项税额=1 000×10%=100（元）。

【原理详解】 购进农产品要区分"卖方"和"农产品"的不同情形。从一般纳税人购入，凭票抵扣；从小规模纳税人购入、购进免税农产品，计算抵扣。

（三）不得抵扣的进项税额

1.因"使用用途"不可抵

用于简易计税方法计税项目、免征增值税项目、集体福利或者个人消费（含交际应酬）的购进货物、劳务、服务、无形资产和不动产。（特点：不再产生销项税或增值额，增值税链条到此为止）

（1）固定资产、无形资产和不动产——只有"专用"不可抵扣

专用于上述项目的固定资产、无形资产（不包括其他权益性无形资产）、不动产不得抵扣；如果是既用于上述不允许抵扣项目又用于抵扣项目的，该进项税额准予全部抵扣。

【原理详解】 某企业购入一栋楼房，既用于生产经营，又用于职工食堂，进项税额准予抵扣；某企业购入（或租入）一栋楼房，专门用于职工食堂，进项税额不得抵扣。

（2）购进货物——需划分不可抵扣部分

适用一般计税方法的纳税人，兼营简易计税方法计税项目、免征增值税项目而无法划分不得抵扣的进项税额，按照下列公式计算不得抵扣的进项税额：

不得抵扣的进项税额=当期无法划分的全部进项税额×（当期简易计税方法计税项目销售额+免征增值税项目销售额）÷当期全部销售额

【原理详解】 这个公式就是将全部进项税分摊成能扣的和不能扣的两部分，分摊的权重是全部销售额中可抵扣和不可抵扣的部分。

2.非正常损失

（1）非正常损失的购进货物，以及相关的劳务和交通运输服务。

（2）非正常损失的在产品、产成品所耗用的购进货物（不包括固定资产）、劳务和交通运输服务。

（3）非正常损失的不动产、不动产在建工程和该不动产或在建工程所耗用的购进货物、设计服务和建筑服务。（新建、改建、扩建、修缮、装饰不动产，均属于不动产在建工程。）

【原理详解】什么是非正常损失？
（1）非正常损失，是指因管理不善造成货物被盗、丢失、霉烂变质，以及因违反法律法规造成货物或者不动产被依法没收、销毁、拆除的情形。
（2）自然灾害和正常生产损耗进项税额准予抵扣。

3.营改增特殊项目不可抵
（1）购进的贷款服务、餐饮服务、居民日常服务和娱乐服务，不可抵扣进项税额。
（2）纳税人接受贷款服务向贷款方支付的与该笔贷款直接相关的投融资顾问费、手续费、咨询费等费用，其进项税额不得从销项税额中抵扣。
4.一般纳税人会计核算不健全，不能够准确提供税务资料，或应当办理一般纳税人资格登记而未办理，应当按照销售额和增值税税率计算应纳税额，不得抵扣进项税额，不得使用增值税专用发票。
5.一般纳税人发生下列应税行为，可以选择适用简易计税方法计税，不允许抵扣进项税额。
提供公共交通运输服务、动画设计服务、电影放映服务、仓储服务、装卸搬运服务、收派服务和文化体育服务。

（四）进项税额的转出与转增
1.进行税额的转出
（1）购进货物或劳务，购进服务，购进固定资产、无形资产、不动产，已抵扣进项税额后，发生不可抵扣进项税的情形的，已抵扣的进项税要转出。

【原理详解】已抵扣的项目发生了不可抵扣的情形，已抵扣进项税已不再能够抵扣，需从当月进项税额中扣减，这就是进项税额的"转出"。

（2）转出金额的确定
①购进货物或劳务、购进服务，已知税额，则将应转出部分直接转出；无法确定该项进项税额的，按当期外购项目的实际成本计算应扣减的进项税额。

【典例研习·4-35】
（1）某企业上月已认证抵扣原材料的进项税额10万元。本月该材料发生非正常损失10%，则转出的进项税额=10×10%=1（万元）。
（2）某企业上月外购一批原材料，取得增值税专用发票注明购入价款100万元，本月该材料发生非正常损失10%，则转出的进项税额=100×13%×10%=1.3（万元）。
②购进固定资产、无形资产、不动产
不得抵扣的进项税额=资产净值×适用税率

【典例研习·4-36】
某企业于2019年12月购入一台生产设备，增值税专用发票上注明的买价为100万元，增值税为13万元，2019年12月因管理不善丢失，丢失时已计提折旧40万元，则转出的进项税额=（100-40）×13%=7.8（万元）。

2.进项税的"转增"

（1）根据《营业税改征增值税试点实施办法》及相关规定，不得抵扣且未抵扣进项税额的固定资产、无形资产、不动产，发生用途改变，用于允许抵扣进项税额的应税项目，可在用途改变的次月，计算可以抵扣的进项税额，并凭合法有效的增值税扣税凭证进行抵扣。

（2）公式：

可以抵扣的进项税额=固定资产（无形资产、不动产）净值÷（1+适用税率）×适用税率

或：

可以抵扣的进项税额=固定资产（无形资产、不动产）可抵扣税额×净值率

【原理详解】为何转增进项税时，要用固定资产净值÷（1+适用税率）？固定资产购入时，进项税未抵扣，因此账面记录的固定资产原值为"含增值税价格"，即购买价格+进项税。现在进项税可抵扣了，计算可抵扣的进项税的计税基础需将该原值价税分离，换算为不含税价格。

【典例研习·4-37】

某企业上月外购10张写字台用于职工宿舍，取得增值税专用发票注明购入价款1万元，增值税0.13万元。本月该批写字台全部转为生产车间使用，截至变更时，已计提折旧0.2万元，则转增的进项税额：

方法一：（1+0.13-0.2）÷（1+13%）×13%=0.107（万元）

方法二：0.13×（1+0.13-0.2）÷（1+0.13）=0.107（万元）

两种方法的计算结果是一致的。

3.销售折让的处理

因销售折让、中止或者退回而收回的增值税额，应当从当期的进项税额中扣减。

【原理详解】因销售折让、中止或者退回而退还给购买方的增值税额，应当开具红字增值税专用发票，并从当期的销项税额中扣减。

4.上期末留底税额的处理

上期未抵扣完的进项税额可在下一期继续抵扣。

注意：考题计算中，本期可抵扣进项税=上期末留抵税额+本期可抵扣进项税额-进项税转出金额+进项税转增金额。

【典例研习·4-38】（模拟多选题）

甲公司为增值税一般纳税人，2019年9月购进国内旅客运输服务，取得的下列票据中，可以作为进项税额抵扣依据的有（　　）。

A.增值税电子普通发票

B.注明员工身份信息的航空运输电子客票行程单

C.注明员工身份信息的铁路车票

D.注明员工身份信息的公路、水路客票

‖斯尔解析‖ (ABCD)　纳税人购进国内旅客运输服务未取得增值税专用发票的，暂

按照以下规定确定进项税额：（1）取得增值税电子普通发票的，为发票上注明的税额；（2）取得注明旅客身份信息的航空运输电子客票行程单的，按照下列公式计算进项税额：航空旅客运输进项税额＝（票价＋燃油附加费）÷（1＋9%）×9%；（3）取得注明旅客身份信息的铁路车票的，按照下列公式计算进项税额：铁路旅客运输进项税额＝票面金额÷（1＋9%）×9%；（4）取得注明旅客身份信息的公路、水路等其他客票的，按照下列公式计算进项税额：公路、水路等其他旅客运输进项税额＝票面金额÷（1＋3%）×3%。综上，本题中四选项均可作为进项税额抵扣依据。

【典例研习·4-39】（模拟多选题）

下列各项中，可以从销项税额中抵扣进项税额的是（　　）。

A.购进生产用燃料所支付的增值税款

B.不合格产品耗用材料所支付的增值税款

C.因管理不善被盗材料所支付的增值税款

D.购进不动产耗用装修材料所支付的增值税款

‖斯尔解析‖ 〔ABD〕 "非正常损失"的购进货物的增值税款不得从销项税额中抵扣的进项税额。非正常损失，是指因管理不善造成货物被盗、丢失、霉烂变质，以及因违反法律法规造成货物或者不动产被依法没收、销毁、拆除的情形。故本题选项C不可从销项税额中抵扣进项税额。

‖陷阱提示‖ 生产中的正常损耗（包括正常生产过程中产生的不合格产品耗用的材料）及自然灾害造成的损失，均不属于"非正常损失"。

【典例研习·4-40】（2018年判断题改编）

甲公司为增值税一般纳税人，使用一般计税方法，自2020年9月1日购入一仓库，在会计制度上按固定资产核算，购入该不动产的进项税额须分2年进行抵扣。（　　）

‖斯尔解析‖ 〔×〕 自2019年4月1日起，增值税一般纳税人取得不动产或者不动产在建工程的进项税额不再分2年抵扣。

【典例研习·4-41】（2018年多选题改编）

根据增值税法律制度的规定，一般纳税人购进货物取得的下列合法凭证中，属于增值税扣税凭证的有（　　）。

A.税控机动车销售统一发票　　　B.海关进口增值税专用缴款书

C.农产品收购发票　　　　　　　D.符合规定的客运发票

‖斯尔解析‖ 〔ABCD〕 增值税扣税凭证，是指增值税专用发票（含税控机动车销售统一发票）（选项A）、海关进口增值税专用缴款书（选项B）、农产品收购发票（选项C）、农产品销售发票、完税凭证和符合规定的国内旅客运输发票（选项D）。

【典例研习·4-42】（2018年多选题改编）

根据增值税法律制度的规定，一般纳税人购进的下列货物、服务中，其进项税额不得从销项税额中抵扣的有（　　）。

A.购进生产免税货物耗用材料所支付的进项税额

B.购进国内旅客运输服务所支付的进项税额

C.购进试制新产品耗用材料所支付的进项税额

D.购进贷款服务所支付的进项税额

‖斯尔解析‖ [AD] 用于简易计税方法计税项目、免征增值税项目（选项A）、集体福利或者个人消费的购进货物、劳务、服务、无形资产和不动产，不得从销项税额中抵扣进项税额。购进的贷款服务（选项D）、餐饮服务、居民日常服务和娱乐服务，不得从销项税额中抵扣进项税额。本题应选择选项AD。

【典例研习·4-43】（2016年多选题）

根据增值税法律制度的规定，一般纳税人购进货物的下列进项税额中，不得从销项税额中抵扣的有（　　）。

A.因管理不善造成被盗的购进货物的进项税额
B.被执法部门依法没收的购进货物的进项税额
C.被执法部门强令自行销毁的购进货物的进项税额
D.因地震造成毁损的购进货物的进项税额

‖斯尔解析‖ [ABC] 因管理不善造成货物被盗、丢失、霉烂变质，以及因违反法律法规造成货物或者不动产被依法没收、销毁、拆除的情形属于非正常损失，因非正常损失的购进货物，以及相关的劳务和交通运输服务，进项税额不得从销项税额中抵扣（选项ABC）。地震属于不可抗力，因其造成的毁损进项税额允许抵扣。

【典例研习·4-44】（2015年多选题）

根据增值税法律制度的规定，下列各项中，外购货物进项税额准予从销项税额中抵扣的有（　　）。

A.将外购货物无偿赠送给客户 B.将外购货物作为投资提供给联营单位
C.将外购货物分配给股东 D.将外购货物用于本单位职工福利

‖斯尔解析‖ [ABC] 将外购的货物无偿赠送、作价投资、分配给股东均应视同销售，计算销项税额，同时，进项税额允许抵扣，选项ABC正确。但是外购的货物用于职工福利，不做视同销售处理，进项税额应做转出处理（选项D）。

‖陷阱提示‖ 外购货物的增值税处理要特别注意货物用途，如果外购货物内部消化（如用于集体福利、个人消费），增值税抵扣链条"随风而逝"，外购货物进项税额不允许抵扣；但如果外购货物继续应用于外部用途，则货物依然在抵扣链条上流转，进项税正常抵扣，如应用于无偿赠送、作价投资、分配给股东的情形，应视同销售。这是高频考点，也是同学们非常容易出错的知识点。

考点3　计算应纳税额（★★★）

应纳税额=当期销项税额-当期进项税额
其中：当期销项税额=销售额×适用税率

【典例研习·4-45】（模拟单选题）

某制药厂（增值税一般纳税人）2020年5月销售非免税药品113万元（含税），销售免税药品100万元，当月购入生产用原材料一批，取得增值税专用发票上注明税款5.8万元，抗生素药品与免税药品无法划分耗料情况，则该制药厂当月应纳增值税为（　　）万元。

A.7.2　　　　B.10.1　　　　C.13　　　　D.9.4

‖斯尔解析‖ [B] 考点：确定进项税时，如无法划分免税及非免税药品对应的原材料进项税时，需按不含税销售额比例进行分摊。

本月应交增值税=销项税-进项税

销项税=113÷（1+13%）×13%=13（万元）

进项税：本题，应分摊的全部进项税为5.8万元，其中免税部分分摊比例为100÷（113÷1.13+100）=1/2，因此免税部分分摊进项税额=5.8×1/2=2.9万元，即不可抵扣的进项税2.9万元。

本月应交增值税=13-（5.8-2.9）=10.1（万元）

‖陷阱提示‖ 注意分摊进项税时，销售免税商品和不免税商品，均应一视同仁地适用不含增值税销售额计算权重，来分摊进项税金额。

【典例研习·4-46】（模拟多选题）

某小五金制造企业为增值税一般纳税人，2020年10月发生经济业务如下：

（1）购进一批原材料，取得增值税专用发票注明的金额为50万元，增值税为6.5万元。支付运费，取得增值税普通发票注明的金额为2万元，增值税为0.18万元；

（2）接受其他企业投资转入材料一批，取得增值税专用发票注明的金额为100万元，增值税为13万元；

（3）购进低值易耗品，取得增值税专用发票注明的金额6万元，增值税为0.78万元；

（4）因仓库管理不善，上月购进的一批工具被盗，该批工具的买价为8万元（购进工具的进项税额已抵扣）。

已知：该企业取得增值税专用发票均符合抵扣规定；购进产品适用的增值税税率为13%。关于该企业当月进项税计算中，下列说法中正确的有（　　）。

A.购进材料及支付运费取得了增值税发票，其增值税进项税均可抵扣

B.接受其他企业投资转入材料一批不属于购入，其增值税进项税不可抵扣

C.购进低值易耗品，取得增值税专用发票，进项税可抵扣

D.因仓库管理不善被盗的工具进项税额应予以转出，转出金额8×13%=1.04（万元）

‖斯尔解析‖ CD 选项A错误、C正确：购进材料的进项税额允许抵扣，支付运费未取得增值税专用发票，进项税额不允许抵扣。选项B错误：接受投资转入的材料视同购进，取得的增值税进项税额允许抵扣。选项D正确：因仓库管理不善被盗的工具属于非正常损失，相关税法规定，该部分进项税额不得抵扣，需从已抵扣的进项税额中转出，转出金额为购进价款×适用税率，即8×13%=1.04（万元）。最后，考虑进项税转出后，该小五金制造企业共可抵扣增值税进项税=6.5+13+0.78-1.04=19.24（万元）。

【典例研习·4-47】（2018年不定项选择题改编）

甲公司为增值税一般纳税人，主要提供餐饮、住宿服务。2019年8月有关经营情况如下：

（1）提供餐饮、住宿服务取得含增值税收入1 431万元。

（2）出租餐饮设备取得含增值税收入22.6万元，出租房屋取得含增值税收入5.45万元。

（3）提供车辆停放服务取得含增值税收入10.9万元。

（4）发生员工出差火车票、飞机票（含燃油附加费）支出合计10万元，取得了能证明

身份的火车票及飞机票。

（5）支付技术咨询服务费，取得增值税专用发票注明税额1.2万元。

（6）购进卫生用具一批，取得增值税专用发票注明税额1.6万元。

（7）从农业合作社购进蔬菜，取得农产品销售发票注明买价100万元，加工为精细即食蔬菜干零食并销售。

已知：有形动产租赁服务增值税税率为13%；不动产租赁服务增值税税率为9%；生活服务、现代服务（除有形动产租赁服务和不动产租赁服务外）增值税税率为6%；交通运输服务增值税税率为9%；农产品扣除率为10%；取得的扣税凭证均已通过税务机关认证。

要求：

根据上述材料，不考虑其他因素，分析回答下列小题。

1.甲公司下列经营业务中，应按照"现代服务"税目计缴增值税的是（　　）。

A.餐饮服务　　　　　　　　　B.房屋租赁服务

C.餐饮设备租赁服务　　　　　D.住宿服务

‖斯尔解析‖ BC　选项AD，属于生活服务。选项BC属于现代服务中的租赁服务。

2.下列关于甲公司增值税进项税额抵扣的表述中，正确的是（　　）。

A.支付技术咨询服务费的进项税额准予抵扣

B.火车票、飞机票的进项税额准予抵扣

C.购进蔬菜的进项税额准予抵扣

D.购进卫生用具的进项税额准予抵扣

‖斯尔解析‖ ABCD　选项ABCD均取得了相应扣税凭证，进项税额准予抵扣。选项AD取得增值税专用发票；选项B，取得了能证明身份的火车票及飞机票；选项C，取得了农产品销售发票。

3.计算甲公司当月增值税销项税额的下列算式中，正确的是（　　）。

A.车辆停放收入的销项税额=10.9÷（1+9%）×9%=0.9（万元）

B.房屋出租收入的销项税额=5.45÷（1+9%）×9%=0.45（万元）

C.餐饮设备出租收入的销项税额=22.6÷（1+13%）×13%=2.6（万元）

D.餐饮、住宿收入的销项税额=1 431÷（1+6%）×6%=81（万元）

‖斯尔解析‖ ABCD　选项A，车辆停放收入按照不动产经营租赁服务缴纳增值税，税率为9%。选项B，房屋出租收入按照不动产租赁缴纳增值税，税率为9%。餐饮设备出租收入按照有形动产租赁服务缴纳增值税，税率为13%。餐饮、住宿收入按照生活服务缴纳增值税，税率6%。本题中涉及的各项销售额均为含税销售额，因此均需进行价税分离后，再计算销项税额。

4.计算甲公司当月准予抵扣增值税进项税额的下列算式中，正确的是（　　）。

A.1.2+1.6=2.8（万元）

B.1.2+1.6+100×10%=12.8（万元）

C.10×9%+1.2=2.1（万元）

D.10÷（1+9%）×9%+1.2+1.6+100×10%=13.63（万元）

‖斯尔解析‖ D　员工出差火车票、飞机票（含燃油附加费）支出10万元，为含税金额,应换算为不含税金额计算准予抵扣的进项税额,进项税额=10÷(1+9%)×9%;支付技术咨询服务费,按照取得增值税专用发票注明税额准予抵扣1.2万元;购进卫生用具,按照取得增值税专用发票注明税额准予抵扣1.6万元。购进蔬菜,取得农产品销售发票的,以农产品收购发票上注明的农产品买价和9%的扣除率计算进项税额,但用于加工适用13%税率货物的,按10%的扣除率计算进项税额,进项税额=100×10%。故选项D正确。

‖陷阱提示‖ 我们在本题中小试牛刀,认识了考试中增值税不定项选择题如何考查,会发现虽然题目很长,条件很多,但各小问相对独立。因此,答好增值税的不定项选择题,最重要的就是要仔细仔细再仔细的审题,分别识别在学习税目、销项税的计算(特别是销售额的确定)、进项税的计算(特别是进项税不能抵扣的情形)时提示大家注意的"挖坑点",就很可能可以拿到满分。

考点4 进口货物应纳税额计算（★★）

1.无论是一般纳税人还是小规模纳税人,均应按照组成计税价格和规定的税率计算应纳税额,不允许抵扣发生在境外的任何税金。

2.计算公式

应纳税额=组成计税价格×税率

其中：组成计税价格

（1）不征收消费税的货物

组成计税价格=关税完税价格+关税

（2）（从价）征收消费税的货物

组成计税价格=关税完税价格+关税+消费税

=（关税完税价格+关税）÷（1-消费税比例税率）

【原理详解】 进口货物缴纳增值税是缴纳关税之后的下一步,作为增值税计税基础的不含增值税价格是包含了消费税之后的完整价格。

【典例研习·4-48】（2020年单选题改编）

2020年8月甲公司进口一批设备,关税完税价格为150万元,已知关税税率为5%;增值税税率为13%;计算甲公司当月该笔业务应缴纳增值税的下列算式中正确的是（　　）。（2018年改编）

A.（150+150×5%）×13%　　　　　　B.150×13%-150×5%×13%

C.150×13%+15×5%　　　　　　　　D.150×13%

‖斯尔解析‖ [A] 甲公司进口设备,不属于应税消费品,组成计税价格=关税完税价格+关税=150+150×5%=157.5（万元）,应纳税额=组成计税价格×税率=157.5×13%=20.48（万元）。

‖陷阱提示‖ 应对关税结合增值税的计算题时,同学们经常在增值税的计税基础上出错。切记,不能用"关税完税价格"直接乘以增值税率,别忘了,"关税完税价格"中不包含关税,需要用"关税完税价格"加上关税,如是应税消费品还要加上消费税,才是进口环节增值税的计税基础。

【典例研习·4-49】（2018年单选题改编）

2019年6月甲贸易公司进口一批高档化妆品，关税完税价格850 000元，已知增值税税率为13%，消费税税率为15%，关税税率为5%，计算甲贸易公司当月该笔业务应缴纳增值税税额的下列算式中，正确的是（　　）。

A.850 000÷（1-15%）×13%
B.（850 000+850 000×5%）÷（1-15%）×13%
C.850 000×13%
D.（850 000+850 000×5%）×13%

‖斯尔解析‖ B　甲公司进口高档化妆品，属于应税消费品，组成计税价格=关税完税价格+关税+消费税=（850 000+850 000×5%）÷（1-15%）=1 050 000（元），应纳税额=组成计税价格×税率=1 050 000×13%=136 500（元）

第四部分　简易计税方法

【原理详解】为何出现"简易计税方法"？

无法准确核算销项税和进项税，此时用简单的办法，不必分别算销项税和进项税再相减，而直接用销售额乘以一个比较低的征收率，这样整体税负水平和一般计税方法差不多，又使得计算较为简便。

因此，简易计税方法，不再有"抵扣"进项税的概念。

考点1　简易计税方法的适用情形及应纳税额的计算（★★）

（一）采用简易计税方法的情形

1.小规模纳税人发生应税销售行为。

2.一般纳税人发生财政部和国家税务总局规定的特定应税行为。

（1）可以选择适用简易计税方法计税，但一经选择，36个月内不得变更。

①一般纳税人销售旧货或自己使用过的不得抵扣且未抵扣进项税额的固定资产。

【原理详解】

1.旧货，是指进入二次流通的具有部分使用价值的货物（含旧汽车、旧摩托车和旧游艇），但不包括自己使用过的物品，如二手车交易网站销售二手车。

2.一般纳税人销售自己使用过的物品，要区分具体情形：

（1）如销售自己使用过的除固定资产以外的物品，应当按照适用税率征收增值税；

（2）如销售购进时可抵扣且已抵扣的固定资产，也应当按照适用税率征收增值税；

（3）如销售自己使用过的不得抵扣且未抵扣进项税额的固定资产才按简易办法计税。

②销售自产的下列货物：

电力（县级及县级以下小型水利发电）、自来水、建筑用料（沙土石料及用其连续生产的砖瓦石灰、商品混凝土）、生物制品。

③建筑企业一般纳税人提供建筑服务属于老项目（《建筑工程施工许可证》注明的合同开工日期在2016年4月30日前）的，可以选择简易办法依照3%的征收率征收增值税。

④营改增行业

a.公共交通运输服务，包括轮客渡、公交客运、地铁、城市轻轨、出租车、长途客班车；

b.经认定的动漫企业提供的各类动漫服务，以及在境内转让动漫版权；

c.电影放映服务、仓储服务、装卸搬运服务、收派服务和文化体育服务；

d.以纳入营改增试点之日前取得的有形动产为标的物提供的经营租赁服务；

e.在纳入营改增试点之日前签订的尚未执行完毕的有形动产租赁合同。

（2）应该简易计税方法计税的应税行为

①寄售商店代销寄售物品；

②典当业销售死当物品。

【典例研习·4-50】（2018年多选题）

根据增值税法律制度的规定，一般纳税人销售的下列货物中，可以选择简易计税方法计缴增值税的有（　　）。

A.食品厂销售的食用植物油　　　　B.县级以下小型水力发电单位生产的电力

C.自来水公司销售自产的自来水　　D.煤气公司销售的煤气

‖斯尔解析‖ **BC**　一般纳税人销售自产的下列货物，可以选择按照简易办法依照3%征收率计算缴纳增值税：（1）县级及县级以下小型水力发电单位生产的电力（选项B）。（2）建筑用和生产建筑材料所用的砂、土、石料。（3）以自己采掘的砂、土、石料或其他矿物连续生产的砖、瓦、石灰（不含黏土实心砖、瓦）。（4）用微生物、微生物代谢产物、动物毒素、人或动物的血液或组织制成的生物制品。（5）自来水（选项C）。（6）商品混凝土（仅限于以水泥为原料生产的水泥混凝土）。选项AD，一般纳税人销售或者进口食用植物油、煤气，适用税率为9%。

【典例研习·4-51】（2020年单选题）

根据增值税法律制度的规定，一般纳税人发生的下列行为中，不可以选择适用简易计税方法的是（　　）。

A.咨询服务　　　　　　　　　　B.收派服务

C.仓储服务　　　　　　　　　　D.装卸搬运服务

‖斯尔解析‖ **A**　一般纳税人发生仓储服务、装卸搬运服务、收派服务的应税行为，可以选择适用简易计税方法计税，但不允许抵扣进项税额。

【典例研习·4-52】（2016年单选题）

一般纳税人销售自产的特殊货物，可选择按照简易办法计税，选择简易办法计算缴纳增值税后一定期限内不得变更，该期限是（　　）。

A.24个月　　　　B.12个月　　　　C.36个月　　　　D.18个月

‖斯尔解析‖ **C**　一般纳税人销售自产的特殊货物，可选择按照简易办法计算缴纳增值税，选择简易办法计算缴纳增值税后，36个月内不得变更。

（二）应纳税额的计算

按照销售额和征收率计算应纳增值税税额，不得抵扣进项税额。

应纳税额=（不含税）销售额×征收率=含税销售额÷（1+征收率）×征收率

其中：纳税人适用简易计税方法计税的，因销售折让、中止或者退回而退还给购买方的销售额，应当从当期销售额中扣减。扣减当期销售额后仍有余额造成多缴的税款，可以从以后的应纳税额中扣减。

【典例研习·4-53】（2018年单选题）

甲便利店为增值税小规模纳税人，2019年第4季度零售商品取得收入1 030 000元；将一批外购商品无偿赠送给物业公司用于社区活动，该批商品的含税价格721元。已知增值税征收率为3%。计算甲便利店第4季度应缴纳增值税税额的下列算式中，正确的是（ ）。

A.［1 030 000+721÷（1+3%）］×3%　　B.（1 030 000+721）×3%

C.［1 030 000÷（1+3%）+721］×3%　　D.（1 030 000+721）÷（1+3%）×3%

‖斯尔解析‖ D （1）商业企业的零售价属于含增值税价，将外购的货物用于赠送，应视同销售货物。（2）甲便利店零售商品取得的1 030 000元收入及视同销售收入均应价税分离。（3）甲便利店是小规模纳税人，按简易计税方法计税。因此，甲便利店第4季度应缴纳的增值税税额=（1 030 000+721）÷（1+3%）×3%=30 021（元）。

【典例研习·4-54】（2015年单选题）

甲设计公司为增值税小规模纳税人，2014年6月提供设计服务取得含增值税价款206 000元；因服务中止，退还给客户含增值税价款10 300元。已知小规模纳税人增值税征收率为3%，甲设计公司当月应缴纳增值税税额的下列计算中，正确的是（ ）。

A.［206 000÷（1+3%）］×3%=6 000（元）

B.206 000×3%=6 180（元）

C.［（206 000-10 300）÷（1+3%）］×3%=5 700（元）

D.（206 000-10 300）×3%=5 871（元）

‖斯尔解析‖ C （1）退还的含税价款可于计税销售额中扣减。（2）含税销售收入应价税分离。（3）甲便利店是小规模纳税人，按简易计税方法计税。因此，甲设计公司当月应缴纳增值税税额=［（206 000-10 300）÷（1+3%）］×3%=5 700（元）

考点2　征收率（★）

（一）一般情形

小规模纳税人以及一般纳税人选择简易办法计税的，一般适用征收率为3%。

自2020年3月1日至12月31日，对湖北省增值税小规模纳税人，适用3%征收率的应税销售收入，免征增值税。除湖北省外，其他省、自治区、直辖市的增值税小规模纳税人，适用3%征收率的应税销售收入，减按1%征收率征收增值税。

（二）特殊情形

1.除其他个人以外的小规模纳税人

（1）适用3%征收率减按2%征收

小规模纳税人（除其他个人外，下同）销售自己使用过的固定资产，减按2%征收率征收增值税。

【解题高手】小规模纳税人销售自己使用过的物品或销售旧货

类型	情形	计税公式
其他个人	销售自己使用过的物品	免征增值税
其他小规模纳税人	销售自己使用过的固定资产、销售旧货	应缴纳的增值税=含税售价÷（1+3%）×2%
	销售其他自己使用过的物品	应缴纳的增值税=含税售价÷（1+3%）×3%

【典例研习·4-55】

销售旧货情形：

甲公司是增值税小规模纳税人，专营二手物品买卖，10月销售其收购的一批旧手机，取得含税收入2.06万元。甲公司就该"销售旧货"业务应缴纳的增值税税额=2.06÷（1+3%）×2%=0.04（万元）。

【典例研习·4-56】

销售其他自己使用的物品情形：

甲公司是增值税小规模纳税人，10月销售一批包装剪裁剩余的包装纸，取得含税收入2.06万元。甲公司就该"销售其他自己使用的物品"业务应缴纳的增值税税额=2.06÷（1+3%）×3%=0.06（万元）。

（2）适用5%征收率

适用情形	具体情形	税务处理
租房子	出租其取得的不动产（不含个人出租住房）	按照5%的征收率征收增值税
卖房子	房地产开发企业销售自行开发的房地产项目	
	其他小规模纳税人转让其取得的不动产	
提供劳务派遣服务，选择差额纳税的		

2.其他个人

（1）其他个人销售自己使用过的物品，免征增值税。

（2）个人出售房屋，适用征收率5%。

适用情形		税务处理
个人出售住房	购买年限<2	全额
	购买年限≥2	北、上、广、深非普通住房	差额
		其他	免征

3.一般纳税人

（1）适用3%征收率减按2%征收

一般纳税人销售自己使用过的属于《增值税暂行条例》第十条规定，不得抵扣且未抵扣进项税额的固定资产，按简易办法依3%征收率减按2%征收增值税。

【解题高手】一般纳税人销售自己使用过的物品或销售旧货情形总结

适用情形		计税公式
销售旧货		应缴纳的增值税＝ 含税售价÷（1+3%）×2%
销售自己使用过的"不得抵扣且未抵扣进项税"的固定资产	购进"用途"不得抵扣的	
	2009年以前购入的固定资产	
	2013年8月1日以前购入的小汽车、摩托车和游艇	
销售已抵扣进项税的固定资产、销售其他自己使用过的物品		按一般计税方法，计算销项税＝ 含税售价÷（1+适用税率）×适用税率

（2）适用5%征收率

①一般纳税人转让其2016年4月30日前取得的不动产，选择简易计税方法计税的，按照5%的征收率征收增值税。

②房地产开发企业（一般纳税人）销售自行开发的房地产老项目，选择简易计税方法计税的，按照5%的征收率征收增值税。

③纳税人提供劳务派遣服务，选择差额纳税的，按照5%的征收率征收增值税。

【典例研习·4-57】

甲公司为增值税一般纳税人，2020年11月对外转让一台其使用过的作为固定资产核算的计算机；该计算机为甲公司于2010年11月购进，含税转让价格为11 300元。已知，增值税税率为13%。甲公司本次出售计算机应纳增值税为多少？

‖斯尔解析‖

（1）由于设备购进于2009年1月1日以后，按购进时的规定可以抵扣进项税额，因此，应确认销项税额＝11 300÷（1+13%）×13%＝1 300（元）；

（2）如果设备于2008年12月31日前购进，则按购进时的规定不得抵扣进项税额，因此，本次出售生产设备甲企业应纳增值税＝11 300÷（1+3%）×2%＝200（元）。

第五部分　增值税的税收优惠及征收管理

考点1　增值税的税收优惠（★★）

（一）销售/进口货物免税项目（★★）

1.农业生产者销售的自产农产品。

2.避孕药品和用具。

3.古旧图书。古旧图书,是指向社会收购的古书和旧书。
4.直接用于科学研究、科学试验和教学的进口仪器和设备。
5.外国政府、国际组织无偿援助的进口物资和设备。
6.由残疾人的组织直接进口供残疾人专用的物品。
7.其他个人销售自己使用过的物品。

> 【解题高手】
> 1.核算要求:纳税人兼营免税、减税项目的,应当分别核算免税、减税项目的销售额;未分别核算销售额的,不得免税、减税。
> 2.纳税人发生应税销售行为适用免税规定的,可以放弃免税,按规定缴纳增值税。放弃免税后,36个月内不得再申请免税。

(二)"营改增"免税项目(★★)

下列项目免征增值税(包括但不限于)
1.托儿所、幼儿园提供的保育和教育服务。
2.养老机构提供的养老服务。
3.提供社区养老、托育、家政等服务取得的收入。
4.婚姻介绍服务。
5.殡葬服务。
6.家政服务企业由员工制家政服务员提供家政服务取得的收入。
7.医疗机构提供的医疗服务。
8.从事学历教育的学校(不包括职业培训机构)提供的教育服务。
9.政府举办的从事学历教育的高等、中等和初等学校(不含下属单位),举办进修班、培训班取得的全部归该学校所有的收入。
10.残疾人员本人为社会提供的服务。
11.残疾人福利机构提供的育养服务。
12.学生勤工俭学提供的服务。
13.农业机耕、排灌、病虫害防治、植物保护、农牧保险以及相关技术培训业务,家禽、牲畜、水生动物的配种和疾病防治。
14.将土地使用权转让给农业生产者用于农业生产。
15.土地所有者出让土地使用权和土地使用者将土地使用权归还给土地所有者。
16.纪念馆、博物馆、文化馆、文物保护单位管理机构、美术馆、展览馆、书画院、图书馆在自己的场所提供文化体育服务取得的第一道门票收入。
17.寺院、宫观、清真寺和教堂举办文化、宗教活动的门票收入。
18.福利彩票、体育彩票的发行收入。
19.金融同业往来利息收入。
20.行政单位之外的其他单位收取的符合规定的政府性基金和行政事业性收费。
21.个人转让著作权。
22.个人销售自建自用住房。
23.纳税人提供技术转让、技术开发和与之相关的技术咨询、技术服务。

24.涉及家庭财产分割的个人无偿转让不动产、土地使用权。

【典例研习·4-58】（2018年单选题）

根据增值税法律制度的规定，下列各项中，属于免税项目的是（   ）。

A.超市销售保健品　　　　　　　　B.外贸公司进口供残疾人专用的物品

C.商场销售儿童玩具　　　　　　　D.外国政府无偿援助的进口物资

‖斯尔解析‖　[D]　由残疾人的组织直接进口供残疾人专用的物品免税，外贸公司进口的，不免税。超市销售保健品、商场销售儿童玩具不免税。外国政府、国际组织无偿援助的进口物资和设备免税。选项D正确。

‖陷阱提示‖　特别注意免税的进口特殊物资是由谁进口的：残疾人专用的物品必须是由残疾人的组织直接进口，援助物资必须是外国政府、国际组织无偿援助，企业进口、援助均不在免税范畴。

【典例研习·4-59】（2018年单选题）

根据增值税法律制度的规定，下列各项中，不属于免税项目的是（   ）。

A.养老机构提供的养老服务　　　　B.装修公司提供的装饰服务

C.婚介所提供的婚姻介绍服务　　　D.托儿所提供的保育服务

‖斯尔解析‖　[B]　选项ACD，养老机构提供的养老服务、婚姻介绍服务免征增值税、托儿所提供的保育取得的收入，免征增值税。选项B，装修公司提供的装饰服务，按"建筑服务"计缴增值税。

【典例研习·4-60】（2018年单选题）

根据增值税法律制度的规定，下列各项中，不属于增值税免税项目的是（   ）。

A.培训机构开设考前培训班取得的收入　　B.个人转让著作权取得的收入

C.发行福利彩票取得的收入　　　　　　　D.农业生产者销售自产农产品取得的收入

‖斯尔解析‖　[A]　选项BCD，个人转让著作权、发行福利彩票、农业生产者销售自产农产品取得的收入，免征增值税。选项A，从事学历教育的学校提供的教育服务取得的收入免征增值税，但不包括职业培训机构等国家不承认学历的教育机构。

【典例研习·4-61】（2020年多选题改编）

根据增值税法律制度的规定，下列服务中，免征增值税的有（   ）。

A.学生勤工俭学提供的服务　　　　B.残疾人福利机构提供的育养服务

C.婚姻介绍所提供的婚姻介绍服务　D.火葬场提供的殡葬服务

‖斯尔解析‖　[ABCD]　根据规定，选项ABCD均免征增值税。

（三）跨境行为免征增值税的政策规定（★）

1.在境外提供下列服务：

（1）工程项目在境外的建筑服务、工程监理服务、工程勘察勘探服务；

（2）会议展览地点在境外的会议展览服务；

（3）存储地点在境外的仓储服务；

（4）标的物在境外使用的有形动产租赁服务；

（5）在境外提供的广播影视节目（作品）的播映服务、文化体育服务、教育医疗服务、旅游服务。

2.为出口货物提供服务：

（1）邮政服务；

（2）收派服务；

（3）保险服务。

3.向境外单位提供的完全在境外消费的下列服务和无形资产：

（1）电信服务；

（2）知识产权服务；

（3）物流辅助服务（仓储服务、收派服务除外）；

（4）鉴证咨询服务、专业技术服务、商务辅助服务；

（5）广告投放地在境外的广告服务；

（6）无形资产。

4.以无运输工具承运方式提供的国际运输服务。

5.为境外单位之间的货币资金融通及其他金融业务提供的直接收费金融服务，且该服务与境内的货物、无形资产和不动产无关。

（四）增值税即征即退（★）

一般纳税人提供下列服务，对实际税负超过3%的部分实行增值税即征即退政策：

（1）管道运输服务。

（2）经人民银行、银监会或者商务部批准从事融资租赁业务的试点纳税人中的一般纳税人，提供有形动产融资租赁服务和有形动产融资性售后回租服务。

（五）小微企业税收优惠（★★）

1.小规模纳税人合计月销售额未超过10万元（以1个季度为1个纳税期的，季度销售额未超过30万元）的，免征增值税。

2.小规模纳税人月销售额超过10万元，但扣除本期发生的销售不动产的销售额后未超过10万元的，其销售货物、劳务、服务、无形资产取得的销售额免征增值税。

考点2 纳税征收管理（★★）

（一）纳税义务发生时间

1.销售

（1）为收讫销售款项或者取得索取销售款项凭据的当天，具体为：

销售方式		纳税义务发生时间
直接收款		收到销售款或取得索取销售款凭据（不论货是否发出）的当天
托收承付、委托收款		发出货物并办妥托收手续的当天
赊销、分期收款		书面合同约定的收款日期； 无合同或有合同无约定的，货物发出的当天
预收货款	货物	货物发出的当天
	租赁服务	收到预收款的当天

销售方式	纳税义务发生时间
委托代销	收到代销清单或全部、部分货款的当天；未收到代销清单及货款，发出货物满180天的当天
金融商品转让	所有权转移的当天
视同销售	货物移送、转让完成或权属变更的当天
销售劳务、服务、无形资产、不动产	为劳务、服务、无形资产转让完成的当天或者不动产权属变更的当天

（2）先开具发票的，为开具发票的当天。

2.纳税人进口货物，其纳税义务发生时间为报关进口的当天。

3.扣缴义务时点：为纳税义务发生当天。

（二）纳税期限

1.增值税的纳税期限分别为1日、3日、5日、10日、15日、1个月或者1个季度。具体纳税期限由税务机关根据纳税人应纳税额的大小分别核定。

2.不能按照固定期限纳税的，可以按次纳税。

3.小规模纳税人、银行、财务公司、信托投资公司、信用社以1个季度为纳税期限。

4.申报纳税期限

（1）纳税人以1个月或者1个季度为1个纳税期的，自期满之日起15日内申报纳税；以1日、3日、5日、10日或者15日为1个纳税期的，自期满之日起5日内预缴税款，于次月1日起15日内申报纳税并结清上月应纳税款。

（2）纳税人进口货物，应当自海关填发进口增值税专用缴款书之日起15日内缴纳税款。

（三）纳税地点

业户			申报纳税地点
固定户	一般情况		机构所在地
	总分机构不在同一县（市）		分别申报 经批准，可以由总机构汇总向总机构所在地的主管税务机关申报
	外出经营	报告外出经营事项	机构所在地
		未报告	向销售地或劳务发生地申报纳税；没申报的，由其机构所在地税务机关补征税款
非固定户			销售地或劳务发生地
进口			报关地海关
其他个人提供建筑服务，销售或者租赁不动产，转让自然资源使用权			建筑服务发生地、不动产所在地、自然资源所在地

【典例研习·4-62】（2018年单选题）

根据增值税法律制度的规定，下列关于增值税纳税义务发生时间的表述中，不正确的是（　　）。

A.进口货物，为报关进口的当天

B.从事金融商品转让的，为金融商品所有权转移的当天

C.采取托收承付和委托银行收款方式销售货物，为收到银行款项的当天

D.提供租赁服务采取预收款方式的，为收到预收款的当天

‖斯尔解析‖ C 采取托收承付和委托银行收款方式销售货物，为发出货物并办妥托收手续的当天。

【典例研习·4-63】（2020年单选题）

下列关于增值税纳税义务发生时间表述中，不正确的是（　　）。

A.纳税人发生应税行为先开具发票的，为开具发票的当天

B.纳税人发生视同销售不动产的，为不动产权属变更的当天

C.纳税人提供租赁服务采取预收款方式的，为交付租赁物的当天

D.纳税人从事金融商品转让的，为金融商品所有权转移的当天

‖斯尔解析‖ C 纳税人提供租赁服务采取预收款方式，其纳税义务发生时间为收到预收款的当天。

【典例研习·4-64】（2018年判断题）

增值税扣缴义务发生时间为纳税人增值税纳税义务发生的当天。（　　）

‖斯尔解析‖ √

【典例研习·4-65】（模拟判断题）

某房地产企业采取预收款方式销售不动产，其纳税义务发生时间为收到预收款的当天。（　　）

‖斯尔解析‖ × 销售不动产，为不动产权属变更的当天。

【典例研习·4-66】（2018年判断题）

银行增值税的纳税期限为1个月。（　　）

‖斯尔解析‖ × 以1个季度为纳税期限的规定适用于小规模纳税人、银行、财务公司、信托投资公司、信用社，以及财政部和国家税务总局规定的其他纳税人。

【典例研习·4-67】（2018年多选题）

根据增值税法律制度的规定，下列关于固定业户纳税地点的表述中，不正确的有（　　）。

A.销售商标使用权，应当向商标使用权购买方所在地税务机关申报纳税

B.销售采矿权，应当向矿产所在地税务机关申报纳税

C.销售设计服务，应当向设计服务发生地税务机关申报纳税

D.销售广告服务，应当向机构所在地税务机关申报纳税

‖斯尔解析‖ ABC 根据教材列示相关规定，固定业户应当向其"机构所在地"税务机关申报纳税。

‖陷阱提示‖ 应对初级考试注意，固定业户，无论进行的是何应税行为，均向"机构

所在地"税务机关申报纳税,只有"其他个人"提供建筑服务、销售或者租赁不动产、转让自然资源使用权,应向建筑服务发生地、不动产所在地、自然资源所在地税务机关申报纳税。因此我们先要看清,题目中的纳税申报人是谁。

考点3 增值税专用发票使用规定(★★)

（一）专用发票的联次

联次	用途	持有人
发票联	购买方核算采购成本和增值税进项税额的记账凭证	购买方
抵扣联	购买方报送主管税务机关认证和留存备查的扣税凭证	购买方
记账联	销售方核算销售收入和增值税销项税额的记账凭证	销售方

（二）谁能开具增值税专用发票

1.一般纳税人

增值税一般纳税人发生应税销售行为开具增值税专用发票,但存在以下情形不得领购开具增值税专用发票:

（1）会计核算不健全,不能向税务机关准确提供增值税销项税额、进项税额、应纳税额数据及其他有关增值税税务资料的。

（2）有《税收征收管理法》规定的税收违法行为,拒不接受税务机关处理的。

（3）有涉及发票的税收违法行为,经税务机关责令限期改正而仍未改正的。

2.小规模纳税人

小规模纳税人（其他个人除外）发生增值税应税行为,需要开具增值税专用发票的,可以自愿使用增值税发票管理系统自行开具。选择自行开具增值税专用发票的小规模纳税人,税务机关不再为其代开增值税专用发票。

（三）最高额管理

1.最高开票限额,是指单份专用发票开具的销售额合计数不得达到的上限额度。

2.由一般纳税人申请,区县税务机关依法审批。

3.一般纳税人申请增值税专用发票最高开票限额不超过10万元的,主管税务机关不需要事前进行实地查验。

（四）不得开具增值税专用发票的情形

1.商业企业零售烟、酒、食品、服装、鞋帽（不包括劳保专用部分）化妆品等消费品的;

2.应税销售行为的购买方为消费者个人的;

3.发生应税销售行为适用免税规定的;

4."营改增"行业不得开具的情形:

（1）金融商品转让,不得开具增值税专用发票;

（2）从事经纪代理服务,向委托方收取的政府性基金或者行政事业性收费,不得开具增值税专用发票;

（3）选择差额计算方法计算销售额的纳税人,提供旅游服务向旅游服务购买方收取并支付的可以从全部价款和价外费用中扣除的费用，不得开具增值税专用发票。

【典例研习·4-68】（2018年单选题）

下列关于增值税专用发票记账联用途的表述中，正确的是（　　）。

A.作为购买方核算采购成本的记账凭证

B.作为销售方核算销售收入和增值税销项税额的记账凭证

C.作为购买方报送主管税务机关认证和留存备查的扣税凭证

D.作为购买方核算增值税进项税额的记账凭证

‖斯尔解析‖ **B** 专用发票由基本联次或者基本联次附加其他联次构成，基本联次为3联，分别为：①发票联，作为购买方核算采购成本和增值税进项税额的记账凭证；②抵扣联，作为购买方报送主管税务机关认证和留存备查的扣税凭证；③记账联，作为销售方核算销售收入和增值税销项税额的记账凭证。④其他联次用途，由一般纳税人自行确定。选项B正确。

【典例研习·4-69】（模拟单选题）

下列业务中，一般纳税人允许开具增值税专用发票的为（　　）。

A.向个人提供餐饮服务　　　　　　　B.向某科技公司零售烟酒、食品

C.向一般纳税人销售货物　　　　　　D.向个人销售房屋

‖斯尔解析‖ **C** 一般纳税人发生应税销售行为，应当向索取增值税专用发票的购买方开具专用发票。属于下列情形之一的，不得开具增值税专用发票：①商业企业一般纳税人零售烟、酒、食品、服装、鞋帽（不包括劳保专用部分）化妆品等消费品的；（选项B）②应税销售行为的购买方为消费者个人的；（选项AD）③发生应税销售行为适用免税规定的。故本题选择选项C。

【典例研习·4-70】（2020年单选题改编）

根据增值税法律制度的规定，一般纳税人发生的下列行为中，可以开具增值税专用发票的是（　　）。

A.律师事务所向消费者个人提供咨询服务

B.生产企业向一般纳税人销售货物

C.商业企业向消费者个人零售食品

D.书店向消费者个人销售图书

‖斯尔解析‖ **B** 应税销售行为的购买方为消费者个人的，不得开具增值税专用发票。故本题选择选项B。

第六部分　消费税法律制度

【原理详解】 本部分我们要学习的是在普遍征收增值税的基础上，选择少数消费品再征收的一个税种，从而调节产品结构、引导消费方向。因此，除了学习消费税的计算以外，有哪些商品要交消费税，分别在哪个环节征税，是我们在本节中需要解决的两大问题——即消费税的税目及征税环节。

考点1 消费税税目（★★★）

1.根据《消费税暂行条例》的规定，消费税税目共有15个：

（1）烟；（2）酒；（3）高尔夫球及球具；（4）高档化妆品；（5）贵重首饰及珠宝玉石；（6）高档手表；（7）小汽车；（8）摩托车；（9）游艇；（10）鞭炮和焰火；（11）成品油；（12）木制一次性筷子；（13）实木地板；（14）涂料；（15）电池。

2.各税目常考点（包括但不限于）

税目		具体考点
烟	包括	卷烟、雪茄烟、烟丝
	不包括	烟叶
酒	包括	白酒、黄酒、啤酒和其他酒（如果酒、红酒、药酒等）
	不包括	"调味料酒" 注意：本税目不包括酒精
高档化妆品	包括	高档美容、修饰类化妆品、高档护肤类化妆品和成套化妆品
	不包括	演员用的油彩、上妆油、卸妆油
贵重首饰及珠宝玉石	包括	①金银首饰、铂金首饰和钻石及钻石饰品； ②其他贵重首饰和珠宝玉石； ③宝石坯（珠宝玉石半成品）
鞭炮和焰火	不包括	体育上用的发令纸、鞭炮药引线
成品油	包括	7个子目：汽油（包括甲醇汽油、乙醇汽油）、柴油（包括生物柴油）、石脑油、溶剂油、航空煤油、润滑油、燃料油（包括催化料、焦化料）
小汽车	包括	3个子目：乘用车、中轻型商用客车、超豪华小汽车 注意：用乘用车、中轻型商用客车改装的车辆也属于征税范围
	不包括	①大客车、大货车、箱式货车； ②电动汽车； ③沙滩车、雪地车、卡丁车、高尔夫车； ④企业购进货车或厢式货车改装生产的商务车、卫星通信车等"专用汽车" 注意：本税目不包括汽车轮胎
电池	部分免征	无汞原电池、金属氢化物镍蓄电池、锂原电池、锂离子蓄电池、太阳能电池、燃料电池和全钒液流电池免征消费税
	征收	铅蓄电池

税目		具体考点
涂料	部分免征	施工状态下挥发性有机物含量低于420克/升（含）的涂料免征消费税

【典例研习·4-71】（2018年单选题）

根据消费税法律制度的规定，下列各项中，不属于消费税征税范围的是（　　）。

A.成品油　　　　　　　　　B.酒精

C.烟丝　　　　　　　　　　D.实木地板

‖斯尔解析‖ B 酒属于消费税征税范围，但酒精不属于。故选项B正确。

【典例研习·4-72】（2018年单选题）

根据消费税法律制度的规定，下列各项中，不属于消费税征税范围的是（　　）。

A.果木酒　　　　　　　　　B.调味料酒

C.药酒　　　　　　　　　　D.葡萄酒

‖斯尔解析‖ B 果木酒、药酒、葡萄酒属于酒类中的其他酒的子目，征收消费税，但调味料酒不征消费税。故选项B正确。

考点2　消费税征税范围（纳税环节）（★★★）

（一）一般纳税环节

【原理详解】 除在零售、批发环节纳税的消费品外，一般消费品在生产销售环节、进口环节及委托加工环节征收消费税。

1.生产销售及进口环节

（1）纳税人生产的应税消费品，于纳税人销售时纳税。

（2）单位和个人进口应税消费品，于报关进口时缴纳消费税。

2.委托加工环节

（1）委托加工应税消费品的界定

委托加工的应税消费品，是指由委托方提供原料和主要材料，受托方只收取加工费和代垫部分辅助材料加工的应税消费品。

以下三种情形，按受托方销售自产应税消费品处理：

①由受托方提供原材料生产的应税消费品；

②受托方先将原材料卖给委托方，然后再接受加工的应税消费品；

③由受托方以委托方名义购进原材料生产的应税消费品。

（2）税款缴纳人

受托方为个人：委托方收回后缴纳消费税；

受托方为单位：受托方在向委托方交货时代收代缴消费税。

（3）委托方收回后的税务处理

用途	税务处理
用于连续生产应税消费品	所缴纳的消费税税款准予按规定抵扣
直接出售（即不加价出售）	不再缴纳消费税
以高于受托方的计税价格出售（加价出售）	按规定申报缴纳消费税，在计税时准予扣除受托方已代收代缴的消费税

3.自产自用的纳税环节

（1）纳税人自产自用的应税消费品，用于连续生产应税消费品的，移送使用时不纳税，销售最终应税消费品时缴纳；

（2）纳税人自产自用的应税消费品，用于其他方面的，于移送使用时纳税。

【原理详解】其他方面包括：纳税人将自产自用的应税消费品用于生产非应税消费品、在建工程、管理部门、非生产机构、提供劳务、馈赠、赞助、集资、广告、样品、职工福利、奖励等方面。

（二）零售环节征收

1.金银首饰

（1）金银首饰仅在零售环节征收，在零售环节纳税的金银首饰包括：金基、银基合金首饰以及金、银和金基、银基合金的镶嵌首饰（不含镀金和包金首饰）、铂金首饰、钻石及钻石饰品。

注意：将金银首饰用于馈赠、赞助、集资、广告样品、职工福利、奖励等方面，视同零售业，在零售环节缴纳消费税。

（2）核算要求

①既销售金银首饰，又销售非金银首饰的生产、经营单位，应将两类商品划分清楚，分别核算销售额。

②凡划分不清楚或不能分别核算的，在零售环节销售的，一律按金银首饰征收消费税；在生产环节销售的，一律从高适用税率征收消费税。

【原理详解】例如，某商店既销售"金银首饰"又销售"镀金首饰"，未分别核算，按全部销售额计征消费税。

2.超豪华小汽车

（1）对超豪华小汽车（不含增值税零售价格130万元及以上），在生产（进口）环节按现行税率征收消费税基础上，在零售环节加征消费税。

（2）将超豪华小汽车销售给消费者的单位和个人为零售环节纳税人。

（三）批发环节纳税

1.纳税人批发卷烟，在批发环节加征消费税，即在生产和批发两个环节征收，生产环节的消费税税款在批发环节不可扣除。

2.不征的情形:烟草批发企业将卷烟销售给其他烟草批发企业的,不缴纳消费税。

【解题高手】
1.注意区分零售环节征税的"仅征"与"加征";
2.在两个环节征收消费税的应税消费品:超豪华小汽车、卷烟。

【典例研习·4-73】(2018年单选题)
根据消费税法律制度的规定,企业将自产应税消费品用于下列情形中,不缴纳消费税的是( )。
A.地板厂将自产的实木地板用于装修办公室
B.摩托车厂将自产的摩托车用于赞助
C.化妆品厂将自产的高档化妆品用于广告
D.卷烟厂将自产的烟丝用于连续生产卷烟

‖斯尔解析‖ D 纳税人自产自用的应税消费品,用于连续生产应税消费品的,不纳税;凡用于其他方面的,于移送使用时,按照纳税人生产的同类消费品的销售价格计算纳税;没有同类消费品销售价格的,按照组成计税价格计算纳税。故选项D正确。

【典例研习·4-74】(2018年单选题)
根据消费税法律制度的规定,下列各项中,除生产(进口)环节以外,在零售环节加征消费税的是( )。
A.电池   B.高档手表
C.游艇   D.超豪华小汽车

‖斯尔解析‖ D 根据消费税法律制度的规定,超豪华小汽车在零售环节加征一道消费税。故选项D正确。

‖陷阱提示‖ 注意辨析"仅在"零售环节征收,与在零售环节"加征"。金银、铂金及钻石首饰仅在零售环节征收消费税,而在零售环节加征消费税的是超豪华小汽车。

【典例研习·4-75】(2018年单选题)
根据消费税法律制度的规定,下列行为中,应缴纳消费税的是( )。
A.卷烟厂销售自产的卷烟   B.汽车厂销售自产的载货汽车
C.外贸公司进口高档电器产品   D.银行销售金银纪念币

‖斯尔解析‖ A 根据消费税法律制度的规定,凡是以烟叶为原料加工生产的产品,不论使用何种辅料,均属于本税目的征收范围,卷烟是烟的子目之一,选项A正确;载货汽车、高档电器产品、金银纪念币不属于应税消费品,选项BCD错误。

‖陷阱提示‖ 本题实际考查的是消费税税目的细节,注意辨析:小汽车征消费税,载货汽车不征;金银首饰征收消费税,金银纪念币不征。

【典例研习·4-76】(2018年多选题)
根据消费税法律制度的规定,下列各项中征收消费税的有( )。
A.晾晒烟叶   B.批发烟叶   C.生产烟丝   D.生产卷烟

‖斯尔解析‖ CD 凡是以烟叶为原料加工生产的产品,不论使用何种辅料,均属于烟这一税目的征收范围。但烟叶不属于消费税的征税范围。故选项CD正确。

【典例研习·4-77】（2020年单选题）

根据消费税法律制度的规定，下列情形中，应缴纳消费税的是（　　）。

A.汽车厂销售自产电动汽车　　　　　　B.超市零售白酒

C.化妆品厂销售自产高档化妆品　　　　D.珠宝店进口钻石饰品

‖斯尔解析‖ C （1）选项A，电动汽车不属于应税消费品，不缴纳消费税。（2）选项BC，白酒、高档化妆品在生产销售、委托加工或者进口环节缴纳消费税，因此选项B在零售环节，不缴纳消费税；选项C是生产销售环节，应缴纳消费税。（3）选项D，金银、铂金、钻石首饰仅在零售环节缴纳消费税，进口环节不缴纳消费税。

‖陷阱提示‖ 将消费税税目结合征税环节一并考查，是考题的常见套路。

【典例研习·4-78】（2016年判断题）

委托加工的应税消费品，除受托方为个人之外，应由受托方在向委托方交货时代收代缴消费税。（　　）

‖斯尔解析‖ √

‖陷阱提示‖ 本题可谓善良，思考，如果题目描述为"委托加工的应税消费品，应由受托方在向委托方交货时代收代缴消费税"，还正确吗？是不正确的。受托方为个人时，应由委托方收回后缴纳消费税。因此对于委托加工的消费税由谁缴纳的问题，一定要分情况讨论，不可一概而论。

考点3　消费税税率（★★★）

（一）消费税税率形式及计征方式

消费税税率采取比例税率和定额税率两种形式。

一般情况下，对一种消费品只选择一种税率形式，但对卷烟和白酒，则采取了比例税率和定额税率复合征收的形式。

税率形式	适用税目	计征方法	计税公式
比例税率	绝大多数应税消费品	从价计征	应纳税额=销售额×比例税率
定额税率	黄酒、啤酒、成品油	从量计征	应纳税额=销售数量×定额税率
复合征收	卷烟、白酒	复合计征	应纳税额=销售额×比例税率+销售数量×定额税率

（二）适用税率的确定

1.兼营不同税率的应税消费品

（1）核算要求：应当分别核算不同税率应税消费品的销售额、销售数量。

（2）分别核算的，使用相应的消费税税率；未分别核算销售额、销售数量的，从高适用税率。

2.成套销售

将不同税率的应税消费品组成成套消费品销售的，从高适用税率。

【典例研习·4-79】（2020年多选题）

根据消费税制度的规定，下列应税消费品中，采取比例税率和定额税率复合征收形式的有（　　）。

A.白酒　　　　B.雪茄烟　　　　C.卷烟　　　　D.黄酒

‖斯尔解析‖ [AC]　卷烟、白酒实行从价从量复合计征消费税；雪茄烟实行从价计征消费税；黄酒实行从量计征消费税。故选项AC正确。

【典例研习·4-80】（2020年多选题）

根据消费税法律制度的规定，下列应税消费品中，采用从量计征办法计缴消费税的有（　　）。

A.黄酒　　　　B.葡萄酒　　　　C.啤酒　　　　D.药酒

‖斯尔解析‖ [AC]　根据消费税法律制度的规定，啤酒、黄酒、成品油实行从量计征消费税，葡萄酒、药酒按照其他酒税目从价计征消费税。

【典例研习·4-81】（2015年多选题）

下列各项中，采取从价计征消费税的有（　　）。

A.高档手表　　　　B.高尔夫球　　　　C.烟丝　　　　D.黄酒

‖斯尔解析‖ [ABC]　根据消费税法律制度的规定，选项D黄酒实行从量计征消费税。选项ABC高档手表、高尔夫球、烟丝实行从价计征消费税。

【典例研习·4-82】（模拟单选题）

甲公司是一家化妆品生产企业，属于增值税一般纳税人。2019年3月，该厂销售高档化妆品取得不含增值税销售收入100万元，销售普通化妆品取得不含增值税销售收入80万元，将高档化妆品与女士丝巾组成礼盒成套销售，取得不含增值税销售额50万元，已知高档化妆品的消费税税率为15%，增值税税率为13%。则该企业当月应纳消费税的下列计算中正确的是（　　）。

A.100×15%=15（万元）　　　　B.100×13%=13（万元）

C.（100+50）×15%=22.5（万元）　　　　D.（100+50）×13%=19.5（万元）

‖斯尔解析‖ [C]　本题中，（1）应税消费品有高档化妆品和将高档化妆品与女士丝巾组成成套出售的礼盒；（2）计算消费税的应纳税额时，销售额为不含增值税销售收入。故选项C正确。注意本题计算的是消费税，应适用消费税税率。

考点4　消费税的计算（★★★）

（一）一般计算方法

1.从价计征

应纳税额＝销售额×比例税率

其中销售额为纳税人销售应税消费品向购买方收取的全部价款和价外费用，不包括应向购买方收取的增值税税款。

请注意确定销售额的特殊事项：

（1）消费税是"价内税"，作为消费税纳税基础的销售额为含消费税不含增值税销售额。这与同一环节征收增值税的计税基础是一致的。

（2）价外费用

与增值税一致，除例外项目外，以各种名目向买方收取的价外费用均应计入销售额。

白酒生产企业向商业销售单位收取的"品牌使用费"，应并入白酒的销售额中缴纳消费税。

（3）包装物与包装物押金

①应税消费品连同包装销售，无论包装物是否单独计价以及在会计上如何核算，均应并入应税消费品的销售额中缴纳消费税。

②包装物押金：

一般货物：收取时押金不应并入应税消费品的销售额中征税。但对因逾期未收回的包装物不再退还的或者已收取的时间超过12个月的押金，应并入应税消费品的销售额，缴纳消费税。

啤酒、黄酒以外的酒类产品：无论押金是否返还及会计上如何核算，均应并入酒类产品销售额，征收消费税。

【解题高手】包装物押金是否纳入销售额相关总结

包装物押金	增值税		消费税	
	取得时	逾期时	取得时	逾期时
一般货物	×	√	×	√
啤酒、黄酒	×	√	×	×
白酒、其他酒	√	—	√	—

2.从量计征

应纳税额=应税消费品的销售数量×定额税率（单位税额）

销售数量的确定

应税行为	数量的确定
销售	销售数量
自产自用	移送使用数量
委托加工	收回的应税消费品数量
进口	海关核定的应税消费品进口征税数量

3.复合计征

应纳税额=从价计征的部分+从量计征的部分

【典例研习·4-83】（2020年单选题改编）

甲化妆品公司为增值税一般纳税人，2020年6月向某商场销售一批高档化妆品，取得含增值税销售额3 944 000元，已知增值税税率为13%，消费税税率为15%，计算甲化妆品公司该笔业务应缴纳消费税税额的下列算式中，正确的是（　　）。

A.3 944 000×（1+13%）×15%=668 508（元）

B.3 944 000÷（1+13%）×15%=523 540（元）

C.3 944 000÷（1－15%）×15%=696 000（元）

D.3 944 000×15%=591 600（元）

‖斯尔解析‖ **B**　在计算消费税时，销售额为不含增值税税款的销售额，故本题"含税价格"需进行价税分离，其换算公式为：应税消费品的销售额=含增值税的销售额÷（1+增值税税率或征收率），即3 944 000÷（1+13%），题中已知消费税税率为15%，故选项B正确。

‖陷阱提示‖　刚刚接触同时涉及消费税和增值税的计算题时，同学们往往会迷糊"价税分离"到底应该分的是哪个税。牢记，增值税和消费税的计税基础一模一样，都是"含消费税、不含增值税"的金额，因此在确定计税基础时，分出去的一定是增值税。

【典例研习·4-84】（2020年单选题改编）

2020年12月，甲啤酒厂生产150吨啤酒，销售100吨，取得不含增值税销售额30万元、增值税税额4.8万元。甲啤酒厂当月销售啤酒消费税计税依据为（　　）。

A.34.8万元　　　B.30万元　　　C.150吨　　　D.100吨

‖斯尔解析‖ **D**　啤酒、黄酒、成品油，从量定额计征消费税，销售应税消费品的，为应税消费品的销售数量。故本题选项D正确。

‖陷阱提示‖　消费税由从量、从价、复合计征三种计税方式，因此切勿看到金额就开始埋头苦算，第一步先判断清楚该应税消费品的计税方式。

【典例研习·4-85】（2020年单选题改编）

甲酒厂为增值税一般纳税人，2020年3月销售白酒50吨，取得含增值税销售额3 480 000元，已知增值税税率为13%，白酒消费税比例税率为20%，定额税率为0.5元/500克。计算甲酒厂当月应当缴纳消费税税额的下列计算式中，正确的是（　　）。

A.3 480 000×20%=696 000（元）

B.3 480 000÷（1+13%）×20%=615 929（元）

C.3 480 000÷（1+13%）×20%+50×2 000×0.5=665 929（元）

D.3 480 000×20%+50×2 000×0.5=746 000（元）

‖斯尔解析‖ **C**　白酒实行从价从量复合计征消费税。在计算消费税时，应将含增值税的销售额换算为不含增值税税款的销售额。故选项C正确。

（二）特殊情形下销售额和销售数量的确定

1.计税价格明显偏低并无正当理由

纳税人应税消费品的计税价格明显偏低并无正当理由的，由税务机关核定计税价格。其核定权限规定如下：

应税消费品	核定权限
卷烟、白酒和小汽车	国家税务总局核定，送财政部备案
其他应税消费品	省、自治区和直辖市税务局核定
进口的应税消费品	海关核定

2.以物换物、投资抵债

纳税人用于换取生产资料和消费资料、投资入股和抵偿债务等方面的应税消费品，应当以纳税人同类应税消费品的最高销售价格作为计税依据计算消费税。

【解题高手】最高销售价格作为计税基础，仅适用消费税的"投换抵"。增值税的"投分送"视同销售，以及消费税的组价均适用"平均价格"。

3.非独立核算门市部销售

纳税人通过自设非独立核算门市部销售的自产应税消费品，应当按照门市部对外销售额或者销售数量征收消费税。

4.以旧换新销售

（1）金银首饰

纳税人采用以旧换新（含翻新改制）方式销售的金银首饰，应按实际收取的不含增值税的全部价款确定计税依据征收消费税。

（2）其他消费品——按新货销售额征收消费税。

（3）金银首饰与其他产品组成成套消费品销售的，应按销售额全额征收消费税。

【原理详解】与增值税的规定一致，以旧换新销售业务，金银首饰按实际收取金额（即差额）计征，其他消费品按全额计征。

【典例研习·4-86】（2018年多选题）

根据消费税法律制度的规定，下列各项中，纳税人应当以同类应税消费品的最高销售价格作为计税依据的有（　　）。

A.将自产应税消费品用于换取生产资料　　B.将自产应税消费品用于换取消费资料

C.将自产应税消费品用于对外捐赠　　　　D.将自产应税消费品用于投资入股

‖斯尔解析‖ **ABD** 根据消费税法律制度的规定，纳税人用于换取生产资料和消费资料、投资入股和抵偿债务等方面的应税消费品，应当以纳税人同类应税消费品的最高销售价格作为计税依据计算消费税。

‖陷阱提示‖ 注意区分增值税的视同销售情形（"投分送"）与消费税中以纳税人同类应税消费品的最高销售价格作为计税依据计算消费税的情形（"投换抵"）。

【典例研习·4-87】（2020年单选题改编）

甲公司为增值税一般纳税人，2020年10月将1辆生产成本5万元的自产小汽车用于抵偿债务，同型号小汽车含增值税平均售价11.3万元/辆，含增值税最高售价13.56万元/辆。已知增值税税率为13%，消费税税率为5%，计算甲公司当月该笔业务应缴纳消费税税额的下列算式中，正确的是（　　）。

A.1×5×5%=0.25（万元）　　　　　　　B.1×11.3÷（1+13%）×5%=0.5（万元）

C.1×5×（1+5%）×5%=0.26（万元）　　D.1×13.56÷（1+13%）×5%=0.6（万元）

‖斯尔解析‖ **D** 根据消费税法律制度的规定：①纳税人用于换取生产资料和消费资料、投资入股和抵偿债务等方面的应税消费品，应当以纳税人同类应税消费品的最高销售价格作为计税依据计算消费税。本题中，应以含增值税最高售价13.56万元/辆作为计消费税的计税依据。②在计算消费税时，应将含增值税的销售额换算为不含增值税税款的销售额。即13.56÷（1+13%）。故选项D正确。

（三）组成价格的计算

【原理详解】 对于自产自用、委托加工、进口环节，由于还没有"销售额"出现，需确定一个销售额。若有可参考的价格，则用可参考的价格；如果没有，则用组成计税价格。组成计税价格的计算在增值税部分已经接触过，换汤不换药，注意掌握逻辑。

1.自产自用

纳税人自产自用的应税消费品，用于连续生产应税消费品的，不纳税；凡用于其他方面的，于移送使用时纳税。

（1）销售额的确定

①有纳税人生产的同类消费品的销售价格，按该价格计算纳税；

②没有同类消费品销售价格的，按照组成计税价格计算纳税。

（2）组成价格计算

①从价计征

组成计税价格=（成本+利润）÷（1-比例税率）

应纳税额=组成计税价格×比例税率

②复合计征

组成计税价格=（成本+利润+自产自用数量×定额税率）÷（1-比例税率）

应纳税额=组成计税价格×比例税率+自产自用数量×定额税率

【典例研习·4-88】（2020年单选题改编）

甲化妆品公司为增值税一般纳税人，2020年12月销售高档化妆品元旦套装400套，每套含增值税售价696元，将同款元旦套装30套用于对外赞助，已知增值税税率为13%，消费税税率为15%，计算甲化妆品公司当月元旦套装应缴纳消费税税额的下列算式中，正确的是（　）。

A.400×696÷（1+13%）×15%=36 956（元）

B.400×696×15%=41 760（元）

C.（400+30）×696÷（1+13%）×15%=39 727（元）

D.（400+30）×696×15%=44 892（元）

‖斯尔解析‖ **C** 纳税人自产自用的应税消费品，用于连续生产应税消费品的，不纳税；凡用于其他方面的，于移送使用时，缴纳消费税，因此本题中用于对外赞助的30套元旦套装也应缴纳消费税。应缴纳消费税的高档化妆品共计（400+30）套；在计算消费税时，应将含增值税的销售额换算为不含增值税税款的销售额，即696÷（1+13%）；适用消费税税率为15%。故选项C正确。

【典例研习·4-89】（2020年单选题改编）

2020年5月甲化妆品厂将一批自产高档化妆品用于馈赠客户，该批高档化妆品生产成本为17 000元，无同类高档化妆品销售价格，已知消费税税率为15%，成本利润率为5%。计算甲化妆品厂当月该笔业务应缴纳消费税税额的下列算式中，正确的是（　　）。

A.17 000×（1+5%）×15%=2 677.5（元）
B.17 000×（1+5%）÷（1−15%）×15%=3 150（元）
C.17 000÷（1−15%）×15%=3 000（元）
D.17 000×15%=2 550（元）

‖斯尔解析‖ B　纳税人自产自用的应税消费品，用于连续生产应税消费品的，不纳税；凡用于其他方面的，于移送使用时，按照纳税人生产的同类消费品的销售价格计算纳税；没有同类消费品销售价格的，按照组成计税价格计算纳税。本题中，应按照组成计税价格计税。高档化妆品实行从价计征消费税，其计算公式为：组成计税价格=（成本+利润）÷（1−比例税率），即组成价格=17 000×（1+5%）÷（1−15%）；应纳税额=组成计税价格×比例税率。故选项B正确。

‖陷阱提示‖　用价税分离后的销售价格计算消费税的计税依据时，无须再还原消费税；但若无对外销售，需用组价计算消费税的计税依据时，莫忘了在成本加利润后再还原消费税金额。因此，应对此类计算题，不可盲目的"÷（1−消费税税率）"，也不可忘记"÷（1−消费税税率）"。

【典例研习·4-90】（模拟单选题）

某白酒厂春节前，将新研制的白酒1吨作为过节福利发放给员工饮用，该白酒无同类产品市场销售价格。已知该批白酒生产成本20 000元，成本利润率为5%，白酒消费税比例税率为20%，定额税率为0.5元/斤。则该批白酒应纳消费税为（　　）元。

A.20 000×（1+5%）×20%+2 000×0.5=5 200（元）
B.20 000×（1+5%）÷（1−20%）×20%+2 000×0.5=6 250（元）
C.［20 000×（1+5%）+2 000×0.5］÷（1−20%）×20%=5 500（元）
D.［20 000×（1+5%）+2 000×0.5］÷（1−20%）×20%+2 000×0.5=6 500（元）

‖斯尔解析‖ D　纳税人自产自用的应税消费品，用于连续生产应税消费品的，不纳税；凡用于其他方面的，于移送使用时，按照纳税人生产的同类消费品的销售价格计算纳税；没有同类消费品销售价格的，按照组成计税价格计算纳税。本题中，应按照组成价格计税。白酒实行复合计税办法计征消费税，其计算公式为：组成计税价格=（成本+利润+自产自用数量×定额税率）÷（1−比例税率），选项AB错误，组成计税价格应为：［20 000×（1+5%）+2 000×0.5］÷（1−20%）。应纳税额=组成计税价格×比例税率+自产自用数量×定额税率，选项D正确。

‖陷阱提示‖　不要忘记把从量及从价分别计算出的两部分消费税额相加！

【典例研习·4-91】（模拟多选题）

下列关于应税消费品销售额的表述中，正确的是（　　）。

A.应税消费品销售额包括向购买方收取的增值税税款
B.纳税人自产自用应税消费品，按照纳税人生产的同类消费品的销售价格确定销售额
C.随同从价计征应税消费品出售的包装物，无论是否单独计价，均应并入销售额
D.对因逾期未收回的包装物不再退还的或者已收取的时间超过12个月的押金，应并入应税消费品的销售额

‖斯尔解析‖ `BCD` 应税消费品销售额,是指纳税人销售应税消费品向购买方收取的全部价款和价外费用,不包括应向购买方收取的增值税税款。故选项A错误。

2.委托加工

委托加工的应税消费品,按照受托方的同类消费品的销售价格计算纳税,没有同类消费品销售价格的,按照组成计税价格计算纳税。

①从价计征

组成计税价格=(材料成本+加工费)÷(1-比例税率)

应纳税额=组成计税价格×比例税率

②复合计征

组成计税价格=(材料成本+加工费+委托加工数量×定额税率)÷(1-比例税率)

应纳税额=组成计税价格×比例税率+委托加工数量×定额税率

注意:加工费是指受托方加工应税消费品向委托方所收取的全部费用(包括代垫辅助材料的实际成本),不包括增值税税款。

【典例研习·4-92】(模拟单选题)

甲卷烟厂为增值税一般纳税人,受托加工一批烟丝,委托方提供的烟叶成本49 140元,甲卷烟厂收取含增值税加工费2 436元。已知增值税税率为13%,消费税税率为30%,无同类烟丝销售价格,计算甲卷烟厂该笔业务应代收代缴消费税税额的下列算式中,正确的是( )。

A. [49 140+2 436÷(1+13%)]÷(1-30%)×30%=21 984(元)

B. (49 140+2 436)÷(1-30%)×30%=22 104(元)

C. 49 140÷(1-30%)×30%=21 060(元)

D. [(49 140+2 436)÷(1+13%)]÷(1-30%)×30%=19 561(元)

‖斯尔解析‖ `A` 委托加工的应税消费品,按照受托方的同类消费品的销售价格计算纳税,没有同类消费品销售价格的,按照组成计税价格计算纳税。本题中,应使用组成计税价格计算纳税。加工烟丝实行从价计税办法计征消费税,组成计税价格=(材料成本+加工费)÷(1-比例税率),本题中,加工费为含增值税价格,应换算为不含增值税价格,即2 436÷(1+13%),成本49 140元不需要换算,故组成计税价格=[49 140+2 436÷(1+13%)]÷(1-30%);应纳税额=组成计税价格×比例税率。故选项A正确。

3.进口应税消费品

纳税人进口应税消费品,按照组成计税价格和规定的税率计算应纳税额。

①从价计征

组成计税价格=(关税完税价格+关税)÷(1-消费税比例税率)

应纳税额=组成计税价格×消费税比例税率

②复合计征

组成计税价格=(关税完税价格+关税+进口数量×定额税率)÷(1-消费税比例税率)

应纳税额=组成计税价格×消费税比例税率+进口数量×定额税率

【典例研习·4-93】(2020年单选题改编)

2020年3月甲公司进口一批高档手表,海关审定的关税完税价格为100万元,缴纳关税

30万元，已知高档手表消费税税率为20%，甲公司当月进口高档手表应缴纳消费税的下列计算中，正确的是（　　）。

A.（100+30）×20%=26（万元）

B.（100+30）÷（1-20%）×20%=32.5（万元）

C.100×20%=20（万元）

D.100÷（1-20%）×20%=25（万元）

‖斯尔解析‖ B　纳税人进口应税消费品，按照组成计税价格和规定的税率计算应纳税额。高档手表实行从价计税办法计征消费税，组成计税价格=（关税完税价格+关税）÷（1-消费税比例税率），即（100+30）÷（1-20%），应纳税额=组成计税价格×消费税比例税率。故选项B正确。

（四）已纳消费税的扣除

1.原理

为了避免重复征税，现行消费税规定，将外购应税消费品和委托加工收回的应税消费品继续生产应税消费品销售的，可以将外购应税消费品和委托加工收回应税消费品已缴纳的消费税给予扣除。

2.扣除范围

（1）外购应税消费品已纳税款的扣除

①外购已税烟丝生产的卷烟；

②外购已税高档化妆品原料生产的高档化妆品；

③外购已税珠宝、玉石原料生产的贵重首饰及珠宝、玉石；

④外购已税鞭炮、焰火原料生产的鞭炮、焰火；

⑤外购已税杆头、杆身和握把为原料生产的高尔夫球杆；

⑥外购已税木制一次性筷子原料生产的木制一次性筷子；

⑦外购已税实木地板原料生产的实木地板；

⑧外购已税石脑油、润滑油、燃料油为原料生产的成品油；

⑨外购已税汽油、柴油为原料生产的汽油、柴油。

（2）委托加工收回的应税消费品已纳税款的扣除与外购一致，此处不赘述。

【解题高手】

1.税目烟中，只有烟丝连续生产卷烟可扣除；

2.纳税人用外购的已税珠宝、玉石原料生产的改在零售环节征收消费税的金银首饰（镶嵌首饰），在计税时一律不得扣除外购珠宝、玉石的已纳税款；（纳税环节不一致，不可扣除）

3.酒、高档手表、电池、涂料、摩托车、小汽车、游艇均不可税前扣除。

3.扣除金额

（1）外购应税消费品：按当期生产领用数量计算准予扣除的已纳消费税款。

（2）委托加工收回的应税消费品（按照已纳税款"倒挤"）：期初库存的已纳税款+

当期收回的已纳税款-期末库存的已纳税款。

【解题高手】按"领用",而非"对外销售"。

【典例研习·4-94】（2018年多选题）

根据消费税法律制度的规定,下列连续生产的应税消费品,在计征消费税时准予按当期生产领用数量计算扣除外购应税消费品已纳消费税税款的有（　　）。

A.以外购已税高档化妆品原料生产的高档化妆品
B.以外购已税实木地板原料生产的实木地板
C.以外购已税烟丝生产的烟卷
D.以外购已税汽油、柴油为原料生产的汽油、柴油

‖斯尔解析‖ ABCD

【典例研习·4-95】（模拟多选题）

根据消费税法律制度的规定,纳税人外购和委托加工收回的应税消费品,用于连续生产应税消费品的,已缴纳的消费税税款准予从应纳消费税税额中抵扣。下列各项中,不得扣除已缴纳的消费税的有（　　）。

A.委托加工收回的已税烟丝用于生产卷烟
B.委托加工收回的已税玉石用于生产金银镶嵌首饰
C.委托加工收回的已税涂料用于生产涂料
D.委托加工收回的已税啤酒用于生产啤酒

‖斯尔解析‖ BCD　选项A,以委托加工收回的已税烟丝为原料生产的卷烟可以扣除已缴纳的消费税;选项B,纳税人用委托加工收回的已税珠宝、玉石原料生产的改在零售环节征收消费税的金银首饰,在计税时一律不得扣除委托加工收回的珠宝、玉石原料的已纳消费税税款。选项CD,委托加工收回的已税涂料用于生产涂料、已税啤酒用于生产啤酒不得扣除已缴纳的消费税。

【典例研习·4-96】（2020年单选题改编）

甲企业为增值税一般纳税人,2020年12月初库存烟丝不含增值税买价5万元,本月外购烟丝不含增值税买价40万元,月末库存烟丝不含增值税买价10万元,领用的烟丝当月全部用于连续生产卷烟。已知烟丝消费税税率为30%,计算甲企业本月准予扣除的外购烟丝已缴纳消费税额的下列算式中,正确的是（　　）。

A.（5+40）×30%=13.50（万元）　　B.（5+40-10）×30%=10.5（万元）
C.40×30%=12（万元）　　D.（40-10）×30%=9（万元）

‖斯尔解析‖ B　连续生产的应税消费品准予从应纳消费税税额中,按当期生产领用数量计算扣除已纳消费税税款。当期生产领用数量=月初库存量+本月外购量-月末库存量,即（5+40-10）,故选项B正确。

‖陷阱提示‖ 按什么数量扣除是本题考查的关键,非当期销售数量、非当期购入数量,而是当期生产领用数量。

考点5 消费税征收管理（★）

（一）纳税义务发生时间

情形		纳税义务发生时间
销售	赊销和分期收款结算方式	书面合同约定的收款日期的当天；书面合同没有约定收款日期或者无书面合同的，为发出应税消费品的当天
	预收货款结算方式	发出应税消费品的当天
	托收承付和委托银行收款方式	发出应税消费品并办妥托收手续的当天
	其他结算方式	收讫销售款或者取得索取销售款凭据的当天
自产自用		移送使用的当天
委托加工		纳税人提货的当天
进口		报关进口的当天

（二）纳税地点

情形		申报纳税地点
一般销售		纳税人机构所在地或者居住地
委托加工	受托人非个人	由受托方向机构所在地或者居住地的税务机关解缴消费税税款
	受托方为个人	委托方向机构所在地
外出经营或委托异地代销		纳税人机构所在地或者居住地
总分机构在异地		分别向各自机构所在地的税务机关申报；经批准，可总机构汇总向总机构所在地申报
进口		报关地

【解题高手】除委托加工外，消费税纳税义务发生时间与纳税地点与同一环节增值税纳税义务发生时间基本一致。

【典例研习·4-97】（2018年多选题）

甲公司为增值税一般纳税人，机构所在地在S市。2017年2月，在S市销售货物一批；在W市海关报关进口货物一批；接受Y市客户委托加工应缴纳消费税的货物一批。下列关于甲公司上述业务纳税地点的表述中，正确的有（　　）。

A.委托加工货物应向Y市税务机关申报缴纳增值税

B.委托加工货物应向S市税务机关解缴代收的消费税

C.进口货物应向W市海关申报缴纳增值税

D.销售货物应向S市税务机关申报缴纳增值税

【斯尔解析】 BCD 固定业户（甲公司）应当向其机构所在地（S市）的税务机关申报纳税，选项D正确。委托加工的应税消费品，除受托方为个人外，由受托方向机构所在地（S市）或者居住地的税务机关解缴消费税税款，本题中受托方为甲公司，故由甲公司向S市（机构所在地）解缴税款，选项A错误，选项B正确。进口货物，应当向报关地海关（W市海关）申报纳税，选项C正确。

【典例研习·4-98】（2016年单选题）

下列关于消费税纳税地点的表述中，正确的是（   ）。

A.纳税人销售的应税消费品，除另有规定外，应当向纳税人机构所在地或者居住地的税务机关申报纳税

B.纳税人的总机构与分支机构不在同一省的，由总机构汇总向总机构所在地的税务机关申报缴纳消费税

C.进口的应税消费品，由进口人或者其代理人向机构所在地的税务机关申报纳税

D.委托加工的应税消费品，受托方为个人的，由受托方向居住地的税务机关申报纳税

【斯尔解析】 A 选项A正确，固定业户应当向其机构所在地的税务机关申报纳税。选项B错误，纳税人总机构与分支机构不在同一省的，应由总机构和分支机构分别向各自机构所在地的税务机关申报纳税；选项C错误，进口的应税消费品，应当向报关地海关申报纳税。选项D错误，委托加工的应税消费品，受托方为个人的，由委托方向机构所在地的税务机关申报纳税。

【典例研习·4-99】（2018年不定项选择题）

甲公司为增值税一般纳税人，主要从事化妆品生产和销售业务。2018年9月有关经营情况如下：

（1）进口一批高档护肤类化妆品，海关核定的关税完税价格85万元，已缴纳关税4.25万元。

（2）购进生产用化妆包，取得增值税专用发票注明税额16万元；支付其运输费，取得增值税专用发票注明税额0.4万元，因管理不善该批化妆包全部丢失。

（3）委托加工高档美容类化妆品，支付加工费取得增值税专用发票注明税额64万元。

（4）购进生产用酒精，取得增值税专用发票注明税额12.8万元。

（5）销售自产成套化妆品，取得含增值税价款696万元，另收取包装物押金3.48万元。

已知：增值税税率为13%；高档化妆品消费税税率为15%。取得的扣税凭证均已通过税务机关认证。

要求：

根据上述资料，不考虑其他因素，分析回答下列问题。

1.计算甲公司进口高档护肤类化妆品增值税税额的下列算式中，正确的是（   ）。

A.（85+4.25）×13%=11.60（万元）

B.85÷（1-15%）×13%=13（万元）

C.（85+4.25）÷（1-15%）×13%=13.65（万元）

D.85×13%=11.05（万元）

【斯尔解析】 C 纳税人进口货物，均应按照组成计税价格和规定的税率计算应纳

税额，高档护肤类化妆品属于应税消费品，实行从价计征消费税。组成计税价格的计算公式为：组成计税价格=（关税完税价格+关税）÷（1－消费税率），即（85+4.25）÷（1－15%），故选项C正确。

2.甲公司的下列进项税额中，准予从销项税额中抵扣的是（　　）。

A.支付加工费的进项税额64万元

B.支付运输费的进项税额0.4万元

C.购进生产用酒精的进项税额12.8万元

D.购进生产用化妆包的进项税额16万元

‖斯尔解析‖ AC　选项BD，非正常损失的购进货物，以及相关的劳务和交通运输服务不得从销项税额中抵扣的进项税额。该批化妆包因管理不善全部丢失，属于非正常损失，相应成本及运输费形成的进项税额应做转出处理。

3.甲公司的下列业务中，应缴纳消费税的是（　　）。

A.委托加工高档美容类化妆品　　　　B.购进生产用酒精

C.购进生产用化妆包　　　　　　　　D.进口高档护肤类化妆品

‖斯尔解析‖ AD　在中华人民共和国境内生产、委托加工和进口应税消费品的单位和个人，缴纳消费税，购进环节不缴纳消费税。故选项AD正确，选项BC错误。

4.计算甲公司销售自产成套化妆品消费税税额的下列算式中，正确的是（　　）。

A.696÷（1+13%）×15%=92.39（万元）

B.696×15%=104.4（万元）

C.[696÷（1+13%）+3.48]×15%=92.91（万元）

D.（696+3.48）÷（1+13%）×15%=92.85（万元）

‖斯尔解析‖ A　销售自产成套化妆品，收取包装物押金不缴纳消费税，取得含增值税价款696万元应换算为不含增值税价款，即696÷（1+13%），已知高档化妆品消费税税率为15%。故选项A正确。

第五章　企业所得税、个人所得税法律制度

学习提要

本章，我们开始学习所得税。同样要解决"交不交税""交多少税"两大问题。比起流转税，所得税从思路上更好理解，相信大家已经对会计中利润的概念不再陌生，在学习所得税时，我们要来学学如何根据税法的要求，计算"税务上的利润"——应纳税所得额，所得税即对这个"税务上的利润"征税。因此，无论个人所得税还是企业所得税，掌握了应纳税所得额的计算，税额的计算即可迎刃而解。

在考试中，本章同样保持在高分值水平，各批次试卷平均可达20分以上，是我们重要的拿分章节。在各套试卷中，各类题型均涉及本章知识点，几乎每套试卷均有一道不定项选择题围绕本章知识点命题。

此外，随着个人所得税改革的实行，各位小伙伴在生活中可能会接触个人所得税汇算清缴，学习好本章内容会对你理解汇算清缴大有帮助。

考点精讲

第一部分　企业所得税基本概念

考点1　企业所得税纳税人（★★）

（一）概念

在中华人民共和国境内，企业和其他取得收入的组织（以下统称企业）为企业所得税的纳税人。

是否为纳税人	纳税人类型
是	各类企业、事业单位、社会团体、民办非企业单位和从事经营活动的其他组织
否	个体工商户、个人独资企业、合伙企业

（二）分类

企业所得税采取收入来源地管辖权和居民管辖权相结合的双重管辖权，把企业分为居民企业和非居民企业。

分类	具体包括
居民企业	（1）依法在中国境内成立的企业； （2）依照外国（地区）法律成立但实际管理机构在中国境内的企业
非居民企业	依照外国（地区）法律成立且实际管理机构不在中国境内，但： （1）在中国境内设立机构、场所的企业； （2）在中国境内未设立机构、场所，但有来源于中国境内所得的企业

【典例研习·5-1】（2020年单选题改编）

根据企业所得税法律制度的规定，下列各项中，不属于企业所得税纳税人的是（　　）。

A.外商独资企业　　　　　　　　B.一人有限责任公司
C.个人独资企业　　　　　　　　D.社会团体

‖斯尔解析‖ C 企业所得税纳税人包括各类企业、事业单位、社会团体、民办非企业单位和从事经营活动的其他组织。依照中国法律、行政法规成立的个人独资企业（选项C）、合伙企业，不属于企业所得税纳税人，不缴纳企业所得税。

‖陷阱提示‖ 企业所得税和个人所得税的纳税人，在考题中一般互为迷惑选项，因此我们重点要辨析的，就是这几个看起来像"人"的组织是到底是按"人"交个人所得税，还是按"企业"交企业所得税。

（1）一人有限责任公司交企业所得税；
（2）个人独资企业，个体工商户，合伙企业的投资者、自然人合伙人交个人所得税。

【典例研习·5-2】（模拟单选题）

根据企业所得税法律制度的规定，下列关于非居民企业的表述中，正确的是（　　）。

A.在境外成立的企业均属于非居民企业
B.在境内成立但有来源于境外所得的企业属于非居民企业
C.依照外国法律成立，实际管理机构在中国境内的企业属于非居民企业
D.依照外国法律成立，实际管理机构不在中国境内但在中国境内设立机构、场所的企业属于非居民企业

‖斯尔解析‖ D （1）非居民企业，是指依照外国（地区）法律成立且实际管理机构不在中国境内，但在中国境内设立机构、场所的，或者在中国境内未设立机构、场所，但有来源于中国境内所得的企业，选项D正确；（2）依照外国法律成立，实际管理机构在中国境内的企业属于居民企业，因此在境外成立的企业并不一定属于非居民企业，选项AC错误；（3）在中国境内成立的企业属于居民企业，选项B错误。

‖陷阱提示‖ 判断一个在境外成立的企业是否为我国居民企业，看的不是其在境内是否有"机构、场所"，而是看境内是否有"实际管理机构"。

考点2　企业所得税征税对象及税率（★★）
（一）不同纳税人的纳税义务

纳税人		征税对象	比例税率
居民企业		来源于中国境内、境外的所得	25%
非居民企业	在中国境内设立机构、场所的	（1）所设机构、场所取得的来源于中国境内的所得； （2）发生在中国境外但与其所设机构、场所有实际联系的所得	25%
	未设立机构、场所或虽设立机构、场所但取得的所得与其所设机构、场所没有实际联系的	来源于中国境内的所得	20%

【解题高手】居民企业，境内境外所得均纳税。

（二）境内外所得的界定

所得		来源
销售货物、提供劳务		交易活动或劳务发生地
转让财产	不动产转让所得	不动产所在地
	动产转让所得	转让动产的企业或机构、场所所在地
	权益性投资资产转让所得	被投资企业所在地
股息、红利等权益性投资		分配所得的企业所在地
利息、租金、特许权使用费		负担、支付所得的企业或者个人的机构、场所所在地、住所地

【典例研习·5-3】（2018年多选题）
根据企业所得税法律制度的规定，下列所得中，属于企业所得税征税对象的有（　　）。
A.在中国境内设立机构、场所的非居民企业，其机构、场所来源于中国境内的所得
B.居民企业来源于中国境外的所得
C.在中国境内未设立机构、场所的非居民企业来源于中国境外的所得
D.居民企业来源于中国境内的所得
‖斯尔解析‖（ABD）　居民企业应当就其来源于中国境内、境外的所得缴纳企业所得税，故选项BD正确；非居民企业在中国境内设立机构、场所的，应当就其所设机构、场所取得的来源于中国境内的所得，缴纳企业所得税，故选项A正确；非居民企业在中国

境内未设立机构、场所的，或者虽设立机构、场所但取得的所得与其所设机构、场所没有实际联系的，应当就其来源于中国境内的所得缴纳企业所得税，来源于中国境外所得不征税，故选项C错误。

【典例研习·5-4】（2013年判断题）

居民企业就其来源于中国境内、境外的全部所得缴纳企业所得税，非居民企业仅就来源于中国境内的所得缴纳企业所得税。（　　）

‖斯尔解析‖　✗　居民企业就其来源于中国境内、境外的全部所得缴纳企业所得税，正确；非居民企业在中国境内设立机构、场所的，应当就其所设机构、场所取得的来源于中国境内的所得，以及发生在中国境外但与其所设机构、场所有实际联系的所得，缴纳企业所得税，故题目中描述为"非居民企业仅就来源于中国境内的所得缴纳企业所得税"，错误。

【典例研习·5-5】（2018年多选题）

根据企业所得税法律制度的规定，下列各项中，属于来源于中国境内所得的有（　　）。
A.甲国企业在中国境内提供咨询服务取得的收入
B.乙国企业转让中国境内公司股权取得的收入
C.丁国企业在中国境外为中国公司技术人员提供培训服务取得的收入
D.丙国企业通过其代理商在中国境内销售货物取得的收入

‖斯尔解析‖　ABD　选项AC，提供劳务所得，按照劳务发生地确定是否为境内所得，故选项A为境内所得，选项C为境外所得；选项B，权益性投资资产转让所得按照被投资企业所在地确定，被投资企业在境内，故属于来源于中国境内所得；选项D，销售货物所得，按照交易活动发生地确定，故选项D为境内所得。综上，本题来源于中国境内所得的为选项ABD。

【典例研习·5-6】（2016年判断题）

在中国境内设立机构、场所且取得的所得与其所设机构、场所有实际联系的非居民企业，适用的企业所得税税率为20%。（　　）

‖斯尔解析‖　✗　居民企业以及在中国境内设立机构、场所且取得的所得与其所设机构、场所有实际联系的非居民企业，应当就其来源于中国境内、境外的所得缴纳企业所得税，适用税率为25%。

考点3　应纳税所得额与应纳税额（★★★）

【原理详解】

1.应纳税所得额可理解为按税法计算出的"税法利润"，基于这个"税法利润"再计算出应纳税额。

2.既然是"税法利润"，除了可以通过收入一层层减去允许扣除的项目计算外，还可以从"会计利润"出发，调整各项税法与会计准则的差异，得到"税法利润"，这就是所谓"直接法"与"间接法"计算应纳税所得额。

（一）应纳税所得额

应纳税所得额是企业所得税的计税依据，可采用直接法及间接法计算：

1.直接法

应纳税所得额=收入总额-不征税收入-免税收入-各项扣除-以前年度亏损

2.间接法

应纳税所得额=会计利润+纳税调增项-纳税调减项

（二）应纳税额

应纳税额是企业应缴纳的企业所得税额。

应纳税额=应纳税所得额×适用税率-减免税额-抵免税额

第二部分　收入的确认

考点1　收入总额（★★★）

（一）收入总额的范围

收入总额包括以货币形式和非货币形式从各种来源取得的收入。

形式	具体内容
货币形式	现金、存款、应收账款、应收票据、准备持有至到期的债券投资以及债务的豁免等
非货币形式	固定资产、生物资产、无形资产、股权投资、存货、不准备持有至到期的债券投资、劳务以及有关权益等 注意：非货币形式收入应当按照公允价值确定收入额

【原理详解】收入总额包括应税收入、不征税收入和免税收入，包括利息收入、投资收益、营业外收入等各类收入，具体分类看后述收入的类型。

（二）各类收入具体内容及收入确认时间

1.销售货物

（1）特殊销售方式收入确认时点

销售方式	收入确认时间
托收承付方式	办妥托收手续时确认收入
预收款方式	发出商品时确认收入
需要安装和检验	购买方接受商品以及安装和检验完毕时确认收入
支付手续费方式委托代销	收到代销清单时确认收入
售后回购、以旧换新	销售的商品按售价确认收入，回购的商品作为购进商品处理
分期收款方式	按照合同约定的收款日期确认收入
产品分成方式	按照企业分得产品的日期确认收入

（2）折扣的处理

折扣形式	概念	收入确认
商业折扣	为促进商品销售而在商品价格上给予的价格扣除	按照扣除商业折扣后的金额
现金折扣	为鼓励债务人在规定的期限内付款而向债务人提供的债务扣除	按扣除现金折扣前的金额确定销售商品收入金额，现金折扣在实际发生时作为财务费用扣除
销售折让和销售退回	因售出商品的质量不合格等原因而在售价上给予的减让或发生的退货	在发生当期冲减当期销售商品收入
买一赠一	以买一赠一等方式组合销售本企业商品，不属于捐赠	将总的销售金额按各项商品的公允价值的比例来分摊确认各项的销售收入

2.其他收入类型

（1）各类收入的具体内容

类别	具体内容
提供劳务收入	从事建筑安装、修理修配、交通运输、仓储租赁、金融保险、邮电通信、咨询经纪、文化体育、科学研究、技术服务、教育培训、餐饮住宿、中介代理、卫生保健、社区服务、旅游、娱乐、加工以及其他劳务服务活动取得的收入
转让财产收入	转让固定资产、生物资产、无形资产、股权、债权等财产的所有权取得的收入
股息、红利等权益性投资收益	因权益性投资从被投资方取得的收入
利息收入	存款利息、贷款利息、债券利息、欠款利息等收入
租金收入	提供固定资产、包装物或者其他有形资产的使用权取得的收入
特许权使用费收入	提供专利权、非专利技术、商标权、著作权以及其他特许权的使用权取得的收入
接受捐赠收入	接受的来自其他企业、组织或者个人无偿给予的货币性资产、非货币性资产
其他收入	企业资产溢余收入、逾期未退包装物押金收入、确实无法偿付的应付款项、已作坏账损失处理后又收回的应收款项、债务重组收入、补贴收入、违约金收入、汇兑收益等

类别	具体内容
视同销售收入	企业发生非货币性资产交换，以及将货物、财产、劳务用于捐赠、偿债、赞助、集资、广告、样品、职工福利或者利润分配等用途的，应当视同销售货物、转让财产或者提供劳务，但国务院财政、税务主管部门另有规定的除外

【解题高手】本部分，请注意收入的类型，重点区分：出售所有权（货物/财产）、出租使用权（有形资产、无形资产的使用权）、分红和利息收入。

（2）收入确认时点

类别	收入确认时点
提供劳务收入	各个纳税期末（采用完工百分比法）确认提供劳务收入
股息、红利等权益性投资收益	按照被投资方作出利润分配决定的日期确认收入
利息收入	合同约定的债务人应付利息的日期确认收入
租金收入	a.按照合同约定的承租人应付租金的日期确认； b.如果交易合同或协议中规定的租赁期限跨年度，且租金提前一次性支付的，出租人可对上述已确认的收入，在租赁期内，分期均匀计入相关年度收入
特许权使用费收入	合同约定的特许权使用人应付特许权使用费的日期
接受捐赠收入	实际收到捐赠资产的日期

【解题高手】关注"应付"和"实际收到"。

【典例研习·5-7】（2020年多选题）

根据企业所得税法律制度的规定，下列各项中，在计算企业所得税应纳税所得额时，应计入收入总额的有（　　）。

A.企业资产溢余收入　　　　　　　B.逾期未退包装物押金收入
C.确实无法偿付的应付款项　　　　D.汇兑收益

‖斯尔解析‖ (ABCD) 企业的其他收入应计入收入总额，包括企业资产溢余收入（选项A）、逾期未退包装物押金收入（选项B）、确实无法偿付的应付款项（选项C）、已作坏账损失处理后又收回的应收款项、债务重组收入、补贴收入、违约金收入、汇兑收益（选项D）等。

‖陷阱提示‖ 在根据企业所得税法律制度的规定计算收入总额时，要开始调整我们的"会计思维"，不用纠结会计上具体计入什么科目。

【典例研习·5-8】（2017年多选题）

根据企业所得税法律制度的规定，下列各项中，属于企业取得收入的货币形式的有（　　）。

A.应收票据　　　B.应收账款　　　C.股权投资　　　D.银行存款

‖斯尔解析‖ 【ABD】 企业取得收入的货币形式，包括现金、存款（选项D）、应收账款（选项B）、应收票据（选项A）、准备持有至到期的债券投资以及债务的豁免等。企业取得收入的非货币形式，包括固定资产、生物资产、无形资产、股权投资（选项C）、存货、不准备持有至到期的债券投资、劳务以及有关权益等。故选项ABD正确，选项C错误。

【典例研习·5-9】（2017年多选题）

根据企业所得税法律制度的规定，下列各项中，属于转让财产收入的有（　　）。

A.销售原材料取得的收入　　　　B.转让无形资产取得的收入
C.转让股权取得的收入　　　　　D.提供专利权的使用权取得的收入

‖斯尔解析‖ 【BC】 选项A属于销售货物收入；选项D属于特许权使用费收入。

【典例研习·5-10】（2020年单选题改编）

根据企业所得税法律制度的规定，关于确认收入实现时间的下列表述中，正确的是（　　）。

A.接受捐赠收入，按照合同约定的捐赠日期确认收入的实现
B.利息收入，按照合同约定的债务人应付利息的日期确认收入的实现
C.租金收入，按照出租人实际收到租金的日期确认收入的实现
D.权益性投资收益，按照投资方实际收到利润的日期确认收入的实现

‖斯尔解析‖ 【B】 选项A，接受捐赠收入，应按照实际收到捐赠资产的日期确认收入的实现；选项C，租金收入，按照合同约定的承租人应付租金的日期确认收入的实现；选项D，股息、红利等权益性投资收益，除国务院财政、税务主管部门另有规定外，按照被投资方作出利润分配决定的日期确认收入的实现。选项ACD均错误。

【典例研习·5-11】（2018年单选题）

根据企业所得税法律制度的规定，下列关于企业销售货物收入确认的表述中，正确的是（　　）。

A.企业已经确认销售收入的售出商品发生销售折让，不得冲减当期销售商品收入
B.销售商品以旧换新的，应当以扣除回收商品价值后的余额确定销售商品收入金额
C.销售商品涉及现金折扣的，应当以扣除现金折扣后的金额确定销售商品收入金额
D.销售商品采用支付手续费方式委托代销的，在收到代销清单时确认收入

‖斯尔解析‖ 【D】 选项A，企业已经确认销售收入的售出商品发生销售折让和销售退回，应当在发生当期冲减当期销售商品收入，选项A错误；选项B，销售商品以旧换新的，销售商品应当按照销售商品收入确认条件确认收入，回收的商品作为购进商品处理，选项B错误；选项C，销售商品涉及现金折扣的，应当按扣除现金折扣前的金额确定销售商品收入金额，现金折扣在实际发生时作为财务费用扣除，选项C错误。选项D所述正确。

【典例研习·5-12】（2020年单选题改编）

甲电子公司2020年9月销售一批产品给乙公司，含增值税价格为46.4万元。由于乙公司购买数量多，甲电子公司给予9折优惠，增值税发票金额栏内已分别注明。已知增值税税率为13%。甲电子公司在计算企业所得税应纳税所得额时，应确认的产品销售收入是（　　）。

　　A.36.96万元　　　　B.40万元　　　　C.41.76万元　　　　D.46.4万元

‖斯尔解析‖ A　企业为促进商品销售而在商品价格上给予的价格扣除属于商业折扣，商品销售涉及商业折扣的，应当按照扣除商业折扣后的金额确定销售商品收入金额。本题中增值税发票金额栏内上已分别注明折扣金额的，以折扣后金额作为增值税计税基础，进行价税分离，本批商品不含增值税销售收入为46.4÷（1+13%）×0.9≈36.96（万元），故选项A正确。

‖陷阱提示‖ 本题除了考查计算企业所得税时，收入是否可以扣除折扣金额外，别忘了增值税是"价外税"，只要货物还在正常的抵扣链条中流转，对应的销项税及进项税都不进入利润表，因此计算企业所得税时，也要用价税分离后的不含税金额确认收入。

考点2　不征税收入与免税收入（★★★）

（一）不征税收入

1.财政拨款

财政拨款是指各级人民政府对纳入预算管理的事业单位、社会团体等组织拨付的财政资金。

2.企业取得的由国务院财政、税务主管部门规定专项用途并经国务院批准的财政性资金。

3.县级以上人民政府将国有资产无偿划入企业，凡指定专门用途并按规定进行管理的，企业可作为不征税收入进行企业所得税处理。

4.依法收取并纳入财政管理的行政事业性收费、政府性基金。

5.社保基金收益

（1）全国社会保障基金理事会及基本养老保险基金投资管理机构在国务院批准的投资范围内，运用养老基金投资取得的归属于养老基金的投资收入，作为企业所得税不征税收入。

（2）对全国社会保障基金取得的直接股权投资收益、股权投资基金收益，作为企业所得税不征税收入。

（二）免税收入（★★★）

1.债券利息的减免税规定

（1）国债利息收入免税。

（2）符合条件的地方政府债利息免税。

对企业取得的2012年及以后年度发行的地方政府债券利息收入，免征企业所得税。

（3）境外机构投资境内债券市场取得的债券利息收入暂免征收。

自2018年11月7日起至2021年11月6日止，对境外机构投资境内债券市场取得的债券利息收入暂免征收企业所得税。暂免征收企业所得税的范围不包括境外机构在境内设立的机构、场所取得的与该机构、场所有实际联系的债券利息。

（4）符合条件的铁路债券取得的利息收入，减半征收企业所得税。

对企业投资者持有2019—2023年发行的铁路债券取得的利息收入，减半征收企业所得税。

2.符合条件的股息、红利等权益性投资收益

免税情形	不免税情形
居民企业之间的 中国境内设立机构、场所的非居民企业，满足下列两条件的，免税： 条件一：从居民企业取得； 条件二：与该机构、场所有实际联系的股息、红利等权益性投资收益	投资上市公司公开发行股票不足12个月取得的投资收益

3.符合条件的非营利组织的收入

对非营利组织从事非营利性活动取得的收入给予免税，不包括非营利组织从事营利性活动取得的收入，但国务院财政、税务主管部门另有规定的除外。

【解题高手】注意区分不征税收入和免税收入，这本身就是一个重要考点。

【典例研习·5-13】（2018年单选题）

根据企业所得税法律制度的规定，下列各项中，属于不征税收入的是（ ）。

A.财政拨款　　　　　　　　B.国债利息收入

C.接受捐赠收入　　　　　　D.转让股权收入

‖斯尔解析‖ A 下列收入为不征税收入：（1）财政拨款（选项A）。（2）依法收取并纳入财政管理的行政事业性收费、政府性基金。（3）国务院规定的其他不征税收入。选项B为免税收入，并非不征税收入，注意区分。

‖陷阱提示‖ 免税收入和不征税收入，经常互为迷惑选项，注意审题。

【典例研习·5-14】（2020年单选题改编）

根据企业所得税法律制度的规定，下列各项中，属于免税收入的是（ ）。

A.财政拨款收入

B.转让企业债券取得的收入

C.企业购买国债取得的利息收入

D.县级以上人民政府将国有资产无偿划入企业并指定专门用途并按规定进行管理的收入

‖斯尔解析‖ C 选项AD属于不征税收入；选项B属于应税收入；选项C属于免税收入。

第三部分　税前扣除项目

考点1　扣除标准（★★★）

企业实际发生的与取得收入有关的、合理的支出，包括成本、费用、税金、损失和其他支出，准予在计算应纳税所得额时扣除。

（一）工资、薪金支出及人工相关费用

1.工资、薪金支出：准予扣除。

企业每一纳税年度支付的，所有现金形式或者非现金形式的劳动报酬。

2.职工福利费、工会经费、职工教育经费:"分别"有上限的扣除。

费用类别	扣除标准
职工福利费	不超过实发工资薪金总额14%的部分准予扣除
职工教育经费	不超过实发工资薪金总额8%的部分准予扣除;超过部分,准予在以后纳税年度结转扣除
工会经费	不超过实发工资薪金总额2%的部分准予扣除

3.党组织工作经费,实际支出不超过职工年度工资薪金总额1%的部分:据实扣除。
4.劳动保护费:准予扣除。
5.社会保险费和其他保险

保险费用类别		扣除标准
"人"的保险	按国家标准缴纳的"五险一金"	准予扣除
	补充养老保险费、补充医疗保险费	分别不超过工资薪金总额5%的部分准予扣除
	员工商业保险	一般不得扣除
	特殊工种职工的人身安全保险费	准予扣除
	因公出差人身意外保险费支出	准予扣除
其他保险	企业财产保险保费	准予扣除
	雇主责任险、公众责任险等责任保险保费	2018年度及以后年度准予扣除

【典例研习·5-15】(模拟单选题)

某化妆品生产企业,2019年计入成本、费用中的合理的实发工资500万元,当年发生的工会经费12万元、职工福利费80万元、职工教育经费30万元。已知,在计算企业所得税应纳税所得额时,工会经费、职工福利费、职工教育经费的扣除比例分别为2%、14%、8%,则该企业在计算2019年应税所得时准予扣除的职工工会经费、职工福利费、职工教育经费合计金额的下列计算中,正确的是( )。

A.12+80+30=122(万元)
B.500×2%+500×14%+30=110(万元)
C.500×2%+500×14%+500×8%=120(万元)
D.12+80+500×8%=132(万元)

‖斯尔解析‖ B 职工工会经费、职工福利费、职工教育经费均为"有限额的扣除",扣除上限即为实发工资的一定比例,比例题目中已给出,因此只需分别计算扣除上限,再与实际发生金额进行比较,即可确定扣除项目金额。

(1)工会经费:实际发生12万元,上限为500×2%=10(万元),故可扣除10万元;
(2)职工福利费:实际发生80万元,上限为500×14%=70(万元),故可扣除70万元;

（3）职工教育经费：实际发生30万元，上限为500×8%=40（万元），故可扣除30万元；综上，合计可扣除金额=500×2%+500×14%+30=110（万元），选项B正确。

‖陷阱提示‖ 切记，各项扣除费用虽然计算扣除限额时的基础一致，但需分别计算扣除上限，再分别将实际发生额与扣除上限比较，切勿"合并同类项"。

（二）业务招待费——两个"上限"取低

1.扣除标准

（1）一般情形：企业发生的与生产经营活动有关的业务招待费支出，按照发生额的60%扣除，但最高不得超过当年销售（营业）收入的5‰。

（2）不受收入占比限制的特例：企业在筹建期间，发生的与筹办活动有关的业务招待费支出，可按实际发生额的60%计入企业筹办费，并按有关规定在税前扣除。

2.销售（营业）收入的确认

（1）一般企业：主营业务收入+其他业务收入+视同销售收入

‖解题高手‖ 考题中常见收入类型总结：

是否纳入计算限额标准	收入类型
是	销售货物、提供劳务收入（包括视同销售）、租金收入、特许权使用费收入
否	投资收益、营业外收入等

‖解题高手‖ 注意与"收入总额"区分，投资收益、营业外收入不计入销售（营业）收入，不作为计算业务招待费扣除限额的基数，但不影响其属于"收入总额"。

（2）从事股权投资业务的企业：主营业务收入+其他业务收入+视同销售收入+"投资收益"（即从被投资企业所分配的股息、红利以及股权转让收入）

【典例研习·5-16】（2020年单选题改编）

2019年甲公司取得销售（营业）收入2 000万元，发生与生产经营活动有关的业务招待费支出12万元，已知业务招待费支出按照发生额的60%扣除，但最高不得超过当年销售（营业）收入的5‰，甲公司在计算2019年度企业所得税应纳税所得额时，准予扣除的业务招待费金额为（　　）万元。

A.12　　　　　B.7.2　　　　　C.10　　　　　D.4.8

‖斯尔解析‖ B　业务招待费发生额的60%=12×60%=7.2（万元），扣除上限=2 000×5‰=10（万元），招待费发生额的60%未超过当年销售营业收入5‰，可扣除业务招待费金额为7.2万元。选项B正确。

（三）广告费和业务宣传费——有"上限"的扣除

情形	扣除标准	超限部分
一般企业	不超过当年销售（营业）收入15%的部分，准予扣除	超过部分，准予在以后纳税年度结转扣除
化妆品制造或销售、医药制造和饮料制造（不含酒类制造）企业	不超过当年销售（营业）收入30%的部分，准予扣除	超过部分，准予在以后纳税年度结转扣除
烟草企业	烟草广告费和业务宣传费支出，一律不得扣除	—
筹建期间	按有关规定在税前扣除	—

注意：考试中"广告费""业务宣传费"金额分别给出的，必须合并计算扣除限额。

【典例研习·5-17】（模拟单选题）

2019年度，甲企业实现销售收入3 000万元，当年发生广告费400万元，上年度结转未扣除广告费60万元。已知企业发生的符合条件的广告费不超过当年销售收入15%的部分，准予扣除，超过部分，准予在以后纳税年度结转扣除。甲企业在计算2019年度企业所得税应纳税所得额时，准予扣除广告费的下列计算中，正确的是（　　）。

A.400-60=340（万元）　　　　　　B.3 000×15%+60=510（万元）
C.3 000×15%=450（万元）　　　　D.400+60=460（万元）

‖斯尔解析‖ C 广告费超过当年扣除限额部分，准予在以后纳税年度结转扣除，故2019年待扣除的广告费金额=上年结转60万元+当年发生400万元=460（万元），当年扣除限额=销售收入3 000万元×15%=450（万元），当年待扣除金额超过当年可扣除限额，因此当年准予扣除的广告费按上限450万元扣除，选项C正确。

（四）公益性捐赠——有"上限"的扣除

1.界定

公益性捐赠，是指企业通过公益性社会组织或者县级以上人民政府及其部门，用于符合法律规定的慈善活动、公益事业的捐赠。

【解题高手】纳税人未通过规定机构，直接向受赠人的捐赠不允许扣除。

2.扣除标准

（1）一般公益性捐赠

企业当年发生以及以前年度结转的公益性捐赠支出，不超过年度利润总额12%的部分，在计算应纳税所得额时准予扣除；超过年度利润总额12%的部分，准予结转以后三年内在计算应纳税所得额时扣除。

企业在对公益性捐赠支出计算扣除时，应先扣除以前年度结转的捐赠支出，再扣除当年发生的捐赠支出。

（2）"脱贫攻坚"

自2019年1月1日至2022年12月31日，企业通过公益性社会组织或者县级（含县级）以上人民政府及其组成部门，用于目标脱贫地区的扶贫捐赠支出，准予在计算企业所得税应纳税所得额时据实扣除。

企业同时发生扶贫捐赠支出和其他公益性捐赠支出，在计算公益性捐赠支出年度扣除限额时，符合条件的扶贫捐赠支出不计算在内。

（3）年度利润总额，是指企业依照国家统一会计制度的规定计算的年度会计利润。

【解题高手】 直接捐赠不得扣，一般公益性捐赠"限额扣"，脱贫攻坚据实扣。

【典例研习·5-18】（2020年单选题）

2019年甲企业实现利润总额1 000万元，发生公益性捐赠支出110万元（含用于目标脱贫地区的扶贫捐赠支出20万元）。上年度未在税前扣除完的符合条件的非扶贫公益性捐赠支出34万元。已知公益性捐赠支出在年度利润总额12%以内的部分，准予在当年扣除。计算甲企业2019年度企业所得税应纳税所得额时，准予扣除的公益性捐赠支出是（　　）万元。

A.110　　　　　B.140　　　　　C.120　　　　　D.144

【斯尔解析】 B （1）用于目标地区的扶贫捐赠支出20万元的可以全额扣除；（2）其他公益性捐赠支出需在限额内进行扣除，扣除限额=利润总额×12%=1 000×12%=120（万元）；（3）上年度未在税前扣除完的符合条件的非扶贫公益性捐赠支出34万元可结转至本年度扣除，故本年待扣除其他公益性捐赠支出=（110-20）+34=124（万元），超过120万元，按120万元扣除；（4）综上，准予扣除的公益性捐赠支出共计20+120=140（万元），选项B正确。

【陷阱提示】 做本题时，同学们很容易在辛辛苦苦计算完其他公益性捐赠支出按120万元的限额扣除后，忘记加上允许全额扣除的扶贫捐赠支出20万元，失去到手的2分……因此做计算题时切莫着急，在草稿纸上把分步计算结果写出来，拿分更稳。

（五）租赁费用、借款和利息费用

1.租赁费用

（1）以经营租赁方式租入固定资产发生的租赁费支出，按照租赁期限均匀扣除；

（2）以融资租赁方式租入固定资产发生的租赁费支出，构成融资租入固定资产价值的部分应当提取折旧费用分期扣除。

2.借款费用

（1）企业在生产经营活动中发生的合理的不需要资本化的借款费用，准予扣除。

（2）符合资本化条件的借款费用，应当作为资本性支出计入有关资产的成本，不得作为利息费用扣除。

3.利息费用

（1）非金融企业借款

情形	扣除标准
向金融企业借款的利息支出	据实扣除
向非金融企业借款的利息支出	不超过按照金融企业同期同类贷款利率计算的数额的部分据实扣除，超过部分不得扣除

（2）企业经批准发行债券的利息支出据实扣除。

（3）金融企业各项存款利息支出和同业拆借利息支出据实扣除。

（4）股东未尽出资义务时借款利息不予扣除。

投资者在规定期限内未缴足其应缴资本额的，该企业对外借款所发生的利息，相当于投资者实缴资本额与在规定期限内应缴资本额的差额应计付的利息，不属于企业合理支出，应由投资者负担，不得在计算应纳税所得额时扣除。

（5）企业向自然人借款

企业向除股东或其他与企业有关联关系的自然人以外的内部职工或其他人员借款的利息支出，同时符合以下条件的，其利息支出在不超过按照金融企业同期同类贷款利率计算的数额的部分，准予扣除。

①企业与个人之间的借贷是真实、合法、有效的，并且不具有非法集资目的或其他违反法律、法规的行为；

②企业与个人之间签订了借款合同。

【典例研习·5-19】（模拟单选题）

2020年5月，非金融企业甲公司向非关联关系的非金融企业乙公司借款100万元，用于生产经营，期限为半年，双方约定年利率为10%，已知金融企业同期同类贷款年利率为7.8%，甲公司在计算当年企业所得税应纳税所得额时，准予扣除利息费用的下列计算中，正确的是（　　）。

A.100×7.8%=7.8（万元）　　B.100×10%=10（万元）

C.100×7.8%×50%=3.9（万元）　　D.100×10%×50%=5（万元）

‖斯尔解析‖ C 该100万元借款"半年"的利息费用支出税前扣除限额=100×7.8%×6/12=3.9（万元），实际发生利息费用支出=100×10%×6/12=5（万元），超过部分不得扣除，准予扣除的利息费用为3.9万元。

‖陷阱提示‖ 利息费用、租金的扣除，都要特别当心看清费用对应的期限。

（六）其他扣除项目

1.税金

企业所得税和允许抵扣的增值税不可扣除，其余各项税金及其附加均可扣除。

【原理详解】增值税是价外税，已抵扣则不存在能否扣除的问题。但不允许抵扣的增值税进项税额，计入相关资产成本，因此可按规定扣除。

2.损失

(1)扣除范围

是否可扣除	损失项目
可扣除	生产经营活动中发生的、与取得应税收入有关的各类资产损失,包括固定资产和存货的盘亏、毁损、报废损失,转让财产损失,呆账损失,坏账损失,自然灾害等不可抗力因素造成的损失以及其他损失
不可扣除	违法、犯罪行为造成的损失,包括各种行政性罚款、没收违法所得;刑事责任附加刑中的罚金、没收财产等

【解题高手】企业发生上述可扣除的资产损失,应在按税法规定实际确认或者实际发生的当年申报扣除。

(2)扣除金额

减除责任人赔偿和保险赔款后的余额按规定扣除。

(3)以前年度发生的资产损失未能在当年税前扣除的,可以按照规定,向税务机关说明并进行专项申报扣除。其中,属于实际资产损失,准予追补至该项损失发生年度扣除,其追补确认期限一般不得超过5年。

(4)已经作为损失处理的资产,在以后纳税年度又全部收回或者部分收回时,应当计入当期收入。

3.汇兑损失

企业在货币交易中,以及纳税年度终了时将人民币以外的货币性资产、负债按照期末即期人民币汇率中间价折算为人民币时产生的汇兑损失,除已经计入有关资产成本以及与向所有者进行利润分配相关的部分外,准予扣除。

4.资产的相关费用

折旧摊销、转让各类固定资产发生的费用,允许扣除。

5.专项资金

依照有关规定提取的用于环境保护、生态恢复等方面的专项资金,准予扣除。上述专项资金提取后改变用途的,不得扣除。

6.总分机构分摊的费用

非居民企业在中国境内设立的机构、场所,就其中国境外总机构发生的与该机构、场所生产经营有关的费用,能够提供总机构出具的费用汇集范围、定额、分配依据和方法等证明文件,并合理分摊的,准予扣除。

7.手续费及佣金支出

企业类型	扣除标准	超限部分
一般企业	按与具有合法经营资格的中介服务机构或个人(不含交易双方及其雇员、代理人和代表人等)所签订服务协议或合同确认的收入金额的5%计算限额	—

企业类型	扣除标准	超限部分
保险企业	不超过当年全部保费收入扣除退保金等后余额的18%（含本数）的部分，准予扣除	允许结转以后年度扣除
以拿佣金为主业的企业	为取得该类收入而实际发生的营业成本（包括手续费及佣金支出），准予扣除	—

【解题高手】企业为发行权益性证券支付给有关证券承销机构的手续费及佣金不得在税前扣除。

8.其他准予扣除项目

如会员费、合理的会议费、差旅费、违约金、诉讼费用等。

【解题高手】超限部分允许结转以后年度扣除的项目：职工教育经费、广告费及业务宣传费、公益性捐赠、保险企业手续费。

【典例研习·5-20】（2018年多选题）

根据企业所得税法律制度的规定，企业缴纳的下列税金中，准予在企业所得税税前扣除的有（　　）。

A.允许抵扣的增值税　　　　　　B.消费税
C.土地增值税　　　　　　　　　D.印花税

‖斯尔解析‖ [BCD]　税金，是指企业发生的除企业所得税和允许抵扣的增值税以外的各项税金及其附加。即纳税人按照规定缴纳的消费税（选项B）、资源税、土地增值税（选项C）、关税、城市维护建设税、教育费附加及房产税、车船税、城镇土地使用税、印花税（选项D）等。企业缴纳的增值税属于价外税，故不在扣除之列。

【典例研习·5-21】（2014年判断题）

企业已作为损失处理的资产，在以后纳税年度又全部或部分收回时，应当计入当期收入。（　　）

‖斯尔解析‖ [√]

【典例研习·5-22】（2018年多选题）

根据企业所得税法律制度的规定，企业依照国务院有关主管部门或省级人民政府规定范围和标准为职工缴纳的下列费用中，在计算企业所得税应纳税所得额时准予扣除的有（　　）。

A.基本医疗保险费　　　　　　　B.基本养老保险费
C.工伤保险费　　　　　　　　　D.住房公积金

‖斯尔解析‖ [ABCD]　企业依照国务院有关主管部门或者省级人民政府规定的范围和标准为职工缴纳的基本养老保险费（选项B）、基本医疗保险费（选项A）、失业保险费、工伤保险费（选项C）等基本社会保险费和住房公积金（选项D），准予扣除。

【典例研习·5-23】（2018年判断题）

企业职工因公出差乘坐交通工具发生的人身意外保险费支出，不得在计算企业所得税

的应纳税所得额时扣除。（ ）

‖斯尔解析‖ ✗　企业职工因公出差乘坐交通工具发生的人身意外保险费支出，准予企业在计算应纳税所得额时扣除。

【典例研习·5-24】（2015年多选题）

根据企业所得税法律制度的规定，下列各项费用，超过税法规定的扣除标准后，准予在以后纳税年度结转扣除的有（ ）。

A.工会经费　　　　　　　　　　　B.职工教育经费
C.广告费和业务宣传费　　　　　　D.职工福利费

‖斯尔解析‖ BC　选项B，职工教育经费的实际发生数额超出规定比例当期不能扣除的数额，准予在以后纳税年度结转扣除。选项C，企业发生的符合条件的广告费和业务宣传费支出，除国务院财政、税务主管部门另有规定外，不超过当年销售（营业）收入15%的部分，准予扣除；超过部分，准予在以后纳税年度结转扣除。选项A、选项D，根据规定，工会经费、职工福利费不能结转以后年度扣除。因此本题应选选项BC。

【典例研习·5-25】（2013年多选题改编）

甲企业2018年利润总额为2 000万元，工资、薪金支出为1 500万元，已知在计算企业所得税应纳税所得额时，公益性捐赠支出、职工福利费支出、职工教育经费支出的扣除比例分别不超过12%、14%和8%。下列支出中，允许在计算2018年企业所得税应纳税所得额时全额扣除的有（ ）。

A.公益性捐赠支出200万元
B.职工福利支出160万元
C.职工教育经费支出125万元
D.2018年7月至2019年6月期间的厂房租金支出50万元

‖斯尔解析‖ AB　（1）选项ABC，公益性捐赠支出、职工福利支出、职工教育经费支出均为有限额的扣除，需分别计算其限额，选项中金额只有不超过限额才可全额扣除。其中：

公益性捐赠支出扣除限额=利润总额×12%=2 000×12%=240（万元），选项A未超过限额，可全额扣除；职工福利支出扣除限额=工资薪金支出×14%=1 500×14%=210（万元），选项B未超过限额，可全额扣除；职工教育经费扣除限额=工资薪金支出×8%=1 500×8%=120（万元），选项C超过限额，不可全额扣除，仅可扣除限额内的120万元；

（2）2018年7月至2019年6月期间的厂房租金支出跨年，需在对应纳税期间分别扣除，因此不可全额扣除。

综上，本题选择选项AB。

考点2　不得扣除的项目（★★★）

在计算应纳税所得额时，下列支出不得扣除：

记忆提示	不得扣除项目
所得税及税后分配项目	企业所得税税款
	向投资者支付的股息、红利等权益性投资收益款项

记忆提示	不得扣除项目
"处罚"	税收滞纳金
	罚金、罚款和被没收财物的损失
"赠予"	超过规定标准的捐赠支出
	赞助支出（企业发生的与生产经营活动无关的各种非广告性质支出）
准备金	未经核定的准备金支出（不符合规定的各项资产减值准备、风险准备等准备金支出）
利息、租金、管理费	非银行企业内营业机构之间支付的利息
	企业内营业机构之间支付的租金和特许权使用费
	企业之间支付的管理费
其他	与取得收入无关的其他支出

【解题高手】"处罚"不可扣，但违约金、赔偿金、诉讼费是可扣除的，注意区分。

【典例研习·5-26】（2018年单选题）

根据企业所得税法律制度的规定，下列各项中，在计算企业所得税应纳税所得额时，不得扣除的是（　　）。

A.企业转让固定资产发生的费用　　B.企业参加财产保险按照规定缴纳的保险费
C.企业发生的非广告性质赞助支出　　D.企业发生的合理的劳动保护支出

‖斯尔解析‖ [C]　选项C，企业发生的与生产经营活动无关的各种非广告性质支出，不得扣除。

【典例研习·5-27】（2019年多选题改编）

根据企业所得税法律制度规定，下列各项中，在计算所得税应纳税所得额时准予扣除的有（　　）。

A.向客户支付的合同违约金　　B.向税务机关支付的税收滞纳金
C.向银行支付的逾期利息　　D.向公安部门缴纳的交通违章罚款

‖斯尔解析‖ [AC]　罚金、罚款和被没收财物，是指纳税人违反国家有关法律、法规规定，被有关部门处以的罚款，以及被司法机关处以的罚金和被没收的财物。其损失不可税前扣除，故选项BD不可扣除。

‖陷阱提示‖ 选项AC为常见"迷惑选项"，看上去有"罚"的性质，但并非是被有关部门、司法机关处以的罚款、罚金，均可税前扣除。

考点3　资产的税务处理（★★★）

【原理详解】对于每一类资产，需要掌握：可扣除项目有什么，计税基础是什么，以什么方式扣除。

（一）固定资产

1. 不得计算折旧扣除的情形

（1）房屋、建筑物以外未投入使用的固定资产；

（2）已足额提取折旧仍继续使用的固定资产；

（3）以经营租赁方式租入的固定资产、以融资租赁方式租出的固定资产；

（4）与经营活动无关的固定资产；

（5）单独估价作为固定资产入账的土地。

> 【解题高手】未投入使用的固定资产：
> 房屋、建筑物可计算折旧扣除，机器设备等其他资产均不可扣除。

2. 计税基础

取得方式		计税基础
外购		购买价款+支付的相关税费+直接归属于使该资产达到预定用途发生的其他支出
自行建造		竣工结算前发生的支出
改建		以改建支出增加计税基础
融资租入	租赁合同约定付款总额	合同约定的付款总额+承租人签订合同中发生的相关费用
	租赁合同未约定付款总额	公允价值+承租人签订合同中发生的相关费用
盘盈		同类固定资产的重置完全价值
捐赠、投资、非货币性资产交换、债务重组		公允价值+支付的相关税费

外购、捐赠、投资、非货币性资产交换、债务重组取得的生产性生物资产、无形资产的计税基础与固定资产类似，后续不再赘述。

3. 扣除方式——折旧扣除

（1）按照直线法计算的折旧，准予扣除。

（2）固定资产投入使用月份的次月起开始计算折旧；停止使用的固定资产，应当自停止使用月份的次月起停止计算折旧。

（3）最低折旧年限规定

固定资产类型	最低折旧年限（年）
房屋、建筑物	20
飞机、火车、轮船、机器、机械和其他生产设备	10
与生产经营活动有关的器具、工具、家具等	5

固定资产类型	最低折旧年限（年）
飞机、火车、轮船以外的运输工具	4
电子设备	3

【原理详解】为什么要有最低折旧年限的规定？如果不进行约束，企业可以通过"操纵"折旧年限，一年折完，肆意扣除，疯狂抵税。

（4）企业应当根据固定资产的性质和使用情况，合理确定资产的预计净残值，固定资产的预计净残值一经确定，不得变更。

（二）生产性生物资产

1.概念

生产性生物资产，指企业为生产农产品、提供劳务或者出租等而持有的生物资产，包括经济林、薪炭林、产畜和役畜等。

2.扣除方法——折旧扣除

（1）按照直线法计算的折旧，准予扣除。

（2）企业应当自生产性生物资产投入使用月份的次月起计算折旧；停止使用的生产性生物资产，应当自停止使用月份的次月起停止计算折旧。

（3）最低折旧年限规定

林木类生产性生物资产，为10年；畜类生产性生物资产，为3年。

（三）无形资产

1.不得计算摊销费用扣除的情况

（1）自行开发的支出已在计算应纳税所得额时扣除的无形资产；

（2）自创商誉；

（3）与经营活动无关的无形资产。

【原理详解】外购商誉的支出，在企业整体转让或者清算时，准予扣除。

2.计税基础

取得方式	计税基础
自行开发	符合资本化条件后至达到预定用途前发生的支出
外购、捐赠、投资、非货币性资产交换、债务重组等方式取得	与固定资产相同

3.扣除方式——摊销扣除

（1）按照直线法计算的摊销费用，准予扣除。

（2）摊销年限的规定：

①一般：不得低于10年；

②作为投资或者受让的无形资产，有关法律规定或者合同约定了使用年限的，可以按

照规定或者约定的使用年限分期摊销。

（四）长期待摊费用

企业发生的下列支出作为长期待摊费用，按照规定摊销扣除：

情形	摊销年限
已足额提取折旧的固定资产的改建支出	按照固定资产预计尚可使用年限分期摊销
租入固定资产的改建支出	按照合同约定的剩余租赁期限分期摊销
固定资产的大修理支出	按照固定资产尚可使用年限分期摊销
其他	自支出发生的月份之次月起摊，摊销年限不得低于3年

（五）投资资产

1. 指企业对外进行权益性投资和债权性投资形成的资产。
2. 企业对外投资期间，投资资产的成本在计算应纳税所得额时不得扣除。企业在转让或者处置投资资产时，投资资产的成本，准予扣除。
3. 成本的确定：
（1）支付现金方式取得：购买价款；
（2）非支付现金方式取得：公允价值+支付的相关税费。

（六）存货

1. 企业使用或者销售存货，按照规定计算的存货成本，准予在计算应纳税所得额时扣除。
2. 成本的确定：
（1）支付现金方式取得：购买价款+支付的相关税费；
（2）非支付现金方式取得：公允价值+支付的相关税费；
3. 企业使用或者销售的成本的计算方法，可以在先进先出法、加权平均法、个别计价法中选用一种。计算方法一经选用，不得随意变更。

【典例研习·5-28】（2020年单选题改编）

根据企业所得税法律制度的规定，下列固定资产中，可以计提折旧扣除的是（　　）。

A. 以融资租赁方式租出的固定资产
B. 以经营租赁方式租入的固定资产
C. 已足额提取折旧仍继续使用的固定资产
D. 未投入使用的厂房

‖斯尔解析‖ [D] 选项A，以融资租赁方式租出的固定资产由承租方计算折旧进行税前扣除，出租方不得扣除，错误。选项B，以经营租赁方式租入的固定资产不属于企业自有财产，不得计算折旧扣除，但支付的租金可税前扣除。选项C，已足额提取折旧仍继续使用的固定资产无须继续计提折旧。选项D，未投入使用的固定资产中，房屋、建筑物可计提折旧，其他固定资产不得计算折旧扣除，本题为未投入使用的厂房，可计算折旧扣除。

‖陷阱提示‖ 对于未投入使用的固定资产，根据固定资产分类不同对待，房屋、建筑物可计提折旧，其他固定资产不得计算折旧扣除。

【典例研习·5-29】（2017年单选题改编）

甲企业为增值税小规模纳税人，2019年11月购入一台生产用机器设备，取得增值税普通发票上注明的价款为60万元，税额为7.8万元；支付安装费，取得普通发票上注明的价款为2万元，税额为0.2万元。计算该企业所得税计税基础的下列算式中，正确的是（　　）。

A. 60+2=62（万元）
B. 60+7.8=67.8（万元）
C. 60+7.8+2+0.2=70（万元）
D. 60+7.8+2=69.8（万元）

‖斯尔解析‖ **C** 外购的固定资产，以购买价款和支付的相关税费以及直接归属于使该资产达到预定用途发生的其他支出为计税基础。本题甲企业为增值税小规模纳税人，增值税进项税不可抵扣，应计入该资产的计税基础。因此，该设备的计税基础=不含增值税价款60万元+不可抵扣的进项税7.8万元+不含增值税安装费2万元+不可抵扣的进项税0.2万元，选项C正确。

【典例研习·5-30】（2018年多选题）

根据企业所得税法律制度的规定，下列固定资产折旧的处理中，不正确的有（　　）。

A. 甲企业2017年3月5日购进一台起重机，2017年4月5日投入使用，应当自2017年4月起计算折旧
B. 丙企业2017年4月1日以融资租赁方式租出一架小型喷气式飞机，之后继续对该飞机计提折旧
C. 乙企业因生产经营调整，于2017年10月1日停止使用一批设备，应当自2017年11月起停止计算折旧
D. 丁企业2017年9月以经营租赁方式租入一辆大型巴士，在计算企业所得税时，对该巴士计提折旧

‖斯尔解析‖ **ABD** （1）选项AC，企业应当自固定资产投入使用月份的"次月"起计算折旧（选项A所述错误）；停止使用的固定资产，应当自停止使用月份的"次月"起停止计算折旧（选项C所述正确）。（2）选项BD，企业以经营租赁方式"租入"的固定资产、以融资租赁方式"租出"的固定资产，不得计算折旧扣除，选项BD所述错误。故本题选择选项ABD。

‖陷阱提示‖ 判断何时开始计提折旧，看"投入使用月份"，而非"购入月份"。

【典例研习·5-31】（2018年多选题）

生产性生物资产指为生产农产品、提供劳务或者出租等目的持有的生物资产。下列各项中，属于生产性生物资产的有（　　）。

A. 经济林　　B. 薪炭林　　C. 产畜　　D. 役畜

‖斯尔解析‖ **ABCD** 生产性生物资产，是指企业为生产农产品、提供劳务或者出租等而持有的生物资产，包括经济林、薪炭林、产畜和役畜等。

【典例研习·5-32】（2018年多选题）

根据企业所得税法律制度的规定，下列无形资产中，应当以该资产的公允价值和支付的相关税费为计税基础的有（　　）。

A. 通过债务重组取得的无形资产
B. 自行开发的无形资产
C. 接受投资取得的无形资产
D. 接受捐赠取得的无形资产

斯尔解析 ACD （1）通过捐赠（选项D）、投资（选项C）、非货币性资产交换、债务重组（选项A）等方式取得的无形资产，以该资产的公允价值和支付的相关税费为计税基础。（2）选项B，自行开发的无形资产，以开发过程中该资产符合资本化条件后至达到预定用途前发生的支出为计税基础。故本题选ACD。

【典例研习·5-33】（2017年多选题）

根据企业所得税法律制度的规定，下列选项中，属于长期待摊费用的有（　　）。

A.购入固定资产的支出　　　　　　　B.固定资产的大修理支出

C.租入固定资产的改建支出　　　　　D.已足额提取折旧的固定资产的改建支出

斯尔解析 BCD 长期待摊费用包括：（1）已足额提取折旧的固定资产的改建支出（选项D）。（2）租入固定资产的改建支出（选项C）。（3）固定资产的大修理支出（选项B）。（4）其他应当作为长期待摊费用的支出。

第四部分　其他应纳税所得额的计算项目

考点1　亏损弥补（★★）

（一）税务上"亏损"的概念

每一纳税年度的收入总额–不征税收入–免税收入–各项扣除后的结果，若大于零，为"应纳税所得额"；若小于零，则为亏损。

（二）税务上"亏损弥补"的具体规定

1.年限

（1）一般企业：企业某一纳税年度发生的亏损可以用下一年度的所得弥补，下一年度的所得不足以弥补的，可以逐年延续弥补，但最长不得超过5年。

（2）高新技术企业或科技型中小企业：自2018年1月1日起，当年具备高新技术企业或科技型中小企业资格的企业，其具备资格年度之前5个年度发生的尚未弥补完的亏损，准予结转以后年度弥补，最长结转年限由5年延长至10年。

2.境外亏损不可境内弥补

企业在汇总计算缴纳企业所得税时，其境外营业机构的亏损不得抵减境内营业机构的盈利。

【典例研习·5-34】（模拟单选题）

甲居民企业2015年设立，2015年至2019年年末弥补亏损前的所得情况如下：

年份	2015年	2016年	2017年	2018年	2019年
未弥补亏损前的所得（单位：万元）	–20	100	–220	180	200

假设无其他纳税调整项目，甲居民企业2019年度企业所得税应纳税所得额为（　　）。

A.200万元　　　B.160万元　　　C.210万元　　　D.260万元

斯尔解析 B 税法规定，企业某一纳税年度发生的亏损可以用下一年度的所得弥补，下一年度的所得不足以弥补的，可以逐年延续弥补，但最长不得超过5年。本题中，2015年亏损20万元可在2016年弥补，2016年应纳税所得额80万元；2017年亏损220万元可于2018年弥补180万元，剩余40万元可于2019年继续弥补，因此2019年应纳税所得额=200-40=160（万元），选项B正确。

考点2　境外税额的抵免（★）

【原理详解】缔结避免双重征税协定的情形下，境外已经缴纳过的所得税，可在当期境内应纳税额中抵免，但抵免是有限额的。

（一）抵免限额的概念

1.企业取得的所得已在境外缴纳的所得税税额，可以从其当期应纳税额中抵免。抵免限额为该项所得依照规定计算的应纳税额。

2.超过抵免限额的部分，可以在以后（超限年度次年起）5个年度内，用每年抵免限额抵免当年应抵税额后的余额进行抵补。

如果境外已缴税款低于按规定计算的应交税额，则需补税。

3.企业可以选择按国（地区）别分别计算，或者不按国（地区）别汇总计算其来源于境外的应纳税所得额，并按照税法规定的税率，分别计算其可抵免境外所得税税额和抵免限额。上述方式一经选择，5年内不得改变。

【典例研习·5-35】

甲企业2019年度境内应纳税所得额为100万元，适用25%的企业所得税税率。甲企业分别在A国和B国设有分支机构（我国与A、B两国已缔结避免双重征税协定），在A国分支机构的税前应纳税所得额为50万元，A国的企业所得税税率为20%；在B国分支机构的税前应纳税所得额为30万元，B国的企业所得税税率为30%。

（1）若分国计算

单位：万元

	A国	B国
境外已纳	10	9
境内应纳（抵免限额）	12.5	7.5
税务处理	补税2.5万元	结转以后5个纳税年度抵补1.5万元

当年境内应纳：100×25%+2.5=27.5（万元）

（2）若不分国计算

单位：万元

	A国+B国
境外已纳	10+9=19（万元）
境内应纳（抵免限额）	12.5+7.5=20（万元）
税务处理	补税1万元

当年境内应纳：100×25%+1=26（万元）

(二) 计算

1. 抵免限额=境外税前所得额×境内所得税率
2. 境外税前所得额=分回的利润+境外已纳税款

   =分回的利润÷（1−境外税率）

【典例研习·5-36】（模拟单选题）

甲公司为居民企业，2019年度境内应纳税所得额1 000万元，来源于M国的应纳税所得额300万元，已在M国缴纳企业所得税税额为60万元，已知甲公司适用的所得税税率为25%，计算甲公司2019年度应缴纳企业所得税税额的下列算式中，正确的是（　　）。

A. 1 000×25%=250（万元）

B. （1 000+300）×25%=325（万元）

C. （1 000+300）×25%−60=265（万元）

D. 1 000×25%−60=190（万元）

‖斯尔解析‖ C 居民企业应就其境内外所得纳税，其中境外已纳税额可在一定限额内抵免境内应纳税额，抵免限额为该项所得依照规定计算的应纳税额。本题中，抵免限额=来源于M国应纳税所得额×境内所得税率=300×25%=75（万元），其已在M国缴纳企业所得税税额为60万元未超过抵免限额，可全部抵免。因此，甲公司2019年度应缴纳企业所得税税额=（境内所得+境外所得）×适用税率−境外已纳税额=（1 000+300）×25%−60=265（万元），选项C正确。

考点3　非居民企业的应纳税所得额（★）

1. 股息、红利等权益性投资收益和利息、租金、特许权使用费所得，以收入全额为应纳税所得额；
2. 转让财产所得，以收入全额减除财产净值后的余额为应纳税所得额。

第五部分　企业所得税税收优惠

考点1　税收优惠概述（★★★）

我国企业所得税的税收优惠包括：

优惠的"方面"	具体形式
"收入"的减免	免税收入、减计收入
"所得"的减免	可以减免税的所得
	加计扣除、加速折旧（"多扣"扣除额）
	抵扣应纳税所得额
税率的优惠	优惠税率
"税额"的减免	抵免应纳税额
其他	民族自治地方的减免税、其他专项优惠政策

需要说明的是，免税收入已在第二部分，收入的确认"不征税收入与免税收入"中学习，此处不予赘述。

【典例研习·5-37】（2014年多选题）

下列各项中，属于企业所得税税收优惠形式的有（　　）。

A.加速折旧　　　B.减计收入　　　C.税额抵扣　　　D.加计扣除

‖斯尔解析‖ `ABCD` 我国企业所得税的税收优惠包括免税收入、可以减免税的所得、优惠税率、民族自治地方的减免税、加计扣除（选项D）、抵扣应纳税所得额、加速折旧（选项A）、减计收入（选项B）、抵免应纳税额（选项C）和其他专项优惠政策。

考点2　减计收入（★）

企业从事下列项目，可以减计收入：

优惠政策	项目
减按90%计入收入总额	以《资源综合利用企业所得税优惠目录》规定的资源作为主要原材料生产国家非限制和禁止并符合国家和行业相关标准的产品取得的收入
	2019年6月1日至2025年12月31日，提供社区养老、托育、家政等服务取得的收入

考点3　"所得"的减免（★★）

企业从事下列项目，可以减免税的所得：

优惠政策	行业
免征	农、林、牧、渔 注意：农，不含部分"作物"；渔，指远洋捕捞、不含养殖
	技术转让：一个纳税年度内，居民企业技术转让所得不超过500万元的部分 技术转让所得=技术转让收入－技术转让成本－相关税费
	"合格境外投资者"的投资境内股权、债权投资所得： （1）合格境外机构投资者（QFII）、人民币合格境外机构投资者（RQFII）取得来源于中国境内的股票等权益性投资资产转让所得，暂免征收企业所得税； （2）自2018年11月7日起至2021年11月6日止，对境外机构投资境内债券市场取得的债券利息收入暂免征收企业所得税
	对企业取得的2012年及以后年度发行的地方政府债券的利息收入免征企业所得税
减半征收	（1）农：花卉、茶以及其他饮料作物和香料作物的种植； （2）渔：海水养殖、内陆养殖
	技术转让：一个纳税年度内，居民企业技术转让所得超过500万元的部分
	企业投资者2019年—2023年发行的铁路债券取得的利息收入

优惠政策	行业
两免三减半	集成电路设计企业和软件企业： 在2019年12月31日前自获利年度起计算优惠期，第一年至第二年免征企业所得税，第三年至第五年减半征收企业所得税，并享受至期满为止
三免三减半	企业从事国家重点扶持的公共基础设施项目的投资经营的所得，自项目取得第1笔生产经营收入所属纳税年度起，第1年至第3年免征，第4年至第6年减半征收。需要注意的是： （1）企业"承包经营、承包建设"和"内部自建自用"上述项目"不免税"； （2）公共基础设施项目：港口码头、机场、铁路、公路、城市公共交通、电力、水利等项目
	企业从事符合条件的环境保护、节能节水项目的所得，自项目取得第1笔生产经营收入所属纳税年度起，第1年至第3年免征，第4年至第6年减半征收
五免	2019年1月1日至2023年12月31日，经营性文化事业单位转制为企业，自转制注册之日起5年内免征企业所得税；2018年12月31日之前已完成转制的企业，自2019年1月1日起可继续免征5年企业所得税 经营性文化事业单位：从事新闻出版、广播影视和文化艺术的事业单位

【典例研习·5-38】（2017年判断题）

企业从事海水养殖项目的所得，免征企业所得税。（　　）

‖斯尔解析‖　✗　企业从事海水养殖、内陆养殖取得的所得，减半征收企业所得税。

【典例研习·5-39】（2015年判断题）

企业以《资源综合利用企业所得税优惠目录》规定的资源作为主要原材料，生产国家非限制和禁止并符合国家和行业相关标准的产品取得的收入，免征企业所得税。（　　）

‖斯尔解析‖　✗　企业以《资源综合利用企业所得税优惠目录》规定的资源作为主要原材料，生产国家非限制和禁止并符合国家和行业相关标准的产品取得的收入，减按90%计入收入总额。原材料占生产产品材料的比例不得低于优惠目录规定的标准。

考点4　"多扣"扣除额（★★★）

【解题高手】擦亮眼睛！这些税收优惠在计算题中经常出现。

优惠政策	项目	
加计扣除	研发费用	2018年1月1日至2020年12月31日期间： 未形成无形资产：加计扣除75% 形成无形资产：按175%摊销 不适用行业：烟草制造业；住宿和餐饮业；批发和零售业；房地产业；租赁和商务服务业；娱乐业
	安置残疾人工资	加计扣除100%

优惠政策	项目
加速折旧	情形： （1）技术进步，产品更新换代较快； （2）常年处于强震动、高腐蚀状态； （3）全部制造业领域企业，购进、自行建造的固定资产，可进行加速折旧 可选择方法： （1）缩短折旧年限：最低折旧年限不得低于税法规定折旧年限的60%； （2）采用加速折旧方法：可以采取双倍余额递减法或者年数总和法
一次性税前扣除	企业在2018年1月1日至2020年12月31日期间新购进（包括自行建造）的设备、器具，单位价值不超过500万元的，允许一次性计入当期成本费用扣除，不再分年度计算折旧 注意：不包括房屋建筑物

【典例研习·5-40】（2018年多选题）

根据企业所得税法律制度的规定，下列支出中，可以在计算企业所得税应纳税所得额时加计扣除的有（　　）。

A.研究开发费用　　　　　　　　B.购置环保用设备所支付的价款
C.广告费和业务宣传费　　　　　D.安置残疾人员所支付的工资

‖斯尔解析‖ **AD**　（1）选项AD，研究开发费用、安置残疾人员所支付的工资可加计扣除。（2）选项C，超过法定扣除限额的部分，准予在以后纳税年度"结转扣除"。（3）选项B，购置并实际使用的环保专用设备的投资额的10%可以从企业当年的应纳税额中抵免。

考点5　抵扣应纳税所得额（★★）

优惠政策	项目
抵扣应纳税所得额	一级市场投资： 情形：创投企业投资未上市的中小高新技术企业两年以上的 抵多少？——按照其投资额的"70%"抵扣 在什么期间抵扣？——在股权持有满"两年"的当年抵扣该创业投资企业的应纳税所得额；当年不足抵扣的，可以在以后纳税年度结转抵扣

【典例研习·5-41】（模拟单选题）

甲企业为创业投资企业，2017年2月采取股权投资方式向乙公司（未上市的中小高新技术企业）投资300万元，至2019年12月31日仍持有该股权。甲企业2019年在未享受股权投资应纳税所得额抵扣的税收优惠政策前的企业所得税应纳税所得额为2 000万元。已知企业所得税税率为25%，甲企业享受股权投资应纳税所得额抵扣的税收优惠政策。计算甲企业2019年度应缴纳企业所得税税额的下列算式中，正确的是（　　）。

A.（2 000－300）×25%＝425（万元）

B.（2 000-300×70%）×25%=447.5（万元）

C.2 000×70%×25%=350（万元）

D.（2 000×70%-300）×25%=275（万元）

‖斯尔解析‖ [B] 创业投资企业采取股权投资方式投资于未上市的中小高新技术企业2年以上的，可以按照其投资额的70%在股权持有满2年的当年抵扣该创业投资企业的应纳税所得额；当年不足抵扣的，可以在以后纳税年度结转抵扣。本题中，甲企业2017年2月投资，2019年为投资满两年当年，投资额的70%可在2019年抵扣。

因此，2019年应纳税额=（2 000-300×70%）×25%=447.5（万元）。选项B正确。

考点6 "税额"的减免（★★）

优惠政策	项目
应纳税额抵免	企业购进并实际使用规定的环境保护、节能节水、安全生产等专用设备，该专用设备的投资额的10%可以在应纳税额中扣除，当年不足抵免的，可以在以后5个纳税年度结转抵免。 注意：上述购进并实际使用的设备，包括约定租赁期届满时租赁设备所有权转移给承租方企业的融资租赁租入固定资产

【典例研习·5-42】

甲企业2019年10月购置环保专用设备用于生产经营并已实际投入使用，取得普通发票上注明含税金额10万元；当年甲企业经税务机关审核的应纳税所得额为100万元，已知甲企业适用的企业所得税税率为25%。

‖斯尔解析‖ 甲企业当年实际应缴纳的企业所得税=应纳税所得额×适用税率-抵免税额=100×25%-10×10%=24（万元）。

【典例研习·5-43】（2015年多选题）

下列关于企业所得税相关税收优惠的说法中，正确的有（　　）。

A.创业投资企业采取股权投资方式投资于未上市的中小高新技术企业2年以上的，可按其投资额的10%在股权持有满2年的当年抵扣该创业投资企业的应纳税额

B.创业投资企业采取股权投资方式投资于未上市的中小高新技术企业2年以上的，可按其投资额的70%在股权持有满2年的当年抵扣该创业投资企业的应纳税所得额

C.企业购置并实际使用规定的环境保护、节能节水、安全生产等专用设备的，该设备的投资额的10%可以从企业当年的应纳税额中抵免

D.企业购置并实际使用规定的环境保护、节能节水、安全生产等专用设备的，该设备的投资额的70%可以从企业当年的应纳税所得额中抵免

‖斯尔解析‖ [BC] BC均为规定原文，注意避免混淆。

考点7 税率的优惠（★★）

1.小型微利企业

（1）符合条件的小型微利企业，减按20%的税率征收企业所得税。

（2）自2019年1月1日至2021年12月31日，对小型微利企业年应纳税所得额不超过100万元的部分，减按25%计入应纳税所得额，按20%的税率缴纳企业所得税；对年应纳税所

得额超过100万元但不超过300万元的部分,减按50%计入应纳税所得额,按20%的税率缴纳企业所得税。

【解题高手】小型微利企业需同时满足三个条件:年度应纳税所得额不超过300万元、从业人数不超过300人、资产总额不超过5 000万元。

2.其他类型企业适用的优惠税率

企业类型	优惠税率
高新技术企业、技术先进型服务企业(服务贸易类)	15%
西部大开发企业	15%
非居民企业:在境内未设机构、场所,或虽设立机构、场所但取得的所得与机构场所没有实际联系的	10%

考点8 民族自治地方的减免税(★)

民族自治地方的自治机关对本民族自治地方的企业应缴纳的企业所得税中属于地方分享的部分,可以决定减征或者免征。自治州、自治县决定减征或者免征的,须报省、自治区、直辖市人民政府批准。

第六部分 应纳所得税额的计算练习

【解题高手】基本公式:应纳税额=应纳税所得额×适用税率-减免税额-抵免税额

【典例研习·5-44】(模拟单选题)

甲公司2019年应纳税所得额为1 000万元,减免税额为10万元,抵免税额为20万元。已知甲公司适用的所得税税率为25%,则下列甲公司2019年度企业所得税应纳税额的计算中,正确的是( )。

A.1 000×25%-20=230(万元)　　B.1 000×25%-10-20=220(万元)
C.1 000×25%-10=240(万元)　　D.1 000×25%=250(万元)

‖斯尔解析‖ B 应纳税额=应纳税所得额×适用税率-减免税额-抵免税额=1 000×25%-10-20=220(万元)。

【典例研习·5-45】(2020年单选题改编)

甲公司2019年实现会计利润总额300万元,预缴企业所得税税额60万元,在"营业外支出"账目中列支了通过公益性社会团体向灾区的捐款38万元。已知企业所得税税率为25%,公益性捐赠支出不超过年度利润总额12%的部分,准予在计算企业所得税应纳税所得额时扣除,计算甲公司当年应补缴企业所得税税额的下列算式中,正确的是( )。

A.(300+38)×25%-60=24.5(万元)
B.300×25%-60=15(万元)
C.(300+300×12%)×25%-60=24(万元)

D．［300+（38-300×12%）］×25%-60=15.5（万元）

‖斯尔解析‖ D　本题考查运用间接法将会计利润调整为应纳税所得额的计算。本题步骤较多，逐步分解：

（1）计算企业所得税时，公益性捐赠支出只能有限额的扣除，即可扣除300×12%=36（万元）；

（2）会计利润300万元，其中捐赠支出38万元在计算会计利润中均已扣除，较税法规定的可扣除金额多出38-300×12%=2（万元），计算"税务利润"时应在会计利润基础上加回，故当年应纳税所得额=300+（38-300×12%）。

（3）当年应纳税额=（300+38-300×12%）×25%=75.5（万元）。

（4）应补税款=当年应纳税额75.5万元-预缴税款60万元=15.5万元。故选项D正确。

【典例研习·5-46】（不定项选择题）

甲公司为居民企业，主要从事电冰箱的生产和销售业务。2019年有关经营情况如下：

（1）销售电冰箱收入8 000万元；出租闲置设备收入500万元；国债利息收入50万元；理财产品收益30万元。

（2）符合条件的广告费支出1 500万元。

（3）向银行借入流动资金支付利息支出55万元；非广告性赞助支出80万元；向客户支付违约金3万元；计提坏账准备金8万元。

（4）全年利润总额为900万元。

已知：广告费和业务宣传费支出，不超过当年销售（营业）收入15%的部分，准予扣除。

要求：

根据上述资料，不考虑其他因素，分析回答下列小题。

1.甲公司下列收入中，应计入2019年度企业所得税收入总额的是（　　）。

A.出租闲置设备收入500万元　　　　B.国债利息收入50万元

C.销售电冰箱收入8 000万元　　　　D.理财产品收益30万元

‖斯尔解析‖ ABCD　注意选项B，免税收入、不征税收入都属于"收入总额"。

2.甲公司在计算2017年度企业所得税应纳税所得额时，准予扣除的广告费支出是（　　）。

A.1 275万元　　　B.1 500万元　　　C.1 287万元　　　D.1 200万元

‖斯尔解析‖ A　广告费和业务宣传费支出，不超过当年销售（营业）收入15%的部分，准予扣除。销售收入=销售电冰箱收入8 000万元+出租闲置设备收入500万元=8 500万元，故当年广告费扣除上限=8 500×15%=1 275万元，实际支出高于限额，准予按限额扣除，选项A正确。

‖陷阱提示‖ 注意，理财收益及利息收入均不纳入"营业收入"的计算。

3.甲公司在计算2017年度企业所得税应纳税所得额时，下列支出中，不得扣除的是（　　）。

A.向银行借入流动资金支付利息支出55万元

B.向客户支付违约金3万元

C.计提坏账准备金8万元

D.非广告性赞助支出80万元

‖斯尔解析‖ `CD` 选项C，企业发生坏账损失，应在按税法规定实际确认或者实际发生的当年申报扣除，计提时不可扣除；选项D，非广告性赞助支出不可前扣除。

4.计算甲公司2019年度企业所得税应纳税所得额的下列算式中，正确的是（　　）。

A.900+（1 500-1 287）+80+3+8=1 204（万元）

B.900-50+（1 500-1 275）+80+8=1 163（万元）

C.900-500+55+8=463（万元）

D.900-30+（1 500-1 200）=1 170（万元）

‖斯尔解析‖ `B` 本题考查间接法将会计利润调整为应纳税所得额。从会计利润出发，逐项判断调增调减，不要急不要乱：

（1）国债利息收入50万元，计入会计利润，但有免税优惠，不计入应纳税所得额，故应调减会计利润50万元；

（2）广告支出1 500万元在会计利润计算中全额减除，但计算应纳税所得额时仅能扣除1 275万元，差额1 500-1 275=225（万元）应调增；

（3）非广告性赞助支出80万元；计提坏账准备金8万元，税法规定不可税前扣除，应全额调增。

综上，从会计利润出发的应纳税所得额计算=900-50+（1 500-1 275）+80+8=1 163（万元），选项B正确。

第七部分　企业所得税的征收管理

考点1　纳税地点（★）

企业类型	场所	纳税地点
居民企业	登记注册地在境内	登记注册地
	登记注册地在境外	实际管理机构所在地
非居民企业	有场所	（1）机构场所所在地； （2）有两个或以上场所的，为其经批准选择其主要场所汇总缴纳地
	无场所，或所得无联系	扣缴义务人所在地（源泉扣缴）

考点2　纳税期限及纳税年度（★★）

（一）预缴与汇算清缴

企业所得税按年计征，分月或者分季预缴，年终汇算清缴，多退少补。预缴方法一经确定，该纳税年度内不得随意变更。

（二）纳税年度

1.一般情况：为公历1月1日至12月31日；

2.年中开业/终止经营：实际经营期不足12个月，以实际经营期为一个纳税年度；

3.依法清算：以清算期间作为一个纳税年度。

（三）纳税申报时点

申报行为	具体时点规定
分月或分季预缴	自月份或者季度终了之日起"15日内"，向税务机关报送预缴企业所得税纳税申报表，预缴税款
汇算清缴	自年度终了后"5个月内"向税务机关报送年度企业所得税纳税申报表，并汇算清缴，结清应缴或应退税款
年度中间终止经营活动	自实际经营终止之日起"60日内"，向税务机关办理当期企业所得税汇算清缴

注意：企业在报送企业所得税纳税申报表时，应当按照规定附送财务会计报告和其他有关资料。

【典例研习·5-47】（2018年单选题）

根据企业所得税法律制度的规定，企业应当自纳税年度终了之日起一定期限内，向税务机关报送年度企业所得税申报表，并应缴应退税款。该期限为（　　）。

A.3个月　　　　B.5个月　　　　C.6个月　　　　D.4个月

‖斯尔解析‖　[B]　企业应当自年度终了之日起5个月内，向税务机关报送年度企业所得税纳税申报表，并汇算清缴，结清应缴应退税款。

【典例研习·5-48】（2016年多选题）

下列关于企业所得税纳税期限的表述中，正确的有（　　）。

A.企业所得税按年计征，分月或者分季预缴，年终汇算清缴，多退少补

B.企业在一个纳税年度中间开业，使该纳税年度的实际经营不足12个月的，应当以其实际经营期为1个纳税年度

C.企业依法清算时，应当以清算期间作为1个纳税年度

D.企业在纳税年度中间终止经营活动的，应当自实际经营终止之日起60日内，向税务机关办理当期企业所得税汇算清缴

‖斯尔解析‖　[ABCD]　企业所得税纳税期限：（1）企业所得税按年计征，分月或者分季预缴，年终汇算清缴，多退少补，选项A正确。纳税年度自公历1月1日起至12月31日止。（2）企业在一个纳税年度中间开业，或者终止经营活动，使该纳税年度的实际经营期不足12个月的，应当以其实际经营期为1个纳税年度，选项B正确。企业依法清算时，应当以清算期间作为1个纳税年度，选项C正确。（3）企业应当自年度终了之日起5个月内，向税务机关报送年度企业所得税纳税申报表，并汇算清缴，结清应缴应退税款。（4）企业在年度中间终止经营活动的，应当自实际经营终止之日起60日内，向税务机关办理当期企业所得税汇算清缴，选项D正确。

考点3 源泉扣缴（补充内容）（★★）

（一）政策

在中国境内未设立机构、场所的，或者虽设立机构、场所但取得的所得与其所设机构、场所没有实际联系的非居民企业，就其取得的来源于中国境内的所得应缴纳的所得税，实行源泉扣缴，以支付人为扣缴义务人。

注意：无场所或有场所但所得无联系，实行源泉扣缴。

（二）应纳税额的计算

1.应纳税所得税额＝应纳税所得额×预提税率（10%）

2.应纳税所得额包括：

收入计入方式	具体项目
全额	股息、红利等权益性投资所得；利息、租金、特许权使用费
净额	财产转让收入 注意：以收入扣除资产净值后的余额为应纳税所得额

【典例研习·5-49】（2020年单选题）

根据企业所得税法律制度的规定，在中国境内未设立机构、场所的非居民企业取得的来源于中国境内的下列所得中，以收入金额减除财产净值后的余额为应纳税所得额的是（　　）。

A.转让财产所得　　　　　　　B.特许权使用费所得

C.股息所得　　　　　　　　　D.租金所得

‖斯尔解析‖ A 转让财产所得，以收入全额减除财产净值后的余额为应纳税所得额；选项BCD，股息、红利等权益性投资收益和利息、租金、特许权使用费所得，以收入全额为应纳税所得额。

【典例研习·5-50】（2018年单选题）

2017年6月甲公司向境外乙公司分配股息折合人民币1 000万元。已知预提所得税税率为10%，计算甲公司应代扣代缴企业所得税税款的下列算式中，正确的是（　　）。

A.1 000×10%×50%=50（万元）

B.1 000×10%=100（万元）

C.1 000×（1−25%）×10%=75（万元）

D.1 000×（1−25%）×10%×50%=37.5（万元）

‖斯尔解析‖ B （1）乙公司是未在中国境内设立机构场所的非居民企业，对其取得的来源于中国境内的收入实行源泉扣缴。（2）在源泉扣缴中，股息收入应以收入全额为应纳税所得额，因此，应纳税额=应纳税所得额×预提所得税税率=股息收入全额×10%。甲公司应代扣代缴企业所得税税款=应纳税所得额×预提所得税税率=1 000×10%=100（万元）。

第八部分 个人所得税基本概念

考点1 纳税人和征税对象（★★）

（一）纳税人

包括中国公民（含香港、澳门、台湾同胞）、个体工商户、个人独资企业投资者和合伙企业自然人合伙人等。

（二）纳税人的分类及纳税义务

1.依据住所和居住时间两个标准，分为居民个人和非居民个人。

纳税人分类	标准		征税对象
	住所	居住时间	
居民个人	有住所	—	境内和境外取得的所得
	无住所	一个纳税年度内在中国境内居住累计满183天	
非居民个人	无住所	不居住	境内取得的所得
	无住所	一个纳税年度内在中国境内居住累计不满183天	

【典例研习·5-51】

小外在2018年8月1日入境，2019年4月1日离境，虽在中国境内住满183天，但在2018年、2019年两个纳税年度内，均没有住满183天，因此，小外为非居民个人。

【原理详解】两个条件，满足一条就是居民个人。

2.细节提示

（1）住所，指因户籍、家庭、经济利益关系而在中国境内习惯性居住。

（2）纳税年度：公历1月1日起至12月31日止。

（3）特殊所得来源的确定

除国务院财政、税务主管部门另有规定外，下列所得，不论支付地点是否在中国境内，均为来源于中国境内的所得：

①因任职、受雇、履约等在中国境内提供劳务取得的所得；
②将财产出租给承租人在中国境内使用而取得的所得；
③许可各种特许权在中国境内使用而取得的所得；
④转让中国境内的不动产等财产或者在中国境内转让其他财产取得的所得；
⑤从中国境内企业、事业单位、其他组织以及居民个人取得的利息、股息、红利所得。

【典例研习·5-52】（2020年单选题）

根据个人所得税法律制度的规定，下列各项中，不属于个人所得税纳税人的是（　　）。

A.个人独资企业的投资者个人　　B.一人有限责任公司
C.个体工商户　　D.合伙企业中的自然人合伙人

‖斯尔解析‖ B 一人有限责任公司属于法人企业，应缴纳企业所得税。

【典例研习·5-53】（2015年判断题改编）

中国居民张某，在境外工作，就来源于中国境内及境外的所得均征收个人所得税。（　）

‖斯尔解析‖ √　居民个人从中国境内和境外取得的所得，依照法律规定缴纳个人所得税。

【典例研习·5-54】（2017年多选题）

根据个人所得税法律制度的规定，下列个人所得中，不论支付地点是否在境内，均为来源于中国境内所得的有（　　）。

A.转让境内房产取得的所得
B.许可专利权在境内使用取得的所得
C.因任职在境内提供劳务取得的所得
D.将财产出租给承租人在境内使用取得的所得

‖斯尔解析‖ ABCD

考点2　税目及适用税率概览（★★★）

按应纳税所得的来源划分，现行个人所得税共分为9个应税项目，其中4个税目纳入"综合所得"。

税目		适用税率	纳税方式
综合所得	工资、薪金所得	3%～45%七级超额累进税率	居民：年度合并计算
	劳务报酬所得		
	稿酬所得		非居民：按月或者按次分项计算
	特许权使用费所得		
经营所得		5%～35%的五级超额累进税率	分别计算个人所得税
利息、股息、红利所得		比例税率：20% 优惠税率：对个人出租住房的所得暂减按10%的税率征收	
财产租赁所得			
财产转让所得			
偶然所得			

考点3　应纳税所得额的确定（★★★）

（一）应纳税所得额

应纳税所得额为个人取得的各项收入减去税法规定的费用扣除金额和减免税收入后的余额。

应纳税额所得额=各项收入-扣除金额-减税收入-免税收入

（二）分项计算

由于个人所得税的应税项目不同，扣除费用标准也各不相同，需要按不同应税项目分项计算。

第九部分 居民个人综合所得

考点1 居民个人综合所得所包含的税目（★★★）
（一）工资、薪金所得

是否包括	具体项目
包括	因任职或者受雇而取得的各类所得：工资、薪金、奖金、年终加薪、劳动分红、津贴、补贴以及与任职或者受雇有关的其他所得
不包括	（1）独生子女补贴； （2）托儿补助费； （3）差旅费津贴、误餐补助；（但不包括以此名目发放的职工福利） （4）执行公务员工资制度未纳入基本工资总额的补贴、津贴差额和家属成员的副食补贴

（二）劳务报酬所得

指个人从事劳务取得的所得。

提示注意的是，区分"劳务报酬所得"和"工资、薪金所得"，关键看是否存在正式的雇佣关系，且从任职的单位获得相关报酬。

例如：

1.个人兼职取得的收入应按照"劳务报酬所得"项目缴纳个人所得税；

2.律师以个人名义再聘请其他人员为其工作而支付的报酬，应由该律师按"劳务报酬所得"项目负责代扣代缴个人所得税；

3.演员从其所属单位领取工资属于"工资、薪金所得"，但"走穴"演出取得的报酬属于"劳务报酬所得"。

（三）稿酬所得

1.指个人因其作品以图书、报刊形式出版、发表而取得的所得。

2.作者去世后，财产继承人取得的遗作稿酬，也应按"稿酬所得"征收个人所得税。

（四）特许权使用费所得

1.指个人提供专利权、商标权、著作权、非专利技术以及其他特许权的使用权取得的所得；提供著作权的使用权取得的所得，不包括稿酬所得。

2.特别提示，按特许权使用费计入所得的情形：

（1）文字作品拍卖所得、个人取得专利赔偿所得；

（2）剧本使用费：剧本作者从电影、电视剧的制作单位取得的剧本使用费不区分是否从本单位取得，一律按特许权使用费计入所得。

【典例研习·5-55】（2018年单选题）

根据个人所得税法律制度的规定，下列各项中，应缴纳个人所得税的是（　　）。

A.年终加薪　　　B.托儿补助费　　　C.差旅费津贴　　　D.误餐补助

‖斯尔解析‖ A 下列项目不属于工资、薪金性质的补贴、津贴，不予征收个人所得税。这些项目包括：（1）独生子女补贴。（2）执行公务员工资制度未纳入基本工资总额的补贴、津贴差额和家属成员的副食补贴。（3）托儿补助费（选项B）。（4）差旅费津贴（选项C）、误餐补助（选项D）。误餐补助是指按照财政部规定，个人因公在城区、郊区工作，不能在工作单位或返回就餐的，根据实际误餐顿数，按规定的标准领取的误餐费。

‖陷阱提示‖ 不属于工资、薪金性质的补贴、津贴仅限于上述列示出的项目，需准确掌握，未列出的各类补贴均计入工资、薪金所得纳税。

【典例研习·5-56】（2018年多选题）

根据个人所得税法律制度的规定，下列各项中，应按照"特许权使用费所得"税目计缴个人所得税的有（　　）。

A.作家公开拍卖自己的小说手稿原件取得的收入
B.编辑在自己所任职的出版社出版专著所取得的收入
C.专利权人许可他人使用自己的专利取得的收入
D.商标权人许可他人使用的商标取得的收入

‖斯尔解析‖ ACD　特许权使用费所得，是指个人提供专利权、商标权、著作权、非专利技术以及其他特许权的使用权取得的所得；提供著作权的使用权取得的所得，不包括稿酬所得，选项B错误。

考点2　居民个人综合所得的预扣预缴与汇算清缴（★★★）

（一）预扣预缴

扣缴义务人向纳税人支付各项所得时，要先"预扣预缴"个人所得税。

1.扣缴义务人向居民个人支付工资、薪金所得时，应当按照累计预扣法计算预扣税款，并按月办理全员全额扣缴申报。

2.扣缴义务人向居民个人支付劳务报酬所得、稿酬所得、特许权使用费所得，按次或者按月预扣预缴个人所得税。

（二）汇算清缴

纳税年度结束后，纳税人视需要办理综合所得"年度汇算清缴"，进行全年应纳税额的申报。

【原理详解】综上，后续我们会分别学习累计预扣法下"预扣"税额的计算方法，以及"汇算清缴"中全年应纳个人所得税额的计算。

（三）预扣预缴与汇算清缴

1.居民个人工资、薪金所得本期应预扣预缴税额余额为负值时，暂不退税。纳税年度终了后余额仍为负值时，由纳税人通过办理综合所得年度汇算清缴，税款多退少补。

2.居民个人工资、薪金所得，劳务报酬所得，稿酬所得，特许权使用费所得年度预扣预缴税额与年度应纳税额不一致的，由居民个人于次年3月1日至6月30日向主管税务机关办理综合所得年度汇算清缴，税款多退少补。

考点3　全年应纳税所得额的确定（★★★）

（一）计算公式

应纳税所得额=收入额−费用6万元−专项扣除−专项附加扣除−依法确定的其他扣除

（二）收入额的确定

税目	纳入收入额的比例
工资、薪金所得	100%
劳务报酬所得	以收入减除20%费用后的余额为收入额
特许权使用费所得	
稿酬所得	收入减除20%费用后的余额为收入额，并减按70%计算

（三）扣除项目

1.概述

扣除项目	具体包括
费用	6万元
专项扣除	三险一金
专项附加扣除	子女教育、继续教育、大病医疗、住房贷款利息或住房租金、赡养老人等
依法确定的其他扣除	包括个人缴付符合国家规定的企业年金、职业年金，个人购买符合国家规定的商业健康保险、税收递延型商业养老保险的支出等。其中，对个人购买符合规定的商业健康保险产品的支出，扣除限额为2 400元/年（200元/月）

需提醒注意的是，专项扣除、专项附加扣除和依法确定的其他扣除，以居民个人一个纳税年度的应纳税所得额为限额；一个纳税年度扣除不完的，不结转以后年度扣除。

2.专项附加扣除项目的具体规定

（1）子女教育支出

扣除规定	具体内容
扣除范围	纳税人子女接受全日制学历教育、年满3岁至小学入学前处于学前教育阶段的子女 如在境外接受教育，应当留存境外学校录取通知书、留学签证等相关教育的证明资料备查
扣除标准	定额扣除：每个子女每月1 000元
扣除方式	父母可以选择由其中一方按扣除标准的100%扣除，也可以选择由双方分别按扣除标准的50%扣除

（2）继续教育支出

扣除规定		具体内容
扣除范围及扣除标准	每月400元定额扣除	纳税人在中国境内接受学历（学位）继续教育的支出，特别提醒注意的是补习班、培训班不可扣除
	取得证书的当年3 600元定额扣除	纳税人接受技能人员职业资格继续教育、专业技术人员职业资格继续教育的支出
扣除方式		接受本科及以下学历（学位）继续教育，可以选择由其父母扣除，也可以选择由本人扣除

（3）大病医疗支出

扣除规定	具体内容
扣除范围	纳税人自己、配偶、未成年子女发生的医保目录范围内的自付部分累计超过15 000元的部分
扣除标准	（1）在80 000元限额内"据实扣除"； （2）纳税人及其配偶、未成年子女发生的医药费用支出，依法分别计算扣除额
扣除方式	（1）自己发生的：可以选择由本人或者其配偶扣除； （2）未成年子女发生的：可以选择由其父母一方扣除

（4）住房贷款利息及住房租金

项目	扣除规定	具体内容
住房贷款利息	扣除范围	纳税人本人或者配偶单独或者共同使用住房贷款为本人或其配偶购买中国境内住房，发生的首套住房贷款利息支出。（指购买住房享受首套住房贷款利率的住房贷款）
	扣除标准	（1）在实际发生贷款利息的年度，按照每月1 000元的标准定额扣除，扣除期限最长不超过240个月； （2）只能享受一次首套住房贷款的利息扣除
	扣除方式	经夫妻双方约定，可以选择由其中一方扣除，具体扣除方式在一个纳税年度内不能变更
住房租金	扣除范围	纳税人及其配偶在主要工作城市没有自有住房而发生的住房租金支出（注意：不能重复扣） （1）夫妻双方主要工作城市相同的，只能由一方扣除住房租金支出； （2）纳税人及其配偶在一个纳税年度内不能同时分别享受住房贷款利息和住房租金专项附加扣除

项目	扣除规定	具体内容	
住房租金	扣除标准	直辖市、省会城市、计划单列市以及国务院确定的其他城市	每月1 500元
		市辖区户籍人口超过100万的其他城市	每月1 100元
		市辖区户籍人口不超过100万（含）的其他城市	每月800元
	扣除方式	签订租赁住房合同的承租人扣除	

（5）赡养老人支出

扣除规定	具体内容
扣除范围	赡养一位及以上年满60岁的父母，以及子女均已去世的年满60岁的祖父母、外祖父母的赡养支出
扣除标准	纳税人为独生子女的，每月2 000元的标准定额扣除； 纳税人为非独生子女的，与兄弟姐妹分摊每月2 000元的扣除额度，每人分摊的额度不能超过每月1 000元。 注意：可以由赡养人均摊或者约定分摊，也可以由被赡养人指定分摊，指定优先于约定

【典例研习·5-57】（2020年单选题）

根据个人所得税法律制度的规定，下列各项中，属于专项扣除的是（　　）。

A.个人购买符合国家规定的商业健康保险
B.个人缴付符合国家规定的企业年金
C.个人缴付符合国家规定的职业年金
D.个人缴付符合国家规定的基本养老保险

‖斯尔解析‖ [D]　（1）选项D，按照规定标准和范围缴纳的"三险一金"属于专项扣除；（2）选项ABC属于"依法确定的其他扣除"。

【典例研习·5-58】（模拟多选题）

根据个人所得税法律制度的规定，下列各项中，在计算个人综合所得应纳个人所得税额时准予作为专项附加扣除的有（　　）。

A.子女教育支出　　　　　　　　B.配偶继续教育支出
C.住房贷款支出　　　　　　　　D.住房租金支出

‖斯尔解析‖ [AD]　专项附加扣除，包括子女教育（选项A）、继续教育、大病医疗、住房贷款利息（而非贷款支出）或者住房租金（选项D）、赡养老人等支出。

‖陷阱提示‖ 能扣除的是子女教育支出，而非子女抚养支出。

考点4　全年应纳税额的计算（★★★）

（一）计算公式

应纳税额=应纳税所得额×适用税率-速算扣除数

（二）适用税率及速算扣除数

综合所得适用3%~45%的超额累进税率。

个人所得税税率表（综合所得适用）

级数	全年应纳税所得额	适用税率（%）	速算扣除数
1	不超过36 000元的部分	3	0
2	超过36 000元至144 000元的部分	10	2 520
3	超过144 000元至300 000元的部分	20	16 920
4	超过300 000元至420 000元的部分	25	31 920
5	超过420 000元至660 000元的部分	30	52 920
6	超过660 000元至960 000元的部分	35	85 920
7	超过960 000元的部分	45	181 920

（三）计算示例

【典例研习·5-59】

小十是我国公民，独生子，单身，在S公司工作。2020年取得工资收入80 000元，在某教育机构授课取得收入40 000元，出版著作一部，取得稿酬60 000元，转让商标使用权，取得特许权使用费收入20 000元。已知：小十个人缴纳"三险一金"20 000元，赡养老人支出税法规定的扣除金额为24 000元，假设无其他扣除项目，计算小十本年应缴纳的个人所得税。

‖斯尔解析‖

（1）工资薪金、劳务报酬、稿酬、特许权使用费为综合所得；

（2）劳务报酬所得、稿酬所得、特许权使用费所得以收入减除20%的费用后的余额为收入额。稿酬所得的收入额减按70%计算；

（3）每年可税前扣除费用为60 000元、三险一金20 000元、赡养老人支出扣除金额24 000万元均可据实扣除。

（4）应纳税所得额=80 000+40 000×（1-20%）+60 000×（1-20%）×70%+20 000×（1-20%）-60 000-20 000-24 000=57 600（元）

（5）可以用两种方法计算应纳所得税额：

方法一：按照速算扣除数简易计算法计算

应纳税额=57 600×10%-2 520（速算扣除数）=3 240（元）

方法二：逐级计算

应纳税额=36 000×3%+（57 600-36 000）×10%=1 080+2 160=3 240（元）

考点5 预扣预缴个人所得税额——累计预扣法（★★★）

（一）工资、薪金所得

1.计算步骤

【原理详解】"累计预扣"的思路——"轧差"。即先计算截至本月末累计应缴税额，减去已经缴过的部分，差额就是本期应预扣税额。

（1）累计预扣预缴应纳税所得额=累计收入-累计免税收入-累计减除费用-累计专项扣除-累计专项附加扣除-累计依法确定的其他扣除

（2）累计减除费用=5 000元/月×纳税人当年截至本月在本单位的任职受雇月份数

（3）对该纳税年度内首次取得工资、薪金所得的居民个人，累计减除费用的计算：

①自2020年7月1日起，对一个纳税年度内首次取得工资、薪金所得的居民个人，扣缴义务人在预扣预缴个人所得税时，可按照5 000元/月乘以纳税人当年截至本月月份数计算累计减除费用。即：

累计减除费用=5 000元/月×纳税人当年截至本月月份数

②首次取得工资、薪金所得的居民个人，是指自纳税年度首月起至新入职时未取得工资、薪金所得或者未按照累计预扣法预扣预缴过连续性劳务报酬所得个人所得税的居民个人。

（4）本期应预扣预缴税额=（累计预扣预缴应纳税所得额×预扣率-速算扣除数）-累计减免税额-累计已预扣预缴税额

2.预扣率及速算扣除数

个人所得税预扣率表一

（居民个人工资、薪金所得预扣预缴适用）

级数	累计预扣预缴应纳税所得额	预扣率（%）	速算扣除数
1	不超过36 000元的部分	3	0
2	超过36 000元至144 000元的部分	10	2 520
3	超过144 000元至300 000元的部分	20	16 920
4	超过300 000元至420 000元的部分	25	31 920
5	超过420 000元至660 000元的部分	30	52 920
6	超过660 000元至960 000元的部分	35	85 920
7	超过960 000元的部分	45	181 920

3.计算示例

【典例研习·5-60】

北京某公司职员小十，2020年1月取得工资、薪金收入20 000元，2月疯狂加班取得工资、薪金收入50 000元；3月仍然加班，取得工资、薪金收入40 000元。每月个人缴纳的三险一金合计为4 500元，小十为独生子，父母年龄均超过60岁，每月可扣除赡养老人支出2 000元；名下无房，现租房居住，每月可扣除住房租金1 500元，计算小十2月、3月应缴纳的个人所得税税额。

‖斯尔解析‖

（1）每月费用扣除=5 000元

（2）每月专项扣除（三险一金）=4 500元

（3）每月专项附加扣除=1 500（住房租金）+2 000（赡养老人）=3 500（元）

（4）扣除项合计=5 000+4 500+3 500=13 000（元）

2020年1月：

累计应纳税所得额=20 000−13 000=7 000（元）

应纳税所得额不超过36 000元，适用税率为3%

应纳税额=7 000×3%=210（元）

2020年2月：

累计应纳税所得额=（20 000+50 000）−13 000×2=44 000（元）

应纳税所得额超过36 000元至144 000元的部分，适用税率为10%

本期应预扣预缴税额=44 000×10%−2 520−210=1 670（元）

2020年3月：

累计应纳税所得额=（20 000+50 000+40 000）−13 000×3=71 000（元）

应纳税所得额超过36 000元至144 000元的部分，适用税率为10%

本期应预扣预缴税额=71 000×10%−2 520−（210+1 670）=2 700（元）

（二）劳务报酬所得、稿酬所得、特许权使用费所得

1.按次或按月预扣

扣缴义务人向居民个人支付劳务报酬所得、稿酬所得、特许权使用费所得，按次或者按月预扣预缴个人所得税。

一次收入的确定：

（1）属于一次性收入的，以取得该项收入为一次。例如：小十应邀开展讲座。

（2）属于同一项目连续性收入的，以一个月内取得的收入为一次。例如：小十在某杂志上连载漫画，每周更新一次。

2.预扣预缴应纳税所得额的确定

预扣预缴应纳税所得额=每次收入额=收入−费用

税目	纳入应纳税所得额的比例	减除费用
劳务报酬所得 特许权使用费所得	以100%收入减除费用后的余额为收入额，纳入应纳税所得额	每次收入≤4 000元的，减除费用800元； 每次收入＞4 000元的，减除费用按20%计算
稿酬所得	以减除费用后的余额为收入额，再减按70%计算应纳税所得额	

【解题高手】转让专利权等无形资产取得的收入按特许权使用费计征，可减除的费用也为800元或收入的20%，与无形资产净值无关，无形资产净值不可减除。

2.预扣预缴税额的计算

（1）劳动报酬所得

应预扣预缴税额=预扣预缴应纳税所得额×预扣率−速算扣除数

其中预扣率及速算扣除数：适用20%～40%的超额累进预扣率（如下表）

个人所得税预扣率表二

（居民个人劳务报酬所得预扣预缴适用）

级数	预扣预缴应纳税所得额	预扣率（%）	速算扣除数
1	不超过20 000元的部分	20	0
2	超过20 000元至50 000元的部分	30	2 000
3	超过50 000元的部分	40	7 000

【典例研习·5-61】

我国居民小十2019年内共取得3次劳务报酬，分别为3 200元、22 000元、30 000元，要求计算各次应缴纳的个人所得税税额。

‖斯尔解析‖

第一次：3 200元＜4 000元，费用扣除800元

应纳税所得额=3 200-800=2 400（元）

应纳税额=2 400×20%=480（元）

第二次：22 000元＞4 000元，费用扣除20%

应纳税所得额=22 000×（1-20%）=17 600（元）

应纳税额=17 600×20%=3 520元

第三次：30 000元＞4 000元，费用扣除20%

应纳税所得额=30 000×（1-20%）=24 000（元）

应纳税额=24 000×30%-2 000=5 200（元）

（2）稿酬所得、特许权使用费所得

应预扣预缴税额=预扣预缴应纳税所得额×比例预扣率20%

【典例研习·5-62】

2020年3月我国居民小十出版一部散文集，取得稿酬10 000元。计算小十当月稿酬所得应缴纳个人所得税税额。

‖斯尔解析‖

①应纳税所得额=10 000×（1-20%）×70%=5 600（元）

②应纳税额=5 600×20%=1 120（元）

考点6　特殊规定（★★）

（一）全年一次性奖金

取得时点	征税规定
2021年12月31日前	可以选择是否并入综合所得纳税 若选择单独计算纳税 （1）公式：应纳税额=全年一次性奖金收入×适用税率-速算扣除数；

取得时点	征税规定
2021年12月31日前	（2）税率及速算扣除数的确定：以全年一次性奖金收入除以12个月得到的数额，按照按月换算后的综合所得税率表，确定适用税率和速算扣除数
2022年1月1日起	应并入当年综合所得计算缴纳个人所得税

【解题高手】除全年一次性奖金以外的其他奖金，如"季度奖、月全勤奖"等，一律并入取得当月的工资，执行"累计预扣预缴制"。

（二）上市公司股权激励

1.在2021年12月31日前，居民个人取得股票期权、股票增值权、限制性股票、股权奖励等股权激励，符合规定的相关条件的，不并入当年综合所得，全额单独适用综合所得税率表，计算纳税。

2.居民个人一个纳税年度内取得两次以上（含两次）股权激励的，应合并计算纳税。

3.计算公式：应纳税额=股权激励收入×适用税率-速算扣除数

（三）解除劳动关系一次性补偿收入

1.在当地上年职工平均工资3倍数额以内的部分，免征个人所得税。

2.超过3倍数额的部分，征税，但不并入当年综合所得，单独适用综合所得税率表，计算纳税。

（四）离退休所得、年金、提前退休所得与内部退养

1.离退休所得

退休人员在任职取得的收入，离退休人员除按规定领取离退休工资或养老金外，另从原任职单位取得的各类非免税补贴、奖金、实物，在减除按个人所得税法规定的费用扣除标准后，按"工资、薪金所得"应税项目缴纳个人所得税。

2.提前退休一次性补贴收入，单独计算纳税

个人办理提前退休手续而取得的一次性补贴收入，应按照办理提前退休手续至法定离退休年龄之间实际年度数平均分摊，确定适用税率和速算扣除数，单独适用综合所得税率表，计算纳税。

3.内部退养所得按"工资、薪金所得"项目计征个人所得税。

①实行内部退养的个人在其办理内部退养手续后至法定离退休年龄之间从原任职单位取得的工资、薪金，不属于离退休工资，应按"工资、薪金所得"项目计征个人所得税。

②内部退养取得的一次性收入，与领取当月的工资、薪金所得合并按"工资、薪金所得"项目计征个人所得税。

4.企业年金、职业年金领取时单独计算纳税。

达到法定退休年龄，领取的企业年金、职业年金，符合相关规定的，不并入综合所得，全额单独计算应纳税款。

【原理详解】无论何种领取方式：按月、按季度、按年领取，或因出境、个人死亡后受益人或法定继承人一次性领取等情形，均单独计征个人所得税。

（五）从单位获得的其他形式"所得"

1.超标缴纳的"三险一金"及其他保险金

按"工资、薪金所得"项目计征个人所得税。

（1）超标缴纳的基本养老保险费、基本医疗保险费、失业保险费、住房公积金，应将超过部分并入个人当期的工资、薪金收入，计征个人所得税。

（2）企业为员工支付各项免税之外的保险金，应在企业向保险公司缴付时并入员工当期的工资收入，按"工资、薪金所得"项目计征个人所得税，税款由企业负责代扣代缴。

2.个人取得公务交通、通信补贴收入

扣除一定标准的公务费用后，按"工资、薪金所得"项目计征个人所得税。

3.单位低价向职工售房的征税规定

单位按低于购置或建造成本价格出售住房给职工，职工因此而少支出的差价部分，符合相关规定的，不并入当年综合所得。以差价收入除以12个月得到的数额，按照月度税率表确定适用税率和速算扣除数，单独计算纳税。

（六）特定职业的特殊规定

涉及人员	具体规定
兼职律师	从律师事务所取得工资、薪金性质的所得，律师事务所在代扣代缴其个人所得税时，不再减除个人所得税法规定的费用扣除标准，以收入全额（取得分成收入的为扣除办理案件支出费用后的余额）直接确定适用税率，计算扣缴个人所得税 【原理详解】兼职律师：指取得律师资格和律师执业证书，不脱离本职工作从事律师职业的人员
出租车驾驶员	（1）单车承包或承租方式运营，出租车驾驶员所得按"工资、薪金所得"项目征税； （2）出租车属于个人所有，但挂靠出租汽车经营单位或企事业单位，或从事个体出租车运营的出租车驾驶员，从事客货运营取得的收入，按"经营所得"项目征税
科技人员	（1）涉及人员范围：非营利性研究开发机构和高等学校的科技人员； （2）从职务科技成果转化收入中给予科技人员的现金奖励，可减按50%计入科技人员当月工资、薪金所得，依法缴纳个人所得税
保险营销员、证券经纪人	（1）取得的佣金收入，属于"劳务报酬所得"，以不含增值税的收入减除20%的费用后的余额为收入额； （2）按照收入额的25%计算展业成本，收入额减去展业成本以及附加税费后，并入当年综合所得，计算缴纳个人所得税

考点7　非居民个人综合所得（★★）

（一）基本规定

税目	计征方式	应纳税所得额的确定	
工资、薪金所得	按月计征	每月收入额减除费用5 000元后的余额为应纳税所得额	
劳务报酬所得	按次计征	以每次收入减除20%的费用后的余额为收入额	属于一次性收入的，以取得该项收入为一次；属于同一项目连续性收入的，以一个月内取得的收入为一次
特许权使用费所得			
稿酬所得		以每次收入减除20%的费用后的余额为收入减按70%计算应纳税所得额	

（二）非居民所得的代扣代缴

扣缴义务人向非居民个人支付工资、薪金所得，劳务报酬所得，稿酬所得和特许权使用费所得时，应当按月或者按次代扣代缴个人所得税。

（三）应纳税额的计算

1.计算公式

应纳税额＝应纳税所得额×税率－速算扣除数

2.税率

按月换算后的非居民个人月度税率表计算应纳税额。

个人所得税税率表
（非居民个人工资、薪金所得，劳务报酬所得，稿酬所得，特许权使用费所得适用）

级数	全"月"（或次）应纳税所得额	税率	速算扣除数
1	不超过3 000元的	3%	0
2	超过3 000元至12 000元的部分	10%	210
3	超过12 000元至25 000元的部分	20%	1 410
4	超过25 000元至35 000元的部分	25%	2 660
5	超过35 000元至55 000元的部分	30%	4 410
6	超过55 000元至80 000元的部分	35%	7 160
7	超过80 000元的部分	45%	15 160

【典例研习·5-63】

2020年8月"非居民个人"小外为小十提供为期一个月的英语培训，分两次取得劳务报酬，分别为2 000元、3 000元，共计5 000元。已知劳务报酬所得每次应纳税所得额不超过3 000元的，适用税率为3%，超过3 000元至12 000元的，适用税率为10%，速算扣除数210。计算"非居民个人"小外当月英语培训劳务报酬应缴纳个人所得税税额。

‖斯尔解析‖

（1）非居民小外提供为期一个月的英语培训，虽分两次取得劳务报酬，但为一次收入，该次收入5 000元。

（2）应纳税所得额=5 000×（1-20%）=4 000（元）

（3）应纳税额=4 000×10%-210=190（元）

【典例研习·5-64】（2017年单选题改编）

2020年3月，张某从本单位取得工资7 000元，加班费1 000元，奖金2 100元，个人缴纳三险一金1 540元。已知工资、薪金所得预缴所得税，减除费用标准为每月5 000元，全月应纳税所得额不超过36 000元的，适用预扣率为3%。计算本月单位代扣代缴张某当月工资、薪金所得应缴纳个人所得税税额的下列算式中，正确的是（　　）。

A.（7 000+1 000+2 100-5 000-1 540）×3%=106.8（元）

B.（7 000-5 000）×3%=60（元）

C.（7 000+1 000+2 100-5 000）×3%=153（元）

D.（7 000+1 000-5 000）×3%=90（元）

‖斯尔解析‖ [A] （1）计算工资、薪金所得：工资、薪金所得，是指个人因任职或者受雇而取得的工资、薪金、奖金、年终加薪、劳动分红、津贴、补贴以及与任职或者受雇有关的其他所得。因此，工资7 000元，加班费1 000元，奖金2 100元均应列入工资、薪金所得。（2）计算扣除项目=扣除费用（"生计费"）5 000元+专项扣除（三险一金）1 540元。（3）当月代扣代缴工资、薪金所得个人所得税税额=应纳税所得额×预扣率=（7 000+1 000+2 100-5 000-1 540）×3%=106.8（元），选项A正确。

【典例研习·5-65】（模拟单选题）

2020年3月李某出版一部小说，取得稿酬10 000元，已知稿酬所得个人所得税预扣率为20%；每次收入超过4 000元的，减除20%的费用。李某当月稿酬所得应预缴个人所得税税额的下列算式中，正确的是（　　）。

A.10 000×（1-30%）×20%=1 400（元）

B.10 000×（1-20%）×20%=1 600（元）

C.10 000×20%=2 000（元）

D.10 000×（1-20%）×（1-30%）×20%=1 120（元）

‖斯尔解析‖ [D] 取得稿酬10 000元超过4 000元，减除20%费用的余额作为收入额，再减按70%计算应纳税所得额，即10 000×（1-20%）×（1-30%）。应预缴个人所得税税额=应纳税所得额×预扣率=10 000×（1-20%）×（1-30%）×20%=1 120（元），选项D正确。

【典例研习·5-66】（模拟单选题）

2020年5月，"非居民个人"小外将自己的一项专有技术许可甲公司使用，取得收入200 000元，专利开发支出20 000元。已知特许权使用费所得每次应纳税所得额超过80 000元的，适用税率为45%，速算扣除数为15 160。"非居民"小外当月该笔收入应缴纳个人所得税税额的下列计算中，正确的是（　　）。

A.（200 000-20 000）×（1-20%）×45%-15 160=49 640（元）

B.（200 000-20 000）×45%-15 160=65 840（元）

C. ［200 000×（1－20%）－20 000］×45%－15 160＝47 840（元）

D.200 000×（1－20%）×45%－15 160＝56 840（元）

‖斯尔解析‖ D 非居民个人特许权使用费所得，属于一次性收入的，以取得该项收入为一次，以每次收入减除20%的费用后的余额为收入额，不得减除任何其他成本，故应纳税所得额＝200 000×（1－20%）＝160 000（元）。应纳税额＝应纳税所得额×税率－速算扣除数＝200 000×（1－20%）×45%－15 160＝56 840（元）。

‖陷阱提示‖ 本题的"挖坑点"为"专利开发支出20 000元"，牢记，除税法规定的可按比例扣除的费用以外，各种名目的支出均不可扣除。

第十部分 其他各类所得

考点1 经营所得（★★★）
（一）经营所得包含的具体项目（★★★）

1.基本规定

经营所得，是指：

（1）个体工商户从事生产、经营活动取得的所得；

（2）个人独资企业投资人、合伙企业的个人合伙人来源于境内注册的个人独资企业、合伙企业生产、经营的所得；

（3）个人依法从事办学、医疗、咨询以及其他有偿服务活动取得的所得；

（4）个人对企业、事业单位承包经营、承租经营以及转包、转租取得的所得和从事其他生产、经营活动取得的所得。

2.企业为个人购买房屋及其他财产的特殊规定

（1）符合以下情形的房屋或其他财产，不论所有权人是否将财产无偿或有偿交付企业使用，其实质均为企业对个人进行了实物性质的分配，应依法计征个人所得税。

①企业出资购买房屋及其他财产，将所有权登记为投资者个人、投资者家庭成员或企业其他人员的。

②企业投资者个人、投资者家庭成员或企业其他人员向企业借款用于购买房屋及其他财产，将所有权登记为投资者、投资者家庭成员或企业其他人员，且借款年度终了后未归还借款的。

（2）税务处理

取得所得的人员		计税项目
个人投资者或其家庭成员	个人独资企业、合伙企业的	经营所得
	其他企业的	利息、股息、红利所得
企业其他人员		综合所得

【典例研习·5-67】（2018年多选题）

根据个人所得税法律制度的规定，下列各项中，应按照"劳务报酬所得"税目计缴个人所得税的有（　　）。

A.个人取得特许权的经济赔偿收入　　B.证券经纪人从证券公司取得的佣金收入

C.个人因从事彩票代销业务取得的所得 D.个人兼职取得的收入

‖斯尔解析‖ **BD** 选项A，按"特许权使用费所得"项目缴纳个人所得税。选项C，按"经营所得"项目缴纳个人所得税。选项BD，按"劳务报酬所得"项目缴纳个人所得税。

（二）应纳税所得额的确定（★★）

1.一般计算

应纳税所得额=收入总额-成本-费用-损失-亏损弥补

2.特殊情形——核定征收

从事生产、经营活动，未提供完整、准确的纳税资料，不能正确计算应纳税所得额的，由主管税务机关核定应纳税所得额或者应纳税额。

（三）个体工商户经营所得应纳税额的计算（★★★）

1.扣除项目的特别规定

（1）人工相关支出

扣除项目	业主本人	从业人员
工资薪金	不得税前扣除	据实扣除
三险一金	据实扣除	据实扣除
补充养老、医疗保险费	当地上年度社会平均工资的3倍的5%以内据实扣除	工资总额的5%以内据实扣除
人身安全保险金	不得扣除	仅为符合规定的特殊工种从业人员支付的金额可扣除
代替从业人员负担的税款	—	不得扣除
工会经费、职工福利费、职工教育经费	当地上年度社会平均工资的3倍的2%、14%、2.5%扣除	工资总额的2%、14%、2.5%扣除

需要注意的是，职工教育经费当期未能扣除的部分，可在以后年度结转扣除。

（2）其他扣除项目

扣除项目		税前扣除规定
生产经营费用和个人、家庭费用	划分清晰	据实扣除
	混用，难以分清的费用	"40%"视为与生产经营有关的费用，准予扣除
	用于个人和家庭的支出	不得扣除
捐赠	公益性捐赠	不超过应纳税所得额30%的部分据实扣除
		符合法定条件的准予"全额扣除"
	直接对受益人的捐赠	不得扣除

扣除项目		税前扣除规定
购置研发专用设备	单价＜10万元	准予一次性全额扣除
	单价≥10万元	按固定资产管理
摊位费、行政性收费、协会会费		据实扣除

（3）不得扣除的项目
①个人所得税税款；
②税收滞纳金，罚金、罚款和被没收财物的损失；
③不符合扣除规定的捐赠支出，赞助支出；
④用于个人和家庭的支出；
⑤与取得生产经营收入无关的其他支出；
⑥国家税务总局规定不准扣除的支出。

（4）个体工商户经营产生的借款费用及利息支出、业务招待费、广告费和业务宣传费、财产保险等保险费、劳动保护支出、税金及损失、亏损弥补等，扣除规定与企业所得税一致。

（5）取得经营所得的个人，没有综合所得的，计算其每一纳税年度的应纳税所得额时，应当减除费用6万元、专项扣除、专项附加扣除以及依法确定的其他扣除。专项附加扣除在办理汇算清缴时减除。

2.应纳税额的计算
（1）按年计征
（2）计算公式
每个纳税年度应纳税额＝应纳税所得额×适用税率－速算扣除数
其中：经营所得适用5%～35%的五级超额累进税率。具体税率表如下：

个人所得税税率表（经营所得适用）

级数	全年应纳税所得额	税率（%）
1	不超过30 000元的	5
2	超过30 000元至90 000元的部分	10
3	超过90 000元至300 000元的部分	20
4	超过300 000元至500 000元的部分	30
5	超过500 000元的部分	35

【典例研习·5-68】（2020年单选题）
根据个人所得税法律制度的规定，个体工商户的下列支出中，在计算经营所得应纳税所得额时，不得扣除的是（　　）。
A.代替从业人员负担的税款
B.支付给金融企业的短期流动资金借款利息支出

C.依照国家有关规定为特殊工种从业人员支付的人身安全保险金
D.实际支付给从业人员合理的工资薪金支出

‖斯尔解析‖ A 选项A，代替从业人员负担的税款不可扣除；选项BCD均可据实扣除。

‖陷阱提示‖ 对于个体工商户的工资支出，要特别注意看清是属于谁的工资，业主本人的工资不可税前扣除，但"员工"（从业人员）的工资可以据实扣除。

【典例研习·5-69】（2019年单选题）
个体工商户张某2019年度取得营业收入200万元，当年发生业务宣传费25万元，上年度结转未扣除的业务宣传费15万元。已知业务宣传费不超过当年营业收入15%的部分，准予扣除，个体工商户张某在计算当年个人所得税应纳税所得额时，允许扣除的业务宣传费金额为（　　）万元。

A.30　　　　　　B.25　　　　　　C.40　　　　　　D.15

‖斯尔解析‖ A 个体工商户每一纳税年度发生的与其生产经营活动直接相关的广告费和业务宣传费不超过当年销售（营业）收入15%的部分，可以据实扣除；超过部分，准予在以后纳税年度结转扣除。2019年，张某业务宣传费的扣除限额为200×15%=30（万元），待扣除业务宣传费=上年度结转未扣除的15万元+本年发生25万元=40万元，因此可按上限扣除30万元，选项A正确。

考点2　利息、股息、红利所得（★★）

（一）税目所包含的具体项目

1.基本规定

指个人拥有债权、股权而取得的利息、股息、红利所得。

持有财产	所得
债权	存款、贷款和债券的利息
股权	公司、企业分红

2.利息收入的免税情形

（1）国债和国家发行的金融债券利息免税。
（2）储蓄存款利息所得暂免征收个人所得税。

【解题高手】个人取得储蓄存款利息所得暂免征收个人所得税，但企业取得存款利息收入征收企业所得税，勿混淆。

3.个人持有上市公司股票获得股息红利所得

持有股票	取得股息红利的时点	税务处理
①上市公司股票（含新三板上市）	持股期限≤1个月	全额计入应纳税所得额
	1个月＜持股期限≤1年	减按50%计入应纳税所得额
	持股期限＞1年	全额免征

持有股票	取得股息红利的时点	税务处理
②持有的上市公司限售股	解禁前取得	减按50%计入应纳税所得额
	解禁后取得	自解禁日起计算持股时间，根据持股时间适用①中不同的税务处理规定

4.房屋产权瑕疵退房而取得的补偿款

房屋买受人在未办理房屋产权证的情况下，按照与房地产公司约定条件（如对房屋的占有、使用、收益和处分权进行限制）在一定时期后无条件退房而取得的补偿款，应按照"利息、股息、红利所得"缴纳个人所得税。

（二）应纳税额的计算

1.按次计征，以支付利息、股息、红利时取得的收入为一次。

2.计算公式及适用税率

应纳税额=应纳税所得额×适用税率=每次收入额×适用税率（20%）

【解题高手】牢记，收入不得减除任何费用。

【典例研习·5-70】

小十任职于S高科技公司，2020年9月取得如下所得：

（1）从葡萄上市公司取得股息所得10 000元，该股票系小十2019年1月从葡萄上市公司购入；

（2）从樱桃非上市公司取得股息所得5 000元；

（3）持有S公司限售股取得其股息所得2 000元，2019年9月该限售股尚未解禁；

（4）1年期存款9月10日到期，取得存款利息500元。

‖斯尔解析‖

（1）从葡萄上市公司取得的股息，由于持股期限超过1个月但不满1年，应减按50%计入应纳税所得额：

应缴纳的个人所得税=10 000×50%×20%=1 000（元）；

（2）从樱桃非上市公司取得的股息应全额纳税：

应缴纳的个人所得税=5 000×20%=1 000（元）；

（3）从S公司取得的股息，由于持有的限售股尚未解禁，应减按50%计入应纳税所得额：应缴纳的个人所得税=2 000×50%×20%=200（元）。

（4）个人取得存款利息暂免征税。

考点3 财产租赁所得（★★）

（一）税目所包含的具体项目

1.基本规定

指个人出租不动产、机器设备、车船以及其他财产取得的所得。

2.个人取得的房屋转租收入，属于"财产租赁所得"项目。

3.房地产开发企业以优惠价格出售其商店给购买者个人，购买者个人在一定期限内必须将购买的商店无偿提供给房地产开发企业对外出租使用。对购买者个人少支出的购房价款，应视同个人财产租赁所得，按照"财产租赁所得"项目征收个人所得税。

（二）应纳税额的计算

1. 按次计征，一个月内取得的收入为一次。

2. 计算公式

应按税额=应纳税所得额×适用税率

3. 税率

（1）一般情形：比例税率20%。

（2）个人出租住房取得的所得暂减按10%的税率征收。

4. 应纳税所得额的确定

（1）每次（月）收入不超过4 000元的：

应纳税所得额=每次（月）收入额-准予扣除的项目-800元

（2）每次（月）收入在4 000元以上的：

应纳税所得额=［每次（月）收入额-准予扣除的项目］×（1-20%）

其中，准予扣除的项目包括：

（1）财产租赁过程中缴纳的税费包括出租房屋时缴纳的城市维护建设税、教育费附加以及房产税、印花税等相关税费。

注意：个人出租房屋的个人所得税应税收入不含增值税，计算房屋出租所得可扣除的税费不包括本次出租缴纳的增值税；个人转租房屋的，其向房屋出租方支付的租金及增值税额，在计算转租所得时予以扣除。

（2）由纳税人负担的租赁财产实际开支的修缮费用：每次扣除额以800元为限，但可以结转扣除。

【典例研习·5-71】

2020年9月王某出租自有住房取得租金收入6 000元，房屋租赁过程中缴纳税费240元，支付该房屋的修缮费1 000元，已知个人出租住房个人所得税税率暂减按10%，每次收入4 000元以上的，减除20%的费用。计算王某当月出租住房应缴纳个人所得税税额。（2018年改编）

‖斯尔解析‖

（1）王某出租自有住房取得租金收入按次计征，先计算每次收入-准予扣除的项目的金额，其中房屋修缮费1 000元已超过每次扣除上限800元，按800元扣除；房屋租赁过程中缴纳税费240元可据实扣除，故：收入-准予扣除的项目=6 000-240-800=4 960（元）

（2）本题收入在4 000元以上，可减除20%的费用，应纳税所得额=4 960×（1-20%）=3 968（元）

（3）应纳税额=应纳税所得额×10%=3 968×10%=396.8（元）

【典例研习·5-72】（2015年判断题）

个人取得的住房转租收入，应按"财产转让所得"征收个人所得税。（　　）

‖斯尔解析‖ ✗ 个人取得的房屋转租收入，属于"财产租赁所得"的征税范围。

【典例研习·5-73】（2017年单选题）
下列各项中，暂减按10%税率征收个人所得税的是（　　）。
A.周某出租机动车取得的所得
B.夏某出租住房取得的所得
C.林某出租商铺取得的所得
D.刘某出租电子设备取得的所得

‖斯尔解析‖ B 自2001年1月1日起，对个人出租住房的所得暂减按10%的税率征收个人所得税。

‖陷阱提示‖ 看清关键词，"个人"出租"住房"暂减按10%税率征收个人所得税，出租经营性用房是不能享受该税收优惠的。

考点4 财产转让所得（★★）

（一）税目所包含的具体项目

1.基本规定

指个人转让有价证券、股权、合伙企业中的财产份额、不动产、机器设备、车船以及其他财产取得的所得。

注意：

（1）个人通过招标、竞拍或其他方式购置债权以后，通过相关司法或行政程序主张债权而取得的所得，应按照"财产转让所得"项目缴纳个人所得税。

（2）转售虚拟货币加价出售所得，应按照"财产转让所得"项目缴纳个人所得税。

（3）以非货币性资产投资，属于个人转让非货币性资产和投资同时发生，对个人转让非货币性资产的所得，按财产转让所得纳税。

2.个人股权转让所得

交易行为	纳税义务
转让上市公司流通股	暂不征收个人所得纳税
转让非上市公司股票，新三板挂牌公司原始股、限售股	按财产转让所得纳税
其他股权交易，如股权被司法或行政机关强制过户、以股权抵偿债务、对外投资或进行其他非货币性交易、公司回购股权	按财产转让所得纳税

3.企业改组改制过程中个人取得的量化资产征税

集体所有制企业在改制为股份合作制企业时，可以将有关资产量化给职工个人。

所得形式		税务处理
取得的股份	仅作为分红依据，不拥有所有权	不征收个人所得税
	拥有所有权	取得时：不征收
		股份转让时，按"财产转让所得"项目计征
持有期间参与企业分配而获得的股息、红利		按"利息、股息、红利所得"项目征收个人所得税

（二）应纳税额的计算
1.按次计征
2.计算公式

应纳税额=应纳税所得额×税率（20%）

应纳税所得额=转让财产的收入额-财产原值-合理费用

合理费用是指卖出财产时按照规定支付的有关税费。转让限售股过程中发生合理费用包括印花税、佣金、过户费等与交易相关的税费。

3.个人转让房屋相关规定

（1）应税收入不含增值税，转让所得时可扣除的税费不包括本次转让缴纳的增值税。其取得房屋时所支付价款中包含的增值税计入财产原值扣除。

（2）个人转让自用5年以上、唯一家庭生活用房取得的所得，暂免征收个人所得税。

【典例研习·5-74】（2016年多选题）

下列各项中，应按"财产转让所得"税目计征个人所得税的有（　　）。

A.转让机器设备所得　　　　　　　　B.提供著作权的使用权所得

C.转让股权所得　　　　　　　　　　D.提供非专利技术使用权所得

‖斯尔解析‖ [AC] 财产转让所得，是指个人转让有价证券、股权（选项C）、合伙企业中的财产份额、不动产、机器设备（选项A）、车船以及其他财产取得的所得。选项BD按"特许权使用费所得"计征个人所得税。

【典例研习·5-75】（2017年判断题）

个人通过网络收购玩家的虚拟货币，加价后向他人出售取得的收入，不征收个人所得税。（　　）

‖斯尔解析‖ [×] 个人通过网络收购玩家的虚拟货币，加价后向他人出售取得的收入，应按照"财产转让所得"项目计算缴纳个人所得税。

【典例研习·5-76】（2020年单选题改编）

2019年11月，林某将一套三年前购入的普通住房出售，取得收入160万元，原值120万元，售房中发生合理费用0.5万元。已知财产转让所得个人所得税税率为20%，计算林某出售该住房应缴纳个人所得税税额的下列算式中正确的是（　　）。

A.（160-120-0.5）×20%=7.9（万元）　　B.160×（1-20%）×20%=25.6（万元）

C.（160-120）×20%=8（万元）　　　　　D.（160-0.5）×20%=31.9（万元）

‖斯尔解析‖ [A] 财产转让所得，应按照一次转让财产的收入额减除财产原值和合理费用后的余额计算纳税。应纳税额=应纳税所得额×适用税率=（收入总额-财产原值-合理费用）×20%=（160-120-0.5）×20%=7.9（万元）。

考点5　偶然所得（★★）

（一）税目所包含的具体项目

1.基本规定

指个人得奖、中奖、中彩以及其他偶然性质的所得。

2.企业促销所得

是否征税	具体情形
征税	企业对累积消费达到一定额度的顾客，给予额外抽奖机会，个人的获奖所得，按照"偶然所得"项目，全额计征个税
	企业在业务宣传及各类年会、庆典活动中，随机向本单位以外的个人赠送礼品（包括网络红包），个人所得按"偶然所得"项目计征。但赠送的具有价格折扣或折让性质的消费券、代金券、抵用券、优惠券等礼品除外
免征	企业通过价格折扣、折让方式向个人销售商品和提供服务 如：通信企业对个人购买手机赠话费、入网费，或者购话费赠手机等
	企业向个人销售商品和提供服务的同时给予"赠品"
	企业对累积消费达到一定额度的个人按消费积分反馈的"礼品"

3.中奖所得

情形	起征点	是否征收
福利彩票、体育彩票中奖	一次中奖收入≤1万元	暂免征收
	一次中奖收入＞1万元	全额征收
发票中奖	单张有奖发票奖金所得≤800元	暂免征收
	单张有奖发票奖金所得＞800元	全额征收

4.担保所得

个人为单位或他人提供担保获得收入，按照"偶然所得"项目计算缴纳个人所得税。

5.受赠房屋

（1）房屋产权所有人将房屋产权无偿赠与他人的，受赠人因无偿受赠房屋取得的受赠收入，按照"偶然所得"项目计算缴纳个人所得税。

（2）房屋产权无偿赠与的特殊情形，当事双方不征收个人所得税：

①房屋产权所有权人将房屋产权无偿赠与近亲属；

②房屋产权所有人将房屋产权无偿赠与对其承担直接"抚养或赡养义务"的人；

③房屋产权所有人死亡，依法取得房屋产权的继承人。

（二）应纳税额计算

1.按次计征

2.计算公式：应纳税额=应纳税所得额×适用税率（20%）

3.应纳税所得额：以"每次收入额"为应纳税所得额，不扣减任何费用。

【典例研习·5-77】（2019年单选题）

2018年10月，李某购买福利彩票，取得一次中奖收入3万元，购买彩票支出400元，已知偶然所得个人所得税税率为20%，计算李某中奖收入应缴纳个人所得税税额的下列算式中，正确的是（　　）。

A.30 000×（1-20%）×20%=4 800（元）

B.（30 000-400）×20%=5 920（元）

C.30 000×20%=6 000（元）

D.（30 000-400）×（1-20%）×20%=4 736（元）

‖斯尔解析‖ C　（1）购买彩票中奖收入按"偶然所得"计算缴纳个人所得税，偶然所得应纳税额=每次收入额×20%。（2）中奖收入3万元，超过了1万元，全额征税。（3）购买彩票的支出（400元）不得扣除，也不存在定率（20%）扣除的问题。故选项C正确，选项ABD错误。

‖陷阱提示‖ 偶然所得，什么支出、费用均不能扣！

【解题高手】个人所得税各税目计征方式及一次收入的确定

税目		计征方式	一次收入的确定	扣除项目
综合所得	工资、薪金	居民：年度合并计算，按次或按月预扣预缴 非居民：按月或者按次分项计算	劳务报酬、稿酬、特许权使用费所得，属于一次性收入的，以取得该项收入为一次；属同一个项目连续收入的以一个月为一次收入	定额/率、限额、据实扣除
	劳务报酬所得			
	稿酬所得			
	特许权使用费			
经营所得		按年计征	—	计算扣除
利息、股息、红利所得		按次计征	支付利息、股息、红利时取得的收入为一次	不得扣除
财产租赁所得		按次计征	一个月取得收入为一次	定额/率扣除
财产转让所得		按次计征	—	据实扣除
偶然所得		按次计征	每次取得该项收入为一次	不得扣除

【典例研习·5-78】（2020年单选题改编）

根据个人所得税法律制度的规定，下列各项中，以一个月内取得的收入为一次的是（　　）。

A.偶然所得　　　　　　　　　　B.利息、股息、红利所得

C.财产租赁所得　　　　　　　　D.财产转让所得

‖斯尔解析‖ C　（1）选项A，偶然所得，以每次取得该项收入为一次。（2）选项B，利息、股息、红利所得，以支付利息、股息、红利时取得的收入为一次。（3）选项C，财产租赁所得，以一个月内取得的收入为一次。（4）选项D，财产转让所得，以每次取得该项收入为一次。

考点6 其他规定（★★）

（一）捐赠支出

从应纳税所得额中扣除：

情形	是否可扣除	具体规定
公益性捐赠	全额扣除	向红十字事业的捐赠
		向教育事业的捐赠、向农村义务教育的捐赠
		公益性青少年活动场所捐赠
		向福利性、非营利性老年服务机构捐赠
		通过宋庆龄基金会等特定基金会捐赠，用于公益救济
	有限额的扣除	其他公益慈善事业捐赠：捐赠额未超过纳税人申报的应纳税所得额30%的部分可以扣除
直接捐赠	不得扣除	—

注意：公益性捐赠指通过中国境内的公益性社会组织、国家机关进行捐赠。

【典例研习·5-79】（2020年单选题改编）

2020年5月，李某花费500元购买体育彩票，一次中奖30 000元，将其中1 000元直接捐赠给甲小学，已知偶然所得个人所得税税率为20%，李某彩票中奖收入应缴纳个人所得税税额的下列计算中，正确的是（　　）。

A.（30 000-500）×20%=5 900（元）

B.30 000×20%=6 000（元）

C.（30 000-1 000）×20%=5 800（元）

D.（30 000-1 000-500）×20%=5 700（元）

‖斯尔解析‖ **B** 个人"直接"向受赠人的捐赠不允许税前扣除。因此，李某5月应缴纳个人所得税=30 000×20%=6 000（元）。选项B正确。

【典例研习·5-80】（2014年多选题）

根据个人所得税法律制度的规定，个人发生的下列公益救济性捐赠支出，准予税前全额扣除的有（　　）。

A.通过国家机关向红十字事业的捐赠

B.通过国家机关向农村义务教育的捐赠

C.通过非营利社会团体向非营利性老年服务机构的捐赠

D.通过非营利社会团体向贫困地区的捐赠

‖斯尔解析‖ **ABC** 选项D，捐赠额未超过纳税人申报的应纳税所得额30%的部分可以扣除。

（二）多人共同取得一项所得

两个以上个人共同取得同一项目收入的，应当对每个人取得的收入分别按照个人所得税法规定减除费用后计算纳税。

【典例研习·5-81】

2020年7月，小十和小二共同担任某奶茶经营讲座讲师，共取得劳务报酬9 000元，其中小十分得6 000元，小二分得3 000元。已知劳务报酬所得每次收入额不超过4 000元的，费用扣除为800元，每次收入额超过4 000元的，费用扣除为20%，应纳税所得额不超过20 000元的，适用税率为20%。请计算小十与小二取得该项劳务报酬应预缴个人所得税税额。

‖斯尔解析‖

小十应缴纳个人所得税=6 000×（1-20%）×20%=960（元）

小二应缴纳个人所得税=（3 000-800）×20%=440（元）

（三）居民境外所得的应纳税额

1.分别纳税

居民个人从境内和境外取得综合所得或经营所得，应当分别合并计算应纳税额；从境内、境外取得的其他所得应当分别单独计算应纳税额。

2.境外已缴纳部分的抵免

居民个人从中国境外取得的所得，可以从其应纳税额中抵免已在境外缴纳的个人所得税税额。

抵免限额：不得超过该纳税人境外所得依照个人所得税法规定计算的应纳税额。

提供凭证：居民个人申请抵免已在境外缴纳的个人所得税税额，应当提供境外税务机关出具的税款所属年度的有关纳税凭证。

第十一部分　个人所得税税收优惠及征收管理

考点1　税收优惠（★★★）

（一）免税项目

1.省级人民政府、国务院部委和中国人民解放军军以上单位，以及外国组织、国际组织颁发的科学、教育、技术、文化、卫生、体育、环境保护等方面的奖金。

2.国债和国家发行的金融债券利息。其中，国债利息，是指个人持有中华人民共和国财政部发行的债券而取得的利息；国家发行的金融债券利息，是指个人持有经国务院批准发行的金融债券而取得的利息。

3.按照国家统一规定发给的补贴、津贴，是指按照国务院规定发给的政府特殊津贴、院士津贴，以及国务院规定免纳个人所得税的其他补贴、津贴。

4.福利费、抚恤金、救济金。其中，福利费是指根据国家有关规定，从企业、事业单位、国家机关、社会组织提留的福利费或者工会经费中支付给个人的生活补助费；救济金，是指各级人民政府民政部门支付给个人的生活困难补助费。

5.保险赔款。

6.军人的转业费、复员费、退役金。

7.按照国家统一规定发给干部、职工的安家费、退职费、基本养老金或者退休费、离休费、离休生活补助费。

8.依照有关法律规定应予免税的各国驻华使馆、领事馆的外交代表、领事官员和其他人员的所得。该所得是指依照《中华人民共和国外交特权与豁免条例》和《中华人民共和国领事特权与豁免条例》规定免税的所得。

9.中国政府参加的国际公约、签订的协议中规定免税的所得。

10.国务院规定的其他免税所得。该项免税规定,由国务院报全国人民代表大会常务委员会备案。

(二)暂免征收项目

1.外籍个人

(1)"非现金"形式或实报实销的住房补贴、伙食补贴、搬迁费、洗衣费;

(2)合理标准的境内、外出差补贴;

(3)合理的探亲费、语言训练费、子女教育费;

(4)从外商投资企业取得的股息、红利所得;

(5)符合条件的外籍专家取得的工资、薪金所得。

2019年1月1日至2021年12月31日期间,外籍个人可以选择享受个人所得税专项附加扣除,也可以选择按照规定,享受住房补贴、语言训练费、子女教育费等津补贴免税优惠政策,但不得同时享受。

2.个人举报、协查各种违法、犯罪行为而获得的奖金。

3.个人办理代扣代缴手续,按规定取得的扣缴手续费。

4.个人领取原提存的住房公积金、基本医疗保险金、基本养老保险金,以及失业保险金,免予征收个人所得税。

(三)减税项目

1.残疾、孤老人员和烈属的所得。
2.因自然灾害造成重大损失的。

【典例研习·5-82】(2018年单选题)

根据个人所得税法律制度的规定,个人的下列所得中,不属于个人所得税免税项目的是(   )。

A.出租住房取得的租金　　　　B.国家发行的金融债券利息
C.国债利息　　　　　　　　　D.军人的转业费

‖斯尔解析‖ A　选项A,自2001年1月1日起,对个人出租住房的所得暂减按10%的税率征收个人所得税。选项BCD,均为免税项目。

【典例研习·5-83】(2020年不定项选择题)

中国公民张某为个体工商户业主,主要从事汽车修理业务。2019年度有关收支情况如下:

(1)取得汽车修理收入1 000 000元。

(2)发生成本、费用350 000元,其中包括雇员工资90 000元、张某本人工资120 000元。

(3)张某的独生女正在读小学,课外辅导班支出30 000元,为妻子购买轿车支出100 000元。

(4)2月从境内公开发行和转让市场购入W上市公司股票,4月取得该上市公司分配的股息35 000元，4月将持有的股票全部卖出。

（5）8月转让普通住房一套，取得销售收入800 000元，转让时发生合理费用53 000元，该住房值500 000元，系张某2012年8月购进，为张某在本地的第二套住房。

已知：张某当年没有综合所得；减除费用60 000元；专项扣除27 000元；子女教育专项附加扣除标准为1 000元/月，由张某按扣除标准的100%扣除；转让不动产增值税征收率为5%；利息、股息、红利所得及财产转让所得个人所得税税率为20%。

要求：

根据上述资料，不考虑其他因素，分析回答下列小题。

1.计算张某2019年度经营所得个人所得税应纳税所得额时，下列支出中，不得扣除的是（　　）。

A.独生女课外辅导班支出30 000元　　B.为妻子购买轿车支出100 000元

C.雇员工资90 000元　　D.张某本人工资120 000元

‖斯尔解析‖ ABD　（1）个体工商户经营者用于个人和家庭的支出不得扣除，选项AB不得扣除；（2）选项C，个体工商户实际支付给从业人员的、合理的工资薪金支出，准予扣除；（3）选项D个体工商户业主的工资薪金支出，不得扣除。综上，本题选项ABD不得扣除。

2.计算张某2019年度经营所得个人所得税应纳税所得额的下列算式中，正确的是（　　）。

A.1 000 000-（350 000-120 000）-1 000×12=758 000元

B.1 000 000-（350 000-120 000）-60 000-27 000-1 000×12=671 000元

C.1 000 000-350 000-30 000-100 000=520 000元

D.1 000 000-（350 000-90 000）-60 000-27 000=653 000元

‖斯尔解析‖ B　（1）张某本人工资120 000元不可扣除，排除选项CD；（2）取得经营所得的个人，没有综合所得的，计算其每一纳税年度的应纳税所得额时，应当减除费用6万元、专项扣除、专项附加扣除以及依法确定的其他扣除。由于张某当年没有综合所得，计算其应纳税所得额时，可减除费用60 000元，专项扣除27 000元，其独生女接受全日制学历教育（小学）的相关支出为1 000元/月×12×100%，故本题选项B正确。

3.计算张某2019年4月取得股息所得应缴纳个人所得税税额的下列算式中，正确的是（　　）。

A.35 000×（1-20%）×20%=5 600元　　B.35 000×（1-20%）×50%×20%=2 800元

C.35 000×50%×20%=3 500元　　D.35 000×20%=7 000元

‖斯尔解析‖ C　个人持有从公开发行和转让市场取得的上市公司股票而取得的股息红利，持股期限在1个月以上至1年的（含1年)，暂减按50%计入应纳税所得额。

4.计算张某2019年8月转让普通住房应缴纳个人所得税税额的下列算式中，正确的是（　　）。

A.（800 000-53 000）×20%=149 400元

B.（800 000-500 000-53 000）×20%=49 400元

C.（800 000-500 000）×20%=60 000元

D.800 000×20%=160 000元

‖斯尔解析‖ B 财产转让所得个人所得税应纳税额=应纳税所得额×适用税率=（收入总额-财产原值-合理费用）×20%=（800 000-500 000-53 000）×20%=49 400元。

【典例研习·5-84】（2013年判断题改编）
对企业职工，因企业依照《破产法》宣告破产，从破产企业取得的一次性安置费收入，免予征收个人所得税。（　　）

‖斯尔解析‖ √

考点2　个人所得税的征收管理（★★）

（一）纳税申报

1.个人所得税以所得人为纳税人，以支付所得的单位或者个人为扣缴义务人，支付所得时预扣或代扣税款。

2.代扣代缴的具体规定

（1）扣缴义务人应当按照国家规定办理全员全额扣缴申报。

（2）扣缴义务人每月或者每次预扣、代扣的税款，应当在次月15日内缴入国库，并向税务机关报送扣缴个人所得税申报表及相关涉税信息资料。

（3）对扣缴义务人按照所扣缴的税款，税务机关给付2%的手续费。

3.取得综合所得需要办理汇算清缴的情形

（1）在两处或者两处以上取得综合所得，且综合所得年收入额减去专项扣除的余额超过6万元。

（2）取得劳务报酬所得、稿酬所得、特许权使用费所得中一项或者多项所得，且综合所得年收入额减去专项扣除的余额超过6万元。

（3）纳税年度内预缴税额低于应纳税额的。

（4）纳税人申请退税。

4.其他应办理纳税申报的情形

（1）取得应税所得没有扣缴义务人，或取得应税所得，扣缴义务人未扣缴税款。

（2）取得境外所得。

（3）因移居境外注销中国户籍。

（4）非居民个人在中国境内从两处以上取得工资、薪金所得。

注意：非居民个人取得工资、薪金所得，劳务报酬所得，稿酬所得和特许权使用费所得，有扣缴义务人的，由扣缴义务人按月或者按次代扣代缴税款，不办理汇算清缴。

（二）纳税期限

1.已按期预扣预缴/代扣代缴税款

税目	纳税人	计算	预扣预缴/代扣代缴	自行汇算清缴及申报纳税
综合所得	居民	按年计算	扣缴义务人按月或者按次预扣预缴税款	需汇算清缴的，次年3月1日至6月30日内办理
	非居民	分项计算	扣缴义务人按月或者按次代扣代缴税款	不办理汇算清缴

税目	纳税人	计算	预扣预缴/代扣代缴	自行汇算清缴及申报纳税
经营所得		按年计算	无	（1）月度或者季度终了后15日内申报纳税并预缴税款； （2）次年3月31日前办理汇算清缴
利息、股息、红利，财产租赁、财产转让所得，偶然所得		按月/次计算	扣缴义务人按月或者按次代扣代缴税款	—

2.没有扣缴义务人或扣缴义务人未扣缴的情形：

（1）无扣缴义务人的，纳税人应在取得所得的次月15日内申报纳税并缴纳税款；

（2）扣缴义务人未扣缴税款的，纳税人应在取得所得的次年6月30日前缴纳税款；

（3）居民个人从中国境外取得所得的，应当在取得所得的次年3月1日至6月30日内申报纳税。

【典例研习·5-85】（2019年单选题）

根据个人所得税法律制度的规定，居民个人从中国境外取得所得的，应当在取得所得的一定期限内向税务机关申报纳税，该期限是（   ）。

A.次年6月1日至6月30日　　　　　B.次年1月1日至3月1日

C.次年3月1日至6月30日　　　　　D.次年1月1日至1月31日

【斯尔解析】 C 居民个人从中国境外取得所得的，应当在取得所得的次年3月1日至6月30日内申报纳税。

【陷阱提示】 注意区分个人所得税中居民个人取得经营所得、综合所得、境外所得自行汇算清缴及申报纳税，以及企业所得税纳税人汇算清缴的时间。

【典例研习·5-86】（模拟多选题）

纳税人发生的下列情形中，应当按照规定向主管税务机关办理个人所得税自行纳税申报的有（   ）。

A.居民个人王某从美国取得所得

B.居民个人林某从出版社取得稿酬所得1万元

C.非居民个人汤姆从中国境内两家公司取得工资、薪金所得

D.居民个人张某2019年度内预缴税额低于应纳税额，需要补缴税款1 000元

【斯尔解析】 ACD （1）选项A，居民个人从取得境外所得，需进行纳税申报，选项A正确。（2）选项B，居民个人在两处或者两处以上取得综合所得，且综合所得年收入额减去专项扣除的余额超过6万元，需自行纳税申报，林某仅取得稿酬所得1万元，无须申报。（3）非居民个人在中国境内从两处以上取得工资、薪金所得，需进行纳税申报，选项C正确。（4）选项D，纳税年度内预缴税额低于应纳税额的（需要补缴）、纳税人申请退税的，均需进行纳税申报，选项D正确。

第六章 其他税收法律制度

学习提要

本章，我们将学习我国现行税法下的剩余14个税种。为了便于同学们学习，本章将按照如下顺序展开：

第一部分，学习不动产（房子、地）相关的5个税种，包括交易时点涉及的耕地占用税、契税、土地增值税，以及持有期间缴纳的房产税、城镇土地使用税。

第二部分，学习交通工具相关的2个税种，包括持有期间缴纳的车船税及交易时点涉及的车辆购置税。

第三部分，学习进口环节涉及的船舶吨税、关税。

第四部分，学习资源税及环境保护税。

第五部分，学习其他税种及附加费，包括印花税、城市维护建设税及教育费附加、烟叶税。

本章的知识点较为零散，初学者很容易混淆，进而迷失在小税种的海洋中。因此，学习本章时，非常容易出现"一听都会，一做全错"的情形，建议大家学习后先尝试自己总结，自己动手处理一遍信息，会对整体把握本章内容大有裨益。

历年考题中，本章分值平均约为10～15分，单选题、多选题及判断题均有涉及，尤其经常在单选题中结合税收优惠考查各小税种的计算。由于初级考试中各小税种均单独考查，本章考查难度显著低于第四章及第五章，性价比很高，一起开始愉快的学习吧！

考点精讲

第一部分 房产税、城镇土地使用税、耕地占用税、契税、土地增值税

考点1 房产税（★★★）

（一）征税对象及征税范围

1.以房产为征税对象，按照房产的计税价值或房产租金收入向产权所有人征收。

2.征税范围

（1）房产税的征税范围为城市、县城、建制镇和工矿区的房屋；

（2）独立于房屋之外的建筑物，如围墙、烟囱、水塔、菜窖、室外游泳池等不属于房产税的征税范围。

【解题高手】房产税的征税范围不包括农村的房屋。

（二）纳税人

1.房产税的纳税人是指在我国城市、县城、建制镇和工矿区内拥有房屋产权的单位和个人。
2.具体情形

具体情形		纳税人
产权属于集体和个人		集体单位和个人
产权属于国家所有		经营管理单位
产权出典*		承典人
产权出租		出租人
产权所有人、承典人均不在房产所在地		房产代管人或者使用人
产权未确定以及租典纠纷未解决		房产代管人或者使用人
纳税单位和个人无租使用		使用人（代为缴纳房产税）
房地产开发企业建造的商品房，出售前	一般	不征收房产税
	已使用或出租、出借的	房地产开发企业

*产权出典指产权所有人（出典人）为了某种需要，将自己房屋的产权，在一定期限内转让（出典）给他人（承典人）使用而取得出典价款的一种融资行为。承典人支付现金或实物，在房屋出典期间取得房屋支配权，产权所有人已无权支配房屋，因此纳税人为承典人。

【典例研习·6-1】（模拟单选题）
根据房产税法律制度的规定，下列各项中，属于房产税征税范围的是（　　）。
A.建制镇工业企业的厂房　　　　　　B.农村的村民住宅
C.市区商场的地下车库　　　　　　　D.县城商业企业的办公楼

‖斯尔解析‖ ACD　房产税的征税范围为城市、县城、建制镇和工矿区的房屋，不包括农村的房屋，选项B错误。

‖陷阱提示‖ 地下车库也属于房屋。

（三）应纳税额的计算
1.一般计税规则

方法	计税依据	税率	全年应纳税额的计算公式
从价计征	房产原值一次减除10%～30%后的余值	1.2%	应纳税额=应税房产原值×（1-扣除比例）×1.2%
从租计征	取得的不含增值税租金收入（包括货币收入及实物收入）	12%	应纳税额=（不含增值税）租金收入×12%
	优惠税率：4% （1）个人出租住房，不区分用途，按4%的税率征收； （2）单位按市场价格向个人出租用于居住的住房，减按4%的税率征收		

2.房产原值的确定

（1）不可扣除折旧

房屋原价指在会计账簿固定资产科目中记载的房屋原价，不得扣除折旧。

（2）附属设备配套设施及改扩建

①与房屋不可分割的各种附属设备或一般不单独计算价值的配套设施（如通风、照明、水暖、各种管线、电梯、升降机、过道、晒台等）。

②以房屋为载体、不可随意移动的附属设备和配套设施，无论在会计核算中是否单独记账与核算，都应计入房产原值，计征房产税，如给排水、采暖、消防、中央空调、电气及智能化楼宇设备等。

③对原有房屋进行改建、扩建的，要相应增加房屋的原值。

更换房屋附属设备和配套设施的，可先扣减"被替换"设备价值，扣减后余额计入房产原值。

3.投资联营的房产的计税规定

情形		计税规定
以房产投资联营	参与投资利润分红、共担风险	以房产余值为计税依据
	收取固定收入、不承担经营风险	实际上是以联营名义取得房屋租金，应以出租方取得的租金收入为计税依据

4.融资租赁

（1）承租人自融资租赁合同约定开始日的次月起依照房产余值缴纳房产税。

（2）合同未约定开始日的，由承租人自合同签订的次月起依照房产余值缴纳房产税。

【典例研习·6-2】（2020年单选题改编）

甲企业厂房原值2 000万元，已提折旧200万元。2019年11月对该厂房进行扩建，2019年年底扩建完工并办理验收手续，增加房产原值500万元，已知房产税的原值扣除比例为30%，房产税比例税率为1.2%，计算甲企业2020年应缴纳房产税税额的下列算式中，正确的是（　　）。

A.（2 000−200）×（1−30%）×1.2%+500×1.2%=21.12（万元）

B.（2 000+500）×（1−30%）×1.2%=21（万元）

C.2 000×1.2%+500×（1−30%）×1.2%=28.2（万元）

D.2 000×（1−30%）×1.2%=16.8（万元）

‖斯尔解析‖ B （1）本题为自用房产房产税计算，从价计征，以房产的原值减除规定比例后的剩余价值为计税依据，即房产税应纳税额=应税房产原值×（1−扣除比例30%）×1.2%。（2）改扩建已于2019年底完工，改扩建成本500万元，次月起增加作为计税基础的房屋原值。综上，代入各已知条件，选项B正确。

‖陷阱提示‖ 从价计征房产税时，不得按房产原值扣除折旧！只能按法定扣除比例扣除。

【典例研习·6-3】（2015年单选题）

甲企业2019年年初拥有一栋房产，房产原值1 000万元，3月31日将其对外出租，租期1年，每月收取不含税租金1万元。已知房产税税率从价计征的为1.2%，从租计征的为12%，当地省政府规定计算房产余值的减除比例为30%。2019年甲企业上述房产应缴纳房产税税额的下列计算中，正确的是（　　）。

A.9×12%=1.08（万元）
B.1 000×（1-30%）×1.2%÷12×3+1×9×12%=3.18（万元）
C.1 000×（1-30%）×1.2%÷12×4+1×8×12%=3.76（万元）
D.1 000×（1-30%）×1.2%=8.4（万元）

‖斯尔解析‖ B 　本题考查一年内同时涉及自用和出租的房产税计量，需要分段计算。甲企业该房产2019年前3个月为自用，从价计征；后9个月为出租，从租计征。因此，2019年甲企业上述房产应缴纳房产税=1 000×（1-30%）×1.2%×3÷12+1×9×12%=3.18（万元）。

（四）税收优惠
1.非经营性房产免征

房产类型	具体包括
非营利机构自用房产	①国家机关、人民团体、军队自用的房产； ②事业单位（学校、医疗卫生单位、托儿所、幼儿园、敬老院以及文化、体育、艺术类单位）自有，且本身业务范围内使用的房产； ③非营利性医疗机构、疾病控制机构和妇幼保健机构等卫生机构自用的房产； ④老年服务机构自用的房产； ⑤宗教寺庙、公园、名胜古迹自用的房产 【解题高手】上述单位附设的"经营用房"不免税。如事业单位附属工厂、商店、招待所等，公园附设的营业单位，如影剧院、饮食部、茶社、照相馆等所使用的房产及出租的房产，应照章征税。
个人非营业用房产	主要指居民住房，不分面积多少，一律免征房产税 【解题高手】对个人拥有的营业用房或者出租的房产，不属于免税房产，应照章征税。

2.符合条件的体育房产
（1）国家机关、军队、人民团体、财政补助事业单位、居民委员会、村民委员会拥有的体育场馆，用于体育活动的房产；经费自理事业单位、体育社会团体、体育基金会、体育类民办非企业单位拥有并运营管理的体育场馆，符合相关条件的，其用于体育活动的房产，免征房产税。
（2）企业拥有并运营管理的大型体育场馆，其用于体育活动的房产，减半征收房产税。享受上述税收优惠体育场馆的运动场地，用于体育活动的天数不得低于全年自然天数的70%。

3.科技用房

自2019年1月1日至2021年12月31日,对国家级、省级科技企业孵化器、大学科技园和国家备案众创空间自用以及无偿或通过出租等方式提供给在孵对象使用的房产、土地,免征房产税。

4.专门用于经营农产品的房产、土地

自2019年1月1日至2021年12月31日,对农产品批发市场、农贸市场(包括自有和承租)专门用于经营农产品的房产、土地,暂免征收房产税。对同时经营其他产品的,按其他产品与农产品交易场地面积的比例确定征免房产税。

【解题高手】农产品批发市场、农贸市场的行政办公区、生活区,以及商业餐饮娱乐等非直接为农产品交易提供服务的房产、土地,应按规定征收房产税。

5.其他税收优惠

(1)对高校学生公寓免征房产税。

【解题高手】医院、高校的职工宿舍不免税。

(2)公租房、廉租房

对公共租赁住房免征房产税;对廉租住房经营管理单位按照政府规定价格、向规定保障对象出租廉租住房的租金收入,免征房产税。

【解题高手】公共租赁住房经营单位应单独核算公共租赁住房租金收入,未单独核算的,不得享受免征房产税优惠政策。

(3)停用房

①毁损不堪居住的房屋和危险房屋,经有关部门鉴定,在停止使用后,可免征房产税。

②纳税人因房屋大修导致连续停用半年以上的,在房屋大修期间免征房产税。

(4)临时房

在基建工地为基建工地服务的各种工棚、材料棚、休息棚和办公室、食堂、茶炉房、汽车房等临时性房屋,施工期间一律免征房产税。但工程结束后,施工企业将这种临时性房屋交还或估价转让给基建单位的,应从基建单位接收的次月起,照章纳税。

(五)房产税征收管理

1.纳税义务发生时间

	情形	纳税义务发生时间
改变用途	原有房产用于生产经营	生产经营之月起
	纳税人出租、出借房产	交付出租、出借本企业房产之次月起
	房地产开发企业自用、出租、出借本企业建造的商品房	自房屋使用或交付之次月起

情形		纳税义务发生时间
建房	自行新建房屋用于生产经营	建成之次月起
	委托施工企业建设的房屋	从办理验收手续之次月起
购房	购置新建商品房	自房屋交付使用之次月起
	购置存量房	自办理房屋权属转移、变更登记手续，房地产权属登记机关签发房屋权属证书之次月起
融资租赁		自融资租赁合同约定开始日的次月起；合同未约定开始日的，自合同签订的次月起
纳税义务终止		应纳税款的计算截止到房产的实物或权利状态发生变化的当月末

2.纳税期限

房产税按年计算、分期缴纳。

3.纳税地点

房产税在房产所在地缴纳。

【典例研习·6-4】（2020年多选题改编）

根据房产税法律制度的规定，下列房屋中，属于房产税免税项目的是（　　）。

A.公园对外经营的纪念品商店用房　　B.居民个人出租的市区住房

C.国家机关自用的房产　　D.军队自用的房产

‖斯尔解析‖ CD （1）选项A，宗教寺庙、公园、名胜古迹自用的房产免税，其附设的经营性房产不免税；（2）选项B，个人出租住房，按4%的税率征收房产税。

【典例研习·6-5】（2018年多选题）

根据《房产税暂行条例》的规定，下列各项中，不符合房产税纳税义务发生时间规定的有（　　）。

A.纳税人将原有房产用于生产经营，从生产经营之次月起，缴纳房产税

B.纳税人自行新建房屋用于生产经营，从建成之次月起，缴纳房产税

C.纳税人委托施工企业建设的房屋，从办理验收手续之月起，缴纳房产税

D.纳税人购置新建商品房，自房屋交付使用之次月起，缴纳房产税

‖斯尔解析‖ AC 房产税的纳税义务发生时间，自"之月"起交的只有一项，即"纳税人将原有房产用于生产经营，从生产经营之月起，缴纳房产税"，故选项A所述错误；"纳税人委托施工企业建设的房屋"，从办理验收手续之"次月"起缴纳房产税，选项C所述错误。故本题选择选项AC。

考点2　城镇土地使用税（★★）

（一）概念、征税对象及征税范围

1.概念

城镇土地使用税是国家在城市、县城、建制镇和工矿区范围内，对使用土地的单位和

个人,以其实际占用的土地面积为计税依据,按照规定的税额计算征收的一种税。

2.征税范围

城市、县城、建制镇、工矿区范围内的土地,不论是属于国家所有的土地,还是集体所有的土地,都属于城镇土地使用税的征税范围。

【解题高手】城镇土地使用税的征税范围不包括农村的土地。

(二)纳税人

1.一般规定

城镇工地使用税的纳税人,是指在税法规定的征税范围内使用土地的单位和个人,即由拥有土地使用权的单位或个人缴纳。

2.特别规定

具体情形	纳税人
纳税人不在土地所在地	代管人或实际使用人
土地使用权未确定或权属纠纷未解决	实际使用人
土地使用权共有	共有各方均为纳税人,以共有各方实际使用土地的面积占总面积的比例分别计算纳税

(三)应纳税额的计算

1.计税规则

方面	计税规则
计征方法	从"量"计征
计税依据	纳税人实际占用的土地面积(平方米)
适用税率	定额税率(元/平方米)
应纳税额的计算	年应纳税额=实际占用应税土地面积(平方米)×适用税额

【典例研习·6-6】

小十奶茶加工厂实际占地面积为1 000平方米,经税务机关核定,该企业所在地段适用城镇土地使用税税率每平方米税额为2元。计算该企业全年应缴纳的城镇土地使用税税额。

‖斯尔解析‖ 该企业年应缴纳的城镇土地使用税税额=实际占用应税土地面积(平方米)×适用税额=10 000×2=20 000(元)。

‖陷阱提示‖ 本题善良,考查全年应纳城镇土地使用税。如果题目修改为"已知小十奶茶加工厂当年实际占用该土地3个月,请问当年应缴纳城镇土地使用税额",则勿忘进行换算,当年应缴纳城镇土地使用税的税额=10 000平方米×2元/平方米/年×3/12年=5 000(元)。

2.具体规定
(1)实际占用的土地面积的确定顺序
①凡由省级人民政府确定的单位组织测定土地面积的,以测定的土地面积为准;
②尚未组织测定,但纳税人持有政府部门核发的土地使用证书的,以证书确定的土地面积为准;
③尚未核发土地使用证书的,应由纳税人据实申报土地面积,并据以纳税,待核发土地使用证书后再作调整。
(2)定额税率
城镇土地使用税按大、中、小城市和县城、建制镇、工矿区分别规定每平方米城镇土地使用税年应纳税额,并规定幅度税额。

(四)税收优惠
1.非经营性土地免征
(1)国家机关、人民团体、军队自用的土地;
(2)由国家财政部门拨付事业经费的单位自用的土地;
(3)宗教寺庙、公园、名胜古迹自用的土地;
(4)市政街道、广场、绿化地带等公共用地;
(5)老年服务机构自用的土地。
2.直接用于农、林、牧、渔业的生产用地免征城镇土地使用税
3.免税单位与纳税单位之间无偿使用的土地
(1)免税单位无偿使用纳税单位的土地,免征城镇土地使用税;
(2)纳税单位无偿使用免税单位的土地,纳税单位应照章缴纳城镇土地使用税。
4.占用耕地按规定缴纳了耕地占用税的,从批准征用之日起满1年后征收城镇土地使用税。
5."生产用地"的免征
(1)企业的铁路专用线、公路等用地
①在企业厂区(包括生产、办公及生活区)以内的,应照章征收;
②在厂区以外、与社会公用地段未加隔离的,暂免征收城镇土地使用税。
(2)林业系统用地
①列举免征。对林区的育林地、运材道、防火道、防火设施用地,免征城镇土地使用税;林业系统的森林公园、自然保护区可比照公园免征城镇土地使用税。
②除上述列举免税的土地外,对林业系统的其他生产用地及办公、生活区用地,均应征税。
(3)盐场、盐矿用地
①盐场的盐滩、盐矿的矿井用地,暂免征收城镇土地使用税;
②对盐场、盐矿的生产厂房、办公及生活区用地,照章征收。
(4)电力行业用地
①对火电厂厂区围墙外的灰场、输灰管、输油(气)管道、铁路专用线用地,免征城镇土地使用税;火电厂厂区围墙内的用地,以及厂区围墙外的其他用地,应照章征税。

②水电站的发电厂房用地（包括坝内、坝外式厂房），生产、办公、生活用地，应征收城镇土地使用税，对其他用地给予免税照顾。

③对供电部门的输电线路用地、变电站用地，免征城镇土地使用税。

（5）对港口的码头用地，免征城镇土地使用税

（6）民航机场用地

①机场飞行区（包括跑道、滑行道、停机坪、安全带、夜航灯光区）用地、场内外通信导航设施用地和飞行区四周排水防洪设施用地，免征城镇土地使用税；

②在机场道路中，场外道路用地免征；场内道路用地依照规定征收；

③机场工作区（包括办公、生产和维修用地及候机楼、停车场）用地、生活区用地、绿化用地，均须依照规定征税。

6.房地产开发公司开发建造商品房的用地

（1）经批准开发建设经济适用房的用地免征；

（2）对各类房地产开发用地一律不得减免城镇土地使用税。

7.特定"用途"用地（同房产税规定）

（1）符合条件的体育房产的用地

国家机关、军队、人民团体、财政补助事业单位、居民委员会、村民委员会拥有的体育场馆，用于体育活动的土地；经费自理事业单位、体育社会团体、体育基金会、体育类民办非企业单位拥有并运营管理的体育场馆，符合相关条件的，其用于体育活动的土地，免征城镇土地使用税。

企业拥有并运营管理的大型体育场馆，其用于体育活动的土地，减半征收城镇土地使用税。

（2）"科技用房"的用地

自2019年1月1日至2021年12月31日，对国家级、省级科技企业孵化器、大学科技园和国家备案众创空间自用以及无偿或通过出租等方式提供给在孵对象使用的房产、土地，免征城镇土地使用税。

（3）专门用于经营农产品的房产、土地

自2019年1月1日至2021年12月31日，对农产品批发市场、农贸市场（包括自有和承租）专门用于经营农产品的房产、土地，暂免征收城镇土地使用税。对同时经营其他产品的，按其他产品与农产品交易场地面积的比例确定征免城镇土地使用税。

【解题高手】农产品批发市场、农贸市场的行政办公区、生活区，以及商业餐饮娱乐等非直接为农产品交易提供服务的房产、土地，应按规定征收。

【典例研习·6-7】（2018年多选题）

下列城市用地中，应缴纳城镇土地使用税的有（　　）。

A.民航机场场内道路用地　　　　B.商业企业经营用地

C.火电厂厂区围墙内的用地　　　D.市政街道公共用地

‖斯尔解析‖ ABC　市政街道公共用地免征房产税。选项ABC均不属于各行业"列举免征"的范围之中，不免征房产税。

【典例研习·6-8】（模拟单选题）

2019年甲服装公司（位于某县城）实际占地面积30 000平方米，其中办公楼占地500平方米，厂房仓库占地面积22 000平方米，厂区内铁路专用线、公路等用地7 500平方米。已知当地规定的城镇土地使用税每平方米年税额为5元。甲服装公司当年应缴纳城镇土地使用税税额的下列计算中，正确的是（　　）。

A.30 000×5=150 000（元）　　　　　B.（30 000-7 500）×5=112 500（元）
C.（30 000-500）×5=147 500（元）　D.（30 000-22 000）×5=40 000（元）

‖斯尔解析‖ A　本题结合税收优惠考查城镇土地使用税的计算。（1）城镇土地使用税从价计征，应纳税额=实际占用面积×定额税率。（2）本题中，实际占用面积30 000平方米，其中办公楼、厂房仓库、厂区内铁路专用线、公路等用地均非免征范围，因此30 000平方米均需纳税，故选项A正确。

【典例研习·6-9】（2014年判断题）

对公安部门无偿使用铁路、民航等单位的土地，免征城镇土地使用税。（　　）

‖斯尔解析‖ √　免税单位无偿使用纳税单位的土地，免征城镇土地使用税；纳税单位无偿使用免税单位的土地，纳税单位照章征税。

（五）征收管理规定

1.纳税义务发生时间

（1）涉及房产交易

情形		纳税义务发生时间
纳税人出租、出借房产		自交付出租、出借房产之次月起
购房	购置新建商品房	自房屋交付使用之次月起
	购置存量房	自办理房屋权属转移、变更登记手续，房地产权属登记机关签发房屋权属证书之次月起

（2）"单独买地"

情形		纳税义务发生时间
以出让或转让方式有偿取得		（1）自受让方从合同约定交付土地时间之次月起；（2）合同未约定交付土地时间的，从合同签订之次月起
新征用土地	耕地	自批准征用之日起满1年时开始
	非耕地	自批准征用次月起

2.纳税期限

按年计算、分期缴纳。

3.纳税地点

城镇土地使用税在土地所在地缴纳。

考点3 耕地占用税（★★）

（一）概念、征税对象及征税范围

1.概念

耕地占用税是为了合理利用土地资源，加强土地管理，保护耕地，对占用耕地建设建筑物、构筑物或者从事非农业建设的单位和个人征收的一种税。

【原理详解】耕地，是指用于种植农作物的土地。占用园地、林地、草地、农田水利用地、养殖水面、渔业水域滩涂以及其他农用地建设建筑物、构筑物或者从事非农业建设的，按规定缴纳耕地占用税。

2.征税范围

（1）包括纳税人为建设建筑物、构筑物或从事其他非农业建设而占用的国家所有和集体所有的耕地；

（2）建设直接为农业生产服务的生产设施占用上述农用地的，不缴纳耕地占用税。

（二）纳税人

1.一般规定

耕地占用税的纳税人是在我国境内占用耕地建设建筑物、构筑物或者从事非农业建设的单位和个人。

2.具体情形

	是否经批准	纳税人
经批准占用	农用地转用审批文件中标明建设用地人	建设用地人
	农用地转用审批文件中未标明建设用地人	用地申请人
	未经批准占用	实际用地人

（三）应纳税额的计算

1.计税规则

耕地占用税以纳税人实际占用的耕地面积为计税依据，按照规定的适用税额标准计算应纳税额，一次性缴纳。

计征方法	从"量"计征
计税依据	纳税人实际占用的耕地面积（平方米）（包括经批准占用及未经批准占用的面积）
适用税率	定额税率（元/平方米）（幅度税额）
应纳税额计算	应纳税额=实际占用耕地面积（平方米）×适用税率

2.适用税率

（1）根据不同地区的人均耕地面积和经济发展情况实行有地区差别的幅度税额标准。

（2）加征规定

在人均耕地低于0.5亩的地区，可适当提高耕地占用税的适用税额，但提高的部分不得超过确定的适用税额的50%。

占用基本农田的，应当按照当地适用税额，加按150%征收。

（3）各地区耕地占用税的适用税额，由省、自治区、直辖市人民政府根据人均耕地面积和经济发展等情况，在规定的税额幅度内提出，报同级人民代表大会常务委员会决定，并报全国人民代表大会常务委员会和国务院备案。

（四）税收优惠

1.军事设施、学校、幼儿园、社会福利机构、医疗机构占用耕地，免征耕地占用税。

【解题高手】学校内经营性场所、教职工住房和医院内职工住房不免征。

2.农村居民新建自用住宅减免税

适用人群	具体包括	是否减免
农村居民	在规定用地标准以内占用耕地新建自用住宅	减半征收
	经批准搬迁，新建自用住宅占用耕地不超过原宅基地面积的部分	免征
农村烈士遗属、因公牺牲军人遗属、残疾军人以及符合农村最低生活保障条件的农村居民	在规定用地标准以内新建自用住宅	免征

3.铁路线路、公路线路、飞机场跑道、停机坪、港口、航道、水利工程占用耕地，减按每平方米2元的税额征收耕地占用税。

4.减征不超过50%的情形

占用非基本农田，适用税额可以适当低于本地区占用耕地的适用税额，但降低的部分不得超过50%。

按规定免征或者减征耕地占用税后，纳税人改变原占地用途，不再属于免征或者减征耕地占用税情形的，应当按照当地适用税额补缴耕地占用税。

（五）征收管理

1.纳税义务发生时间

纳税人收到自然资源主管部门办理占用耕地手续的书面通知的当日。

2.纳税期限

纳税人应当自纳税义务发生之日起30日内申报缴纳耕地占用税。

3.纳税地点

纳税人占用耕地或其他农用地，应当在耕地或其他农用地所在地申报纳税。

【典例研习·6-10】（模拟单选题）

2020年7月甲公司开发住宅社区经批准共占用耕地150 000平方米，其中800平方米兴建幼儿园，5 000平方米修建学校，已知耕地占用税适用税率为30元/平方米，甲公司应缴纳耕地占用税税额的下列算式中，正确的是（　　）。

A.150 000×30=4 500 000（元）

B.（150 000-800-5 000）×30=4 326 000（元）

C.（150 000-5 000）×30=4 350 000（元）

D.（150 000-800）×30=4 476 000（元）

‖斯尔解析‖ [B]　军事设施、学校、幼儿园、社会福利机构、医疗机构占用耕地，可以依法免征耕地占用税。

【典例研习·6-11】（2017年多选题）

下列各项中，免征耕地占用税的有（　　）。

A.公立学校教学楼占用耕地　　　　B.厂区内机动车道占用耕地

C.军事设施占用耕地　　　　　　　D.医院内职工住房占用耕地

‖斯尔解析‖ [AC]　（1）选项B，公路线路占用耕地，可以减按每平方米2元的税额标准缴纳耕地占用税；但专用公路和城区内机动车道占用应税土地的，按照当地适用税额缴纳耕地占用税。（2）选项D，医院内职工住房占用耕地的，按照当地适用税额缴纳耕地占用税。

考点4　契税（★★★）

（一）概念、征税对象及征税范围

1.概念

契税，是指国家在土地、房屋权属转移时，按照当事人双方签订的合同（契约）以及所确定价格的一定比例，向权属承受人征收的一种税。

2.征税对象及征税范围

（1）契税以在我国境内转移土地、房屋权属的行为作为征税对象。

（2）具体征税范围

是否包括	具体内容
包括	a.土地使用权出让； b.土地使用权转让（包括出售、赠与、互换）； c.房屋买卖、房屋赠与、房屋互换； d.作价投资（入股）、偿还债务、划转、奖励等方式转移土地、房屋权属
不包括	a.土地、房屋典当、分拆（分割）、抵押以及出租等行为； b.土地承包经营权和土地经营权转移

【解题高手】

1.土地、房屋权属未发生转移的，不征收契税。

2."互换"行为是指"房房、地地、房地"互换，"以房抵债"和"以房易货"均属于买卖行为。

(二)纳税人

契税的纳税人,是指在我国境内承受土地、房屋权属转移的单位和个人,即由以受让、购买、受赠、互换等方式取得土地、房屋权属一方缴纳。

(三)应纳税额的计算

计征方法	从价计征	
应纳税额计算	应纳税额=计税依据×税率	
计税依据	土地使用权出让、土地使用权出售、房屋买卖	不含税成交价格
	土地使用权、房屋赠与	征收机关参照市场价核定
	土地使用权、房屋互换	互换土地使用权、房屋的价格差额
	划拨方式取得土地使用权,经批准转让房地产时应补交契税	补交的土地使用权出让费用或土地收益
适用税率	比例税率(3%~5%的幅度税率)	
程序	报同级人大常委会决定,并报全国人大常委会和国务院备案	

1.对成交价格明显偏低、不合理或所互换的土地使用权、房屋价格的差额明显偏低、不合理,征收机关依照税收征管法的规定核定计税依据。

2.土地使用权互换、房屋互换,按差价计征的契税,由多交付货币、实物、无形资产或其他经济利益的一方缴纳。

【典例研习·6-12】

2020年,小十获得单位奖励房屋一套。小十得到该房屋后又将其与小二拥有的一套房屋进行互换。经房地产评估机构评估小十获奖房屋价值30万元,小二房屋价值35万元。两人协商后,小十实际向小二支付房屋互换价格差额款5万元。税务机关核定奖励小十的房屋价值28万元。已知当地规定的契税税率为4%,计算小十应缴纳的契税税额。

‖斯尔解析‖

(1)小十获得单位奖励房屋一套属于"赠与"取得房屋,应按税务机关核定的价值缴纳契税=28×4%=1.12(万元)

(2)小十与小二的房产互换行为,应由"多付钱"的一方按差价缴纳,因此应由小十缴纳契税=5×4%=0.2(万元)

综上,小十应缴纳的契税=1.12+0.2=1.32(万元)。

【典例研习·6-13】(2011年单选题)

周某向谢某借款80万元,后因谢某急需资金,周某以一套价值90万元的房产抵偿所欠谢某债务,谢某取得该房产产权的同时支付周某差价款10万元。已知契税税率为3%。关于此次房屋交易缴纳契税的下列表述中,正确的是( )。

A.周某应缴纳契税0.3万元　　　　B.周某应缴纳契税2.7万元
C.谢某应缴纳契税2.7万元　　　　D.谢某应缴纳契税0.3万元

‖斯尔解析‖ C 本题考查以房抵债情形契税的计算。以房抵债情形不属于"以房换房"情形,视同销售房产,由承受方谢某按全额计征契税,即90万元×3%=2.7万元,选项C正确。

‖陷阱提示‖ 只有土地使用权互换、房屋之间互换,才可按差价计征契税。

(四)税收优惠

1.有下列情形之一的,免征契税

(1)国家机关、事业单位、社会团体、军事单位承受土地、房屋权属用于办公、教学、医疗、科研、军事设施;

(2)非营利性的学校、医疗机构、社会福利机构承受土地、房屋权属用于办公、教学、医疗、科研、养老、救助;

(3)承受荒山、荒地、荒滩土地使用权用于农、林、牧、渔业生产;

(4)婚姻关系存续期间夫妻之间变更土地、房屋权属;

(5)法定继承人通过继承承受土地、房屋权属;

(6)依照法律规定应当予以免税的外国驻华使馆、领事馆和国际组织驻华代表机构承受土地、房屋权属。

(7)根据国民经济和社会发展的需要,国务院对居民住房需求保障、企业改制重组、灾后重建等情形可以规定免征或者减征契税,报全国人民代表大会常务委员会备案。

2.省、自治区、直辖市可以决定对下列情形免征或者减征契税

(1)因土地、房屋被县级以上人民政府征收、征用,重新承受土地、房屋权属的;

(2)因不可抗力灭失住房,重新承受住房权属。

注意:经批准减征、免征契税的纳税人,改变有关土地、房屋的用途,或者有其他不再属于税法规定的减征、免征契税情形的,就不再属于减征、免征契税范围,并且应当补缴已经减征、免征的税款。

(五)征收管理

1.纳税义务发生时间

契税的纳税义务发生时间是纳税人签订土地、房屋权属转移合同的当日,或者纳税人取得其他具有土地、房屋权属转移合同性质凭证的当日。

2.纳税期限

纳税人应当在依法办理土地、房屋权属登记手续前申报缴纳契税,未按照规定缴纳契税的,不动产登记机构不予办理土地、房屋权属登记。

3.纳税地点

向土地、房屋所在地的税务征收机关申报纳税。

4.特殊规定

(1)退税:在依法办理土地、房屋权属登记前,权属转移合同、权属转移合同性质凭证不生效、无效、被撤销或者被解除的,纳税人可以向税务机关申请退还已缴纳的税款,税务机关应当依法办理。

(2)保密:税务机关及其工作人员对税收征收管理过程中知悉的纳税人的个人信息,应当依法予以保密,不得泄露或者非法向他人提供。

考点5 土地增值税（★★★）

（一）概念、征税对象及纳税人

1.概念

土地增值税是对转让国有土地使用权、地上建筑物及其附着物并取得收入的单位和个人，就其转让房地产所取得的增值额征收的一种税。

2.纳税人

土地增值税的纳税人为转让国有土地使用权、地上建筑物及其附着物（以下简称"转让房地产"）并取得收入的单位和个人。

> 【解题高手】注意与契税区分，都是针对"转让"环节征税，契税买方交，土地增值税卖方交。

（二）征税范围

1.一般规定

（1）土地增值税只对转让国有土地使用权的行为征税，对出让国有土地的行为不征税。

（2）对"转让"行为征税时，既对转让国有土地使用权的行为征税，也对转让地上建筑物及其他附着物产权的行为征税。其增值额，是纳税人转让房地产所取得的全部增值额，而非仅仅是转让土地使用权的增值额。

（3）土地增值税只对有偿转让的房地产征税，对以继承、赠与等方式无偿转让的房地产不予征税。

> 【解题高手】不征税的赠与行为包括：
> （1）将房屋产权、土地使用权赠与直系亲属或承担直接赡养义务人；
> （2）通过中国境内非营利的社会团体、国家机关将房屋产权、土地使用权赠与教育、民政和其他社会福利、公益事业的行为；
> （3）其他赠与行为照章征税。

2.特殊规定

（1）企业改制重组

①非公司制企业整体改制、分立、合并中的房地产转移，暂不征土地增值税。

②单位、个人在改制重组时以房地产作价入股进行投资，对其将房地产转移、变更到被投资的企业，暂不征土地增值税。

③上述改制重组有关土地增值税政策不适用于房地产转移任意一方为房地产开发企业的情形。

（2）房地产的交换

个人之间交换自有居住用房地产的，经当地税务机关核实，可以免征土地增值税。其他情形的房地产的交换，应照章征税。

（3）房地产开发企业

①将开发的部分房地产转为企业自用或用于出租等商业用途时，如果产权未发生转

移，不征收土地增值税；

②将开发的房地产出售或用于职工福利、奖励、对外投资、分配给股东或投资人、抵偿债务、换取其他单位和个人的非货币性资产等发生所有权转移时视同销售房地产，应照章征税；

③房地产的代建行为，是指房地产开发公司代客户进行房地产的开发，开发完成后向客户收取代建收入的行为。对于房地产开发公司而言没有发生房地产权属的转移，其收入属于劳务收入性质，故不属于土地增值税的征税范围。

（4）合作建房

对于一方出地，另一方出资金，双方合作建房，建成后按比例分房自用的，暂免征收土地增值税；建成后转让的，应征收土地增值税。

（5）房地产的抵押

房产的产权、土地使用权在抵押期间并没有发生权属的变更，因此抵押期间不征收土地增值税。

待抵押期满后，对于以房地产抵债而发生房地产权属转让的，应列入土地增值税的征税范围。

（6）房地产的出租、房地产的重新评估，没有发生产权转让，因此不属于土地增值税的征税范围。

（7）土地使用者处置土地使用权

只要土地使用者享有占有、使用、收益或处分该土地的权利，且有合同等证据表明其实质转让、抵押或置换了土地并取得了相应的经济利益，土地使用者及其对方当事人就应当依照税法规定缴纳增值税、土地增值税和契税等。

需要注意的是，无论其是否取得了该土地的使用权属证书或办理了土地使用权属证书变更登记手续，均应缴纳土地增值税。

土地增值税征税范围常见考点总结

交易行为		是否征税
"买方"		×
土地使用权的出让		×
土地使用权的转让		√
符合要求的"赠与"		×
其他赠与		√
企业改制重组	一般企业	×
	房产转移任意一方为房地产开发企业	√
房地产开发企业	将开发的房地产出售或产权发生转移	√
	将开发的房地产转为自用或用于出租	×
	代建	×

交易行为		是否征税
房地产的交换	一般企业交换房产	√
	个人之间交换自有居住用房经税务机关核实	×
合作建房	建成后转让	√
	建成后按比例分房自用	×
出租	未发生产权转移	×
抵押	抵押期间	×
	抵押期满且权属发生转移（抵债）	√
房地产的重新评估		×
土地使用者处置土地使用权		√

【典例研习·6-14】（2015年单选题）

下列各项中，属于土地增值税征税范围的是（　　）。

A.房地产的出租　　　　　　　　B.企业间房地产的互换

C.房地产的代建　　　　　　　　D.房地产的抵押

‖斯尔解析‖ **B** 土地增值税征税范围关键在于识别"产权转移"，选项B正确。选项AD均未发生产权转移，选项C属于提供服务，均非土地增值税征税范围。

【典例研习·6-15】（2019年多选题）

根据土地增值税法律制度的规定，下列行为中，应征收土地增值税的有（　　）。

A.企业转让国有土地使用权　　　B.政府出让国有土地使用权

C.企业出售不动产　　　　　　　D.个人出租不动产

‖斯尔解析‖ **AC** （1）选项AB，土地增值税只对转让国有土地使用权的行为征税，对出让国有土地使用权的行为不征税。（2）选项C，房地产的出售，产权发生转移，征收土地增值税。（3）选项D，房地产的出租，产权未发生转移，不征收土地增值税。

（三）应纳税额的计算

1.计税规则

计征方法	从价计征
计税依据	转让房地产所取得的增值额＝不含增值税转让收入额－扣除项目
适用税率	四级超率累进税率
应纳税额计算	应纳税额＝∑（每级距的增值额×适用税率） ＝增值额×适用税率－扣除项目金额×速算扣除系数

2.应税收入的确定

（1）包括转让房地产的全部价款及有关的经济收益，包括货币收入、实物收入和其他收入，均为不含增值税收入。

（2）非直接销售和自用房地产收入的确定，按下列方法和顺序确认：一是按本企业在同一地区、同一年度销售的同类房地产的平均价格确定；二是由主管税务机关参照当地当年、同类房地产的市场价格或评估价值确定。

3.扣除项目

（1）新建项目

项目	具体内容		
①取得土地使用权所支付的金额	包括地价款、契税及登记过户手续费，据实扣除		
	地价款的确定	协议、招标、拍卖等出让方式取得	土地出让金
		行政划拨方式取得	补交的土地出让金
		转让方式取得	向原土地使用权人实际支付的地价款
②房地产开发成本	包括土地的征用及拆迁补偿费（包括耕地占用税）、前期工程费、建筑安装工程费、基础设施费、公共配套设施费、开发间接费用等，据实扣除		
③房地产开发费用	指与房地产开发项目有关的销售费用、管理费用和财务费用		
	扣除标准	利息*支出可明确区分	利息据实扣除、其他按地价款和开发成本之和的一定比例扣除： 利息+（①+②）×省级政府确定的比例
		利息支出不可明确区分	全部费用按地价款和开发成本之和一定比例扣除： （①+②）×省级政府确定的比例
④与转让房地产有关的税金	一般企业		城市维护建设税、印花税、教育费附加；土地增值税扣除项目涉及的增值税进项税额中不可抵扣的部分
	房地产开发企业		转让时缴纳的印花税不可扣除，其余同其他企业
⑤房地产开发企业加计扣除	房地产开发企业可按地价款和开发成本之和，加计20%扣除： （①+②）×20%		

*利息支出扣除的具体规定如下：

1.财务费用中的利息支出，凡能够按转让房地产项目计算分摊并提供金融机构证明的，允许据实扣除，但最高不能超过按商业银行同类同期贷款利率计算的金额；不能的，房地产开发费用按规定计算的金额之和的10%以内计算扣除。

2.利息的上浮幅度按国家的有关规定执行，超过上浮幅度的部分不允许扣除；对于超过贷款期限的利息部分和加罚的利息不允许扣除。

(2) 销售存量房（旧房）

①旧房及建筑物按评估价格扣除（房地产评估机构评定的重置成本价乘以成新度折扣率）。

凡不能取得评估价格，但能提供购房发票的，经当地税务部门确认，可按发票所载金额并从购买年度起至转让年度止每年加计5%计算。

②取得土地使用权所支付的地价款。

③转让环节缴纳的税金。

4.适用税率

土地增值税适用四级超率累进税率，其计算方法类似个人所得税中超额累进的计算，可按概念分段计算，但常用方法为找到该级距对应的税率及扣除系数（如下表）。

土地增值税四级超率累进税率表

级数	增值额与扣除项目金额的比率（增值率）	税率（%）	速算扣除系数（%）
1	不超过50%的部分	30	0
2	超过50%至100%的部分	40	5
3	超过100%至200%的部分	50	15
4	超过200%的部分	60	35

5.计算思路

应纳税额=增值额×适用税率-扣除项目金额×速算扣除系数

（1）确定不含税收入金额

（2）确定扣除项目金额

（3）确定增值额——确定计税基础

增值额=不含增值税转让收入额（1）-扣除项目金额（2）

（4）确定增值率——相应税率及速算扣除系数

增值率=增值额（3）÷扣除项目金额（2）

（5）确定应纳税额

【典例研习·6-16】

2020年，某国有商业企业利用库房空地进行住宅商品房开发，按照国家有关规定补交土地出让金2 840万元，缴纳相关税费160万元；住宅开发成本2 800万元，其中含装修费用500万元；房地产开发费用中的利息支出为300万元（不能提供金融机构证明）；当年住宅全部销售完毕，取得不含增值税销售收入共计9 000万元；缴纳城市维护建设税和教育费附加45万元；缴纳印花税4.5万元。已知该公司所在省人民政府规定的房地产开发费用的计算扣除比例为10%。计算该企业销售住宅应缴纳的土地增值税税额。

‖斯尔解析‖

（1）确定不含税销售收入金额=9 000万元。

（2）确定转让房地产的扣除项目金额包括：

①取得土地使用权所支付的金额=2 840+160=3 000（万元）。

②住宅开发成本为2 800万元。

③房地产开发费用不能提供金融机构证明，属于利息不可明确区分情形，整体开发费用按比例扣除＝（①+②）×计算扣除比例＝（3 000+2 800）×10%＝580（万元）。

④与转让房地产有关的税金：企业为"国有商业企业"，非房地产开发企业，转让缴纳印花税可扣除，因此可扣除税金＝城市维护建设税和教育费附加+印花税＝45+4.5＝49.5（万元）。

⑤非房地产开发企业不涉及加计扣除，因此转让房地产的扣除项目金额＝3 000+2 800+580+49.5＝6 429.5（万元）。

（3）确定增值额＝9 000－6 429.5＝2 570.5（万元）。

（4）确定增值率＝（3）÷（2）＝2 570.5÷6 429.5≈39.98%。

根据增值率找税率，增值率未超过50%，适用税率为30%，扣除系数为0。

（5）应纳土地增值税税额＝2 570.5×30%＝771.15（万元）。

【典例研习·6-17】（2020年单选题）

2020年6月，甲公司销售自行开发的房地产项目，取得不含增值税销售收入10 000万元，准予从房地产转让收入中减除的扣除项目金额6 000万元，且增值额超过扣除项目金额50%、未超过扣除项目金额100%的部分，税率为40%，速算扣除系数为5%，计算甲公司该笔业务应缴纳土地增值税税额的下列计算公式中，正确的是（　　）。

A.（10 000－6 000）×40%+6 000×5%＝1 900（万元）

B.10 000×40%＝4 000（万元）

C.（10 000－6 000）×40%－6 000×5%＝1 300（万元）

D.10 000×40%－6 000×5%＝3 700（万元）

‖斯尔解析‖ `C` 本题考查土地增值税的计算，从价适用超率累进税率计征。（1）确定增值额＝不含增值税销售收入10 000万元－扣除项目金额6 000万元＝4 000万元。（2）确定增值率＝增值额/扣除项目金额＝4 000/6 000＝66.67%。（3）找到适用税率40%及速算扣除系数5%。（4）计算土地增值税应纳税额＝增值额×税率－扣除项目金额×速算扣除系数＝（10 000－6 000）×40%－6 000×5%，选项C正确。

【典例研习·6-18】（2019年单选题）

根据土地增值税法律制度的规定，下列各项中，在计算土地增值税计税依据时不允许扣除的是（　　）。

A.在转让房地产时缴纳的城市维护建设税

B.纳税人为取得土地使用权所支付的地价款

C.土地征用及拆迁补偿费

D.超过贷款期限的利息部分

‖斯尔解析‖ `D` 选项ABC分别属于与转让房地产有关的税金、取得土地使用权所支付的地价款、房地产开发成本，均允许扣除；选项D，超过贷款期限的利息部分和加罚的利息不允许扣除。

【典例研习·6-19】（模拟多选题）

纳税人转让旧房及建筑物，在计算土地增值税时，准予扣除的项目有（　　）。

A.转让环节缴纳的税金　　　　　　B.取得土地使用权所支付的地价款

C.评估价格　　　　　　　　　　　D.重置成本

‖斯尔解析‖ `ABC` 本题考查转让存量房土地增值税的计算。除取得土地使用权所支付的地价款、转让环节缴纳的税金外，转让存量房可按实际情况，扣除评估价格或按购房发票金额计算扣除。其中评估价格=重置成本价×成新度折扣率，故选项C正确、选项D错误。

‖陷阱提示‖ 注意区分重置成本价及评估价格，重置成本价只是计算评估价格中的一个参数，不可直接按重置成本价扣除。

（四）税收优惠

1.纳税人建造普通标准住宅出售，增值额未超过扣除项目金额20%的，予以免税；超过20%的，应按全部增值额缴纳土地增值税。

既建普通标准住宅又进行其他房地产开发的，应分别核算增值额，否则不适用免税。

2.企事业单位、社会团体以及其他组织转让旧房作为公共租赁住房房源且增值额未超过扣除项目金额20%的，免征土地增值税。

3.因国家建设需要依法征用、收回的房地产，免征土地增值税。

4.自2008年11月1日起，对个人转让住房暂免征收土地增值税。

【典例研习·6-20】（2017年单选题）
下列各项中，免征土地增值税的是（　　）。
A.由一方出地，另一方出资金，企业双方合作建房，建成后转让的房地产
B.因城市实施规划、国家建设的需要而搬迁，企业自行转让原房地产
C.企业之间互换房地产
D.企业以房地产抵债而发生权属转移的房地产

‖斯尔解析‖ **B** 选项B，因国家建设需要依法征用、收回的房地产，免征土地增值税；选项ACD均为房地产产权发生转移的非免征情形。

（五）征收管理

1.纳税申报

（1）纳税人应在转让房地产合同签订后7日内，到房地产所在地主管税务机关办理纳税申报。

（2）纳税人因经常发生房地产转让而难以在每次转让后申报的，经税务机关审核同意后，可以定期进行纳税申报。

2.纳税清算

清算要求	适用情形
应进行土地增值税清算的情形	房地产开发项目全部竣工、完成销售的
	整体转让未竣工决算房地产开发项目的
	直接转让土地使用权的
主管税务机关可以要求纳税人进行土地增值税清算的情形	已竣工验收的房地产开发项目，已转让的房地产建筑面积占整个项目可售建筑面积的比例在85%以上，或未超过85%，但剩余的可售建筑面积已经出租或自用的
	取得销售（预售）许可证满3年仍未销售完毕的
	纳税人申请注销税务登记但未办理土地增值税清算手续的

3.纳税地点

向房地产所在地主管税务机关缴纳税款。

第二部分　车船税、车辆购置税

考点1　车船税（★★★）

（一）征税范围及纳税人

1.征税范围

车船税对在中华人民共和国境内的车辆、船舶征收，包括：

（1）依法应当在车船登记管理部门登记的机动车辆和船舶。

（2）依法不需要在车船登记管理部门登记的在单位内部场所行驶或者作业的机动车辆和船舶。

2.纳税人及扣缴义务人

（1）车船税的纳税人，是指应税车辆、船舶（以下简称"车船"）的所有人或者管理人。

（2）从事机动车第三者责任强制保险业务的保险机构为机动车车船税的扣缴义务人，应当在收取保险费时依法代收车船税，并出具代收税款凭证。

（二）应税车辆、船舶

1.车船税的税目分为六大类，包括乘用车、商用车、挂车、其他车辆、摩托车和船舶

（1）乘用车，是指主要用于载运乘客及随身行李，核定载客人数包括驾驶员在内不超过9人的汽车。

（2）商用车，分为客车和货车。其中货车包括半挂牵引车、三轮汽车和低速载货汽车。

（3）挂车，是指就其设计和技术特性需有汽车或拖拉机牵引，才能正常使用的一种无动力的道路车辆。

（4）其他车辆，是指专用作业车和轮式专用机械车。注意，不包括拖拉机。

（5）船舶，包括机动船舶和游艇。

2.免征车船税的车船

（1）捕捞、养殖渔船；

（2）军队、武装警察部队专用的车船；警用车船；悬挂应急救援专用号牌的国家综合性消防救援车辆和国家综合性消防救援船舶；

（3）依法免税的外国驻华使领馆、国际组织驻华代表机构及其有关人员的车船；

（4）对使用新能源车船（纯电动商用车、燃料电池商用车、插电式混合动力汽车），免征车船税。

纯电动乘用车和燃料电池乘用车不属于车船税征税范围，不征车船税。

（5）按照规定缴纳船舶吨税的机动船舶，依法不需要进行车船登记的内部作业车船，自《车船税法》实施之日起5年内免征车船税。

（6）临时入境的外国车船和香港特别行政区、澳门特别行政区、台湾地区的车船，不征收车船税。

3.对节约能源车船，减半征收车船税

符合标准的乘用车辆，指获得许可在中国境内销售的排量为1.6升以下（含1.6升）的燃用汽油、柴油的乘用车（含非插电式混合动力、双燃料和两用燃料乘用车）。

【典例研习·6-21】（2017年、2018年、2019年单选题）

下列车船中，应缴纳车船税的是（　　）。

A.商用客车　　　B.捕捞渔船　　　C.警用车船　　　D.养殖渔船

‖斯尔解析‖ A 本题考查税收优惠，选项BCD均属于车船税免征范围。

（三）应纳税额的计算

1.计征规则

大类	税目		计税基础	税率	（持有期间）每年应纳税额
车	乘用车、商用客车、摩托车	一般车辆	每辆	定额税率	辆数×适用年税额
		排量<1.6升的乘用车			辆数×适用年税额×50%
	商用货车、专用作业车和轮式专用机械车（不包括拖拉机）		整备质量每吨		整备质量吨数×适用年税额
	挂车				整备质量吨数×适用年税额×50%
船	机动船舶		净吨位每吨		净吨位数×适用年税额
	非机动驳船、拖船				净吨位数×适用年税额×50%
	游艇		艇身长度每米		艇身长度×适用年税额

注意购入当年应纳税额的计算：

购入当年不足1年的，自纳税义务发生当月按月计征。

当年应纳税额=适用年基准税额÷12×应纳税月份数

【典例研习·6-22】（模拟单选题）

甲公司2019年拥有机动船舶10艘，每艘净吨位为150吨，非机动驳船5艘，每艘净吨位为80吨。已知机动船舶适用年基准税额为每吨3元，计算甲公司当年应缴纳车船税税额的下列算式中，正确的是（　　）。

A.（10×150+5×80）×3=5 700（元）

B.10×150×3×50%+5×80×3=3 450（元）

C.（10×150+5×80）×3×50%=2 850（元）

D.10×150×3+5×80×3×50%=5 100（元）

‖斯尔解析‖ D 本题考查车船税计算，机动船舶、非机动船舶均按净吨位为计税依据计征车船税，非机动驳船减按50%计征，故机动船舶应缴车船税=10×150×3，非机动驳船应缴车船税=5×80×3×50%，二者相加，选项D正确。

(四)征收管理

1.纳税义务发生时间

取得车船所有权或者管理权的当月。

2.纳税申报

(1)车船税分月计算,按年申报,一次性缴纳。

(2)具体申报规定

情形	申报规定
扣缴义务人代收代缴车船税	扣缴义务人在收取保险费时依法代收车船税,并出具代收税款凭证;纳税人不再自行申报
纳税人自行申报	没有扣缴义务人,纳税人自行申报
纳税后同年度内转让	已缴纳车船税的车船在同一纳税年度内办理转让过户的,不另纳税,也不办理退税
已完税车船丢失	在一个纳税年度内,已完税的车船被盗抢、报废、灭失的,纳税人可以凭有关机关出具的证明和完税凭证,向税务机关申请退还自被盗抢、报废、灭失月份起至该纳税年度终了期间的税款

3.纳税地点

车船税的纳税地点为车船的登记地或者车船税扣缴义务人所在地。

情形	纳税地点
扣缴义务人代收代缴车船税	扣缴义务人所在地
纳税人自行申报	车船登记地的主管税务机关所在地
不需要办理登记的车船	车船的所有人或者管理人所在地

【典例研习·6-23】(模拟单选题)

某企业2019年年初拥有小轿车2辆;当年5月,1辆小轿车被盗,已按照规定办理退税。通过公安机关的侦查,10月被盗车辆失而复得,并取得公安机关的相关证明。已知当地小轿车车船税年税额为500元/辆,该企业2019年实际应缴纳的车船税下列计算中,正确的是( )。

A.500×1=500(元)　　　　B.500+500×3÷12=625(元)

C.500+500×7÷12=792(元)　　D.500×2=1 000(元)

‖斯尔解析‖ C 该企业就被盗后复得的小轿车应当缴纳7个月(1~4月,10~12月)的车船税,该企业2019年实际应缴纳车船税=500×1+500×1×(3+4)/12=792(元)。

‖陷阱提示‖ 本题的关键即为月份的计算,丢失"当月"即不用再缴纳车船税,直至失而复得"当月"。

提示:车船税的纳税义务发生时间为"当月开征当月停",故本题中被盗当月(4月)停征、失而复得当月(9月)开征。

考点2　车辆购置税（★）

（一）概念、征税范围及纳税人

1.概念

车辆购置税是对在中国境内购置应税车辆的单位和个人征收的一种税。

> 【解题高手】车船税为持有期间每年缴纳，车辆购置税为购置时一次性缴纳。

2.征税对象及征税范围

汽车、有轨电车、汽车挂车、排气量超过150毫升的摩托车。

3.纳税人

车辆购置税的纳税人为在中华人民共和国境内购置应税车辆的单位和个人。

购置，是指以购买、进口、自产、受赠、获奖或者其他方式取得并自用。

> 【解题高手】不仅仅"购买"要交车辆购置税，所有购置行为都要缴纳车辆购置税。

【典例研习·6-24】（模拟多选题）

下列单位和个人中，属于车辆购置税纳税人的有（　　）。

A.购买应税货车并自用的某外商投资企业
B.进口应税小轿车并自用的某外贸公司
C.获得奖励应税轿车并自用的李某
D.受赠应税小型客车并自用的某学校

‖斯尔解析‖【ABCD】　在中华人民共和国境内购置汽车、有轨电车、汽车挂车、排气量超过150毫升的摩托车（以下统称应税车辆）的单位和个人，为车辆购置税的纳税人。购置，是指以购买、进口、自产、受赠、获奖或者其他方式取得并自用应税车辆的行为。故选项ABCD均为车辆购置税纳税人。

（二）应纳税额的计算

计征方法	计税依据		适用税率	应纳税额计算
从价计征	不含增值税价格，具体价格确定如下		比例税率 10%	应纳税额= 计税依据×税率
	购买	不含增值税的全部价款		
	进口	完税价格+关税+消费税		
	自产自用	纳税人生产的同类应税车辆的不含增值税销售价格		
	受赠、获奖或者其他方式取得	购置应税车辆时相关凭证载明的价格确定		
	纳税人申报的计税价格明显偏低，又无正当理由的，由税务机关核定其应纳税额			

【典例研习·6-25】（2018年单选题改编）

某汽车企业2017年9月进口自用小汽车一辆，海关审定的关税完税价格为60万元，缴纳关税15万元，消费税25万元，已知车辆购置税税率为10%。计算车辆购置税税额的下列算式中，正确的是（　　）。

　A.（60+15）×10%=7.5（万元）　　　B.（60+25）×10%=8.5（万元）
　C.（60+15+25）×10%=10（万元）　　D.60×10%=6（万元）

‖斯尔解析‖ C 车辆购置税从价计征，计税依据与进口增值税相同，进口增值税计税依据=关税完税价格+关税+消费税，因此应纳税额=（60+15+25）×10%，选项C正确。

（三）税收优惠

下列车辆免征车辆购置税：

1.依照法律规定应当予以免税的外国驻华使馆、领事馆和国际组织驻华机构及其有关人员自用的车辆。

2.军队、武警列入装备订货计划的车辆。

3.悬挂应急救援专用号牌的国家综合性消防救援车辆。

4.设有固定装置的非运输专用作业车辆。

5.城市公交企业购置的公共汽电车辆。

（四）征收管理

1.纳税环节与纳税义务发生时间

（1）车辆购置税实行一次性征收。

（2）车辆购置税的纳税义务发生时间为纳税人购置应税车辆的当日。纳税人应当自纳税义务发生之日起60日内申报缴纳车辆购置税。

（3）购置已征车辆购置税的车辆，不再征收车辆购置税。

（4）纳税人应当在向公安机关交通管理部门办理车辆注册登记前，缴纳车辆购置税。

2.退税及补税

具体规定	退税/补税的计算
将已征车辆购置税的车辆退回车辆生产或销售企业的，可以申请退还车辆购置税	退税额以已缴税款为基准，自缴纳税款之日至申请退税之日，每满1年扣减10%
免减税车辆因转让、改变用途等原因不再属于免税、减税范围的，纳税人应当在办理车辆转移登记或者变更登记前缴纳车辆购置税	以免税、减税车辆初次办理纳税申报时确定的计税价格为基准，每满1年扣减10%

【典例研习·6-26】

小十2019年12月1日购入一辆小汽车自用，12月30日申报并缴纳车辆购置税20万元。由于车辆制动系统存在严重问题，2020年12月1日小十将该车退回，可以申请退还的车辆购置税为多少？

‖斯尔解析‖ 退税额以已缴税款为基准，"缴纳税款之日至申请退税之日"每满1年扣减10%。本题中虽然自购入满一年，但自缴纳税款起未满一年，因此20万元均可扣除。

3.纳税地点

是否需要办理车辆登记	纳税地点
是	车辆登记地的主管税务机关
否	纳税人所在地的主管税务机关

第三部分　船舶吨税、关税

考点1　船舶吨税（吨税）（★）

（一）概念、征税范围及纳税人

1.船舶吨税（吨税）是对自中国境外港口进入境内港口的船舶征收的一种税。
2.以应税船舶负责人为纳税人。
3.吨税纳税义务发生时间为应税船舶进入境内港口的当日。

（二）免征吨税的船舶

1.捕捞、养殖渔船。
2.军队、武装警察部队专用或者征用的船舶，警用船舶。
3.依法免税的外国驻华使领馆、国际组织驻华代表机构及其有关人员的船舶。
4.应纳税额在人民币50元以下的船舶。
5.自境外以购买、受赠、继承等方式取得船舶所有权的初次进口到港的空载船舶。
6.吨税执照期满后24小时内不上下客货的船舶。
7.非机动船舶（不包括非机动驳船）。
8.避难、防疫隔离、修理、终止运营或者拆解，并不上下客货的船舶。

（三）应纳税额的计算

计征方法	从"量"计征
计税依据	船舶净吨位
适用税率	定额税率：元/净吨 普通税率和优惠税率 适用优惠税率的船舶包括： （1）我国国籍的应税船舶； （2）船籍国（地区）与我国签订含有互相给予船舶税费最惠国待遇条款的条约或者协定的应税船舶
应纳税额计算	一般船：应税船舶净吨位×适用税率 拖船和非机动驳船：应税船舶净吨位×适用税率×50%

考点2 关税（★★★）

（一）概念、征税范围及纳税人

1.概念

对进出国境或关境的货物、物品征收的一种税。我国目前对进出境货物征收的关税分为进口关税和出口关税两类。

2.征税对象及征税范围

关税的课税对象是进出境的货物、物品。

凡准许进出口的货物，除国家另有规定的以外，均应由海关征收进口关税或出口关税。对从境外采购进口的原产于中国境内的货物，也应按规定征收进口关税。

> 【解题高手】关税和船舶吨税一样，征税范围不分"国籍"。

3.纳税人及扣缴义务人

征税对象	纳税人
贸易性商品	经营进出口货物的收、发货人，包括： ①外贸进出口公司； ②工贸或农贸结合的进出口公司； ③其他经批准经营进出口商品的企业
物品	物品持有人、所有人、收件人，包括： ①入境旅客随身携带的行李、物品的持有人； ②各种运输工具上服务人员入境时携带自用物品的持有人； ③馈赠物品以及其他方式入境个人物品的所有人； ④个人邮递物品的收件人

> 【解题高手】接受纳税人委托办理货物报关等有关手续的代理人，可以代办纳税手续，但不是纳税人，也不是扣缴义务人。

（二）进口关税的计算

1.计税规则

计征方法	适用范围	计税基础	适用税率	应纳税额
从价计征	一般货物	完税价格	比例税率	进口货物数量×单位完税价格×税率
从量计征	啤酒、原油等	进口货物数量	定额税率	进口货物数量×关税单位税额
复合计征	广播用录像机、放像机、摄像机	—	—	从价+从量

计征方法	适用范围	计税基础	适用税率	应纳税额
滑准税	—	（同从价）	比例税率，但价格越高，税率越低	（同从价）

2.进口关税的完税价格

（1）一般贸易项下完税价格

以海关审定的成交价格为基础的到岸价格作为完税价格。

应计入／不应扣除	不应计入／应扣除
货价	—
货物运抵我国关境内输入地点起卸前的包装费、运费、保险费和其他劳务费等费用	报关费用 运抵境内后费用
进口人在成交价格外支付给卖方的佣金	向境外采购代理人支付的买方佣金
为了在境内生产、制造、使用或出版、发行的目的而向境外支付的与该进口货物有关的专利、商标、著作权，以及专有技术、计算机软件和资料等费用	厂房、机械、设备等货物进口后进行基建、安装、装配、维修和技术服务的费用
卖方违反合同规定延期交货的罚款，卖方在货价中冲减时，罚款不能从成交价格中扣除	卖方付给进口人的正常回扣

进口货物的到岸价格不能确定时，本着公正、合理原则，海关应当按照规定估定完税价格。

（2）特殊贸易项下完税价格

对于某些特殊、灵活的贸易方式（如寄售等）下进口的货物，在进口时没有"成交价格"可作依据时：

贸易方式	完税价格的确定
运往境外加工的货物复运回国	出境时已向海关报明，并在海关规定期限内复运进境的，以境外加工费、料件费、复运进境的运输及其相关费用和保险费审查确定完税价格
运往境外修理复运回国	出境时已向海关报明并在海关规定期限内复运进境的，以经海关审定的修理费和料件费作为完税价格
租借和租赁进口货物	海关审查确定的货物租金
国内单位留购的进口货样、展览品和广告陈列品	留购价格，若买方除留购价格外，又直接或间接给卖方一定利益的，海关可以另行确定完税价格

【典例研习·6-27】（2015年多选题改编）

下列各项中，应计入进口货物关税完税价格的有（　　）。

A.货物运抵我国关境内输入地点起卸前的包装费

B.货物运抵我国关境内输入地点起卸后的保险费
C.支付给卖方的佣金
D.向境外采购代理人支付的买方佣金

斯尔解析 AC 一般贸易项下进口的货物以海关审定的成交价格为基础的到岸价格作为完税价格。到岸价格包括货价以及货物运抵我国关境内输入地点起卸前的包装费、运费、保险费和其他劳务费,故选项A正确、B错误;在货物成交过程中,进口人在成交价格外另支付给卖方的佣金,应计入成交价格,而向境外采购代理人支付的买方佣金则不能列入,如已包括在成交价格中应予以扣除,选项C正确、D错误。

3.进口关税的税率

进口货物适用何种关税税率是以进口货物的原产地为标准的,分为6类:

种类	原产地
最惠国税率	①共同适用最惠国条款的世贸组织成员; ②与我国签订最惠国待遇双边协定的国家; ③原产于我国
协定税率	与我国签订含有"关税优惠条款"的区域性贸易协定的国家或地区
特惠税率	与我国签订含有"特殊关税优惠条款"的国家
普通税率	①原产于未与我国共同适用或订立最惠国税率、特惠税率或协定税率的国家或地区; ②原产地不明
关税配额税率	关税配额是进口国限制进口货物数量的措施,配额与税率结合,配额内税率较低,配额外税率较高
暂定税率	在最惠国税率的基础上,对特殊货物可执行暂定税率

【典例研习·6-28】(2020年单选题)

2019年10月,甲公司进口一批货物,海关审定的成交价格为1 100万元,货物运抵我国境内输入地点起卸前的运费96万元,保险费4万元。已知关税税率为10%。计算甲公司该笔业务应缴纳的关税税额的下列算式中,正确的是( )。

A.(1 100+96+4)×10%=120(万元)   B.(1 100+4)×10%=110.4(万元)
C.1 100×10%=110(万元)   D.(1 100+96)×10%=119.6(万元)

斯尔解析 A 货物运抵我国关境内输入地点起卸前的包装费、运费(96万元)、保险费(4万元)和其他劳务费等费用均应计入关税完税价格。

(三)出口关税的计算

计征方法	计税基础	适用税率	应纳税额
从价计征	离岸价格扣除出口关税后的完税价格 出口货物完税价格=离岸价格÷(1+出口税率)	比例税率	应纳税额=出口货物完税价格×出口税率

（四）税收优惠
关税的减税、免税分为法定性减免税、政策性减免税和临时性减免税。
1.法定性减免税
（1）一票货物关税税额、进口环节增值税或者消费税税额在人民币50元以下的；
（2）无商业价值的广告品及货样；
（3）国际组织、外国政府无偿赠送的物资；
（4）进出境运输工具装载的途中必需的燃料、物料和饮食用品；
（5）因故退还的中国出口货物，可以免征进口关税，但已征收的出口关税，不予退还；因故退还的境外进口货物，可以免征出口关税，但已征收的进口关税不予退还。
2.酌情减免税
（1）境外运输途中或者在起卸时，遭受到损坏或者损失的；
（2）起卸后海关放行前，因不可抗力遭受损坏或者损失的；
（3）海关查验时已经破漏、损坏或者腐烂，经证明不是保管不慎造成的。

（五）征收管理
1.纳税期限
（1）纳税人按进出口货物通关规定向海关申报后、海关放行前一次性缴纳；
（2）进出口货物的收发货人或者代理人应当在海关填发税款缴款书之日起15日内，向指定银行缴纳税款。
2.海关暂不予放行的旅客携运进、出境的行李物品情形
（1）旅客不能当场缴纳进境物品税款的；
（2）进出境的物品属于许可证件管理的范围，但旅客不能当场提交的；
（3）进出境的物品超出自用合理数量，按规定应当办理货物报关手续或者其他海关手续，尚未办理的；
（4）对进出境物品的属性、内容存疑，需要由有关主管部门进行认定、鉴定、验核的；
（5）按规定暂不予放行的其他行李物品。

第四部分　资源税、环境保护税

考点1　资源税（★★★）
（一）概念、征税范围和税目
1.概念
资源税是对在我国领域或管辖的其他海域开发应税资源的单位和个人征收的一种税。
2.征税范围和税目

税目	子目
能源矿产	包括原油；天然气、页岩气、天然气水合物；煤；煤成（层）气；铀、钍；油页岩、油砂、天然沥青、石煤；地热
金属矿产	黑色金属、有色金属

税目	子目
非金属矿产	矿物类、岩石类、宝玉石类
水气矿产	二氧化碳气、硫化氢气、氦气、氡气、矿泉水
盐类	钠盐、钾盐、镁盐、锂盐、天然卤水、海盐
水（试点征收）	地表水、地下水

（二）纳税人和纳税环节

1.纳税人

（1）概念

资源税的纳税人，是指在中华人民共和国领域和中华人民共和国管辖的其他海域开发应税资源的单位和个人。

（2）中外合作开采陆上、海上石油资源的企业的特殊规定

中外合作开采陆上、海上石油资源的企业依法缴纳资源税。但是，2011年11月1日前已依法订立中外合作开采陆上、海上石油资源合同的，在该合同有效期内，继续依照国家有关规定缴纳矿区使用费，不缴纳资源税；合同期满后，依法缴纳资源税。

2.纳税环节

（1）资源税在应税资源产品（以下简称应税产品）的销售环节计算缴纳。

（2）纳税人开采或者生产应税产品自用的，视同销售，应当按规定缴纳资源税；但是，自用于连续生产应税产品的，不缴纳资源税。

纳税人自用应税产品应当缴纳资源税的情形，包括纳税人以应税产品用于非货币性资产交换、捐赠、偿债、赞助、集资、投资、广告、样品、职工福利、利润分配或者连续生产非应税产品等。

【解题高手】纳税人自产自用应税产品，除用于连续生产应税产品的不缴纳资源税以外，其余各情形均需缴纳资源税。

【典例研习·6-29】（模拟多选题）

根据资源税法律制度的规定，下列单位和个人的生产经营行为应缴纳资源税的有（　　）。

A.私营企业进口金矿　　　　　　　　B.股份制企业开采硒矿
C.个体工商户开采海盐　　　　　　　D.国有企业生产人造石油

‖斯尔解析‖ **BC** 根据资源税纳税人的规定，在我国领域和管辖的其他海域开发应税矿产品的单位和个人征收资源税。选项A，进口资源产品不征收资源税；选项D，人造石油不属于资源税的征税范围。

（三）应纳税额的计算

1.计税规则

（1）资源税按照《税目税率表》实行从价计征或者从量计征。以纳税人开发应税产品的销售额或者销售数量为计税依据。

计征方法	计税依据	适用税率	计算公式
从价计征	不含税销售额	比例税率	应纳税额=计税依据×税率*
从量计征	销售/移送使用数量	定额税率	

*纳税人开采或者生产不同税目应税产品的,应当分别核算不同税目应税产品的销售额或者销售数量;未分别核算或者不能准确提供不同税目应税产品的销售额或者销售数量的,从高适用税率。

(2)应税产品为矿产品的,包括原矿和选矿产品。

纳税人以自采原矿直接销售,或者自用于应当缴纳资源税情形的,按照原矿计征资源税。

纳税人以自采原矿洗选加工为选矿产品销售或者自用于应当缴纳资源税情形的,按照选矿产品计征资源税,在原矿移送环节不缴纳资源税。

2.计税依据

(1)一般情形

销售额	纳税人销售应税产品向购买方收取的全部价款(不含增值税)
	销售额中运杂费用*:凡取得增值税发票或者其他合法有效凭证的,准予从销售额中扣除
销售数量	纳税人开采或者生产应税产品的实际销售数量
	自用于应当缴纳资源税情形的应税产品数量

*销售中的运杂费用,是指应税产品从坑口或者洗选(加工)地到车站、码头或者购买方指定地点的运输费用、建设基金以及随运销产生的装卸、仓储、港杂费用。

(2)税务机关确定销售额

纳税人申报的应税产品销售额明显偏低且无正当理由的,或者有自用应税产品行为而无销售额的,主管税务机关可以确定其应税产品销售额。

销售额的确定顺序:

①纳税人最近时期同类产品的平均销售价格。

②其他纳税人最近时期同类产品的平均销售价格。

③后续加工非应税产品销售价格,减去后续加工环节的成本利润后的价格。

④应税产品组成计税价格。

组成计税价格=成本×(1+成本利润率)÷(1−资源税税率)

【解题高手】与消费税类似,税务机关核定销售额需按上述顺序确定,切不可一上来就直接组价计算。

(3)外购应税产品已纳税额的扣减

①外购应税产品与自采应税产品混合销售或者混合加工为应税产品销售的,在计算应税产品销售额或者销售数量时,准予扣减外购应税产品的购进金额或者购进数量;当期

不足扣减的，可结转下期扣减。纳税人应当准确核算外购应税产品的购进金额或者购进数量，未准确核算的，一并计算缴纳资源税。

②外购原矿与自采原矿混合为原矿销售，或者以外购选矿产品与自产选矿产品混合为选矿产品销售的，在计算应税产品销售额或者销售数量时，直接扣减外购原矿或者外购选矿产品的购进金额或者购进数量。

纳税人以外购原矿与自采原矿混合洗选加工为选矿产品销售的、在计算应税产品销售额或者销售数量时：

准予扣减的外购应税产品购进金额（数量）=外购原矿购进金额（数量）×（本地区原矿适用税率÷本地区选矿产品适用税率）

（4）享受减免税政策

纳税人开采或者生产同一应税产品，其中既有享受减免税政策的，又有不享受减免税政策的，按照免税、减税项目的产量占比等方法分别核算确定免税、减税项目的销售额或者销售数量。

【典例研习·6-30】

某铁矿2020年11月销售铁矿石原矿收取价款合计800万元，其中包括从坑口到码头的运输费用含税价30万元，取得增值税发票；另包括随运销产生的装卸费用10万元，未取得增值税发票或其他合法凭证。已知该矿山铁矿石原矿适用的资源税税率为2%。计算该铜矿11月份应纳资源税税额。

‖斯尔解析‖ 本题直接销售铁矿石原矿，以原矿为征税对象，计税依据应为原矿销售额，其中，取得增值税发票的运输费用30万元可从销售价款中减除，装卸费用未取得合法凭证，不可从销售价款中减除。因此，该铁矿当月应纳资源税税额=（800-30）×2%=15.4（万元）。

（四）税收优惠

优惠类型	情形	优惠幅度
免税	开采原油以及在油田范围内运输原油过程中用于加热的原油、天然气； 煤炭开采企业因安全生产需要抽采的煤成（层）气	—
减征	低丰度油气田开采的原油、天然气	减征20%
	高含硫天然气、三次采油和从深水油气田开采的原油、天然气、衰竭期矿山开采的矿产品	减征30%
	2018年4月1日至2021年3月31日对页岩气	按6%的规定税率减征30%
	稠油、高凝油	减征40%
	2019年1月1日至2021年12月31日，对增值税小规模纳税人	在50%的税额幅度内减征
	自2014年12月1日至2023年8月31日，对充填开采置换出来的煤炭	减征50%

优惠类型	情形	优惠幅度
省级决定减免征	意外事故、自然灾害导致重大损失	—
	共伴生矿、低品位矿、尾矿	
注意1：上述优惠不能叠加适用		
注意2：免税、减税项目，应当单独核算销售额和销售数量，否则，不予减免税		

（五）资源税征收管理

情形		具体规定
纳税义务发生时间	一般规定	收讫销售款或者取得索取销售款凭据的当日
	自产自用	移送应税产品的当日
征税机关	一般情形	税务机关
	海上开采	海洋石油税务管理机构
纳税地点		矿产品的开采地、海盐的生产地
纳税期限		按月或按季：月度、季度终了之日起15日内
		按次：纳税义务发生之日起15日内

考点2　环境保护税（★★）

（一）概念、征税范围及纳税人

1.概念

环境保护税是为了保护和改善环境，减少污染物排放，推进生态文明建设而征收的一种税。

2.征税范围

是否包括	具体内容
包括	《环境保护税法》规定的大气污染物、水污染物、固体废物和噪声等应税污染物
不包括	①向依法设立的污水集中处理、生活垃圾集中处理场所排放应税污染物的；②在符合国家和地方环境保护标准的设施、场所储存或者处置固体废物的

3.纳税人

纳税人为在境内直接向环境排放应税污染物的企业事业单位和其他生产经营者。按照规定征收环境保护税，不再征收排污费。

（二）税目及应纳税额的计算

1.税目及计税规则

计征方法	税目	计税依据	适用税率		应纳税额计算
从量计征	大气污染物、水污染物	污染物排放量折合的污染当量	定额税率	元/污染当量	应纳税额=计税依据×税额
	固体废物	固体废物的排放量		元/吨	
	噪声	超过国家规定标准的分贝数		元/月	

【解题高手】噪声应纳税额计算的特别规定，昼、夜均超标的环境噪声，昼、夜分别计算应纳税额，累计计征，声源一个月内超标不足15天的，减半计算应纳税额。

2.计税依据的确定

排放量和分贝数按照下列方法和顺序确定：

情形	计算方法
安装使用了符合规定的自动监测设备	按自动监测数据计算
未安装使用自动监测设备	按监测机构出具的监测数据计算
不具备监测条件的	按规定的排污系数、物料衡算方法计算
不能按上述方法计算的	按规定的抽样测算的方法核定计算

（三）税收优惠

是否征收	具体内容
免征	农业生产（不包括规模化养殖）排放应税污染物
	机动车、铁路机车、非道路移动机械、船舶和航空器等流动污染源排放应税污染物
	依法设立的城乡污水集中处理、生活垃圾集中处理场所排放相应应税污染物，不超过国家和地方规定的排放标准
	纳税人综合利用的固体废物
减按75%	纳税人排放应税大气污染物或者水污染物的浓度值低于国家和地方规定的污染物排放标准30%的，减按75%征收环境保护税
减按50%	纳税人排放应税大气污染物或者水污染物的浓度值低于国家和地方规定的污染物排放标准50%的，减按50%征收环境保护税
	工业噪声声源一个月内超标不足15天的，减半计算应纳税额

（四）征收管理

1.纳税义务发生时间

纳税义务发生时间为纳税人排放应税污染物的当日。

2.纳税期限

环境保护税按月计算，按季申报缴纳。不能按固定期限计算缴纳的，可以按次申报缴纳。

3.纳税申报

（1）按季申报缴纳的，应当自季度终了之日起15日内；

（2）按次申报缴纳的，应当自纳税义务发生之日起15日内，向税务机关办理纳税申报，并缴纳税款。

4.纳税地点

向应税污染物排放地的税务机关申报缴纳。

【典例研习·6-31】（2020年单选题改编）

2020年3月，甲企业产生炉渣150吨，其中30吨在符合国家和地方环境保护标准的设施中贮存，100吨综合利用且符合国家和地方环境保护标准，其余的直接倒弃于空地，已知炉渣环境保护税税率为25元/吨。计算甲企业当月所产生炉渣应缴纳环境保护税税额的下列算式中，正确的是（　　）。

A.（150-30）×25=3 000（元）　　B.150×25=3 750（元）
C.（150-100）×25=1 250（元）　　D.（150-100-30）×25=500（元）

‖斯尔解析‖ **D** 本题考查环境保护税的范围及免税政策，"直接排放"才征税。30吨在符合国家和地方环境保护标准的设施中贮存不属于征税范围，不征税；100吨综合利用且符合国家标准暂免征收，因此需征税的炉渣为150-100-30=20（吨），选项D正确。

第五部分　印花税、烟叶税、城市维护建设税和教育费附加

考点1　印花税（★★★）

（一）概念、征税对象及征税范围

1.概念

印花税是对经济活动和经济交往中书立、领受、使用的应税经济凭证征收的一种税。

2.征税范围

现行印花税采取正列举形式。列举的凭证分为5类，即合同类，产权转移书据类，营业账簿类，权利、许可证照类和证券交易类。

分类	具体包括
合同类	买卖、借款、融资租赁、租赁、承揽、建设工程、运输、技术、保管、仓储、财产保险
产权转移书据	土地使用权出让和转让书据；房屋等建筑物、构筑物所有权、股权（不包括上市和挂牌公司股票）、商标专用权、著作权、专利权、专有技术使用权转让书据
营业账簿	资金账簿

分类	具体包括
权利、许可证照	不动产权证书、营业执照、商标注册证、专利证书
证券交易	在证券交易所上市交易或者在其他证券交易场所转让公司股票和以股票为基础发行的存托凭证

征税范围的细节考点：

（1）技术合同包括技术开发、转让、咨询、服务等合同。其中：

①技术转让合同包括专利申请转让、非专利技术转让所书立的合同，但不包括专利权转让、专利实施许可所书立的合同。后者适用于"产权转移书据"合同。

②技术咨询合同是合同当事人就有关项目的分析、论证、评价、预测和调查订立的技术合同。一般的法律、会计、审计等方面的咨询不属于技术咨询，其所立合同不贴印花。

（2）应税合同仅涉及正列举的上述11项，未列举的其他合同（如人身保险合同）不征收印花税。

（3）对记载资金（即反映生产经营单位"实收资本"和"资本公积"金额增减变化的账簿）的营业账簿征收印花税，对其他营业账簿不征收印花税。

【典例研习·6-32】（2018年多选题改编）

下列属于印花税征税范围的是（　　）。

A.餐饮服务许可证　　　　　　　　B.营业执照
C.商标注册证　　　　　　　　　　D.专利证书

【斯尔解析】 **BCD** 本题考查需缴纳印花税的"证照"。对不动产权证书、工商营业执照、商标注册证、专利证书应征收印花税，选项A不在此范围内。

【陷阱提示】 印花税征税范围的权利、许可证照只有列举出的四类，切勿看到"证"即认为应缴纳印花税。

（二）纳税人及扣缴义务人

订立、领受在中华人民共和国境内具有法律效力的应税凭证，或者在中华人民共和国境内进行证券交易的单位和个人，为印花税的纳税人，应当依法缴纳印花税。

根据书立、领受应税凭证的不同，纳税人可分为立合同人、立账簿人、立据人、领受人和使用人。

（三）税目及应纳税额的计算

1.计税规则

计征方式	税目	计税基础	税率
从价计征	合同	合同列明的不含税价款或者报酬	借款、融资租赁0.05‰；租赁合同、保管合同、仓储合同、财产保险合同1‰；其他合同0.3‰
	产权转移书据	列明的不含税价款	0.5‰

计征方式	税目	计税基础	税率
从价计征	营业账簿（资金账簿）	实收资本（股本）、资本公积合计金额	0.25‰
	证券交易	成交金额	1‰
从"量"计征	权利、许可证照	件数	定额税率5元/件

2.计税基础的确定
（1）合同及产权转移书据
①应税合同及产权转移书据的计税依据，均不包括增值税税款；
②各类合同的具体计税基础；

合同类型	包括	不包括
买卖合同、建设工程合同	合同价款	—
加工承揽合同	报酬	委托方提供的材料
租赁合同、融资租赁合同	租金	租赁财产价值
运输合同	运费	装卸费等其他杂费
仓储合同	仓储费	
保管合同	保管费	
借款合同	借款金额	利息
财产保险合同	保费	被保险物价值、赔偿款
技术合同	价款、报酬、使用费	—

③合同/财产转移书据计税基础确定的特殊情形。

情形	计税基础的确定
价税未分别列明	应税合同、产权转移书据的价款和增值税"未分别列明"则按合计金额计税贴花
价款/报酬未列明	应税合同、产权转移书据未列明价款或者报酬的，按照下列方法确定计税依据： 按照订立合同、产权转移书据时市场价格确定； 依法应当执行政府定价的，按照其规定确定； 不能按照上述规定的方法确定的，按照实际结算的价款或者报酬确定

（2）营业账簿"只征一次"
实收资本、资本公积没有变动时，不用再交印花税。只有实收资本和资本公积增加时，再按增加额的万分之二点五计算缴纳印花税。

3.同一应税凭证载有两个或者两个以上的经济事项
（1）分别列明价款或者报酬的，按照各自适用税目税率计算应纳税额；

（2）未分别列明价款或者报酬的，按税率高的计算应纳税额。

4.双向征收

（1）同一应税凭证由两方或者两方以上当事人订立的，应当按照各自涉及的价款或报酬分别计算应纳税额。

（2）证券交易对交易的出让方征收，不对证券交易的受让方征收。

【解题高手】证券交易为唯一一个单向征收的税目。

【典例研习·6-33】

某火锅底料生产厂商与某运输公司签订了两份运输仓储合同：第一份合同载明的金额合计50万元（运费和仓储费并未分别记载）；第二份合同中注明运费30万元、仓储费10万元。已知运输合同适用税率0.3‰，仓储合同适用税率为1‰，分别计算第一份、第二份合同应缴纳的印花税税额。

‖斯尔解析‖ 某电厂与某运输公司应分别计算缴纳：

（1）第一份合同两事项未分别记载，从高按保管合同计征印花税，应缴纳印花税税额=500 000×1‰=500（元）

（2）第二份合同分别载明两项经济事项，应分别计税，应缴纳印花税税额=300 000×0.3‰+100 000×1‰=190（元）

（四）税收优惠

记忆提示	具体内容
税额较小	（1）应纳税额不足1角
"小额交易"	（2）电网与"用户"之间签订的供用电合同； （3）个人（不包括个体工商户）转让、租赁住房订立的应税凭证； （4）商店、门市部的零星加工修理业务开具的修理单； （5）电话和联网购物； （6）铁路、公路、航运、水路承运快件行李、包裹开具的托运单据
非列举凭证	非列举合同： （7）人身保险合同； （8）法律、会计、审计合同；出版合同；委托代理合同； （9）企业与主管部门签订的租赁承包合同； （10）银行同业拆借合同、日拆性贷款合同 非列举账簿： （11）非记载资金的其他账簿，车间、门市部、仓库设置的不记载金额的登记簿、统计簿、台账等，国库业务账簿； （12）物资调拨单
不重复贴花	（13）已经缴纳印花税的凭证的副本或抄本； （14）已履行并贴花的合同，实际结算金额与合同所载金额不一致的，一般不再补贴印花； （15）既书立合同，又开立单据的，只就合同贴花，所开立的各类单据，不再贴花；

记忆提示	具体内容
不重复贴花	（16）对企业兼并的并入资金，凡已按资金总额贴花的，接收单位对并入的资金，不再补贴印花
其他	（17）财产所有人将财产赠给政府、社会福利单位、学校所立的书据； （18）图书、报、刊发行单位之间，发行单位与订阅单位或个人之间书立的凭证； （19）农业保险合同、农业生产者购买生产资料或销售自产农产品签订的买卖合同； （20）无息或者贴息借款合同、国际金融组织向我国提供优惠贷款订立的借款合同、金融机构与小型微型企业订立的借款合同、借款展期合同，免征； （21）铁道企业特定凭证免税； （22）军队、武警部队订立、领受的应税凭证； （23）国有股权无偿转让划转行为，暂不征收证券交易印花税。 （24）特殊货运凭证，包括： ①由外国运输企业运输进口货物的，外国运输企业所持有的一份结算凭证，免征印花税； ②抢险救灾物资运输结算凭证； ③为新建铁路运输施工所属物料，使用工程临管线专用运费结算凭证

【典例研习·6-34】（2019年多选题改编）

根据印花税法律制度的规定，下列各项中，免征印花税的有（　　）。

A.发行单位与订阅单位之间书立的凭证　　B.借款展期合同
C.应税凭证的副本　　D.财产所有人将财产赠给学校所立的书据

‖斯尔解析‖ （ABCD）

（五）征收管理

1.印花税纳税义务发生时间

通常为纳税人订立、领受应税凭证或者完成证券交易的当日。

2.印花税纳税期限

印花税按季、按年或者按次计征；证券交易印花税按周解缴。

方式	期限
按季、按年计征	季度、年度终了之日起15日内申报并缴纳税款
按次计征	纳税义务发生之日起15日内申报并缴纳税款
按周解缴（证券交易印花税）	每周终了之日起5日内申报解缴税款及孳息

3.印花税纳税地点

适用情形	纳税地点
单位纳税人	机构所在地的税务机关
证券交易印花税的扣缴义务人	

适用情形	纳税地点
个人纳税人	应税凭证订立、领受地或者居住地的税务机关
出让或者转让不动产产权	不动产所在地的税务机关

4.补缴及退税

已缴纳印花税的凭证所载价款或者报酬增加的，纳税人应当补缴印花税；已缴纳印花税的凭证所载价款或者报酬减少的，纳税人可以向主管税务机关申请退还印花税税款。

> 【解题高手】纳税人已贴花合同，"实际结算金额"高于应税凭证所记载金额一般不再补贴印花。由此可见，是否补缴关键看"应税凭证"所载金额是否发生改变。

考点2 城市维护建设税和教育费附加法律制度（★）

（一）概念、征税范围及纳税人

1.概念

城市维护建设税主要目的是筹集城镇设施建设和维护资金。教育费附加目的是加快发展教育事业，扩大教育经费资金来源。二者均以纳税人实际缴纳的增值税、消费税税额为计税依据所征收的一种税。

2.纳税人可扣缴义务人

（1）城市维护建设税及教育费附加纳税人均为在中华人民共和国境内缴纳增值税、消费税的单位和个人。

（2）城市维护建设税及教育费附加扣缴义务人为负有增值税、消费税扣缴义务的单位和个人，在扣缴增值税、消费税的同时扣缴城市维护建设税。

（二）应纳税额的计算

1.计税规则

税种	计税基础	税率/征收比率		应纳税额的计算
城市维护建设税	实缴增值税、消费税税额－期末留抵退税退还的增值税税额	纳税人所在地在市区	7%	应纳税额=计税基础×税率/征收比率
		纳税人所在地在县城、镇	5%	
		纳税人所在地不在市区、县城、镇的	1%	
教育费附加		3%		

> 【解题高手】对实行增值税期末留抵退税的纳税人，允许其从城市维护建设税的计税依据中扣除退还的增值税税额。

2.纳税人所在地的确定

（1）由受托方代扣代缴、代收代缴增值税、消费税的单位和个人，其代扣代缴、代收代缴的城市维护建设税按受托方所在地适用税率执行。

（2）流动经营等无固定纳税地点的单位和个人，在经营地缴纳增值税、消费税的，其城市维护建设税的缴纳按经营地适用税率执行。

(三) 税收优惠

1. "进口不征，出口不退"

对进口货物或者境外单位和个人向境内销售劳务、服务、无形资产缴纳的增值税、消费税税额，不征收城市维护建设税和教育费附加。

对出口货物、劳务和跨境销售服务、无形资产以及因优惠政策退还增值税、消费税的，不退还已缴纳城市维护建设税和教育费附加。

2. 先征不退

对增值税、消费税实行先征后返、先征后退、即征即退办法的，除另有规定外，对随增值税、消费税附征的城市维护建设税和教育费附加，一律不予退（返）还。

(四) 征收管理

1. 纳税义务发生时间与缴纳增值税、消费税的纳税义务发生时间一致，分别与增值税、消费税同时缴纳。

2. 纳税地点为实际缴纳增值税、消费税的地点。

【典例研习·6-35】（2019年单选题）

2018年12月，甲企业当月应缴增值税30万元，实际缴纳20万元，应缴消费税28万元，实际缴纳12万元，已知教育费附加征收比率为3%，则该企业当月应缴纳的教育费附加计算正确的是（　　）。

A.（30+28）×3%=1.74（万元）　　B.（20+12）×3%=0.96（万元）
C.30×3%=0.9（万元）　　D.20×3%=0.6（万元）

‖斯尔解析‖ **B** 教育费附加的计税依据为"实缴"增值税及消费税，故选项B正确。

‖陷阱提示‖ 选项A以"应缴"增值税、消费税金额作为教育费附加的计税依据，为常见迷惑选项。

考点3　烟叶税（★）

(一) 烟叶税的征税对象及计征规则

项目	具体规定
征税对象	晾晒烟叶、烤烟叶
纳税人	在中华人民共和国境内收购烟叶的单位（烟草公司）
计税依据	收购烟叶实际支付的价款总额=收购价款+价外补贴（收购价款×10%）
适用税率	比例税率为20%
应纳税额	应纳税额=价款总额×税率=收购价款×（1+10%）×20%

【典例研习·6-36】

2020年9月收购烟叶一批，支付收购价款100万元，另支付价外补贴（统一按烟叶收购价款的10%计算）。已知烟叶税适用税率为20%，则该企业当月应缴纳的烟叶税为100×（1+10%）×20%=22（万元）。

(二) 征收管理

1. 纳税人收购烟叶即发生纳税义务，纳税义务发生时间为纳税人收购烟叶的当日。
2. 纳税人向烟叶收购地的主管税务机关申报纳税。

第七章　税收征收管理法律制度

学习提要

在第四章至第六章中，我们已经学习了我国现行18个税种的相关法律制度，通过对各税种的税收实体法构成要素进行逐一学习，解决"对什么征税""征多少税"的问题，这些法律制度均属于税收实体法。本章中，我们要学习的是税收程序法，其以规定税收实体法中所确定的权利义务的履行程序为主要内容，解决的是税务机关如何进行税款征收的问题。其中，税收行政复议相关内容已合并至第一章"行政复议"部分讲解，本章不再赘述。

历年考题中，本章分值不高，平均5分左右，主要以单选题、多选题及判断题的形式进行考查。

考点精讲

第一部分　税收征收管理法概述

考点1　税收征收管理法基本概念（★）

（一）概念

税收征收管理法（简称：税收征管法），是指调整税收征收与管理过程中所发生的社会关系的法律规范的总称。属于税收程序法。

（二）适用范围

1.由税务机关负责征收的税种，适用税收征管法。

2.由海关负责征收及代征的税种，依照法律、行政法规的有关规定执行，不直接适用税收征管法。

3.我国同外国缔结的有关税收的条约、协定同税收征管法有不同规定的，依照条约、协定的规定办理。

（三）征纳双方的权利和义务

征收主体——国家税收征收管理的职能部门

纳税主体——行政管理相对人

1.征收主体的权利义务

权利义务		具体内容
权利	税收立法权	参与起草税收法律法规草案，提出税收政策建议，在职权范围内制定、发布关于税收征管的部门规章等
	税务管理权	税务登记管理、账簿和凭证管理、发票管理、纳税申报管理等
	税款征收权	①最基本、最主要的职权； ②包括依法计征权、核定税款权、税收保全和强制执行权、追征税款权等
	税务检查权	查账权、场地检查权、询问权、责成提供资料权、存款账户核查权
	税务行政处罚权	税收违法行为依照法定标准予以行政制裁的职权，如罚款等
	其他职权	如在权限内，对纳税人的减、免、退、延期缴纳的申请予以审批的权利；阻止欠税纳税人离境的权利；委托代征权；估税权；代位权与撤销权；定期对纳税人欠缴税款情况予以公告的权利；上诉权等
义务		①宣传税收法律、行政法规，普及纳税知识，无偿为纳税人提供纳税咨询服务； ②依法为纳税人、扣缴义务人的情况保密，为检举违反税法行为者保密。纳税人、扣缴义务人的税收违法行为不属于保密范围； ③加强队伍建设，提高税务人员的政治业务素质； ④秉公执法，忠于职守，清正廉洁，礼貌待人，文明服务，尊重和保护纳税人、扣缴义务人的权利，依法接受监督； ⑤税务人员不得索贿受贿、徇私舞弊、玩忽职守、不征或少征应征税款；不得滥用职权多征税款或者故意刁难纳税人和扣缴义务人； ⑥税务人员在核定应纳税额、调整税收定额、进行税务检查、实施税务行政处罚、办理税务行政复议时，与纳税人、扣缴义务人或者其法定代表人、直接责任人有夫妻关系、直系血亲关系、三代以内旁系血亲关系、近姻亲关系及可能影响公正执法的其他利害关系的，应当回避； ⑦建立、健全内部制约和监督管理制度

2.纳税主体的权利义务

权利义务	具体内容
权利	①知情权、（要求）保密权； ②纳税申报方式选择权、申请延期申报权、申请延期缴纳税款权、申请退还多缴税款权、依法享受税收优惠权、委托税务代理权；

权利义务	具体内容
权利	③税收监督权； ④陈述与申辩权、对未出示税务检查证和税务检查通知书的拒绝检查权、税收法律救济权、依法要求听证的权利、索取有关税收凭证权
义务	①依法进行税务登记的义务；依法设置账簿、保管账簿和有关资料以及依法开具、使用、取得和保管发票的义务；财务会计制度和会计核算软件备案的义务；按照规定安装、使用税控装置的义务；按期、如实申报的义务； ②按期缴纳或解缴税款的义务；代扣、代收税款的义务； ③接受税务检查的义务；及时提供信息的义务；报告其他涉税信息的义务

【典例研习·7-1】（模拟多选题）

下列各项中，属于税务机关职权的有（   ）。

A.税务管理权　　　　　　　　　　B.税款征收权

C.税务检查权　　　　　　　　　　D.税收法律、法规和规章的知情权

‖斯尔解析‖ ABC　税务机关作为征税主体，其职权包括：税收立法权、管理权、征收权、检查权、行政处罚权等，选项ABC正确；税收法律、法规和规章的知情权为纳税主体的权利。

第二部分　税务管理

考点1　税务登记（★）

（一）作用

税务登记是整个税收征收管理的起点，用以掌握纳税人的基本情况和税源分布情况。从税务登记开始，纳税人的身份及征纳双方的法律关系即得到确认。

（二）"多证合一"登记制度

1.五证合一

"五证"是指工商营业执照、组织机构代码证、税务登记证、社会保险登记证、统计登记证。

2.多证合一、一照一码

在五证合一基础上，进一步整合，实现营业执照（"一照"）成为企业唯一的"身份证"，使统一社会信用代码（"一码"）成为企业唯一的身份代码。

考点2　账簿和凭证管理（★★★）

1.账簿和凭证是税务机关对纳税人进行征税、管理、核查的重要依据。

2.税收征管法对其管理的具体要求

（1）从事生产、经营的纳税人应当自领取营业执照或者发生纳税义务之日起15日内，按照国家有关规定设置账簿。

（2）扣缴义务人应当自税收法律、行政法规规定的扣缴义务发生之日起10日内，按照所代扣、代收的税种，分别设置代扣代缴、代收代缴税款账簿。

（3）证、账、表及其他涉税资料应当保存10年，但法律、行政法规另有规定的除外。

考点3　发票管理（★★★）

（一）发票的类型及适用范围

1.发票类型

类型	包括内容
增值税专用发票	增值税专用发票、机动车销售统一发票
增值税普通发票	增值税普通发票（折叠票）、增值税电子普通发票、增值税普通发票（卷票）
其他发票	特定范围内使用：农产品收购发票、农产品销售发票、门票、过路（过桥）费发票、定额发票、客运发票、二手车销售统一发票

2.适用范围

纳税人	可使用发票
一般纳税人	增值税专用发票、增值税普通发票、增值税电子普通发票、机动车销售统一发票、收费公路通行费增值税电子普通发票、二手车销售统一发票
小规模纳税人（非免税）	①增值税小规模纳税人发生应税销售行为，开具增值税普通发票，一般不使用增值税专用发票，可以到税务机关代开增值税专用发票。②为持续推进放管服改革，小规模纳税人（其他个人除外）发生增值税应税行为，需要开具增值税专用发票的，可以自愿使用增值税发票管理系统自行开具。选择自行开具增值税专用发票的小规模纳税人，税务机关不再为其代开增值税专用发票

（二）发票的开具及使用

1.开具

（1）一般情形卖方（收款方）开，特殊情形买方开。

特殊情况是指：收购单位和扣缴义务人支付个人款项时；国家税务总局认为其他需要由付款方向收款方开具发票的。

（2）开具发票应当按照规定的时限、顺序、栏目、全部联次一次性如实开具，并加盖发票专用章。

（3）付款方取得发票时，不得要求变更品名和金额。

（4）不符合规定的发票，不得作为财务报销凭证，任何单位和个人有权拒收。

（5）不可虚开发票，任何单位和个人不得为他人、为自己、让他人、介绍他人虚开与实际经营业务情况不符的发票。

2.使用

任何单位和个人应当按照发票管理规定使用发票，不得有下列行为：

（1）转借、转让、介绍他人转让发票、发票监制章和发票防伪专用品；

（2）知道或者应当知道是私自印制、伪造、变造、非法取得或者废止的发票而受让、开具、存放、携带、邮寄、运输；

（3）拆本使用发票；

（4）扩大发票使用范围；

（5）以其他凭证代替发票使用。

3.保管

已经开具的发票存根联和发票登记簿，应当保存5年。保存期满，报经税务机关查验后销毁（不得擅自损毁）。

4.增值税发票开具和使用的特别规定

（1）购买方为企业的，索取增值税普通发票时，应向销售方提供纳税人识别号或统一社会信用代码；销售方为其开具增值税普通发票时，应在"购买方纳税人识别号"栏填写购买方的纳税人识别号或统一社会信用代码。

（2）进一步扩大增值税发票网上申领适用范围，已经实现办税人员实名信息采集和验证的纳税人，可以自愿选择使用网上申领方式领用发票。

（3）积极推进增值税发票领用分类分级管理。

纳税人的税收风险程度	发票领用管理制度
较低	按需供应发票
中等	正常供应发票，加强事中事后监管
较高	严格控制发票领用数量和最高开票限额，并加强事中事后监管

5.发票检查

税务机关在发票管理中有权进行下列检查：

（1）检查印制、领购、开具、取得、保管和缴销发票的情况。

（2）调出发票查验。

（3）查阅、复制与发票有关的凭证、资料。

（4）向当事各方询问与发票有关的问题和情况。

（5）在查处发票案件时，对与案件有关的情况和资料，可以记录、录音、录像、照相和复制。

【典例研习·7-2】（2018年多选题）

根据税收征收管理法律制度的规定，增值税一般纳税人使用增值税发票管理新系统，可开具增值税发票的种类有（　　）。

A.增值税普通发票　　　　　　　　B.增值税专用发票

C.机动车销售统一发票　　　　　　D.增值税电子普通发票

‖斯尔解析‖ ABCD　增值税一般纳税人发生应税销售行为，使用增值税发票管理系统开具增值税专用发票、增值税普通发票、机动车销售统一发票、增值税电子普通发票。自2018年4月1日起，二手车交易市场、二手车经销企业、经纪机构和拍卖企业应当通过新系统开具二手车销售统一发票。

【典例研习·7-3】（2014年、2018年多选题）

根据税收征收管理法律制度的规定，税务机关在对纳税人进行发票检查中有权采取的措施有（　　）。

A.调出发票查验
B.查阅、复制与发票有关的凭证、资料
C.向当事人各方询问与发票有关的问题和情况
D.检查领购、开具和保管发票的情况

‖斯尔解析‖ [ABCD]

考点4　纳税申报（★★）

（一）纳税申报的内容

记忆提示	具体内容
报的什么税	税种、税目；应纳税项目或者应代扣代缴、代收代缴税款项目
税额的计算（6项）	计税依据；扣除项目及标准；适用税率或者单位税额；应退税项目及税额、应减免税项目及税额；应纳税额或者应代扣代缴、代收代缴税额
征收管理	税款所属期限、延期缴纳税款、欠税、滞纳金等

（二）纳税申报方式

申报方式	具体内容
自行申报	传统的申报方式：自行直接到办税服务场所办理
邮寄申报	须经税务机关批准；以寄出的邮戳日期为实际申报日期
数据电文申报	须经批准；以税务机关计算机网络系统收到该数据电文的时间为实际申报日期
其他方式	实行定期定额缴纳税款的纳税人，可以实行简易申报、简并征期等方式申报纳税

（三）其他要求

1.纳税人在纳税期内没有应纳税款的，也应当按照规定办理纳税申报。
2.纳税人享受减税、免税待遇的，在减税、免税期间应当按照规定办理纳税申报。

【解题高手】 不管怎样都要报税，没有应纳税款要申报，免税也要申报，考试最爱在这里迷惑我们。

（四）延期申报

1.是否需事前申请

申请/报告时点	情形
事前申请核准	一般情形申报有困难需延期，提出书面延期申请，经税务机关核准，在核准的期限内办理
事后报告核准	因不可抗力，可以不申请直接延期；但是应在不可抗力情形消除后立即向税务机关报告，税务机关应当查明事实，予以核准

2.预缴税款规定

经核准延期报税，应当在纳税期内按照上期实际缴纳的税额或者税务机关核定的税额预缴税款，并在核准的延期内办理税款结算。

第三部分 税款征收与税务检查

考点1 税款征收（★★★）

税款征收是税收征收管理工作的中心环节，是全部税收征管工作的目的和归宿。

（一）征收方式

征收方式		适用范围
查账征收	有账且健全	财务会计制度健全，能够如实核算和提供生产经营情况，并能正确计算应纳税款和如实履行纳税义务的纳税人
查定征收	有账但不全的小型生产企业	生产经营规模较小、产品零星、税源分散、会计账册不健全，但能控制原材料或进销货的小型厂矿和作坊
查验征收	有账但不全的小型非生产企业	纳税人财务制度不健全，生产经营不固定，零星分散、流动性大的税源
定期定额征收	没账的个体工商户和个人独资企业	经主管税务机关认定和县以上税务机关批准的生产、经营规模小，达不到法律规定设置账簿标准，难以查账征收，不能准确计算计税依据的个体工商户和个人独资企业。链接：简易申报、简并征期仅适用此征收方式下的纳税人

（二）应纳税额的核定

1.核定应纳税额的情形

记忆提示	具体情形
没账可查	依照法律、行政法规的规定可以不设置账簿的
	依照法律、行政法规的规定应当设置但未设置账簿的
	擅自销毁账簿或者拒不提供纳税资料的

记忆提示	具体情形
账或者申报资料不可靠	虽设置账簿，但账目混乱或者成本资料、收入凭证、费用凭证残缺不全，难以查账的
	发生纳税义务，未按照规定的期限办理纳税申报，经税务机关责令限期申报，逾期仍不申报的（未按期申报）
	纳税人申报的计税依据明显偏低，又无正当理由的

2.核定应纳税额的方法

税务机关有权采用下列任何一种方法核定应纳税额。当其中一种方法不足以正确核定应纳税额时，可以同时采用两种以上的方法核定。

记忆提示	具体方法
可比公司法	参照当地同类行业或者类似行业中经营规模和收入水平相近的纳税人的税负水平核定
财务数据法	按照营业收入或者成本加合理的费用和利润的方法核定
运营数据法	按照耗用的原材料、燃料、动力等推算或者测算核定
其他合理方法	—

（三）税款征收措施

1.征收措施包括：责令缴纳、责令提供纳税担保、采取税收保全措施、采取强制执行措施、阻止出境。

【原理详解】注意区分"征收方式"与"征收措施"，前者是税务局正常情况下怎么征，后者解决的是税务局"收不上来税"怎么办。"征收措施"是"手段"，并不是"处罚"。

2.责令缴纳

适用情形		责令缴纳程序	仍不缴纳
未按期缴纳税款	纳税人未按照规定期限缴纳税款的、扣缴义务人未按照规定期限解缴税款的	加收滞纳金：从滞纳税款之日（即税款缴纳期限届满次日）起，按日加收滞纳税款万分之五的滞纳金，至实际缴纳税款为止	强制执行
	纳税担保人未按照规定的期限缴纳所担保的税款	税务机关可责令其限期缴纳应纳税款	强制执行
未按照规定办理税务登记及临时经营纳税人		税务机关核定其应纳税额，责令其缴纳应纳税款	强制执行

适用情形	责令缴纳程序	仍不缴纳
税务机关有根据认为逃避纳税义务行为	可在规定的纳税期之前责令其限期缴纳应纳税款	纳税担保→税收保全→强制执行

【解题高手】滞纳金的计算

滞纳金＝应纳税款×滞纳天数×0.5‰

滞纳天数：自纳税期限届满之次日起至实际缴纳税款之日止。

【典例研习·7-4】（模拟单选题）

甲公司按照规定，最晚应于2020年1月15日缴纳应纳税款30万元，该公司却迟迟未缴。主管税务机关责令其于当年2月28日前缴纳，并加收滞纳金。但直到3月14日，该公司才缴纳税款。甲公司应缴纳的滞纳金金额为（　　）元。

A.8 850　　　　B.8 700　　　　C.9 000　　　　D.6 600

‖斯尔解析‖ A　每日计算滞纳金比例为税款的万分之五，本题的关键是计算滞纳期，自纳税期限届满之次日起（1月15日的次日，1月16日起算）至实际缴纳之日（3月14日），共计16+29+14=59（天）。

故应交滞纳金＝300 000×59×0.5‰＝8 850（元），选项A正确。

‖陷阱提示‖ 题干中日期多多，容易迷惑我们的双眼，需要拨云见日寻找真正有用的日期。

3.责令提供纳税担保

（1）纳税担保是指纳税人或者其他人和单位，以保证、抵押、质押的方式，为纳税人应当缴纳的税款及滞纳金提供担保的行为。

（2）适用纳税担保的情形

①税务机关有根据认为从事生产、经营的纳税人有逃避纳税义务行为，在规定的纳税期之前经责令其限期缴纳应纳税款，在限期内发现纳税人有明显的转移、隐匿其应纳税的商品、货物，以及其他财产或者应纳税收入的迹象，责成纳税人提供纳税担保的。

②欠缴税款、滞纳金的纳税人或者其法定代表人需要出境的。

③纳税人同税务机关在纳税上发生争议而未缴清税款，需要申请行政复议的。

④税收法律、行政法规规定可以提供纳税担保的其他情形。

（3）纳税担保范围

包括税款、滞纳金和实现税款、滞纳金的费用。

实现税款、滞纳金的费用包括抵押、质押、登记费用，质押保管费用，以及保管、拍卖、变卖担保财产等相关费用支出。

（4）用于担保的财产要求

用于纳税担保的财产、权利的价值不得低于应当缴纳的税款、滞纳金，并考虑相关的费用。

4.采取税收保全措施及强制执行

维度	保全	强制执行
前提	拒不担保：税务机关责令符合条件的纳税人提供纳税担保而纳税人拒绝或不能提供担保	不缴纳税款：纳税人、扣缴义务人未按时缴纳税款、纳税担保人未按时缴纳所担保的税款，由税务机关责令限期缴纳仍未缴纳（同"责令缴纳"部分提到的三类"不缴纳"情形）
具体措施	经县以上税务局（分局）局长批准 冻结、扣押、查封"价值相当"的资产 ①冻结一定价值的资产：书面通知银行冻结金额相当于应纳税款的存款； ②扣押、查封相当于应纳税款的商品、货物或者其他财产。 注意：题目表述为"全部财产"，则为陷阱	扣缴、变卖变现： ①书面通知银行从存款中扣缴税款； ②扣押、查封、依法拍卖或者变卖相当于应纳税款的商品、货物或者其他财产，以拍卖或者变卖所得抵缴税款 注意：滞纳金同时强制执行
期限	一般最长不得超过6个月	—
不适用的财产	①个人及其所扶养家属维持生活必需的住房和用品； ②单价5 000元以下的其他生活用品 必需品不包括：机动车辆、金银饰品、古玩字画、豪华住宅或者一处以外的住房	

5.阻止出境

欠缴税款的纳税人或者其法定代表人在出境前未按规定结清应纳税款、滞纳金或者提供纳税担保的，税务机关可以通知出境管理机关阻止其出境。

【典例研习·7-5】（2016年、2019年单选题）

下列各项中，不属于税务担保范围的是（ ）。

A.罚款　　　　　　　　　　　　B.滞纳金

C.实现税款、滞纳金的费用　　　　D.税款

‖斯尔解析‖ A　税务担保范围为"本+息+直接费用"，即税款、滞纳金及实现税款、滞纳金的费用，选项BCD均包括。罚款不包括在其中。

【典例研习·7-6】（2018年单选题）

根据税收征收管理法律制度的规定，下列各项中，不适用拍卖、变卖情形的是（ ）。

A.纳税人在规定的纳税期限内有明显的转移其应纳税货物迹象的

B.采取税收保全措施后，限期期满仍未缴纳税款的

C.逾期不按规定履行复议决定的
D.设置纳税担保后,限期期满仍未缴纳所担保的税款的

‖斯尔解析‖ A "拍卖、变卖情形"属于税收强制执行措施,因此本题考查的是税收强制执行措施的适用情形。(1)选项A,在规定的纳税期限"内"有明显的转移其应纳税货物迹象的,应责令提供纳税担保,如纳税人拒绝提供纳税担保或无力提供纳税担保的,经县以上税务局(分局)局长批准,税务机关可以采取税收强制执行措施,而非适用强制执行措施。(2)选项BD,均为"限期期满"仍未缴纳税款,适用税收保全措施。(3)选项C,逾期不按规定履行税务处理决定、逾期不按规定履行复议决定的、逾期不按规定履行税务行政处罚决定的均适用强制执行措施。故本题选择不适用拍卖、变卖情形,选项A正确。

【典例研习·7-7】(2017年单选题)

税务机关在查阅甲公司公开披露的信息时发现,其法定代表人张某有一笔股权转让收入未申缴纳个人所得税,要求张某补缴税款80万元,滞纳金3.8万元,张某未结清应纳税款、滞纳金的情况下,拟出国考察,且未提供纳税担保,税务机关知晓后对张某可以采取的税款征收措施是( )。

A.查封住房 B.查封股票交易账户
C.通知出境管理机关阻止出境 D.冻结银行存款

‖斯尔解析‖ C

考点2 税务检查(★)

1.税务机关在税务检查中的职权和职责

记忆提示	具体职权
查账权	检查纳税人/扣缴义务人的账簿、记账凭证、报表和有关资料
场地检查权	到纳税人的生产、经营场所和货物存放地检查纳税人应纳税的商品、货物或者其他财产,检查扣缴义务人与代扣代缴、代收代缴税款有关的经营情况
责成提供资料权	责成纳税人、扣缴义务人提供与纳税或者代扣代缴、代收代缴税款有关的文件、证明材料和有关资料
询问权	询问纳税人、扣缴义务人与纳税或者代扣代缴、代收代缴税款有关的问题和情况
交通邮政检查权	到车站、码头、机场、邮政企业及其分支机构检查纳税人托运、邮寄应纳税商品、货物或者其他财产的有关单据、凭证和有关资料(不能开包查物品)
存款账户检查权	经县以上税务局(分局)局长批准可以查询从事生产经营的纳税人、扣缴义务人在银行或者其他金融机构的存款账户;经设区的市、自治州以上税务局(分局)局长批准,可以查询案件涉嫌人员的储蓄存款

2.税务机关检查时的具体规定
（1）税务检查与税务征收措施：进行税务检查时，发现纳税人"有逃避纳税义务行为，且有明显转移资产迹象"，可以按照税收征管法规定的批准权限采取税收保全措施或者强制执行措施。
（2）税务机关调查税务违法案件时，对与案件有关的情况和资料，可以记录、录音、录像、照相和复制。
（3）税务机关依法进行税务检查时，有权向有关单位和个人调查纳税人、扣缴义务人和其他当事人与纳税或者代扣代缴、代收代缴税款有关的情况。
（4）税务机关派出的人员进行税务检查时，应当出示税务检查证和税务检查通知书并有责任为被检查人保守秘密；未出示税务检查证和税务检查通知书的，被检查人有权拒绝检查。

第四部分　税收法律责任

考点1　税务管理相对人实施税收违法行为的法律责任（★★）

	违法行为	法律责任
逃税	纳税人采取欺骗、隐瞒手段进行虚假纳税申报或不申报，逃避缴纳税款	追缴税款、滞纳金，并处50%以上5倍以下罚款；构成犯罪的，依法追究刑事责任
欠税	欠缴，采取转移或隐匿财产的手段，妨碍税务机关追缴欠税	
抗税	暴力、威胁方法拒不缴纳税款	追缴税款、滞纳金，并处1倍以上5倍以下罚款
骗税	以假报出口或其他欺骗手段骗取出口退税款	追缴税款，并处税款1倍以上5倍以下的罚款，在规定期间内停止办理退税；构成犯罪的，依法追究刑事责任
	扣缴义务人应扣未扣、应收未收税款	向纳税人追缴税款；对扣缴义务人处以50%以上3倍以下罚款
	编造虚假计税依据	责令限期改正，并处5万元以下的罚款

考点2　重大税收违法失信案件信息公布（★★★）

（一）公布信息的案件范围

违法行为	标准
逃税	100万元以上，且任一年度不缴或者少缴应纳税款占当年各税种应纳税总额10%以上的
欠税	10万元以上的

违法行为	标准
抗税	—
骗税	—
虚开发票	虚开增值税专用发票或虚开用于骗取出口退税、抵扣税款的其他发票的 虚开普通发票100份或金额40万元以上的
伪造、变造发票及周边	私自印制、伪造、变造发票，非法制造发票防伪专用品，伪造发票监制章的
失联	有上述违法行为（逃、欠、抗、骗、虚开发票）经税务机关检查确认走逃的
其他	其他违法情节严重、有较大社会影响的

（二）公布案件内容

公布重大税收违法失信案件信息，应当主要包括以下内容：

（1）对法人或者其他组织，公布其名称，统一社会信用代码或者纳税人识别号，注册地址，法定代表人、负责人或者经法院裁判确定的实际责任人的姓名、性别及身份证号码，经法院裁判确定的负有直接责任的财务人员、团伙成员的姓名、性别及身份证号码；

（2）对自然人，公布其姓名、性别、身份证号码；

（3）主要违法事实；

（4）走逃（失联）情况；

（5）适用的相关法律依据；

（6）税务处理、税务行政处罚等情况；

（7）实施检查的单位；

（8）对公布的重大税收违法失信案件负有直接责任的涉税专业服务机构及从业人员，税务机关可以依法一并公布其名称、统一社会信用代码或者纳税人识别号、注册地址，以及直接责任人的姓名、性别、身份证号码、职业资格证书编号等。

（三）案件信息公布程序及公布管理

1. 公布程序

情形	公布时间
税务局稽查局依法作出《税务处理决定书》或者《税务行政处罚决定书》的案件	当事人在法定期间内没有申请行政复议或者提起行政诉讼；或者经行政复议或者法院裁判对此案件最终确定效力后，依法向社会公布
未作出《税务处理决定书》《税务行政处罚决定书》的走逃（失联）案件	经税务机关查证处理，进行公告30日后，依法向社会公布

| 情形 | 公布时间 |

上述情形中，公布前缴清则不公布，公布后缴清则"撤档"：
（1）在公布前能按照《税务处理决定书》《税务行政处罚决定书》缴清税款、滞纳金和罚款的，不向社会公布该案件信息；
（2）在公布后能按照《税务处理决定书》《税务行政处罚决定书》缴清税款、滞纳金和罚款的，经实施检查的税务机关确认，停止公布并从公告栏中撤出

2.公布管理
（1）重大税收违法失信案件信息自公布之日起满3年的，停止公布并从公告栏中撤出。
（2）案件信息一经录入相关税务信息管理系统，作为当事人的税收信用记录永久保存。

【典例研习·7-8】（模拟多选题）
下列各项中，属于重大税收违法失信案件的有（　　）。
A.甲公司进行虚假的纳税申报，少缴税款100万元占当年各税种应纳税总额8%
B.乙公司妨碍税务机关追缴欠缴的税款，金额10万元
C.赵某骗取国家出口退税款
D.高某虚开普通发票80份，金额合计为50万元

‖斯尔解析‖ BCD （1）选项A，属于逃税行为，逃税行为少缴应纳税款100万元以上，且任一年度不缴或者少缴应纳税款占当年各税种应纳税总额10%以上的属于重大税收违法失信案件，两条件需同时满足，选项A少缴税款仅占8%，不满足比例条件，选项A错误。（2）选项B属于欠税行为，欠缴税款金额10万元以上的即属于重大，选项B已达10万元。（3）选项C属骗税行为，无条件属于重大税收违法失信案件。（4）选项D，虚开普通发票100份或者金额40万元以上的属于税收违法失信案件，两条件满足其一即可，高某虚开发票已达50万元，满足金额条件。

‖陷阱提示‖ 注意区分"虚开普通发票"和"逃税"被列为重大税收违法失信案件的条件，前者为两个条件满足其一即可，后者则要份数及金额两条件同时满足。

第八章 劳动合同与社会保险法律制度

学习提要

恭喜大家,来到了经济法基础的最后一章。本章我们要学习的是为规范劳动关系而颁布的一系列相关法律、法规和规章。

首先,一起来认识一下劳动关系的特点,从而更好地理解这些法律法规的出发点:

(1)劳动关系主体的一方是劳动者,另一方是用人单位;

(2)两个主体之间需要签订一份合约来确定彼此的权利义务,这就是劳动合同;

(3)劳动者在签订和履行劳动合同时的地位是不同的。劳动者与用人单位在签订劳动合同时,遵循平等、自愿、协商一致的原则,双方法律地位是平等的;一旦双方签订了劳动合同,在履行劳动合同的过程中,用人单位和劳动者就具有了支配与被支配、管理与服从的从属关系。

(4)为保护处于弱势的劳动者的权益,法律规定了较多的强制性规范,当事人签订劳动合同不得违反强制性规定,否则无效。

理解了本章法律法规的初衷,不仅能有助于我们掌握考点,还可以让我们意识到,本章的知识点,是我们作为劳动者保护好自己的铠甲与武器。

在历年考试中,各批次试卷涉及本章内容的分值平均15分左右,各类题型均有所涉及,也是不定项选择题十分重要的命题点。本章多直接考查概念的记忆,属于非常重要的得分章节,同学们一定要坚持到底。

考点精讲

第一部分 劳动合同法律制度

考点1 劳动合同的订立(★★★)

(一)订立原则

订立劳动合同,应当遵循合法、公平、平等自愿、协商一致、诚实信用的原则。

(二)订立主体

1.订立主体的资格

主体		资格要求
劳动者	一般单位	禁止用人单位招用未满16周岁的未成年人
	文艺、体育和特种工艺单位	经批准并保障其接受义务教育的权利,可聘用未满16周岁的未成年人

主体		资格要求
用人单位	用人单位总机构	有用人权利能力和用人行为能力
	用人单位设立的分支机构	依法取得营业执照或者登记证书的，可以订立劳动合同
		未依法取得营业执照或者登记证书的，受用人单位委托可以与劳动者订立劳动合同

此外，订立主体的资格涉及一些常识性要求，包括：

劳动者就业，不因民族、种族、性别、宗教信仰不同而受歧视。妇女享有与男子平等的就业权利。在录用职工时，除国家规定的不适合妇女的工种或者岗位外，不得以性别为由拒绝录用妇女或者提高对妇女的录用标准。

2.订立主体的义务

主体		义务要求	法律责任
劳动者		如实说明与劳动合同直接相关的基本情况	—
用人单位	如实说明	工作内容、工作条件、工作地点、职业危害、安全生产状况、劳动报酬，以及劳动者要求了解的其他情况	—
	不得扣押	劳动者的居民身份证和其他证件	退：责令退还； 罚：依照相关规定给予处罚
		不得要求劳动者提供担保或者以其他名义向劳动者收取财物（如：工服押金）	退：责令退还； 罚：并以每人500元以上2 000元以下的标准处以罚款； 赔：给劳动者造成损害的，应当承担赔偿责任

（三）订立形式

建立劳动关系，应当订立书面劳动合同。非全日制用工双方可以订立口头协议。

非全日制用工，是指以小时计酬为主，劳动者在同一用人单位一般平均每日工作时间不超过4小时，每周工作时间累计不超过24小时的用工形式。

（四）书面合同订立的时间要求

1.劳动关系的建立时间：用工之日。

【解题高手】盯紧劳动关系建立的时间，后面签订劳动合同时间的要求都是从用工之日起算。

2.用工之日与签订劳动合同的时间要求

时间	应订立合同	未订立后果	记忆提示
用工之日起1个月内	应订立书面劳动合同	如劳动者不签,用人单位应当书面通知劳动者终止劳动关系,无须向劳动者支付经济补偿,但是应当依法向劳动者支付其实际工作时间的劳动报酬	1月以内:对用人单位来说是缓冲期,未签订书面合同无须赔、罚
自用工之日起超过1个月不满1年	应补订书面劳动合同	应当向劳动者每月支付2倍的工资,起算时间为用工之日起满1个月的次日,截止时间为补订书面劳动合同的前一日 劳动者不与用人单位订立书面劳动合同的,用人单位应当书面通知劳动者终止劳动关系,并支付经济补偿	1月≤已用工时间<1年:两倍工资+个人不签也要赔偿
自用工之日起满1年	应当立即与劳动者补订书面劳动合同	①自用工之日起满1个月的次日至满1年的前一日应当向劳动者每月支付2倍的工资; ②视为自用工之日起满1年的当日已经与劳动者订立无固定期限劳动合同; ③用人单位违反《劳动合同法》规定不与劳动者订立无固定期限劳动合同的,自应当订立无固定期限劳动合同之日起向劳动者每月支付2倍工资	1年≤已用工时间:共拿11个月2倍工资+视为签订无固定期限合同

(五)劳动合同的效力

1.生效

(1)双方协商一致,在劳动合同文本上签字或盖章,依法订立即生效。

【解题高手】劳动合同是否生效,不影响劳动关系的建立。劳动关系的建立盯住"用工之日"。

(2)如果用人单位不履行劳动合同,没有给劳动者提供约定的工作岗位,劳动者可以要求用人单位提供约定的工作岗位或者承担违约责任;如果劳动者不履行劳动合同,用人单位可以要求劳动者提供约定的劳动或者承担违约责任。

(3)如果因一方不履行劳动合同造成另一方损失的,违约方还应赔偿对方相应的损失。

2.无效

无效劳动合同是指由用人单位和劳动者签订成立,而国家不予承认其法律效力的劳动合同。

（1）劳动合同无效或部分无效的情形：

①以欺诈、胁迫的手段或者乘人之危，使对方在违背真实意思的情况下订立或者变更劳动合同的；

②用人单位免除自己的法定责任、排除劳动者权利的；

③违反法律、行政法规强制性规定的。

（2）合同效力争议的认定

对劳动合同的无效或者部分无效有争议的，由劳动争议仲裁机构或者人民法院确认。

（3）无效劳动合同的法律后果

①无效劳动合同，从订立时起就没有法律约束力。

②劳动合同部分无效，不影响其他部分效力的，其他部分仍然有效。

③劳动合同被确认无效，劳动者已付出劳动的，用人单位应当向劳动者支付劳动报酬。

④劳动合同被确认无效，给对方造成损害的，有过错的一方应当承担赔偿责任。

【典例研习·8-1】（2018年多选题改编）

根据劳动合同法律制度的规定，用人单位招用未满16周岁的未成年人应遵守国家相关规定并保障其接受义务教育的权利。下列用人单位中，可招用未满16周岁未成年人的有（　　）。

A.文艺单位　　　　　　　　　　B.物流配送单位

C.体育单位　　　　　　　　　　D.餐饮单位

‖斯尔解析‖ AC　　本题考查订立劳动合同主体的资格。《劳动法》规定，禁止用人单位招用未满16周岁的未成年人。文艺、体育和特种工艺单位招用未满16周岁的未成年人，必须依照国家有关规定，履行审批手续，并保障其接受义务教育的权利。

【典例研习·8-2】（2016年单选题）

下列情形中，用人单位招用劳动者符合法律规定的是（　　）。

A.甲公司设立的分公司已领取营业执照，该分公司与张某订立劳动合同

B.乙公司以只招男性为由拒绝录用应聘者李女士从事会计工作

C.丙超市与刚满15周岁的初中毕业生赵某签订劳动合同

D.丁公司要求王某提供2 000元保证金后才与其订立劳动合同

‖斯尔解析‖ A　　选项B，妇女享有与男子平等的就业权利；选项C，除文艺、体育和特种工艺单位经审批，可招用未满16周岁的未成年人外，其他单位禁止招用未满16周岁的未成年人，超市显然不属于例外单位；选项D，用人单位招用劳动者，不得扣押劳动者的居民身份证和其他证件，不得要求劳动者提供担保或者以其他名义向劳动者收取财物。

【典例研习·8-3】（模拟多选题）

某化妆品公司招聘了10名销售人员，在签订劳动合同时，要求员工缴纳300元的制服押金，等员工离职时再予以返还。根据《劳动合同法》的规定，下列对化妆品公司应承担的法律责任的表述中，正确的有（　　）。

A.劳动行政部门可以责令该公司限期返还押金

B.劳动行政部门可以对该公司处以500元的罚款

C.劳动行政部门可以对该公司处以2 000元的罚款

D.如果该公司的行为给员工造成损害的,应当承担赔偿责任

‖斯尔解析‖ [AD] 用人单位以担保或者其他名义向劳动者收取财物的,由劳动行政部门责令限期退还劳动者本人(选项A正确),并以每人500元以上2 000元以下的标准处以罚款;给劳动者造成损害的,应当承担赔偿责任(选项D正确)。选项BC,该公司对10名员工违法收取财物,处以每人500元以上2 000元以下罚款,应处以5 000元至20 000元罚款,选项BC错误。

【典例研习·8-4】(模拟多选题)

2019年7月5日王某到甲公司上班,但甲公司未与其签订书面合同。对甲公司该行为法律后果的下列表述中,正确的有(   )。

A.甲公司与王某之间尚未建立劳动关系

B.甲公司应在2019年8月5日前与王某签订书面劳动合同

C.若甲公司在2019年10月5日与王某补订书面劳动合同,王某有权要求甲公司向其支付2个月的双倍工资

D.若甲公司在2020年10月5日与王某补订书面劳动合同,王某有权要求甲公司向其支付11个月的双倍工资

‖斯尔解析‖ [BCD] (1)用人单位自用工之日起即与劳动者建立劳动关系,即用工时点2019年7月5日已建立劳动关系,选项A错误。(2)用工时点起1个月内为"缓冲期",用人单位应与劳动者建立书面劳动合同,选项B正确。(3)用人单位自用工之日起超过1个月不满1年未与劳动者订立书面劳动合同的,应当向劳动者每月支付2倍的工资,并与劳动者补订书面劳动合同,选项C正确。(4)2020年10月5日,用人单位自用工之日起满1年,未与劳动者订立书面劳动合同的,自用工之日起"满1个月的次日至满1年的前一日"(共11个月)应当向劳动者每月支付2倍的工资,选项D正确。

‖陷阱提示‖ 应对考查劳动合同签订时间要求的题目,先找准"基准日"——劳动关系建立时点为"实际用工时点",与是否签订劳动合同无关。

考点2 劳动合同条款(★★★)

(一)条款概览

必备条款(9项)	可备条款(3项)
用人单位:名称、住所和法定代表人或者主要负责人	—
劳动者:姓名、住址和居民身份证或者其他有效身份证件号码	—
劳动合同期限	试用期、服务期
工作内容和工作地点	
工作时间和休息、休假	
劳动报酬	
社会保险	—

必备条款（9项）	可备条款（3项）
劳动保护、劳动条件和职业危害防护	保守商业秘密和竞业限制
法律、法规规定应当纳入劳动合同的其他事项	—

（二）劳动合同期限

1.分类

种类	具体内容	劳动关系的终止
固定期限劳动合同	双方明确约定合同终止时间	合同期限届满，劳动关系即告终止
无固定期限劳动合同	双方约定合同无确定终止时间	出现了法定情形或者双方协商一致即可解除
以完成一定工作任务为期限的劳动合同	①以完成单项工作任务为期限的劳动合同； ②以项目承包方式完成承包任务的劳动合同； ③因季节原因用工的劳动合同	—

2.应当签订无固定期限劳动合同的情形

（1）法定情形

具体情形	备注
自用人单位用工之日起，劳动者在该用人单位连续工作满10年的	①工作年限的计算：包括《劳动合同法》施行前的工作年限； ②连续工作：劳动者非因本人原因从原用人单位被安排到新用人单位工作的，劳动者在原用人单位的工作年限合并计算为新用人单位的工作年限
用人单位初次实行劳动合同制度或者国有企业改制重新订立劳动合同时，劳动者在该用人单位连续工作满10年且距法定退休年龄不足10年的	
连续订立2次固定期限劳动合同，且劳动者没有下述情形，续订劳动合同的： ①严重违反用人单位的规章制度的； ②严重失职，营私舞弊，给用人单位造成重大损害的； ③劳动者同时与其他用人单位建立劳动关系，对完成本单位的工作任务造成严重影响，或者经用人单位提出，拒不改正的；	连续订立固定期限劳动合同的次数，应当自《劳动合同法》2008年1月1日施行后续订固定期限劳动合同时开始计算

法定情形	备注
④劳动者以欺诈、胁迫的手段或者乘人之危，使用人单位在违背真实意思的情况下订立或者变更劳动合同，致使劳动合同无效的； ⑤被依法追究刑事责任的； ⑥劳动者患病或者非因工负伤，在规定的医疗期满后不能从事原工作，也不能从事由用人单位另行安排的工作的； ⑦劳动者不能胜任工作，经过培训或者调整工作岗位，仍不能胜任工作的	

（2）视为签订

用人单位自用工之日起满1年不与劳动者订立书面劳动合同的，视为用人单位自用工之日起满1年的当日已经与劳动者订立无固定期限劳动合同。

（3）用人单位违反规定不与劳动者订立无固定期限劳动合同的，自应当订立无固定期限劳动合同之日起向劳动者每月支付2倍的工资。

【典例研习·8-5】（模拟多选题）

下列各项中，除劳动者提出订立固定期限劳动合同外，用人单位与劳动者应当订立无固定期限劳动合同的情形有（　　）。

A.劳动者在该用人单位连续工作满10年的

B.连续订立2次固定期限劳动合同，（且劳动者无法定不得订立无固定期限劳动合同的情形）继续续订的

C.国有企业改制重新订立劳动合同，劳动者在该用人单位连续工作满5年且距法定退休年龄不足15年的

D.用人单位初次实行劳动合同制度，劳动者在该用人单位连续工作满10年且距法定退休年龄不足10年的

‖斯尔解析‖　【ABD】　选项C错误、选项D正确：用人单位初次实行劳动合同制度或者国有企业改制重新订立劳动合同的，劳动者在该用人单位连续工作满10年且距法定退休年龄不足10年的，除劳动者提出订立固定期限劳动合同外，用人单位与劳动者应当订立无固定期限劳动合同。

‖陷阱提示‖　选项C为常见的迷惑选项，在本单位连续工作满15年，且距法定退休年龄不足5年的，用人单位既不得适用无过失性辞退或经济性裁员解除劳动合同的情形解除劳动合同，也不得终止劳动合同，劳动合同应当续延至相应的情形消失时终止。在这里先留个印象，后面学到劳动合同的解除和终止时会具体学习。

（三）工作时间与休息、休假
1.工作时间

种类	基本工时	加班工时
标准工时制	每日工作8小时、每周工作40小时	经与工会和劳动者协商后： ①一般每日不得超过1小时； ②特殊原因：每日不得超过3小时，每月不得超过36小时
不定时工作制	每天工作不超过8小时，每周工作不超过40小时，每周至少休息1天	
综合计算工时制	①分别以周、月、季、年等为周期，综合计算劳动者工作时间； ②但其平均日/周工作时间仍与法定标准工作时间基本相同	

2.休息、休假
（1）概览

类型		具体情形
休息	工作日内的间歇时间	工作日的中午时间
	工作日之间的休息时间	工作日与工作日之间
	公休假日	周末
休假	法定假日	元旦、春节、清明节、劳动节、端午节、中秋节、国庆节等
	带薪年休假	职工连续工作1年以上的，享受带薪年休假 注意：连续工作非在本单位工作的时间

（2）带薪休假
累计工作不同工作年限可享受的年假天数：

累计工作年限	年假天数	不享受当年年假的情形	
已满1年不满10年	5天	病假累计2个月以上的	职工依法享受寒暑假，天数多于年休假天数的； 事假累计20天以上且单位按照规定不扣工资的
已满10年不满20年	10天	病假累计3个月以上的	
已满20年	15天	病假累计4个月以上的	

年休假在1个年度内可以集中安排，也可以分段安排，一般不跨年度安排。单位因生产、工作特点确有必要跨年度安排职工年休假的，可以跨1个年度安排

新职工享受年休假的天数计算：职工新进用人单位且符合享受带薪年休假条件的，当年度年休假天数按照在本单位剩余日历天数折算确定，折算后不足1整天的部分不享受年休假。

天数=（当年度在本单位剩余日历天数÷365天）×职工本人全年应当享受的年休假天数

【典例研习·8-6】（模拟单选题）

小十工作已满15年，2020年4月已在甲公司享受带薪年休假4天，2020年7月1日调到乙公司工作，提出补休年休假的申请，则小十可以享受的年休假为（　　）天。

A.0天　　　　　B.5天　　　　　C.6天　　　　　D.15天

‖斯尔解析‖ **B** （1）可享受的全年休假天数：职工累计工作已满1年不满10年的，年休假5天；已满10年不满20年的，年休假10天；已满20年的，年休假15天。小十工作已满15年，可享受10天。（2）职工新进用人单位且符合享受带薪年休假条件的，当年度年休假天数按照在本单位剩余日历天数折算确定，折算后不足1整天的部分不享受年休假。小十2020年7月1日进入新单位，剩余6个月，折算年休假=10÷12×6=5（天）。

‖陷阱提示‖ 员工跳槽，在新单位可以享受的年休假天数，和在上一家公司已休天数无关，条件"2020年4月已在甲公司享受带薪年休假4天"为迷惑性条件。

【典例研习·8-7】（2015年多选题）

下列关于职工带薪年休假制度的表述中，正确的有（　　）。

A.职工连续工作1年以上方可享受年休假

B.机关、团体、企业、事业单位、民办非企业单位、有雇工的个体工商户等单位的职工均可依法享受年休假

C.国家法定休假日、休息日不计入年休假的假期

D.职工在年休假期间享受与正常工作期间相同的工资收入

‖斯尔解析‖ **ABCD**

‖陷阱提示‖ 注意年休假与医疗期、累计病休计算期相关规定的区分，医疗期、累计病休计算期均包括国家法定休假日及休息日。

（四）劳动报酬

1.日常工资

要求	具体规定
货币支付	以法定货币支付，不得以实物及有价证券替代货币支付
按时支付	必须在用人单位与劳动者约定的日期支付，如遇节假日或休息日，则应提前在最近的工作日支付
	至少每月支付一次，实行周、日、小时工资制的可按周、日、小时支付工资
	对完成一次性临时劳动或某项具体工作的劳动者，用人单位应按有关协议或合同规定在其完成劳动任务后即支付工资
照常支付	用人单位应当依法支付劳动者在法定休假日、婚丧假期间以及依法参加社会活动期间的工资

2.加班工资

加班时点	总计支付工资
平常加班	不低于150%
双休加班	不能安排补休的,不低于200%
法定休假节日工作	不低于300%
"部分人"放假节日(妇女节、青年节)	应支付工资报酬,但不支付加班工资
实行计件工资的劳动者	(同上原则)

3.最低工资制度

制度方面	具体规定
制定及实行效果	具体标准由省、自治区、直辖市人民政府规定,报国务院备案;用人单位支付劳动者的工资不得低于当地最低工资标准 注意:"当地"的确定 劳动合同履行地与用人单位注册地不一致的: ①按照劳动合同履行地的有关规定执行; ②用人单位注册地的有关标准高于劳动合同履行地的有关标准,且用人单位与劳动者约定按照用人单位注册地的有关规定执行的,从其约定
不包括	①加班工资; ②补贴津贴:货币形式支付的住房补贴和用人单位支付的伙食补贴;特殊工作环境和劳动条件下的津贴(如高温补贴); ③社会保险福利待遇
扣工资	因劳动者本人原因给用人单位造成经济损失的,用人单位可按照劳动合同的约定要求其赔偿经济损失,经济损失可从工资中扣除,但: ①每月扣除的部分不得超过劳动者当月工资的20%; ②扣除后的剩余工资部分低于当地月最低工资标准,则按最低工资标准支付

4.未按规定支付的法律责任

适用情形	法律责任
未按规定及时足额支付劳动报酬的	①劳动行政部门责令限期支付(低于最低工资的,应支付差额部分); ②逾期按应付金额50%以上100%以下向劳动者加付赔偿金
低于当地最低工资标准支付劳动者工资的	
安排加班不支付加班费的	

【典例研习·8-8】（2018年多选题）
根据劳动合同法律制度的规定，下列关于劳动报酬支付的表述中，正确的有（　　）。
A.用人单位应当向劳动者支付婚丧假期间的工资
B.用人单位不得以实物及有价证券代替货币支付工资
C.用人单位与劳动者约定的支付工资日期遇节假日的，应顺延至最近的工作日支付
D.对在"五四"青年节（工作日）照常工作的青年职工，用人单位应支付工资报酬但不支付加班工资

‖斯尔解析‖ ABD　选项C，用人单位与劳动者约定的支付工资日期如遇节假日或休息日，则应提前在最近的工作日支付。

‖陷阱提示‖ 本题非常典型，体现了本章知识考查的细致程度。思考，如果选项C描述改为"应在最近的工作日支付"，那么是否正确呢？

【典例研习·8-9】（2017年单选题）
2016年5月，甲公司安排李某于5月1日（国际劳动节）、5月7日（周六）分别加班1天，事后未安排补休。已知甲公司实行标准工时制，李某的日工资为200元。计算甲公司应支付李某5月最低加班工资的下列算式中，正确的是（　　）。
A.200×300%+200×200%=1 000（元）　　B.200×200%+200×150%=700（元）
C.200×100%+200×200%=500（元）　　D.200×300%+200×300%=1 200（元）

‖斯尔解析‖ A　工作日加班1.5倍、周末加班2倍工资、法定休假节日加班3倍工资。本题李某在法定休假节日（5月1日国际劳动节）及周末（5月7日）各加班一天，应支付其1天双倍工资、1天三倍工资，选项A正确。

（五）试用期

1.期限规定

试用期包含在劳动合同期限内。劳动合同仅约定试用期的，试用期不成立，该期限为劳动合同期限。

同一用人单位与同一劳动者只能约定一次试用期。

劳动合同期限	试用期
非全日制用工	不得约定
以完成一定工作任务为期限	
固定期限合同不满3个月	
3个月以上，不满1年	不得超过1个月
1年以上，不满3年	不得超过2个月
3年以上固定期限	不得超过6个月
无固定期限	

2.试用期工资

（1）不得低于本单位相同岗位最低档工资或者劳动合同约定工资（即试用期满后工

资）的80%；

（2）并不得低于用人单位所在地的最低工资标准。

3.违法约定试用期的法律责任

（1）由劳动行政部门责令改正；

（2）违法约定的试用期已经履行的，由用人单位以劳动者试用期满月工资为标准，按已经履行的超过法定试用期的期间向劳动者支付赔偿金。

【典例研习·8-10】（2018年多选题）

甲公司与其职工对试用期期限的下列约定中，符合法律规定的有（　　）。

A.夏某的劳动合同期限4年，双方约定的试用期为4个月

B.周某的劳动合同期限1年，双方约定的试用期为1个月

C.刘某的劳动合同期限2年，双方约定的试用期为3个月

D.林某的劳动合同期限5个月，双方约定的试用期为5日

‖斯尔解析‖ ABD 试用期上限的规定：劳动合同期限不满3个月的，不得约定试用期；劳动合同期限3个月以上不满1年的，试用期不得超过1个月；劳动合同期限1年以上不满3年的，试用期不得超过2个月；3年以上固定期限和无固定期限的劳动合同，试用期不得超过6个月。这里的1年以上包括1年，3年以上包括3年。故选项ABD正确、选项C错误。

【典例研习·8-11】（2019年单选题）

甲公司与张某签订劳动合同，未约定劳动合同期限，仅约定试用期8个月，下列关于该试用期的表述中，正确的是（　　）。

A.试用期约定合同有效

B.试用期超过6个月部分视为劳动合同期限

C.试用期不成立，8个月为劳动合同期限

D.试用期不成立，应视为试用期1个月，剩余期限为劳动合同期限

‖斯尔解析‖ C 劳动合同仅约定试用期的，试用期不成立，该期限为劳动合同期限，故选项C正确。

【典例研习·8-12】（2015年单选题）

张某与A公司签订了3年期限的劳动合同，试用期为2个月，工资2 000元，当地最低工资标准为1 500元，试用期工资不得低于（　　）。

A.1 600元　　　B.1 500元　　　C.2 000元　　　D.1 400元

‖斯尔解析‖ A 试用期工资不得低于本单位相同岗位最低档工资或者劳动合同约定工资的80%，并不得低于用人单位所在地的最低工资标准。本题中，工资2 000元的80%为1 600元，当地最低工资标准为1 500元，两者取其高者，即试用期工资不得低于1 600元，选项A正确。

（六）服务期

1.概念及适用范围

方面	具体规定
概念	服务期是指劳动者因享受用人单位给予的特殊待遇而作出的关于劳动履行期限的承诺

方面	具体规定
适用范围	用人单位为劳动者提供专项培训费用，对其进行专业技术培训的，可以与该劳动者订立协议，约定服务期

注意：用人单位与劳动者约定服务期的，不影响按照正常的工资调整机制提高劳动者在服务期期间的劳动报酬。

2.违约金

劳动者违反服务期规定，应支付违约金。

方面	具体规定
违约金金额	①违约金的数额不得超过用人单位提供的培训费用； ②用人单位要求劳动者支付的违约金不得超过服务期尚未履行部分所应分摊的培训费用
支付违约金的情形	①一般而言，只有劳动者在服务期内提出与用人单位解除劳动关系时，用人单位才可以要求其支付违约金； ②服务期内，劳动合同到期的，劳动合同应当续延至服务期满（双方另有约定的，从其约定），如此时劳动者提出离职，用人单位可要求其支付违约金； ③服务期内，劳动者存在违纪等重大过错行为而被用人单位开除的，用人单位可要求其支付违约金；用人单位存在过错，则用人单位不得要求劳动者支付违约金。 总结：一般情况下，无论合同到没到期，在服务期内辞职都要付违约金；特殊情况，劳动者有错被开除也得付，用人单位有错辞职也不用付

【典例研习·8-13】（2016年单选题改编）

吴某受甲公司委派去德国参加技术培训，公司为此支付培训费用20万元。培训前双方签订协议，约定吴某自培训结束后5年内不得辞职，否则应支付违约金20万元。吴某培训完毕后，在甲公司连续工作满2年时辞职。甲公司依法要求吴某支付的违约金数额最高为（　　）万元。

A.0　　　　　　B.20　　　　　　C.12　　　　　　D.8

‖斯尔解析‖ **C** 本题考查服务期。（1）约定的违约金金额不得高于用人单位甲公司支付的培训费用20万元。（2）用人单位要求劳动者支付的违约金不得超过服务期尚未履行部分所应分摊的培训费用，本题中培训费用一共20万元，约定服务期一共5年，故每年分摊4万元，连续工作满2年辞职时尚未履行3年，尚未履行年份对应分摊服务费用12万元，故本题选项C正确。

‖陷阱提示‖ 注意分两个层次掌握对于违约金的规定，一是协议约定总违约金金额，二是实际要求支付的违约金金额。

【典例研习·8-14】（2019年单选题）

甲公司通过签订服务期协议将尚有4年劳动合同期限的职工刘某派出参加6个月的专业

技术培训，甲公司提供10万元专项培训费用。双方约定，刘某培训结束后须在甲公司工作满5年，否则应向甲公司支付违约金。刘某培训结束工作2年时因个人原因向公司提出解除劳动合同。下列关于刘某服务期约定及劳动合同解除的表述中，正确的是（　　）。
A.双方不得在服务期协议中约定违约金
B.5年服务期的约定因超过劳动合同剩余期限而无效
C.刘某可以解除劳动合同，但甲公司有权要求其支付违约金
D.服务期约定因限制了刘某的自主择业权而无效

‖斯尔解析‖ C （1）《劳动合同法》规定，用人单位为劳动者提供专项培训费用，对其进行专业技术培训的，可以与该劳动者订立协议，约定服务期；劳动者违反服务期约定的，应当按照约定向用人单位支付违约金，选项C正确，选项D错误。（2）服务期条款可以约定对应的违约金，选项A错误。（3）劳动合同期满，但是用人单位与劳动者约定的服务期尚未到期的，劳动合同应当续延至服务期满，选项B错误。

（七）保守商业秘密和竞业限制

1.基本规定

方面	具体规定
概念	用人单位：限制劳动者一定时期的择业权，并支付相应补偿；劳动者：遵守约定，否则支付违约金 ①对负有保密义务的劳动者，用人单位可以在劳动合同或者保密协议中与劳动者约定竞业限制条款，并约定在解除或者终止劳动合同后，在竞业限制期限内按月给予劳动者经济补偿； ②劳动者违反竞业限制约定的，应当按照约定向用人单位支付违约金 注意：用人单位必须给予相应的经济补偿，否则竞业条款无效（即用人单位免除自己的法定责任、排除劳动者权利）
适用人群	竞业限制的人员限于用人单位的高级管理人员、高级技术人员和其他负有保密义务的人员，而非所有的劳动者
限制期限	不得超过2年，超过部分无效

【解题高手】用人单位只能在服务期及竞业限制中与劳动者约定由劳动者承担违约金。

2.司法解释——适用竞业限制条款处理争议

具体情形		限制及补偿金
订立时约定了竞业限制和经济补偿	一般情形	竞业限制约定有效，应支付补偿金
	用人单位原因导致3个月未支付经济补偿	①劳动者可要求解除竞业限制约定； ②应支付补偿金

具体情形		限制及补偿金
订立时约定了竞业限制和经济补偿	用人单位主张解除竞业限制	①可解除； ②应支付补偿金； ③劳动者可额外要求3个月补偿金
	劳动者违反竞业限制约定	①应向用人单位支付违约金； ②用人单位可要求劳动者按照约定继续履行竞业限制义务
订立时未约定补偿金	劳动者实际履行了竞业限制义务	按月支付，选择下列二者间较高者： ①劳动合同解除或者终止前12个月平均工资的30%； ②劳动合同履行地最低工资标准

【典例研习·8-15】（模拟多选题）

刘某原是甲公司的技术总监，公司与他签订竞业限制协议，约定合同解除或终止后3年内，刘某不得在本行业从事相关业务，公司每月支付其补偿金2万元。但在刘某离职后，公司只在第一年按时给予了补偿金，此后一直没有支付，刘某遂在离职1年半后到甲公司的竞争对手乙公司上班。甲公司得知后要求刘某支付违约金。则下列说法中正确的有（　　）。

A.双方约定的竞业限制期限不符合法律规定
B.刘某可以提出请求解除竞业限制约定，人民法院应予支持
C.刘某可以要求甲公司支付竞业限制期间内未支付的补偿金，人民法院应予支持
D.对甲公司要求刘某支付违约金的请求，人民法院应予支持

‖斯尔解析‖ ABC （1）竞业限制期限，不得超过2年，选项A正确。（2）劳动者履行了竞业限制义务后要求用人单位支付经济补偿的，人民法院应予支持，选项C正确。（3）当事人在劳动合同或者保密协议中约定了竞业限制和经济补偿，劳动合同解除或者终止后，因用人单位的原因导致3个月未支付经济补偿，劳动者请求解除竞业限制约定的，人民法院应予支持，选项B正确。（4）甲公司违约在先，刘某无须支付违约金，选项D错误。

【典例研习·8-16】（2015年多选题）

下列各项中，用人单位不能在劳动合同中和劳动者约定由劳动者承担违约金的有（　　）。

A.竞业限制　　　B.工作时间　　　C.休息休假　　　D.试用期

‖斯尔解析‖ BCD 只有两个条款可以约定违约金，即竞业限制（选项A）及服务期。选项BCD均不可约定。

考点3　劳动合同的履行和变更（★）

（一）合同的履行

1.用人单位与劳动者应当按照劳动合同的约定，全面履行各自的义务。

（1）用人单位的义务

①向劳动者及时足额支付劳动报酬；

②严格执行劳动定额标准，不得强迫或者变相强迫劳动者加班；安排加班的，应当按照国家有关规定向劳动者支付加班费。

用人单位拖欠或者未足额支付劳动报酬的，劳动者可以依法向当地人民法院申请支付令，人民法院应当依法发出支付令。

（2）劳动者的权利

拒绝用人单位管理人员违章指挥、强令冒险作业的，不视为违反劳动合同。劳动者对危害生命安全和身体健康的劳动条件，有权对用人单位提出批评、检举和控告。

2.不影响合同继续履行的情形

（1）用人单位变更名称、法定代表人、主要负责人或者投资人等事项，不影响劳动合同的履行。

（2）用人单位发生合并或者分立等情况，原劳动合同继续有效，劳动合同由承继其权利和义务的用人单位继续履行。

（二）劳动规章制度

方面	具体规定
双向约束力	劳动规章制度是用人单位制定的组织劳动过程和进行劳动管理的规则和制度的总称，合法的劳动规章制度是劳动合同的组成部分，对用工及劳动者双方均具有约束力
"平等协商"	制定的过程要与工会或者职工代表平等协商确定
"公示告知"	直接涉及劳动者切身利益的规章制度和重大事项决定需公示或者告知劳动者，未经公示或者告知，对劳动者不生效

（三）劳动合同的变更

变更劳动合同，应当采用书面形式。

变更劳动合同未采用书面形式，但已经实际履行了口头变更的劳动合同超过1个月，且变更后的劳动合同内容不违反法律、行政法规、国家政策以及公序良俗，当事人以未采用书面形式为由主张劳动合同变更无效的，人民法院不予支持。

【典例研习·8-17】（2016年单选题）

2014年10月，张某到甲公司工作。2015年11月，甲公司与张某口头商定将其月工资由原来的4 500元提高至5 400元。双方实际履行3个月后，甲公司法定代表人变更。新任法定代表人认为该劳动合同内容变更未采用书面形式，变更无效，决定仍按原每月4 500元的标准向张某支付工资。张某表示异议并最终提起诉讼。关于双方口头变更劳动合同效力的下列表述中，正确的是（　　）。

A.双方口头变更劳动合同且实际履行已超过1个月，该劳动合同变更有效

B.劳动合同变更在实际履行3个月期间有效，此后无效

C.因双方未采取书面形式，该劳动合同变更无效

D.双方口头变更劳动合同但实际履行未超过6个月,该劳动合同变更无效

‖斯尔解析‖ [A] 变更劳动合同未采用书面形式,但已经实际履行了口头变更的劳动合同超过1个月,且变更后的劳动合同内容不违反法律、行政法规、国家政策以及公序良俗,当事人以未采用书面形式为由主张劳动合同变更无效的,人民法院不予支持。故选项A正确。

考点4 劳动合同的解除和终止（★★★）

（一）经济补偿金的概念

1.概念

在劳动者无过错的情况下,用人单位与劳动者解除或者终止劳动合同时,应给予劳动者经济补偿金。

2.特征

经济补偿金是法定的,与违约金、赔偿金是不同的。

> 【解题高手】违约金是约定的,劳动合同中只能针对"服务期限"及"竞业禁止"条款设置违约金;赔偿金是自己的过错给对方造成损害时,所应承担的法律后果。

（二）解除

1.概念

劳动合同解除指在劳动合同订立后,劳动合同期限届满之前,提前终止的法律行为。情形包括：

（1）"协商解除"：双方协商提前结束劳动关系。

（2）"法定解除"：出现法定的情形,一方当事人通知对方结束劳动关系的法律行为。

2.协商解除

《劳动合同法》规定,用人单位与劳动者协商一致,可以解除劳动合同。

提出解除方	是否需支付经济补偿
用人单位提出解除	必须依法向劳动者支付经济补偿
劳动者主动辞职	用人单位不需向劳动者支付经济补偿

3.法定解除

（1）劳动者可单方面解除劳动合同的情形

是否需通知	适用情形	补偿
提前通知解除 （交信辞职）	a.正式工：提前30日以书面形式通知； b.试用期人员：在试用期内提前3日通知。 注意：必须通知,没有履行通知程序属于违法解除,因此对用人单位造成损失的,劳动者应对用人单位的损失承担赔偿责任	无

是否需通知	适用情形	补偿
随时通知解除（用人单位过错）	用人单位存在下列行为： a.未按照劳动合同约定提供劳动保护或者劳动条件的； b.未及时足额支付劳动报酬的； c.未依法为劳动者缴纳社会保险费的； d.规章制度违反法律、法规的规定，损害劳动者权益的； e.以欺诈、胁迫的手段或者乘人之危，使劳动者在违背真实意思的情况下订立或者变更劳动合同致使劳动合同无效的； f.在劳动合同中免除自己的法定责任、排除劳动者权利的； g.违反法律、行政法规强制性规定的	有
无须事先告知（保命要紧、立即解除）	用人单位存在下列行为： a.以暴力、威胁或者非法限制人身自由的手段强迫劳动者劳动的； b.违章指挥、强令冒险作业危及劳动者人身安全的	有

注意：表格中"补偿"均指经济补偿金，下同。

（2）用人单位可以单方面解除劳动合同的情形

情形	具体规定	补偿
无过失性辞退（预告解除）	由于劳动者非过失性原因和客观情况的需要而导致劳动合同无法履行： a.劳动者患病或者非因工负伤，在规定的医疗期满后不能从事原工作，也不能从事由用人单位另行安排的工作的； b.劳动者不能胜任工作，经过培训或者调整工作岗位，仍不能胜任工作的； c.劳动合同订立时所依据的客观情况发生重大变化，致使劳动合同无法履行，经用人单位与劳动者协商，未能就变更劳动合同内容达成协议的 用人单位可以选择下列方式单方解除劳动合同： a.提前30日以书面形式通知劳动者； b.或者额外支付劳动者1个月工资后。 注意：代替30日通知的"1个月工资"不可替代经济补偿	有

是否需通知	适用情形		补偿
经济性裁员（裁员解除）	概念	用人单位由于经营不善等经济性原因，解雇多个劳动者	有
	原因	经济原因： a.破产重整； b.生产经营严重困难； c.转产、重大技术革新或者经营方式调整，经变更劳动合同后，仍需裁减人员的	
	程序	裁员多，需走程序： a.裁减人员20人以上； b.裁减不足20人但占企业职工总数10%以上的 具体规定： 用人单位提前30日向工会或者全体职工说明情况，听取工会或者职工的意见后，裁减人员方案经向劳动行政部门报告，可以裁减人员	
	优先留用	与本单位订立较长期限的固定期限、无固定期限劳动合同的；家庭无其他就业人员，有需要扶养的老人或者未成年人的	
	优先录用	裁减人员后6个月内重新招用人员的，应当通知被裁减的人员，并在同等条件下优先招用被裁减的人员	
随时通知解除		劳动者存在下列情形： a.试用期间被证明不符合录用条件； b.严重违反用人单位的规章制度、严重失职，营私舞弊，给用人单位造成重大损害的； c.同时与其他用人单位建立劳动关系，对完成本单位的工作任务造成严重影响，或者经用人单位提出，拒不改正的； d.以欺诈、胁迫的手段或者乘人之危，使用人单位在违背真实意思的情况下订立或者变更劳动合同致使劳动合同无效的； e.被依法追究刑事责任的	无

【典例研习·8-18】（2018年多选题）

根据劳动合同法律制度的规定，下列情形中，用人单位可随时通知劳动者解除劳动合同且不向其支付经济补偿的有（　　）。

A.劳动者严重违反用人单位规章制度的
B.劳动者在试用期内被证明不符合录用条件的
C.劳动者不能胜任工作，经过调整工作岗位仍不能胜任的
D.劳动者同时与其他用人单位建立劳动关系，经用人单位提出，拒不改正的

‖斯尔解析‖ 【ABD】 （1）可随时通知劳动者解除合同的情形，为因劳动者过错解除劳动合同的情形，选项ABD中劳动者均存在过失。（2）选项C，劳动者无过错，属于"预告解除"情形。

【典例研习·8-19】（2016年多选题）
根据劳动合同法律制度的规定，下列各项中，属于用人单位可依据法定程序进行经济性裁员的情形有（　　）。
A.企业转产，经变更劳动合同后，仍需裁减人员的
B.依照企业破产法规定进行重整的
C.企业重大技术革新，经变更劳动合同后，仍需裁减人员的
D.生产经营发生严重困难的

‖斯尔解析‖ 【ABCD】 经济性裁员是指用人单位由于经营不善等经济性原因，解雇多个劳动者，选项ABCD均属于经济性裁员。

【典例研习·8-20】（模拟多选题）
张某在甲公司做销售员，签订有1年期劳动合同。公司对销售员每月定有销售指标，规定3个月完不成指标属于不能胜任工作。张某已连续3个月没有完成指标。下列分析判断中，正确的有（　　）。
A.甲公司可以以不能胜任为理由通知张某解除劳动合同，不需向其支付经济补偿
B.若甲公司和张某协商解除劳动合同，张某表示同意，则双方可以解除劳动合同，但甲公司应支付张某经济补偿
C.甲公司应对张某进行培训或者调整工作岗位，若张某仍不能胜任工作，则甲公司可以提前30日书面通知张某解除劳动合同，并向张某支付经济补偿
D.甲公司应对张某进行培训或者调整工作岗位，若张某仍不能胜任工作，则甲公司在额外支付张某1个月工资的情况下可以通知张某解除劳动合同，并向张某支付经济补偿

‖斯尔解析‖ 【BCD】 本题属于劳动者不能胜任工作情形，如经过培训或者调整工作岗位，仍不能胜任工作的，用人单位可以在提前通知劳动者或者额外支付劳动者1个月工资后，单方解除劳动合同（即预告解除），用人单位还应当向劳动者支付经济补偿，选项A错误、选项CD正确；《劳动合同法》规定，用人单位与劳动者协商一致，可以解除劳动合同，由用人单位提出解除劳动合同而与劳动者协商一致的，必须依法向劳动者支付经济补偿，选项B正确。

（三）劳动合同的终止

1.概念

劳动合同终止是指用人单位与劳动者之间的劳动关系因某种法律事实的出现而自动归于消灭，或导致劳动合同关系的继续履行成为不可能而不得不消灭的情形，劳动合同终止一般不涉及用人单位与劳动者的意思表示，只要法定事实出现，一般情况下都会导致双方劳动关系的消灭。

2.劳动合同终止的情形

情形	具体内容		补偿
履行完毕	劳动合同期满	用人单位维持或者提高劳动合同约定条件续订劳动合同，劳动者不同意续订	无
		用人单位降低劳动合同约定条件续订劳动合同，劳动者不同意续订	有
		用人单位不再续订	有
	以完成一定工作任务为期限的劳动合同任务完成		
劳动者可以躺着拿钱了	劳动者开始依法享受基本养老保险待遇		无
	劳动者达到法定退休年龄	用人单位正常缴纳社会保险（默认情形）	无
		用人单位未缴纳社会保险	有
一方不再存续	劳动者死亡，或者被人民法院宣告死亡或者宣告失踪		无
	用人单位被依法宣告破产；或被吊销营业执照、责令关闭、撤销或者用人单位决定提前解散		有

【解题高手】合同解除/终止时无须支付经济补偿的情形：
（1）非全日制用工；
（2）试用期被证明不符合录用条件；
（3）劳动者主动提出且用人单位无过错；
（4）劳动者有过错；
（5）劳动者不需要拿补偿。

3.劳动合同期满也不得终止劳动合同的情形

记忆提示	具体内容
工伤	在本单位患职业病或者因工负伤并被确认丧失或者部分丧失劳动能力的
	从事接触职业病危害作业的劳动者未进行离岗前职业健康检查，或者疑似职业病病人在诊断或者医学观察期间的
医疗期内	患病或者非因工负伤，在规定的医疗期内的
孕期哺乳期	女职工在孕期、产期、哺乳期的
工作久	在本单位连续工作满15年，且距法定退休年龄不足5年的。
	链接：在本单位连续工作满10年，且距法定退休年龄不足10年的，应订立无固定期限劳动合同（针对国企和首次）

【解题高手】存在以上情形，除不可到期终止劳动合同以外，用人单位也不可经济性裁员或无过错解除劳动合同。劳动者有过错的除外。

【典例研习·8-21】（2019年多选题改编）

根据劳动合同法律制度的规定，下列情形中，用人单位应当向劳动者支付经济补偿的有（　　）。

A.固定期限劳动合同期满，用人单位维持或者提高劳动合同约定条件续订劳动合同，劳动者不同意续订的

B.用人单位被依法宣告破产而终止劳动合同的

C.以完成一定工作任务为期限的劳动合同因任务完成而终止的

D.由用人单位提出并与劳动者协商一致而解除劳动合同的

‖斯尔解析‖ BCD （1）选项A，固定期限劳动合同期满，用人单位维持或者提高劳动合同约定条件续订劳动合同，劳动者不同意续订的，无须支付经济补偿（劳动者"主动"不续订）。（2）选项B，属于经济性裁员，劳动者无过错，用人单位应当向劳动者支付经济补偿。（3）选项C，以完成一定工作任务为期限的劳动合同因任务完成而终止的，视为劳动合同终止不再续订，应支付经济补偿。（4）选项D，由用人单位提出解除劳动合同而与劳动者协商一致的，必须依法向劳动者支付经济补偿。综上，本题选项BCD正确。

‖陷阱提示‖ 特别小心选项D中，双方协商一致解除的情形。即使"协商一致"，还是要根据"谁先提出"判断用人单位是否需支付经济补偿金。

【典例研习·8-22】（2018年单选题）

根据劳动合同法律制度的规定，下列情形中，不能导致劳动合同终止的是（　　）。

A.劳动者被人民法院宣告死亡的

B.劳动者医疗期内遇劳动合同期满的

C.劳动者开始依法享受基本养老保险待遇的

D.劳动者达到法定退休年龄的

‖斯尔解析‖ B

（四）经济补偿金的计算

1.计算公式

经济补偿金=工作年限×月工资

2.补偿年限的确定

适用员工	具体依据	
一般规定	按劳动者在本单位工作的年限	每满1年支付1个月
		6个月以上不满1年的，按1年计算
		不满6个月的，支付半个月
高薪人士	月均工资高于当地上年度职工月平均工资3倍的，年限最高不超过12年	

【解题高手】非自愿工作调动,原单位年限合并计算;原用人单位已经向劳动者支付经济补偿的,不再重复计算在原用人单位的工作年限。

3.月工资的确定

适用员工	具体依据
一般规定	劳动合同解除或者终止前12个月的平均工资（包括计时工资或者计件工资以及奖金、津贴和补贴等货币性收入）
低工资	月均工资低于当地最低工资标准,按照当地最低工资标准计算
高工资	月均工资高于当地上年度职工月平均工资3倍的,按职工月平均工资3倍

【典例研习·8-23】（2020年单选题改编）

2014年4月1日,张某到甲公司工作,2020年8月1日,双方的劳动合同期满,甲公司不再与张某续签,已知劳动合同终止前12个月,张某月平均工资5 000元,甲公司所在地职工月平均工资4 500元,计算劳动合同终止后甲公司应向张某支付经济补偿的下列公式中,正确的是（ ）。

A.4 500×6=27 000（元）　　　　　　B.4 500×7=31 500（元）

C.5 000×5.5=27 500（元）　　　　　D.5 000×6.5=32 500（元）

‖斯尔解析‖ D 应支付经济补偿=工作年限×月工资,其中:（1）每满1年支付1个月,不满一年时,6个月以上的折算1个月,不满6个月折算半个月,此外高薪人士需考虑服务年限,折算补偿金支付月份上限12个月。（2）月工资需考虑上下限调整（下限:当地最低工资标准;上限:当地上年度职工月平均工资3倍）。本题中,张某月平均工资5 000元,未超过当地职工月平均工资4 500元的3倍,不属于高薪人士,亦未触碰月工资上下限,2014年4月1日入职至2020年8月1日离职,工作年限为6年4个月,支付6个月+0.5个月,共6.5个月,故应支付经济补偿6.5月×4 500元,选项D正确。

‖陷阱提示‖ 注意经济补偿金的计算中,工作年限不满1年的情形并非直接"抹零",也非"四舍五入",而是以6个月为界限再划分为两档。

（五）劳动合同解除和终止的法律后果及双方义务

1.法律后果:用人单位和劳动者双方劳动关系消灭。

2.用人单位应出具解除、终止劳动合同的证明,并在15日内为劳动者办理档案和社会保险关系转移手续。

3.用人单位对已经解除或终止的劳动合同文本,至少保存2年备查。

（六）违反法律规定解除和终止劳动合同

1.用人单位的法律责任

违法情形	法律责任
解除或终止违法	按规定的经济补偿标准的2倍向劳动者支付赔偿金（支付后不再支付经济补偿金）

违法情形	法律责任
解除不违法、但未支付经济补偿	①限期支付经济补偿； ②逾期未支付，按应付金额50%以上100%以下的标准向劳动者加付赔偿金。 链接：同合同履行中未按时支付报酬、加班费及低于最低工资情形
扣押劳动者档案或物品	①退：责令退还； ②罚：并以每人500元以上2 000元以下的标准处以罚款； ③赔：给劳动者造成损害的，应当承担赔偿责任

2.劳动者的法律责任

劳动者违法解除劳动合同，给用人单位造成损失的，应承担赔偿责任。

【典例研习·8-24】（2019年单选题）

甲公司与王某签订了劳动合同，乙公司认为王某是该公司急需用的人才，于是高薪诚聘王某到该公司上班，王某也与乙公司签订了劳动合同，最后造成了甲公司直接遭受经济损失。下列表述中，正确的是（　　）。

A.甲公司承担责任　　　　　　　　B.王某与乙公司应承担连带责任
C.甲公司直接找王某承担责任　　　D.王某与乙公司均不承担责任

‖斯尔解析‖ B 用人单位招用尚未解除劳动合同的劳动者，对原用人单位造成经济损失的，该用人单位应当依法承担连带赔偿责任。

考点5　特殊用工方式（★★★）

（一）非全日制用工

程序	具体规定
合同订立	可订立口头协议
	可与一家以上的用人单位订立劳动合同，但后订立劳动合同的不能影响先订立的劳动合同的履行
	不得约定试用期
合同解除及终止	任何一方都可以随时通知对方终止用工
	解除和终止非全日制用工劳动合同时，用人单位无须向劳动者支付经济补偿
劳动报酬	计酬标准不得低于用人单位所在地最低小时工资标准，结算周期最长不得超过15日

（二）集体合同

1.概念

集体合同是工会代表企业职工一方与企业签订的以劳动报酬、工作时间、休息休假、劳动安全卫生、保险福利等为主要内容的书面协议。尚未建立工会的用人单位，可以由上级工会指导劳动者推举的代表与用人单位订立集体合同。

2.订立程序

程序	涉及人员	人数要求
双方协商合同内容	合同内容由用人单位和职工各自派出集体协商代表	双方的代表人数应当对等,每方至少3人,并各确定1名首席代表
草案提交讨论通过	集体合同草案或专项集体合同草案应当提交职工代表大会或者全体职工讨论	2/3以上职工代表或者职工出席,且须经全体职工代表半数以上或者全体职工半数以上同意,方获通过
双方签字	集体协商双方首席代表签字	—

3.合同生效

集体合同订立后,应当报送劳动行政部门,劳动行政部门自收到集体合同文本之日起15日内未提出异议的,集体合同即行生效。

4.最低条件

集体合同中劳动报酬和劳动条件等标准不得低于当地人民政府规定的最低标准;

用人单位与劳动者订立的劳动合同中劳动报酬和劳动条件等标准不得低于集体合同规定的标准。

5.争议解决

用人单位违反集体合同,侵犯职工劳动权益的,工会可以依法要求用人单位承担责任;因履行集体合同发生争议,经协商解决不成的,工会可以依法申请仲裁、提起诉讼。

【典例研习·8-25】(模拟多选题)

某单位工会共有9名职工代表,在订立集体合同的过程中,用人单位与工会各派出3名代表参加集体协商会议,确定了集体合同草案。职工代表大会对合同草案进行讨论时有6名代表出席,其中2名代表投反对票,则下列说法中正确的有(   )。

A.用人单位与工会各派出3名代表参加集体协商会议符合法律规定

B.职工代表大会对合同草案进行讨论时有6名代表出席会议可以举行

C.4名代表同意合同草案占出席会议的代表人数2/3,该草案可以通过

D.集体合同通过后,应当由出席会议的双方全体代表签字

‖斯尔解析‖ AB 本题考查集体合同的人数规定。(1)派代表人数要求:集体协商双方的代表人数应当对等,每方至少3人,并各确定1名首席代表,选项A正确。(2)举行会议的人数要求:职工代表大会或者全体职工讨论集体合同草案,应当有2/3以上职工代表或者职工出席,本题共9名职工代表,需6名以上出席,选项B正确。(3)通过的人数要求:须经全体职工代表半数以上或者全体职工半数以上同意,方获通过,即5人以上,故选项C错误。(4)集体合同草案或专项集体合同草案经职工代表大会或者职工大会通过后,由集体协商双方首席代表签字,选项D错误。

‖陷阱提示‖ 特别注意草案通过的人数要求,非以"参会人数"的半数作为衡量标准,而应以"全体"职工或职工代表为基数计算半数。

（三）劳务派遣

1.概念及形式——三方关系

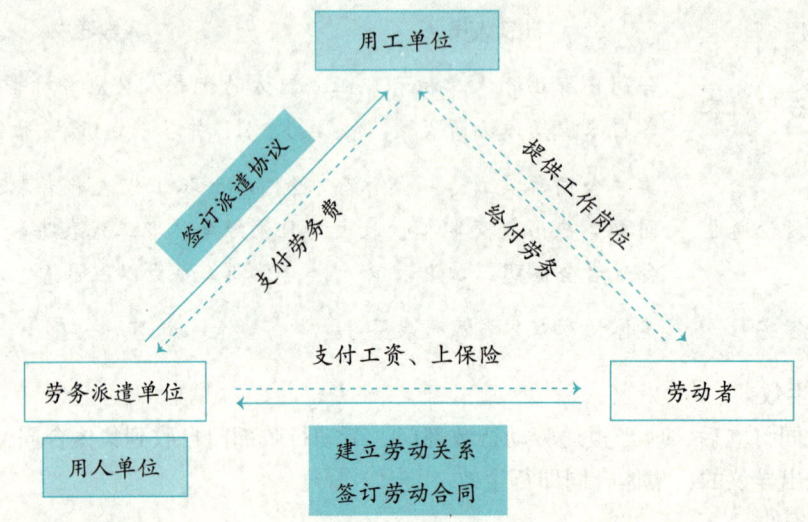

2.劳务派遣的用工要求

劳动合同用工是我国的企业基本用工形式，劳务派遣是补充形式，只能在临时性、辅助性或者替代性的工作岗位上实施。

主体	要求	具体规定
用工单位	数量不可多	用工单位应当严格控制劳务派遣用工数量，使用的被派遣劳动者数量不得超过其用工总量（正式员工+派遣员工）的10%
	不得"自我派遣"	用人单位不得设立劳务派遣单位向本单位或者所属单位派遣劳动者
	不得"二次派遣"	用工单位不得将被派遣劳动者再派遣到其他用人单位
劳务派遣单位	合同要求	不得以非全日制用工形式招用被派遣劳动者

3.三方权利义务

（1）劳务派遣单位及用工单位的义务

涉及主体		具体要求
劳务派遣单位		订立劳动合同，履行用人单位对劳动者的义务
	劳动合同 条款要求	除应当载明劳动合同必备的条款外，还应当载明被派遣劳动者的用工单位以及派遣期限、工作岗位等情况
	劳动合同 期限要求	劳务派遣单位应当与被派遣劳动者订立2年以上的固定期限劳动合同

涉及主体		具体要求
劳务派遣单位	劳动报酬	按月支付；被派遣劳动者在无工作期间，劳务派遣单位应当按照所在地人民政府规定的最低工资标准，向其按月支付报酬
	告知义务	劳务派遣单位应当将劳务派遣协议的内容告知被派遣劳动者
用工单位	派遣协议	劳务派遣单位派遣劳动者应当与用工单位订立劳务派遣协议
	条款要求	约定派遣岗位和人员数量、派遣期限、劳动报酬和社会保险费的数额与支付方式以及违反协议的责任
	期限要求	用工单位应根据工作岗位的实际需要与劳务派遣单位确定派遣期限，不得将连续用工期限分割订立数个短期劳务派遣协议

注意：劳务派遣单位和用工单位不得向被派遣劳动者收取费用。

此外，由于劳务派遣单位与被派遣劳动者之间是劳动合同关系，劳务派遣单位应承担向劳动者依法支付解除或终止劳动合同后的经济补偿金或者赔偿金的义务。

（2）被派遣劳动者

①享有与用工单位的劳动者同工同酬的权利。

②有权在劳务派遣单位或者用工单位依法参加或者组织工会，维护自身的合法权益。

【典例研习·8-26】（2018年多选题）

根据劳动合同法律制度的规定，下列关于不同用工形式劳动报酬结算支付周期的表述中，正确的有（   ）。

A.对完成一次性临时劳动或某项具体工作的劳动者，用人单位应按有效协议或者合同规定其完成劳动任务后即支付劳动报酬

B.全日制用工劳动者的劳动报酬至少每周支付一次

C.被派遣劳动者的劳动报酬，在结束劳务派遣用工时支付

D.非全日制用工劳动者的劳动报酬结算支付周期最长不得超过15日

‖斯尔解析‖ 〔AD〕 （1）选项B，全日制用工劳动者工资至少每月支付一次，实行周、日、小时工资制的可按周、日、小时支付工资，选项B错误。（2）选项C，劳务派遣单位应当与被派遣劳动者订立2年以上的固定期限劳动合同，按月支付劳动报酬，选项C错误。

【典例研习·8-27】（2017年多选题）

下列劳务派遣用工形式中，不符合法律规定的有（   ）。

A.丙劳务派遣公司以非全日制用工形式招用被派遣劳动者

B.乙公司将使用的被派遣劳动者又派遣到其他公司工作

C.丁公司使用的被派遣劳动者数量达到其用工总量的5%

D.甲公司设立劳务派遣公司向其所属分公司派遣劳动者

‖斯尔解析‖ 〔ABD〕 （1）劳务派遣单位不得以非全日制用工形式招用被派遣劳动者，选项A不符合。（2）用人单位不得设立劳务派遣单位向本单位或者所属单位派遣劳动者。用工单位不得将被派遣劳动者再派遣到其他用人单位。选项BD均不符合法律规定。

（3）用工单位应当严格控制劳务派遣用工数量，使用的被派遣劳动者数量不得超过其用工总量的10%，选项C符合规定。

考点6 劳动争议的解决（★★★）

（一）概念及适用范围

劳动争议是指劳动关系当事人之间因实现劳动权利、履行劳动义务发生分歧而引起的争议，也称劳动纠纷、劳资争议。包括：

1.因确认劳动关系发生的争议；
2.因订立、履行、变更、解除和终止劳动合同发生的争议；
3.因除名、辞退和辞职、离职发生的争议；
4.因工作时间、休息休假、社会保险、福利、培训以及劳动保护发生的争议；
5.因劳动报酬、工伤医疗费、经济补偿或者赔偿金等发生的争议。

（二）解决方式

劳动争议的解决方法有协商（和解）、调解、（劳动）仲裁和诉讼。

解决方式	具体内容	是否必经途径
协商和解	劳动者可以与单位协商，也可以请工会或者第三方共同与单位协商，达成和解协议	非必须，双方可不经和解、调解，直接提起劳动仲裁
调解	当事人不愿协商、协商不成或者达成和解协议后不履行的，可以向调解组织申请调解	
劳动仲裁	不愿调解、调解不成或者达成调解协议后不履行的，可以向劳动争议仲裁委员会申请仲裁	必经，对仲裁裁决不服的才可提起诉讼
劳动诉讼	对仲裁裁决不服的，除《调解仲裁法》另有规定的以外，可以向人民法院提起诉讼	—

1.调解

（1）可以书面申请，也可以口头申请。

（2）经调解达成协议的，应当制作调解协议书，双方当事人签名或盖章+调解员签名并加盖组织印章后生效。

2.劳动仲裁

（1）劳动仲裁机构是劳动人事争议仲裁委员会，仲裁委员会不按行政区划层层设立。

（2）仲裁的管辖权

情形	管辖权
管辖地	劳动争议由劳动合同履行地或者用人单位所在地的仲裁委员会管辖
各找各的	双方当事人分别向劳动合同履行地和用人单位所在地的仲裁委员会申请仲裁的，由劳动合同履行地的仲裁委员会管辖

情形	管辖权
多个履行地	有多个劳动合同履行地的,由最先受理的仲裁委员会管辖 链接:共同管辖权看先"立案",多个履行地则看先"受理"
履行地不明确	劳动合同履行地不明确的,由用人单位所在地的仲裁委员会管辖
案件受理后,劳动合同履行地或者用人单位所在地发生变化的,不改变争议仲裁的管辖	

（3）参加人

参加人		具体规定
双方当事人	一般情形	劳动者、用人单位为双方当事人
	劳务派遣	劳务派遣单位或者用工单位与劳动者发生劳动争议的,劳务派遣单位和用工单位为共同当事人
	特殊情形	用人单位被吊销营业执照等,出资人、开办单位或主管部门作为共同当事人
当事人代表	人数众多	发生争议的劳动者一方在10人以上,并有共同请求的,劳动者可以推举3~5名代表人参加仲裁活动
集体合同		工会可以依法申请仲裁
第三人		与劳动争议案件的处理结果有利害关系的第三人,可以申请参加
代理人	委托代理	提交委托书,当事人可委托代理人参加仲裁活动
	法定代理	丧失或者部分丧失民事行为能力的劳动者,由其法定代理人代为参加仲裁活动; 劳动者死亡的,由其近亲属或者代理人参加仲裁活动

（4）申请及受理
①仲裁时效期间

相关事项	具体规定
期间	从当事人知道或者应当知道其权利被侵害之日起1年。 链接:诉讼时效期间:"知道或应当知道"起3年
不适用仲裁时效的情形	劳动关系存续期间因拖欠劳动报酬发生争议的,劳动者申请仲裁不受1年仲裁时效期间的限制;但是,劳动关系终止的,应当自劳动关系终止之日起1年内提出

②仲裁申请形式
申请人申请仲裁应书面申请,确有困难也可口头申请。

③仲裁申请的受理

时点	具体规定
5日内反馈	仲裁委员会收到仲裁申请之日起5日内，应决定予以受理或不予受理，并通知申请人
5日内不反馈或拒绝	对仲裁委员会逾期未作出决定，或决定不予受理的，申请人可以就该争议事项向人民法院提起诉讼

（5）开庭和裁决

基本制度	具体规定
先行调解原则	仲裁庭在作出裁决前，应当先行调解
公开原则	劳动争议仲裁公开进行，但当事人协议不公开或者涉及商业秘密和个人隐私的经书面申请可不公开
仲裁庭制（构成）	3名仲裁员组成仲裁庭，设立首席仲裁员；简单劳动争议案件可由1名仲裁员独任仲裁
回避制度	劳动仲裁执行回避制度

（6）特殊案件

①支付拖欠劳动报酬、工伤医疗费、经济补偿或者赔偿金事项

劳动者可以向劳动行政部门投诉。

因以上事项达成调解协议，用人单位在协议约定期限内不履行的，劳动者可以持调解协议书依法向人民法院申请支付令。

仲裁庭对追索劳动报酬、工伤医疗费、经济补偿或者赔偿金的案件，根据当事人的申请，可以裁决先予执行，移送人民法院执行。劳动者申请先予执行的，可以不提供担保。

②仲裁"一裁终局"的案件

a.追索劳动报酬、工伤医疗费、经济补偿或者赔偿金，不超过当地月最低工资标准12个月金额的争议。需要说明的是，如果仲裁裁决涉及数项，对单项裁决数额不超过上述标准，应当适用终局裁决。

b.因执行国家的劳动标准在工作时间、休息休假、社会保险等方面发生的争议。

以上劳动争议，除法律另有规定外，仲裁裁决为"终局裁决"，裁决书自作出之日起发生法律效力。

3.劳动诉讼

可提起劳动诉讼的情形：

情形	具体规定
未经仲裁	对仲裁委员会不予受理或者逾期未作出决定的，申请人可以就该劳动争议事项向人民法院提起诉讼

情形		具体规定
先裁"不服"后审	一般案件	双方当事人自收到仲裁裁决书之日起15日内提起诉讼
	一裁终局	"劳动者"可自收到仲裁裁决书之日起15日内提起诉讼；用人单位自收到裁决书之日起30日内向仲裁委员会所在地中级人民法院申请撤销该裁决，而不能直接起诉
		终局裁决裁定撤销的，当事人可以自收到裁定书之日起15日内就该劳动争议事项向人民法院提起诉讼

【解题高手】劳动仲裁与经济仲裁对比总结

维度		劳动仲裁	经济仲裁
适用范围		劳动争议	合同关系、财产关系
找谁	级别管辖	×	×
	地域管辖	劳动合同履行地或用人单位所在地	×
申请	仲裁协议	不必须，一方当事人提出申请，仲裁机构即可受理	必须（事前或事后）
	仲裁时效	一般1年，"讨薪"不适用	—
	收费	免费，经费由财政予以保障	收费
	申请形式	应书面，可口头	书面
仲裁	仲裁形式	应公开，特例不公开	"自愿又自由"无须公开
	仲裁庭构成	1人或3人+1首席	1人或3人+1首席
	回避	√	√
	和解	√	√
裁决	调解	应调解	可调解
	一裁终局	先裁后诉，对仲裁不服可起诉	或裁或诉、一裁终局
	法律文件生效	终局裁决：作出之日起 非终局裁决：自收到裁决书之日起15日内不起诉	裁决：作出 调解书：签收

【典例研习·8-28】（2018年单选题改编）

2017年7月10日，刘某到甲公司上班，公司自9月10日起一直拖欠其劳动报酬，直至2019年1月10日双方劳动关系终止。下列关于刘某就甲公司拖欠其劳动报酬申请劳动仲裁时效期间的表述中，正确的是（　　）。
A.应自2017年9月10日起3年内提出申请
B.应自2017年7月10日起3年内提出申请
C.应自2017年9月10日起1年内提出申请
D.应自2019年1月10日起1年内提出申请

‖斯尔解析‖ **D** 仲裁时效期间从当事人知道或者应当知道其权利被侵害之日起计算。劳动争议申请仲裁的时效期间为1年。劳动关系存续期间因拖欠劳动报酬发生争议的，劳动者申请仲裁不受1年仲裁时效期间的限制；但是，劳动关系终止的，应当自劳动关系终止之日起1年内提出。即从2019年1月10日起1年内，选项D正确。

【典例研习·8-29】（2017年多选题）
关于一般经济纠纷仲裁和劳动仲裁共同点的下列表述中，正确的有（　　）。
A.仲裁庭仲裁案件均适用回避制度
B.当事人均须在事先或事后达成仲裁协议，仲裁委员会方可受理
C.仲裁委员会均不按行政区划层层设立
D.当事人对仲裁裁决不服，均可向人民法院起诉

‖斯尔解析‖ **AC** 选项B，劳动仲裁无须达成仲裁协议；选项D，适用"一裁终局"的案件，仅有"劳动者对劳动争议的终局裁决不服的"，可以自收到仲裁裁决书之日起15日内向人民法院提起诉讼，用人单位仅可申请撤销裁决。

第二部分　社会保险法律制度

考点1　基本养老保险（★★★）

（一）征缴范围

类别		对象
职工基本养老保险	包括	（1）所有类型的企业及其职工：国有企业、城镇集体企业、外商投资企业、城镇私营企业和其他城镇企业及其职工，实行企业化管理的事业单位及其职工 （2）灵活就业人员可以参加基本养老和基本医疗保险，由个人缴纳保险费
	不包括	公务员和参照公务员管理的工作人员，其养老办法由国务院规定
城乡居民基本养老保险	包括	年满16周岁的非在校学生； 非公务员、非职工

灵活就业人员包括：无雇工的个体工商户、未在用人单位参加社保的非全日制从业人员等。

（二）基本养老保险基金组成及计算

基本养老金由统筹养老金和个人账户养老金组成。统筹养老金统收统支，个人账户到期支取。

资金来源	具体规定	计算
单位缴费	记入基本养老保险统筹基金	自2019年5月1日起，单位缴费比例高于16%的，降至16%
个人缴费	记入个人账户 （1）不得提前支取（有例外），死亡可继承； （2）计息：记账利率不得低于银行定期存款利率，免征利息税	本人缴费工资基数×8%
政府补贴	基本养老保险基金出现支付不足时	—

（三）工资基数的具体规定

职工	具体规定	
一般情形	为职工本人上一年度月平均工资，考虑上下限调整 包括：工资、奖金、津贴、补贴等收入； 不包括：单位承担或支付的社保、劳动保护费、福利费、解除劳动合同一次性补偿以及计划生育费用等不属于工资的费用	
	基数下限	月平均工资低于当地职工月均工资60%的，按当地职工月平均工资的60%作为缴费基数
	基数上限	月平均工资高于当地职工月均工资的300%的，按当地职工月平均工资的300%作为缴费基数
新招职工	以起薪当月工资收入作为缴费工资基数；从第二年起，按上一年实发工资的月平均工资作为缴费工资基数	
灵活就业人员	"选择"基数×20% 基数：在基数上下限间（60%至300%间）选择适当的缴费基数； 比例：20%（其中8%记入个人账户）	

【解题高手】基数的上下限以当地"月平均工资"计算，而计算经济补偿金工资基数的底线为当地"最低工资标准"。

（四）职工基本养老保险享受条件与待遇

1.条件

条件	具体内容		
	适用范围	性别	退休年龄
法定退休年龄	一般情况	男	60
		女	50
		女干部	55

条件	具体内容		
	适用范围	性别	退休年龄
法定退休年龄	从事"井下、高温、高空、特别繁重体力劳动或其他有害身体健康工作"的	男	55
		女	45
	"因病或非因工致残",由"医院证明并经劳动鉴定委员会确认完全丧失劳动能力"的	男	50
		女	45
缴费条件	累计缴费满15年(非连续)		

2.待遇

待遇构成	具体规定
职工基本养老金	符合条件的参保人,国家按月支付基本养老金
丧葬补助金和遗属抚恤金	参保人因病或者非因工死亡的,其遗属可以领取丧葬补助金和抚恤金 提示:如果个人死亡同时符合领取基本养老保险丧葬补助金、工伤保险丧葬补助金和失业保险丧葬补助金条件的,其遗属只能选择一项领取
病残津贴	参保人未达到法定退休年龄时因病或者非因工致残完全丧失劳动能力的,可以领取病残津贴 提示:因工走"工伤"

个人跨统筹地区就业的,其基本养老保险关系随本人转移,缴费年限累计计算。个人达到法定退休年龄时,基本养老金分段计算、统一支付。

【典例研习·8-30】(2015年多选题)

参加职工基本养老保险的下列人员中,基本养老保险费全部由个人缴纳的有（ ）。

A.城镇私营企业的职工

B.无雇工的个体工商户

C.未在用人单位参加基本养老保险的非全日制从业人员

D.实行企业化管理的事业单位职工

‖斯尔解析‖ BC 灵活就业人员基本养老保险费全部由个人缴纳,包括无雇工的个体工商户(选项B)、未在用人单位参加基本养老保险的非全日制从业人员(选项C)等。

【典例研习·8-31】(模拟多选题)

下列关于职工基本养老保险待遇的表述中,正确的有（ ）。

A.参保职工未达到法定退休年龄时因病完全丧失劳动能力的,可以领取病残津贴

B.参保职工死亡后,其个人账户中的余额可以全部依法继承

C.参保职工达到法定退休年龄时累计缴费满10年,按月领取基本养老金

D.参保职工死亡同时符合领取基本养老保险丧葬补助金、工伤保险丧葬补助金和失业保险丧葬补助金条件的,其遗属可以同时领取

‖斯尔解析‖ AB (1)选项C,参保职工达到法定退休年龄时累计缴费满15年,按月领取基本养老金;(2)选项D,参保职工死亡同时符合领取基本养老保险丧葬补助

金、工伤保险丧葬补助金和失业保险丧葬补助金条件的，其遗属可以择一领取。

考点2　基本医疗保险（★★★）

（一）覆盖范围

类别	对象
职工基本医疗保险	包括所有类型的企业及其职工、灵活就业人员、公务员
城乡居民基本医疗	包括除职工基本医疗保险参保人员以外的其他所有城乡居民，包括学生

（二）基本医疗保险基金组成及计算

1.资金来源及管理

同基本养老保险一样，分别设立社会统筹基金和个人账户基金。

组成部分	具体规定	计算比例
单位缴费	一部分记入基本医疗保险统筹基金 一部分（一般为30%左右）划入个人账户	一般为工资总额的6%左右
个人缴费	记入个人账户： ①不得提前支取（有例外），死亡可继承； ②计息：记账利率不得低于银行定期存款利率，免征利息税	一般为工资总额的2%左右

个人账户资金=单位缴费×30%+个人缴费=工资总额×6%×30%+工资总额×2%

2.退休人员医保缴纳规定

达到法定退休年龄时	保费缴纳及待遇
累计缴费达到国家规定年限的	退休后不再缴纳基本医疗保险费，按规定享受基本医疗保险待遇
累计缴费未达到国家规定缴费年限的	可以缴费至国家规定年限

（三）职工基本医疗费用的结算

1.可用统筹基金结算的条件

（1）参保人员必须到基本医疗保险的定点医疗机构就医、购药或定点零售药店购买药品。

（2）参保人员在看病就医过程中所发生的医疗费用必须符合基本医疗保险药品目录、诊疗项目、医疗服务设施标准的范围和给付标准。

（3）急诊、抢救发生的医疗费用不受上述条件限制。

2.结算与支付

（1）一次看病的费用，先看是否符合"可用统筹基金结算的条件"：

符合→进入步骤（2）

不符合→自费

（2）对于可用统筹基金结算部分"，每个医保年度，统筹基金支付部分设有起付线（一般为当地职工年平均工资的10%左右）及封顶线（最高支付限额，一般为当地职工年平均工资的6倍左右）。

【原理详解】如下图所示：
①起付线以下及③封顶线以上部分：自付；
②起付线及封顶线之间的部分，由社会医疗统筹基金按一定比例（90%）支付，剩余部分自付。
对于自付部分（①，②×10%，③），可由个人账户支付也可自付。

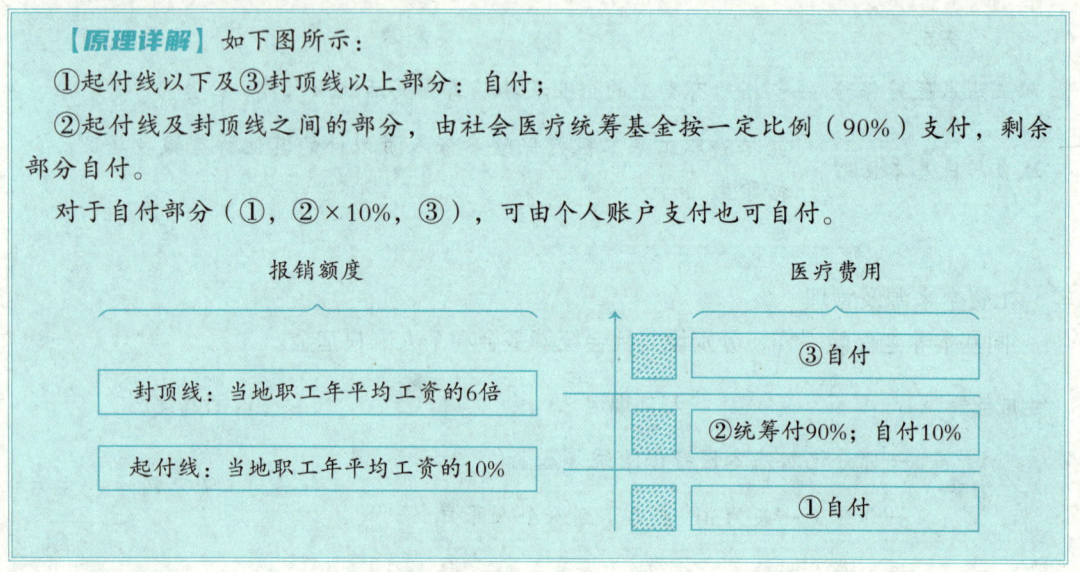

【典例研习·8-32】（2015年单选题）

甲公司职工周某的月工资为6 800元。已知当地职工基本医疗保险的单位缴费率为6%，职工个人缴费率为2%，用人单位所缴医疗保险费划入个人医疗账户的比例为30%。关于周某个人医疗保险账户每月存储额的下列计算中，正确的是（　　）。

A.6 800×2%=136（元）

B.6 800×2%+6 800×6%×30%=258.4（元）

C.6 800×2%+6 800×6%=544（元）

D.6 800×6%×30%=122.4（元）

‖斯尔解析‖ B　个人医疗保险账户每月存储额=用人单位缴纳保费×30%+个人缴费部分=6 800×6%×30%+6 800×2%=258.4（元）

【典例研习·8-33】（模拟单选题）

张某在定点医院做外科手术，共发生医疗费用25万元，其中在规定医疗目录内的费用为22万元，目录以外费用3万元。当地职工平均工资水平为3 000元/月。已知，统筹基金支付部分设有起付线为当地职工年平均工资的10%，封顶线为当地职工年平均工资的6倍，起付线及封顶线间费用90%由基本医疗保险基金支付，则张某医疗费用中应由基本医疗保险基金支付的医疗费用共计（　　）元。

A.250 000　　　　B.220 000　　　　C.212 400　　　　D.191 160

‖斯尔解析‖ D　（1）规定医疗目录内的费用为22万元纳入医保支付范畴，目录以外费用3万元自费。（2）计算医保支付的起付线和封顶线，起付线=当地职工年平均工资的10%=3 000元/月×12月×10%=3 600元，封顶线=当地职工年平均工资的6倍=3 000元/月×12月×6=216 000元，规定医疗目录内的费用为22万元已超过封顶线，故仅起付线及封顶线间的90%由医保基金支付，即（216 000-3 600）×90%=191 160元。

3.医疗保险基金不支付的医疗费用

（1）应当从工伤保险基金中支付的；

（2）应当由第三人负担的；

（3）应当由公共卫生负担的；

（4）在境外就医的。

其中，医疗费用应当由第三人负担的，第三人不支付或者无法确定第三人的，由基本医疗保险基金先行支付。基本医疗保险基金先行支付后，有权向第三人追偿。

（四）医疗期

1.概念

医疗期是指企业职工因患病或非因工负伤停止工作，治病休息，但不得解除劳动合同的期限。

2.医疗期的确定

根据本人实际参加工作年限和在本单位工作年限，给予3个月到24个月的医疗期。

医疗期按"累计病休计算期"内病休时间确定。

不同条件下医疗期的确定

参加工作年限（年）	本单位工作年限（年）	享受医疗期（月）	累计病休计算期（月）
A<10	B<5	3	6	医疗期×2
	B≥5	6	12	
A≥10	B<5	6	12	医疗期+6
	5≤B<10	9	15	
	10≤B<15	12	18	
	15≤B<20	18	24	
	B≥20	24	30	

【解题高手】医疗期从病休第一天开始累计计算，公休、假日和法定节日包括在内（医疗期为自然日，而非工作日）。

【典例研习·8-34】

小二参加工作4年，在本单位工作2年，应享受3个月医疗期。如果从2019年3月15日起第一次病休，则她的医疗期应在3月15日至9月14日6个月内的时间段确定。这6个月就是下表中的累计病休计算期。假设到7月20日，小二已累计病休3个月，即视为医疗期满。若该职工在7月21日至9月14日之间再次病休，就无法享受医疗期待遇。

3.医疗期的待遇

（1）医疗期内的工资：病假工资或疾病救济费最低不能低于当地最低工资标准的80%。

（2）医疗期内，不得解除劳动合同，除非满足用人单位"随时通知"解除的相关条件。

如医疗期内合同期满，合同必须延续至医疗期满，职工在此期间仍然享受医疗期内待遇。

（3）对医疗期满尚未痊愈者，或者医疗期满后不能从事原工作，也不能从事用人单位另行安排的工作，被解除劳动合同的，用人单位需按经济补偿规定给予其经济补偿。

【典例研习·8-35】（2020年单选题）

甲公司职工赵某实际工作年限为6年，在甲公司工作年限为2年。赵某因患病住院治疗，其依法可享受的医疗期限为（　　）。

A.3个月　　　　B.6个月　　　　C.9个月　　　　D.12个月

【斯尔解析】 **A** （1）实际工作年限10年以下的，在本单位工作年限5年以下的为3个月，5年以上的为6个月。（2）实际工作年限10年以上的，在本单位工作年限5年以下的为6个月，5年以上10年以下的为9个月，10年以上15年以下的为12个月，15年以上20年以下的为18个月，20年以上的为24个月。本题赵某实际工作年限6年，在甲公司工作年限为2年，可享受3个月。

【典例研习·8-36】（2015年多选题）

甲公司职工汪某非因工负伤住院治疗。已知汪某月工资3 800元，当地最低月工资标准为2 000元，汪某医疗期内工资待遇的下列方案中，甲公司可以依法采用的有（　　）。

A.3 040元/月　　B.1 900元/月　　C.1 500元/月　　D.2 000元/月

【斯尔解析】 **ABD** 病假工资或疾病救济费可以低于当地最低工资标准支付，但最低不能低于最低工资标准的80%。本题中高于1 600元/月即可。

考点3　工伤保险（★★★）

（一）概念及覆盖范围

1.概念

工伤保险是指劳动者在职业工作中或规定的特殊情况下遭遇意外伤害或职业病，导致暂时或永久丧失劳动能力以及死亡时，劳动者或其遗属能够从国家和社会获得物质帮助的社会保险制度。

2.征缴范围

所有类型的单位（企业+事业单位），包括有雇工的个体工商户。

职工应当参加工伤保险，由用人单位缴纳工伤保险费，职工不缴纳工伤保险费。

【解题高手】"四险"中只有工伤保险仅由用人单位缴纳，职工不缴纳。

3.工伤保险基金管理及用途

工伤保险基金存入社会保障基金财政专户，用于《工伤保险条例》规定的工伤保险待遇，劳动能力鉴定，工伤预防的宣传、培训等费用，以及法律、法规规定的用于工伤保险的其他费用的支付。

（二）工伤认定与劳动能力鉴定

1.工伤认定

【原理详解】 工伤认定的标准围绕着是否由于"与工作相关"的原因而受伤。

认定类型	具体内容
应当认定	①在工作时间和工作场所内，因工作原因受到事故伤害的； ②工作时间前后在工作场所内，从事与工作有关的预备性或收尾性工作受到事故伤害的； ③在工作时间和工作场所内，因履行工作职责受到暴力等意外伤害的； ④患职业病的； ⑤因工外出期间，由于工作原因受到伤害或者发生事故下落不明的； ⑥在上下班途中，受到非本人主要责任的交通事故或者城市轨道交通、客运轮渡、火车事故伤害的
视同工伤	①在工作时间和工作岗位，突发疾病死亡或者在48小时内经抢救无效死亡的； ②在抢险救灾等维护国家利益、公共利益活动中受到伤害的； ③原在军队服役，因战、因公负伤致残，已取得革命伤残军人证，到用人单位后旧伤复发的
不认定	因下列情形之一导致本人在工作中伤亡的： ①故意犯罪；②醉酒或者吸毒；③自残或者自杀

2. 劳动能力鉴定

内容	具体内容
鉴定情形	劳动能力鉴定是指劳动功能障碍程度和生活自理障碍程度的等级鉴定；职工发生工伤，经治疗伤情相对稳定后存在残疾、影响劳动能力的，应当进行劳动能力鉴定
等级划分	劳动功能障碍分为十个伤残等级，最重的为一级，最轻的为十级；生活自理障碍分为三个等级：生活完全不能自理、生活大部分不能自理和生活部分不能自理
复查鉴定	自劳动能力鉴定结论作出之日起1年后，工伤职工或者其近亲属、所在单位或者经办机构认为伤残情况发生变化的，可以申请劳动能力复查鉴定

【典例研习·8-37】（2018年多选题）

劳动者发生伤亡的下列情形中，应当认定为工伤的有（　　）。

A.吴某在车间工作期间因醉酒导致自身受伤

B.保安万某在工作期间因履行工作职责被打伤

C.陈某在上班途中，受到非本人主要责任交通事故伤害的

D.赵某在外地出差期间登山游玩时摔伤

‖斯尔解析‖ BC 应当认定工伤的情形，需"直接因工"，选项BC为应当认定。选项A，因醉酒导致自身受伤，非因工作原因；选项D，登山游玩时受伤，非因工作原因，故选项AD均不属于应当认定为工伤的情形。

(三)工伤保险待遇

1.条件及对应待遇概述

条件	待遇		支付方
认定工伤	工伤医疗待遇	治疗相关费用： 医疗费+住院伙食补助费、交通食宿费+康复性治疗费	工伤保险基金
		停工留薪期工资福利待遇（按月支付）	所在单位
经鉴定丧失劳动能力，并评定伤残等级	伤残待遇	生活护理费（按月支付）	工伤保险基金
		一次性伤残补助金	工伤保险基金
		伤残津贴（按月支付）	工伤保险基金或所在单位
		一次性工伤医疗补助金	工伤保险基金
		一次性伤残就业补助金	所在单位
经鉴定可安装辅助器具	辅助器具装配	工伤职工因日常生活或者就业需要，经劳动能力鉴定委员会确认，可以安装假肢、矫形器、假眼、假牙和配置轮椅等辅助器具的所需费用	工伤保险基金
工亡	工亡待遇（近亲属领取）	丧葬补助金	工伤保险基金
		供养亲属抚恤金	
		一次性工亡补助金	

2.工伤医疗待遇

待遇内容	具体规定
停工留薪期工资福利待遇	①工资福利待遇不变，由所在单位按月支付； ②生活不能自理需要护理，费用由所在单位负责； ③时间一般不超过12个月；特殊情况需延长，延长期不超过12个月； ④评定伤残等级后，停止享受停工留薪期待遇，转为享受伤残待遇
工伤医疗待遇	①停工留薪期满后仍需治疗，继续享受工伤医疗待遇。 ②但工伤职工治疗非因工伤引发的疾病，不享受工伤医疗待遇，按照基本医疗保险办法处理

3.伤残待遇

待遇		具体规定
一次性	一次性伤残补助金	工伤保险基金支付
	一次性工伤医疗补助金和一次性伤残就业补助金	终止或者解除劳动合同时，应当享受的一次性医疗补助金，由工伤保险基金支付
按月支付	生活护理费	评定伤残等级前由用人单位支付，评定伤残等级后由工伤保险基金支付
	伤残津贴 1—4级	工伤保险基金支付
	伤残津贴 5、6级	用人单位支付
	伤残津贴 7—10级	无

4.工伤职工与原用人单位解除劳动劳动合同的情形（伤情由重至轻，保护程度不同）。

（1）一至四级伤残，保留劳动关系，退出劳动岗位；

（2）五级、六级伤残，经职工本人提出，可以与用人单位解除或者终止劳动关系；

（3）七级至十级伤残，劳动合同期满终止，或者职工本人提出可以解除劳动合同。

5.工亡待遇

待遇	具体标准	一至四级伤残职工停工留薪期满后死亡
丧葬补助金	为6个月当地上年月平均工资	√
供养亲属抚恤金	按照职工工资的一定比例	√
一次性工亡补助金	上一年度全国城镇居民人均可支配收入的20倍	×

【解题高手】用人单位支付的费用：

（1）治疗工伤期间的工资福利；

（2）五级、六级伤残职工按月领取的伤残津贴；

（3）终止或者解除劳动合同时，应当享受的一次性伤残就业补助金。

6.停止享受工伤保险待遇的情形——满足其一

（1）丧失享受待遇条件的；

（2）拒不接受劳动能力鉴定的；

（3）拒绝治疗的。

（四）其他规定

1.工伤职工退休

（1）工伤职工符合领取基本养老金条件的，停发伤残津贴，改为享受基本养老保险待遇。

（2）被鉴定为一级至四级伤残的职工，基本养老保险待遇低于伤残津贴的，由工伤保险基金补足差额。

2.单位未缴纳工伤保险

职工所在用人单位未依法缴纳工伤保险费，发生工伤事故的，用人单位支付工伤保险待遇。用人单位不支付的，从工伤保险基金中先行支付，由用人单位偿还。用人单位不偿还的，社会保险经办机构可以追偿。

3.第三人原因造成工伤

由于第三人的原因造成工伤，第三人不支付工伤医疗费用或者无法确定第三人的，由工伤保险基金先行支付。工伤保险基金先行支付后，有权向第三人追偿。

【典例研习·8-38】（2014年多选题）

职工因工死亡的，其近亲属可享受遗属待遇。下列各项中属于该待遇的有（　　）。

A.一次性工亡补助金　　　　　　B.供养亲属抚恤金
C.遗属慰问金　　　　　　　　　D.丧葬补助金

‖斯尔解析‖ 【ABD】 职工因工死亡，或者伤残职工在停工留薪期内因工伤导致死亡的，其近亲属按照规定从工伤保险基金领取丧葬补助金、供养亲属抚恤金和一次性工亡补助金。

考点4　失业保险（★★）

（一）征缴范围

1.所有类型的单位（企业+事业单位）及其职工，包括有雇工的个体工商户。

2.用人单位和职工失业保险缴费比例总费率阶段性降至1%，个人费率不得超过单位费率。

3.职工跨统筹地区就业的，其失业保险关系随本人转移，缴费年限累计计算。

（二）失业保险待遇

1.条件——同时满足

（1）失业前用人单位和本人已经缴纳失业保险费满1年的；

（2）非因本人意愿中断就业的；

（3）已经进行失业登记，并有求职要求的。

2.失业保险待遇

（1）失业保险金

①失业保险的申领

a.用人单位应当及时为失业人员出具终止或者解除劳动关系的证明，将失业人员的名单自终止或者解除劳动关系之日起7日内报受理其失业保险业务的经办机构备案，并按要求提供终止或解除劳动合同证明等有关材料。

b.失业人员到公共就业服务机构或社会保险经办机构申领失业保险金，受理其申请的机构都应一并办理失业登记和失业保险金发放。失业人员可凭社会保障卡或身份证件申领失业保险金，可不提供解除或者终止劳动关系、失业登记证明等材料。失业保险金自办理失业登记之日起计算。

②发放标准

失业保险金的标准,不得低于城市居民最低生活保障标准,一般也不高于当地最低工资标准。

③领取期限

a.一般规定

缴费期限(年)	领取期限(月)
1≤A<5	12
5≤A<10	18
A≥10	24

其中,失业人员因当期不符合失业保险金领取条件的,原有缴费时间予以保留,重新就业并参保的,缴费时间累计计算。

b.针对大龄失业人员的特殊规定

自2019年12月起,延长大龄失业人员领取失业保险金期限,对领取失业保险金期满仍未就业且距法定退休年龄不足1年的失业人员,可继续发放失业保险金至法定退休年龄。

(2)其他待遇——失业保险基金支付

待遇	具体规定
享受基本医疗保险待遇	失业人员在领取失业保险金期间,参加职工基本医疗保险,失业人员应当缴纳的基本医疗保险费从失业保险基金中支付,个人不缴纳基本医疗保险费
死亡补助	失业人员领取失业保险金期间死亡,向遗属发放一次性丧葬补助金和抚恤金,由失业保险基金支付。 注意:个人死亡同时符合领取基本养老保险丧葬补助金、工伤保险丧葬补助金和失业保险丧葬补助金条件的,其遗属只能选择领取其中的一项
职业介绍与职业培训补贴	失业人员接受职业介绍、职业培训的补贴由失业保险基金按照规定支付

(3)停止享受失业保险待遇的情形——满足其一

①重新就业的;

②应征服兵役的;

③移居境外的;

④享受基本养老保险待遇的;

⑤被判刑收监执行的;

⑥无正当理由,拒不接受当地人民政府指定部门或者机构介绍的适当工作或者提供的培训的。

【典例研习·8-39】（2017年单选题）
下列关于失业保险待遇的表述中，正确的是（　　）。
A.失业人员领取失业保险金期间不享受基本医疗保险待遇
B.失业人员领取失业保险金期间重新就业的，停止领取失业保险金并同时停止享受其他失业保险待遇
C.失业保险金的标准可以低于城市居民最低生活保障标准
D.失业前用人单位和本人已经累计缴纳失业保险费满6个月的，失业人员可以申请领取失业保险金

‖斯尔解析‖　B　（1）失业人员在领取失业保险金期间，参加职工基本医疗保险，享受基本医疗保险待遇，选项A错误。（2）失业保险金的标准，不得低于城市居民最低生活保障标准。一般也不高于当地最低工资标准，选项C错误。（3）失业前用人单位和本人已经累计缴纳失业保险费满1年的，才可申请领取失业保险金，选项D错误。

【典例研习·8-40】（2015年单选题）
李某在甲公司工作了12年，因劳动合同到期而劳动关系终止，符合领取失业保险待遇，李某最长可以领取失业保险的期限是（　　）。
A.24个月　　　　B.12个月　　　　C.18个月　　　　D.6个月

‖斯尔解析‖　A　失业人员失业前用人单位和本人累计缴费满1年不足5年的，领取失业保险金的期限最长为12个月；累计缴费满5年不足10年的，领取失业保险金的期限最长为18个月；累计缴费10年以上的，领取失业保险金的期限最长为24个月，故李某可领24个月。

考点5　社会保险费征缴与管理（★）

（一）社保登记

登记方		具体规定
用人单位的社保登记	企业	在办理登记注册时，同步办理社会保险登记
	企业以外的缴费单位	应当自成立之日起30日内，向当地社会保险经办机构申请办理社会保险登记
个人的社保登记	职工	用人单位应当自用工之日起30日内为其职工向社会保险经办机构申请办理社会保险登记
	灵活就业人员	自行向社保经办机构申办

（二）社保缴费

缴费者	缴费方法
单位	自行申报、足额缴纳，非因不可抗力等法定事由，不得缓缴、减免
职工	由单位代扣代缴，并按月告知本人
灵活就业人员	自行缴纳

自2019年1月1日起，由税务部门统一征收各项社会保险费。

（三）社会保险基金管理

1."四险"分别建账，分别核算

除基本医疗保险基金与生育保险基金合并建账及核算外，其他各项社会保险基金按险种分别建账，分别核算，执行国家统一的会计制度。

2.专款专用，不得侵占挪用

3.社保基金存入财政专户

（1）通过预算实现收支平衡；

（2）社会保险经办机构应当定期向社会公布参加社会保险情况以及社会保险基金的收入、支出、结余和收益情况。

（四）社保基金的投资与使用

1.允许：保证安全的前提下，按国务院规定投资运营。

2.禁止：违规投资运营；平衡其他政府预算；兴建、改建办公场所；支付人员经费、运行费用、管理费用；挪作其他用途。

考点6　违法行为的法律责任（★）

违法行为	法律责任
用人单位不办理社会保险登记	（1）责令改正； （2）逾期不改正的： ①处应缴社会保险费1倍以上3倍以下罚款； ②对其直接负责的主管人员和其他直接责任人员处500元以上3 000元以下罚款
用人单位未按时足额缴纳保险费	（1）社会保险费征收机构责令限期缴纳，并自欠缴之日起按日加收0.05%（万分之五）的滞纳金；（同税收征收措施）； （2）逾期仍不缴纳处欠缴数额1倍以上3倍以下罚款
骗保	（1）责令退回； （2）处骗取金额2倍以上5倍以下罚款

【典例研习·8-41】（2018年多选题）

根据社会保险法律制度的规定，下列关于社会保险费征缴的表述中，正确的有（　　）。

A.职工应当缴纳的社会保险费由用人单位代扣代缴

B.用人单位未按时足额缴纳社会保险费的，由社会保险费征收机构责令其限期缴纳或者补足

C.未在用人单位参加社会保险的非全日制从业人员可以直接向社会保险征收机构缴纳社会保险费

D.用人单位应当自用工之日起30日内为其职工向社会保险经办机构申请办理社会保险登记

‖斯尔解析‖ ABCD

【典例研习·8-42】（2013年多选题改编）

根据社会保险法律制度的规定，关于社会保险基金管理运营的下列表述中，正确的有（　　）。

A.社会保险基金专款专用

B.除基本医疗保险基金与生育保险基金合并建账及核算外，其他各项社会保险基金按照社会保险险种分别建账、分账核算

C.社会保险基金存入财政专户，通过预算实现收支平衡

D.社会保险机构的人员经费、运营经费、管理费用由社会保险基金支付

‖斯尔解析‖ ABC　选项D，社会保险机构的人员经费、运营经费、管理费用不得由社会保险基金支付。

【典例研习·8-43】（2017年判断题）

用人单位未按时足额缴纳社会保险费的，由社会保险费征收机构责令限期缴纳或者补足，并自欠缴之日起按日加收滞纳金。（　　）

‖斯尔解析‖ √　用人单位未按时足额缴纳社会保险费的，由社会保险费征收机构责令限期缴纳或者补足，并自欠缴之日起，按日加收0.05%的滞纳金。

参考文献

[1] 财政部会计资格评价中心.《2021年度全国会计专业技术资格考试辅导教材·初级会计资格——初级会计实务》[M].经济科学出版社.2020-11.

[2] 财政部会计资格评价中心.《2021年度全国会计专业技术资格考试辅导教材·初级会计资格——经济法基础》[M].经济科学出版社.2020-11.

[3] 中华人民共和国会计法（中华人民共和国主席令第24号，1999年10月31日）

[4] 企业财务会计报告条例（中华人民共和国国务院令第287号，2000年6月21日）

[5] 企业会计准则——基本准则（中华人民共和国财政部令第76号——财政部关于修改《企业会计准则——基本准则》的决定，2014年）

[6] 企业会计准则（具体准则）（财会〔2006〕3号）

[7] 企业会计准则应用指南（财会〔2006〕18号）

[8] 企业会计准则解释第1号（财会〔2007〕14号）

[9] 企业会计准则解释第2号（财会〔2008〕11号）

[10] 企业会计准则解释第3号（财会〔2009〕8号）

[11] 关于做好执行企业会计准则企业2008年年报工作的通知（财会函〔2008〕60号）

[12] 企业会计准则解释第6号（财会〔2014〕1号）

[13] 企业会计准则第9号——职工薪酬（财会〔2014〕8号）

[14] 增值税企业会计处理规定（财会〔2016〕22号）

[15] 企业会计准则第22号——金融工具确认和计量（财会〔2017〕7号）

[16] 企业会计准则第14号——收入（财会〔2017〕22号）

[17] 关于修订印发2019年度一般企业财务报表格式的通知（财会〔2019〕6号）

[18] 关于修订印发合并财务报表格式（2019版）的通知（财会〔2019〕16号）

[19] 关于印发《企业会计准则解释第13号》的通知（财会〔2019〕21号）

[20] 政府会计准则第1号——存货、政府会计准则第2号——投资、政府会计准则第3号——固定资产、政府会计准则第4号——无形资产（财会〔2016〕12号）

[21] 政府会计准则第3号——固定资产（应用指南）（财会〔2017〕4号）

[22] 政府会计准则第5号——公共基础设施（财会〔2017〕11号）

[23] 政府会计准则第6号——政府储备物资（财会〔2017〕23号）

[24] 政府会计制度——行政事业单位会计科目和报表（财会〔2017〕25号）

[25] 民间非营利组织会计制度（财会〔2004〕7号）

[26]《政府会计准则第8号——负债》的通知（财会〔2018〕31号）

[27]《政府会计准则第9号——财务报表编制和列报》的通知（财会〔2018〕37号）

[28] 关于印发《政府会计准则制度解释第1号》的通知（财会〔2019〕13号）

[29] 关于印发《政府会计准则第10号——政府和社会资本合作项目合同》的通知

（财会〔2019〕23号）

　　［30］关于印发《政府会计准则制度解释第2号》的通知（财会〔2019〕24号）

　　［31］关于印发《事业单位成本核算基本指引》的通知（财会〔2019〕25号）

　　［32］中华人民共和国民法总则

2017年3月15日第十二届全国人民代表大会第五次会议通过

　　［33］中华人民共和国民法通则

1986年4月12日第六届全国人民代表大会第四次会议通过

　　［34］最高人民法院关于审理民事案件适用诉讼时效制度若干问题的规定

2008年8月11日最高人民法院审判委员会1450次会议通过法释〔2008〕11号

　　［35］中华人民共和国票据法

2004年8月28日第十届全国人民代表大会常务委员会第十一次会议《关于修改〈中华人民共和国票据法〉的决定》修订

　　［36］支付结算办法

1997年9月19日中国人民银行银发〔1997〕393号

　　［37］人民币银行结算账户管理办法

2003年4月10日中国人民银行令〔2003〕第5号

　　［38］中华人民共和国增值税暂行条例（中华人民共和国国务院令第538号颁布实施）

　　［39］中华人民共和国增值税暂行条例实施细则（财政部、国家税务总局第50号令）

　　［40］关于固定资产进项税额抵扣问题的通知（财税〔2009〕113号）

　　［41］增值税一般纳税人登记管理办法（2017年12月29日国家税务总局令第43号）

　　［42］关于将铁路运输和邮政业纳入营业税改征增值税试点的通知（财税〔2013〕106号）

　　［43］关于发布《邮政企业增值税征收管理暂行办法》的公告（国家税务总局公告2014年第5号）

　　［44］关于发布《铁路运输企业增值税征收管理暂行办法》的公告（国家税务总局公告2014年第6号）

　　［45］关于将电信业纳入营业税改征增值税试点的通知（财税〔2014〕43号）

　　［46］关于营业税改征增值税试点期间有关增值税问题的公告（国家税务总局公告2015年第90号）

　　［47］关于全面推开营业税改征增值税试点的通知（财政部、国家税务总局财税2016年36号）

　　［48］关于进一步明确营改增有关征管问题的公告（2017年4月20日国家税务总局公告2017年第11号）

　　［49］增值税一般纳税人登记管理办法（2017年12月29日国家税务总局令第43号）

　　［50］关于明确生活性服务业增值税加计抵减政策的公告（财政部税务总局公告2019年第87号）

　　［51］中华人民共和国消费税暂行条例（中华人民共和国国务院令第539号）

　　［52］中华人民共和国消费税暂行条例实施细则（财政部、国家税务总局令第51号）

［53］中华人民共和国企业所得税法（中华人民共和国主席令［2007］63号）
［54］中华人民共和国企业所得税法实施条例（中华人民共和国国务院令第512号）
［55］关于非营利组织企业所得税免税收入问题的通知（财税［2009］122号）
［56］关于企业所得税若干问题的公告（国家税务总局公告2011年第34号）
［57］关于小型微利企业所得税优惠政策有关问题的通知（财税［2011］117号）
［58］关于企业所得税应纳税所得额若干问题的公告（国家税务总局公告2014年第29号）
［59］财政部税务总局关于广告费和业务宣传费支出税前扣除政策的通知（财税〔2017〕41号）
［60］关于研发费用税前加计扣除归集范围有关问题的公告（国家税务总局公告2017年第40号）
［61］财政部税务总局关于扩大小型微利企业所得税优惠政策范围的通知（财税〔2017〕43号）
［62］中华人民共和国个人所得税法（第九届全国人民代表大会常务委员会第十一次会议《关于修改〈中华人民共和国个人所得税法〉的决定》第二次修正）
［63］财政部国家税务总局关于严格执行个人所得税费用扣除标准和不征税项目的通知（财税［2004］40号）
［64］国家税务总局关于调整个人取得全年一次性奖金等计算征收个人所得税方法问题的通知（国税发［2005］9号）
［65］财政部国家税务总局关于个人所得税有关问题的批复（财税［2005］94号）
［66］国家税务总局关于印发《个人所得税管理办法》的通知（国税发［2005］120号）
［67］国家税务总局关于纳税人取得不含税全年一次性奖金收入计征个人所得税问题的批复（国税函［2005］715号）
［68］关于修改《中华人民共和国个人所得税法实施条例》的决定（中华人民共和国国务院令第519号）
［69］关于个人所得税工资薪金所得减除费用标准政策衔接问题的通知（国税发［2008］20号）
［70］全国人民代表大会常务委员会关于修改《中华人民共和国个人所得税法》的决定（中华人民共和国主席令第48号）
［71］国务院关于修改《中华人民共和国个人所得税法实施条例》的决定（中华人民共和国国务院令第600号）
［72］中华人民共和国城市维护建设税法
2020年8月11日第十三届全国人民代表大会常务委员会第二十一次会议通过
［73］关于统一地方教育附加政策有关问题的通知（财综［2010］98号）
［74］《中华人民共和国烟叶税暂行条例》（中华人民共和国国务院令第464号）
［75］关于烟叶税若干具体问题规定（财税［2006］64号）
［76］中华人民共和国海关法（第九届全国人民代表大会常务委员会第十六次会议《关于修改〈中华人民共和国海关法〉的决定，2000年7月8日》）
［77］中华人民共和国进出口关税条例（国务院令第392号）

［78］《中华人民共和国船舶吨税暂行条例》（中华人民共和国国务院令第610号）

［79］关于2015年关税实施方案的公告（海关总署公告2014年第95号）

［80］中华人民共和国资源税法

2019年8月26日第十三届全国人民代表大会常务委员会第十二次会议通过

［81］中华人民共和国环境保护税法（主席令第六十一号）

［82］中华人民共和国环境保护税法实施条例（国务院令第693号）

［83］《中华人民共和国资源税法》（2019年8月26日第十三届全国人民代表大会常务委员会第十二次会议通过）

［84］财政部国家税务总局关于房产税、城镇土地使用税有关政策的通知（财税［2006］186号）

［85］中华人民共和国城镇土地使用税暂行条例（国务院令第483号）

［86］财政部国家税务总局关于房产税城镇土地使用税有关问题的通知（财税［2009］128号）

［87］中华人民共和国耕地占用税暂行条例（中华人民共和国国务院令第511号）

［88］中华人民共和国耕地占用税暂行条例实施细则（财政部国家税务总局令第49号）

［89］中华人民共和国房产税暂行条例（国发［1986］90号）

［90］财政部税务总局关于房产税若干具体问题的解释和暂行规定（财税地字（1986）第008号）

［91］国家税务总局关于房产税、城镇土地使用税有关政策规定的通知（国税发［2003］89号）

［92］中华人民共和国契税法

2020年8月11日第十三届全国人民代表大会常务委员会第二十一次会议通过

［93］中华人民共和国土地增值税暂行条例（国务院令第138号）

［94］中华人民共和国土地增值税暂行条例实施细则（财法字［1995］006号）

［95］财政部国家税务总局关于土地增值税若干问题的通知（财税［2006］21号）

［96］国家税务总局关于土地增值税若干问题的通知（财税［2006］187号）

［97］中华人民共和国车辆购置税暂行条例（国务院令第294号）

［98］车辆购置税征收管理办法（国家税务总局令第33号）

［99］中华人民共和国车船税法实施条例（中华人民共和国国务院令第611号）

［100］国家税务总局关于车船税征管若干问题的公告（国家税务总局公告2013年第42号）

［101］中华人民共和国印花税暂行条例（国务院令第11号）

［102］中华人民共和国印花税暂行条例施行细则（财税字（1988）第255号）

［103］国家税务局关于印花税若干具体问题的规定（国税地字［1988］025号）

［104］中华人民共和国税收征收管理法（第九届全国人民代表大会常务委员会第二十一次会议通过）

［105］中华人民共和国税收征收管理法实施细则（国务院令第362号）

［106］国家税务总局关于贯彻《中华人民共和国税收征收管理法》及其实施细则若干

具体问题的通知（国税发〔2003〕第47号）

　　［107］税务登记管理办法（国家税务总局令第7号）

　　［108］国家税务总局关于修改《税务登记管理办法》的决定（国家税务总局令第36号）

　　［109］国家税务总局关于修改《中华人民共和国发票管理办法实施细则》的决定（国家税务总局令第37号）

　　［110］税务行政复议规则（国家税务总局令第21号）

　　［111］中华人民共和国劳动法（2018年修正）

2018年12月29日第十三届全国人民代表大会常务委员会第七次会议《关于修改〈中华人民共和国劳动法〉等七部法律的决定》第二次修正（中华人民共和国主席令第二十四号）

　　［112］会计人员管理办法

关于印发《会计人员管理办法》的通知（财会〔2018〕33号）

　　［113］财政部关于修改《代理记账管理办法》等2部部门规章的决定（中华人民共和国财政部令第98号）（2019年）

　　［114］会计档案管理办法（2015修订）

《会计档案管理办法》修订公布（中华人民共和国财政部国家档案局令第79号）

　　［115］会计专业技术人员继续教育规定

关于印发《会计专业技术人员继续教育规定》的通知（财会〔2018〕10号）

　　［116］银行卡业务管理办法（银发〔1999〕17号）

　　［117］国内信用证结算办法（2016修订）

（中国人民银行、中国银行业监督管理委员会公告〔2016〕第10号）

　　［118］中华人民共和国劳动合同法（2012修正）

2012年12月28日第十一届全国人民代表大会常务委员会第三十次会议《关于修改〈中华人民共和国劳动合同法〉的决定》修正（主席令第73号）

　　［119］中华人民共和国劳动合同法实施条例（国务院令第535号）

　　［120］中华人民共和国劳动争议调解仲裁法

2007年12月29日第十届全国人民代表大会常务委员会第三十一次会议通过（主席令第80号）

　　［121］中华人民共和国社会保险法（2018修正）

2018年12月29日第十三届全国人民代表大会常务委员会第七次会议《关于修改〈中华人民共和国社会保险法〉的决定》修正（中华人民共和国主席令第二十五号）

　　［122］失业保险条例（中华人民共和国国务院令第258号）

　　［123］工伤保险条例（国务院令第375号）

　　［124］生育保险和职工基本医疗保险合并实施试点方案

国务院办公厅关于印发生育保险和职工基本医疗保险合并实施试点方案的通知（国办发〔2017〕6号）

你想对今天努力付出的自己说：